U0927692

读客®文化

牛津世界史

牛津英国史

(英) 肯尼思·O.摩根 编　　方光荣 译

人民日报出版社
北 京

图书在版编目（CIP）数据

牛津英国史 /（英）肯尼思·O. 摩根著；方光荣译. --
北京：人民日报出版社，2020.4
（牛津世界史）
ISBN 978-7-5115-6367-5

Ⅰ. ①牛… Ⅱ. ①肯… ②方… Ⅲ. ①英国—历史
Ⅳ. ① K561.0

中国版本图书馆 CIP 数据核字 (2020) 第 051984 号

书　　名	牛津英国史 NIUJIN YINGGUOSHI
编　　者	(英) 肯尼思·O. 摩根
译　　者	方光荣
出 版 人	刘华新
责任编辑	林　薇　　梁雪云
特约编辑	韩汶君　　赵芳葳　　沈　骏
封面设计	王　晓
出版发行	人民日报出版社
出版社地址	北京金台西路 2 号
邮政编码	100733
发行热线	（010）65369527 65369512 65369509 65369510
邮购热线	（010）65369530
编辑热线	（010）65369526
网　　址	www.peopledailypress.com
经　　销	新华书店
印　　刷	北京中科印刷有限公司
开　　本	710mm x 1000mm 1/16
字　　数	594 千
印　　张	43
印　　次	2020 年 5 月第 1 版　2020 年 5 月第 1 次印刷
书　　号	ISBN 978-7-5115-6367-5
定　　价	138.80 元

肯尼思·O. 摩根（Kenneth O. Morgan）是牛津大学皇后学院和奥里尔学院的名誉院士。1966至1989年，他担任牛津大学皇后学院院士和教授。1989至1995年，曾担任阿伯里斯特威斯大学副校长，并于1993至1995年担任威尔士大学高级副校长。他撰写过许多有关英国历史的重要著作，包括《英国政治中的威尔士（1868—1922）》（*Wales in British Politic, 1868—1922*）（1963年），《劳合·乔治的时代》（*The Age of Lloyd George*）（1971年），《基尔·哈迪：激进分子和社会主义者》（*Keir Hardie*: *Radical and Socialist*）（1975年），《一个国家的重生：威尔士（1880—1980）》（*Rebirth of a Nation*: *Wales*, *1880—1980*）（牛津平装本，1982年），《工党的统治（1945—1951）》（*Labour in Power*, *1945—1951*）（牛津平装书，1985年），《共识与分歧：劳合·乔治的联合政府（1918—1922）》（*Consensus and Disunity*: *the Lloyd George Coalition Government*, *1918—1922*）（牛津平装书，1992年），《工党人：领袖和中尉，从哈迪到金诺克》（*Labour People*: *Leaders and Lieutenants*, *Hardie to Kinnock*）（牛津平装书，1992年修订版），《人民的和平：英国历史（1945—1990）》（*The People's Peace*: *British History*, *1945—1990*）（牛津平装本，1992年），该书再版的书名是《自1945年以来的英国：人民和平》（*Britain since 1945: The People's Peace*）（牛津平装本，2001年），《现代威尔士：政治，地方与人民》（*Modern Wales*: *Politics*, *Places and People*）（1995年），《卡拉汉传记》（*Callaghan*: *A Life*）（牛津平装书，1999年），《二十世纪》（牛津平装书，2001年）和《迈克尔·富特传记》（*Michael Foot*: *A Life*）（2007年）。他于1983年当选为英国科学院院士，并于2000年成为终身贵族。

为《牛津世界史：牛津英国史》做出贡献的10位历史学家都是各自领域的杰出权威。他们是：

彼得·萨尔韦（Peter Salway），英国开放大学，《罗马不列颠时期》；

约翰·布莱尔（John Blair），牛津大学女王学院，《盎格鲁–撒克逊时期》；

约翰·吉林厄姆（John Gillingham），伦敦政治经济学院，《中世纪早期》；

拉尔夫·A. 格里菲思（Ralph A. Griffiths），斯旺西大学，《中世纪后期》；

约翰·盖伊（John Guy），布里斯托大学，《都铎王朝》；

约翰·莫里尔（John Morrill），剑桥大学塞尔温学院，《斯图亚特王朝》；

保罗·兰福德（Paul Langford），牛津大学林肯学院，《18世纪》；

克里斯托弗·哈维（Christopher Harvie），图宾根大学，《革命与法治》；

H. C. G. 马修（H. C. G. Matthew），牛津大学圣休学院，《自由时代》；

肯尼思·O. 摩根（Kenneth O. Morgan），阿伯里斯特维斯大学的威尔士大学学院，《20世纪》。

目　录

编辑序言

长期以来，英国人的民族独特性，甚至唯一性，被外国观察家和本国评论员视为理所当然。从15世纪末无所不在的威尼斯大使，到伏尔泰或托克维尔等知识分子，再到20世纪的美国记者，这些海外来的访客都对英国社会的特殊性质深信不疑。英国本土的现代编年史家也同样这么认为，但是有些人反对这种观点，就像反对两位爱国者温斯顿·丘吉尔和乔治·奥威尔（George Orwell）一样。然而，界定英国性的本质或精髓，要比宣称它的存在困难得多，对它进行解释更是难上加难。有人试图概括英国性的属性，但是几乎没有取得一丁点的成功。特里维廉（G. M. Trevelyan）撰写的提纲挈领的《英格兰史》（*History of England*）是最著名的尝试之一，该书仅写给英国人阅读，并于1926年首次出版。特里维廉在书中集中探讨了若干主题，他认为这些主题凸显了几个世纪以来英格兰人的独特经历：地理上与欧洲大陆的分离，把英国缔造成海上霸主；封建制度消亡得比较早，为工商业的蓬勃发展提供了新动力，也引发了广泛的社会流动性；从乔叟（Chaucer）和威克利夫（Wycliffe）时代开始，英国文化一直保持着它的延续性；最重要的是政治和法律体系的演变，主要体现在悠久的议会制度和法治体系，这是特里维廉等维多利亚时代晚期的自由主义者尤为看重的主题。英伦岛本身是安全的，这个充满生机、开放的岛屿已开始殖民世界、传播文明。特里维廉所提到的每一个主题都不容忽视。同样，在20世纪末期历经苦难、充满疑问的时代，人们对民族和种族的定型观念充满着怀疑，以上各个主题没有一个可以被不加批判地接受。试图弄懂英国性本质的挑战仍然像以往一样迫切且令人神往。

本书的宗旨在于，提取和揭示从最早的罗马时期到20世纪后期整个英国历史中的主要内容。该书并不探究“民族特性”这一变化无常的概念，即使仅考虑英格兰人的特性，界定起来也绝非易事，甚至可能毫无回报；如果再把威尔士人、苏格兰人和爱尔兰人的独特传统纳入进去，要界定英国特性几乎不可能做到。本书的目的在于，理顺不列颠群岛的主要政治、社会、经济、宗教、知识和文化特征，呈现出它们在世世代代的英国人眼中的本来面目，这也是资深学者试图揭示的模样。因此，关于英国人的“民族特性”以及特性的缺失这些问题，答案隐藏在字里行间，而非一目了然。读者须得出自己的结论，并形成自己的个人见解。这是一本由多位作者共同完成的史书，由10位专业的历史学家相互密切合作撰写而成。合著是不可避免的办法，因为1914年以后，像特里维廉这样有才华、有信心能举重若轻地处理英国历史方方面面的人，可能随着自由主义知识分子的消失而不复存在了。既然文艺复兴时期的人已经从地球上消失了，凭借一个人的能力完成整个英国史的鸿篇巨著既不现实也不可取。相反，英国历史上的每个主要阶段均由该领域的专家进行深入研究，并将其发现呈现给普通读者。这本书的基本前提是探讨大不列颠（两个分开的多元文化岛屿）的历史，而不仅涉及英格兰。确实，10位作者中有3位威尔士人和2位苏格兰人，可能有助于实现这一目标。数世纪以来，随着历史的演进，英伦三岛出现个多个称法：从盎格鲁-撒克逊时期末逐渐形成了“英格兰”的概念；1707年，英格兰和苏格兰合并后的名称是联合王国；1800年，与爱尔兰合并后，又称为大不列颠及爱尔兰联合王国；1921年12月，英格兰-爱尔兰条约签订后，又改成大不列颠及北爱尔兰联合王国。“不列颠”过去常常是一个艺术术语，或许跟奥地利首相梅特涅（Metternich）所描述的意大利一样，只是个地狱名称。

同样，尽管英国区别于欧洲大陆乃至世界的独特地理位置及其他特性会不断呈现出来，但英国和海外国家之间通过经济、知识、文化和宗教联系而相互影响的结果也将不断呈现。从都铎时代起，对探索、殖民和征服的强烈欲望，缔造了世界上有史以来最伟大的帝国，英国的历史发展对外界也产生了深远影响。本书中的不列颠仍然是学童们所熟悉的地理意义上的岛屿。但是，从罗马军团的首次到来，这个地理上孤立的岛屿总是可以通过欧洲大陆、后来的北美、非洲、亚洲和大洋洲广泛传播它的影响力。

这些章节有助于说明，在现代研究和学术的探索下，旧的陈腐观点如何消散。12世纪中叶的“无政府状态”、玫瑰战争的混乱、南北战争的必然性，以及维多利亚时代英格兰的宁静，这些历史事实对《1066年及一切》（*1066 and All That*）的读者来说并不陌生，而它们往往像意大利瓦隆布罗萨（Vallombrosa）的秋日落叶一样随风消逝。同样，与其他不够幸运的国家不同的是，英国历史的一个突出标志是无缝、和平的连续性，这种观点在这本书中得到体现，但同时需要接受最严格的审视。英国人民的历史错综复杂，有时带有暴力或革命性，充满了脱节和突变。即使对于英格兰来说，拥有一个宁静、不受干扰的历史进程也只不过是一个神话，更不用说充满动荡、支离破碎、反复无常的凯尔特民族的历史了；有些人认为从亚瑟王时代开始的几个世纪都是“黄金时代”，但这都是虚构的传奇故事，这种理想化的观点应该被扔进历史的垃圾堆。

正如彼得·萨尔韦所描述的那样，远在公元5世纪初罗马人最终撤退之前，罗马不列颠就经历了社会动荡和调整不断交替的阶段。约翰·布莱尔描述了盎格鲁–撒克逊时期的王朝动荡和城市生活的蓬勃发展，最后以暴力的黑斯廷斯战役收尾。约翰·吉林厄姆把中世纪早期描绘成一篇征服传奇，英军在法国和英国的土地上屡屡受挫，而在13世纪后期，爆炸性的社会处于极度的紧张状态，在此被描述为可能处于阶级战争的边缘。尽管阶级战争避免了，但正如拉尔夫·格里菲思所写，在中世纪后期，与法国的漫长战争之后是15世纪英国贵族的动荡，同时国家正在从瘟疫和社会叛乱中恢复过来。约翰·盖伊写道，都铎时代充满了爱国主义色彩，事实上这一时期的英国社会同样存在诸多问题，比如人口增长对经济资源的极端压力、宗教冲突和外国入侵的威胁。约翰·莫里尔分析了斯图亚特王朝所继承的政治和宗教紧张局势，在这个世纪中，尽管内部法纪废弛的现象明显减少，但两次内战、弑君、建立共和制、王室复辟和革命接踵发生，令人喘不过气来。如保罗·兰福德所描述，乔治时代的表面稳定、繁荣和文化发展，被世界历史上空前的工业、贸易和技术的爆炸性发展所取代，同时还受到来自美国殖民地和法兰西共和国的新兴革命浪潮的冲击。《罗马帝国衰亡史》的作者兼编年史家爱德华·吉本（Edward Gibbon）在他心爱的法国目睹雅各宾派暴徒的肆虐，被迫在欧洲逃亡，这一画面具有象征意义。如克里斯托弗·哈维所解释的那样，19世纪初，英国确实避免了肆虐欧洲其他国家的革命浪潮。但是，这股浪潮在英国社会结构和法律界的观念中引发了巨大的混乱，并造成了看似不可逾越的阶级鸿沟，马克思甚至幻想把英国视为革命巨变的前沿。马修概述道，从19世纪后期到20世纪初，英国社会迅速从国际工业博览会带来的自豪感过渡到世纪末的焦虑，这一时期社会关系紧张，帝国主义者变得神经衰弱，并意识到了民族的脆弱性。正如本书编者所描述，自1914年以来，英国见证了两次世界大战，以及30年代和70年代毁灭性的经济危机，并被迫失去英国在世界上的主导地位。因此，英国的历史并非一脉相承的太平盛世，不是像维多利亚时代的学者所认识的那样，英国开创着一个又一个先例，或经历着从讲究身份地位走向契约合作的社会进步。英国的历史跌宕起伏、五彩斑斓，又常常充斥着暴力，一次次的政治、经济和智力动荡将这个古老的社会和文化撕得四分五裂。在许多方面，英国一直是人类社会的引领者。

然而，阅读这些章节也可能给人留下清晰的印象，尽管这些印象的确含义让人难以捉摸，但英国性在后罗马时代和后诺曼时代都幸存了下来。

构成英国性的一些因素在几个世纪里都留有清晰的痕迹，即使这些因素相互之间不一定紧密关联。这些因素包括：罗马人入侵之后幸存下来的凯尔特基督教特性；在盎格鲁–撒克逊时代后期的彩饰画和雕塑中看到的艺术繁荣；诺曼王朝和安茹王朝建立的中央政府和教会制度；14世纪的诗歌甚至建筑中展现出的一种生动的英格兰民族性。即使在都铎王朝末期，莎士比亚的戏剧也证明了不断增强的民族黏合力。多才多艺的伊丽莎白时代的威尔士人约翰·迪伊（John Dee），创造了模棱两可的术语“大不列颠帝国”，从而扩大了英国性的范畴。同样，1688年的光荣革命，即麦考利（Macaulay）笔下著名的“保守的革命”，革命所体现的思想价值表明，在17世纪高级政治动荡的表层下存在着社会和文化的连续性。18世纪和19世纪大部分时间里，社会稳定，工业、交通和通信领域全面发展，甚至本世纪在政治和社会上也取得了民主进步，这些都增强了这股可觉察的民族意识潮流。在英国历史上的关键时刻，社会走向更加融合而不是分裂。无论如何，在中世纪后期，阶级战争实际上并没有发生。马克思预言在现代工业时期将发生暴力革命，幸运的是，他的预言没有实现。英国早在17世纪就能够吸收其政治革命的压力，早在18世纪就能够吸收其工业革命的压力，在这两方面，英国都早于其他欧洲国家，这证明了英国的体制和文化具有深厚的优势。除了冲突之外，共识也是我们历史故事的核心。

25年以前，当首次编写这本书时，我们更有信心书写英伦三岛上的居民数世纪以来形成的身份认同感，甚至爱国主义。这种身份认同感存在于威尔士人、大多数苏格兰人和阿尔斯特人心中，不过从来没有涵盖南部爱尔兰人。1983年，爱国意识的大多数象征仍然很明显，包括王室、有至高无上权力的议会、法律程序、国立教会、帝国的遗产、对个性和家庭隐私的渴望，以及对娱乐、爱好和团队运动的集体热情。撒切尔夫人的政府在1983年表达了这种意识，当时在国内执政的是强大的统一派，文化上的英国性根深蒂固，而且英国在外交上不愿意与欧洲大陆掺和在一起。在上世纪80年代，这种态度似乎符合人们的普遍意愿。当时，尽管持不同意见的批评家对国家的未来怀有不同的设想，但是他们都赞同英国的价值观。诸如丹尼尔·迪福（Daniel Defoe）、威廉·科贝特（William Cobbett）、威廉·莫里斯（William Morris）、R. H. 托尼（R. H. Tawney）、乔治·奥威尔这些平等主义者，在他们的时代都是社会不平等和政治失衡的强烈反对者。然而，他们每个人对自己的国家和人民、国家的历史和命运都怀着近似于宗教信仰一样的热忱。

25年过去了，这些早期的确定因素发生了巨大变化。正如在结语中所指出的那样，英国性的许多重要组成部分（王室、议会、新教、创业精神、对帝国的依恋、福利国家）在不同程度上变得比实际情况更加脆弱。苏格兰政府由民族主义者把持，北爱尔兰政府里包括主张建立一个全爱尔兰共和国的新芬党。1/10的国民不是在英国出生。身为苏格兰人的首相戈登·布朗（Gordon Brown）在2007年试图强化国家认同感、弘扬“英国价值观”，但是他所遇到的困难比撒切尔鼎盛时期大得多，因为此时的国情已经发生了巨变：坚定的凯尔特民族主义已经消退，大规模移民的涌入导致文化趋于多元化，大西洋彼岸的消费主义潮流席卷英国，经济全球化带来不稳定的影响。然而，这种极不确定的因素或许使得对英国性的历史探索变得更加必要。正如马克思所说，它体现了历史的必然性。因此，现在比以往任何时候都更需要历史记录者。纵观千年，面对反复出现的破坏和危机，历史学家们努力去寻找这种持久的国家凝聚力和融合力，敦促英国人去面对他们的过去和自己的形象，或许这才是历史学家存在的终极意义。我们希望普通读者在阅读本书后，能够更加清晰、更加敏锐、更加热情甚至更加亲切地去认识自己、自己的社会、邻居和周围的世界。

肯尼思·O. 摩根，牛津大学，2008年五一劳动节

| 第一章 |

罗马不列颠时期

（约公元前55—约公元440）

彼得·萨尔韦（Peter Salway）

不列颠历史的开端

罗马统治时期，不列颠的人口与其在中世纪人口高峰时期差不多。罗马帝国幅员辽阔，从土耳其延伸到葡萄牙，从红海延伸到泰恩河畔以及更远的地方。不列颠是统一的罗马政治体系不可分割的一部分，这种情况持续了400多年。在克劳迪厄斯（Claudius）于公元43年对不列颠发起征服之前，不列颠已经受到了罗马帝国的影响，即使在摆脱罗马统治后，这一影响力仍然存在了一段时间。我们要阐述的是罗马统治下的不列颠整整500年的历史。

不列颠的起源可以追溯到罗马时期之前。罗马人在不列颠所发现的社会特征，是在新石器时代和青铜时代早期开始出现的。在被罗马征服的时候，不列颠的文化似乎已经发展了1500到2000年，尽管史前史学家在细节上有很大的分歧。在罗马人到来之前的铁器时代末期，不列颠社会已经形成了罗马人在西北欧其他地方所遇到的相似的组织形式，并形成了自己的文化和语言，我们不准确地称之为“凯尔特文化”和“凯尔特语”。在罗马帝国边疆之外的不列颠，这种文化和语言基本被完好地保留了下来；然而，在帝国统治下的不列颠，处于底层的凯尔特语言和文化虽然在坚守，但还是被罗马以不同于现代殖民帝国的方式所同化和修改。

那么，为什么我们既不从罗马人到来之前开始撰写不列颠史，也不像一些现代作家所要求的那样，把罗马统治下的不列颠划归成“史前史”呢？答案在于罗马时期不同于之前的时期。有人说，研究罗马统治时期的不列颠是史前史，因为对这段历史的研究必须严重依赖考古学，研究盎格鲁-撒克逊时期初期的历史也是如此，这种说法有一定道理。然而，我们的研究资料来源绝不仅仅是考古发现，而且对文物本身的解释也不可能脱离对文字材料的研究。确实，当时或接近当时的文字材料的数量与后来的时代相比不可同日而语，但它们也足以产生举足轻重的意义。此外，我们能够看到一个有文字的社会的常规批量文字输出活动留下的数量可观的残余，而且它们没有像希腊文本和拉丁文本那样走样；数世纪以来，这些希腊文和拉丁文材料大部分都是通过手抄复制和再复制的方式保留下来的，因而不可避免会出现走形。在不列颠发现的文字（主要是石碑上的碑文，但也有其他形式）构成了研究罗马时期不列颠历史的主要一手资料。它们包括制成品的商标，在考古挖掘中发现的以各种材料制作的为数不多但越来越多的私人信件和其他文件，甚至涂鸦（普通人日常读写的东西）。我们也不能忽视对罗马钱币的专门研究，虽然研究过程困难重重，但是大有裨益，因为罗马钱币在罗马帝国的政治和经济中具有特别重要的地位。流通货币本身不仅是政府操纵的财富，而且硬币上的文字和图案也一直被用作大规模政治宣传的强大媒介，其效果如同今天电视上反复播放的广告。不可否认，在罗马时期的不列颠，城镇居民的阅读能力要比农村居民普及得多；不过，在罗马军队中，识字是强制性的，而且在许多其他行业也是必不可少的能力。与其他时期一样，这一时期的识字能力当然不限于某个

小众或特殊的阶层。

罗马时期的不列颠与之前的关键区别在于，这个时期的社会是有文化的，文化水平可能比中世纪结束前的任何时候都更高。与此同时，这也是个法治社会，法律规范了个人与国家之间，以及人与人之间的关系，无论这种治理曾经多么腐败、多么低效。罗马时期的不列颠社会越来越受官方的规章制度和办事程序主导，使之与铁器时代末期的情况形成鲜明对比。在铁器时代，除了制作精美但数量有限的钱币上刻有文字外，即使是上层社会也完全没有自己的文字，虽然他们拥有从罗马进口的奢侈品；而且钱币上的文字几乎统统都是拉丁文，连铸币人也通常是罗马人。

公元前55年和公元前54年尤利乌斯·恺撒（Julius Caesar）的远征为后来的罗马征服不列颠拉开了序幕，罗马对不列颠的征服是不可避免的。罗马人从不认为有什么东西能限制他们扩张的权利：事实上他们视扩张为神圣的使命。从恺撒远征之后，不列颠便在罗马人的意识中占据了特别重要的地位。罗马时期是不列颠历史上的一个转折点，但这与其说是不列颠岛上从此有了定居者，不如说是把不列颠从史前带到了历史。

一个国家的自然地理特征对人的生活方式有极大的影响，不列颠也不例外。不列颠岛的地理环境大体可以划分为“高地”和“低地”，粗略地说，本岛北部和西部多山地，而南部和东部地势平坦，但是在历史分析中，这一差别的重要性被夸大了。而且，在不列颠，人们已经显示出改造环境的强大能力，有时是有目的的改造，通常是为了追求某一目标，例如获取燃料。这里的物理条件也发生过重大变动，特别是海平面的升降，其对海岸线及内陆河流的形态和水位有相当大的影响。气候因素或地质运动在多大程度上影响了人类的活动尚不确定。总的来说，我们对罗马时期掌握的证据表明，当时的气候与当今的不列颠大致相似。在公元1世纪，有一段时期海平面相对较高，随后又出现了“海洋倒退”，露出了可开发的新土地。在公元3世纪，欧洲气候条件相当湿润，许多地区暴发洪水，对低洼地区、河流和港口构成了严重威胁。所以看起来在整个罗马时期，气候条件并不是恒定不变的。

曾经流行的一种观点认为，不列颠的大部分领土原本丛林密布，只是后来被盎格鲁–撒克逊人砍伐殆尽，这种观点现在已经站不住脚。到被罗马征服时，虽然不列颠仍然有大片天然林，但其人口已经增长到罗马人统治时期的水平，比征服者威廉统治时期（1066—1087）高两倍或三倍。森林与开阔的人类定居点的比例已经下降到中世纪后期的水平。自公元前1300年前后，铁器时代典型的土地结构已经开始形成：山间堡垒、单独的农场或多个农场形成的村庄（通常被小型围场包围）、面积较大的永久性耕地、林地及开阔的大牧场。在恺撒到来之前的600年里，欧洲大陆铁器时代的各个阶段的诸多社会形态在不列颠都有所体现，当然不列颠的社会形态经常带有海岛的特征。这在史前史学家之间引发了未有定论的争议，即彼此衔接的社会化是否主要是由大规模入侵造成的，还是由旅行和贸易产生的思想交流形成的；大规模入侵，指的是相对来说数量不多但具有影响力或前来征服的新来者（如后来的诺曼人）的到来。但无论它是通过什么机制实现的，事实就是恺撒时期的不列颠已经发展到与欧洲大陆同等的水平，正如他本人所说，他在所到之处——不列颠的南部和东部——遇到的部落与他在高卢见到的部族非常相似。除此之外，考古学揭示出在不列颠还有一些欠发达的民族，但他们似乎都使用统一的不列颠版本的凯尔特语，其文化也大致相似。

我们有理由认为，在克劳迪厄斯时代所发现的部落体系在恺撒时代还没有发展成熟，而且在两次罗马入侵之间还发生了一些其他重大变化，这些问题我们将在后面讨论。当恺撒来到高卢时，位于南部地区的大部分当地部落，已经从国王统治过渡到由选举产生的行政官和部落议会治理，但在北部，王权统治仍然很普遍。在不列颠，王权统治一直延续到克劳迪厄斯时期，尽管存在着几对国王联合执政或分而治之的情况。社会阶层大体上分为军事贵族和从事农业的平民。牧师，或者叫德鲁伊是第三个群体，对于他们的地位和职能还存在争论。一种流行的观点认为，他们在政治上地位显赫，但至少在不列颠，有证据反驳了这种观点。无论是处理部落内部矛盾还是部族间的冲突，凯尔特人向来争强好斗。在高卢，有各个部落的杰出人物定期聚会的传统，但在不列颠，只有在极少数情况下，如面对重大威胁时，各个凯尔特部落才会联合推选一位领袖。在不列颠，“民族”情怀淡薄，或完全不存在。

恺撒时期，不列颠南部与高卢北部之间已经建立了紧密的关系。考古发现，两个地区之间的货物和人员往来主要通过两组路线。当时最重要的路线连通布列塔尼（Brittany）和下诺曼底［古代统称为阿莫里卡（Armorica）］与不列颠西南部，途经一个位于多塞特郡（Dorset）亨吉斯特伯里角（Hengistbury Head）的港口。另一组路线从上诺曼底和低地国家（位于塞纳河河口和莱茵河河口之间的领地），延伸到不列颠的南部和东部。此外，恺撒还报告称，“在世人的记忆中”，高卢的统治者不仅统治着本土，还曾掌管着不列颠。恺撒在入侵不列颠时发现，与不列颠的特遣队并肩作战的不仅有高卢人，还有来自罗马的逃亡者，这些逃亡者带着他们的亲戚朋友横跨英吉利海峡来不列颠避难。

要理解恺撒为什么征服高卢，以及是什么东西促使他入侵不列颠，我们需要简要地了解一下当时的罗马国情。公元前3世纪和公元前2世纪，罗马从意大利的一个城邦扩张成地中海地区最强大的帝国，并一直实行她自己的传统政府组织形式。这种政体设有公民大会和每年选举产生的地方行政官，理论上似乎很民主，但实际上政府公职由少数贵族家族把持，世代相传。名义上作为顾问机构的元老院主导着政治，其成员由所有现任和前任的地方行政官组成。执政官执掌最高权力，由推举出来的两名贵族担任，一年选举一次，几乎完全由元老院阶层内部一个更小的集团把持，执政官的家族声名显赫。紧密交织的宗教和社会观念十分看重对祖先的尊敬和对家族荣誉的维护。古典世界的一个特点是，一个人的声誉——同行对他的评价——至高无上。在罗马，贵族个人往往压力重重，既要履行家族使命又要实现个人野心，要通过献身公共事业、为最高职位而奋斗来光宗耀祖。

一个人的声望主要取决于两个领域的成就——法律和军事。进入元老院通常意味着可以在这两个领域任职。两者中，凭借军事能力赢得的声望要更高。担任某些要职（即使低于执政官）意味着既有资格指挥军队也有权治理外地行省。什么成就能让一个人赢得最高地位？恺撒时代的演说家、政治家兼道德家西塞罗（Cicero）对此直言不讳：为帝国开疆拓土比治理帝国能赢得更大的荣耀。

在古代，征服之战通常为胜利者带来丰厚的经济利益。一次次的征服为罗马带来了巨额财富，也为这个地中海帝国带来了无数机会和诱惑，这一切给原先仅适用于意大利小国的政治和社会制度施加了无法承受的压力。到公元前1世纪中叶，罗马共和国开始瓦解。统治阶层内部的旧协议已无法应对新局面。他们变得心胸狭隘，过去他们谋求进入极少数执掌最高权力的人之列，现在则追求独享权力和荣誉。

长期以来，罗马大贵族的威望在一定程度上要看依附于他的人数。事实上，所有人都可以把自己看作是他的“附庸”。对像不列颠这样的行省来说，这种“庇护”是极为重要的社会特征，若没有这样的机制，不列颠将远离权力中心。到公元前1世纪，职业军队取代了为某一场战争而临时征召的公民军队。元老院允许这些新的职业士兵依靠自己的将军而不是国家来获取兵役报酬，尤其是极为重要的退役金，这可是致命的错误。这种情况导致内战不断，罗马共和国注定走向灭亡。立场、行动和社会关系已经确立，这些因素将困扰着罗马剩余的历史。对于不列颠来说，影响她命运的不仅是帝国后来的重大历史事件，还有罗马人的价值观。罗马人把他们的价值观成功地传递给了他们新吸纳的人口，特别是当地的统治阶层。确实，创造共同的上层阶级文化是帝国本身成功运作的关键，但在许多方面也是其衰落的主要原因。不列颠在罗马时代的历史反映了这种基本模式。

要考察恺撒大帝为什么征服高卢，必须了解当时的背景，此时已是罗马共和国末年，国内陷入权力争斗中。我们或许永远不知道他在公元前

55年和公元前54年对不列颠发动两次远征的确切原因，也不知道他是否有征服不列颠的企图——他曾跨过莱茵河对日耳曼人发动突袭，以示惩罚，入侵不列颠可能如出一辙。入侵不列颠的更大意义在于其对未来产生的影响。尽管从此以后我们再也没有听说有不列颠人在高卢战斗，但是此次军事行动在短期内收效甚微。由于高卢人的反抗此起彼伏，恺撒既未能继续推进他在不列颠取得的胜利，也未能利用不列颠各部落临时联盟的投降之机扩大战果。事实上，在公元1世纪，有一位罗马的历史学家曾记述，一位不列颠领袖在演讲中对听众宣扬，恺撒是被他们的先辈们“击退”的。

不过，恺撒对不列颠的远征在罗马产生了持久的影响。在罗马人看来，不列颠是一个遥远的、差不多仅存在于传说中的岛屿，要抵达那里需要渡过浩瀚的“大洋”，罗马人尚未习惯于地中海之外的惊涛骇浪，这个“大洋”令他们心生畏惧。不列颠是个未知的世界。两次短暂的战役之后，恺撒把不列颠纳入了罗马的版图。不列颠笼罩着神秘的光环，因此在那些怀着军事野心的罗马人心目中，这是一个充满诱惑力的地方——恺撒已经为尤利乌斯家族的后人树立了目标和惯例。此外，他的经历——他几次死里逃生，幸免于不列颠人之手和恶劣的天气——为后来的远征指挥官提供了实用的经验教训。

恺撒还树立了干预不列颠事务的多项重要惯例。他接受了几个强大国王的投降，也接受了其他人的友谊。罗马开始对不列颠征收贡品或年税。恺撒在高卢的时候，有一位年轻的不列颠王子投奔了他，这位王子的父王已经被卡西维劳努斯（Cassivellaunus）杀害；卡西维劳努斯正是不列颠部落联盟推选出来、领导他们反抗恺撒的头领。恺撒立这位年轻王子为埃塞克斯郡特里诺文特部落（the Trinovantes of Essex）的国王，迫使卡西维劳努斯不得干涉该部落的事务。因此，罗马在一定程度上成了霸主，如果他愿意，他有索取钱财的权利，也有保护朋友的义务。（事实上，除非出于他自己的利益，否则罗马很少去履行自己的义务：名义上受罗马保护的众多小国没有认识到这种古代的基本法则，因而遭遇了不幸。）我们知道，惯例对罗马人来说十分重要，而恺撒为他们留下了很多惯例。

在恺撒之后的20年里，罗马的注意力全都放在内战上，一系列内战导致共和国的灭亡，并将恺撒的养子屋大维（Octavian，后来称奥古斯都）推向权力中心。恺撒曾在高卢立好友康谬（Commius）为阿特雷巴特人（the Atrebates）的国王，后来这位昔日的高卢朋友加入大叛乱，恺撒本人对此没有采取任何行动。叛乱被镇压后，康谬逃往不列颠（他曾在那里当过恺撒的代理人），并在那里的阿特雷巴特人中建立了一个王朝。这个时期罗马人不太关注不列颠也在情理之中。对我们来说更有意思的是，我们现在开始考察各个部落，勾勒各个王朝的历史。康谬的王朝尤其令人着迷。他不仅统治着罗马人设计的高卢阿特雷巴特人的“附庸”王国，还统治着居住在塞纳河以北的英吉利海峡沿岸的莫里尼人（the Morini）；许多从“比利其人（Belgae）”的主要聚居地出发、跨越默兹河（the Meuse）、通向不列颠的路线都要穿越他所掌控的领地。在恺撒到来之前，似乎已经有人从高卢的比利其人定居地来到不列颠，随着恺撒不断推进他的征服事业，并在不列颠建立相应的皇家机构，这一迁徙进程可能加速了。

公元前1世纪，比利其文化在不列颠南部占据了主导地位，甚至在非比利其部落里也是如此。生活方式正在发生变化。社会分工变得更加明显，越来越多的社会活动（如制陶业），而非家佣工作，成了手工业者的职业。不列颠的艺术达到了一个辉煌的高峰，这尤其体现在金属工艺方面，金属制品带有涡卷图案和精美珐琅，但主要用于装饰军事首领的装备和神殿。在大多数比利其化的地区，平原上的大规模定居点取代了山坡堡垒，有时候通往这些定居点的道路上还筑起了土垒防御工事。这些定居点一直被视为罗马式城镇的雏形，不过其中一些更像是皇家宅第，而非当时地中海沿岸意义上的城市。但对于后来的不列颠地形而言，最耐人寻味的变化在于永久性农村定居点的广泛涌现，特别是在恺撒和克劳迪厄斯（公元前54年—公元43年）统治期间。这些定居点的田地具有规则的边界，这意味着土地的所有权是固定的。考古学家们越来越觉得，这一时期可能标志着一直延续至今的土地划分框架的开端。土地的耕种者和所有者变换了无数次，但是可以做出令人信服的推测，当时的地形轮廓保留至今，没有太大变化。

在发动第一次远征的头一年，恺撒在海上与布列塔尼的威尼蒂人（the Veneti）遭遇，并摧毁了他们的舰队；威尼蒂人的船只曾经控制着阿莫里卡与不列颠西南部之间的贸易。考古发现表明，大约在这个时候，贸易重心转移到了比利其高卢与不列颠南部和东部之间的线路上。从此以后，从塞纳河到南安普敦地区的海上通道，从布洛涅（Boulogne）到肯特（Kent）的短途航线，以及从莱茵河和低地国家到埃塞克斯港口的航线，都变得举足轻重。因此，最富有和最发达的商业活动出现在今天不列颠的这些地区，就不足为奇了。从公元前12年开始，当奥古斯都率军征服荷兰和日耳曼时，欧陆北部地区与不列颠的联系急剧增强。尽管从长远来看，奥古斯都没能将帝国延伸到易北河，但从此以后，大规模的罗马军队长期驻扎在莱茵河畔。不列颠向帝国出口谷物、兽皮、牲口和铁器，这些物资对罗马的军事行动至关重要。最近的研究表明，技术先进、生产效率高的不列颠农业，不仅能满足人们的生存需要，还有了大量盈余，至少在粮食方面是这样。我们可以合理推测，驻扎在莱茵河畔的罗马军队需要物资补给，同时海峡对岸的新罗马行省里出现了新兴的民间市场，这些因素为不列颠提供了发展机遇，刺激甚至促进了不列颠的财富增长、社会变革及新的农业模式。

奥古斯都从一开始就敏锐地意识到恺撒的功绩是留给他的遗产，他迫切需要建立自己的军事声望。在他最终击败马克·安东尼之前，他似乎已经开始计划入侵不列颠了；而且在付诸行动之前，他至少进行过两次尝试。所有的尝试都因其他更迫切的事情而被迫放弃。不过，在公元前26年之后，他很乐意让人们保持原先的印象，即他将很快征服不列颠，这样可以在罗马为自己做政治宣传，同时通过谈判而与不列颠发展外交关系，或者恢复恺撒对那里的征税，据我们所知，这样的谈判已经在进行当中。活跃在奥古斯都王朝后期或其继任者提比略（Tiberius）统治时期的作家斯特雷波（Strabo）证实，从事进出口贸易的不列颠人须向罗马缴纳高额关税。他写道，罗马耐着性子不去征服唾手可得的不列颠，是因为不用占领照样可以征税，这样更划算。他的话似乎反映了一条党派方针，即努力为放弃入侵不列颠的政策辩护。他意味深长地补充道，不列颠人不会对罗马构成军事威胁。

康谬的儿子廷康谬（Tincommius）继承了他父亲在不列颠的王位。公元前15年前后，新国王对罗马的态度似乎出现了逆转，这个位于塞纳河至南安普敦贸易路线上一端的重要王国与罗马建立了友好关系。背后的原因可能是另一个不列颠部落卡图维劳尼人（Catuvellauni）的日益壮大，这个部落的中心位于赫特福德郡（Hertfordshire）。这个部落是最近由若干小氏族合并而成的，还是早就是卡西维劳努斯背后的支持力量，不得而知，但是在克劳迪厄斯征服不列颠之前，这里的历史主要是卡图维劳尼部落的扩张史。然而，当时的罗马对卡图维劳尼人的扩张视而不见。即使在廷康谬和另一位不列颠国王被驱逐、不得不向奥古斯都寻求庇护时，罗马也只是视其为对奥古斯都的主张（即在不列颠实行统治）的支持，奥古斯都认为可以借此在罗马国内做政治宣传。事实上，所有证据都表明卡图维劳尼人处事谨慎，不会公开对罗马的敌意。这种和平的状态对双方的统治阶层来说都有利。不列颠的贵族享受着从帝国进口的商品，而为了换取这些奢侈品，他们会出口相应的商品。罗马作家罗列了出口商品的清单，清单显示，不列颠人不仅给罗马军队提供重要的物资，如黄金、白银、奴隶和猎狗，还为罗马皇帝本人和罗马的富人提供他们感兴趣的商品。公元9年，在罗马军队于德意志遭受重创之后，奥古斯都和他的继任者提比略确立了不干涉帝国之外事务的政策原则，这与他以前的做法截然相反。然而，这一做法一定令卡图维劳尼人和罗马都满意，因为即使卡图维劳尼人的国王库诺比林努斯（Cunobelinus，莎士比亚戏剧里的辛白林）侵占了从前恺撒庇护的特里诺文特人（Trinovantes）的领土，并把王国的中心迁到了科尔切斯特（Colchester），也没有遭到罗马的报复。库诺比林努斯现在已经控制了通往莱茵河的富庶商路。在不列颠，他可以任意切断其他不列颠国王的财路，而财富是他们地位的象征。他或通过征服，或通过其他手段，不断扩大王国的实力和影响力。

罗马征服

相互宽容的状态对罗马和卡图维劳尼人来说无疑皆大欢喜——不过也许其他不列颠人不乐意——但当反复无常的盖乌斯［Gaius，卡利古拉（Caligula）］继承提比略的王位之后，这种和谐的状态开始瓦解。在这个时期的某一天，库诺比林努斯驱逐了他的一个儿子，这个儿子最终逃到了罗马皇帝那里，并正式向他表示臣服。盖乌斯不仅口头上宣称要降伏不列颠，还颁布了入侵的命令。随后他取消了这些命令，但只在最后一刻才取消，而重要的恰恰是这一点。人马已经备齐，大规模的备战已经完成，这可不是演习，而是真正的战斗，这使罗马公众忆起了他们的未竟之业。万事俱备，只待一声令下。

盖乌斯被刺杀，皇位意外落到他叔叔克劳迪厄斯身上。克劳迪厄斯以前被误认为智力有缺陷，皇室其他人不把他放在眼里。但事实上，他集常识、异乎寻常的创新思维、对历史的专业级兴趣以及对罗马传统的崇拜于一体。克劳迪厄斯登基不久就面对一系列重大军事叛乱，他急需在军队中树立威望，并在罗马赢得尊重。怀着这种想法，他自然不会放过在不列颠建立军功荣耀的机会。奥古斯都和盖乌斯都曾取消了入侵不列颠的计划，但克劳迪厄斯不会错失良机，他甚至决心要超越恺撒大帝的功绩。这是为个人和家族争光的最佳方式。

入侵的借口也有了，这个借口有先例可循，也符合当时的战略意义。

国王库诺比林努斯此时已经去世，他的王国落入两个好斗的儿子卡拉塔库斯（Caratacus）和托葛杜努斯（Togodumnus）手中。因此，从东部入口进入不列颠并不是理想选择。在不列颠南部，重压之下的廷康谬的旧王国已经被削弱成海岸边一块弹丸之地，现在一场内部政变又使廷康谬的兄弟维瑞卡（Verica）被驱逐，这导致南部入口也关闭了。跟以往的情况一样，维瑞卡也逃到了罗马皇帝那里。这样一来似乎整个不列颠都开始敌视罗马，不列颠与帝国之间的宝贵交通也受到了威胁。克劳迪厄斯可以效仿恺撒，应这位不列颠国王的要求采取行动。

恺撒的战斗力靠的是卓越的指挥能力，以及长期在他麾下服役的士兵的忠诚。奥古斯都和他之后的几位皇帝所创建的新常备军队，虽然仍然需要指挥能力，但越来越多地依靠严密的组织和训练，以及长期稳定的体制。在这个时期，作为精锐部队的罗马军团只从罗马公民中招募，其中大部分人来自意大利。渐渐地，在意大利以外的较老行省建立的罗马公民殖民地，男子们也有了从军的机会。每个军团有五千多人，主要是重型步兵，还配备骑兵小分队、投石器和其他战争武器。罗马军团还配备各种熟练技工和行政人员。每个士兵都被要求能读会写，因此他们可以胜任各种政府职位。在公元1世纪的前50年里，地方酋长手下的非正规军发展为各行省的常规军，它们成了罗马军团的“辅助”部队；其中的大部分成员不是罗马公民，但是指挥官是罗马人。一支“辅助”军团通常有五百多人，包括骑兵、步兵或混合兵种，士兵的地位和军饷要低于罗马军团。不过，无论是罗马军团的士兵还是辅助军团的士兵，都享有定期工资、职业保障及退伍金，这在古代极为罕见。士兵有教育、培训和自我提升的机会，还能发财致富，军队自然成为推动社会阶层流动的主要力量。无论是现役士兵还是退伍士兵，在自己的社区都享有崇高的地位。辅助军团的士兵在退伍后自动获得罗马公民身份，他们的儿子也有资格参加罗马军团。因此，罗马军队不断地将目不识丁的野蛮人变成有文化的罗马公民，并将新民族融入帝国。

在公元43年，罗马集结了四个罗马军团和大约相同数量的辅助军团，约四万余人，浩浩荡荡扬帆驶向不列颠。与这支训练有素的军队相比，不列颠的武装力量没有什么变化：常备军成员来自贵族，他们最得意的武器是双轮战车，这是他们在战场上快速进退的工具，驾车人操控起来极其娴熟。骑兵的确切身份不得而知，或许是能够提供马匹的人，但不清楚他们日常生活中的主要职业是否就是打仗。大部分不列颠士兵是从农场招募来的。罗马军队穿戴着铠甲，而不列颠人很少有或压根儿没有任何身体防护，他们仅依靠速度、斗志和手中的长剑。在他们能够靠近罗马人进行搏斗之前，许多人已经倒在罗马人如雨的标枪下；并且在与敌方步兵肉搏时，面对罗马人的短剑，他们的长剑在近战中处于劣势。凯尔特军队有时也能取得胜利，不过通常是通过突袭、伏击，或凭借绝对人数优势对脱离大部队的小股部队发动攻势来实现的。他们在阵地战中根本无法与罗马军团相匹敌，而罗马指挥官的战略是迫使他们进入开阔战场，或者将他们包围在城墙内，罗马的攻城兵和大炮可以消灭他们，或者断绝他们的粮草，迫使他们出城投降。面对罗马人，也许他们最大的劣势在于他们都是农民军，一年中能够战斗的时间非常短暂。如果他们不回家种地，全民就得挨饿。相反，罗马军队的供应系统可以保障军队在天气允许的情况下一直战斗，他们建造了坚固、物资储备充足的营地，即使在冬季也可以熬过去。这种系统使得罗马人可以年复一年地进行战争，并为实现永久占领的驻军提供根据地。面对如此强大的对手，不列颠人进行了艰苦卓绝的持久战，的确了不起。

这次入侵遭到了一部分当地部落的顽强抵抗。毫无疑问，另一些部落一直盼望着不列颠南部的卡图维劳尼人的霸权被摧毁，他们轻易就投降了或加入罗马人与他们并肩战斗。最终，罗马大获全胜，11位不列颠国王向罗马皇帝臣服，克劳迪厄斯高奏凯歌挺进科尔切斯特；为攻下这座城池，他曾御驾亲征，甚至动用了象队。他志得意满，举办了共和国胜利者曾经用过的古老仪式来庆祝胜利。在庆典上，他自豪地宣告帝国领土又得到了延伸，继地中海后，“对海洋的征服”再次取得了丰功伟绩（这不是空洞的夸耀，军队起初拒绝出海作战）。

到公元47年，克劳迪厄斯的军队对不列颠的占领已经延伸至塞文（Severn）和特伦特（Trent）。眼下需要做的就是使不列颠成为罗马的一个常规行省。不列颠的总督享有很高的地位。这个职位是留给卸任的执政官的，总督拥有指挥多个罗马军团的权力。在不列颠作为一个行省的头一个半世纪里，在此地任职的罗马人都是定期筛选出的杰出男子。对罗马人而言，不列颠不仅是一个可以通过战争建立功勋的地方，到公元4世纪时，它还被看作是一个自然资源丰富的地方，尽管我们没有数据来对比来自不列颠的收入与罗马的防御和行政方面的支出。到了公元47年，罗马人开始开采不列颠的矿产资源，这是征服的主要目的之一。例如，在这一时期，罗马开始开采曼迪普斯（Mendips）的含银铅。如果罗马满足于她已经控制的地区，那么她可能节省很多麻烦和费用；但是罗马人没有克制自己继续扩张的野心，虽然北部和威尔士的好战、不安分的当地部落对南部的和平发展并没有构成威胁。接下来两三年里发生的事件让罗马走上了另一条道路。

在各个行省，罗马总是尽可能快地将更多的行政负担转移到效忠帝国的当地人身上。克劳迪厄斯打算尽可能地使用“附庸”国王——若他们可靠，这种治理策略最经济。在南部，包括维瑞卡的旧王国在内的一大块领土，被交给国王科吉杜努斯（Cogidubnus）治理，这位国王可能不是一个土生土长的不列颠人。诺福克郡的爱西尼人（Iceni）继续被当作“盟友”。在统辖地区之外，罗马与布里甘特人（Brigantes）的女王卡蒂曼杜（Cartimandua，盘踞英格兰北部大部分地区的一大群氏族）达成了和解，此举确保了该行省不受来自北部的袭击。这项政策的成功案例之一，就是当时的卡蒂曼杜女王将逃亡的卡拉塔库斯（Caratacus）移交给了克劳迪厄斯；另一个成功案例是科吉杜努斯国王的持续忠诚，后来当罗马在不列颠面临种种危机时，他的效忠起了至关重要的作用。

总督主要借助当地部落来管理不列颠行省的其他地区，这些地区被重组为罗马地方政府单位［城市（civitates）］，地方贵族成立了议会，并担任地方行政长官——这些体制是罗马体制的缩影。实际上，这些地方机构常常是现有政府机构改组而成的。此外，全行省都要听命于不列颠首席财政大臣，也叫省级财务官。这些财务官直接向皇帝汇报。这很自然，因为他们对皇室领地（除了通过继承或没收获得的土地以外，皇帝自动获得败敌的王室地产）和皇家垄断权负有特别的责任；但他们也制衡皇帝的军事和司法代表总督的权力。财务官和总督之间经常发生摩擦，且并非完全无意。

自公元47年开始，一系列事件证明不列颠行省的疆土不会一直局限于不列颠南部。罗马人对来自外部的袭击做出了回应，他们不仅反击，还解除了不列颠人的武装。除了在某些非常特殊的情况下，平民不允许在帝国境内携带武器——这在很大程度揭示了罗马时代的日常安全状况，但那些自愿顺服罗马的人并没有预料到这一条规定对他们也适用，他们对此难以接受。爱西尼人发动了起义，但被武力镇压，附庸王国的真实身份现在已经昭然若揭。下一步是调动驻扎在科尔切斯特的军团，并在公元49年用一批罗马军团的退伍老兵取代这支部队。此举的目的在于培养帝国崇拜（Imperial Cult）——对罗马和皇室的正式崇拜，旨在培养行省内人民的效忠；这些老兵是防止叛乱的堡垒。实际上，此时的科尔切斯特是一座没有驻军的城市。也许在同一时期，伦敦正被打造成一座物资供应港。从一开始伦敦就有可能成为不列颠的行政中心。这极有可能是罗马人有目的的行为，而不是像以前所认为的那样，伦敦只是因为商人在此定居而发展成中心。此时，埃塞克斯海岸的优势受到了泰晤士河的挑战；罗马正在铺设四通八达的交通干线，而伦敦恰好处于交通网络的中心，出于官方的目的，它很快就成为该行省的商业中心。

50年代是城市地区蓬勃发展的10年。只有以农业为主的内陆地区大体没有变化，至少在表面上是如此，这些地区的货币经济普遍发展缓慢。然而，到了公元60年，随着总督苏埃托尼乌斯·保利努斯（Suetonius Paulinus）征服不断爆发骚乱的北威尔士各部落，该行省才走上稳步发展的道路。问题出在什么地方？为什么这些外省人在罗马的老朋友爱西尼人和特里诺文特人的领导下，变得如此愤怒，决心抹掉罗马的一切痕迹？

我们只有罗马的记载，但足以揭示其治理不善——小到麻木不仁的玩忽职守，大到堂而皇之的犯罪行为。罗马历史学家塔西佗对不列颠人的性格做出了精辟的评述："不列颠人毫无怨言地承担着兵役、进贡及对帝国的其他义务，但前提是要公道。他们最憎恨的就是不公道；他们可以忍受被人统治，但不能接受被人奴役。"公元61年，爱西尼人女王布狄卡发动了不列颠人起义，虽然财务官是一贯的祸首，但这件事不能仅归罪于他一个人，总督也有责任。不过这件事不只是他们两人的过错。我们也难以直接指责年轻的皇帝尼禄（Nero），因为他受到他的"优秀"顾问们的影响，包括禁卫军长官布鲁斯（Burrus），还有哲学家兼剧作家塞内卡（Seneca）。其中，塞内卡很可能知道不列颠发生了什么事情，因为他突然毫不留情地收回放贷给不列颠贵族的高利贷。从不列颠传来的报告很可能表明，那里爆发的动乱可能使他的投资面临风险。结果，回收贷款的举动给叛乱火上浇油。对罗马的不满主要来自两股势力，分别是爱西尼人和特里诺文特人。布狄卡的丈夫普拉斯塔古斯（Prasutagus）是爱西尼人的国王，他的王国是罗马的附庸国；他去世后，把一半遗产献给了罗马皇帝，希望这样可以换取罗马对他的王国和家族的保护。然而，罗马财务官和总督的代理人却把这看作是敌人的无条件投降。他们没收了普拉斯塔古斯国王的财产，把贵族逐出他们的庄园，向百姓强制征税、征兵。特里诺文特人也遭受了侮辱：旨在推动对皇帝效忠的帝王崇拜的主要负担落在了他们的贵族身上，而罗马殖民者（显然是在士兵的支持之下）霸占了他们的土地，且全然不把他们放在眼里。他们（也可能是其他城市的贵族阶层）当时正面临财务危机，而引发叛乱的最后一根稻草是罗马要收回克劳迪厄斯的赠款和塞内卡的贷款。具有讽刺意味的是，帝王崇拜——以科尔切斯特的克劳迪厄斯神庙为代表——恰恰是不列颠人仇恨的焦点。

为了回应布狄卡的反抗，罗马人对她施以鞭刑，强奸她的女儿。布狄卡号召自己的部落和她的邻居特里诺文特人，并联合其他城市（但显然不包括科吉杜努斯国王），横扫了不列颠南部，焚烧了科尔切斯特、伦敦和维鲁拉米恩（Verulamium，圣奥尔本斯附近），折磨她抓获的每一个罗马人或罗马的同情者，给驻扎在这一地区的小股罗马部队造成了毁灭性的打击。总督差一点丢掉了整个行省。最后他还是镇压了叛乱，抓获了布狄卡，并对不列颠施以极端惩罚。有一段时间，不列颠行省似乎要毁在罗马自己手里了。事实上，尼禄曾一度（可能在起义之前，也可能在起义期间）倾向于完全放弃不列颠。最后，有两个因素拯救了这个行省：新任命的具有高卢血统的杰出省级财务官朱利叶斯·克拉西奇亚努斯（Julius Classicianus）来到了不列颠；另外，罗马召回了那位作恶的总督保利努斯。

平息布狄卡叛乱后的十年里，不列颠开始复苏，但进展缓慢。有证据表明，在尼禄任命的最后一任总督执政期间，复苏进程开始加速。但在公元69年（“四帝之年”）罗马内战爆发，将领们重新开始争夺霸权。然而，战争的结果是诞生了一个强有力的新政府——弗拉维王朝。对于不列颠来说，这意味着行省的复兴和罗马力量的膨胀。正如塔西佗所说：“现在将领中英雄辈出，兵强马壮，我们的敌人将灰飞烟灭。”

虽然内战分散了罗马的注意力，但布里甘特人内部爆发了新一轮的纷争，使卡蒂曼杜女王失去了自己的王国，这样又把罗马军队卷入进来。不列颠北部从此不再平静。罗马扶植附庸王国的旧政策已经被布狄卡和以前的布里甘特人的叛乱所动摇，因此这项政策最终被摈弃。几年之后，甚至连国王科吉杜努斯也被辞退了，住进菲什本的豪华别墅里养老。到公元83或84年，连续几任卓越的总督已经把罗马的军队推进到苏格兰最北部，并驻扎在高地边缘，同时对当地社会进行罗马化。塔西佗在描述他的岳父阿格里科拉（Agricola）的功绩时，所使用的语言可以反映出弗拉维王朝的总体特征：

> 为了鼓励一群居住在分散定居点的好斗的（因好斗容易与人发生争斗）居民过上和平、宁静的生活，享受这种生活方式给他们带来的怡乐，阿格里科拉私下里敦促并公开地帮助他们建造庙宇、环绕公共建筑的公共广场及私人住宅。他表扬那些积极的响应者，痛批落伍者。这样，人们会为了赢得公众的认可而竞相努力，强制手段就显得多余了。此外，他还让上层不列颠人的子女接受教育，学习文明的技艺；他公开声称，无论高卢人接受多好的培养，其禀赋都不如不列颠人。结果是，那些曾经对拉丁语退避三舍的人现在为能说一口流利的拉丁语、能用拉丁语辩论而努力。罗马人的服装也开始流行起来，穿托加袍的人随处可见。他们逐渐为一些使人堕落的器物设备——如花厅（porticus）、浴池和风雅的宴会等所迷惑。懵懂无知的不列颠人把这一切称为文明，但实际上这是他们被奴役的一种方式。

在某种程度上，弗拉维王朝下的这种城市化并不算成功。公元122年，哈德良（Hadrian）皇帝巡幸不列颠，才促进了城市化的稳固发展；哈德良到来后，原有的建设计划被重新启动或被取代，大规模的新工程开始动工。但是，从更长远的角度来看，从公元70年到公元2世纪60年代，不列颠才被真正罗马化，并体现出与帝国融为一体的持久特征。使不列颠融入罗马体系的核心因素在于，罗马将日常行政管理权或多或少地下放到取代附庸王国的当地贵族阶层。赢得当地贵族的心是这项政策的关键；在尼禄统治时期，这些贵族曾对罗马完全失去信心。阅读塔西佗撰写的历史必须了解这样的历史背景。

根据考古证据，我们可以发现，在公元1世纪末及公元2世纪初和中叶，罗马时期不列颠的城镇得到了充分发展。城市的行政中心设有各种市民活动中心：能提供集市、法庭、市民办事处和市议会的广场和大殿；公共浴池，在罗马时代，这里是城市居民放松和社交活动的中心；供水系统；纪念帝国重要人物和当地名人的公共纪念碑；有时候还有剧院或圆形剧场。这些考古证据非常重要，因为在帝国里，出资修建这些便民设施的人通常是地方知名人士（在市议会任职或作为个人），而不是国家或皇帝。有时候，某位跟当地有密切关系的大私人庇护人，可能会因为钟爱这座城镇而慷慨解囊或利用自己的势力为这座城市撑腰。只有在极少数宣传影响力非常大的情况下，皇帝们才会直接或通过他们的代表参与城市建设。

当然，城市的发展不能仅仅依赖于少数接受了罗马生活方式的本土贵族。事实上，随着城镇生活方式的推广，农村地区出现了许多“别墅”——当然，这个阶段的别墅主要是简陋但舒适的罗马式住宅，常常取代了当地的农庄——表明不列颠绅士保留了与土地的联系。很可能他们仍然主要居住在他们的庄园里，许多普通农民也生活在里面。在这一时期，罗马军团的退伍军人主要集中在特意为他们打造的若干城市，如科尔切斯特、林肯（Lincoln）和格洛斯特（Gloucester）。因此，从整体来看，一支由官员、职业人士、商人和技术熟练的工匠组成的充满活力的人群，同样起着推动城镇蓬勃发展的作用。

其中一些人，特别是手工业者和商人，是来自帝国其他地区的移民或访客；许多官员被派驻到不列颠短期任职。尽管如此，罗马时期绝大多数不列颠人仍然是凯尔特人。罗马军队的士兵也越来越多地从部队所驻扎的行省进行招募；跟他们的大多数战友一样，这些不列颠士兵在入伍时没有特殊的罗马公民身份，但在退伍的时候，他们获得了公民资格和可观的退伍费，这说明他们已经逐渐成为罗马化社会的中坚力量。在城镇里，奴隶主允许奴隶从事商业活动；在罗马统治的世界，使用职权来释放奴隶或允许他们赎买自由的行为，壮大了熟练的劳动力人口，也增加了商人的数量。无论农业劳动者的状况如何悲惨，在掌握熟练技术和受过教育的人群中，社会流动性都很高。毫无疑问，不列颠的绝大多数普通百姓仍然留在土地上劳作——工业也主要集中在农村，但早期帝国的城镇为农村地区提供了公共生活、交流和服务的中心，也为不同社会阶层提供广泛的发展机会。

哈德良决心复兴衰落的弗拉维王朝的举措，意义非凡。但是他对不列颠行省的重大影响还体现在其他方面。哈德良是个永不安分、胆识超群、精力旺盛的人；他在位的大部分时间都在走访各个行省。他是为数不多的反对帝国扩张的帝王，因此他本人不受罗马贵族的欢迎；他的许多宏伟事业只完成了一部分，但很难搞清楚这是由于遭到内部的反对还是计划本身的缺陷。这些未完成的事业，至少能在不列颠找到三个例证。第一个例证是修建哈德良长城。罗马扩张达到顶峰之后的30年里，军队开始分阶段撤退，在撤退后的新阵线修筑防御长城，部分原因是由于其他地区对部队的需求，另一部分原因是由于当地出现了相当严重的倒戈。这项政策也符合哈德良一向打算限制帝国扩张的想法。城墙的设计别具一格。然而对其早期建设历史的详细研究显示，正因为其设计新颖，在哈德良统治时期，设计方案经过了一系列重大修改；建造成本费和工期一定比原来的预算高出了许多倍。第二个例证是在东盎格利亚的沼泽地进行农业开垦的计划，该计划需要大规模的水利工程，但许多开发的农场仅在短短几年后就衰败了。第三个例证是伦敦的改造工程，弗拉维王朝时建造的广场和大殿被拆除，取而代之的是比过去规模大两倍的建筑群。在高卢和其他地方，哈德良插手了帮助城市兴建公共建筑的工程。改造伦敦可能与皇帝在公元122年巡幸不列颠有关，在此期间伦敦竖立了一座永久性的堡垒——这在罗马之外的帝国城市中几乎绝无仅有。但是，在哈德良王朝统治后期，伦敦遭受了一场大火，城区被烧毁，重建工程昙花一现，于是在公元2世纪后期，伦敦出现了衰败迹象。

哈德良统治时期，罗马的边界从泰恩河延伸到索尔韦湾（Solway Firth），边界线内的行省在历史上大部分时间里都是安定的。然而，在哈德良之后，罗马至少发动了三次征服北方的重大战争，其中两次是由皇帝亲自指挥的；罗马军队曾长期驻扎在哈德良长城以外的地方，并在一定程度上控制着该区域。事实上，在公元138年哈德良去世后的几个月内，罗马制订了入侵苏格兰的新计划；到公元142年，哈德良的接班人安东尼·庇护（Antoninus Pius，通常他没有兵权）的军队像克劳迪厄斯的军队一样，在不列颠取得赫赫战功。远至苏格兰泰河湾的领土落入罗马人手中，于是从福斯（Forth）到克莱德（Clyde），罗马人开始建造一个更短、更简单的新防御屏障——安东尼长城。在安东尼长城沿线，矗立着一批精雕细刻的纪念性石雕，记录下了罗马帝国无限扩张的最后阶段的自信心。

在安东尼王朝初期，城镇和乡村的发展达到了第一轮高峰。人们普遍认为，帝国的其他地区处在和平安宁、繁荣昌盛的黄金时代。在经济上，不列颠已经全盘接受了帝国早期基于货币经济和大规模长途贸易的经济体系。在文化方面，罗马时尚处于主导地位，其古典艺术和装饰风格被广泛采用。也许从历史上看，对当时的不列颠人来说，罗马征服带来的最重要的艺术影响是引入了具象化风格，特别是在雕塑、壁画和马赛克工艺，以及五花八门的小型工艺和手工业领域——例如珠宝、陶器、家具，以及各式各样的家居用品。与高卢南部相比，来自罗马不列颠的一流艺术品相对较少，但确实存在。不过，中流水准的商品相当丰富，而且很明显到处都有批量生产的物品。正是这些遗留下来的中等层次的生活用品，而不是那些稀有的高级艺术品，揭示了自罗马之前的铁器时代以来，不列颠人民的日常生活方式所发生的变革。仅罗马陶器就揭示了当时的“浪费型社会”，这与之前或之后时期的情况完全不同。

因为宗教影响着最深层次的意识，所以罗马人和当地人同化的最有力证据来自宗教。罗马时期的不列颠是一个宗教万花筒：从罗马国家的正式仪式（尤其是朱庇特星、朱诺和密涅瓦）到最近被嫁接过来的帝王崇拜；从邻近的西部和东部引进的各种宗教，到当地的凯尔特人的崇拜。来自海外的移民经常保留他们自己最喜欢的崇拜方式：生活在科布里奇的希腊女祭司迪奥多拉（Diodora）用自己的语言把祭坛献给提尔（Tyre）的半神赫拉克勒斯（Heracles）；来自荷兰的士兵们在哈德良的豪斯特兹（Housesteads）为他们的本土众女神阿拉希亚戈（Alaisiagae）、伯迪西利亚（Baudihillia）、福利伽毕斯（Friagabis）、贝达（Beda）和菲迷勒那（Fimmilena）设立了祭坛。但对不列颠人来说，最有意义的是罗马人崇拜的神灵和凯尔特人崇拜的神灵的“融合”。这是一个充满困难、变化无常的过程，因为凯尔特人的宗教所认定的神比罗马人的神模糊，但是这种宗教融合非常普遍。这种融合不仅仅停留在表面上，例如，在巴斯的神庙和浴池中的一个祭坛上竖立了莎丽斯·米娜瓦（Sulis Minerva）的雕像，这是当地的温泉治愈女神与罗马智慧女神的结合体，出自罗马占卜师（haruspex）卢奇斯·马尔奇斯·梅莫尔（Lucius Marcius Memor）之手。占卜师的功能是从祭牲的内脏中占卜未来。这种古老的崇拜享有最高的荣誉，可以追溯到意大利宗教中早期伊特鲁里亚人的信仰，但它在这里与一位半凯尔特人崇拜的神灵相结合。同样，在海灵岛（Hayling Island）上，罗马人到来之前的铁器时代的一个主要神殿（更可能与维瑞卡的王权相关联）是用罗马的材料重建的，建筑师可能是国王科吉杜努斯委任的罗马高卢人。这是一大类独特神殿的一个典型范例，考古学家把这一类神殿称为“罗马–凯尔特神庙”，这类神庙在不列颠、高卢和罗马统治下的日耳曼各地均有发现，很明显这是用罗马建筑风格来表达凯尔特人特有的宗教信仰。这些神殿一眼就能被识别出来，它们呈方形、圆形或多边形结构，通常像个带有同心“回廊”的大盒子，并且常常建在封闭的围墙内，墙内有时可能会保留罗马时代之前的神圣树林。

在威尔戴（Weardale）村，我们发现一名骑兵军官因为“捕获一只以前没有人能捕到的大野猪”而感谢西尔瓦努斯（Silvanus，一位披着罗马外衣的凯尔特乡村神）；在格雷塔桥（Greta Bridge），两位女士为当地女神设立祭坛。这些都是凯尔特人和罗马人深层信仰的典型范例，每个地方都有各自所信奉的神。但罗马人毫无困难地接受了他们所征服的土地上的这些神灵。事实上，他们真心渴望知道这些神灵的名字，并崇拜它们，即使没有别的意图，这么做也算是谨慎之举。罗马宗教崇拜鬼神，而且还要安抚鬼神，这便是其较为黑暗的一面。罗马人的泛神论认为万物皆有灵，他们不仅信奉依附在壁炉、房屋、家庭、祖先上的本地神灵，还信奉外来的神灵，这些神灵早在公众接受奥林巴斯山众神之前就已存在；这种泛神论与不列颠人的信仰不谋而合。在考古材料中发现的诅咒文字，反映了该信仰黑暗的一面，有些咒语现在读起来仍然令人生厌。在鲍多克（Baldock）附近的克劳淘村（Clothall），人们发现了一块刻有反向文字（魔法界经常反向书写文字）的铅版，文字的意思是“特此诅咒塔昔它（Tacita），诅咒她像腐烂的血一样化脓”。在格洛斯特郡的尤利村（Uley），从一座寺庙出土了大量带有咒语的石版，其数量是在整个罗马帝国所发现的两倍，这当然绝非偶然。我们从古典记载得知，不列颠人热衷于宗教仪式。罗马人的具体贡献是为不列颠人提供了表达宗教感情的新的艺术和建筑形式，还有文字，文字让这些宗教情感得以清晰表达并永久保存。如同严谨的罗马法律，罗马的宗教活动一板一眼依规行事。罗马时期的不列颠人在表达他们的崇拜和诅咒时，十分讲究语言表达，这表明他们已经具备了出色的措辞能力，能够清晰地表达自己的信仰倾向。

入侵苏格兰之后，安东尼·庇护在帝国的任何地方都不再发动侵略性战争，但在公元2世纪60年代，局势开始发生变化。公元158年前后，不列颠出现了严重的问题。有证据表明罗马迫不得已要镇压布里甘特人。为了占领苏格兰南部，罗马过早地抽调了驻扎在奔宁山脉地区（the Pennines）的部队，布里甘特人趁机发动了叛乱；当时，安东尼长城一度失守。可能是在一场惩罚性的战役之后（尽管这段时间内有关北部地区的年表没有明确的记载），罗马重新短暂地占领了苏格兰，随后罗马军又退守哈德良时期的边界。在下一位皇帝马库斯·奥勒留斯（Marcus Aurelius）统治时期，蛮族对帝国边境施加的压力变得严峻起来。罗马的统治力在逐渐削弱，尽管数世纪来罗马自己不愿意承认。

在来自欧洲大陆的旅行者眼里，不列颠有一项独特的做法似乎与高卢北部地区截然不同。高卢北部的发展在很多方面与不列颠并驾齐驱，使得它在罗马统治下的时间比不列颠少了一个世纪。欧洲旅行者不难发现，罗马在不列颠永久驻军，说明不列颠的总督们最关切的始终是防御。在这里共有三个罗马军团，其中两个在西边，分别驻守在南威尔士的切斯特（Chester）和卡尔里恩（Caerleon）的堡垒里；另有一个在北部的约克；还有大量的辅助部队，其中许多辅助部队通过由堡垒和巡逻路线编织成的网络占领了行省内名义上恪守和平的山间部落。但不列颠南部最明显的不同之处在于那里的城墙。建造这些围墙并不是（除一个时期以外）针对某个特定危机的普遍应对方式。修建城墙的进度十分缓慢，从公元1世纪温彻斯特（Winchester）和维鲁拉米恩等城镇开始，到公元3世纪70年代仍在进行中。公元2世纪初，三个有名望的殖民地有了城墙；其他地区不甘落后，竞相效仿。罗马皇帝不赞成这项工程，因为他考虑到敌人或叛乱分子可能会利用城墙作为防御工事，所以修筑城墙的主要理由必须足够重大，以打消皇帝的顾虑。修建的费用由当地人承担，但需要得到皇帝的明确许可。建造过程非常持久，即使不列颠多次对罗马权威构成重大挑战，建设进程也不能中断。乡村别墅没怎么设防，说明农村地区秩序井然或不用担心农民起义。为什么在全行省内保留罗马军团？为什么让辅助军队驻扎在他们所在的位置？两者的理由肯定是一致的，那就是担心外部蛮族的侵犯和内部山区的起义。对于行进中的部落或军队来说，坐落在主要道路上的城镇都是显眼的攻击目标。在古代世界，如果攻城部队缺乏先进的攻城机械和维持长期围城所需的后勤支援，或者在城内没有可以里应外合的盟友，那么城墙可以说是坚不可摧的。因此，城墙是市民抵御部落入侵的最佳防御工事；城墙在不列颠的流行说明这里的人对威胁的认识比高卢人更加深刻。

然而，修筑城墙耗时漫长，有时需要更快捷的补救性防御措施。在公元2世纪后半期，众多不列颠城镇修筑了土垒防御工事，说明当时它们面临了迫在眉睫的危机。举例来说，在赛伦塞斯特（Cirencester），人们修建了一座土城墙，将巨大的石头城门和已有的一座座瞭望塔连接起来，当时的人们好像做出了紧急决定，打破了悠闲从容的原建设计划，似乎要将防御工事立即投入使用。在这段危机四伏的时期发生的一系列事件中，赛伦塞斯特所面临的最有可能是公元180年前后在北部地区爆发的危机。当时蛮族穿越了边境，据说造成了广泛的破坏，甚至杀害了一名罗马将领。也有人说，当时的不列颠总督克罗迪乌斯·阿尔宾努斯（Clodius Albinus）在公元193至公元197年间发动了篡夺皇位的战争，但这不大可能是赛伦塞斯特人所面临的危机。

然而，围绕阿尔宾努斯篡权而发生的一系列事件标志着帝国进入了一个新的历史时代。在这段时期，不列颠走上与邻近的高卢截然不同的道路。罗马皇帝马库斯·奥勒留在多瑙河上发动了几场大规模战争（此后西部蛮族开始不断地给罗马施加压力），如果他没有死，或许可以实现征服多瑙河以北的中欧的目标。相反，公元180年，提名皇位继承人的制度瓦解，这一套体制曾在一个世纪里培养了一批性格温和、能力卓越的皇帝。马库斯暴虐的儿子康茂德（Commodus）继位的时候，正值不列颠北部爆发上述提到的严重战争之时。在不列颠及其他地区，罗马试图加强军队纪律，但是结果事与愿违。数位皇帝相继被刺杀，新的内战爆发，尽管这一局面很快就结束了，但这不仅导致军队在社会上的地位得到强化，而且罗马的体制也发生了其他深刻的变化。极其粗暴的塞普蒂米乌斯·塞维鲁（Septimius Severus）在高卢击败克罗迪乌斯·阿尔宾努斯，成为最终的胜利者。但是，塞维鲁远没有把军队的纪律和忠诚恢复到几百年前的水准，为了维持自己的王朝，他的策略是一味讨好军队。

公元3世纪的皇帝们摘掉了“基于同意的统治（rule by consent）”

的政治幌子。公元2世纪的皇帝们曾设有元老院，他们怀着不同程度的热忱，试图参与民事和军事方面的政府管理。到了公元3世纪，元老们的地位被职业军人取代，这些军人正在向军队输送越来越需要的专业军官。随着越来越多的外省人获得了罗马人的身份，罗马公民和没有公民身份的外省人之间的差别已经逐渐弱化，甚至完全消失了，取而代之的是一个依法划分的新阶级结构：上层阶级和下层阶级。值得注意的是，士兵属于前一类。根据旧的经济模式，罗马的主要生产中心通过以货币经济为基础的长途贸易，把产品输往帝国的大部分地区；但到公元3世纪中叶，恶性的通货膨胀严重打击了人们对货币的信心，这种旧经济模式正在被更加本地化的产业所取代。

在公元3世纪的头25年里，塞维鲁和他的王朝似乎恢复了安定，但其安定的基础是军事专制，而军事专制本身就是一个不稳固的基础。公元3世纪中叶，随着军官们的倒戈，皇帝们接二连三被暗杀。古老而致命的个人野心肆意膨胀，罗马士兵对他们的指挥官忠心耿耿。此刻，罗马在东面和西面都遭到蛮族的袭击，几乎造成了全面性的灾难。在东面，新兴的波斯帝国俘虏了瓦勒良（Valerian）皇帝；在西面，日耳曼人的屡次入侵摧毁了高卢地区没有城墙的城市，并在莱茵河上永久驻军，阻止罗马保护这一地区的城镇和领地。到公元260年，帝国上下都处于四面楚歌的状态。

以前人们认为，是由于不列颠总督克罗迪乌斯·阿尔宾努斯在欧洲大陆与塞维鲁开战的时候抽调了不列颠的军队，才导致蛮族乘虚而入，致使不列颠也遭到了同样的破坏。但考古结果否定了这种假设。在塞维鲁去世之前，北部边境以外的部落不断来犯，塞维鲁有理由在不列颠发动新的征服战争。罗马的野心从未收敛。这时，罗马人的意图是征服苏格兰全境，完成对整个不列颠岛的征服。事实上，我们有理由认为，正是塞维鲁王朝对不列颠的兴趣，使一个已经开始衰落的行省得以复兴起来。或许是因为皇帝即将前来巡幸，伦敦被收拾得干干净净，并修建了几栋新的公共建筑和不列颠最长的圆形城墙；伦敦的海滨曾修筑了不间断的码头，绵延半英里多。战争策划期间，皇室成员可能就住在约克。罗马已经着手加固北方长城沿线的堡垒；但自从公元2世纪80年初成功挫败蛮族入侵以来，其中许多堡垒的修缮工作都被忽视了。我们有理由认为，约克承担了以前设在伦敦的一些政府职能，也许因为安东尼重新占领苏格兰之后，交通路线又向北延伸了。公元3世纪初，与罗马军团的堡垒一起发展起来的约克，成为罗马殖民地当中的荣誉之城。因此，在塞维鲁王朝某个不完全确定的时期，伦敦和约克被选定为双都城，不列颠被分为两个行省，这就不足为奇了。这也符合旨在减少任何一位总督掌控罗马军团数量的新方针，由此降低诱发叛乱的可能性。

由于塞维鲁去世，继任者又面临多重压力，征服苏格兰的计划被迫取消——但是在取消之前已经取得了一系列实质性胜利。然而，边疆的安全已经得以确保。所有迹象都表明，整个不列颠避免了这个时代其他地方所遭受的灾难。新的发展放缓，但城镇仍然欣欣向荣；虽然乡村别墅没有增多，但至少没有衰败。不列颠的工业（如果陶器业也算是一种指标的话）因欧洲大陆的竞争对手出现了危机而受益。但是人们所期待的一些公共事业没有完成，例如，英格兰芬兰兹（the Fenlands）沼泽地遭受严重洪灾之后，没有开展重建工作。但不列颠的防御工事继续进行翻新，在南部和东部海岸也修建了多个新堡垒，如在东岸的布兰克斯特（Brancaster）和里卡尔弗（Reculver），这可能是为了对通往大陆的路线进行政治控制，因为还没有迹象显示蛮族会从海上对罗马构成严重威胁。公元260年，日耳曼人在高卢制造了更多麻烦——但还没有严重到使罗马中央政府失去对那里的控制。日耳曼、高卢、西班牙和不列颠依附于一位独立的皇帝，共同构成“高卢帝国”（Imperium Galliarum）。在克罗迪乌斯·阿尔宾努斯统治时期，这个小集团已经初露端倪，后来发展成独立的政权。然而，高卢帝国对和平繁荣的不列颠——那里有强大、完好的军队以及几乎具有传奇色彩的宣传价值——的占有，对高卢帝国诸帝来说肯定是一种莫大的欣慰。

帝国后期的不列颠

公元3世纪70年代，帝国避免了立刻崩塌——立刻崩塌的说法只是后见之明。无论是当时还是后来，罗马人的行为看起来就像罗马永远不会垮台一样。皇帝和即将上台的皇帝或皇帝的制造者并没有停止相互谋杀，但是一批士兵出身的伟大皇帝扭转了针对蛮族的军事局势，平定了敌对政府，并开始修复国家的建筑和体制。这样做的结果是帝王制度能够在西罗马继续维持两个世纪（本可能延续更长时间），在东罗马维持12个世纪。公元274年，奥勒良皇帝灭了高卢帝国，不列颠重新回到中央政府的统治之下。但是，不列颠的直接命运与高卢帝国的其他地区截然不同。根据文献记载，公元276年，高卢城池仍然没有城墙，蛮族入侵最猖狂的时候掠走了五六十个城镇，当然这些城镇后来被罗马人重新夺回。考古证据表明，公元3世纪后期，在法国东北部存在大型乡村住宅和庄园非常密集的地区，但众多乡间别墅先后被遗弃。这些房屋后来再也无人居住。

不列颠的情况大不一样。在公元250至公元270年期间，有证据显示不列颠的建筑数量有限，但没有被普遍遗弃的迹象。考古学家倾向于将越来越多的新建筑，特别是乡间别墅或别墅的扩建和改建工程追溯到公元270至公元275年，例如坐落在科茨沃尔德山（the Cotswolds）西侧边沿的维科姆（Witcombe）和弗罗斯特–考特（Forcester Court）别墅。有人提出一个有趣的假说，即当时出现了从高卢到不列颠的“资本外逃”。虽然目前还没有支持这一说法的有力证据，但倘若稍加修改，这种假设就很有吸引力。当然，可以确信的是，罗马不列颠别墅的伟大时代一定起始于公元2世纪70年代，并在公元4世纪达到顶峰。然而，也有人认为土地所有者可能从他们被摧毁的高卢庄园中“提取他们的资本”（换句话说，就是以不错的价格卖掉他们的庄园），但这似乎不大可能。公元3世纪末，这些庄园里重新住上了人，但只是作为被遗弃的土地移交给政府引进的定居者。然而，这一观点背后是对土地所有权狭隘的认识，这种狭隘的观点认为，典型的外省土地所有者只拥有一个庄园，而且在大多数时间里居住在庄园的别墅里。在罗马帝国的上层阶级中，拥有不止一个庄园的业主很普遍，因为地产是财富和地位的典型标志，有时在帝国的不同地区同时拥有多处庄园。在极其危险的时代，在海峡两岸都拥有土地的地主更有可能决定将他们在高卢的财产转移到非常安全的避风港；那些谨小慎微的地主在高卢帝国统治时期已经开始这么做。有少数间接证据表明，高卢的城市在公元276年后终于建成了圆形城墙，尽管这些城墙很坚固，但一般都比较短（与不列颠的很不一样），这些城墙更像是固若金汤的堡垒的围墙。当一个城市没有足够多的富豪愿意出资建设整个城区的防御工程时，建造更长的城墙就不太可能了。

在建筑风格上，这些高卢要塞的围墙确实与差不多同一时代的不列颠城墙很相似，但这些要塞算不上城镇。不列颠南部建有大量新的沿海要塞——采用了相同的风格，高高的石墙和凸出的巨大城楼——布兰克斯特和里卡尔弗等地的更古老的堡垒是在此风格基础上实现现代化的。在更晚的时候（公元5世纪），这些要塞被归入一位“撒克逊海岸”指挥官的管辖之下，因此人们一直认为建造“撒克逊海岸要塞”的初衷是为了防御撒克逊海盗。但这可能弄错了时代背景。我们有理由认为，奥勒良的继任者普罗布斯（Probus）通过在不列颠和高卢建立一连串类似的沿海堡垒，对海峡两岸实施更有力的控制；但其主要目的尚未得到证实。普罗布斯在不列颠不止一次平息重大叛乱，这可能表明“撒克逊海岸”在这个阶段更多的是为了确保帝国内部的政治安全，而非边防。不列颠的地位举足轻重——在罗马帝国的危机时期更是如此，要保住不列颠，控制英吉利海峡是关键。

一次特殊事件证明了这一事实。公元287年，一位名叫卡劳修斯（Carausius）的高级罗马军官负责剿灭出没于海峡一带的海盗。他涉嫌纵容海盗洗劫，然后出动舰队缉拿海盗，并私吞缴获的赃物。卡劳修斯预料到要被判处死刑，于是提前造反并控制了不列颠。不列颠再次被土皇帝统治。这一事件已经被染上了传奇色彩，但事实是，无论是卡劳修斯，还是在他之前或之后的其他自立为皇的罗马人，都没有视不列颠为独立的王国。与统治着帝国其他疆域的皇帝一样，卡劳修斯只是要求平等的铸币权和恩惠，他的传奇意味着他与罗马皇帝共同统治着整个大帝国。在大海的保护之下，卡劳修斯政权坚不可摧。公元293年，卡劳修斯在布洛涅（Boulogne）被君士坦提乌斯一世（Constantius Chlorus）击败，失去了他在欧洲大陆的立足点，他本人被他的财务大臣阿勒克图斯（Allectus）推翻政权并杀害；但是又过了三年，罗马中央政府才再次占领不列颠。这再次证明英吉利海峡是难以逾越的强大屏障。

在打败阿勒克图斯的过程中，尽管先进的航海技术及一系列的好运气帮了大忙——更不用说阿勒克图斯自己缺乏日常防御的积极性——但事实上，到了公元296年，不列颠的反叛政府所面临的罗马中央政府比以往更加强大了。在短短几年间，罗马发生了几个重大变化，导致罗马进入了为我们所熟知的“罗马帝国晚期”。这些变化背后的推动力来自戴克里先（Diocletian）皇帝。他效仿诸如奥古斯都这样的罗马先帝，实施了一系列改革，开启了一段变革时期，在半个世纪里改变了罗马。为了解决长期的政治不稳定，戴克里先创建了“四帝共治”制度，设立两位称谓为“奥古斯都”的主皇帝和两位称谓为“恺撒”的副皇帝，主皇帝去世后，副皇帝自动继位。单个行省的规模被进一步缩小，并且以“教区”的形式分组，由一批被称为“代理官”的新文职官员治理，统治行省的总督（不再有军权）对他们负责。戴克里先扩军一倍，并任命新的指挥官，加强了边防。为了预防阴谋和军事叛乱，他特意加强了对皇帝身边的人的监督。这一时期政府明显增加了各项公共服务。同时，对艺术、时尚和礼仪方面的影响也不容小觑。

公元3世纪的经济遭到了严重破坏。为了解决人力短缺问题，罗马对劳动力流动实施了严格的控制，使得许多职业变成世袭产业。农业上的劳动力不足问题尤为严重。在农业方面，罗马共和国末期的庄园制度依赖从对外战争中所掠夺的廉价奴隶，而到了罗马帝国早期，地主普遍把土地出租给签订短期租约的大批自由佃农。帝国大部分地区在公元3世纪经历了灾难性的经济困境，促使很多劳动力离开了农田。为了应对这一问题，戴克里先制定法律创造了一群被捆绑的农民（隶农）。详细的价格立法——例如，给不列颠的粗呢大衣、毛毯和啤酒的价格立法——没能有效解决通货膨胀。为了保障公务员的利益，政府越来越多地使用实物来支付他们的部分或全部薪水。以往的军人不得不动用自己的工资来购买个人装备，现在这些装备都由国营工厂供应，同时官员的津贴与工资相等。为了支付改革成本，不得不大幅提高税收；由于政府向不同社会阶层征收的税赋不同，因此有人会为了偷税漏税而投机取巧，为此，社会阶层的划分必须进一步固化。

公元296年，在西部恺撒，即君士坦提乌斯一世（君士坦丁一世的父亲）重新征服不列颠之后，新的秩序很快全面建立起来。当时，阿勒克图斯花钱雇来的法兰克雇佣兵在撤退途中袭击了伦敦，君士坦提乌斯一世及时拯救了伦敦，这是一场极具宣传效果的胜利，在很多方面预示着未来的情形。

大部分动荡似乎集中在南方，经过短暂的战斗，阿勒克图斯就被打败了。在北方，考古证据显示，君士坦提乌斯一世大肆重建军事设施，不仅仅是为了修复敌人造成的破坏，更多的是为未来做打算。有证据表明，长期的和平使得军事设施的维护和士兵的补充没有得到重视。君士坦提乌斯一世志向远大。实际上，我们相信，如果时机成熟，他绝对会对苏格兰发起又一轮浩大的战争，苏格兰似乎令每一位雄心勃勃的罗马皇帝都垂涎三尺；当代有些人试图反驳这种揣测，但是缺乏说服力，反而让我们更加坚信上述的判断。当然，在君士坦提乌斯一世成为奥古斯都之后，他马不停蹄地开始备战，并且在公元306年亲临战场。资料显示他打败了皮克特人（Picts）——作为罗马的苏格兰敌人，“皮克特人”这个名称第一次在资料中出现；从安东尼长城东端的克拉蒙德（Cramond）和泰河（the Tay）

上的旧塞维鲁堡垒出土的陶器表明，他计划沿着苏格兰高地东边再扫荡一次。跟塞维鲁一样，君士坦提乌斯一世回到约克，并在那里去世。跟塞维鲁一样，他的继任者就在身边。

军队拥立君士坦丁大帝为皇帝，约克城见证了这一重大的历史转折点。这是一个偶然事件，起因于日耳曼国王克罗库斯（Crocus），作为君士坦提乌斯的主要盟友之一，克罗库斯曾陪伴在皇帝身边，并且他反对戴克里先制定的“四帝共治”的原则。随后引发的一连串事件，以君士坦丁成为唯一的皇帝而收场，君士坦丁获得了至高无上的权力。他与戴克里先的不同之处在于不墨守成规，相同之处是他的雄韬大略。在戴克里先的保守但宏大的改革基础上，君士坦丁大帝的革新为帝国在未来几个世纪的发展建立了模式。

人们早已一致认同，公元4世纪上半叶是罗马不列颠的“黄金时代”。我们现在可以看清，这是基于上个世纪打下的良好基础，上世纪70年代萌发的发展势头还在延续。这个伟大的繁荣时期一直延续到公元4世纪40年代，甚至到公元4世纪中叶之后。我们可以合理地认为，这一最辉煌的阶段应该归功于君士坦丁大帝。我们猜想，跟他父亲一样，他也回到了不列颠，并在这里取得军事上的辉煌。我们当然知道，在他统治期间，他把卡劳修斯设立的伦敦铸币厂升级为帝国铸币厂。正是他将伦敦的名字改为“奥古斯塔”（Augusta），这也不是没有可能。约克堡垒朝河的一面墙建造精美，我们确信，这是为了特意体现在这里称帝的君士坦丁大帝的至高权力，他和哈德良一样，都喜欢大兴土木。

这个时代的精神以公元4世纪不列颠的伟大别墅为代表。在社会和经济上，末日西罗马帝国出现了财富和权利的两极分化：一方是大土地贵族，另一方是皇帝、法院和军队。这些势力之间经常发生冲突，但逐渐趋于融合。他们留给老的城市中产阶级和人数较少的绅士的财富寥寥无几。在罗马帝国，一般来说，新税的最重负担落在地方议会（库里亚大会）成员的肩上。作为地方议员，曾经的荣誉现在成了世袭的负担，而且出路也被立法一步步堵死。

那么住在大型罗马不列颠别墅里的富有居民是谁呢？有些居民可能是从别处迁徙过来的富有公民。如果是元老院成员或者地位较高的帝国官员，他们将免于缴纳库里亚议员所承担的税赋。令人好奇的是，虽然在不列颠人们长期使用拉丁文来表达文雅的谈吐，但这种拉丁文带有本地的特色，这表明本土贵族仍然是社会中的中坚力量。在上个世纪，他们很可能没有受到太大冲击。这同样不禁让人好奇，君士坦丁是否给过他们特别的恩惠。

跟18世纪的英格兰乡间别墅一样——两种别墅在许多方面可以合理地进行比较——这些别墅的设计、复杂程度和规模各不相同。某些特征现在仍然存在，比如采用永久性建筑材料、集中供热（烧木柴或有时烧煤的热空气系统）、上釉、镶嵌地板，以及经常带一个或多个完整的浴室套间。农业建筑物通常相互毗邻，而且和格鲁吉亚的农舍一样，多数农舍周围是耕地。从罗马文学中可以清楚地看到，对任何一栋别墅的占有者来说，其“经济”活动的程度和重要性可能会有很大差异——有的是收入的主要来源，而有的只是娱乐场所。值得注意的是，像伍德切斯特公馆（Woodchester）、切德沃思（Chedworth）罗马别墅或北利（North Leigh）罗马别墅这样的大房子并非孤立，而是底座广大的别墅金字塔的顶端。铁器时代的农场里所建造的简陋别墅幸存了下来，有些经过翻修，有些被新的中小型别墅所取代。这是证明不列颠坚实的绅士阶层幸存下来的最好证据。的确，有一些别墅消失了，但即使在完全安定的时代，这也是自然的事情。更重要的是，现如今，别墅日益成为不列颠风貌的显著特征。

据观察，各个别墅的主要设施往往比较类似。这引发了一种有点复杂的假设，根据保留下来的凯尔特人的习俗，两个家庭或两个业主普遍共同（或分开）使用一座别墅。一个极其简单的解释是，在罗马社会，有地位的绅士出行时常常带着相当多的仆人和朋友，相互拜访各自的乡间别墅是常规社交活动的一部分。客栈的名声很差，所以任何有一定社会关系的人出行的时候，都更喜爱住在熟人的别墅里。大多数罗马不列颠的别墅都建有一条通往公共道路的车道，而且大部分别墅距离城镇差不多不到10英里。因此，别墅与城镇之间的社会关系，以及彼此之间的社会关系可能与其经济影响同等重要。

大型别墅的发展在多大程度上改变了农业景观，我们无从知晓。人们发现，早在公元2世纪就出现了一种临时的别墅和村庄的雏形，它们似乎与以后的庄园和乡村没什么不同。在公元4世纪的不列颠，或许是因为戴克里先界定的“隶农”数量相对较少，或许是因为法律的变化没有对不列颠产生什么影响，由于不列颠相对来说未受干扰，因此当地的局势得以长期保持稳定。虽然出现了部分小农场合并成大农场的苗头，但本土风格的小型农场仍占绝大多数。大型别墅的装潢需求，刺激了各种装潢行业的蓬勃发展，这是更大的变化。其中最著名的是当地的马赛克工匠“群体”，他们是由多家工作坊组成的商行，或者多家商行形成的集团，主要集中在赛伦塞斯特、切斯特顿（Chesterton）、沃特牛顿（Water Newton）、多切斯特［Dorchester，即多塞特（Dorset）］、亨伯河畔的布拉夫（Brough-on-Humber）和南部中央地区。其他从事易腐材料生产的行业也以类似的方式运作，例如，湿壁画家（他们留存下来的作品足以证明这一行业的重要性和卓越品质）、家具制造商及其他为富裕家庭供应大件商品的商人。

古代农村不只有农业，也不仅仅是富人休闲娱乐的地方。公元3世纪，长距离贸易的衰落刺激了不列颠许多产业的发展，例如宁河谷（Nene Valley）的大规模制陶业。在公元4世纪，我们发现汉普郡也有类似的大规模陶瓷业，该产业是在公元3世纪迅速壮大起来的，大部分制瓷作坊集中在后来的爱丽丝霍尔特（Alice Holt）皇家森林里。当时，汉普郡的瓷器占领了伦敦市场，生意十分兴旺。

在罗马晚期的头几年，行政系统大体已经成形，它与新行省的总督们非常匹配。帝国最终的决策可能来自米兰——皇帝们一度发现米兰比罗马更方便——或者在公元324年之后，来自君士坦丁堡。但是从君士坦提乌斯一世时代开始，中央政府就在摩泽尔（the Moselle）河畔的特里尔（Trier）进行日常工作。不列颠的民事行政负责人是高卢人的禁卫军长官，在特里尔办公，不列颠教区的主教代表（Vicarius）对他负责。不列颠、西班牙、高卢的北部和南部一起构成一个大行政区（prefecture）。不列颠的主教代表的总部几乎都设在伦敦，他下面设有四位行省总督，这四个行省分别是：马克西姆·恺撒里恩西斯（Maxima Caesariensis，总部可能在伦敦），第一不列颠（Britannia Prima，总部在赛伦塞斯特），弗拉维亚·恺撒里恩西斯（Flavia Caesariensis，总部可能在林肯）和第二不列颠（总部可能在约克）。每位总督手下都有自己的工作人员。除了正常的民事职责外，这种行政结构还负责军需物资供应，掌管着新的国营工厂——例如，在不列颠有一家为晚期罗马军队提供制服材料的织布厂。一份公元5世纪的文献显示，不列颠人的主教代表有不同寻常的徽章，可能表明至少在那时，他手下有一些士兵供他指挥。更重要的是，由于平民手中控制着物资供应，他们对军队有一定程度的隐形制衡。在社会上，这个新行政体制的高级官员来自罗马社会中受过良好教育的中上层阶级。对高度职业化的行政官员来说，不列颠教区可能是一个重要舞台，我们所知道的每一位不列颠主教代表都不是平庸之辈。一个行省的高级职位不得由本省人担任，这项政策一直延续到公元5世纪初，大多数人都希望在帝国朝廷里谋得一官半职。

各行省的财政管理与帝国早期迥然不同。虽然金融总部同样设在伦敦，但原来的省级财政官已经不复存在。不列颠各行省的总督对主教代表负责，他们负责征收实物税——市政议会迫于压力从纳税人那里征收实物税。然而，还有另外两个独立于主教代表之外的财政部门，每个财政部门都有一名教区长官，他最终直接对帝国秘书处负责。其中一个财政部处理现金税，控制货币发行，管理采矿业和其他一些业务。另一个负责不列颠全境的皇室财产，并负责向皇室报告那些作为皇室代理人的地方财政官的情况。不过，这两个部门经常密切合作，而且可以请求总督协助它们在各自的领域履行职责。

军队的指挥机制不再与各行省保持一致。与此同时，罗马军团和辅助部队被两种新部队取代：一种是驻守军或边防军（limitanei），另一种是机动野战军（comitatenses），后者地位和报酬更高。但仍有许多老部队保留了他们原来的特征，这种情况在不列颠尤为突出。在不列颠，即使军队的内部结构发生了变化，但大部分旧边界仍基本保持不变。此时，驻扎在不列颠的部队被归类为边防军，此举强调了不列颠是需要防御的地区，而不是需要迅速发展野战军的地方。驻守军团的指挥官被冠以公爵（dux）头衔——不列颠公爵（dux Britanniarum）就属于这个级别。另一方面，机动部队一般由军衔更高的伯爵（comesrei militaris）来领导。由君士坦丁亲自指挥的时期，只有一个中央野战军。但在他的几个互相争斗的儿子麾下，有数支大规模的机动部队，它们由军衔更高的将军统帅。其中一些野战军成了常备军，从中抽调出来的小股特勤部队由伯爵指挥。

野战军团既包含被保留或改造的老部队，也包含许多支新部队。其中的新部队很大一部分来自日耳曼各部落，到公元4世纪，仍然有许多日耳曼新兵。在帝国西部，近一半的正规军队是日耳曼人，另一半是罗马人，军官团的人员构成也是如此。例如，公元367年，被蛮族击败的不列颠公爵的名字叫富洛法兹（Fullofaudes）。到公元4世纪末，日耳曼将军们日益占据更多最高军衔的席位。虽然日耳曼军官不再流行使用罗马人的名字，但他们完全吸收了本地出生的罗马军官的理念和野心。然而在文化上，公元4世纪的军官往往与同级的文职官员差距明显。在某些皇帝及其官员与上层平民之间，存在着重大的文化偏见，甚至是不喜欢和蔑视；皇帝、皇帝的法院和新首都与仍然仰望昔日罗马光辉的旧贵族之间也存在矛盾，这种矛盾对社会和政治产生了重要影响。

君士坦丁大帝治国方略的最后一个要素是教会。罗马政权的传统公共宗教足以应付公共事务，但无法满足个人需求。安东尼和平时期的崩溃以及公元3世纪的危机，引发了人们对建立一个更加个性化的宗教——为个人的今世带来慰藉和意义，为来世带来一个更美好的生活——的普遍渴望。同时，与帝国东部的密切接触引入了各种东方“神秘宗教”，这些宗教给予信徒神秘的启示及与神的亲身接触。哈德良本人曾在希腊的古代神殿中崇拜厄琉息斯秘仪（Eleusinian mysteries），于是形形色色的神秘宗教得到了尊敬进而被接受。波斯人所崇拜的密特拉（Mithras）在军界和商界备受欢迎，因为这种信仰主张高标准的正直和纪律，强调紧密的兄弟情谊，这恰好迎合了商人和军官们的理想和利益。与基督教不同，密特拉教在政治上不受猜疑，因此没有遭到迫害。在不列颠，密特拉寺都清一色建在军人或商人偏多的社区，如哈德良长城沿线的罗彻斯特（Rudchester）、卡洛堡（Carrawburgh）或豪斯戴德（Housesteads），还有伦敦。密特拉教的缺点在于严格的排他性，不对女性开放，且主要限于单一社会阶层。由于其礼拜仪式与基督教的仪式十分接近，因此它被认定为亵渎基督教的神灵。例如，在基督教强盛时期，伦敦和卡洛堡的密特拉寺有可能遭到了基督教徒的袭击。公元4世纪，密特拉教逐渐销声匿迹。

关于罗马基督教在不列颠的生存状况的最近研究表明，罗马统治结束后，基督教的传播范围比以前人们所认为的更为广泛，也更加根深蒂固。然而，重要的是，不要在读完公元5世纪、6世纪的历史之后，再去读公元3世纪、4世纪的历史。人们普遍认为，公元4世纪之前，基督教在不列颠几乎没有什么影响力。公元3世纪的不列颠确实出现了基督教的殉道者——圣奥尔本（St. Alban）在维鲁拉米恩殉难，朱利叶斯（SS Julius）和艾伦（Aaron）可能在卡尔里恩（Caerleon）殉难。君士坦提乌斯一世——其前妻是君士坦丁大帝的母亲圣海伦娜（St. Helena）——在他所管辖的地区，保护基督徒不受迫害，因此最后一次对基督教的大迫害只不过是拆毁了几座教堂。这样，不列颠就没有形成真正的基督教早期的殉道者崇拜，另一方面，这也可能吸引了富有的基督徒从帝国更加危险的地区迁移到不列颠，居住别墅的人口也因此增加。

在“米兰赦令”将教会合法化一年之后，不列颠出现了主教，主教的头衔表明不列颠的四个行省的首府是他们的主教区。与此同时，不列颠制作出了罗马帝国时期教堂用的已知最原始类型的金银器皿（发现于沃特牛顿），其年代几乎可以肯定是公元4世纪早期。这些事实使我们注意到君士坦丁大帝所带来的根本性变化。当专制主义在公元3世纪兴起时，帝国曾屡次尝试引入一神教国教。从君士坦丁时代开始，罗马政治中的核心因素——私人领域也日益如此——就是意识形态。遵守国教的惯常礼仪已经不足以表明虔诚，因此作为新国教的基督教成为人们的新信仰。对异教行为的宽容持续了很长时间，在整个公元4世纪里，一部分很有权势的罗马贵族也一直强烈要求宽容，但这种宽容最终逐渐消失。这些贵族一方面认为旧宗教对罗马本身至关重要，但另一方面也承认它与宫廷对立。当信奉异教的皇帝在位时，甚至短暂出现过对异教徒表示同情的时期。然而，在教会内部，君士坦提乌斯二世（Emperor Constantius II）决定帝国有义务确保教义上的统一，这对基督教未来的发展有着重大意义。从公元4世纪中叶开始，国家对异端的追捕成为促成百姓对统治者忠诚的新手段。

因此，让我们吃惊的，不是最近的研究表明公元4世纪不列颠的基督教化程度相当高，而是其基督教化程度居然没有更高。这将引导我们去审视不列颠教会显而易见的性质。认为基督教在城市、异教在农村的旧观点当然站不住脚。君士坦丁大帝统治时期，城市社区由主教主持宗教活动。在西尔切斯特（Silchester）的城墙内发现了一个非常小但不寻常的教堂，在维鲁拉米恩、坎特伯雷和其他地方，普通的墓地教堂里埋葬着殉道者和其他著名基督徒，这些证据都得出了同一个结论。但是，公元4世纪罗马-不列颠基督教的宏伟历史遗迹与别墅有关：例如弗兰普顿（Frampton）和欣顿圣玛丽（Hinton St. Mary）的马赛克，或者肯特郡路林石（Lullingstone）的壁画。从考古证据的分布来看，基督教的传播十分零散。在多塞特郡的多切斯特，一座墓地周围发现的别墅群，表明那里曾经生活着一个庞大、富有的基督教社区；位于其他地方的类似墓地周围则没有任何东西。大量出土的铅质洗礼盘并非来自城市，而是来自农村地区或小规模定居点，它们很可能由地主绅士看护。其中很大一部分洗礼盘是在东盎格利亚发现的，有证据显示帝国晚期时这里的居民很富有。

君士坦丁大帝把寺庙的捐款和财富分配给教会，并从市政财政中抽取资金挪作他用，这给异教和市政府造成了巨大的打击。公元4世纪，越来越多的财富落入了大地主和国家及其机构的手中。在不列颠，乡村别墅是这个时期的突出特点，所以别墅的主人走在基督教发展的前沿就不足为奇了。在这种背景下，有证据显示基督教在各地的传播不均衡，也很正常。我们推测，一个地区的基督教力量取决于当地的地主是不是热忱的基督徒（或者在政治上有雄心）。如果建造教堂和其他基督教纪念碑——就像在早期建设公共寺庙和其他公共设施一样——要依赖活跃的市政府，那么这种资源分配可能会相对更平均。公元359年，在意大利里米尼市议会上，来自不列颠的参会主教明显要比来自其他地区的多得多，但他们的名号没有留存下来，因此不知道他们是否都来自城市。不过，至少我们知道有些主教很难筹集这笔差旅费，这项信息也许意义重大。那么，如果城市基督教社区比较薄弱（或者说在君士坦丁时期有过一段时间的兴起，然而在之后的一个世纪里衰落），这对于罗马统治结束后基督教的生存意味着什么呢？结论是罗马西部其他地方的整个地主阶级与基督教达成了和解，情况跟公元5世纪时期的不列颠类似。公元5世纪，基督教在农村人口中的传播相当均匀稳定，这种情况与公元4世纪时完全不同。由于大多数人都依靠土地生存，所以我们可以设想基督教能够广泛传播，至少是作为一种亚文化延续下去。事实上，在罗马末期，农村神职人员与城市牧师不同，他们的受教育程度相对较低，也没有显赫的社会地位——在农村，主教甚至要靠地主生活——这可能有助于他们与农业人口紧密联系在一起，从而确保信仰和教会的延续，无论后来地主阶层本身的命运如何。

公元4世纪以别墅为基础的不列颠社会与帝国的其他许多地区非常不同，这种社会的早期繁荣能维持多久呢？生活在那个时代的博学多识的历史学家阿米阿努斯（Ammianus）描述了公元360年不列颠边境地区遭到蛮族一系列袭击的情形，他写道，当时“恐惧的烟云笼罩着各省”，他还特别指出，各省“已经被多年来的灾难消耗得筋疲力尽”。此外，根据对城镇的考古，可以得出这样一种观点：城镇到公元350年前后已经“完蛋”了（我们稍后会解释这条观点）。然而，除了细节之外，这幅画面与公元4世纪早期的情况截然不同。

我们有充分的理由认为，帝国的“黄金时代”在君士坦丁大帝去世后没有延续太长时间。在他于公元337年去世后，帝国被三个儿子瓜分：君士坦提乌斯二世、君士坦斯一世和君士坦丁二世。不列颠属于年轻的君士坦丁二世的统治范围。他不满意他所得的份额，于是在公元340年对君士坦斯一世发动战争，但被彻底击败。在此之前，不列颠的军队已有很长一段时间没有打仗了。公元343年冬，君士坦斯一世亲自率军穿越英吉利海峡，进行了一次最不寻常也最令人出乎意料的远征，军队常年无战事的弱点——也可能是将士的不满——可能就此反映了出来，幸存下来的简短记载暗示了帝国的不列颠北部边境正面临压力。到公元360年，边界问题必然十分严峻，历史学家阿米阿努斯的记载提到了当时的情况，当时来自爱尔兰的斯科特人（Scots）和来自苏格兰的皮克特人撕毁了与罗马签订的协议，这表明在此之前罗马已经通过外交手段解决了来自他们的威胁——可能采用的是通常的方式，也就是支付黄金。公元364年，他们反复来侵扰，而且现在阿塔科蒂人（Attacotti，可能也来自爱尔兰）和撒克逊人（Saxons）也加入了进来。公元367年的蛮族大入侵是长期外部骚扰中最严重的一次，这次入侵我们稍后叙述。但在罗马统治的领土内部，至少发生了同样糟糕的一些事件。

公元350年，君士坦斯一世在一场宫廷阴谋中被杀，日耳曼血统的军官马格嫩提乌斯（Magnentius）篡位，成为帝国西部的皇帝。君士坦丁大帝仅存的儿子君士坦提乌斯二世统治着帝国的东部，他挥师西进，平定了马格嫩提乌斯的叛乱。马格嫩提乌斯是对异教徒持宽容态度的基督徒，他的统治持续了三年半，给帝国造成了灾难性的后果。如我们所知，君士坦提乌斯二世视镇压基督教异端为己任，不仅如此，他也憎恨异教。事实上，他重新引入了死刑来打击异教崇拜，他还从元老院挪走了古老的胜利祭坛，此举惹怒了元老院。在他战胜马格嫩提乌斯、重新统一帝国之后，不列颠受到了特别审查。他任命了一位帝国机构档案局局长保卢斯（Paulus）来追捕岛上的异见人士。不列颠人发挥他们的黑色幽默，给保卢斯起了个"链子"的绰号。保卢斯收到的指示是逮捕曾经支持马格嫩提乌斯的军人，但他的权力不受约束，迫害很快扩大了范围，演变成恐怖统治。捏造证据、相互构陷成了家常便饭，使得最忠诚的军官也人人自危。君士坦提乌斯二世自己的不列颠代理官马蒂努斯（Martinus）挺身而出，试图阻止保卢斯迫害无辜，但没有成功，自己反而献出了生命。人们不禁认为，除了那些参与当时权斗的人之外，过去半个世纪中，各个事件所牵连的众多大家族也都被卷到这场旋涡中。皇帝不对任何证据提出质疑就批准了没收财产、流放、监禁、酷刑和处决。仅没收财产这一项决定就沉重打击了地主阶层的兴旺，而平民和军队的士气也遭到重创，使得他们没有多少斗志去抵御迫在眉睫的蛮族侵扰。

公元367年是最糟的一年。皮克特人、斯科特人和阿塔科蒂人入侵不列颠，法兰克人和撒克逊人袭击了高卢海岸。无论是帝国的中央指挥官［瓦伦提尼安（Valentinian）——皇帝本人当时在高卢北部］——还是不列颠的高级将领，都猝不及防。指挥不列颠边防军的"公爵"被歼灭，负责海防的"伯爵"被杀。这次入侵最显著的特征是这些不同的蛮族协调一致、共同行动。有证据显示，北方边境的有些本地侦察兵叛变了，但要弄清整个行动，我们必须假设入侵的未知蛮族具有非凡的军事和外交能力。要详细了解罗马的军事部署和作战方法并非难事，因为罗马军队中有许多日耳曼人——尽管很少有人认为他们是有意识地对罗马不忠诚。各个蛮族来自不同的文化背景，彼此的家乡相距较远，但是他们之间能巧妙地分配攻击目标——也许最重要的是做到严格保密——协调一致、同步作战，这不得不令人佩服他们超凡的领导力。罗马人自然称他们为同谋，我们很难反驳这种观点。

蛮族人一进入不列颠，就分成小分队肆无忌惮地掠夺、打砸、抓俘虏或滥杀无辜。靠近公路的村庄特别容易遭到攻击，而且一部分有围墙的城镇似乎也没有抵抗。罗马的民事机构和军事纪律都瓦解了。一些士兵开小差，有些声称在度假——理由无法令人信服。政治机会主义者伺机而动。不列颠曾被用作高级罪犯的有尊严的流亡之地，当时这些人在策划一场阴谋；有明确记载，罗马收复不列颠之后，阴谋被扼杀在萌芽状态。但也有一些证据表明，不列颠教区（已从四个行省变成五个行省）的一个行省暂时落入叛乱分子的手中。

为了应对蛮族入侵，瓦伦提尼安派遣了一支小而强大的精锐部队——特遣部队，指挥官是狄奥多西（Theodosius），他是后来的格拉提安（Gratian）皇帝的父亲和狄奥多西大帝（Theodosius the Great）的祖父。在君士坦斯一世当政期间，狄奥多西自己的父亲曾是不列颠的一名伯爵司令。这种特遣部队已经成为帝国晚期处理紧急情况的常用手段：特遣部队至少出征过不列颠一次（公元360年），也可能不止一次。这个时期的特遣部队通常由野战军组成。从公元4世纪末开始，越来越多的蛮族战团，甚至整个部落，在自己的国王的率领下，加入了罗马军队。此后的特遣队往往由正规部队和蛮族盟友混合组成，有时为了某一次战役或军事行动，罗马与蛮族会单独签订合作协议。随着公元4世纪军事惯例不断发展，到了公元5世纪，“蛮族”不再像来自外太空的一群敌对外星人，而是变得司空见惯。为了平息内部叛乱，罗马经常雇用蛮族战士来对抗其他蛮族，甚至参与罗马内战。

狄奥多西的战争和随后的不列颠重建似乎既辉煌又彻底。伦敦的压力得到大大缓解。狄奥多西重新集结边防军，赦免逃兵，并重建了一支精锐的军队。陆地上的各支蛮族被各个击破，撒克逊人在海上吃了败仗。从各行省盗走的物品被追回，并物归原主。在新代理官的领导下，政府的民事权威得到恢复；被叛乱分子占领的行省被重新夺回，并被重新命名为瓦伦提亚（Valentia），以纪念瓦伦提尼安和他的东部同僚兼兄弟瓦伦斯（Valens）。此外，堡垒得到重建，受破坏的城市得到修缮。

根据考古资料，公元4世纪中期，不列颠城镇的防御设施进行了广泛的改造，添加了突出的外部塔楼；更令人信服的说法是，这种改造归功于狄奥多西的主张。不过从五花八门的设计和布局可以看出，地方议员也承担了改造的费用和责任。然而，投入使用的往往是四周的城墙，这一事实对于了解公元4世纪中后期城镇的状况具有十分重要的意义。这么厚的围墙，不可能仅仅为了军事要塞的防护，或是作为危险时期为逃难的农村人口提供的避难所。这些永久性的工事说明里面有值得保护的东西。有些人认为不列颠的城镇在公元350年前后已经“完蛋”了，我们如何解释呢？有种心照不宣的假设，认为公元4世纪的城镇与公元2世纪的差不多，这种假设明显有误。当然，我们必须谨慎，不要预先假设所有城镇都以同样的方式发生变化。然而，中央政府搜刮了市政财政，导致市议员们怠政懒政，在此背景下，公共的民用建筑的腐朽或废弃并不令人惊讶。公元4世纪的立法一再试图阻止承担世袭纳税义务的阶级成员搬离城镇，而社会地位更高的阶层却免于市政义务。迅速扩张的官僚阶层是社会中的新元素，我们应该关注一下这群人的情况。五位总督、他们的工作人员、家属、警卫及与他们有关系的许多人都需要住房；臃肿的政府机构里还有许多其他官员，他们都需要大量的政府津贴来维持浮华的生活方式。罗马宫廷穷奢极欲，这种欲望向下渗透到每一个阶层。公元4世纪的省府，如曾经是普通城市的特里尔或阿尔勒（Arles），划拨出大面积土地用来建造宫殿和其他相关的官方建筑。我们可以推测，这种情景同样发生在不列颠的许多城镇，只是规模小一些而已。事实上，考古资料显示，不列颠的很多地方性大城镇有着与伦敦和卡马森不同的建筑，圣奥尔本斯的城镇发展一直持续到公元5世纪中叶，罗克斯特（Wroxeter）也是如此，只是风格不同。考古发掘显示，这一时期的城里有很多耕作过的开阔地，由此我们似乎可以看到新式建筑的花园和地面，而非衰败的废弃建筑遗迹。事实上，根据考古资料，我们可以合理地推测，至少在伦敦和约克，皇帝会时不时地巡幸这两个地方。

我们有理由认为，狄奥多西时期的恢复非常成功。考古证据显示，许多别墅有人继续居住；其中一些被扩建，另一些是完全新建的。直到罗马统治结束，哈德良长城一直由罗马军占领，只不过单支边防军的规模比以前更小了。东北海岸还建立了一个新的信号站系统。许多产业的发展被公元367年的战争打断，但是战后其发展模式有了许多变化，体现了不列颠的活力和新趋势。毫不奇怪，一些异教的宗教场所消失了，但另一些仍在继续使用，还有一些在公元4世纪末转变了用途——有些可能变成了基督教的场所。公元369年之后的40年，没有再现公元4世纪初的辉煌，但也没有任何证据表明这个时期经历了历史学家所说的50年代和60年代的那种萧条。要了解公元409年发生的事情，我们必须认识到，在公元4世纪的后半期，罗马不列颠的形势并没有出现断崖式下滑。

实际上，这个时期还有两个事件值得一提，那就是不列颠发起了两次推翻皇帝的重大尝试。公元382年，一位名叫马格努斯·马克西穆斯［Magnus Maximus，威尔士传说中的马克西穆斯（Macsen Wledig）］的将军打败了皮克特人，从此声名鹊起，最终他篡位称帝，并统治了高卢自治区五年之久——帝国的高卢自治区包括不列颠、高卢和西班牙。这一时期，不列颠的一些堡垒被废弃，特别是在奔宁山脉和威尔士地区的堡垒；第20罗马军团从切斯特（Chester）撤出。马克西穆斯的篡权最终被皇帝狄奥多西大帝平定，但仍然不能完全确定这件事对不列颠军队的防御能力有什么重大影响。公元392至公元394年，不列颠被连带卷入了又一场宫廷政变。政变期间，狄奥多西一世失去了对帝国西部的控制权。但这一事件的更大的意义在于一位将领的出现，这位将军是一位法兰克人，他的光辉盖过了俯首帖耳的西部皇帝。公元395年，狄奥多西之死使帝国西部政府内部实现了新的权力平衡，并且这种平衡成为一种常态，而非特例，这一平衡一直延续到西罗马的灭亡。狄奥多西的两个儿子共同继位，西部归霍诺里乌斯（Honorius），东部归阿卡迪乌斯（Arcadius），由此开启了帝国西部政府和东部政府从根本上分化的时期。至此，罗马帝国正式分裂为西罗马帝国（首都罗马）和东罗马帝国（首都君士坦丁堡）。在东罗马帝国，政权仍然牢牢掌握在皇帝或他的首席文职大臣手中。而在西罗马帝国，扎根于庄园的强大地主贵族阶层与控制军队的专业士兵争夺权力；大约75年后，这两个派别都得出结论，他们可以在没有皇帝的情况下管理西罗马。

罗马统治的终结

已故皇帝狄奥多西的大统帅弗拉维斯·斯提里科（Flavius Stilicho）是汪达尔人。在有效控制了西罗马之后，他开始统治东罗马。斯提里科、霍诺里乌斯、西罗马的元老院和阿拉里克（Alaric）统治下的哥特人（Goths）之间的阴谋、反阴谋及内战在很大程度上导致了罗马统治在整个西部的瓦解。公元5世纪初，在斯提里科的指挥下，罗马在不列颠取得了对皮克特人、斯科特人和撒克逊人的初步胜利，并且修复了防御工事，随后又派遣部队到其他地方。我们无从得知这些调动的规模，但是在公元402年，不列颠停止大量进口新货币，这一定意味着罗马中央财政不再支付不列颠的正规部队和文职官员的薪俸。在他们当中出现极度不满的情绪就不足为奇了。从公元406年开始，不列颠的军队先后拥立了三位短暂执政的篡位皇帝。那年的最后一天，大批蛮族越过莱茵河。中央政府对高卢地区的统治收缩到阿勒斯，此时中央政府已无暇处理不列颠的篡位者。

第三个篡位者一如既往，夺取了高卢和西班牙；有一段时间，霍诺里乌斯被迫承认篡位者的合法性。同样，我们不知道不列颠的边防军的总数是否减少了，但很可能更多的正规军撤离了不列颠。不过，君士坦丁三世的西北帝国是其最后一个篡位的政权，在帝国灭亡之前，不列颠已永远不再处于帝国的统治之下。

我们对不列颠脱离罗马统治的过程知之甚少，但根据历史片段可以拼凑出大体的样貌。公元408年，君士坦丁三世的大部分军队都不在西班牙，使他无法应付蛮族对不列颠的袭击。公元409年，拥有不列颠血统的指挥官——他还故意煽动高卢的蛮族叛乱——统领下的一支军队发生哗变，恰逢包括撒克逊人在内的敌人重新攻击不列颠。此时，不列颠与部分高卢地区一道发生叛乱，驱逐了君士坦丁三世的政府。不列颠成功地抵御了蛮族的入侵，从此决定性地中断了罗马的统治。

不列颠是如何驱逐入侵者的？当时的国家状况如何？我们只能根据资料进行猜测。有少量迹象表明斯提里科和霍诺里乌斯采取了一些措施来鼓励地方组织进行防卫或为防卫提供资金。君士坦丁三世的军官们被罢免后，保留正规军队的可能性最小，而且也不可能投入人力和资金来维持支撑正规军的复杂行政架构。在帝国末期，地主阶层强烈抵制正规军征召农业劳动力和纳税。公元5世纪，在其他地方，停薪的部队解散了，他们或各奔东西，或在土地上定居了下来。事实上，从公元455年起，西罗马帝国的正规军开始衰落，并最终走向消亡。在不列颠，由于没有中央政府，在公元409年之后的几年里，很有可能一些蛮族人受雇承担战斗任务，其中一部分人可能已经被招募到君士坦丁三世甚至斯提里科的麾下。

没有充分的证据支持不列颠人又拥立了皇帝，或者重新创建了中央政府机构。不仅因为他们中很少有人担任过高级职位（不同于现在的高卢-罗马人），而且因为他们一旦摆脱了支撑帝国政府体制的重担——如果他们跟公元5世纪西罗马其他地方的地主阶级有着共同感受的话——无论如何也不会希望重新承受这种负担。公元1世纪，弗拉维王朝时期不列颠的总督取得成功的关键，就是说服本土贵族，使他们相信与罗马建立关系是有益的。我们没有充分的理由认为，公元409年发生的一系列事件已经破坏了地主阶级的地位。然而，他们此时很可能确实对皇帝、官僚和军队组成的体制失去了信心，不相信这套体制能确保他们继续过上富裕的生活。君士坦丁三世驾崩之后，霍诺里乌斯手下的军官在高卢地区实行了残酷的政治迫害，这也打击了不列颠人的热诚。

《罗马百官志》（*Notitia Dignitatum*）为不列颠的文武官员列出了完整的官阶表，这表明，到了公元5世纪，帝国的各部门都认为能够收复不列颠——过去已经收复好几次了。事实上，只有在公元425年到公元429年这个短暂的时期内，才存在罗马对不列颠再次采取重大军事干预的可能性。但那时，罗马其他行省的富裕人群，特别是在高卢的大片地区，开始舒适地安顿下来，他们或与蛮族结盟，或接受其统治。

对于不列颠的绅士阶层来说，假如蛮族人通情达理的话，那么无论是与其结盟还是接受其统治，可能都比直接的帝国统治更好。但是对于中产阶级和工匠阶级来说，由于在公元4世纪，他们越来越多地依靠军队、政府部门和城市教会来获得工作、庇护或市场，所有这种变化必定是灾难性的。在不列颠，罗马考古学证实了这种情况。公元5世纪初，大规模的制陶业突然停业了；到公元420至公元430年，硬币也不再经常使用。这使得测定罗马遗址被废弃的具体年代要比测定更早时期的遗址更为困难。然而，没有证据表明别墅普遍被暴力拆除。城镇过了多久才恢复活跃，各地之间差别很大。在林肯郡，我们发现公元5世纪时有一条主要街道被重新铺设；在伦敦，在一所房子的供暖系统的灰烬里发现了进口的地中海陶器，还有其他证据都表明在5世纪初，伦敦还在罗马的正常占领之下；赛伦塞斯特的集会广场在硬币停止普遍流通后仍在继续使用；在圣奥本斯，大约在公元5世纪中叶，人们通过铺设一条新的水管，把相互接连的一系列重要建筑物统一闭合起来，设计巧妙，令人惊叹。

与罗马割裂之后，据说不列颠人生活在一个个“篡位者”（tyranni或usurpers）的统治之下。对这些篡位者最恰当的解释是，他们是填补合法权力撤出后所留下的真空的当地统治者。他们的背景可能迥然不同，有些是地主，还有一些是军人、罗马人或蛮族人，他们曾被邀请去控制局面或夺取权力。在格洛斯特，一个勇士的豪华墓葬是不列颠风格的，而不是撒克逊风格，墓主人可能是一位“篡位者”，或者是拿当地薪水的“罗马领导者”（condottiere）。在罗克斯特，几座耗资巨大的公元5世纪时期的木结构建筑可能是此类领导者的总部。

公元429年，一位著名的高卢罗马主教圣日曼诺斯（St. Germanus，他已进入罗马上层圈子），为了反对异端来到不列颠。在圣奥本斯，他与当地权贵公开辩论，这些贵族“炫耀他们的财富、华丽的衣着，以及周围簇拥着的一群趋炎附势之人”。约公元446年或公元447年，这位主教再次造访不列颠，但显然当时的情况更糟了。因此，至少在公元5世纪40年代之前，不列颠仍然保留了自己的生活方式——与西罗马帝国其他地方的“后罗马”或“后帝国”生活方式十分相似。

| 第二章 |

盎格鲁–撒克逊时期

（约公元440—1066）

约翰·布莱尔（John Blair）

开拓殖民的时代

有关公元5世纪和公元6世纪这段历史的资料非常少，甚至我们可以把它们全部列出来；这些资料也无法令人满意，它们的缺陷必须加以明确说明。一方面是考古证据，主要来自异教墓地的出土物，这些证据不会说谎，但能回答的问题极其有限。另一方面是一批文献资料、编年史和断简残篇。其中唯一重要的当代作品是《不列颠毁灭记》（*The Ruin of Britain*），这是一部由不列颠修道士吉尔达斯（Gildas）于公元6世纪40年代写成的小册子，其目的是用最激烈的语言谴责他那个时代的邪恶。享有“可尊敬的”称号的圣徒比德（Bede）——他是位于贾罗（Jarrow）的诺森布里亚（Northrowrian）修道院的一名僧侣——在公元731年完成了巨著《英吉利民族教会史》（*Ecclesiastical History of the English People*）。这本书令有关公元7世纪和公元8世纪初英格兰史的其他所有资料都黯然失色，虽然不列颠遭入侵时期离比德生活的时代已经很遥远，但他还是提供了一些惊人的有根有据的传说片段。除此之外，仅有的记载来源于后人汇编的编年史片段、一些诗歌，以及欧洲大陆作家偶然留下的资料。与此非常不同的是撒克逊晚期的年鉴，它被汇编为《盎格鲁-撒克逊编年史》（*The Anglo-Saxon Chronicle*），它逐年记载了英格兰南部各王国发生的事件。早期编年史的可靠性远远低于后几个世纪的，公元6世纪后期之前的编年史，其年代结构存在疑点。

因此，关于盎格鲁-撒克逊的来历，没有接近那个时代的资料。原因很明显：日耳曼民族在到达不列颠的头两个世纪还不识字。因此，要了解他们的早期命运就只能通过不列颠人带有敌意的眼光，或通过外国人偏颇的视角，或通过他们自己半真半假的传说。直到公元6世纪后期，有依据的猜测才勉强拼凑出当时的历史。

考古学提供了第一条线索，它表明，在公元410年之前的几年里不列颠出现过日耳曼战士。罗马晚期的墓地，尤其是从牛津郡（Oxfordshire）到埃塞克斯（Essex）海岸的泰晤士河下游流域，出土了罗马军队当中法兰克人和撒克逊人雇佣兵所佩戴的腰带配件。如果这支部队真的在不列颠驻扎过——就像他们在高卢所做的一样——那么公元5世纪中叶的入侵者可能和两三代人以前就进入不列颠的同族联合了起来。带有山墙柱的下沉式小屋是公元5世纪和公元6世纪英格兰遗民点的特色，在泰晤士河口马金小村（Mucking）附近的一个巨大遗址发现了二百多个这样的小屋。据称，在公元400年，这些房子里驻扎着雇佣兵，他们保卫通往伦敦的道路。如果是这样的话，那么盎格鲁-撒克逊移民连续的历史可以追溯到罗马统治时期。

随后几个世纪，当英格兰人追溯他们祖先的时候，他们认为自己的祖先是在公元400年之后的几十年里来到不列颠的。的确，日耳曼移民从公元5世纪30年代起才真正大量涌入不列颠。在考虑这个重大迁徙之前，我们必须问：入侵者是谁？他们是什么样的人？比德从一个未知的来源引用了一段信息丰富的文字，正好回答了其中的第一个问题，他的回答几乎和所有现代学者的回答一样出色。比德引用的这段文字如下：

> 他们来自三个非常强大的日耳曼部落：撒克逊人、盎格鲁人和朱特人（Jutes）。肯特郡人和怀特岛（Isle of Wight）的居民都来自朱特族，怀特岛对面的居民也是如此。怀特岛对面的这片土地属于威塞克斯王国（kingdom of Wessex），如今这里仍然被称为朱特人的国家。东撒克逊人、南撒克逊人和西撒克逊人来自撒克逊国，即现在被称为旧萨克森（Old Saxony）的地区。除此之外，东盎格鲁人、中盎格鲁人、麦西亚人（Mercians）和诺森布里亚人（Northumbrian）——那些居住在亨伯河（Humber）以北的人——来自盎格鲁部族，该国位于朱特王国和撒克逊王国之间，被称为“盎格鲁”（Angulus）。据说从那时候开始到今天，盎格鲁一直荒无人烟。

考古学证实了比德的分析：在英格兰墓地发现的陪葬品与德国北部和丹麦半岛南半部的相似。从东盎格利亚公元5世纪的火葬公墓出土的一些骨灰缸和德国萨克森州的骨灰缸甚至出自同一批陶工之手，而且肯特郡的陶器和珠宝的材料跟日德兰半岛（Jutland）的类似。德国石勒苏益格（Schleswig）东北部的一个地区至今被称为昂格尔恩（Angeln）。在比德列出的部落名单里，我们可以添加弗里斯人（Frisians），他们与公元5世纪初渗透到弗里西亚沿海定居点的撒克逊人混居。比德提到一些家乡定居点被遗弃，在德国威悉河（Weser）口附近的费德森·维尔德（Feddersen Wierde）的考古发掘证实了这一点。在这里，一个由大型木结构建筑构成的村庄在公元450年前后被遗弃，这显然是海平面上升造成的。除了不列颠低地土质肥沃，以及当地居民刻意引进雇佣兵这两个因素外，发生在沿海附近的移民潮也为从大陆移民不列颠提供了解释。

比德对王国的种族划分可能过于纯粹。肯特郡人很可能主要是朱特人，而其他主要种族当然认为自己要么是“盎格鲁人”，要么是“撒克逊人”。但是考古学并没有显示他们之间有非常明确的划分，到公元6世纪后期，当各个王国开始成立的时候，种族间的分界线是很模糊的。因此，东盎格鲁人的最精美的金属制品与肯特郡的金属制品十分相似，而他们的王室似乎一直是瑞典人。海上交通无疑弱化了种族间的联系，为了满足早期殖民者的需要，发展出了新型的定居点和社会组织形式。例如，值得注意的是，费德森・维尔德的大型矩形大厅与英格兰遗址上发现的无固定形状的下沉式棚屋群形成鲜明对比。这些定居者是盎格鲁人、撒克逊人还是朱特人，这个问题并不重要，因为他们都属于南斯堪的纳维亚半岛、德国和法国北部地区，广义上有着相同的文化。他们已知最早的诗歌是以丹麦和弗里西亚为背景的英雄传说；公元7世纪初的东盎格利亚国王拥有瑞典和高卢人的宝藏；基督教通过肯特国王与法兰克公主的婚姻来到英格兰。不列颠脱离了罗马帝国，加入了一个非常不同的国际社会。

这些人怎么样？显然，他们远没有罗马人文明，但他们也有自己稳固的体制。公元1世纪的历史学家塔西佗所描述的日耳曼人的特性大多也适用于他们在英格兰的远房后裔。与日耳曼人一样，在整个盎格鲁-撒克逊人的历史中，最强大的社会纽带是亲属关系和贵族身份。

有亲属关系的群体在家乡时关系密切，来到英格兰之后也是如此。一个男子的家属和侍从有时可能构成一个独立的定居单位，他们共享资源，有自己的土地分配制度。这些延伸的“亲密关系”对定居点性质的影响体现在许多地名的结尾上，许多地名的结尾是-ing、-ingham和-ington。黑斯廷斯（Hastings）的意思是“Haesta人”，雷丁（Reading）的意思是“Reada人”，沃金厄姆（Wokingham）是指“Wocca人的农场”，等等。虽然现在认为并非所有这些名称都来自第一个定居阶段，但许多地名起源很早、很重要，并特指大片土地。这些地名表明，给领地取名时，往往依据在这片土地上定居的部落。社会发展了，但家族成员的忠诚仍然至关重要。群体的安全在于他们知道亲属们会为一位成员的死而复仇，忘记复仇意味着永远的耻辱。然而，在塔西佗的时代，荣誉可能会通过赎杀金（wergild）得到保全，赎杀金是凶手支付给受害者亲属的钱。盎格鲁–撒克逊的法典根据受害者的等级列出了赎杀金的额度，国王们越来越多地鼓励这种非暴力类型的惩戒。

塔西佗还强调指出了日耳曼人对他们的领主的忠诚。有时他们有世袭的国王，但在战斗中他们通常由当选的酋长领导："在战斗中，酋长战死了而你幸存下来，并退出战斗，这是一生的耻辱。捍卫他、保护他……是他们宣誓效忠的本质。"九个世纪之后，在公元991年，一支盎格鲁–撒克逊军队在埃塞克斯海岸的马尔登（Maldon）被维京人击败。到那时，英格兰已经是一个文明国家，早就基督教化了；然而当代一位诗人赋诗赞颂其中一名捍卫者在其领袖牺牲之后的表现，恰好验证了塔西佗的话。诗如下：

我发誓，从这个地方起，我不会放弃一寸土地。
我会继续战斗，为我的朋友兼领主复仇。
我的举动不会为谴责留下口实。
对在斯托尔（Stour）河畔上顽强的战士来说，他现在已经倒下了，没了呼吸。
——我离开了战场，成了无主之人，无脸回家。
宁愿战死沙场，任由刀枪夺我命，无论是枪头还是刀刃。

显然，对领主的忠诚有时可能与对亲属的忠诚相冲突。为了维护良好的秩序和他们自己的权威，后来的国王们倾向于加强领主的权力：阿尔弗雷德（Alfred）国王的法律规定，"如果一个人的亲属受到不公正的攻击，任何人都可以为他的亲属而战，但不能针对他的领主，因为我们不允许任何人攻击他的领主"。基于以上两个方面，盎格鲁–撒克逊社会一直非常看重忠诚和遵守誓言。

他们的主要神祇来自后来的诺斯人（Norse）的神话，如战神（Tiw），主神（Woden）和雷神（Thor）。他们在星期二（Tuesday）、星期三（Wednesday）和星期四（Thursday）以及一些地名——图斯里（Tuesley，萨里郡）、温斯伯里（Wednesbury，斯塔福德郡）、瑟斯里（Thursley，萨里郡）等——中被人们记住，这些地方可能是祭祀中心。即使在皈依后，英格兰人仍用他们的旧女神厄俄斯特（Eostre）命名了一个主要的教堂节日。像日耳曼人的神社一样，英格兰的神社也设立在偏僻的地方，如树林里或山丘上：一些地名含有hearg（神社），如萨里郡的佩珀哈罗（Peperharrow）和伦敦的山上哈罗（Harrow-on-the-Hill）。由于后来教会理事会禁止对"石头、木头、树木和水井"的崇拜，可以推测这种活动出现在异教徒的宗教习俗中。至少在其外在形式上，这种宗教与罗马统治下的异教不列颠人的宗教并没有太大不同。

对大约公元600年之前的事件，历史记载并不多。吉尔达斯说，受皮克特人和斯科特人的困扰，在"骄傲的暴君"伏提庚（Vortigern）统治下的英格兰人雇用了第一批撒克逊人，以保卫东海岸。比德和其他资料来源补充说，撒克逊人由名为亨吉斯特（Hengist）和霍萨（Horsa）的两兄弟领导，他们建立了肯特王国，他们登陆不列颠的时间确定为公元450年前后。虽然这个时间偏晚了，但这个记载与考古证据非常一致：如果日耳曼雇佣军在罗马统治下就被引入了，罗马撤出之后的各继承国完全有可能继续采用同样的政策。然而，根据吉尔达斯的说法，雇佣兵发生了叛乱并袭击了他们的主人；随后数年爆发了没完没了的战争，最终英格兰人取得了重大胜利，这场决定性的战役也许发生在公元500年前后，在一个名为巴顿山（Mons Badonicus）的地方，其具体位置现在已经无法考证。与此同时，《盎格鲁-撒克逊编年史》记录了南海岸其他酋长的到来，他们是后来几位国王的半传奇化的祖先：公元477年苏塞克斯（Sussex）的艾尔（Aelle），以及公元495年威塞克斯的塞尔迪克

（Cerdic）和西恩里克（Cynric）。

在这段岁月里，涌现了一位人人熟悉的人物亚瑟（Arthur）。不幸的是，就史实而言，他是最模糊的人物。有关他的两三个真正的历史片段是在几个世纪之后才被记录下来的，围绕他的名字的传说则只是12世纪后的奇幻虚构。我们只能说，英格兰曾经有一位战争领袖亚瑟，他与巴顿山战役及随后的战役有关。可能有过一位酋长或超级国王，他是最后一位统一这个前罗马行省的人，在他之后这个国家又瓦解成不列颠和盎格鲁–撒克逊等国家。我们对当时的重大政治事件知之甚少，进一步推测似乎没有多少意义。

吉尔达斯说，巴顿山之战所赢得的和平一直持续到他自己的年代，50年后，出现了五个由邪恶的“暴君”统治的不列颠王国。在未来的英格兰大地上，他们的力量延伸了多远只能靠猜测了。但西南地区的山顶遗址显示防御工事得到重建，表明这里发生过历时多年难分胜负的小规模冲突。在这段时间里，正如挖掘出的墓地所证实的那样，入侵者正在稳步向内陆地区推进，沿着泰晤士河流域向上，从东盎格利亚向西，以及从威塞克斯向北。《盎格鲁–撒克逊编年史》记载威塞克斯的撒克逊人在公元6世纪50年代进入威尔特郡（Wiltshire），在公元571年占领了南米德兰兹（South Midlands）的一大块土地，在达勒姆（Dyrham，格洛斯特郡）赢得一场决定性的战役，使得他们在公元577年夺取了格洛斯特、赛伦塞斯特和巴斯。与此同时，其他英格兰王国也正在诞生：东盎格鲁人的、东撒克逊人的、麦西亚人的，以及伯尼西亚（Bernicia）和德伊勒（Deira）的诺森布里亚人的王国。到公元6世纪末，我们再次掌握了一些可靠的史实——入侵者牢牢地控制了不列颠岛的半壁江山。

本地居民的命运如何？公元6世纪的苏格兰居民仍然主要是皮克特人，尽管西海岸的爱尔兰人（未来的“苏格兰人”）在定居点创造了一个叫达尔里亚达（Dalriada）的王国。几个世纪后，达尔里亚达的一位国王建立了统一的苏格兰。英格兰北部还有三个王国：以敦巴顿（Dumbarton）

为中心的斯特拉斯克莱德（Strathclyde）、以索尔韦湾为中心的雷吉德（Rheged），以及利兹（Leeds）地区的埃尔梅特（Elmet）。诺森布里亚人吞并皮克特人的图谋以公元685年的重大失败而告终，而这里的扩张主要是以牺牲不列颠人的利益为代价。斯特拉斯克莱德幸存了下来，但雷吉德和埃尔梅特在公元6世纪末和公元7世纪被诺森布里亚吞并。

当然，英格兰主要的飞地是威尔士。来自东方的难民无疑使其人口膨胀。基督教幸存下来，罗马文化的一些鲜明痕迹也随之保留下来。在公元6世纪，威尔士建立了几十座甚至几百座小修道院，并且出自威尔士东南部的房契表明罗马时期的地产仍在运营。格温内斯（Gwynedd）、达费德（Dyfed）、波伊斯（Powys）和格温特（Gwent）这些王国一直延续到公元550年前后，到公元6世纪末仍存在一些小王国。根据吉尔达斯的记述，至少有两位暴君统治过威尔士：格温内斯的马格洛坎努斯（Maglocunus，又名Maelgwn），他是“冠邪恶之首，比许多人权力更大，比许多人更恶毒”；还有达费德的沃提波尔（Vortipor，又名Gwrthefyr）。沃提波尔的纪念碑仍然矗立在达费德的教堂墓地，它证实了吉尔达斯的控诉：

> 当你坐上满是诡计的宝座，你的头发已经花白。宝座从上到下沾染了各种谋杀和奸淫，你是明君的孽种……沃提波尔，德梅泰人（Demetae）的暴君。你即将走到生命的尽头。你像酒徒嗜酒一样吸吮着罪恶，为什么你从不感到满足？倒不如让罪恶将你吞噬。为了给你的罪行锦上添花，在铲除你的妻子并让她荣光地死去之后，你不知廉耻地强奸了自己的女儿。为什么你用无法摆脱的负担加重你那已经恶贯满盈的灵魂？

康沃尔郡（Cornwall）、德文郡（Devon）和萨默塞特郡（Somerset）组成了英格兰的杜姆诺尼亚（Dumnonia）王国。根据吉尔达斯的说法，它的国王和其他国王一样糟糕：“君士坦丁，杜姆诺尼亚淫秽的母狮产下的残暴的幼崽。”虽然康沃尔郡在公元838年之前一直存在，但在公元7世纪和8世纪，当地居民们被盎格鲁-撒克逊人驱赶。由于这种征服相对较晚，很多证据被保留了下来。考古发掘表明，在一些古老的城市中，尤其是埃克塞特（Exeter）、多切斯特、多塞特郡和伊尔切斯特（Ilchester），在公元5世纪和6世纪之间，生活一直在艰难地延续。这些县的许多主要教堂都源自凯尔特人：1978至1980年在威尔斯（Wells）的发掘出土了一系列宗教建筑——从罗马晚期的大型陵墓到盎格鲁-撒克逊大教堂。这里和威尔士一样，较小的教堂通常可以追溯到凯尔特修道院（llan）或殉道者坟墓（merthyr）周围的墓地。

要估算到公元600年时在盎格鲁-撒克逊人居住的地区有多少不列颠人幸存下来，这项任务非常艰巨。事实上，1086年的英格兰可能只有不到一半的晚期罗马人口，这还是在10世纪和11世纪的人口增长之后的比率。很明显，公元5世纪和6世纪的人口减少确实很严重。许多人向西逃亡，或者向布列塔尼逃亡，当然人口减少还有一部分原因是流行病的传播。更普遍的情况是，罗马不列颠人遭受了社会支离破碎的共同命运——人口下降或许是最明显的迹象，它说明社会的确变得支离破碎。但这并不是说没有不列颠人留下来：有迹象表明有些地区的人口中包含不列颠人，特别是在北方和西方。有时（例如在早期的肯特法律中），不列颠人的身份是农民或半奴隶化的庄园劳工，这一点有助于解释罗马土地制度的元素是如何传入英格兰社会的。值得注意的是，英语单词“Wealh”［“Welshman”（威尔士人），即不列颠人］的意思是“奴隶”，因此很难知道地名沃尔顿（Walton）的意思是“英格兰人的定居点”还是“奴隶定居点”。无论有多少不列颠人，他们都处于从属地位：他们的文化很少传递给盎格鲁-撒克逊人，他们的语言也几乎消失了。

早期的盎格鲁-撒克逊人是非城市民族：他们之所以具有重要地位，是由于等级原因而非经济原因。但有些人认为他们看着摇摇欲坠的罗马城镇，心里只怀着迷信的恐惧，这种观点有点言过其实。英格兰人知道什么是ceaster（要塞，这个词的使用一直保持很好的一致性），并且他们通常知道它的罗马名字：Mamucion成为Mame-ceaster（Manchester，曼彻斯特），Venta成为Ventan-ceaster（Winchester，温彻斯特），依此类推。罗马时期，城镇处于道路系统的中枢，城墙很坚固。城镇是酋长们建立总部的好地方，有些城镇可能永远不会失去当地的行政职能。当然，这并不等于城市生活：罗马城镇并没有完全被遗弃，但如果按真正意义上的城镇标准来衡量，那么它们已经消亡了。

与罗马高卢相比，为什么罗马不列颠被更彻底地抹掉了？其中一个原因是两地的移民不同：法兰克人和西哥特人（Visigoths）对罗马人的生活方式的了解比盎格鲁人和撒克逊人多得多。另一个原因是，在公元5世纪初和6世纪中叶之间，不列颠人自己也发生了很大的变化。最早的威尔士诗歌显示，不列颠是一个非常像撒克逊人的社会，它们由同样的忠诚所主导，同样强调财富、馈赠礼物，以及酋长之下的战士之间的友情。即使撒克逊人没有涉足不列颠，罗马文明也可能因为太脆弱而无法延续。

7世纪

公元7世纪初的英格兰给人的第一印象是它分为若干大王国：肯特、苏塞克斯（南撒克逊人）、威塞克斯（西撒克逊人）、东盎格利亚、埃塞克斯（东撒克逊人）、麦西亚（包括中盎格鲁人）和诺森布里亚［包括伯尼西亚、德伊勒及稍后的林赛（Lindsey）］。但实际上，王国的划分并不是那么一清二楚。王国只是从混战中逐渐涌现出来的：例如，米德尔塞克斯（Middlesex）可能是一个未被记载的更大的中撒克逊王国领地瓦解之后的残余。还有数目不详的较小民族，夹在大王国之间或被它们吞并。有些人，比如伍斯特郡（Worcestershire）的赫威赛人（Hwicce）和威尔士边境的麦肯赛特人（Magonsaete），有他们自己的国王，这些国王逐渐从属于更大的统治者，成了“次王”（sub–kings）或“高级市政官”。可能还有很多其他民族：萨里在公元7世纪70年代有一个名为弗里斯沃尔德（Frithuwold）的“次王”，而他的祖先很可能是一个独立王国的统治者。偶尔也有一些地方分裂主义的迹象，以及对大国的怨恨。比德说，在公元643年，林赛的一个修道院拒绝接收诺森布里亚国王奥斯瓦尔德（Oswald）的尸体，因为虽然他们知道他是一个圣人，“但他来自另一个省，并对他们动用过权柄”。公元600年时英格兰的国王可能有数十个。

大国也同样经历了权力消长和更迭的过程。比德和其他资料来源提到了一系列从王国争霸中脱颖而出的超级国王［over–kings（Bretwaldas 或 Brytenwaldas）］，他们先后统治过所有或大多数盎格鲁–撒克逊各民族。无论超级国王是不是一个正式的头衔（这似乎令人怀疑），但个别国王完全有可能建立广泛的、短期的政治大一统。比德列出的清单中前四位超级国王是：苏塞克斯的艾尔、威塞克斯的查乌林（Ceawlin）、肯特的埃塞尔巴德（Æthelbald）和东盎格利亚的雷德沃尔德（Raedwald），他们的统治延续到公元7世纪20年代。虽然我们知道雷德沃尔德于公元616年率领军队穿过麦西亚，并在自己的边疆击败了诺森布里亚人，但我们仍不能判断他们的权威在他们自己的王国之外有什么意义。第五和第六位超级国王都是诺森布里亚的国王：埃德温（Edwin，616—632年在位）和奥斯瓦尔德（633—642年在位）。这些国王是比德眼中的英雄，是战无不胜的基督徒国王的楷模。通过他们，我们首次清楚地了解了英格兰各王国之间的关系。

诺森布里亚向西扩张导致麦西亚与威尔士人联合起来。公元632年，卡德瓦龙（Cadwallon，格温内斯信奉基督教的不列颠国王）和彭达（Penda，麦西亚信奉异教的盎格鲁–撒克逊国王）在对抗诺森布里亚的战斗中取得了短暂的胜利，但次年奥斯瓦尔德卷土重来，卡德瓦龙被杀。威尔士人继续支持彭达。公元642年奥斯瓦尔德远离故土作战，在奥斯沃斯特里（Oswestry）被杀。这一事实，以及史料中偶尔提及的他与威塞克斯国王的关系，表明奥斯瓦尔德的领主地位和军事活动远远超出了诺森布里亚。一组早期的威尔士诗歌描述了比德记录的故事的另一面：比德的英雄对威尔士人来说是侵略者。在为辛迪兰［Cynddylan，来自波伊斯（Powys）的贵族，曾在彭达军中服役，在抵御奥斯瓦尔德入侵的保卫战中牺牲］写的挽歌中，我们可以通过不列颠人的眼睛一窥诺森布里亚人：

> 我的兄弟们在一次战斗中被杀，
> 辛南（Cynan）、辛迪兰、辛雷斯（Cynwraith），
> 他们在捍卫特伦，一个被蹂躏的小镇
> ……
> 田野上布满鲜血
> 而不是条条犁沟
> ……
> 自从撒克逊人砍倒了
> 波伊斯的辛迪兰和艾尔凡（Elfan）
> 辛迪兰的府邸，屋顶黑暗……

公元655年，比德笔下的第七位超级国王诺森布里亚的奥斯维（Oswy）击败并杀死了彭达，此后奥斯维在其他王国中拥有了很大的影响力。尽管如此，后起之秀还是麦西亚。麦西亚的贵族很快就赶走了奥斯维，并选择了彭达的儿子伍尔夫希尔（Wulfhere）作为他们的国王。到公元7世纪70年代初，伍尔夫希尔似乎已经统治了英格兰南部的各王国，并且在公元679年，他的继任者在特伦特（Trent）打了一场胜仗，最终结束了诺森布里亚人的扩张。然而，在南部，麦西亚的权力突然受到了威塞克斯的凯德瓦拉（Caedwalla）的制约，凯德瓦拉在公元685至公元688年的短暂统治期间吞并了肯特、萨里和苏塞克斯。凯德瓦拉及其继任者伊恩（Ine）在威塞克斯建立了一个稳定的政权，这将决定两个世纪后英格兰

的命运。

在公元7世纪的政治世界中，虽然国王有可能获得巨大的权力，但他的统治很难长期保持下去。为什么国王的更替如此之快？一个原因是权力和征服取决于军事力量，军事力量取决于酬礼的多寡，酬礼又以财富为基础，而财富反过来又可以通过权力和征服获得。社会充满了不和，王国的继承是流动和不确定的；因此，有许多王室和贵族成员逃离了他们自己的亲属，去寻找慷慨仁慈的领主。比德说，德伊勒的奥斯温（Oswin）国王“高大英俊，谈吐和蔼可亲，举止温文尔雅，待人慷慨大方，不分贵贱，于是几乎所有王国的贵族都竞相投奔他，为其效力”。这样的制度几乎不可能稳定：一旦国王贫病交加，他的扈从会四处分散，他的继承人（如果能幸存下来）将成为新领主的次王或追随者。

1939年，在东盎格利亚海岸的萨顿胡（Sutton Hoo）发现了一个大型皇家墓葬，让世人见识了什么是国王的富丽堂皇。由于墓葬的年代可以追溯到公元7世纪20年代，所以它有可能是国王雷德沃尔德的坟墓，他在比德的超级国王名单中排名第四。他被埋在一个巨大的土堆下的船棺里，随葬品有他的盔甲、武器和大量无与伦比的珍宝。黄金和镶有宝石的装饰品可能是北欧地区发现的最华美的一种，同样令人惊叹的是随葬品来自许多不同国家。一块不同寻常的具有象征意义的磨刀石可能是一根权杖。从萨顿胡王陵来判断，诗歌里对皇家财富的描述毫不夸张：王国兴亡，皆因财宝。

从一开始，英格兰社会就存在军事贵族，他们可能拥有某种领地。但是在早期的几个世纪里，国王的追随者或塞恩（thegns）与他们的庄园的联系要少于与国王本人的联系。他们要陪伴国王，见证他的公开行动，住在他的大殿里，如有必要，为他而战，为他献身。贵族生活十分重视集体生活：大礼堂是欢乐的地方，是危险世界的避风港，是盎格鲁–撒克逊文字作品中常见的意象。比德淋漓尽致地描绘了这番景象，没有人比他写得更好。在描述一位诺森布里亚贵族如何敦促埃德温国王接受基督教的文字中，他写道：

> “国王大人，与我们所不知道的那个时代相比，对我而言，这就是一个人的现世生活。冬天里，你正与你的贵族和塞恩们坐着一起吃饭；大厅中间的壁炉里生着火，屋里的一切都温暖如春，而屋外寒冷的雨雪风暴正在肆虐；一只麻雀飞掠过大厅。它从一扇门飞进来，又迅速从另一扇门飞走。在屋里的一瞬间，风雪和寒冷无法触及它，但在这一闪而过的平静时刻之后，它飞出了您的视线，再次扎进刺骨的暴风雪。人生也一样，美好只是一瞬间；前世和来世发生了什么，我们根本不知道。”

王室或贵族大厅里的宾客成为这些反映时代的文学作品（由专业吟游诗人朗诵的英雄叙事诗）的听众。留存的片段中有一部重要的史诗《贝奥武夫》（*Beowulf*）。正如我们所知，这是一部相对较晚、较成熟的作品，也许是为神职人员编写的。然而它向我们呈现了公元7世纪贵族的英勇的、异教徒为主的世界，这个世界被基督教改变，但没有被完全抹去。史诗的主人公贝奥武夫是一个流亡者，他为丹麦国王洛斯格（Hrothgar）效力。洛斯格国王仗义疏财，常常把金银珠宝和精美武器赏赐给手下，于是他的宫廷贵族勇士都拥戴他，他的势力也变得十分强大。但这首诗描绘的政治世界充满暴力和动荡：一个失去支持的国王将很快灭亡，与之一起灭亡的还有他的王国。诗的精神气质反映了当时社会所推崇的忠诚和世仇：“与其为死去的朋友长久哀伤，倒不如为朋友报仇……让他能在死前赢得荣耀。”诗中描写了贝奥武夫与怪物和龙搏斗的场景，怪物和龙是基督教前精神世界的居民。当他被杀时，他的追随者把他葬在一个俯瞰大海的小山丘上，随葬的金银财宝无数，就像东盎格鲁人在萨顿胡的岬角为他们的国王做的那样。诗中写道：

然后战士们骑着马环绕坟冢，
……
他们歌颂他的英雄气魄和盖世神力，
他们高喊着他的名字，这是对的，
一个男子应该慷慨地把荣耀献给他的领主和朋友。
……
他们说他是世上所有的国王的一员
他最和蔼可亲，最宅心仁厚，
最体恤百姓，最渴望流芳百世。

但是早期的盎格鲁–撒克逊社会不只有战争、原始的忠诚和虚饰的辉煌，在某些方面，这是一个令人惊讶的有序世界。中世纪中期使英格兰异常强大的制度就根源于公元7世纪甚至更早："地方政府"的效率是新霸主能够如此迅速地建立强权的一个重要原因。到了10世纪，英格兰的郡因法律和行政目的被划分成"百户区"。在一些早期的王国中，已经存在由较大而有一致性的地区所构成的百户区，其占地面积为50到100平方英里，显然它们早在公元7世纪中期就已经存在了。人们早就认识到肯特王国有百户区的划分，但最近的研究发现了百户区也存在于诺森布里亚、麦西亚、威塞克斯、苏塞克斯和萨里等其他王国。这套农村行政区划分制度令人惊叹，但它的起源是英格兰早期历史上最大的谜题之一。它是罗马–凯尔特人遗留下来的吗？许多人这么认为。是由公元6世纪一位鲜为人知的不列颠统治者（Bretwaldas）创造的吗？还是在各个王国中自发发展起来的（这反映了定居者社会背景中的共同元素）？无论答案是什么，在一个不稳定的政治世界中，百户区仍然是一个十分稳固的基础。

每个早期行政区的中心都是皇家庄园或围场（tun），它们由当地官员经营，但国王及随行人员会经常或偶尔地去巡视。每个现代的郡都有几个这样的地方，有些地名就能体现出其属于此类地区，如金斯敦

（Kingston），其他地名则不那么明显。这些“中心地区”——而非城镇甚至村庄——才是早期和中期撒克逊社会的地方焦点。该地区分散的居民围绕在国王的大殿及其周围的建筑物四周，希望能获得法律保障和政治管理。在这里，他们也按照复杂的评估体系缴纳税赋和其他公共支出。土地以“海德”（hides）计量，一海德土地是一户人家一年可耕之地，这通常是一个真正的农场单位。税赋多少要根据海德来评估，20个或更多海德组成一个生产队，生产队将承担特殊的税赋。“中心地区”的国王代理人替国王收实物税，可能会从一些海德生产队收取谷物，从其他生产队收取小牛犊或小马驹，又从别的生产队收取蜂蜜、蜂蜜酒或次要农产品。

因此，早期的行政区域划分既是为了便于管辖也是为了剥削。一个“生产专业化分区”的体制适合欠发达的农村——农村地区的地理特征明显不同，且有大面积未开辟的共同牧场。因此，当撒克逊中期的国王们分封土地的时候，这些早期的“庄园”通常保留了它们形成时的内部结构，这并不奇怪。与庄园中心保持联系的不同的“镇”（vill）或乡会分工生产不同的农产品，这些“镇”或乡组成的联盟叫“复合庄园”（multiple estate）。到12世纪和13世纪，“复合庄园”在英格兰的许多地方仍然很常见。最近一些历史学家认为，这种类型的组织（类似于早期威尔士的组织结构）起源于凯尔特人。农村的组织形式很可能保持着一些连续性，但这也许只是从广泛意义上来说，而不能上升到更大的意义层面去解读。最终使“复合庄园”衰落的是经济增长和社会变革，而不是征服。假设不列颠农民没有全被赶走，而且他们的生活方式可能与入侵者的生活方式差别不大，在这种情况下，如果适合现有资源的模式没能延续下去，那将是令人惊讶的。

这种模式也适合于分散、非结构化和相对较小的农民群体。早期资料中最引人注目的人物是自由农民或下层农民［ceorl，即现代英语中的“churl”（粗鄙之人），但没有贬义］，他们通常耕种一海德土地。这并不意味着所有公元7世纪和8世纪的农民都非常“自由”，除了国王之外，他们还有领主。在皈依基督教之后，国王恩赐了大量土地给教会，他们可能在早期——为了培养追随者（至少是临时的）——就已经开始这么做了。作为行政和财政的私人单位的“庄园”（manor），其起源是模糊的，但是一些历史学家认为它始于英格兰社会的最初阶段。中世纪时期，地产划分为“领主土地”（demesne，产权属于领主）和农民土地，这种划分方式在公元7世纪末期就有记载，领主土地的大部分人力都是由奴隶提供的。但在早期阶段，像国王这样的小领主，似乎可以从小土地拥有者那里获得收入而不会大大改变他们的生活方式或耕作方法。没有证据表明10世纪以前存在分等级、完全依附地主的佃农群体；也不存在有组织的“乡村社区”——它们与12世纪和13世纪强大的领主密切相关。考古证据表明，在撒克逊中期，英格兰的大多数农庄要么是孤立的，要么组成小团体，甚至在地区中心的定居点也看不到任何街道、绿地和地界的标志——这些在后来的村庄地形图中很常见。现在看来，中世纪的公地制度（common-field system，租种的土地由分散的带状土地拼凑而成）可能是经过几个世纪的进化而产生的。在公元7世纪的英格兰，综合性的“村”还不存在。

公元597年，有一股外来影响力量进入了这个由国王、士兵和农民组成的非常传统的社会，那就是基督教会。英格兰人的皈依是由教皇格列高利一世发起的，据传说，他在罗马见到了英格兰青年，并宣称他们“不是盎格鲁人（Angles）而是天使（Angels）”。格列高利教皇知道肯特国王埃塞尔巴德有一个信基督教的法兰克人王后；于是他派出一位名叫奥古斯丁（Augustine）的罗马修道士率领第一个传教团去肯特王国传教。起初犹豫不决的埃塞尔巴德很快就皈依了。奥古斯丁在坎特伯雷建立了一座修道院。由于误认为罗马-不列颠人的生活方式依然保留完好，格列高利教皇曾计划在伦敦和约克建立大主教，但当奥古斯丁在公元601年被任命为坎特伯雷的第一任大主教时，教皇才认清英格兰的政治现实。最初，成功似乎来得很快。公元604年，罗切斯特成立了一个教区（see），东撒克逊人也皈依了，且在伦敦为他们建造了一座献给圣保罗的大教堂。与此同时，肯特郡也建造了几座修道院，他们的教堂以罗马原型为蓝本。

但是国王及其家属只是表面皈依，基督教的基础仍很不稳定。东撒克逊人很快弃教并开除了他们的主教。尽管东盎格利亚国王雷德沃尔德接受了洗礼，但他对基督教的态度仍然十分矛盾，因为比德提到他同时保留了一座教堂和一座异教神社。诺森布里亚的情形也类似。埃德温国王接受了罗马传教士保利努斯（Paulinus），并在公元627年与他的塞恩一起接受了洗礼。但是五年后，埃德温战败身亡，他的继任者们放弃了基督教，保利努斯不得不逃离。虽然教会能够在英格兰的宫廷迅速立足，但如果要超脱于政治命运的潮起潮落，就需要更广泛的基础。

令人惊讶的是，传教最成功的不是格列高利教皇，而是原始的、孤立的凯尔特人教会。威尔士和康沃尔的基督徒可能对英格兰人有一些影响，但不大。奥古斯丁似乎是一个相当骄傲、无幽默感的人，他冒犯了威尔士的主教，导致他们之间没有合作。在北方英格兰人中取得成功的传教是从爱尔兰传到苏格兰，再到诺森布里亚。

由于圣帕特里克（St. Patrick）和他的追随者的传教，公元6世纪初，大部分爱尔兰人都成了基督徒。修道院的数量成倍增加，以至于整个爱尔兰教会都依照修道院的方式组织起来。“地方”以修道院为中心，并由修道院院长统治；主教们发挥着正常的信仰功能，但不拥有正式的教区，并且处于修道院院长的管辖之下。因此，典型的爱尔兰传教士是从属于故乡某个团体的游走的主教。爱尔兰人的修道院在富有和复杂程度上远远超过了威尔士人的，爱尔兰人在公元6世纪和7世纪将传教士派往高卢、日耳曼（Germany）、苏格兰和英格兰。一位名叫科伦巴（Columba）的传教士去了苏格兰，使北部的皮克特人（南部的皮克特人已经是基督徒）皈依基督教，大约公元563年，科伦巴在爱奥那岛（Iona）上建造了一个修道院。当信基督教的奥斯瓦尔德国王在公元633年控制诺森布里亚时，他很自然地向爱奥那修道院请求向诺森布里亚派遣一位传教士，因为他曾在苏格兰西部的爱尔兰人当中流亡。

爱尔兰主教和僧侣过着简单朴素、云游四方的生活，这使他们能与广大民众保持联系。奥斯瓦尔德的主教艾丹（Aidan）拥有使诺森布里亚永久皈依所需要的品质，他在林迪斯法恩岛（Lindisfarne）建造修道院之后，还在每个皇家庄园（royal vill）建立了一个教堂，从那里开始向周围的乡村布道。比德说他总是徒步出行，因此碰到路人都平等相待。建立了几座修道院之后，诺森布里亚教会很快就发展壮大，并影响到其他王国。麦西亚的彭达国王仍然是异教徒，但他允许来自林迪斯法恩岛的布道团在他的王国传教，他的儿子皮达（Peada）在公元653年受洗。超级国王奥斯瓦尔德和奥斯维为诺森布里亚教会的基督教传播助了一臂之力。公元635年，奥斯瓦尔德的影响促使威塞克斯的西内吉尔斯（Cynegils）接受了一位名叫毕利诺（Birinus）的传教士的洗礼，后者成为西撒克逊人的第一任主教。由于奥斯瓦尔德的缘故，东撒克逊人重新皈依了基督教，并接受了一位名叫西度（Cedd）的诺森布里亚主教，他曾受训于爱尔兰教会。截至公元660年，只有苏塞克斯和怀特岛的人仍然是异教徒，但很快他们也皈依了基督教。

爱尔兰传教士的热情取得了很大成就，从长远来看，罗马教会的权威必将更加重要。如果教皇格列高利的目标得以实现，英格兰各王国的凯尔特教会必然要接受罗马的教规。但这没能实现，关键原因是一个现在看起来微不足道的问题——应该在哪一天庆祝复活节。在长期孤立的情况下，凯尔特人采用的计算方法与罗马使用的计算方法不同。当两个教会接触时，结果可能出现矛盾：在诺森布里亚的宫廷，受爱尔兰人影响的国王奥斯维有时庆祝复活节，而他的受肯特人影响的妻子仍庆祝四旬斋（Lent）。这个问题本身具有深刻的宗教和象征意义；对后来的英格兰教会来说，解决这一问题仍具有十分重要的意义。在惠特比宗教会议（Synod of Whitby，664年）上，诺森布里亚国王奥斯维支持罗马一方，而少数凯尔特顽固分子回到了爱奥那。这是一个转折点——在英格兰，所有王国的教会现在可以成为一个大主教下的统一、团结的力量。

尽管如此，教会仍在公元7世纪60年代遇到了许多问题。教会组织涣散，主教太少，且有些没有经过有效的受职仪式。公元664年，一些主教死于一场瘟疫，这使东撒克逊人再次背叛。但在公元669年，教皇派去了一位新的大主教，一位名叫西奥多（Theodore）的小亚细亚人。这个令人意外的候选人（他被选中是因为其他几个人都拒绝了）正是英格兰所需要的——一个坚定的管理者。在西奥多在任的30年里，他对教区结构进行了合理化改革，原来的结构在各地都不稳定，而且在那些通过爱尔兰人传教士而皈依的王国里，这种结构几乎不存在。无效任命的主教受到了处罚，可疑的权力要么得到批准，要么被废除：例如，威尔士主教发布的所有法令都被宣布无效。公元672年，在赫特福德举行的宗教会议确立了教会管理的第一套基本教规。

大多数教士都大方地接受了西奥多的裁决，但不可一世的威尔弗里德［Wilfrid，先后担任过里彭（Ripon）和约克的主教］除外。威尔弗里德坚定地维护正统教义，他曾在惠特比会议上支持罗马派有关庆祝复活节的规定，但对于他在诺森布里亚教会的权力受到威胁这一点，他非常愤恨。他与西奥多及连续几任国王的关系都十分紧张，导致他两次被驱逐、两次向罗马教廷上诉、流亡和监禁。与此同时，他还设法向弗里斯兰人（Frisians）传教，使苏塞克斯皈依了基督教，并在麦西亚修建了多座修道院。威尔弗里德拥有大批随从和巨额财富，他似乎是圣人和世俗贵族的非凡混合体。只有一个年轻且贵族化的教会才能产生这样一个人物。

西奥多担任大主教的时期，是修道院的黄金时代。一方面，虽然传统的价值观依然存在，但林迪斯法恩和惠特比（Whitby）等伟大的凯尔特人修道院日益受罗马化的影响：在圣卡斯伯特（St. Cuthbert），爱尔兰传教士的孤独和苦修与罗马人对修道院生活和戒律的态度相结合。另一方面，在这数年内新建的许多修道院将是不列颠后来几个世纪大的修道院。

其中最显赫的是韦穆（Wearmouth）修道院和贾罗修道院，这两座修道院由本笃·波斯哥（Benedict Biscop）创立，波斯哥曾是诺桑比亚贵族，后来成为修道士。波斯哥曾五次前往罗马，他的双子修道院为诺桑比亚带来了地中海教会的文化。这两座修道院里最著名的信徒，比德本人，描述了波斯哥是如何雇用高卢泥瓦匠“以他一直喜爱的罗马风格”建造一座教堂的——教堂内装饰了大量的绘画和家具，并建立了一个充斥着欧洲大陆书籍的大图书馆。

虽然这些成就很了不起，但在农村，教会的工作仍需要更稳固的基础——迄今为止农民并没有完全皈依基督教。令许多人感到惊讶的是，在这里，传教的第一阶段是由修道士或准修道士完成的。事后看来，传教工作和教牧关怀似乎是牧师的活动，而非僧侣。但是在公元7世纪和公元8世纪，即使在凯尔特教会之外，这一界线也没有很明确。英语单词“mynster（修道院）”被用来指代从真正的本笃会修道院到小型、松散的牧师社区等机构。各个修道院的教规差别很大（波斯哥为贾罗修道院制定了自己的教规），标准也是如此。除最大的修道院之外，我们真的很少知道其他修道院里的生活情况。但很明显，到公元750年，英格兰已有数百个具有真正的、重要的宗教功能的小“修道院”，它们为最早的英格兰教区系统服务。

这些“老式大教堂”比普通的当地教堂更古老，服务的区域也更大。大多数后来发掘出的有关“老式大教堂”的资料显示，它们几乎处于废弃状态，只能发挥着有限的功能。因此，除了知道它们存在过之外，我们对其布道工作知之甚少。据推测，学院派牧师或严于律己的僧侣代表在一个限定的“教区”内四处行走，向当地社区布道。教堂的“教区居民”向它缴纳什一税，并且被迫带着他们的孩子来教堂接受洗礼，把死人送到这里埋葬。如果没有王室的赞助，如此复杂的系统不可能发展得如此迅速。保利努斯和艾丹从国王的庄园开始传道。因此，许多大教堂位于王室村落中就不足为奇了。什一税可能是根据现有的税收来制定的，一些国王也将建立大教堂作为一项政策，比如诺森布里亚的奥斯维国王似乎在公元655年建造了几座大教堂。国王拥有一个有组织的地方政府体系，教会同样如此。虽然大教堂最终被成千上万的小教堂所淹没，但它们的“教区”塑造了英格兰乡村教会未来的整体发展。

国王帮助了教会发展，教会也巩固了国王的地位。异教徒战争领袖的子孙将自己视为上帝指定的代表；几代之后，新国王的加冕变得非常像主教的任职仪式。基督教的到来促进了扫盲工作——国王可以修改和制定部落习惯法，类似于文明世界的立法。比德说，肯特国王埃塞尔巴德根据罗马人的习惯法制定了他的法律。埃塞尔巴德的法典，以及来自肯特和威塞克斯的公元7世纪末的法典是当地传统与借鉴自欧洲大陆的法律相结合的产物。无论它们的实际用途是什么（这是值得怀疑的），制定它们的国王显然都希望自己的法典看起来很先进：他们都以古典模式为参照。随着王国越来越多地受到罗马和高卢的影响，王权的性质发生了变化。对统治者来说，越来越重要的职责是维护正义和管理王国的内部事务，而不仅仅是为了赢得战争。公元7世纪的法典罗列了长长的罚款和惩罚项目，体现了异常强大的王室权威。

通过了解英格兰最早的英格兰教堂，我们可以看到英格兰早期英格兰城镇的风貌。公元6世纪的统治者可能将管理中心设在罗马统治下的城镇和堡垒；自然，到了公元7世纪和8世纪，统治者也喜欢在这些地方建造主教座堂和大教堂。坎特伯雷、约克、温彻斯特和伍斯特的大教堂都建在罗马时期的防御工事之内，并且在公元635年，泰晤士河畔多切斯特村［比德称这是一个罗马公民社会机体（civitas）］的罗马堡垒被交给威塞克斯的第一任主教，以便他在这里建立教区。王室宫殿和教堂建在荒凉的废墟上，而没有建在他们所处的城镇。尽管如此，这个时代最有组织的社区肯定是主教座堂和大教堂；所有工匠、商人、仆人和乞丐都被吸引到这些地方。城市生活重新焕发生机的早期迹象与主要的教堂有关，无论是在罗马城镇还是没有前史可查英格兰的其他地点，这并非偶然。从时间上看，盎格鲁–撒克逊人迁移到坎特伯雷的（有考古证据支持的）最早时间，比奥古斯丁大教堂的建设时间稍晚一些。在北安普敦，最近的考古发掘表明，该镇的核心是一个公元8世纪的大教堂和宫殿，以及与之相关的建筑群。正如我们所期望的那样，比德的术语“urbana loca”在公元9世纪后期的翻译不是“城镇”（towns），而是“有大教堂的地方”（minster-places）。许多英格兰城镇开始时都是大教堂，定居点围绕大教堂而建。

麦西亚人的霸主地位

公元8世纪初的英格兰比公元7世纪早期有了较大的发展。虽然一个统一的英格兰英格兰王国远远没有形成，但英格兰英格兰人现在开始意识到自己是一个民族和文化的统一体。比德可能比任何人都更敏锐地感受到了这一点，他最伟大的作品《英吉利教会史》（*The Ecclesiastical History of the English People*）的书名所具有的重要意义，常常被人忽略。正是因为他看到了他的同胞在统一的英格兰英格兰教会中分担的共同命运，他才能设想“英吉利民族英格兰”的存在。但有没有迹象表明世俗政府也变得更加健全？虽然有很多资料可查，但这个问题仍很难回答。一方面，显示公元8世纪王权强大一面的制度和概念可能并不新鲜，它们仅仅是首次被记录下来而已；另一方面，显示其脆弱一面的王朝动荡也并不新鲜——比德和他的同时代人有可能掩盖了这些事情。但至少可以说，作为旧模式的超级国王，公元8世纪的麦西亚国王和他们的先辈们一样强大；在他们的国度里，人民的文化程度和法治意识更高，人民的权利也得到更好的保障，这使得这些国王的权力更加稳定，更有发展潜力。

麦西亚的埃塞尔巴德国王（公元716—公元757）继承了伍尔夫希尔赢得的许多影响力。从现在发现的一些记录国王敕封的成文契约，我们知道了国王们如何称呼自己。埃塞尔巴德的头衔令人印象深刻，但也许并非全新。其中一个契约这样称呼他：“不仅是麦西亚人的国王，也是所有被称为南英格兰英格兰的省份的国王。”这与比德的记载相一致，即早期的超级国王“占据了亨伯河以南的所有省份”。许多契约都表明超级国王影响着肯特郡的事务并控制着伦敦，这些契约证实了比德的记载。但是威塞克斯仍然是独立的，诺森布里亚也是独立的，它的国王是比德的庇护人西奥伍尔夫（Ceolwulf）。麦西亚人的霸主地位从来没有越过亨伯河以北。

埃塞尔巴德的继任者奥法（Offa，公元757—公元796）是阿尔弗雷德之前最强大的英格兰国王。他的地位得到巩固（这需要几年时间）之后，他在除诺森布里亚和威塞克斯以外的所有王国的行为似乎更像是一个直接的统治者，而不是一个高高在上的霸主。早些时候的国王曾压制过小王朝，但奥法镇压了较大的王朝。他完全控制了肯特（只有公元8世纪70年代末的短暂时期例外），并将肯特国王视为他的仆人。有一次他取消了肯特国王埃格伯特（Egbert）的敕封，他说道“（埃格伯特）的大臣在没有得到他允许的情况下，把土地给了别人，这么做是不对的”。公元798年，在肯特对奥法的继任者发动了一次不成功的政变之后，这个古老的肯特王朝永远灭亡了。苏塞克斯的最后一位国王似乎成了奥法的一个部落首领；在曾经是西撒克逊人的领地萨里（Surrey），我们发现奥法接受了一位麦西亚贵族的进贡。在东盎格利亚（虽然此后这个王朝再次出现），《盎格鲁-撒克逊编年史》简洁地记录了公元794年发生的事件：“今年，麦西亚国王奥法命令砸掉埃塞尔巴德国王雕像的头。”在威塞克斯，王室权力和传统更加强大：该王国只在公元786到公元802年这一时期承认了麦西亚的庇护，但即使在这段时间，麦西亚在威塞克斯的统治也不像在肯特那样明确。

奥法是第一位在其契约中使用简单、绝对称号“英格兰英格兰之王”的统治者。伟大的法兰克国王查理曼（Charlemagne）给他写了一封著名的信，强化了他的地位。查理曼以平等的身份称呼他为“他最亲爱的兄弟”，并谈到“你的王国和埃塞尔雷德（Æthelred）的王国的各种主教教区”，好像麦西亚的奥法和诺森布里亚的埃塞尔雷德是英格兰仅有的两个国王。跟法兰克人的联系非常重要（虽然这一篇记录不能说明太多问题，但高卢和英格兰南部之间一直有很多联系）。奥法当然希望被认为是另一个查理曼大帝。无论他的王权的现状如何，英格兰因紧跟国外发展的大潮而提高了自己的地位。在公元787年，奥法举办了一个庄严的祝圣仪式使其子艾格弗里斯（Egfrith）登基，诺森布里亚九年后效仿了这一仪式。王权的半神圣化的特征正变得更加明显。

但这并没有使王朝更加稳定。王位继承存在诸多不确定性：在奥法之后很久，国王仍然会从王室成员中“挑选”。任何背后有人撑腰的合格候选人都会觊觎国王宝座。公元8世纪，麦西亚、威塞克斯和诺森布里亚都被权力倾轧搞得一片混乱。为了确保儿子能继位，奥法对待亲属跟对待邻国一样残酷无情。奥法死后不久，他的儿子艾格弗里斯也去世了，诺森布里亚学者阿尔昆（Alcuin）认为这是天谴——父亲杀人如麻的报应现在落到儿子身上了，你们非常清楚父亲为了保证儿子的继位杀了多少人。

像这样讽刺奥法残暴的记载有很多，但也必须承认，在麦西亚历届国王的统治下，一些重要的机构确实开始形成。此时教会已经建立，均有自己的土地和特权。教会的集会是庄严的事，均以书面形式记录。埃塞尔巴德和奥法经常参与教会会议，有时还主持会议；他们的塞恩和大臣们见证了他们的决策。教会开展事业的方式有助于树立先例、提高合法性。尽管会议是宗教性质的，但这样的集会必然有助于将围绕着一个七世纪国王的临时战士转变为我们在撒克逊晚期英格兰发现的正式的“贤人会议”（Witan）或大议会。

“册地”（由书面契约赋予合法所有权的土地）的概念现已确立。大多数公元8世纪的契约（至少是幸存下来的契约），都是教会的土地赠予契约，它们反映了在这个社会中，土地权利和地方利益正在取代传统价值观。公元8世纪的贵族开始显得不像战士，而更像是乡村绅士，有关家族住宅和家族教堂的考古证据开始出现。虽然其中一处住宅遗迹已在林肯郡的戈尔索（Goltho）被发掘出来，但人们对这些住宅仍知之甚少。戈尔索的这处住宅是公元9世纪中期建造的，由围墙包围，里面建有大厅、厨房、卧室和附属建筑。相比之下，关于教堂的证据要多得多——由贵族家庭控制的世袭“私人”大教堂经常出现在公元8世纪的考古资料中。所有这些教堂对万能的上帝都一样虔诚。早期的国王曾经有过自己的王室庄园，但奥法似乎试图让他在塔姆沃思（Tamworth）的住所成为一个国家总部或“首都”。塔姆沃思附近是利希菲尔德（Lichfield）的麦西亚大教堂，奥法花了几年时间成功地将其提升为了大主教教堂（archbishopric）。虽然这部分是由于政治原因，但其有利的地理位置——位于奥法王国的“大都市”附近——也是重要原因。

土地所有者在建造桥梁和防御工事时所应承担的责任，首次出现于公元749年的记载中，并且这一责任通常在后来的土地授予书中有明确规定。在一个产生至少两个大规模公共工程——一个久负盛名，另一个最近才被人了解——的时代，这一规定非常重要。第一个当然是奥法堤（Offa’s Dyke），这是一个古老的、可能正确的传统称谓。最近的考古发掘表明，这个巨大的土木工程是英格兰和威尔士之间的连续屏障，从一侧海洋到另一侧海洋。众所周知，奥法入侵了威尔士，但奥法堤一定是一个防御性而不是进攻性的工程：当征服计划停止之后，该工程旨在阻止威尔士人的反击。它的存在证明了奥法掌控着巨大资源。

契约中提到的“堡垒工事”指的是坚固的要塞，而不是堤坝。众所周知，阿尔弗雷德和他的继承人们建立了一个大型公共堡垒或城堡（burhs）网络，以保护威塞克斯免遭维京人入侵。考古学最近开始证明一些城堡的建设比之前的认知要早一个世纪或更久，并且它们可能是用来保卫鼎盛时期的麦西亚。在大多数情况下——例如在贝德福德（Bedford），据说奥法埋葬于此——证据仍然只是根据地形测量而得出的结果，因此没有定论。但是在赫里福德（Hereford），发掘出了一个早于撒克逊扩张时期的公元8世纪的防御圈，并且在塔姆沃思也发现了关于奥法时期防御工程的不太确凿的证据。公元9世纪晚期的几个威塞克斯城堡同样可以追溯到更早；有些要塞，比如韦勒姆（多塞特郡）、多切斯特（多塞特郡）和牛津，其所处的位置早在公元8世纪或之前就已经非常重要。

我们已经看到影响城镇出现的两个因素：教堂和要塞。第三个因素，从长远来看也是最大的因素，是贸易。奥法生活在国外和国内贸易都在扩张的时代。最明显的标志是货币制度的出现。在约六百年之前，只有外国金币在英格兰流通。由公元7世纪和公元8世纪的国王们铸造的粗银币得不到信赖，通常只在局部地区循环。一种新的法兰克银币是更好的货币典范，一位东盎格利亚国王似乎在奥法之前使用过它。但是当奥法精巧的硬币出现时，他们很快就替代了以前发行的货币，成为自罗马时代以来流通量最大的货币。也许最有趣的一点是，考古发掘发现，奥法硬币不仅以大批量的形式出现，它们还存在于小而分散的群体中。显然，它们被用于地方一级的小规模交易——货币在英格兰经济中具有了普遍意义。

公元789年，查理曼与奥法发生争执，后果是查理曼禁止法兰克港口向英格兰商人开放。因此，可以推断英格兰人似乎经常使用这些港口——查理曼的王国和奥法的王国都是一个不断发展的国际商业世界的一部分。整个欧洲北部都出现了贸易中心。对丹麦赫德比（Hedeby）和瑞典比尔卡（Birke）巨大定居点的考古发掘显示，在公元8世纪，英格兰和维京人的领地属于同一个国际贸易圈。在英格兰，诸如此类的商业定居点通常与现有的王室和教会中心相关联，其名称通常包含-wic［来自拉丁语vicus（牧场）］。哈姆威（Hamwic）就是现在南安普敦的前身，位于特斯特（Test）和伊钦河（Itchen）的交界处，靠近一个名为汉普顿（Hampton）的王室庄园，它的名称“Ham-wic”与“Ham-tun”相关。在这里，考古发掘工作已经发现了至少三十公顷的定居点，在大约公元8世纪20年代首次有人在此定居，此处出土的人工制品显示这个地方与欧洲大陆曾有着广泛的联系。其他人工制品可能来自伊普斯维奇（Gipswic，一个主要的陶器生产中心）、桑德维奇（Sandwich）和福特维奇（Fordwich）。罗马时期的城镇开始在经济上和等级上重新变得重要。在约克（Eofor-wic）发现了一个郊区商业场所，有记录表明弗里斯兰商人曾在这里活动；在坎特伯雷，发掘出了公元8世纪的房屋，以及一个在公元786年的记载中提到的市场。最重要的是伦敦，比德在约公元730年把伦敦描述为“来自陆地和海上的许多民族的商业中心”。虽然现在看来，在比林斯盖特（Billingsgate）的罗马时期和中世纪的港口之间发现了一个撒克逊中期的黏土堤，但这个商业区仍很难找到。无论这个市场在哪里，它曾经一定规模宏大而且非常重要：公元7世纪后期的文献提到了伦登维克（Lunden-wic），而公元8世纪的资料则提到了这个地方的港口的通行税和收税人。

对于英格兰教会来说，公元8世纪是一个相当不稳定的时期。教堂的世俗基础和赞助来源本身就存在问题。世袭利益并不一定是坏事：在一个负责任的家族手中，修道院可以保持安全和繁荣。但并非所有业主都有责任心，如果我们能相信比德的记载，有些教堂就只是逃税的“掩护”。比德并不是唯一担心宽松标准的人。埃塞尔巴德、奥法和他的继任者科恩伍尔夫参加了一系列急需的改革性教会会议。僧侣被禁止像贵族一样生活，修道院里的酗酒和世俗歌曲受到了谴责。公元786年，奥法举行了盎格鲁-撒克逊时期唯一一个由教皇使节参加的理事会。但如果说教会的发展增强了王室的尊严，那么它同时也助长了主教们的自负。教会与国家之间的关系并不总是那么融洽，尤其是像埃塞尔巴德这样的国王，他在改革修道院的过程中，剥夺了教堂的财产并诱奸了修女。国王和坎特伯雷大主教之间的交易，往往因肯特郡强烈的反麦西亚情绪而变得复杂。当奥法把利奇菲尔德提升到大主教教区时，大主教詹伯特（Jaenbert）感到愤怒，奥法死后这个计划被取消了，因为该计划是出于对肯特人民的敌意。

从积极的方面来说，英格兰英格兰教会确实造就了一位杰出的学者——阿尔昆。他在约克大教堂的学校受过教育，是查理曼大宫廷里的知名人物，并在查理曼复兴古典学问和教育方面发挥了核心作用。在查理曼写给奥法的信中，他提到，公元8世纪晚期欧洲最卓越的知识分子是一个英格兰人。但必须记住的是，像他之前的比德一样，阿尔昆也是诺森布里亚人。我们对麦西亚文化知之甚少，可能只是因为很多东西都亡佚了。遗憾的是，没有像比德这样的人来记录麦西亚的成就，而且它最伟大的修道院也被维京人破坏了。一些装饰艺术的残迹，如丘上布利登（Breedon-on-the-Hill）大教堂的雕塑，暗示着周围的建筑曾无比恢宏气派。埃塞尔巴德和奥法时期的著名遗迹是北安普敦郡布里克斯沃思（Brixworth）的大教堂。关于这所教堂，我们只知道这里曾举行过麦西亚宗教会议，除此之外，这所教堂再也没有出现在任何早期文字记载中，这暴露出我们对这个时期的了解十分匮乏。

关于公元8世纪教会最令人印象深刻的事实是，此时英格兰英格兰人将基督教带到了其在欧洲大陆的发源地。奇怪的是，这项传教开始于圣威尔弗里德（St. Wilfrid）与大主教西奥多的争吵。公元678年，圣威尔弗里德开始在罗马陈述自己的主张，他走过了信奉异教的弗里西亚（Frisia），并花了一年的时间讲道。英格兰人熟悉弗里西亚人，因为他们接触过许多弗里西亚商人，圣威尔弗里德为更加雄心勃勃的传教工作开辟了道路。公元690年，一群诺森布里亚人在弗里西亚登陆。其中包括威利布罗德（Willibrord），他于公元695年被任命为弗里西亚大主教，他在乌得勒支（Utrecht）建立了自己的大教堂，随后组织化的法兰克人的弗里西亚教会迅速发展起来。由圣波尼菲斯（St. Boniface）领导的西撒克逊传教团完善了威利布罗德的工作。从公元718年抵达欧洲大陆开始，直到公元754年被异教徒谋杀，波尼菲斯一直在向弗里西亚人、日耳曼人和法兰克人传教，并在法国曼恩（Maine）建立了一个教区。除了转变异教徒的信仰外，波尼菲斯还对整个法兰克教会产生了巨大影响，使其规范并将其置于教皇的领导之下。在他的职业生涯中，他依靠来自英格兰的书籍、随从和建议，他跟家乡友人来往的大量书信被保留了下来。将萧条的法兰克教会改造成加洛林复兴（Carolingian revival）时期不断扩大的教会的工作，大部分都是由英格兰男女完成的。

维京人的入侵与威塞克斯王朝的崛起

奥法去世后，麦西亚的霸权并没有维持太久。他的继任者科恩伍尔夫继续控制肯特和苏塞克斯，甚至在威尔士北部获得了一些新的领土，但威塞克斯在公元802年脱离了他的掌控。一个新的霸主即将出现，这就是西撒克逊。公元825年，韦塞克斯的埃格伯特在斯温顿（Swindon）附近取得了决定性的胜利，将肯特的一位次国王驱逐出境，并吞并了肯特、艾塞克、萨里和苏塞克斯。四年后，麦西亚本身也被埃格伯特吞并，甚至诺森布里亚也承认了他的霸主地位。这一惊人的逆转表明奥法的王朝没有使英格兰政治变得稳定，而埃格伯特同样没有做到——在他于公元839年去世前，麦西亚再次取得了独立。古老的朝代更替游戏似乎仍在继续。但《盎格鲁-撒克逊编年史》记录了公元789年发生的一个不祥的预兆——这是一场风暴的第一声呼啸，一场将扫除威塞克斯王朝的对手，同时摧毁英格兰英格兰文明的一些最佳成就的风暴：

> 这一年，贝奥赫特里克（Beorhtric，威塞克斯国王）沉迷于妻子伊德布尔（Eadburh，奥法国王的女儿）的生活。在他的时期，第一次出现了三艘来自霍兰达的挪威人的船。当地的长官不知道他们是何许人，于是骑马上前，试图把他们赶到王室庄园。后来挪威人杀了他。这些是首批前往英格兰的丹麦船只。

这次维京人登陆只是一件小事，尽管此后不久还有其他资料记载“海上异教徒”袭击了南海岸。更严重也更令人不安的是发生在北方的袭击，因为他们相继掠夺了林迪斯法恩岛（公元793年），贾罗（公元794年）和爱奥那岛（公元795年）。两个世纪以来，英格兰一直没有受外国袭击，而此时三个最神圣的地方突然遭到亵渎，可以想见英格兰人对此会做何反应。然而，这些只是孤立的事件，在一代人之后，维京人的滋扰才成为主要威胁。公元835年维京人对肯特进行的一次大规模袭击开启了长达30年的战争，在此期间，几乎每年都有袭击发生，直到维京军队全面入侵才结束。

挪威人和丹麦人的急剧扩张是一种欧洲现象，对英格兰和爱尔兰的袭击只是其中的一部分。这一现象涉及两个种族（维京一词有“海盗”的意思，是由受害者创造的词汇）和若干动机。他们远远不是纯粹的野蛮人，到公元9世纪40年代，他们已有数代人从事贸易了。事实上，这种贸易开辟了与西方和南方国家的定期联系。随着人口增长，他们很难在国内找到维持生计的机会了。许多冒险家一定听说过这个传说：海外土地肥沃，修道院里满是唾手可得的财宝。令人惊讶的是，在早期袭击事件之后，并没有紧跟着发生更多的袭击。这是因为在公元854年，丹麦王朝的垮台留下了权力真空，没有强大的国王可以团结战士并阻止他们分散到外国去掠夺财富。

这些因素有助于解释为什么从公元9世纪50年代开始维京人对欧洲国家的袭击次数大幅下降，以及为什么随意掠夺被征服和定居政策所取代。征服和移民似乎有两条主要路线：一条围绕苏格兰北部到西部群岛，再向南；另一条路线前往英格兰东部和南部海岸以及高卢。因此，那些袭击爱尔兰、苏格兰、威尔士和康沃尔并在那里建立定居点的人主要是挪威人，而攻击英格兰和法兰克地区并在那里定居的主要是丹麦人。

公元865年，由哈夫丹（Halfdan）和“无骨者”伊瓦尔（Ivarr the Boneless）率领的丹麦“大军”登陆东盎格利亚。停留几个月后，大军向北侵入诺森布里亚（恰好因一场王朝争端而处于分裂状态），并在公元867年占领了约克。两位敌对的国王都死了，丹麦人扶植了自己的候选人来统治诺森布里亚，并将其作为一个附庸国。随后丹麦军队进入了麦西亚，但在遇到抵抗时，他们没有公开战斗就撤回了约克，并于公元869年再次登陆东盎格利亚。当地居民战败，他们的国王埃德蒙（很快就被尊称为烈士圣埃德蒙）在祭祀仪式上被处死。三年之内，曾经伟大的诺森布里亚和东盎格利亚王国已不复存在。

公元870年，丹麦军队在雷丁扎营并准备入侵威塞克斯。但这里的反抗力量组织得更好。在埃格伯特去世后，西撒克逊由他的儿子埃塞尔沃夫统治，他是一个没有野心但非常能干的人。埃塞尔沃夫的主要成就似乎是避免了摧毁其他王朝的那种家庭争斗：他的四个儿子按年龄顺序和平地继承王位。当维京人来袭时，第三个儿子埃塞尔雷德在位；他的弟弟兼继承人阿尔弗雷德后来成为盎格鲁-撒克逊历史上最伟大的国王。

埃塞尔雷德和阿尔弗雷德兄弟在伯克夏当斯（Berkshire Downs）合力抵御丹麦人，并使他们首次遭受了重创。但英格兰人的成功只是短暂的。丹麦人撤退到雷丁，但几乎立即重振旗鼓，并在贝辛斯托克（Basingstoke）附近击败兄弟俩。公元871年4月，一支新的丹麦军队登陆。此时守军无处寻求援助，威塞克斯的陷落似乎近在眼前。在这场危机中，埃塞尔雷德去世，他的弟弟成了西撒克逊人的国王。

众所周知的阿尔弗雷德大帝（公元871—公元899年在位）在近乎绝望的危急关头拯救了英格兰。但是跟他同一时代的人并不这么认为。至少在政治方面，“英格兰”仍然没有多大意义。第一位使用“Angelcynn”（字面意思是“英格兰民众的土地”）的是阿尔弗雷德本人，而“Englaland”这个词要在一个世纪后才出现。其他王国或是接受西撒克逊人的统治，或是更喜欢丹麦人，这并没有定论。他们可能选择了自己的国王，而威胁一直存在——英格兰的对手、流亡者或心怀不满的团体跑去寻求维京人的支持。其他王朝的灭亡并没有使阿尔弗雷德自动成为所有英格兰人的王者，他和他的继承人是通过军事占领、机智的外交和好运气才实现了这一目标。

阿尔弗雷德统治初期，情况很糟糕。在吃了一年的小败仗后，他不得不花钱与丹麦人求和。此后五年，丹麦人没有侵扰威塞克斯，在此期间他们入侵了麦西亚，驱逐了国王伯格雷德（Burgred），并扶持了他们自己的傀儡——第三个古老的王国永久灭亡。此时，丹麦大军分成了两半。其中一半由哈夫丹率领，转向北方，瓜分了约克郡，在那里建立了永久定居点。另一半由古斯鲁姆（Guthrum），奥西泰尔（Oscytel）和阿南德（Anund）领导，转向南方，并于公元875至公元876年发动了对威塞克斯的又一轮攻击。起初他们的战果有限，公元877年，他们再次撤回，转而去瓜分麦西亚，其中一支部队前往殖民林肯郡、诺丁汉郡、德比郡和莱斯特郡。

因此，公元878年第三轮攻击威塞克斯的是一支人数大大减少了的军队。然而，对奇彭纳姆（Chippenham）的突然袭击使他们占了上风；威尔特郡和汉普郡的大部分地区都屈服了，阿尔弗雷德被赶回萨默塞特沼泽地的阿瑟尔尼（Athelney）庇护所。局势似乎毫无希望，但阿尔弗雷德在他的堡垒中等待时机，并开始招兵募马。当时的编年史作者写道：5月初，他骑马前往埃格伯特之石（Ecgbrihtesstan）……萨默塞特郡和威尔特郡的所有人以及汉普郡的一部分人前来迎接他……他们很高兴见到他。一天后，他从那些营地前往艾利·奥克（Iley Oak），一天后去了爱丁顿（Edington）；在那里，他奋击敌军，并将他们赶跑。”

胜利来得出人意料，但具有决定性意义。丹麦领导人古斯鲁姆和他的几位将领接受了洗礼，两位国王签署了和平条款。这些条款承认丹麦人占领英格兰的大部分地区的既成事实。边境大致从伦敦向西北方向延伸到切斯特，古斯鲁姆将他的部队退到这条界线以外，在那里他被拥戴为一个独立王国的国王。到公元880年秋天，丹麦人已经离开了威塞克斯，并开始有条不紊地定居于东盎格利亚。

冲突并没有就此结束。公元886年，阿尔弗雷德击败丹麦驻军后占领了伦敦。公元893年，一支丹麦大军在泰晤士河口登陆，并在接下来的三年里袭击了英格兰，但这次袭击对威塞克斯的影响不大。阿尔弗雷德一直很忙，无论是为了确保自己王国的安全，还是为了巩固他在丹麦人边境以西和以南其他地区的统治。对于首要任务，他似乎已经提高了陆军和海军的战斗力。以往的国王们一直按照土地的税赋来征兵。阿尔弗雷德对军队进行了重组，使得在任何时候只有一半的军队在服役，这预示着后来的“精选民兵”或民兵制：它必定会产生一个规模更小但战斗力更强的军队。打击海上袭击者的一个明显方法是使用更多的船只，据说阿尔弗雷德建造的船只比维京人的大得多，能携带60支或更多的桨。

阿尔弗雷德的计划中最重要的元素（肯定是使威塞克斯免遭进一步内陆袭击的部分）使他成为英格兰历史上第一个城镇规划师。到了公元9世纪80年代末，威塞克斯全国上下建立了许多百姓生活的据点，其中一些有着规则的街道网格，这些据点可以被称为有规划的设防城镇。一份名为市镇税收表（Burghal Hidage）的文件列出了其中30个这样的盎格鲁–撒克逊山丘堡垒，其中三个可能是后来添加的。也许最令人印象深刻的案例是温彻斯特，它在罗马城墙内规划了一个无视罗马街道的新街道网格。在牛津、奇切斯特（Chichester）、韦勒姆（Wareham）及其他城镇，也可以看到相同的线性布局。这些城镇的规划非常系统化，测量员似乎使用了标准的66英尺长度来规划街道。较大的山丘堡垒不仅仅是堡垒，它们很快在当地农村经济中发挥了重要作用。提供防御所需的人员是邻近土地所有者的责任，作为回报，他们能够耕种受保护区域内的土地。他们经常在山丘堡垒内建造“城镇住宅”来储存用于销售的农产品——《末日审判书》（*Domesday Book*）记录了城市住宅和农村庄园之间的几种联系。商人和工匠随之出现，于是公元9世纪后期的据点在10世纪成为了繁荣的城镇。防御恰好与经济增长的需求相吻合，因此阿尔弗雷德并未料到，这几个现代城镇的道路系统，成了他永恒的纪念碑。

阿尔弗雷德长期成功的一个重要原因是他对待邻国时的策略。特别是在麦西亚，伤害当地人的自豪感是危险的。阿尔弗雷德将麦西亚的事务交给原来的王室议会来处理，该议会由一位名叫埃塞尔雷德的麦西亚贵族来领导，这名贵族后来成了他的女婿。当阿尔弗雷德于公元886年占领伦敦时，他立即将其移交给麦西亚人来控制。因为受到如此厚待，埃塞尔雷德坚定地忠于王室，在阿尔弗雷德去世后，他和他的妻子埃塞尔弗莱德（Æthelflaed）领导着麦西亚人抗击丹麦人。如果说阿尔弗雷德比他之前的任何人都更加符合“英格兰之王”的称号，那么这不仅仅是通过军事力量实现的，也不是因为没有竞争对手——人们发自内心地拥戴他，因为他们知道他和他的家族都是公正且体恤百姓的统治者。

丹麦人的问题和他们所造成的破坏依然存在。其中一些是无法弥补的——无论现在的情况如何，比德和奥法的世界都永远消失了。关于丹麦大军的规模可能存在争议，但以下事实是不可否认的：三个王国被摧毁，教区遭到破坏，无数修道院被掠夺，英格兰东部大部分地区的契约和其他文件几乎完全丢失。对修道院的破坏也许是最严重的，因为大教堂是知识和文化的主要储藏室，而小教堂仍然主要负责农村的教会事务。

在丹麦区（Danelaw，古斯鲁姆之后丹麦人统治的区域），丹麦士兵迅速建立了自己的社会。约克郡、林肯郡、莱斯特郡以及较小程度上的东盎格利亚都充满了以“–by”、“–thorp”和其他斯堪的纳维亚元素结尾的地名。这种影响令人吃惊，它表明丹麦军队非常庞大，而且在乡村地区分布广泛。即使丹麦区被基督教化并受到英格兰统治，它也保留了惊人的特点——具有自己的庄园组织、土地测量、法律和社会分化的系统。10世纪的国王们遇到一个难题，即如何调和联合王国的种种要求，因为它们的要求与英格兰人的的习俗截然不同。

英格兰亟须复兴文教事业，而阿尔弗雷德在最后的10年一直致力于此。像查理曼一样，他通过一群宫廷知识分子实施了他的教育计划。从某种程度上说，对教育事业的贡献是他所有成就中最了不起的一个。他是亨利八世之前唯一能够著书的英格兰国王。他对手稿遭到毁坏和学术堕落感到惋惜，于是他开始学习拉丁文，并将作品翻译成英语，以使其臣民受益。在他的学者圈子所完成的许多翻译作品中［其中包括具有深远意义的比德的《教会史》（*Ecclesiastical History*）］，有三本可能是阿尔弗雷德亲自翻译的。人们还认为，我们现在看到的《盎格鲁–撒克逊编年史》可能最初是在阿尔弗雷德的宫廷里编写的。对于牧师而言，良好的拉丁文教育再次成为担任高级职位的必要条件。很难知道阿尔弗雷德的文化复兴有多么成功，但它一定培养了更有文化的牧师和更有学识的平信徒，这为两代以后的修道院改革提供了良好的基础。阿尔弗雷德很幸运，未来的事态使得他的大部分计划都结出了硕果。即使考虑到这一点，他仍然是英格兰早期历史的杰出人物。

长者爱德华（公元899—公元924年在位）、埃塞尔斯坦（Athelstan，公元924—公元939年在位）和埃德蒙（公元939—公元946年在位）的统治期间，主要任务是重新征服丹麦区。这半个世纪是国家王权的形成时期。王朝内的纷争被避免，一方面是因为阿尔弗雷德谨慎的王位继承规定，另一方面是因为一些幸运的机会。公元902年，爱德华的堂弟寻求丹麦人的帮助来篡夺王位，结果被杀，避免了王国分裂的危险。埃塞尔斯坦在公元924年顺利即位，因为他既是威塞克斯的合法继承人，也曾在他的麦西亚阿姨的家中受过教育。到10世纪中叶，麦西亚已不太可能恢复旧王朝。至此，威塞克斯的王室就成了英格兰的王室。

爱德华统治时期的战役主要由国王亲自指挥，同时与他的姐姐埃塞尔弗莱德（“麦西亚人的女领主”）联手。公元910年，当丹麦人的袭击被挫败时，英格兰人开始了反攻。在接下来的八年里，爱德华率军推进到丹麦区腹地，同时他的姐姐让丹麦人在麦西亚的边境上疲于奔命。由于来自爱尔兰的挪威维京人已经开始攻击西海岸，此时埃塞尔弗莱德受到了两个方向的威胁。她的主要成就是建造了一系列新的麦西亚堡垒：在东部边境对抗丹麦人，在西部边境对抗威尔士，在西北部阻挡挪威人从迪河（the Dee）和默西河（the Mersey）袭击塔姆沃思。公元917年，埃塞尔弗莱德占领了德比（Derby），趁敌人无法分身之际，爱德华入侵了东盎格利亚。到了公元918年，尽管孤立的丹麦军队仍占据着斯坦福德（Stamford）、莱斯特、诺丁汉和林肯，但丹麦区南部的所有地区都已落入了爱德华之手。埃塞尔弗莱德降伏了莱斯特，但不久之后她就去世了，迫使爱德华在接手麦西亚的时候停止了征战。随后他迅速返回攻打斯坦福德、诺丁汉和林肯，到公元920年底，亨伯河被确定为英格兰边境。

与此同时，爱德华正与其他非英格兰人的邻居建立了联系。公元918年，他收到了威尔士格温内斯王国和达费德王国的“归顺书”。《编年史》（*Chronicle*）称，公元923年，“苏格兰国王和整个苏格兰国家奉他为族长和领主；雷格纳尔德（Raegnald）和埃德伍尔夫（Eadwulf）的儿子们以及诺森布里亚的所有居民，包括英格兰人、丹麦人、挪威人和其他人都奉他为主；斯特拉斯克莱德的国王威尔士（Welsh）和他所有的臣民也是如此”。这是一系列此类“归顺书”中的第一批，这股“归顺潮”最终在公元973年达到顶峰，当时出现了一场奇观：八位“不列颠国王”宣誓效忠爱德华的孙子埃德加（Edgar），并在迪河上列队觐见。

必须强调的是，这只是他们个人对国王的臣服——接受国王的领主地位及庇护，而不是永久地放弃独立。事实上，苏格兰和威尔士都在争取自己的内部统一。在约公元850年，苏格兰国王肯尼思·麦克·阿尔平（Kenneth Mac Alpin）吞并了皮克特王国，并且在接下来的两个世纪里，苏格兰在苏格兰人（而不是皮克特人）的统治下发展起来。在威尔士，格温内斯王国从公元9世纪末开始突然扩张，政治局势发生转变，较小的王国中只剩下达费德没有被吞并。盎格鲁-撒克逊人从未征服过威尔士或苏格兰，1066年之前，这两个地方都出现过占主导地位的本土力量。尽管如此，威尔士还是受到了英格兰和维京人的巨大影响。

在10世纪的争夺不列颠土地的众多群体中，有一个是新来的——来自爱尔兰的挪威人。他们对丹麦人没有任何好感，他们的主要目标是控制丹麦区的北部。公元918年，雷格纳尔德领导的一支部队袭击了苏格兰，并在诺森布里亚驻扎。次年，雷格纳尔德占领了约克，并在此称王。这个挪威王国维持了35年，中间曾出现过中断。在此期间，贸易增长，约克和都柏林这两个挪威人的城市迅速扩张。约克的考古发掘工作揭示了由丹麦人规划的木屋和商店组成的街道，这些街道后来由雷格纳尔德的追随者重新建设。在埃塞尔斯坦和埃德蒙统治时期，英格兰人的敌人中挪威人比丹麦人更多。

公元920年，埃德蒙接受了雷格纳尔德的效忠，继而承认了他的地位。但是当一个新的挪威国王试图在公元926年继承王位时，埃塞尔斯坦袭击并占领了约克，摧毁了它的防御，并最终使苏格兰和斯特拉斯克莱德国王臣服。六年后，埃塞尔斯坦与苏格兰人之间的关系破裂。由于担心入侵，英格兰的不同对手都递交了归顺书。但是在公元937年，埃塞尔斯坦仍率领英格兰军队击败了挪威人、苏格兰人和斯特拉斯克莱德的威尔士人的联合部队。此时埃塞尔斯坦处于他权力的顶峰，他是英格兰人和丹麦人的国王，在某种意义上也是不列颠的霸主。埃塞尔斯坦受到外国的尊重，并与法国和德国王室联姻。他的契约显示威尔士王子经常出席他的宫廷活动；在埃塞尔斯坦统治时期，达费德国王海威儿·达（Hywel Dda）仿制了英格兰银币，并颁布了以英格兰法典为蓝本的法律。

但是，这一切仍然在很大程度上依赖国王个人。在公元939年埃塞尔斯坦去世后不久，一支挪威军队在奥拉夫·古斯弗里特生（Olaf Guthfrithson）的领导下卷土重来。新国王埃德蒙被迫承认奥拉夫是约克及其附属领土的国王。奥拉夫于公元941年去世，在接下来的四年里，埃德蒙回收了丹麦区北部，并掠夺了斯特拉斯克莱德。有趣的是，当时流传一首诗歌，该诗将埃德蒙塑造成一位把丹麦人从挪威人的压迫中解救出来的解放者：阿尔弗雷德的敌人的曾孙们竟然认同英格兰王室，而不认同他们的斯堪的纳维亚同胞。但是在埃德蒙去世后的第一年里，约克再次沦落到一位挪威国王血斧埃里克（Eric Bloodaxe）手里。接下来的六年里，埃里克、新英格兰国王埃德雷德和一位名叫奥拉夫·西里克森（Olaf Sihtricson）的挪威对手陷入了混战的局面。公元954年，埃德雷德入侵诺森布里亚，约克的最后一位国王被驱逐出境并被杀，从而彻底消除了来自约克的威胁。

威塞克斯的王室从近五十年的复杂战争中脱颖而出。埃德加（959—975年在位）的太平统治证明，与纯粹的军事力量相比，和平创造了更多的东西。埃德加不是一位征服者：一位历史学家写道，“他在历史上的角色是维持早期国王在英格兰建立的和平”。但这并不意味着他的成就无足轻重，恰恰相反，这个王国还很年轻，正因为有埃德加的努力，撒克逊晚期王权的发展才成为英格兰历史上浓墨重彩的一笔。

从埃塞尔斯坦开始，国王们更频繁地制定法律并且条文也更加详细。法律涉及广泛的主题，例如维持和平、打击小偷、教堂的等级、商人和市场的行为等等。重点在于团结——埃德加的法典给当地习俗留有余地，特别是在丹麦区，但他坚持认为“在每个民族里，世俗法律都应该确立”。到11世纪初，最严重的罪行的审判要交给王室，当时还形成了这样一种概念，即维护国家和平是国王的职责和权利。与其他规模相当的欧洲国家相比，英格兰王室权威的影响范围更广、更深入。

法律和契约是在贤人会议或王室委员会上发布的。通过附在契约后面的见证者名单，可以追溯贤人会议的发展历程。在10世纪，它比早期国王的委员会规模更大，可能也更正式，并且参会者包括许多被称为“大臣”或者塞恩的人。一些19世纪的历史学家过于努力地将贤人会议视为“原始议会”，但事实上，它绝不是一个民主机构，也没有对国王施加“立宪”限制。但它依然很重要。贤人会议会选出新的国王，批准庄严的公共法案，以及讨论若干事务。会议的成员包括贵族、主教和许多在自己的地盘有影响力的人。从埃塞尔斯坦的统治起，扩大的贤人会议成为一个固定的机构，成为一支不可忽视的力量。

国王的意志将通过一个大幅改善的地方政府体系来运作。10世纪，英格兰的区域划分逐渐从杂乱无章发展到单一的“郡”框架。在此之前，有些郡已存在一个世纪或更长时间，而且许多郡是以更古老的边界来划分的。但在埃德加统治时期，英格兰各郡的形式基本稳定下来，并一直延续了整整一千年，直到1974年。这些郡被委托给一群知名的权贵来治理，他们也被称为高级市政官（aldermen）。在公元9世纪的威塞克斯，每个郡都有一个高级市政官，但似乎从埃塞尔斯坦统治时期开始，高级市政官的人数逐渐减少，不过他们的地位也在不断提升。在埃德加的统治下，高级市政官变得不像当地官员，而更像是他的继承者，也就是11世纪的伯爵。但高级市政官仍然经常与他所管辖的郡的政府保持联系。

出于法律和行政目的，这些郡被分解为更小的单位，这种细分单位在大多数郡被称作“百户村”（hundred），而在丹麦区的北部被称作“小邑”（wapentakes）。每个百户村都有自己的法院来解决当地的纠纷，百户村还负责评估提供部队和划桨手的集体义务。不过百户村不是行政阶梯的最底层，为了加强法治，人口被组织成由十个相互负责的家庭组成的小组或“联保十户”。当时还存在一种非常复杂的机构，这一机构将王室政府的重担转嫁到每个农民身上。以上这些很难说有多少是10世纪出现的新事物。百户村的概念在更早的法典中已经出现了——在撒克逊晚期，百户村很可能是基于旧有的领地——但这个系统经过阿尔弗雷德的继承者们的改进，而在埃德加时期发展成形。

王室力量的另一个标志是铸币。甚至在阿尔弗雷德之前，三个货币发行权威（威塞克斯和麦西亚的国王以及坎特伯雷大主教）已就标准的银币达成了一致。埃塞尔斯坦在公元924至公元939年之间发布法令：“整个大地应该使用一种货币。”他和他的继承人成功地保持了货币的一致性，并且所有的硬币都由受严格控制的铸币者在山丘堡垒中铸造。在约公元973年，埃德加设计了一套新的硬币，这套硬币一直是英格兰货币的基础，即使在诺曼征服后很久，人们仍然在使用它。硬币的精致体现一个国家的控制程度，这在当时的欧洲也是独一无二的。

埃德加的主要个人成就是鼓励修道院改革。真正的本笃会修道院似乎在10世纪初的英格兰已经消亡。丹麦人摧毁了几座大教堂和无数小教堂，而那些幸存下来的教堂则越来越倾向于放任、世俗的生活方式，对此比德早已公开谴责过。大教堂的牧师们和他们的老婆孩子住在不同的房子里；在他们的日常生活中，他们更接近大教堂的教士会成员，而不像修士。英格兰教会的成功重建需要树立新的修道院生活的榜样，以及建造新修道院的资金。伟大的欧洲宗教改革运动提供了榜样，英格兰宗教改革是其中的一小部分；埃德加和他的贵族则提供了资金。宗教改革运动最主要的推动者是三位伟大的主教：圣邓斯坦（St. Dunstan）、圣埃塞尔沃尔德（St. Æthelwold）和圣奥斯沃尔德（St. Oswold）。

英格兰的修道院改革开始于公元940年初，是在王室的赞助下进行的。埃德蒙国王把格拉斯顿伯里（Glastonbury）修道院交给邓斯坦，埃德雷德国王把阿宾顿（Abingdon）修道院交给埃塞尔沃尔德，这两座修道院都是第一批“新式”修道院。但是埃德蒙和埃德雷德对此都不太热衷，而下一任国王埃德威格（Eadwig）则对邓斯坦抱有个人怨恨。这种怨恨无意中产生了积极后果，因为邓斯坦被流放到国外时，广泛了解了欧洲大陆的修道院生活。随着埃德加于公元959年即位，时代发生了变化：邓斯坦成了坎特伯雷大主教，而埃塞尔沃尔德被任命为温彻斯特的主教。奥斯沃尔德是三人中最年轻的，他曾在法国的弗勒里（Fleury）修道院度过了一段时光。邓斯坦说服埃德加授予奥斯沃尔德伍斯特（Worcester）主教的职位，不久之后，奥斯沃尔德在韦斯特伯里（Westbury-on-Trym）建造了一座修道院。在接下来的半个世纪里，在格拉斯顿伯里、阿宾顿和韦斯特伯里修道院的影响下，英格兰建造或重建了大约五十所修道院。

新修道院的修士遵循基于圣本笃准则的生活方式，仪式和日常生活的细节都效仿欧洲大陆的做法。在约公元970年，各种传统被汇编成《修道院规章》（*Regularis Concordia*），这是所有英格兰修道院必须遵循的规则之一。埃德加的角色至关重要，他利用自己的权威推动这项运动，而且所有新修道院都由他直接赞助。旧教堂里的世俗牧师被驱逐，取而代之的是修士，这一运动首次发生在公元964年的温彻斯特，如果没有王室做后盾，取代工作将会很困难。埃德加慷慨地捐赠，并期望其他人也这样做，但到了10世纪70年代，有证据表明强制贵族捐赠引起了人们的不满。尽管如此，建立修道院再次成为一项具有社会声望的行为。

新修道院富裕、受人尊敬，并拥有珍宝和精美的建筑。文学作品曾提到埃德加时代英格兰艺术之丰富。许多装订精美的插图书籍保留了下来，但只有黄金、珐琅和象牙饰品的碎片留存下来，且几乎没有一栋主要建筑物幸存下来。命运对盎格鲁-撒克逊晚期的建筑极其不利，因为所有最伟大的教堂都是在诺曼征服之后重新建造的。例如，温彻斯特的旧大教堂在10世纪被扩建，教堂长250英尺，有小礼拜堂、精致的西方塔楼，以及带雕刻和彩绘的中楣。但必须强调的是，这种精神和物质层面的革新只能触及旧社会的一小部分（可能不到10%的人口），其他人继续过着跟以前一样的生活。因此，在诺曼征服时期，本笃会的修道院与未知数量的小世俗教堂（维京人到来以前英格兰教会的遗物）共同存在。

虽然新的修道主义在很大程度上是受欧洲大陆的影响，但它与国家和整个社会的关系，具有鲜明的英格兰性。到1000年为止，大多数英格兰主教都是修士，主教和修道院院长都在贤人会议中与世俗权贵共同议事。重要的教会人士成为盎格鲁-撒克逊时期最后几位国王身边最有价值的顾问。同样，教会的改革能够为国王增光添彩，这位国王可能比他的任何一位前任都更加看重王位的神圣性。埃德加的加冕礼被推迟到他30岁，也就是公元973年才举行，因为30岁是圣职授任所要求的最低年龄。仪式的高潮不是加冕仪式，而是使用圣油的受膏仪式，它赋予国王近乎牧师般的地位，并使国王凌驾于人类的判决之上。正如布道者恩舍姆（Eynsham）的埃尔弗里克（Ælfric）所说的那样，“没有人可以自封为王，但人们可以自由选择最令他们满意的国王。但是，一旦他被加冕为国王，他就拥有了统治人民的权力，他们可能无法摆脱脖子上的枷锁”。温彻斯特新大教堂奠基章程的卷首插图是埃德加的画像，这是他希望展示给人们的形象——

头戴王冠，站在两个圣徒之间，并将他的礼物送给天国的君王（人间君王依靠天国的君王进行统治）。

埃塞尔雷德二世和克努特：英格兰君主制的衰落

接下来的两任国王的统治表明英格兰的君主制仍然存在很大的局限性。一位新国王在赢得忠诚之前不能指望别人自动对他忠诚，这一点在随后就得到了验证。埃德加于公元975年去世，留下两个未成年的儿子。长子爱德华不受欢迎，许多贵族更喜欢他的弟弟埃塞尔雷德。爱德华登基四年后在科夫（Corfe）遇害。毫无疑问，这是埃塞尔雷德的支持者干的。谋杀是多灾多难统治时期的开端。“仓促王”埃塞尔雷德（979—1016年在位）总是得到糟糕的评价（虽然他的著名绰号已经失去了它的原始意义，其中包括双关语Æthelred Unraed，意思是“邪恶顾问”）。可能他确实缺乏对王权仍然至关重要的品质——信任该信任的人并且博得他人信任。另一方面，在学识渊博的大主教伍尔夫斯坦（Wulfstan）的指导下，法律和司法在他的统治下继续发展。如果不是因为一个新问题的出现（维京人卷土重来），此时的英格兰可能已经像埃德加时期一样实现了统一。

新的袭击者甚至比他们的公元9世纪的祖先更危险。到了10世纪70年代，丹麦国王蓝齿哈罗德（Harold Bluetooth）获得了丹麦和挪威的控制权，并建立了一支由训练有素的专业士兵组成的强大军队。公元988年，哈罗德被他的儿子斯维因（Swein）废除，后者保留了他父亲的军队并建造了大规模堡垒来安置军事社区。其中一个堡垒已在丹麦特瑞堡（Trelleborg）被发掘出来。这座堡垒由巨大的圆形土方围墙包围，里面建有几组巨大的船形大厅，这一切都设计得非常精巧。特瑞堡的考古发现和丹麦传奇都表明丹麦军人拥有高度的协调能力和纪律性，这是英格兰军队无法相比的。

丹麦人的袭击发生在埃塞尔雷德二世即位后的一两年内。起初是小规模攻击，但是在公元991年，一支庞大的丹麦军队在莫尔登（Maldon）击败了高级市政官百利特诺思（Byrhtnoth）和埃塞克斯民兵，失败者不得不支付巨额赔款以求和。公元994年、公元997年和1002年遭到的几次大规模袭击，都以这种方式收场。埃塞尔雷德二世的统治如今如此臭名昭著正是因为这些赔款。在斯堪的纳维亚半岛出土了大量埃塞尔雷德二世发行的硬币，还有一些瑞典雇佣军的墓碑，这些墓碑记载着他们前往英格兰，因为立功受奖而发了财。在10世纪90年代，与1066年一样，英格兰的财富也是其危险所在。

埃塞尔雷德二世是如何应对的？他采取的一项措施是阻止邻国给维京人的船队提供停靠的港口。从地理位置上来看，新建立不久的诺曼底公国在这些邻国中最重要。诺曼人的祖先就是维京人，相隔只有几代人的时间，因此他们有时会向从英格兰返回的袭击者开放港口。但是在公元991年，埃塞尔雷德二世和查理公爵签署了一项不帮助对方的敌人的协议。十年后，埃塞尔雷德二世与公爵的女儿结婚，从此开始了诺曼底和英格兰的致命联盟。

到目前为止，国王的内部政策似乎与他的前任并没有太大的不同。他继承了一个强大、富裕的贵族集团，他的早期契约显示他跟埃德威格和埃德加一样，利用土地馈赠来获得支持。但是从1002年开始，维京人的威胁变得越来越严重，这暴露出王权的基本弱点。国王的土地，可能还有他的活动，通常都集中在威塞克斯。在北部和东部，他可以用来换取支持的资源非常有限，而这些地方正是最需要换取支持的地区。这两个地方存在分裂主义倾向，并且许多当地人仍然怀念他们的丹麦祖先。埃塞尔雷德二世后来的章程表明，王室赞助方向转向中部地区和英格兰东部，尤其是非威塞克斯血统的新人。国王正在努力让英格兰团结起来防御外敌。他的无能可能使这项任务变得更加艰巨，但这项任务对任何人来说都非易事。

1002年，他和他的委员会下令对居住在英格兰的所有丹麦人进行大屠杀，这反映出政府所承受的巨大压力。这项不同寻常的命令不可能得到充分执行，因为一些地区的人口主要是丹麦人，但它反映出某种近乎民族主义的歇斯底里的状态。我们知道，当牛津的丹麦人在圣弗丽德丝维德（St Frideswide）的大教堂里避难时，英格兰市民把它烧毁了。这次大屠杀无疑招致了丹麦人第二年的入侵，这次入侵由国王斯维因亲自率领。斯维因撤掉了诺威奇（Norwick），但他在东盎格利亚战役损失惨重，并于1005年撤回丹麦。次年他又杀了回来，带领军队扫荡了伯克郡、威尔特郡和汉普郡，英格兰不得不再次以巨额赔款求和。在随后的喘息时间中，英格兰政府建造了一支新的舰队，但在1009年初，80艘船被一名叛变的英格兰船长烧毁。在这次不幸之后，另一支丹麦军队在高个子托卡尔（Thorkill the Tall）和海明（Hemming）的率领下登陆英格兰。1010年他们火烧牛津，然后来到东盎格利亚，次年他们从这里出发突袭肯特郡。这轮战争在1012年意外结束，当时托卡尔改变了立场，他对自己的军队残忍杀害大主教埃尔夫赫亚克（Ælfheah）的行径感到厌恶。这使得45艘船转而为埃塞尔雷德二世效力，其余的陆军则离开了英格兰。

此时所有人都看清了英格兰防守的弱点，当斯维因于1013年再次来到英格兰时，他的意图是征服这片土地。丹麦区的人民不再对埃塞尔雷德二世抱有任何幻想，他们欢迎丹麦国王并立即接受了斯维因。到当年底，斯维因已经占领了牛津、温彻斯特和伦敦，埃塞尔雷德二世已经逃往诺曼底，开始了流亡生活。1014年2月，斯维因去世，他的儿子哈罗德继承了他的斯堪的纳维亚帝国，但在英格兰的丹麦军队拥戴哈罗德的弟弟克努特（Cnut）为他们的国王。与此同时，埃塞尔雷德二世回来了，到了春天，他发动了对丹麦人的远征。克努特毫无防备，吃了败仗，被迫撤回丹麦。1015年，克努特率领着一支庞大的军队杀了回来，而此时埃塞尔雷德的儿子刚勇者埃德蒙二世（Edmund Ironside）违抗父亲，控制了丹麦区北部。在接下来的几个月里，克努特重新占领了诺森布里亚，然后班师到了伦敦。但是在丹麦军队抵达之前，埃塞尔雷德二世已经死了，埃德蒙已经被立为国王。然而，在威塞克斯内部，许多男人不战而降，接受了克努特的领主地位。埃德蒙集结了他的军队，有一段时间，似乎仍有可能将丹麦人赶出去。但是在1016年秋天，克努特在埃塞克斯的阿辛敦（Ashingdon）赢得了一场决定性的战役。战后签订的条约只给埃德蒙留下威塞克斯，不久之后埃德蒙去世，克努特成为整个英格兰的国王。

克努特国王（1016—1035年在位）不得不处理50年后威廉（William）国王所面临的类似问题。像威廉一样，克努特不是以征服者的身份，而是以合法的英格兰国王的身份开始统治的。克努特娶了埃塞尔雷德二世的遗孀，并为了保住王位而采取了残酷的行动——杀害了几位英格兰知名人士，其中包括埃塞尔雷德二世的长子。王位稳固之后，克努特就积极地采用了文明君主的传统做法。他颁布法律并建立修道院，用12世纪的编年史家的话来说，他把自己“从一个野人变成了一个最虔诚的基督教国王”。然而他仍然是一个丹麦人，并且在他的兄弟于1019年去世时，他继承了一个伟大的北方帝国，而英格兰只是他的大帝国的一部分。11世纪20年代，他越来越多地参与丹麦事务。由于他将精力主要放在丹麦事务上，因此他改变了对英格兰的政策，虽然这些改变相对较小，但最终引发了毁灭性的后果。

当然，克努特的很多追随者都获得了奖赏。虽然没有发生1066年之后出现的全面替代英格兰地主阶级的现象，但很多丹麦人加入了贵族阶层。作为一个外国人，克努特的王位不是十分稳固，因此他保留了一支家族军队或“家族军团”，这对国家来说是一个相当大的负担。在过去的30年里，英格兰地主们向自己的国王纳税，希望国王把丹麦人拒之门外，但是现在他们又不得不承担维持一支丹麦常备军的重担。

克努特长期在国外，为了使英格兰政府正常运作，1017年，他将王国划分为四块伯爵领地：诺森布里亚、东盎格利亚、麦西亚和威塞克斯。这显然有恢复当地分裂主义的风险，尤其是因为诺森布里亚和东盎格利亚的伯爵都是丹麦人。到了政权末期，最重要的人物是诺森布里亚的西沃德（Siward）伯爵、麦西亚的利奥夫里克（Leofric）伯爵［他的妻子是著名的考文垂戈黛娃（Godiva）夫人］，以及威塞克斯的戈德温（Godwin）伯爵。戈德温的祖籍不详，但到了11世纪30年代，他和他的家族已经成为国王下面最富有、最有权势的非神职人员。克努特的伯爵封邑制度是导致盎格鲁-撒克逊最后30年历史中政权争斗的主要原因。

盎格鲁-撒克逊王国的终结

当克努特于1035年去世时，有几个可能的接班人。威塞克斯王朝的代表是埃塞尔雷德二世的小儿子爱德华和阿尔弗雷德（此时在诺曼人的宫廷里），以及刚勇者埃德蒙的儿子，他被流放到匈牙利。克努特有两个儿子：一位是北安普敦的哈罗德，另一位是埃塞尔雷德二世遗孀艾玛所生的哈德克努特（Harthacnut）。克努特希望哈德克努特能够继承他的整个帝国。但当哈德克努特滞留丹麦时，贤人会议任命哈罗德为摄政王——艾玛和戈德温对此都表示反对——并且在1037年为他举行了登基仪式。1036年，英格兰王子阿尔弗雷德不明智地访问了英格兰，并因戈德温的煽动而被害死。哈德克努特在哈罗德于1040年去世后被召回，但两年后他也去世了，丹麦王室断了血脉。此时几乎每个人都希望恢复威塞克斯的古代王朝。阿尔弗雷德的儿子爱德华在英格兰宫廷生活了一年，并在1042年当选为国王。

“忏悔者”爱德华（1042—1066年在位）被尊为最有名的英格兰王室圣徒。最近的传记作者仔细审视了他虔诚传说背后的现实，写道，“他不是出类拔萃之人，但也不是一个神圣的低能儿。就像许多同等级和同时代的人一样，他是一个平庸之辈。无论他的优点和缺点是什么，他都继承了11世纪欧洲最强大的政府。英格兰强大的原因部分在于几百年前的体制，部分在于过去60年的分裂。

自埃德加时代以来，地方政府一直在发展。一方面，在克努特当政期间，伯爵封邑给了少数人巨大的领土权力。一个权力不稳固的国王现在不得不面对过度强大的臣民。另一方面，一种极有用的新官员诞生，这些官员在地方负责执行王室政策。在埃塞尔雷德二世统治期间，每个郡都设有国王的当地法警（城镇长官），后来被称作“郡法官”（shire-reeve）或郡督。他是国王在郡中的首席行政代理人，逐渐承担了越来越多的高级市政官的职能。郡督负责征收王室税收和司法盈利，但他也属于不断壮大的当地权贵集团。在郡法院，他可以向绅士宣布国王的意旨，在日常事务中发挥重要作用，并增加王室权威的分量，以对抗压迫性的权贵。郡法院和郡督是盎格鲁-撒克逊时期留给后来中世纪政府最重要的遗产。

埃塞尔雷德二世统治时期，英格兰的软弱带来了一个直接结果——一个高效的税收制度发展成形。10世纪90年代给丹麦人的巨额进贡必须从英格兰筹集。这笔进贡被称为“丹麦金”（Danegeld），它基于古老的以海德为单位征收土地税的方法，以每海德固定的税率缴纳丹麦金。1012到1051年间，历代国王每年都征收这项税，但此时这项税是为了维持他们的常备军队。为此目的而开发的复杂的评估体系是后来的《末日审判书》的基础，这也为11世纪初英格兰官僚体制提供了大量贡赋，在诺曼国王征服之后，征收丹麦金的政策又持续了将近一个世纪。

这一时期也出现了一种新型的官方文件——王室令状。埃塞尔雷德二世可能发布过，当然克努特肯定发布过，但是保存至今的最早令状原件来自爱德华时期。令状的最初形式是发给郡伯爵和郡督或主教的简短通知，表示一次土地赠予已经完成并应在郡法院得到认证。一份典型的王室令状内容如下：

> 国王爱德华以友好的方式迎接哈罗德伯爵和他的郡督托菲以及他在萨默塞特的所有贵族。我宣布阿尔弗雷德已经和平地、悄悄地把卢顿（Lutton）的土地卖给了主教吉索（Giso）。这份交易在帕里特（Parret）完成，在场的见证人包括我、我的妻子伊迪思（Edith）、哈罗德伯爵和其他许多人。我们也希望这位主教能够持有这块土地及其所有附属物，主教可以和他的前任一样自由地处置这块土地。如果有什么东西被不公正地从这块土地上拿走，我们会要求物归原处。其他形式的破坏也被禁止。

王室令状将效率与新的认证手段相结合——用王室的模具盖章而形成的下垂蜡封。作为所有权凭证，令状为旧的正式契约提供了有益的补充，这些契约既笨拙又易于伪造。它们还为国王提供了一种可以在郡内让人们快速清楚地了解他的旨意的方法。诺曼征服者很快就学会了用这种方式来发布命令，且所有更重要的征服后的王室文件都采用了这种方式。

在下达税收令或签发令状时，国王会咨询他的秘书处。与阿尔弗雷德以来的其他国王一样，忏悔者爱德华拥有一批由牧师组成的文职人员，他们由一位首席文书领导。首席文书这个职位后来发展成了大臣。文职牧师的职责之一就是记录，从盎格鲁-撒克逊晚期开始，就有非常详细的土地普查，记录土地使用权、海德数量和纳税额。比德的一些评论表明，即使是公元7世纪的诺森布里亚的国王们也有足够精确的信息，使之能以准确的海德数来授予土地；从公元8世纪开始，一份名为《部族藏书》（*Tribal Hidage*）的文件列出了依赖麦西亚的民族、外省和部落的名字及土地的海德数。因此，我们可以确信，公元9世纪和10世纪的国王有某种财政记录，尽管无法详细说明。在忏悔者爱德华统治时期，王室秘书处拥有很多案卷，这些案卷列出了各个郡和百户村土地的海德数、王室土地的数量，以及每一个庄园的名字、业主和价值。我们不是从原始文件本身（尽管有一些残片存留下来了），而是从《末日审判书》了解到这些的。如果没有早期的案卷，那么1086年的土地大普查几乎不可能进行得如此迅速、如此彻底。诺曼征服以前的公共记录的遗失令人痛惜，但仅仅知道它们存在过就足以说明爱德华政府的管理能力。

如果说英格兰政府在阿尔弗雷德和爱德华的统治之间发生了很大变化，那么英格兰社会也是如此。公元1世纪中叶到11世纪中叶，英格兰的人口和经济迅速增长。在《末日审判书》之前没有统计数据，但书面、考古和地形证据表明后来英格兰社会的许多方面都是在这一时期成形的。毫不奇怪，更多的人意味着更大的城镇。在诺曼征服之前，英格兰出现了现代意义的城镇——大批人口聚居，有市场和商人，不同的工匠群体生活在专门的小区，同业行会和行规形成，教堂众多，还有在某些情况下迅速扩张的郊区。撒克逊时期末的法律法规承认交易中心或“港口”（不一定是沿海地区）和大型自治市镇，并根据城镇被允许拥有的铸币人的数量来征税。这些城镇包括大部分的山丘堡垒和许多大教堂中心，但它们并不一定是古代重镇。我们甚至无法猜测当地市场的数量，但许多13世纪开始繁荣的市场可能比它们看起来的更古老。

农村也在发生变化，但很难清楚地追踪这些变化。地形学的研究表明，人口较多的地区有定居点集结的过程，分散的农场居民也聚集在一起形成村庄。与此同时，农业变得越来越复杂，越来越一体化，因此到1066年，英格兰的许多地方都出现了“共同土地”。这些土地由产权交叉的农民来耕种，因此可能采用集体认可的种植模式。土地制度的早期发展问题现在仍有争议，但是在10世纪，我们首次发现了中部英格兰的开阔田野与周围的“林间牧场”之间的基本不同。关于定居形式、耕种方式和土地所有权的变化，以及它们之间的关系，我们现在仍然不确定，但似乎这个过程经历了几个阶段，并且在诺曼征服之后，这个过程还在持续。还有人认为，这些发展有时不是自发的，而是根据自上而下的规划重新安排的结果。小农社会出现了更多阶层，也更具凝聚力，同时地主对他们的佃农提出了更高的要求。

之所以出现这些发展，原因之一是庄园和庄园主越来越多。除了发展缓慢的地区之外，大多数旧的“复合庄园”在11世纪被分割为与现代农村教区相对应的更小单元。人口增长了，种植面积扩大了，过去“松散的”农业体制的组成部分如今成为完整独立的实体。10世纪留存下来的土地租约比公元8世纪和9世纪这两个世纪的加起来还多；大多数租约都是关于出租较小的土地单位，而租给平信徒的比例更高。塞恩阶层的范围扩大，包括了农村的乡绅，《末日审判书》显示，1066年英格兰有数百名庄园主。

这是大多数教区教堂建立的背景。正如国王们和主教们在公元7世纪和8世纪建造大教堂一样，塞恩在10世纪和11世纪建造了庄园教堂。更早的时候就已经有一些私人教堂（比德提到过公元7世纪90年代一名在私人教堂里任职的主教），但是文件和考古资料都表明大多数私人教堂是在公元900年之后甚至公元950年之后建造的。教士组织一定十分混乱：大教堂教区正在慢慢腐朽，越来越多的庄园正在收购对他们的教堂构成竞争的教堂，这些教堂由庄园牧师主持。11世纪的教堂（诺曼征服之前和之后）实际上都归它们的领主所有，它们的功能取决于土地所有者的态度而不是牧师的态度——教会的职能是为领主、他的家族和佃农服务。尽管有很多证据表明1700年存在的一半以上的教区教堂都是在1066年之前建立的，但我们还不能称其为正式的“教区体系”。

因此，我们所熟悉的英格兰乡村的地标（村庄、庄园主的住宅、教堂）主要形成于撒克逊晚期。根据大主教伍尔夫斯坦在约1010年的记载，庄园主的住宅和教堂是塞恩身份的标志：“如果一个底层自由民（ceorl）富有了，拥有五海德属于自己的土地、一座教堂、一个厨房、一口钟和一个堡垒门，并在国王的大厅里有一个席位和特殊职位，这样他才配被称作塞恩。”这个著名段落中的“堡垒门”引出了一个问题，这个问题引起了不必要的争议——英格兰在诺曼征服之前是否有城堡？一位将私人城堡与封建主义等同起来的作家确信撒克逊晚期英格兰不是封建社会，他认为这时期的英格兰除了共有的山丘堡垒之外没有城堡。但是，如果一座固若金汤的庄园主住宅被视为一座城堡，那么有没有城堡几乎说明不了一个社会的性质，只能说明这样的社会包括一个以土地为基础的贵族阶层。事实上，现在的考古发掘证明，加固的住宅确实存在过，在北安普敦郡的苏尔格雷夫（Sulgrave）和林肯郡的戈尔索，都发现了约1000至1020年的被河岸和壕沟包围的复杂庄园建筑群。这些遗址表明撒克逊晚期塞恩的普通住宅可能与12世纪和13世纪初的大多数庄园一样壮观。

战争变得越来越专业化，装备也更加昂贵。到了10世纪末，一种兵役制度发展起来，它规定每五海德土地就负责提供并装备一个人（民兵）。这意味着一个普通农民不可能用自己的有限资源把自己武装成一名战士，言外之意就是战斗人员的地位提高了。根据伍尔夫斯坦的说法，五海德是一名塞恩最小的地产，盔甲和武器已成为塞恩身份的另一个标志。一名全副武装的撒克逊晚期战士，它所包含的意思不仅仅是将一名底层自由民转变成士兵。

到了埃塞尔雷德二世统治期间，修道院改革已经失去了动力。位于斯塔福德郡（Staffordshire）的伯顿修道院（Burton Abbey，1004年）和位于牛津郡的恩舍姆修道院（Eynsham Abbey，1005年）是最后建造的大修道院，普遍的政治动荡和资源枯竭很快阻止了大规模的资助和建设。然而，爱德华的虔诚使他实施了一个修道院建筑项目，这是英格兰有史以来最宏伟的项目。大约在1050年，他开始重建威斯敏斯特的老教堂，其规模与强大的英格兰王国相称。英格兰的建筑业一片萧条，但在诺曼底，在过去的40年里，建筑业的发展突飞猛进——与法国贝尔奈（Bernay）和卡昂（Caen）的修道院教堂相比，埃德加时期最气派的建筑也要黯然失色了。因此，为了威斯敏斯特大教堂，爱德华自然地向诺曼建筑师寻求帮助。最终建造的教堂即使按照诺曼底的标准也称得上极其宏伟、富于创新了，它的精美绝伦可能归功于英格兰的装饰传统。具有讽刺意味的是，威塞克斯家族最后一座伟大的纪念性建筑居然是诺曼文化的产物。

盎格鲁–撒克逊历史的最后岁月主要是关于戈德温家族和王位继承问题。爱德华娶了戈德温的女儿，但到了11世纪50年代早期，很明显他永远不会生下继承人了。爱德华是刚勇者埃德蒙二世的儿子，他于1057年带着他出生不久的儿子从匈牙利回到英格兰，但这个婴儿很快就夭折了。年幼的王子埃德加是合法的继承人，但没有人看好一个孩子能够登上宝座。挪威国王马格努斯（Magnus）以及他的儿子哈罗德·哈德拉达（Harold Hardrada）将自己视为包括英格兰在内的克努特帝国的继承人。爱德华对这两位候选人都不太满意，如果说他的目光转到了其他地方，那一定是英吉利海峡对岸。他曾在诺曼底公国——诺曼底迅速崛起，内部组织严密——度过了25年的流亡生活。1035年，罗伯特公爵七岁的私生子威廉继承了他的王位。我们永远无法确定爱德华是否许诺过将王位传给威廉，但我们期望他这样做。

爱德华因为兄弟被害而无法原谅戈德温，他们之间的紧张关系在1051年达到顶峰。爱德华的一位诺曼朋友卷入了多佛的一场斗争，几名男子被杀。爱德华命令威塞克斯的伯爵戈德温率军攻打多佛，以示报复。戈德温拒绝了，并举兵反对国王。国王召集了麦西亚伯爵和诺森布里亚伯爵的全部军队，战争一触即发。但冲突最终得以避免，其原因正如同时代的一个人所说的那样，“他们中的一些人认为参加战斗将是非常愚蠢的，因为几乎所有英格兰地位最高的贵族都加入了两派，并且他们深信，一旦开战，外国敌人将乘虚而入”。戈德温失去了支持，他和家人被迫流亡。在接下来的一年里，爱德华不断地在宫廷里起用诺曼人，但是在1052年，戈德温带着一支庞大的舰队杀了回来，国王不得不妥协。诺曼籍的大主教逃回了诺曼底，他的几个同胞也在戈德温的要求下被驱逐出境。

此时戈德温几乎享有至高无上的权力，但在1053年，他去世了，继位者是他的儿子威塞克斯伯爵哈罗德。哈罗德注定要成为盎格鲁–撒克逊时期最后一位国王。当诺森布里亚伯爵斯沃德（Siward）两年后去世时，他的爵位由哈罗德的弟弟托斯提戈（Tostig）继承。由于威尔士格温内斯国王格鲁菲兹（Gruffydd）的侵扰，戈德温两个儿子的地位很快上升。格鲁菲斯最近在威尔士取得了至高无上的地位，他与流亡的麦西亚爵位的继承人结盟，向英格兰领土发动了一系列袭击，其中赫里福德遭到洗劫并被烧毁。哈罗德和托斯提戈兄弟俩合力把格鲁菲斯赶回威尔士，并在1063年致使他垮台并死去。凭借这一功绩，哈罗德成为英格兰的杰出人物。尽管他缺乏王室血统，但他似乎是公认的王位候选人。

但是在1064年，或者1065年初，哈罗德在诺曼底访问了威廉公爵。根据诺曼人的资料来源，哈罗德作为爱德华的大使，前去向威廉宣誓，提早承诺把英格兰的王位传给威廉。宣誓的故事有可能是诺曼人杜撰的，但总的来说不可能是编造的。但是还有第三个解释，即制作贝叶挂毯（Bayeux Tapestry）的英格兰艺术家们可能试图暗中向我们解释——哈罗德不幸落入威廉之手，被迫宣誓，并羞愧地回去禀报愤怒的爱德华国王。无论哪个版本是真实的——总体而言，诺曼人的说法最站得住脚——许多同时代人认为威廉既有合法的权利又有实力继承英格兰的王位。

在盎格鲁-撒克逊时期最后的两年里发生了一连串事件。1065年，诺森布里亚爆发反抗托斯提戈伯爵的叛乱。哈罗德出面调停，但当地提名的伯爵候选人不予妥协，托斯提戈被迫流亡，从此与他哥哥哈罗德反目。1066年1月5日，爱德华国王去世。与紧迫的军事形势相比，王位继承的合法性只能让步，贤人会议选举了哈罗德为国王。这等于向他的两个成年竞争对手发出了挑战信号。挪威的哈罗德·哈德拉达第一个采取行动，在流亡的托斯提戈的协助下，他在夏天入侵了诺森布里亚，并占领了约克。正在防范诺曼底入侵的哈罗德被迫向北转移。9月25日，在约克附近的斯坦福德桥（Stamford Bridge），哈罗德遭遇并击败了挪威军队。最终，哈德拉达和托斯提戈都被杀，哈罗德国王收复了诺森布里亚。

与此同时，被恶劣天气耽搁的威廉公爵的舰队于9月28日在佩文西（Pevensey）登陆。哈罗德急忙南下，但他两个月前所做的准备工作已经瓦解，军队的核心已经筋疲力尽。1066年10月14日，英军和诺曼军在黑斯廷斯附近相遇。哈罗德的部队聚集在山顶上，形成了一道盾牌墙。这场战斗持续了一整天，起初英军似乎处于优势。显然，英军最终战败是由于缺乏纪律而不是缺少士兵。哈罗德的部分军队似乎被诱骗下山，去追击敌人或真或假的撤退，结果后路被切断，最终被歼灭。渐渐地，英军出现了溃败，虽然核心部队一直战斗到黄昏，但胜负已成定局。哈罗德战死，后来的几个世纪里，在他倒下的地方修建了战役修道院（Battle Abbey）。

威廉向多佛挺进，然后是坎特伯雷，在那里他收到了温彻斯特的归顺书。但他的主要目标是伦敦，因为那里是埃德加·阿瑟林（Edgar Atheling）领导的英格兰抵抗运动的核心。威廉在伦敦桥遭遇抵抗，他包围了这座城市，一路烧杀抢掠。与此同时，埃德加的党羽正在土崩瓦解，当威廉到达伯克姆斯特德（Berkhamsted）时，埃德加亲自率领英格兰贵族与他见面，并表达了他们的忠诚。阿尔弗雷德的家族在经历了丹麦人、挪威人和又一次丹麦人的侵略后得以幸存，但最后还是被一个外国王朝所取代。

| 第三章 |

中世纪早期

（1066—1290）

约翰·吉林厄姆（John Gillingham）

1066年那些事

1066年圣诞节那天，诺曼底公爵威廉在威斯敏斯特大教堂登基成为英格兰国王。这是一个激动人心的时刻。用英语和法语发出的欢呼声惊动了驻扎在修道院外的诺曼卫兵。他们以为教堂内部出现了可怕的变故，于是放火烧了邻近的房屋。半个世纪之后，一位诺曼修士回忆起那一天的混乱。“随着火势迅速蔓延，教堂里的人陷入困惑，大批人群涌向外面，有些人为了救火，有些人则趁火打劫。只有修士、主教和一些神职人员留在神坛前。虽然他们也感到害怕，但还是坚持完成了国王的受职仪式，此时的国王已吓得浑身剧烈颤抖。”

尽管威廉在黑斯廷斯取得了胜利，尽管伦敦和温彻斯特投降了，但威廉的地位仍然不稳固，他完全有理由为此忧虑。至少在五年之后，他才相信征服已经完成。从1067到1070年，每年都有反对诺曼统治的起义——在肯特郡、西南部、威尔士边境区、沼泽地和北方。诺曼人只能像一支占领军一样生活，像作战部队一样一同起居、饮食和睡觉。他们不得不建造城堡，这些城堡是少数人统治大批臣民的据点。不到一万名诺曼人生活在一两百万心怀敌意的百姓中。这并不是说每个英格兰人都积极反对诺曼人。毫无疑问，有许多人与他们合作，正因为这样，诺曼人才有可能接管如此多的盎格鲁-撒克逊的机构。但是有大量证据表明，英格兰人憎恨在自己的国家成为受压迫的大多数人。没有安全感的岁月对后来的历史产生了深远的影响，因为英格兰不仅引入了新的王室，还引入了新的统治阶级、新的文化和语言。可能在欧洲历史上，没有任何一次征服对被击败者造成如此灾难性的后果。

几乎可以肯定，这不是威廉的初衷。在早期，许多英格兰人能够通过表示臣服而保留他们的土地。然而到了1086年，事情发生了明显变化。《末日审判书》记录了诺曼人在这片土地上留下的深深的征服烙印。根据记载，1086年，只有两位英格兰英格兰贵族幸存。超过4000位塞恩失去了他们的土地，他们被不到200名男爵（barons）所取代。一些新的地主是布兰顿人、弗兰德斯人和洛林人，但大多数还是诺曼人。在教会方面，我们可以确定威廉的反英政策的出台时间。1070年，他罢免了一些英格兰主教，后来再也没有任命英格兰人担任主教或修道院院长。在军事问题上，1069至1070年冬季，对北方的掠夺表明这个时期的残酷镇压达到了空前的规模。1066至1086年间，约克郡的土地价值下降了2/3。但无论这种掠夺在何时何地发生，可以肯定的是，到1086年，盎格鲁-撒克逊贵族不复存在，而且其地位已被新的诺曼精英所取代。当然，这个新精英阶层同时保留了欧洲大陆的旧土地，其结果是，曾经是两个独立的国家的英格兰和诺曼底，现在变成了一个统一的跨海峡的政治共同体，不仅共享统治王朝，还拥有统一的盎格鲁-诺曼贵族。由于海峡两岸水运非常便捷，诺曼底和英格兰的距离好比泰晤士河两岸的米德尔塞克斯和萨里（Surrey）。从此时直到1204年，英格兰和诺曼底的历史一直交织在一起。

由于诺曼底是由一位公爵统治的公国，而公爵效忠于法国国王，因此从此时开始，英格兰政治成为法国政治的一部分。但法国的影响不仅限于此。作为法国人的诺曼人把法语和法国文化带到了英格兰。此外，我们要处理的不仅仅是1066年后那一代人所面临的一次性“法国因素”的大量涌入——在那之后“英格兰因素”开始逐渐恢复——还包括安茹帝国所带来的法国文化的入侵。1066年的诺曼征服之后，英格兰又被安茹帝国征服过（1153—1154），虽然这一次没有导致卢瓦尔流域的贵族来英格兰定居，但亨利二世和阿基坦的埃莉诺宫廷的到来还是强化了法国文化在英格兰的主导地位。

虽然在1066年只有不到30%的温彻斯特地主拥有非英格兰名字，但到1207年这一比例上升到80%以上，其中大多数是法国名字，如威廉、罗伯特和理查德。这意味着英格兰接受了来自欧洲大陆的影响，此时的英格兰艺术受外来影响最明显。例如，在教会建筑中，用欧洲大陆的名词“罗马式”和“哥特式”所描述的风格比“诺曼”和“早期英格兰”风格更加时髦。尽管英格兰建造的教堂，如英格兰的泥金装饰手抄本中所绘制的教堂，通常包含一些明显的英格兰元素，但建筑师和艺术家所采用的设计图样来自国外，有时来自地中海世界（意大利、西西里岛，甚至拜占庭），通常来自法国。在1174年的坎特伯雷大教堂大火之后，一位法国建筑师威廉（William of Sens）被请来重建唱诗席。同样，亨利三世下令重建的威斯敏斯特大教堂也深受法国模式的影响。法国在音乐、文学和建筑领域如此卓越，以至于法语成为一种真正的国际语言，而不仅仅是一种民族语言，任何认为自己有教养的人都要会说会写法语。因此，在13世纪的英格兰，法语变得比以前更重要。在本章所涵盖的大部分时期里，受过良好教育的英格兰人会使用三种语言——英语是母语，懂一点拉丁语，会说一口流利的法语。在这个国际化的社会中，法语至关重要。法语是法律和地产管理的实用语言，也是歌曲和诗歌（包括香颂和浪漫歌曲）的语言。换句话说，像耶路撒冷王国一样，诺曼征服使英格兰被公认为法国的海外领地；用政治术语来说，在13世纪初之前，英格兰一直是法国殖民地（当然不是法国国王所属的殖民地），此后则是法国文化的殖民地。

因此，几代英格兰爱国人士把黑斯廷斯战役看作是一场国殇，这并不奇怪。然而，即使我们不像历史学家弗里曼（E. A. Freeman）那样将巴黎形容为“野兽”，也仍然可以说诺曼征服是英格兰历史上最大的灾难。不是因为它具有掠夺性和破坏性——任何征服都会如此——而是因为“1066年那些事”的问题。1066年是英格兰历史上最著名的一年，诺曼征服是“该死的众所周知的划时代的事件”，人们很容易将它视为“新的开始”或“重要的转折点”。在谈论几乎所有发生在11世纪晚期的英格兰事务时，都会考虑诺曼征服的影响。但是，11世纪下半叶是整个欧洲快速发展的时期，没有遭受诺曼征服的国家也发生了巨变。因此，这引发了一个问题。在某些方面，1066年的诺曼征服带来了巨大的变化；在其他方面，虽然巨变发生了，但很难归因于征服；还有些方面，最显著的特征是根本没有改变，而是延续了现状。

然而，这一时期历史学家所面临的主要问题不是由一个戏剧性事件造成的，而是由一个极其复杂的社会和文化进程导致的。这是因为在12世纪和13世纪出现了海量的书面记录，编写和保留下来的文字记录比以往多得多。从整个盎格鲁-撒克逊时期开始，大约有2000份法庭令状和土地契约保存下来，而仅从13世纪保留下来的就有数万份。当然，2000份盎格鲁-撒克逊时期的文献只是冰山一角，更多的文献没有保存下来。但是13世纪的情况也是如此。例如，据估计，仅13世纪的小农和农民就产生过多达800万份土地契约。即使这个估计的标准过于宽松，但有一点是毋庸置疑的，即各个阶层（例如农奴）都以前所未有的方式关注这些文件。在忏悔者爱德华统治时期，据说只有国王拥有印章，而在爱德华一世的统治下，法规要求甚至农奴也必须拥有自己的印章。这一发展的中心，或者说它的原动力，来自国王的政府。国王拥有永久性的记录机构文秘署，例如法院和财政部——它们变得越来越忙碌。在亨利三世统治时期，我们可以测量文秘署使用过的封印蜡的重量。在13世纪20年代末，每周要用掉3.63磅的封印蜡，到60年代末，这个数字已升至31.9磅。政府不仅发布了比以往更多的文件，还系统地制作副本并把它们保留下来。此处有一个关键的时间点——1199年。在那一年，文秘署簿记员们开始在羊皮纸卷上抄写大部分以大封蜡寄出的信件（当然包括所有重要的信件）。文秘署的记录被保存下来，意味着1199年以后的历史学家比以往任何时候都更了解政府的日常事务。

这些发展有十分重要的意义。记录的激增带来了从习惯性记忆事件向用文字记录事件的转变。从某种意义上说，这意味着人人都在“参与扫盲”；即使有些人自己无法阅读，他们也习惯于通过书面媒介进行日常业务的处理。显然，这种文化意识的发展与通常被称为12世纪文艺复兴的文化运动密切相关。起初，新学问的机构都出现在意大利和法国的城镇和大教堂中，但到了12世纪末期，英格兰出现了一些高等学校，到13世纪20年代，牛津大学和剑桥大学先后成立。在牛津大学，有些学院的男性可以学习严格的实践科目，如财产转让、管理学和初级法律程序。整个英格兰的趋势是，各个层面的学校越来越多。

但这些深刻的发展是否与社会机制在其他方面的革命性变化有关？显然，所有这些书面记录的产生意味着社会变得更加官僚化，但这是否意味着阶级之间的关系得到保护或被改变了呢？经济体系是否在变化？政治体制正在发生变化吗？或者两者只是被更详尽地记录下来而已？

这些不是容易回答的问题。历史证据的累积性质往往使证据具有欺骗性。例如，一种特定形式的人际关系可能首先在13世纪被清楚地记录下来。但这是否意味着这种关系本身起源于那个世纪？或者说这些类型的关系在这个时期首先以书面形式确定下来？或者说这种关系早就存在了，而相关文件只是从那个时期才开始记录并被保存下来？一个典型的事实是，一种被称为“家仆契约”的文件类型最早可以追溯到13世纪。契约记录了一名男子为其主人服务的条款，如果是长期服务合同，契约通常会写清他的工资，即他的雇用费。在这些文件的基础上，历史学家们已经断定，“契约家仆”和“合同军”都是在13世纪末出现的，并且它们是中世纪后期“可恶的封建主义”（Bastard Feudalism）的特征。然而，有明显但间接的证据表明，接受费用和工资的合同军队和家仆至少早在1100年就存在了。总的来说，在本章，作者认为英格兰在经济、政治和社会机制方面的连续性比通常所认为的高得多。但首先，在进一步讨论之前，简要介绍一下主要事件，特别是国王们最关心的那些事件。

威廉一世（1066—1087年在位）

1071年之后，威廉对英格兰的控制已相当稳固。威尔士人和苏格兰人几乎没给他制造什么麻烦。斯堪的纳维亚的统治者继续对英格兰虎视眈眈，维京人再次入侵的威胁一直存在，但都没有实现。从1071年到他统治结束，威廉的大部分注意力都集中在与欧洲大陆的战争和外交上。他的故乡诺曼底比他的岛上王国更容易受到突然袭击。威廉的几个邻国对他的新权力感到震惊，并抓住一切机会削弱它。首先是法国的腓力国王和安茹伯爵（Count Fulk le Rechin of Anjou）。威廉的长子罗伯特·柯索斯（Robert Curthose，生于1054年）为他们提供了最好的机会。早在1066年罗伯特就被确定为诺曼底的继承人，但他从未被允许享有金钱或权力。从1078年起，他就卷入了一系列反对他父亲的阴谋中。法国国王与诺曼底公爵的争斗，战场自然是在维克桑（Vexin），这是一块位于鲁昂和巴黎之间塞纳河北岸的有争议的领土。诺曼底与安茹的争斗，战场是威廉于1063年征服的曼恩郡。在接下来的两代人中，曼恩仍然是争执的焦点；而围绕维克桑的冲突，时间更长（直到1203年）。因此，在威廉的统治时期，已经能够看到主导下个世纪的政治格局——家族纠纷和边界争端交织在一起。在这种情况下，威廉死亡时的情形是显而易见的。法国芒特堡垒的驻军突袭了诺曼底，威廉进行报复。虽然他的军队捣毁了芒特（1087年7月），但他受了伤，不治而亡。当时罗伯特发动了叛乱，并选择留在腓力国王的宫廷，而他的弟弟威廉尽职尽责地守护在父亲的床边。1087年9月9日，威廉一世去世。他的遗体被运到卡昂的圣史蒂芬大教堂。他晚年身材肥胖，下葬时，人们试图将他塞进石棺内，此时他的尸体竟然胀裂了，使得整个教堂充满了一股难闻的气味。对于一位异常幸运、能干的国王来说，这是一个不幸的结局。

威廉二世（1087—1100年在位）

无论威廉一世最后的愿望是什么，人们强烈地认为长子应该得到父亲的遗产，即父亲自己继承的那些土地。因此，尽管罗伯特曾发动过叛乱，但他仍然继承了诺曼底。但是，一个人的获得物，即他自己通过购买、婚姻或征服获得的土地，可以更容易地被分配给家族其他成员。因此，作为征服者威廉一世的最大获得物，英格兰被赐给了他的小儿子威廉·鲁弗斯（William Rufus）。当然，罗伯特对此表示反对。也许，如果他没有造反，他也会成功地继承英格兰。

显然，影响继承王位的习俗仍然是灵活的，为了适应政治现实，例如竞争对手候选人的特性，这些习俗可以、或者应该变通。因此，那些有影响力的人，包括坎特伯雷大主教兰弗朗克（Lanfranc），可能判断出威廉·鲁弗斯会成为比他哥哥更好的统治者，于是决定接受威廉为英格兰国王。从鲁弗斯1087年之前和之后的政绩来看，这也许是一个合理的判断，但在即位后的几个月内，鲁弗斯遭到了强大的大男爵（权贵们）联盟的反对。根据盎格鲁-诺曼编年史学家奥德里克·维塔利（Orderic Vitalis）的记载，反叛分子的目标是统一英格兰和诺曼底，但不是为了宪法的某些原则，而是为了缓解他们自己的政治问题。奥德里克把他们的两难困境总结下来，并通过他们中最伟大的巴约的厄德（Odo of Bayeux）之口说出来：“我们怎样才能很好地效忠两位相距遥远且相互敌对的领主呢？如果我们效忠罗伯特公爵，将冒犯他的兄弟威廉，他将剥夺我们在英格兰的收入和荣誉。另一方面，如果我们服从威廉国王，罗伯特公爵将剥夺我们在诺曼底的世袭财产。”这一观点对既得利益集团有强大的吸引力，他们很容易选择让鲁弗斯退位。如果只能有一位盎格鲁–诺曼联合王国的统治者，那么毋庸置疑，哥哥才是国王。对鲁弗斯来说，幸运的是，他的哥哥对此不闻不问：罗伯特留在诺曼底，这让他的支持者很为难。然而1088年爆发了叛乱，虽然叛乱很快被平息，但这确实揭示出一个问题，即一位不能兼任诺曼底公爵的英格兰国王的地位将多么不稳固。

如果把威廉二世和亨利一世统治的48年（1087—1135）看作一个整体，那么可以看出叛乱（爆发于1088年、1095年、1101年和1102年）集中在两个时期（共约15年），即1087—1096年和1100—1106年。在这两个时期，英格兰国王都没有兼任诺曼底公爵。如果英格兰和诺曼底分属不同的统治者，那显然不符合国王的利益，同时也不符合贵族的利益，正如巴约的厄德所说的那样，不稳定给他们带来太大的风险。一旦这个跨海峡王国一分为二，必将迎来一段冲突时期，直到其中一位统治者被另一位驱逐。因此，英格兰国王最关切的是赢得并占领诺曼底。

1089年，鲁弗斯自封为诺曼底公爵。凭借英格兰的白银，他能够收买贵族而获得他们的支持，此举在诺曼底取得了一定成功。但他对英格兰的控制仍然不稳固，他在1095年遭遇了一场阴谋叛乱。次年，紧张局势以一种完全不可预见的方式被暂时平息了。教皇乌尔班二世（Pope Urban II）十分成功的巡回讲道创造了一种舆论氛围，鼓动了成千上万的人参加远征军，其目的是从穆斯林手中夺回耶路撒冷。对兄长罗伯特·柯索斯来说，这为他摆脱日益艰难的国内政治局势提供了一种光荣且令人兴奋的方式。为了装备他自己和他的随行人员以进行这次远征，他将诺曼底以一万马克典当给了威廉。

新公爵的下一个任务是收复罗伯特懒政期间失去的曼恩和维克桑。到

1099年，这项使命已成功完成。鲁弗斯将他父亲的王国恢复到了以前的疆域。事实上在苏格兰，通过在1097年将埃德加推上宝座，他可以比父亲更有效地干预苏格兰。

然而，作为一位宽宏大量的军事领袖，尽管威廉二世取得了成功，但他的声望一直不高。对他来说不幸的是，当时的历史几乎完全是由修士写的，而他们并不喜欢他。一本正经的教会人士习惯于他父亲宫廷里传统的虔诚和清醒谨慎的作风，而对鲁弗斯宫廷里的铺张奢靡、寻欢作乐以及新的时尚（如蓄长发，对修士来说既阴柔又淫荡）感到惊愕。鲁弗斯始终没有结婚。根据威尔士《王子编年史》：“他宠幸妾室，也因此至死都没有继承人。”他可能对宗教主张持怀疑态度，无论如何他的同时代人是这么描绘他的。毫无疑问，他将教会视为一个需要对其征收重税的富裕集团。他很少急于任命主教和修道院院长，因为在这些职位空缺期间，他自己可以截取教会的收入。在执行这些有利可图的政策时，鲁弗斯依靠一位机智的世俗文书雷纳夫·弗兰巴德（Ranulf Flambard）的巧妙帮助，鲁弗斯最终把他任命为达勒姆的主教。

最重要的是，鲁弗斯的声誉受到了影响，尤其是因为在1093年，当他认为自己要死的时候，他任命了一位圣人学者安瑟伦（Anselm of Bec）作为坎特伯雷大主教——这个职位当时已空缺了四年。从鲁弗斯的角度来看，这一任命如此具有灾难性是因为当时正值欧洲教会改革运动（格列高利改革），这场运动创造了一种有争议的气氛——神职人员很可能成为政治激进分子。1095年，威廉二世在罗金厄姆（Rockingham）召集会议来处理他和安瑟伦之间的争议。令所有人惊愕的是，安瑟伦大主教向罗马提出上诉，认为作为坎特伯雷大主教，他无法在世俗法庭上受到审判。11世纪下半叶，教皇的地位得到提升，教皇要求教会成员首先忠诚于大主教，这给政治舞台带来了一个新的不安定因素。如果教会成员认为他们对圣彼得教区牧师所定义的对上帝的义务要超越他们对国王的责任，那么世界的惯常结构就会被颠倒过来。

安瑟伦支持灵性阶层自治的辩词是言之成理的，在这方面，他的论点可以说在辩论中占据上风。但鲁弗斯也有一套辩词，不仅如此，他还有权力。与物质资源雄厚的专横国王相比，学者气的坎特伯雷大主教确实处于非常劣势的地位。鲁弗斯继续骚扰大主教，从未对主教改革教会的尝试表示任何同情。最终安瑟伦受不了了。1097年，安瑟伦从多佛乘帆船离开，坎特伯雷的地产落入国王的手中。从短期来看，国王从这轮争斗中获益了。1100年，他接收了三个主教区和十二个修道院的收入。没有任何迹象表明这些争论破坏了人们对受膏国王的强大权力的信仰。即使是撰写了《安瑟伦的一生》的坎特伯雷修士爱德玛（Eadmer）也这样评价鲁弗斯："风和海似乎都听命于他。"事实上，爱德玛接着说："在战争和夺取领土中，他取得如此大的成功，以至于你会认为整个世界都在向他微笑。"实际上，威廉二世在1100年的地位是否如此强大是另一回事：将他描绘成一个自信、自夸的国王，而当他接近成功的巅峰时被击倒，这很符合热衷于道德说教的编年史家的偏好。在1100年的夏天，人人都知道罗伯特公爵离开之后的和平时期即将结束。率领十字军东征的国王即将带着他富有的妻子和满载着攻入圣城的荣耀凯旋归来。当罗伯特重新索要他的遗产时，谁能预测将发生什么？盎格鲁-诺曼的权贵们将如何站队？事情发生在1100年8月2日，在新森林（New Forest）的一次狩猎事故中，这位具有战斗力且备受诟病的国王的生命突然终结。此外，很蹊跷，威廉二世的弟弟亨利在国王去世那天也在新森林。

亨利一世（1100—1135年在位）

一得知鲁弗斯的死讯，亨利便迅速行动起来。他骑马前往温彻斯特并占有了国库。接着他直奔威斯敏斯特，并于8月5日加冕。这种行动速度促使人们猜测亨利知道他的哥哥将要死去，是他"安排了事故"。但是他同时代的人并没有提出这样的指控，假如亨利要策划如此冷血的阴谋，那么他会选择别的时机。因为鲁弗斯和柯索斯之间即将发生的战争可能会以一方战败或被消灭告终。换句话说，延迟暗杀将有可能使暗杀者同时拥有英格兰和诺曼底。事实上，鲁弗斯在1100年8月去世，意味着亨利以惊人的速度行动，得到的也仅仅是盎格鲁-诺曼王国两块领土中的一块。一个能够在他出击之前等待很久的人，肯定也有耐性再等待一两年。

几周后，罗伯特回到了诺曼底。亨利不得不准备迎接不可避免的入侵。亨利的政策是通过给予恩惠和范围广泛的让步来获得支持。他加冕当天就宣布了这项政策，当时他颁布了一份《自由宪章》，谴责他兄弟的压迫行为，并承诺建立善政。另一方面，他要组织防御的迫切需要意味着不能引起太多混乱。眼下是一个表达姿态和政治宣言的时刻，而不是推翻整个政权的时机。实际情况是，他的哥哥给他留下了现成的法庭和行政部门，亨利别无选择，只能接管它们。

当罗伯特公爵于1101年7月在朴次茅斯（Portsmouth）登陆时，英格兰许多大贵族，在贝莱姆的罗伯特（Robert of Belleme）及其兄弟们的领导下，纷纷投靠公爵。在鲁弗斯的宫廷圈子里，以默朗的罗伯特（Robert of Meulan）为首的贵族仍然忠于亨利，英格兰教会也是如此。双方各退一步，并展开了谈判。结果是，亨利留住英格兰，但要向他的兄长支付每年2000英镑的年金。

在经历了1101年的危机之后，亨利开始采取措施以确保危机不再发生。重要的第一步是推翻蒙哥马利（贝莱姆）家族。1102年，他在威尔士边境夺取了贝莱姆的首要据点，活捉了罗伯特公爵，然后将他驱逐出境。两年后，他没收了莫尔坦伯爵威廉的土地。但罗伯特和威廉伯爵，像其他同等地位的人一样，在他们的诺曼地产中拥有基地，在这里他们可以组织力量试图收复英格兰的土地。1101年的条约使英格兰与诺曼底永久分离，并延续了政治的不稳定。因此，通过回顾前一个政权的历史，我们发现英格兰国王首先是采取防守，然后转为攻击。在1106年的坦什布赖战役

（Battle of Tinchebray）中，问题得到了解决。罗伯特公爵本人被捕，并在他弟弟的监狱里度过了他生命的最后28年。

虽然在他统治的最初几年，亨利全神贯注于诺曼事务，但他并没有像他希望的那样可以自由地专注于它们。由王室掌管教会的传统受到格列高利改革运动所引发的新思想的威胁。改革者不仅希望净化神职人员的道德和精神生活，他们认为要做到这一点，还必须让教会摆脱世俗控制。这种控制中最令人痛恨的象征是神权俗授（lay investiture），这是一个新的修道院院长或主教从任命他的世俗国王手中接受教会权戒和权杖的仪式。虽然早在1059年就已经发布了第一部反对神权俗授的教皇法令，并且自那以后又发布了更多的禁令，但直到安瑟伦在1100年秋天返回之前，在英格兰似乎没有人意识到它们的存在。在流亡期间，安瑟伦了解到了教皇对神权俗授的态度。因此，虽然他自己在1093年由鲁弗斯授权，但他现在拒绝向亨利表示效忠或者为亨利任命的那些主教祝圣。这让国王很为难。一方面，主教和修道院院长是中央和地方政府的大土地所有者和关键人物，亨利需要他们的帮助，并且必须确保他们忠诚。另一方面，与鲁弗斯不同，他不愿引发争吵，所以多年来他的策略是延迟问题，而不是试图解决问题，直到1107年这个问题才得到解决。

亨利放弃了神权俗授，但是主教们因为从国王那里获得封地而继续效忠他。实际上，国王的愿望仍然是任命主教的决定性因素。在某种程度上，可以说亨利放弃了形式，但保留了实际的控制权。当安瑟伦于1109年去世后，亨利让坎特伯雷大主教的位置空缺了五年。然而他还是失去了一些东西，他自己也明白。在伴随着“授权争夺”的激烈的宣传战中，格列高利宗教改革派坚持认为国王只是一个凡人，仅此而已，他不如所有牧师，因为牧师关怀灵魂而国王关怀身体。教会再也不能容忍受膏的君王是上帝的神圣代表的旧观念。在放弃神权俗授时，亨利承认了他的职位的世俗性。这是王权历史中一个重要的时刻。

一旦征服了诺曼底，同时找到了关于授权之争的折中解决方案，亨利最关切的就是守住他拥有的东西。他认识到威胁可能来自被疏远的贵族，于是他开始小心翼翼地缩小鲁弗斯曾放任其发展的宫廷和权贵之间的鸿沟。用奥德里克的话来说，“他以荣誉和慷慨对待权贵，增加他们的财富和财产，并以这种方式安抚他们，他赢得了他们的忠诚”。对于亨利的地位的直接威胁来自于柯索斯的小儿子威廉·克里托（William Clito，生于1102年），他声称自己（而非亨利）才是诺曼底的合法公爵。这位竞争对手对权力的要求，加上诺曼底漫长的陆地边界，意味着公国仍然是亨利的帝国中最脆弱的部分。1106年之后，亨利把一半以上的统治时间花在诺曼底，以对抗诺曼公爵的传统敌人，特别是法国的路易六世（1108—1137年在位）和安茹的富尔克五世（伯爵，1109—1128年在位）。通过把至少八个私生女嫁给邻近的王子，从北部的苏格兰亚历山大到南部的佩尔什伯爵罗特鲁（Rotrou count of Perche），亨利建立起一个保卫联盟。这种外交模式为史学家马姆斯伯里的威廉（William of Malmesbury）的断言提供了一些可信度，即对亨利来说，性不是出于乐趣，而是出于政治需要。所有这些活动的最终结果是亨利保住了诺曼底。由于事实证明这些努力只是为了维持现状，史学家们并没有非常认真地对待它。但对于亨利而言，这确实是一项非常严肃的事业，在1118至1119年间爆发了至少一次生死攸关的战斗，且他险些失败。

保卫诺曼底不仅仅对那些在欧洲大陆拥有地产的大地主很重要，对英格兰来说也是一项严肃的事业。建城堡、驻军、外交和战争都需要花费很多钱。两地间的联系在《盎格鲁–撒克逊编年史》1118年的条目中有所阐述。“由于与法国国王、安茹伯爵和弗兰德斯伯爵的战争，亨利国王今年全年都在诺曼底度过……英格兰为此付出了沉重的代价，人们必须承担名目繁多的税赋，而且全年都没有减税。”国王的长期缺席和他对资金的迫切需求是政府机构日益精细化和复杂化的动力。虽然国王不在，但英格兰由一个代表王权委员会（vice-regal committee）管理。这个委员会“在财政部”每年召开两次会议，在著名的方格桌布上审计郡督的账目。

大多数日常行政工作，特别是征税，都由索尔兹伯里的罗杰（Roger of Salisbury）监督，与浮华的弗兰巴德（Flambard）相比，罗杰称得上是模范官僚，既能干又谨慎。

亨利唯一合法的儿子威廉，死于1120年的“白船”海难，使他精心设计的整个大厦轰然倒塌。从那时起，继承问题主导了王朝的政治。在威廉去世不到三个月后，亨利娶了一位新的妻子，但她没有为亨利生下他所渴望的继承人。因此，虽然据说亨利承认了二十多个私生子女，但只有一个合法的孩子存活下来，就是他的女儿玛蒂尔达（Matilda）。当玛蒂尔达的丈夫，德意志皇帝亨利五世于1125年去世时，亨利把她召回到他的宫廷，并让贵族们宣誓接受她作为英格兰–诺曼王国的继承人。然后在1127年，亨利受到了新的打击。威廉·克里托被封为弗兰德斯伯爵。如果克里托利用弗兰德斯的财富夺回诺曼底，那么他叔叔（亨利一世）的前景确实将一片灰暗。在这个关键时刻，亨利向安茹的富尔克五世提出联姻的建议，把玛蒂尔达嫁给富尔克的儿子兼继承人，金雀花家族的杰弗里（Geoffrey Plantagenet）。1128年6月，玛蒂尔达不情愿地嫁给了这位14岁的少年。毫无疑问，富尔克伯爵取得了外交上的胜利——这是安茹帝国接管盎格鲁–诺曼王国的第一个重要步骤。

到了1135年，亨利与杰弗里和玛蒂尔达展开了公开而激烈的争吵。这使得那些忠于亨利的权贵开始反对安茹帝国的人。当老国王去世时，这些权贵不可避免地会发现很难与他指定的继承人和谐共处。从这个意义上讲，正是亨利本人引发了他去世后的继承纠纷。即使在他生命的尽头，他仍然希望他的女儿和女婿能够继位，但他无法亲自采取措施确保他们继位。亨利一世是一位十分能干而又成功的国王，虽然他未能应对围绕继承问题的紧张局势，但他仍是那个时代的杰出政治家。正是出于这个原因，历史学家亨廷顿的亨利将亨利描绘成一个处于永久焦虑状态的国王。“他的每一次胜利都让他担心，担心得而复失，因此，虽然他似乎是最幸运的国王，但实际上他是最悲哀的。”

斯蒂芬（1135—1154年在位）

当亨利一世弥留的消息传来时，老国王选择的继承人还在他们自己的领地，要么在安茹要么在曼恩。但他的外甥布洛瓦的斯蒂芬（Stephen of Blois）此时在他的布洛涅郡。从那里到英格兰东南部只需要一天行程。地理位置的巧合给了斯蒂芬先机。在首先获得伦敦人的支持后，他便骑马前往温彻斯特，他的弟弟布洛瓦的亨利是那里的主教。在弟弟的帮助下，他获得了温彻斯特的金银财宝库，同时索尔兹伯里的罗杰也接受了他自称为王的要求。剩下的就是说服坎特伯雷大主教为他主持受膏仪式。他说服大主教用的理由是，他们曾在武力胁迫下宣誓对玛蒂尔达效忠（他们都宣誓过），这些宣誓是无效的。斯蒂芬还散布虚构的故事，说老国王在临终前改变了让女儿继位的主意。1135年12月22日，斯蒂芬在威斯敏斯特大教堂举行了加冕和受膏仪式。

盎格鲁-诺曼王国的政治结构意味着，一旦斯蒂芬在英格兰被公认为国王，那么他在诺曼底也将处于非常强势的地位。从那以后，诺曼男爵们若向别人效忠，可能会冒着失去英格兰财产的风险。最重要的是，那些财产最多的人觉得他们必须支持斯蒂芬，否则将一无所有。因此，当杰弗里和玛蒂尔达发动战争试图夺回他们的继承权时，他们从一开始就遭到盎格鲁-诺曼王国最有势力的权贵的反对。

斯蒂芬统治的头两年半一切太平，事实上这几年比他的前两任国王建立政权的时候都太平。第一次严重打击发生在1138年的夏天，格洛斯特的罗伯特决定加入他的同父异母的姐姐玛蒂尔达的阵营。罗伯特的背叛不仅意味着斯蒂芬失去了对诺曼底一些重要据点的控制，而且这是一个信号，表明安茹王朝正在把斗争延伸到英格兰。在斯蒂芬等待打击的到来时，他失去了对局势的控制。

他没有让他的弟弟布洛瓦的亨利当上坎特伯雷的大主教，因此得罪了亨利。他逮捕了三名有影响力的"文官"主教，其中包括索尔兹伯里的罗杰，于是布洛瓦的亨利声称教会的自由受到了侵犯。1139年的秋天，当女王——人们通常这样称呼玛蒂尔达——登陆阿伦德尔（Arundel）时，似乎一切都在斯蒂芬的掌握之中。他本可以无情地（如果缺乏骑士精神的话）将她囚禁起来，但他却让她溜走并在布里斯托尔（Bristol）与格洛斯特的罗伯特会合。从此以后，英格兰便有两个相互敌对的宫廷。很多人参加了这场内战。

1141年2月，斯蒂芬在林肯仓促应战，他原本有逃脱的机会，但是他选择继续勇敢地战斗。结果，他战败被捕，并被关押在布里斯托尔。布洛瓦的亨利，现在作为教廷使节，公开地站到了女王一边。当年夏天，玛蒂尔达进入了伦敦。但她拒绝了由教廷使节制定的和平条款，她的不明智行为冒犯了伦敦人。当斯蒂芬的王后，布洛涅的玛蒂尔达，向伦敦挺进时，伦敦人拿起武器把女王赶走了。因此，玛蒂尔达在威斯敏斯特大教堂加冕的计划从未实现。玛蒂尔达从未成为英格兰女王。几个月后，格洛斯特的罗伯特被抓获。由于罗伯特是她的阵营的支柱，玛蒂尔达不得不同意交换囚犯——用斯蒂芬换罗伯特。女王丢掉了赢得的位置，英格兰仍是一个分裂国家。

在诺曼底，事件沿着不同的轨迹发展。安茹的杰弗里留下来继续对公国施加压力，并照看他自己在安茹的利益。1141到1144年的一系列战斗以鲁昂（Rouen）投降告终，杰弗里被正式授权为公爵。但这位安茹伯爵一门心思地关注征服诺曼底的问题，而忽略了英格兰。

在英格兰，内战平息下来，变成了常规的摩擦。当时的战术都围绕城堡，防御者通常占据优势，因此任何一方都不会取得很大进展。1147年10月，格洛斯特的罗伯特去世。心灰意冷的女王于1148年初离开英格兰，再也没有回来。

1150年，安茹的杰弗里联合他的儿子亨利共同统治公国。次年，杰弗里在韦克桑的问题上向路易七世（法国国王，1137—1180年在位）做出让步，作为回报，路易七世决定承认亨利的公爵地位，于是杰弗里的行为被合法化。此时，英格兰和诺曼底之间的联系似乎最终被打破了。然而，任何一方都不会放弃对另一半领土的要求。尽管英格兰似乎陷入僵局，但在欧洲大陆，情况变得非常不稳定。安茹的杰弗里不到40岁就去世了，他的长子亨利控制了诺曼底和安茹。1152年3月，路易七世与他的妻子阿基坦的埃莉诺（Eleanor of Aquitaine）离婚。八周后，埃莉诺与金雀花王朝的亨利国王（Henry Plantagenet）结婚，于是亨利在欧洲大陆的领地里又增加了辽阔的阿基坦公国。

亨利的婚姻大获成功，但也为斯蒂芬带来了新的希望。路易七世把亨利的所有对手组织成一个大联盟。结果，在1152年的夏天，亨利同时在四条战线上作战：诺曼底、阿基坦、安茹的反叛分子和英格兰的斯蒂芬。一位消息灵通的诺曼编年史学家告诉我们，当时人们确信亨利必死无疑。在这个关键时刻，他决定乘船前往英格兰与斯蒂芬战斗，其超凡的勇气令同时代人惊叹不已。即便如此，亨利也无法打破英格兰的僵局，而且战线还是太长。当斯蒂芬的继承人尤斯塔斯（Eustace）于1153年8月去世时，一切都发生了变化。斯蒂芬的第二个儿子威廉从未想过成为国王，这为通过谈判达成和解开辟了道路。

双方的贵族长期以来一直渴望和平。他们的地产容易受到战争的摧残，因此他们不支持长期的敌对行动。有时他们会忽略首领的意愿，签订自己的地方停战协议。所以当斯蒂芬和亨利听从他们的顾问的意愿达成和解时，人们普遍感到宽慰。

根据威斯敏斯特条约（1153年12月），双方同意斯蒂芬终生拥有英格兰，并且确认亨利为他的继承人。威廉将继承斯蒂芬的贵族的所有土地。从本质上讲，威斯敏斯特条约是布洛瓦的亨利在1141年提出的和平条款的重复。玛蒂尔达在胜利后无法做到宽宏大量，这使英格兰又遭受了12年的内战。此时斯蒂芬终于可以不受挑战地进行统治了，但他已筋疲力尽，不久就去世了。1154年10月25日，斯蒂芬去世，葬在他妻子和长子的旁边，墓地在他们于法弗舍姆（Faversham）修建的一座修道院里。

斯蒂芬必须对他统治时期的问题承担一些责任。他是一名称职的军队指挥官和英勇的骑士，但或许过于英勇而对自己不利。确实，他的继位是有争议的，但他的所有前任都是如此，王位继承有争议是常态。布洛瓦的斯蒂芬比任何诺曼国王都更有吸引力，但他缺乏他们的雄才大略。没有这种才略，他无法统治他的宫廷或他的王国。而且他在诺曼底度过的时间很少，在整个统治时期，他只在1137年访问过一次。这与他的前任的行程形成鲜明对比，鉴于盎格鲁-诺曼贵族的“跨海峡结构”，这当然是一个错误。从这个意义上说，这位来自布洛瓦家族的统治者是失败的，因为他太“英格兰”了，没有认识到英格兰只是更大整体的一部分。

亨利二世（1154—1189年在位）

亨利毫不费力就接管了政权，这是一百多年来首次出现的毫无争议地继承英格兰王位的情况。作为一个从苏格兰边境延伸到比利牛斯山脉的帝国之王，亨利可能是欧洲最强大的统治者，甚至比皇帝更富有，并且完全让法国国王黯然失色，法国国王可是他的大陆领地的名义上的领主。尽管英格兰为他提供了巨大的财富和王室头衔，但帝国的核心位于其他地方，在他的祖先们所在的安茹。

在英格兰，他的首要任务是弥补斯蒂芬统治期间英格兰遭受的损失。到1158年，这些都已经实现。最具戏剧性的例子发生在1157年，当时他利用外交压力迫使年轻的苏格兰国王马尔科姆四世（Malcolm IV）将坎伯兰、威斯特摩兰（Westmorland）和诺桑比亚归还英格兰王室。然而，在威尔士，格温内斯郡的欧文（Owain）和德赫巴斯王国（Deheubarth）的瑞斯（Rhys）两位国王成熟老练，亨利发现威逼手段不奏效。在1157年和1165年，亨利动用了武力，但是面对威尔士的游击战术和夏季的暴雨，武力同样无济于事。1165年之后，亨利对威尔士国王们的态度更加宽容了。早在1155年，他就酝酿过征服爱尔兰的想法，然而，直到1169至1170年，他才真正采取行动进攻爱尔兰，首先是威尔士边境地区的一些领主进攻，然后是亨利本人（1171—1172）出征。长期的拖延淡化了战事的重要性，在国王的眼中，有些事情比爱尔兰问题更为紧迫。

在他统治的34年中，亨利二世在欧洲大陆度过了21年。在社会和文化方面，与安茹统治的法语地区相比，英格兰犹如一潭死水。位于塞纳河、卢瓦尔河和加龙河流域的繁荣社区是学术、艺术、建筑、诗歌和音乐的中心。阿基坦和安茹生产了中世纪商业的两种大宗商品——葡萄酒和盐。它们可以与英格兰布料进行交换，这种贸易必定为统治生产者和消费者的国王带来巨大利润。作为诺曼底公爵、阿基坦公爵和安茹伯爵，亨利继承了他的前任对邻近领土的领主地位。正因如此，他对南特（Nantes）进行了干预（1156年），把他的弟弟杰弗里封为伯爵；1159年对图卢兹发动了一次远征，占领了卡奥尔（Cahors）和凯尔西（the Quercy）；1160年收复诺曼的韦克桑；最后，1166年后反复入侵布列塔尼，直到最终占领那里，并将他的儿子杰弗里任命为布列塔尼公爵。

然而具有讽刺意味的是，人们记住亨利不是因为他的功绩，而是因为他被怀疑谋杀了坎特伯雷大主教托马斯·贝克特（Thomas Becket）。1162年6月，贝克特被奉为坎特伯雷大主教。自1155年起，贝克特一直担任财政大臣，但在有声望的教士眼中，他不配担任英格兰的最高教会职位。令世人震惊得是，他开始证明他是所有大主教候选人中最优秀的一个。从一开始，他就不顾一切地反对出于友谊而提拔了他的国王。不可避免的是，不久之后，亨利因被背叛而做出报复性反应。在12世纪中叶，教会与国家之间矛盾重重，善意的人通常会搁置这些矛盾，但那些决心争吵的人却可以大吵一架。亨利选择了“犯罪的教士”这一问题作为报复大主教的切入口。犯下重罪的教士要求在宗教法庭上受审，以此逃脱死刑，跟许多俗人一样，亨利对此深恶痛绝。1163年10月，在威斯敏斯特举行的会议上，亨利要求犯罪的教士必须被教会开除，并移交给世俗法庭进行惩罚。贝克特带着其他主教表示坚决反对，但当教皇亚历山大三世要求他采取更有利于和解的路线时，亨利在克拉伦登（Clarendon）召集了一个理事会（1164年1月）。亨利向主教们宣布了一份王权高于教会的明确声明，即《克拉伦登宪章》，并要求他们承诺认真遵守这些习俗。贝克特感到震惊，争辩了两天，最后还是屈服了。但是，当看到其他主教跟他一样表示服从之后，贝克特为自己的软弱表示反悔。亨利彻底被激怒了，他决定摧毁贝克特。他把大主教传唤到王室法庭，让他为几项捏造的罪状做辩解。大主教被判有罪，并被判处没收遗产。绝望之下，贝克特渡过海峡，逃向教皇求助。起先贝克特坚持原则，随后又摇摆不定，导致英格兰教会陷入混乱。

贝克特流亡之后，在接下来的五年里，亨利集中精力去处理更重要的事情：他征服了布列塔尼，并改革英格兰司法系统。然后在1169年，有关继承人亨利王子的加冕仪式的问题导致了国王、教皇和大主教之间发生了无休止的谈判，这件事非常紧迫。1170年贝克特回到英格兰，决心惩罚那些参加年轻国王加冕典礼的人。他的敌人很快向亨利告发大主教的浮华行为。“没有人能让我摆脱这个不安分的教士吗？”四名骑士对亨利的激烈言辞心领神会。为了赢得国王的青睐，他们急忙跑到坎特伯雷。1170年12月29日，贝克特在自己的座堂里遇害。该行为震惊了基督教世界，并在创纪录的短时间内为贝克特封圣。在大众记忆中，大主教象征着对压迫性的国家权威的抵制，但实际上除掉他之后每个人的日子都更好过了。一旦抗议风暴消退，很明显国王对他庞大帝国的控制绝不会受到贝克特争议的影响。12世纪70年代初，亨利二世的权力达到了顶峰。

到目前为止，亨利二世已经决定在他去世后，把他的领地分配给三个儿子。长子亨利将得到他父亲的遗产，即安茹、诺曼底和英格兰；理查将得到他母亲的遗产阿基坦；杰弗里将得到征战得来的领土布列塔尼。目前约翰没有分到任何领土，但后来，在1185年，父王给了他另一块征战得来的领土，爱尔兰。此时亨利的分配计划已经遇到了困难。麻烦的是，虽然他掌握着所有实权，但是分配计划在儿子们的心里诱发了他无法满足的期望。因此，从1173年起，亨利一直受到儿子们反叛的困扰。此外，反叛的儿子总是可以在法国国王的宫廷中受到热烈欢迎。1180年之后，这个问题变得更加严重，因为在那一年，温和的路易七世的王位由他的儿子腓力二世奥古斯都（Philip II Augustus）继承，后者是一位决心摧毁安茹帝国的肆无忌惮的政治家。亨利二世的两个儿子先后去世——年轻的亨利死于1183年，杰弗里死于1186年——这本该简化亨利的问题，但新的问题又出现了，老国王对约翰的明显偏爱让理查感到担心。理查和腓力之间的联盟使亨利屈服，被击败的老国王于1189年7月6日在希农（Chinon）去世。

只有在他生命的最后几个星期，亨利二世才感觉统治辽阔的领土有点力不从心。他骑着马在帝国的各个角落之间不停地巡游，几乎给人一种到处都有他的身影的感觉，这种感觉有助于维持手下的忠诚。虽然中央政府机构、议院、文秘署和军人家属随他一起出行，但帝国疆土辽阔，这不可避免地刺激了地方政府的进一步发展，这些政府可以在他不在时处理司法和财务工作。因此，与其他地方一样，英格兰政府变得越来越复杂和官僚化。这一发展以及亨利对理性改革的兴趣，使他被视为英格兰普通法的创始人，以及一位伟大而富有创造力的国王。但在他自己看来，这些都是次要的事情。对他来说真正重要的是家族政治，他至死都认为自己失败了。但三十多年来他一直很成功。

理查一世（1189—1199年在位）

理查与腓力·奥古斯都的联盟意味着他作为父亲所有权利和领土的继承人的地位是无可撼动的。约翰仍然是爱尔兰的领主；布列塔尼最终将属于杰弗里的遗腹子亚瑟，此时他已经两岁了。剩下的都归理查。

但理查不想长期待在英格兰。他于1172年成为阿基坦公爵，此后他的大部分时间都在欧洲大陆度过。即使在成为英格兰国王后，他也清楚地意识到他统治的远不止英格兰。因此，他和他的父亲一样，有更广泛的兴趣和更大的责任。其中一个方面就是他向耶路撒冷王国提供援助，这个王国由安茹家族的一个分支上的女儿统治，她嫁给了他在阿基坦的一位封臣。1187年11月，当他听到萨拉丁（Saladin）在哈廷（Hattin）大获全胜的消息时，理查加入了十字军。在父亲统治末期，他因卷入家族纠纷而耽误了时间，但现在，他决心一旦筹集到足够的资金并安排好长期缺席期间所有领地政府的工作，就前往东方。

1190年7月，他和腓力·奥古斯都一起出发，发动了第三次十字军东征。直到1194年3月，理查才再次踏上英格兰的土地。与此同时，他将一支舰队和一支陆军带到了地中海的彼岸。虽然没能夺回耶路撒冷，但在他与一个伟大的对手萨拉丁的斗争中，理查取得了惊人的胜利。在东征中，理查处理并解决的问题比以往任何英格兰战时国王所面临的都更大，比如威廉一世、爱德华三世或亨利五世。他在1192年签订的《雅法条约》使参加十字军的国家又延续了一个世纪。

在十字军东征期间，英格兰在1191年发生了一些骚乱，但理查的应急计划使局面很快恢复稳定。腓力国王回到法国后，试图利用理查仍不在国内的机会而有所图谋，但没有得逞。如果理查按原计划在1193年1月结束东征返回，他会发现他的帝国完整无缺。

但是当他在奥地利被囚禁时，他的帝国遭到了破坏。他在监狱里待了一年多（1192年12月至1194年2月），并且1193年时，人人都知道他可能要被关押更长时间。即使在这些不利的情况下，理查在英格兰的代理人也能够扼制他弟弟的奸诈叛乱。真正遭受损失的是他在大陆的领土，特别是在诺曼底，腓力侵占了韦克桑，还差一点夺取了鲁昂。

在支付了10万马克（这是国王赎金的前2/3）之后，理查于1194年2月被释放。在短暂访问英格兰（1194年3月至5月）之后，他回到了欧洲大陆，并在接下来的五年里致力于恢复在他入狱期间迅速失去的领土。通过高超的外交手段、卓越的将才，以及最重要的，他的更多资源，理查到1198年底成功地重新夺回了几乎所有失去的领土。然后，在1199年4月，当理查在查布洛尔（Chalus-Chabrol，利摩日附近）镇压由昂古莱姆伯爵（count of Angouleme）和利摩日子爵（viscount of Limoges）领导的叛乱时，不幸受伤，不治身亡。这将是安茹王朝和卡佩王朝的斗争中具有决定性意义的转折点。

理查的伟大才能的标志之一就是他选贤任能的能力，尤其是在英格兰任用了休伯特·沃尔特（Hubert Walter）。作为首席政法官（justiciar）、坎特伯雷大主教和教皇使节，休伯特·沃尔特支持国王与教会和谐地进行合作。在英格兰，就像在安茹帝国的其他省份一样，理查的长期缺席意味着，中央政府的有效机制在沃尔特的监督下继续发展。对理查的臣民来说，这意味着越来越沉重的税收，但没有证据表明战争的财政负担使安茹帝国陷入经济崩溃。

约翰（1199—1216年在位）

理查没有留下任何合法的子女，当他去世时，安茹帝国的不同部分选择了不同的继承人。英格兰和诺曼底的贵族选择了约翰；安茹、曼恩和都兰（Touraine）选择了布列塔尼的亚瑟，当时亚瑟已经12岁；阿基坦继续由理查的母亲埃莉诺（约1204年去世）以约翰的名义来统治。到了1200年5月，约翰已经驱逐了亚瑟，并立自己为所有安茹领地的领主，不过他为此付出了沉重的代价——将韦克桑和埃夫勒（Evreux）割让给腓力国王（根据1200年1月签订的《勒古莱特条约》）。那年晚些时候，他取消了第一次婚姻，转而与昂古莱姆的伊莎贝拉结婚。与昂古莱姆的女继承人结婚给约翰带来了巨大的战略优势，倘若他能给她原来的未婚夫卢西尼昂的休（Hugh of Lusignan）足够的补偿，一切都将相安无事。但事实上，这场婚姻引发了一系列事件，导致休向法国法院提起诉讼，并导致腓力在1202年宣布没收约翰在大陆的所有领地（法国国王分封给他的土地）。这种判决需要强制执行。1152年，亨利二世曾抵制路易斯七世试图执行类似的判决。然而，1203至1204年，约翰在他父亲成功的地方失败了。由于得罪了安茹和普瓦图的主要贵族，约翰失去了他在米雷博（Mirebeau，1202年7月）捕获亚瑟时所获得的所有优势；一些有充分根据的谣言说，是他害死了自己的侄子（1203年4月），这进一步破坏了他早已岌岌可危的声誉。在一种充满怀疑和恐惧的气氛中，约翰无法组织有效的辩护。1203年12月，他认输了，随后撤回英格兰。除了拉罗谢尔（La Rochelle）之外，腓力占领了诺曼底、安茹、曼恩、都兰和整个普瓦图。这些羞辱性的军事撤退给约翰带来了一个新的绰号。“无地王”（Lackland）现在成了“软剑王”（Softsword）。

在1203年12月以前，约翰和他的父亲及兄弟一样，大部分时间都在他的大陆领地度过。在那之后，他迫于形势成为英格兰国王。自斯蒂芬统治时期以来，从来没有一个统治者在英格兰国土上待这么长时间，但是人们很难从一个总是怀疑有人谋反的国王那里得到乐趣和好处。甚至北方地区也感受到了约翰待在英格兰所带来的压力，北方人不习惯英格兰国王的访问。他们的怨恨程度可以通过1215至1216年间反对约翰的北方人的数量体现出来。毫无疑问，他面临着真正的问题。他有责任恢复他失去的遗产，但法国在1203至1204年对诺曼底的征服让他明白此时的法国国王是一个更加强大的对手。高得出奇的通货膨胀率意味着许多家庭和宗教机构陷入财政困难，他们责怪国王，而不是去理解潜在的经济力量。通货膨胀也削弱了王室的实际收入。结果，约翰频繁征税，并加紧了有关森林的法律（有利可图但非常不受欢迎）。

约翰与教会之间也有矛盾。1205年围绕坎特伯雷主教人选的一次争议导致约翰与罗马教皇英诺森三世发生冲突。1208年，英诺森对英格兰和威尔士实行了禁行圣事令；所有的教会活动都被暂停，这种情况持续了六年。1209年，约翰本人被逐出教会。约翰和世俗社会似乎都不会对这种状况感到非常担忧，事实上，约翰对宗教禁令的回应是没收教会的财产，这甚至有助于缓解他的财政问题。但是在1212年，一场贵族阴谋和腓力的越过海峡的计划让约翰认识到，一个被逐出教会的国王特别容易受到叛乱和入侵的威胁。所以他决定与教会和解，以便腾出手来对付他更危险的敌人。1213年，他同意将英格兰视为教皇的封地，他完全赢得了英诺森的谅解，英诺森表示会在即将到来的战斗中支持他。

现在一切都取决于约翰试图收复失地的努力将产生什么结果。1214年，他率领一支远征军到普瓦图，但是在布汶战役（Bouvines，1214年7月）中他的盟友被击败，导致他的大陆战略失败，同时英格兰也爆发了叛乱。但叛乱分子也有很多问题，叛乱的领导者通常是一位心怀不满的王室成员，但消灭亚瑟之后，约翰就没有这样的对手了。他自己的儿子尚小，此时唯一可能的威胁是路易，腓力·奥古斯都的儿子，但是一位卡佩王朝的王子算不上有魅力的对立国王。因此，叛乱分子设计了一种新的反叛招数——改革方案。1215年6月，在占领伦敦后，叛乱分子迫使约翰接受后来被称为《自由大宪章》（*Magna Carta*）的文件上所规定的条款。从本质上讲，这是对安茹王朝60年来的统治中一些令人反感的特征的敌对评论。约翰认为在兰尼米德（Runnymede）达成的协议是不可接受的，他签字仅仅是为了拖延时间。试图实施《大宪章》只会导致进一步的纷争。最终叛乱分子不得不邀请路易来夺取王位。1216年5月，路易进入伦敦。1216年10月，在沃什（the Wash）的流沙中失去了部分行李搬运车之后，约翰病故，随后这个国家因为一场内战而被撕成两半，这对于安茹王朝而言非常糟糕。

约翰拥有让一些现代历史学家喜爱的品质。他对政府和法律事务的细节非常感兴趣，但在他自己的时代里，这些都没什么价值。认为他比他的前任国王更加忙碌的观点是错误的。从1199年起，遗留下来的文秘署的档案使历史学家第一次看到国王政府的日常工作。这些档案给人的印象是，约翰非常称职。但事实上，他是一个非常糟糕的国王，在管理他更强大的臣民方面无能为力。

亨利三世（1216—1272年在位）

以约翰九岁儿子亨利的名义进行统治的摄政会议很快就保证战争在陆地（林肯战役，1217年5月）和海上（多佛战役，1217年8月）取得了他的父亲没能取得的胜利。路易受这些战败影响，获得的支持迅速减少。1217年9月，路易接受了《兰贝斯条约》（*Treaty of Lambeth*）并撤离英格兰。

直到1232年，亨利才开始独立进行统治。国王未成年时期往往是政府不稳定的时期；但是，总体而言，这些辅佐幼王的人表现非常出色，尤其是休伯特·德·伯格（Hubert de Burgh），伯格一直保持着对亨利的政治监护，直到他25岁左右。大多数权力斗争发生在议会会议厅，这些斗争很少付诸武力，即使有也非常短暂。作为一系列和解行动的一部分，《自由大宪章》被修改并重新发行。但是，议会的贵族们把注意力集中在他们自己的竞争对手以及英格兰和威尔士的问题上，不太关心国王的海外遗产，这是可以理解的，因为他们在普瓦图和加斯科尼（Gascony）都没有地产。1224年，当他们陷入内部斗争时，他们的卡佩王朝宿敌，国王路易八世，进入了普瓦图，攻占了拉罗谢尔，也威胁到加斯科尼。1225年的一次远征巩固了加斯科尼的地位，但国王没有真正试图去收复普瓦图。随后1230年和1242年的两次远征，规模更加宏大，但却以不光彩的方式收场。1224年之后，亨利三世的祖先曾在法国持有的土地只剩下加斯科尼了。这样的结果扭转了12世纪的领土平衡。英格兰曾经只是安茹帝国的一个省，现在成了金雀花王朝无可争议的中心。最终，根据《巴黎条约》（1259年），亨利放弃了对诺曼底、安茹和普瓦图的领土主张，并且为了保住加斯科尼而向路易九世进贡。

实事求是地说，《巴黎条约》是亨利最大的政治成就，但他只是为了摆脱他的其他困难而极不情愿地接受了路易九世提供的慷慨的条款。当时他所面临的最主要的困难是，该国最强大的权贵宣誓联盟，威胁要拿起武器反对他。自1233年以来，亨利一直面临此起彼伏的反对。一次又一次，争论的焦点围绕着他应该选择什么人做朋友和顾问这一问题，因为这些人能够获得国王最多的赞助。由于他宠信的很多人不是英格兰人，使得这个问题变得更加严重，因为这个时期的英格兰政治变得越来越关心岛内利益。亨利是一个好丈夫，他与普罗旺斯的埃莉诺的婚姻（自1236年以来）幸福美满，他对妻子的亲属十分慷慨。后来，当他的同母异父的兄弟吕西尼昂家族（Lusignans，他的母亲的第二次婚姻的孩子）在法国的生活变得困难时，他欢迎他们到英格兰。而从1247年开始，吕西尼昂家族的存在使英格兰的氛围变得更加糟糕。

同样有争议的是国王将为他的次子埃德蒙提供一笔产业的计划。1252年，教皇将西西里王国送给亨利，他于1254年以埃德蒙的名义接受了。不幸的是，西西里岛实际上被霍亨斯陶芬王朝（Hohenstaufen）的皇帝弗雷德里克二世的私生子曼弗雷德所控制。亨利不仅同意给教皇提供资金以征服该岛，还承诺帮助教皇解决已有的债务——为了与曼弗雷德作战，教皇已经花了一笔钱，大约13.5万马克。这是一个荒唐的承诺，1258年，贵族们将政府从国王手中夺走并启动了一项意义深远的改革计划——《牛津条例》（1258年10月）和《威斯敏斯特条例》（1259年10月）。亨利的荒唐承诺被取缔。但是，从成年国王手中夺取权力，并将其交给当选的贵族委员会，是一个革命性的步骤。在接下来的五年里，英格兰在内战的边缘徘徊。当1264年春天战争终于来临时，所有的问题已经缩小为一个问题：国王是否可以自由选择外国人作为他的顾问？西蒙·德·蒙德福特（Simon de Montfort）坚定地认为，这个问题应该由作为最后手段的以“王国社团”的名义行事的贵族会议来决定，具有讽刺意味的是，西蒙本人就是外国人。此时的西蒙已经是“社团”中有权有势的成员，他自1231年以来就是莱斯特伯爵，自1238年以来是国王的妹夫。1264年西蒙伯爵赢得了刘易斯之战（battle of Lewes），但次年在伊夫舍姆战役（Battle of Evesham）中兵败被杀，还被肢解。在亨利三世统治的最后几年，王室权威在完全恢复的同时，也承认《马博罗条例》（*statute of Marlborough*，1267年）中所包含的“王国的习俗”，包括维持《自由大宪章》，甚至《威斯敏斯特条例》的部分内容。王位继承人，伊夫舍姆战役的胜利者爱德华在这种温和的氛围中感到不舒服，于是他率兵参加了十字军东征，让他父亲可以集中精力重建威斯敏斯特教堂。

爱德华一世（1272—1307年在位）

1272年，爱德华一世在东征回来的路上（西西里岛）听到消息，他的父亲去世了，并且他被立为新的国王。他不紧不慢地回到了国内。在巴黎，他因在法国有领土而向腓力三世致敬，他用词小心翼翼：“我要为您应该拥有的所有土地致敬。”然后他向南来到加斯科尼，在1273至1274年之间他一直待在那里。他于1286至1289年再次访问加斯科尼。他是最后一位在加斯科尼的首府波尔多接受朝拜的金雀花国王，1289年7月他离开了加斯科尼，这标志着一个时代的结束。然而，英格兰对加斯科尼的统治绝不是断崖式的衰落。例如，1279年，根据《巴黎条约》的规定，法国人最终移交了阿热奈（agenais）。阿热奈是一个重要的葡萄种植区，其移交进一步加强了波尔多与伦敦之间快速发展的商业联系。波尔多的葡萄酒关税在13世纪40年代每年仅300英镑，60年后则每年超过6000英镑。作为回报，加斯科尼人进口英格兰布匹、皮革和玉米。扩大贸易的共同利益使两个地区联系在一起。

1274年10月，爱德华回到英格兰后不久，就对王室和贵族官员的活动进行了调查。跟之前类似的调查一样，他发现了官员们满腹牢骚。为了解决问题，以财政大臣罗伯特·伯内尔（Robert Burnell）为首的国王的顾问们颁布了主题涉猎广泛的新法律。但即使在最多产的立法时期（1275—1290），他们也没有试图以查士丁尼一世的方式编纂英格兰法律。这些法规既关系到国王的权力，也关系到臣民的自由。

1276到1284年，爱德华最关注的是威尔士。最初他的计划是贬低威尔士王子卢埃林·阿普·格鲁菲兹（Llywelyn ap Gruffydd）的威望，然后将王子的土地交给他的兄弟戴维德（Dafydd）和格鲁菲兹。但在1277年的战役获胜之后，他实施了一项对威尔士人来说具有羞辱性的和平条约，并且没有给予戴维德他所期望的奖励。1282年，威尔士人叛乱。在1282至1283年的战争中，卢埃林被杀，戴维德被捕。然后，戴维德被审判并作为叛徒被处决，这是自1076年以来第一个因叛乱而被处死的人。与1277年的战役不同，1282至1283年的战争的目的是为了征服，鉴于爱德华拥有巨大的资源优势，因此实现征服并不是难事。

征服威尔士可以被视为几个世纪战争的高潮，但是在13世纪的大部分时间里，英格兰和苏格兰王国之间的关系都特别好。但在1286年，亚历山大三世从马背上掉下来摔死了，而他唯一的孙女玛格丽特，即“挪威之女”，被立为王位的继承人。爱德华一世建议她嫁给自己的儿子兼继承人爱德华。苏格兰权贵同意了这一提议（1290年7月签订的《伯格翰条约》），但同时坚持认为苏格兰应该保留自己的法律和习俗。

不幸的是，这位六岁的玛格丽特在奥克尼（1290年9月）去世。爱德华抓住机会来维护他的霸权和他在王位竞争者之间进行裁决的权利。经过复杂的法律论证，他决定支持约翰·巴里奥（John de Balliol）。在1292年的圣安德鲁日，新国王斯康（Scone）登基。到目前为止，爱德华有理由声称他的行为有助于维持苏格兰的和平与秩序；但从此以后，他对苏格兰的强势干预挑起了一场漫长的灾难性战争。

威尔士和边境区

11世纪的威尔士是一个山区国家，汇集了众多小王国。这些王国没有稳定的边界，它们的疆域根据法律（儿子之间分享遗产的习俗）和政治（个别统治者的野心和军事实力）因素的变化而扩大或缩小。虽然英格兰国王一贯声称在这里具有全面的霸权地位，但他们几乎没有将这种不明确的霸权转变为持久的军事和行政控制。起初，诺曼人在征服英格兰之后，似乎也要征服威尔士。实际上，诺曼人赫里福德伯爵、什鲁斯伯里（Shrewsbury）伯爵和切斯特伯爵已被授权可以占有这里的一切。但经过1067至1075年一段时间的快速推进，他们发现这里的地形阻碍了他们前进。结果，他们的殖民活动长期局限于低地和河谷，特别是在南部。确实有几段时期威尔士王子们收复了失地，并恢复了失地的控制权。直到爱德华一世统治时期，诺曼人对威尔士的征服才完成。因此，在此期间，威尔士是一片战争之地，城堡林立，硝烟弥漫。威尔士的王子们和盎格鲁-诺曼边境领主制造了战争与和平，因此他们都享有后来的宪法律师所称的“君主”权力。

在这段时期的大部分时间里，征服是零零碎碎地由盎格鲁-诺曼的个别贵族家族来推进——克莱尔家族（the Clares）、莫蒂默家族（the Mortimers）、莱西家族（the Lacys）及布劳斯家族（the Braoses）。他们征服的土地实际上是“私人”领主土地，不在英格兰治理的正常框架之内。尽管如此，这些家族仍然是英格兰国王的臣民，国王偶尔会以简要的方式提醒他们这个事实。1102年，亨利一世击败了蒙哥马利的罗杰（什鲁斯伯里伯爵）的几个儿子，并瓦解了他的边境“帝国”。1208年至1111年，约翰杀死了布劳斯的威廉（William de Braose）。征服和殖民化的基础工作留给了边境领主，但整体战略仍然掌握在王室手中。例如，由国王来决定与当地君主保持什么样的关系。随着一些威尔士王国的灭亡，幸存的王国变得越来越强大，这个问题也变得越来越重要。

到了12世纪下半叶，德赫巴斯王国的统治者［特别是里斯勋爵（Lord Rhys）］和格温内斯的统治者都很出色。13世纪，两位格温内斯国王，卢埃林大帝（Llywelyn the Great）和他的孙子卢埃林·格鲁菲兹，通过武力和外交，将其他威尔士王朝都置于他们的权威之下。事实上，在《蒙哥马利条约》（*Treaty of Montgomery*，1267年）中，格鲁菲兹说服了不情愿的英格兰国王亨利三世，使他承认了自己获取的领土和新头衔“威尔士之王”。

但八年前，另一项条约决定了威尔士的命运。1259年，亨利三世因《巴黎条约》而失去了欧洲大陆的大部分领地。与法国达成和平意味着英格兰国王第一次可以——如果他愿意——把注意力集中在英格兰的邻居身上。随后爱德华开始了他的征服和大规模的城堡建设计划。根据《威尔士法》（*the Statute of Wales*，1284年），新获得的土地被划分为英格兰模式的郡：弗林特（Flint）、安格尔西（Anglesey）、麦里昂斯（Merioneth）和卡那封（Caernarfon）。至于威尔士的法律和习俗，爱德华宣布：“我们废除了其中的某些条款，保留了一些，修改了一些，也增加了一些。”这实际上意味着英格兰的普遍法被引入威尔士。

1287年及1294至1295年，威尔士爆发了叛乱，但城堡起到了很好的保护作用。弗林特、罗德兰（Rhuddlan）、阿伯里斯特维斯（Aberystwyth）、比尔斯（Builth）、康维（Conway）、卡那封、克里基厄斯（Criccieth）、哈莱克（Harlech）和博马里斯（Beaumaris）这些地方都有著名的城堡，并且建造和维护的成本非常高。这是爱德华为确保成功镇压叛乱所支付的高额保费。

一面是对威尔士南部和东部的零碎征服，另一面是北部和西部快速取得的压倒性胜利，这种差异在威尔士的政治地理上留下了持久的印记。爱德华征服的领土主要保留在王室手中，其余的被众多大领主瓜分，这些领地统称为威尔士边境区。1282年，卢埃林在艾恩-布里奇（Irfon Bridge）被伏击，并被杀害，他后来成为20世纪威尔士民族主义者的偶像。

苏格兰

与支离破碎的威尔士不同，11世纪，苏格兰的大部分地区，特别是南部和东部（最富有的地区）都由一位苏格兰国王统治。自埃塞尔斯坦统治以来，苏格兰国王只是偶尔承认英格兰的霸主地位，双方的联系仅此而已或者说到此为止。一方面，苏格兰国王太过强大，他不用担心苏格兰会像威尔士乃至爱尔兰那样，遭受盎格鲁-诺曼贵族所进行的“私人团体”入侵。另一方面，苏格兰的土地太贫瘠，苏格兰国王对于英格兰国王来说太遥远了，引不起英格兰的兴趣。此外，尽管对苏格兰进行远征可能并不太困难，但对于基地位于泰晤士河流域和南方的英格兰国王来说，征服和控制如此偏远的国家似乎（而且很可能）是无法解决的难题。

与英格兰人的问题也没有令苏格兰人感到困扰。除了国王大卫（1124—1153年在位）利用斯蒂芬在位时的内战短暂占领了诺森布里亚（1149—1157）之外，苏格兰与英格兰的边界跟它11世纪刚确立的时候相比，实际上没什么变动。变动比较大的是苏格兰王国的领土向更北部和西部沿海大部分地区延伸（包括凯斯内斯、罗斯、马里、阿盖尔和加洛韦）。当挪威国王割让西部群岛（《珀斯条约》，1266年）时，苏格兰的这种扩张政策达到了顶峰。苏格兰在这方面的推进得益于接连三位国王稳定而连续的领导。这三位国王是威廉一世（1165—1214年在位）、亚历山大二世（1214—1249年在位）和亚历山大三世（1249—1286年在位）。

高地的领土扩张与低地的内部发展相得益彰。这里修建了市镇、修道院和大教堂；建造了城堡，并建立了王室郡长辖区，以便将王国划分为可管理的行政单位；王室铸币人开始铸造银币（与英镑等价），并征收进口关税。统治者的婚姻表明，在12世纪和13世纪，苏格兰日益成为“欧洲”政治舞台的一部分。所有这些发展中最引人注目的是它们很少卷入战争。只要英格兰国王没有征服苏格兰的不切实际的野心，苏格兰就不会改变现状。

政府

政府最重要的组成部分仍然是国王。他的品质仍然比任何其他单一因素更重要，从爱德华一世的统治与他父亲和儿子的统治之间的对比可以明显看出这一点。但国王自然无法独自进行统治。无论他走到哪里，都会有一大群人，朝臣、官员、仆人、商人、请愿者和形形色色的奉承者。

在跟随他的人群中，处于中心位置的是国王的侍从官。在某种程度上，他们提供了精心设计的家政服务，这些人包括厨师、管家、食物橱柜管理员、马夫、帐篷管理员、车夫、驮马夫以及国王床榻的搬运夫。还有那些陪他狩猎的人，猎犬饲养员、号角手和弓箭手。然后是那些管理家务、政治和行政工作的人。他们中的一些人具有相当明确的职能：大法官负责国王的印章和领导文秘署的职员，财务主管和内侍照看国王的钱和贵重物品，警员和警长负责军事组织。但像国王一样，侍从官是无所不能的，任何了不起的侍从官，例如管家，都可能被委以重要的政治和军事任务。

其中一些侍从官是神职人员。在14世纪40年代以前，大法官和财务主管一直都是神职人员。还有许多俗人：内侍、管家、警员、警长（在地方上，是郡长）。英格兰的中世纪国王并不完全依赖或不主要依靠教士的行政技能来管理国家。国王也不依赖一群王室官吏，这些官吏的利益与大的土地所有者（大贵族）的利益相悖。相反，国王的侍从官通常包括一些最强大的贵族。国王家中的侍从也是大庄园的领主和自己家族的掌门人。通过他们的影响力，王室的权威得以渗透到地方。这种非正式的权力体系通常通过任命侍从官到当地任职来加强。鲁弗斯统治时期，“管家”哈莫是肯特郡的郡治安官；国王内府的警员厄斯·达贝多（Ursed' Abetot）后来担任了伍斯特的治安官。在整个12世纪和13世纪，国王的内府骑士继续被雇用为治安官。

政府的主体部分在国王的内府。1279年和1136年都是如此。1279年爱德华一世出台《内府条例》（*Household Ordinance*）；1136年或许留存了最早的有关国王内府的描述，即《内府法令》（*Constitutiodomusregis*）。此外，没有理由认为《内府法令》所描述的内府与威廉一世的内府，或者克努特的内府有很大的不同。

同样，国王的内府也是军事组织的中心。人们早就认识到，爱德华一世统治时期的军队基本上都是“武装内府”。内府骑兵是一支专业的特遣部队，能够对意外事件迅速做出反应。如果发生重大战争，内府骑兵可以迅速扩军。他们经常负责动员和指挥大型步兵分遣队。内府成员，或叫内府侍从（familiares），起初拿的是年俸，后来按服务的天数拿日薪。过去人们认为，这与诺曼时期的做法相差甚远，当时的军队由领主为响应王室服兵役的号召而按配额招集的骑士组成，这种军队基本上是“封建主”（feudal hosts）。但对1100年前后这一时期非常零碎的证据进行仔细研究后发现，不仅难以找到起作用的“封建主”，而且爱德华机制的所有基本特征在诺曼时期已经存在：聘用费用、日薪、计划扩张的框架、使用内府部队作为关键城堡的驻军和主要野战军（由骑士和骑射兵组成），以及雇用内府骑士担任增援部队的指挥官。而且，没有理由相信克努特内府人员的职责跟上述任务有什么根本不同。

出于实际考虑，和平时期王室内府的人数有上限，仅交通和餐饮问题就足以说明这一点。在某种程度上，提前规划国王的行程有助于解决这些问题，当商人事先知道王室内府将要在哪里落脚，他们可以带着商品提前赶到那里。但是，国王的到来给他所经过的地区带来了近乎难以承受的负担。内府的需求对当地的粮食和价格产生了巨大影响，因此这造成了一种被许多人谩骂的局面。一位名叫埃德默（Eadmer）的坎特伯雷修士这样描述他厌恶的威廉·鲁弗斯国王的内府：“国王的内府人员常常掠夺和摧毁一切，所到之处无不被弄得荒芜凋敝。因此，当得知国王即将到来时，人们纷纷逃到了树林里。”爱德华一世统治时期，仍然有同样的出行计划和掠夺行为。为了安抚当地百姓，官方信函除了宣布国王打算在诺丁汉过复活节，还提及国王会跟来的时候一样很快离开。

就这样，出于政治原因（为了让别人感受到他的存在），也是出于经济原因（使他的存在不给地方带来沉重的负担），国王需要不断巡游。安茹帝国疆域辽阔，意味着安茹王朝的国王们必须比他们的前任们付出更多精力，不过约翰的政治失败至少可以缓解他的出游问题。1203年之后，国王的行程越来越局限于英格兰，而在爱德华一世时期，除英格兰之外，还增加了北威尔士。1289年后，没有国王去访问加斯科尼了。与此同时，进出伦敦的道路逐渐变得更加重要。到了1300年，国王的行程不再像约翰在位时那样，总是在王宫与“威塞克斯中部地区”的猎场行宫之间不停奔波。“威塞克斯中部地区”曾是西撒克逊国王们古老的中心地带。

然而，虽然出于政治和经济方面的考虑，王室需要不停地移动，但这个时代的另一个特征却使事情向相反的方向发展——官僚机构似乎在不可阻挡地发展。由于内府规模受到实际情况的限制，而随着国王的秘书和财务官员的数量又变得越来越多，那么将会发生什么情况呢？不可避免的结果是，并非所有人都能继续与他们的国王一起四处巡游。有些人一定会在方便的地方安顿下来。实际上，到1066年时，就已经存在这种情况了。那时温彻斯特已经有一个永久的王室金库，这是存放财政记录和白银的场所，需要一批常设的工作人员来保护和监督它。到1290年，在文秘署和财政部，有更多官员定居下来，既有神职人员也有世俗官员，他们定居在威斯敏斯特，而不是温彻斯特。但这种官僚机构的增长并没有改变生活中的基本政治事实——国王仍在巡视，他仍然带着他的印章、秘书处和财务专家。最重要的政治和行政决定都是由这个移动集团（而不是威斯敏斯特）做出的。1290年的情况跟1066年一样，马背仍然是政府的主要所在地，无论是战争时期还是和平时期。此时仍然没有首都，只有国王的通衢大道。

官僚机构的发展也没有改变这样一个基本事实，即王国的政治稳定仍然主要取决于国王管理那个规模虽小、但是实力强大的贵族集团的能力。

亨利三世和爱德华二世统治时期的一系列事件已经体现了这一点。大贵族们以什么条件从国王那里得到他们的地产呢？跟盎格鲁-撒克逊时期的英格兰一样，他们必须侍奉和援助国王——主要是提供政治服务和战争时期的兵役，在某些情况下，他们可能还需要给国王提供经济援助。此外，一个大贵族的继承人必须支付一项税款，即所谓的“relief”，才能继承财产，而如果他或她年龄不足，那么国王将自己监管这些产业，并随心所欲地处理这笔财产（根据某些惯例）。在这种情况下，国王可以控制他的受监护人的婚姻。如果没有直系继承人，那么在给寡妇（她的再婚也受到国王的控制）提供必要的生活费用之后，国王可以再次将土地给予任何他喜欢的人。对王国中最富有的人的遗产和婚姻的这种程度的控制，意味着国王的恩赐权是巨大的。他不仅可以任意授人官职，还可以任意处置男女继承人和寡妇。例如，当理查一世将彭布罗克（Pembroke）伯爵的女继承人许配给威廉·马瑟尔（William Marshal）时，他实际上在一夜之间使威廉成为百万富翁。今天西方世界的任何政治领袖都远远比不上中世纪国王手中的恩赐权。因此毫不奇怪，国王的宫廷成为整个政治体系的焦点，成为一个动荡、活跃、紧张和派系斗争激烈的地方，在这里，男人和少数女人钩心斗角，拼命在国王面前争宠。难怪12世纪的文学作品通常把朝臣的生活描述成彻彻底底的地狱，但成百上千的人站在地狱的门口，迫不及待地往里钻。在这种情况下，恩赐权是国王手中最强的一套牌。如何出牌是非常重要的，而不善出牌的国王很快就会陷入困境。

这种恩赐制（patronage）的基本特征在威廉·鲁弗斯统治期间已经存在。这一点在亨利一世1100年颁布的《加冕宪章》（*Coronation Charter*）的条款里可以清楚地看出。爱德华一世统治期间，《大宪章》把这一制度明确化了，甚至还在某种程度上做了修改。例如，在1215年之后，贵族需缴纳的遗产税被固定为100英镑。尽管如此，国王仍然可以操纵有关继承、监护和婚姻的法律，以满足国王的个人偏好，无论是爱德华一世为自己的家族谋取财富，还是爱德华二世让亲信发财。不太清楚的是该制度是否在1066年就存在了。大多数历史学家可能会说那时候还没有。但是意义深远的是，克努特，可能还有仓促王埃塞尔雷德，已经做出了与1100年章程中的承诺大致相似的许诺。

恩赐是有利可图的。人们愿意花钱来获得国王的恩赐——官职（大法官以下）、土地继承、土地保管、监护权和婚姻，甚至只是为了换取国王虚无缥缈的好感。所有这些都是要付出代价的，且价码可以协商。这是一个国王希望通过不断抬高价格以筹集更多金钱的领域。在这种情况下，任何可以告诉国王他的土地承租人有多么富裕的文件自然会非常有价值。《末日审判书》就是这样一本记录，它显示整个国家的一半财富掌握在不到200人的手中。国王趁他们遇到政治麻烦时征收高额罚金，或者在向他们提供他们想要的东西时漫天要价，这样一来，国王就找到了向富人敲竹杠的切实可行的方法。当然，关于土地和承租人的信息必须保持更新，在整个12世纪和13世纪，王室找到了更新的方法。例如，保存下来的亨利二世政府制作的文件中的一份，《贵妇、男孩和女孩的花名册》（*Roll of Ladies, boys and girls*）。因此对于像威尔士杰拉尔德（Gerald）这样怀有敌意的观察者来说，国王似乎是“一个不停徘徊的强盗，总是在刺探、总是在寻找他可以下手偷窃的可乘之机”。杰拉尔德描述的是安茹王朝国王的情况，但丧偶的切斯特伯爵夫人露西很可能同意他的说法，因为她为了保留寡居五年的特权向亨利一世支付了500马克。事实上，王国的大多数有影响力的人都背负着半永久性的债务，这给国王提供了一个强大的政治杠杆，而且国王可以经常使用它。例如，在1295年，爱德华一世利用收债的威胁迫使一群不情愿的权贵前往加斯科尼。

现存最早的王室收入的详细账目是1129至1130年的国库卷档（Pipe Roll），它显示了国王的恩赐是多么有利可图。国库卷档记录了在本财政年度，亨利一世从恩赐协议中收取了大约3600英镑。这大约是他有记载的收入的15%，超过他的税收收入。但是国库卷档的计算方法向我们透露的不仅仅是数字本身。由于在本年和前几年达成的协议，在1129至1130

财年应收总金额接近26 000英镑，也就是说实际收到的只有应付总金额的14%。例如，威廉·德·庞特·德·拉克（William de Pont de L'Arche）曾提出愿意为一个宫廷内侍的职位缴纳1000马克，而在1129至1130财年，他只缴纳了100马克。这意味着如果国王对威廉的行为感到满意，那么可能会暂停或赦免剩余的分期付款。人们期望财政大臣不会太过苛刻地催他们交钱，于是竞标官职的时候出价很高。但是，如果失了宠，他就必须立即付清全部金额，否则会陷入更大的麻烦。例如，约翰统治时期的布劳斯的威廉（william de braose）就遭遇了这样的命运。换句话说，只收取应付金额的一小部分并不表示政府长期效率低下，而是进一步完善无限灵活的恩赐制度。

专横的国王总是把手伸向臣民的口袋。爱德华一世因“贪婪之王”（Le Roi Coveytous）的绰号而臭名昭著，威廉一世也被指“最爱贪婪”。粗略地说，早在12世纪就有人断言，王室权力可以用金钱多少来衡量。担任过伦敦主教和英格兰财政大臣的理查·菲茨尼尔（Richard FitzNeal）在12世纪70年代写过一部《财政大臣对话录》（*The Dialogue of the Exchequer*）。用他的话说，“国王的权利随着他们金钱来源的变化而起伏不定”。1129至1130财年的国库卷档（这是当年郡长和其他官员提交给财政部的账目记录）显示，这个时期已经存在一个按《对话录》中描述的方式运作的财政系统了。但财政系统本身肯定在国库卷档出现之前就存在了。总体来看，这一系统起源于盎格鲁–撒克逊时期。在1066年和1086年，一些大型王室庄园仍然以实物形式缴纳租金。到了1129至1130财年，显然货币租金已经普遍取代了实物租金。这跟欧洲的总体发展趋势是一致的。随着郡长越来越多地以现金形式缴纳租金，因此他们需要一种以英镑、先令和便士来计算的易于遵循且快捷的方法。因此，方格桌布［chequered table cloth，财政部（exchequer）这个英文单词就从这里衍生而来］就被当作一个简化的算盘，国王的计算师就像赌台管理员一样，通过把筹码从一个方格移动到另一个方格来计算。关于财政部的最早记载可以追溯到1110年。王国里一群最有权力和最值得信赖的人每年会聚两次，以审计郡长们提交的账目。当国王在诺曼底时，他们会在国王缺席期间，以王权委员会（vice-regal committee）的名义在财政部开会。当克努特在丹麦时，有一个类似的委员会会出于类似的目的举行会议。

但这只是猜测。只有到1129至1130年，我们的判断才能达到某种程度的精确性。然而，即使在这个时期，我们也要谨慎。作为财政部账目记录的国库卷档几乎没有说明那些进出国王金库的款项。自然，我们无从得知这些款项的具体数额，但鉴于金库是国王流动内府的财务机构，这些款项的数额很可能相当大。例如，据估计，到1187年之前，亨利二世已经向他的耶路撒冷银行账户注入了30 000马克，尽管在他统治期间的国库卷档里没有关于这笔钱的任何记录。没有12世纪金库的财务记录，就很难估计王室的总收入。因此，亨利二世统治初期的国库卷档所显示的总金额偏低，这在很大程度上反映了新国王对金库财政的偏好。对于安茹王朝的国王来说，这是一种非常自然的偏好，他的所有前任国王都在没有设立财政部的情况下把国家管理得井井有条。毕竟，当涉及铸造货币问题时，安茹王朝的国王们将安茹帝国的做法引入了英格兰和诺曼底。但是，无论遇到多大的困难，对唯一幸存的亨利一世时期的国库卷档的分析无疑能透露很多信息。

在1129至1130财年，国库收入为22 865英镑。其中约有12 000英镑属于“土地及相关收入”。税收收入不到3000英镑，绝大部分（将近2500英镑）都属于丹麦金，在12世纪这种税通常被称作贡赋。另外7200英镑可以被描述为“封建领主身份和司法权的收入”——包括来自教会职位空缺的约1000英镑；司法罚款2400英镑，以及前面提到的来自国王恩赐协议的3600英镑。因此，超过一半的收入来自土地，大约三分之一来自领主身份和司法权，税收只占13%。如果我们将这个比例与爱德华一世统治初期的王室收入状况进行比较，那么会发现一些显著的差异。粗略来看，爱德华一世统治时期，土地收入约占总数的三分之一，来自领主身份和司法权的收入很可能不到10%，而税收（包括关税）占一半以上。那时候，来自土地、领主身份和司法权的收入相对不那么重要，而税收收入变得更加重要。即使考虑到1129至1130财年的税收收入可能比平时少得多（因为贡赋是当年征收的唯一税种），这个时期的税收收入在财政收入中的比重还是普遍偏低的。

尽管王室土地在1130年获得了巨大利润，但与《末日审判书》的记载相比，土地已经是一种价值不断下降的资产。根据记载，1086年国王的土地和市镇的总价值接近14 000英镑，而到1129至1130财年，这一数字已经下降到不到10 700英镑。王室的土地存量的减少速度比补充速度更快，补充的手段主要是通过没收和把无人继承的土地划归给王室（土地充公）。国王还不得不把土地授予有权势的人，这样做是为了奖励和鼓励他们对国王效忠，这一点在统治初期尤其重要，因为这个阶段往往要面对继承争议的问题。这种做法仍在延续，但在某种程度上，这种损失通过对王室地产的更有效的管理来弥补。管理上的改革始于休伯特·沃尔特，随后又有约翰和亨利三世的大臣们的努力，改革的成功可以通过一个事实来衡量，即爱德华一世仍然能够每年从土地上获得约13 000英镑的收入。（然而，考虑到此前150年的通货膨胀，这意味着来自土地的实际收入比1129至1130年的收入低了很多。同样，亨利一世时期的两万英镑可能比爱德华一世时期四万英镑更值钱。）

贡赋、海德（估算贡赋所依据的土地单位），以及征收贡赋的财政机构，都是诺曼国王们从盎格鲁-撒克逊人那里继承了权力的又一例证。虽然每海德土地只收两先令所得的贡赋仅占亨利一世有记载的收入的10%，但这显然也是宝贵的王室资产。到了1129至1130财年，它已经成为一种年度税收，而且税率偶尔可以提高（此外，贡赋豁免可以作为一种政治恩惠，为国王恩赐提供了一条新的途径）。但是亨利二世只征收了两次贡赋，分别在1155至1156财年和1161至1162财年。取而代之，他开发了其他税种——向骑士征收的免服兵役税（scutage）以及向市镇和城市征收的佃户税（tallage，根据动产的价值来征收）。在约翰统治时期，每年的免服兵役税和佃户税合起来几乎足以弥补王室贡赋萎缩造成的损失。但是贡赋并没有完全消亡，它以犁头税（carucage）的新名称得以复兴，并在1194年和1220年之间被征收了四次。

然而，到了这个时期，政府已经发现了一种新的、更有成效的税收形式，它不是按土地来征收，而是按一个人的收入和动产。这种税收形式可能基于1166年、1185年和1188年的教会什一税，什一税是出于虔诚的宗教目的而征收的，它给基督教圣地提供财政支持。约翰在1207年肯定对动产征过这项税，可能在1203年也征过。1207年的税收账目被保留至今，其披露的数字令人惊讶。对收入和不动产征收的税（按照1/13税率）达到6万多英镑，远远超过其他税种的收益。（然而在1194年，为了支付理查一世的赎金，这种税的税率被提高到1/4——这是在漫长的税收史上最高的税率。）12世纪90年代中期，引入了第一个国家海关税收制度。这些事态发展表明，在理查和约翰的统治期间，王室收入达到了新高。到1213至1214年，约翰累积了大约20万马克，但很快又花光了。这是战争频发的岁月，包括第三次十字军东征和对安茹帝国的保卫战。约翰在1214年遭受的失败带来了长期的相对和平。直到1294年，英格兰的纳税人才再次被迫为一场重大的欧洲战争买单。

然而，与此同时，13世纪还有另外两个重要的创新——对神职人员征税和建立海关制度。自1199年以来，教会一直向教皇缴纳所得税，最初是用于资助十字军东征，后来被用于各种“美好事业”（由教皇来定义）。1217年，罗马教皇洪诺留三世（Honorius III）命令主教和高级教士帮助未成年的国王亨利三世。从那时起，教会经常被要求资助国王，特别是参加十字军东征的国王。亨利三世在1250年参加了十字军东征，而爱德华一世是在1287年。例如，1291年，爱德华从罗马教皇十字军税的收益中得到了至少10万马克的资助。到了13世纪中叶，英格兰教会已经接受了向国王提供资助这件事。尽管如此，神职人员仍需要召开大会就具体数额讨价还价，并利用这个机会讨论他们认为需要纠正的其他问题。1254年，亨利三世得寸进尺，在没有首先征得教皇同意的情况下，擅自要求教会给他拨款，这并不奇怪。1269年，亨利重复了这一先例。在1294年之前，爱德华一世也三次（1279年或1280年，1283年和1290年）提出同样的要求。

理查一世和约翰王统治时期，征收关税是一项战争措施。1206年，在约翰与腓力·奥古斯都寻求停战期间，关税就取消了。1275年设立的羊毛出口关税十分重要，它成为王室在和平时期收入的永久性补充。关税收益根据羊毛贸易的兴衰而有所波动，但按照1275年达成一致的标准，每袋征收半马克（6先令8便士）。1294年之前，这项关税收入每年在8000英镑到13 000英镑之间。这两项新的措施，即英格兰教会缴纳的教皇税和羊毛出口关税，都离不开意大利人在英格兰开设的商行和银行。一方面，无处不在的意大利商人使得13世纪的教廷像一家国际金融公司一样运作；另一方面，信贷融资在政府中发挥着越来越大的作用。1272至1294年，爱德华一世欠卢卡的里恰尔迪（Ricciardi of Lucca）的债务总额接近40万英镑，这笔债务的48%是通过征收贸易关税——意大利人在贸易中越来越活跃——来偿还的。当然，以前的国王们也借过债。13世纪50年代，亨利三世欠里恰尔迪5万多英镑；12世纪50年代，亨利二世曾向佛拉芒商人威廉·凯德（William Cade）借款来资助创建安茹王朝。13世纪后期发生的重要变化是，借贷的规模越来越大，同时信贷与海关之间的联系也越来越密切。与关税收入的数额相比，传统的征税、免服兵役税、佃户税和封建扈从献金（feudal aids）简直少得不值得征收，于是它们逐渐被废弃了。

经国王的顾问和商人讨论后，1275年的关税制度在议会得到批准。所有这些特定的税收都需要得到有关人士的认可，无论是教皇、商人、神职人员，还是国家。相比之下，土地、领主身份和司法权都是产生收入的权力，利用这些权力获得收入不需要通过有影响力的人开会批准。事实上，所有有影响力的人都享有相似的权力（虽然规模较小），并且他们认为拥有这些权力是理所应当的，只要不滥用权力就行。虽然亨利一世85%的收入来自土地、领主身份和司法权，但这些收入来源在爱德华一世的收入中的比重不到40%。税收在王室收入中的比例越高，就越需要获得政治机制的同意才能征收。这是代议制机构成长的过程，对动产征税促进了议会的发展。

在1214年之后长期没有海外战争的和平年代，王室仍然会偶尔征收动产税。由于发生战争的频率很低，也很少有其他可接受的征税理由，所以只是偶尔在征得同意后征税，当然不可能像亨利三世所希望的那样频繁。但是，在1208年和1293年之间征收的七种税中的最后一种显示了税收的增长潜力——1290年税收的1/15就超过116 000英镑。国王是如何获得批准开始征收这项非同寻常的税的？国王的顾问们将不得不提供充分的理由。据推测，他们解释说国王最近在加斯科尼（1286—1289）逗留，开销不菲，以及他未来的十字军东征也会耗资巨大；他们也可能指出，为了表示对基督教的虔诚，国王决定驱逐犹太人，但为此牺牲了一笔丰厚的收入来源——尽管到了1290年，犹太社区因王室财政要求而被压榨殆尽，以至于几乎拿不出什么东西了。但是王室顾问向谁解释这些征税理由呢？他们向那些代表“全国百姓”的人解释。首先，这些人是权贵，即那些总是参加重要政治会议的有影响力的人，无论是盎格鲁-撒克逊人、诺曼人还是安茹人。1290年的大会（现在被称为“议会”），从4月一直开到7月，在最初的10周里，议会完成了大量的工作，包括一些重要的立法。7月中旬，另一群人抵达，他们是来自各个郡的骑士。不到一周后，议会解散了。骑士为什么这么迟才被请来参加议会？因为权贵们不愿意批准税收。“只有在他们有权获得税款的情况下”，他们才同意征税。然而他们还是愿意处理其他各种议会事项的，无论是司法的、政治的还是立法的。换句话说，权贵们在大多数领域仍然充分代表了“全国百姓”——涉及税收议题的时候除外。从12世纪后期开始，国王已经习惯于与各个郡讨价还价，所以当国王想召集一个代表全国人民的会议时，他会要求当地社区选出替他们说话的代表。从13世纪50年代开始，权贵们的会议得到了加强，而代表郡和市镇的骑士、自耕农和市民（即下议院）逐渐被赋予了更为突出的作用。

正如1290年议会的议事程序明确指出的那样，正是国王征税的需求才刺激了议会的发展。

这一过程也是社会变革的结果吗？13世纪是否有一个“绅士阶层的崛起”，使得传统的政治制度必须被重新塑造？如果国王希望更多人民理解他的需求，希望收税的效率更高，那么此时的绅士是否在地方占有更重要的地位，以至于国王不得不在王国的重要政治论坛上给他们留出一席之地？这些都是难以回答的问题，因为一些历史学家认为，与事实相反，13世纪是骑士阶层遭受危机的时期。其中有一个普遍的问题，而且这方面的例证越来越多。我们对13世纪绅士的了解远远超过对他们前辈的了解，但西蒙·德蒙特福特（Simon de Montfort）和他的朋友们在1225至1865年期间，是否比1212至1215年间约翰王和叛乱贵族更加殷勤地取悦绅士阶层？《大宪章》中包含的条款吸引了比贵族更广泛的社会群体，但亨利一世的《加冕宪章》也是如此。当忏悔者爱德华于1051年决定停征丹麦金的时候，他是为了讨好谁呢？无论是在12世纪还是在盎格鲁-撒克逊时代，社会构成都不仅仅是贵族和农民两个阶层。在13世纪晚期，那些被选为各郡骑士的人正是那批一直参加重大政治会议的人。没错，他们当时已经出现在权贵的随从中，但有头脑的权贵正是在他们的随从中发现了最好的顾问，并且很可能已经听从过这些人的建议。13世纪末的骑士们并不是第一次参加此类会议，他们只是以另一种身份参加了以前的会议。或许政治变革的证据——13世纪的代议机构越复杂意味着税收在王室收入中的份额越大——仍然必须放在潜在的社会连续性的框架内进行考量。

法律与司法

从亨利二世的统治开始，王室法官开始频繁主持地方庭审（巡回审判），以便能够在整个国家实行一部共同的习惯法——《格兰维尔》

（*Glanvill*）和《布拉克顿》（*Bracton*）等论文把其称为“普通法”或国王法庭惯例。以前，一般情况下，地方法庭只沿用当地的习惯法。当然，长期以来国王一直负责维护法律和秩序，尤其应该处理严重的罪行，即人们向国王提起的申诉，但在一个定期的、受中央指导的司法机制建立之前，国王在司法领域的活动只能是零星的。当案件涉及有影响力的人时，国王会进行司法干预，国王偶尔也会开展打击盗窃的活动，特别是偷牛。在这方面，盎格鲁–撒克逊的司法制度在经历了诺曼征服之后依然被沿用。1166年随着《克拉伦登敕令》（*Assize of Clarendon*）的出台，司法制度发生了变化，这一制度被1176年出台的《北安普敦赦令》（*Assize of Northampton*）所强化。这两部法令确定了王室法官对涉嫌严重犯罪的人进行审判时的常规做法。起初，亨利二世的法官只是国王所信任的人，他们可能是伯爵、男爵、主教、男修道院院长或来自国王内府的顾问，他们正是早期国王派出去做特殊司法或调查工作的人，其中规模最大和最著名的调查是征服者威廉下令进行的全国土地赋税情况调查，调查结果被汇编成《末日审判书》。对于这些人来说，主持法庭审判工作只是代表国王执行的许多任务之一，此外还有行政、外交和军事任务。但频繁的巡回审判意味着司法工作的负担日益增加，到12世纪末，我们可以确定，存在一群专门从事法律事务的人，其中大多数是俗人，他们实际上是专业法官。当然，下级法庭处理的是较轻微的违法行为，而“专业”法庭越来越占主导地位。一方面，下级法庭无权进行创新，而国王可以，而且他们确实创造了一些新的罪名。例如，共谋罪就是1279年“发明的”，当时爱德华一世命令巡回法官调查拉帮结伙破坏司法审判的案件。由于国王的法庭不仅处理刑事案件，还处理民事财产纠纷，因此人们清楚地感受到它们在提供有用的服务。虽然《大宪章》批评了王室政府许多方面的工作，但不涉及司法方面的工作。事实上，王室政府要求国王的法官每年对每个郡巡访四次，但这个频率在实际中很难做到。

法官精通法律，因为知识渊博，他们自然能察觉到流行于知识界的观点和态度的细微变化。其中一个变化是采用自觉理性的方式来对待知识问题，这种方法以法国哲学家阿伯拉尔（Abelard）的格言为代表："我们因怀疑而探究，通过探究我们了解真相。"如果把这一格言用于法律领域，可能会产生深远影响。例如，如果无法确定嫌犯有罪或无罪，几个世纪以来的惯例做法是对他实施神判法（ordeal）——通常是用烧红的烙铁或水。当人们相信它的时候，这个系统运作良好——它与现代测谎仪的原理一样，依赖于对心理活动的洞察力——但这种做法极易受到怀疑。神判法是把上帝作为证明嫌犯是否清白的依据，如果一个无辜的人开始怀疑它的有效性，那么他很可能通不过这场考验。这些疑虑一旦被提出就无法平息。起初这种质疑令人震惊（当威廉・鲁弗斯提出质疑的时候，人们的反应就是这样），但最终变得司空见惯了。最后，教皇英诺森三世在1215年禁止牧师参与神判。这意味着，至少在英格兰，该制度被废止了。经过最初的一段混乱时期之后，神判法被陪审团的审判所取代，陪审团制度在解决土地所有权纠纷方面已经取得了一定成功。1179年，亨利二世下令，在涉及财产权的案件中，被告可以选择由陪审团审判而不是决斗式审判（决斗式审判是诺曼人引入英格兰的方法，其效力同神判法一样，容易受到质疑）。但是，当这一规则被用于刑事司法时，就意味着只有在被告选择其中一种审判方法后，才能进行审判。显然他承受着巨大的压力。根据1275年的法规，嫌犯在选择审判方式之前，他会被处以"严厉的惩罚"（prisone forte et dure）。因此，许多嫌犯死在牢里，但由于他们没有被定罪，他们的财产不会被王室没收。出于这个原因，有些人选择死而不是冒险接受审判。直到18世纪，这项审判选择权才被取消。

起初，特别是在财产诉讼中，陪审团被召来解决简单且他们理应知道答案的问题。但是当更复杂的案件摆在他们面前，并且陪审团的审判取代了神判时，问题就出现了。因为与上帝不同，陪审团并非无所不知，因此他们需要花精力理清特定争议的头绪，化繁为简，以便明确陪审团能够公平决定的具体问题。但要做到这一点，需要专业的知识和技能，换句话说，需要专业的律师。因此，在13世纪，随着法律学校的建立、法律文献的出版和法律语言（诺曼法语）的确立，法律职业得到长足发展。

尽管发生了以上这些变化，但在许多基本方面，盎格鲁–撒克逊人对待司法的态度仍继续盛行。在盎格鲁–撒克逊时期和盎格鲁–诺曼时期，严重的犯罪案件在依据一种程序得到审理和判决后，最终会要求罪犯向受害者或其家属支付赔偿金。安茹王朝建立的新的司法机制倾向于施加惩罚而非判给受害者经济补偿。但诸如杀人、伤人和强奸等案件，对罪犯只有惩罚而没有赔偿金的做法是不可接受的，所以尽管“格兰维尔”和“布拉克顿”等作家让我们相信新原则已经有效地取代了旧原则，但实际上旧司法程序似乎还是留存下来了，它们被修改后嫁接到新的程序上了。这意味着，那些有钱的罪犯向受害者或其亲属支付赔偿金后就可以逃脱惩罚，而那些付不起赔偿金的人只能接受惩罚。

教会和宗教

《末日审判书》表明，乡村牧师通常被认为是农民社区的一员，他的教堂属于当地的领主。如果一块地产要被划分，那么属于这块地产的教堂的利润也可能被分割。在很多方面，乡村牧师跟普通村民的生活方式没什么两样。他不太可能独身，事实上，他可能已经结婚了，并且很可能是从父亲那里继承了他的位置。鉴于这种基本情况，人们只能钦佩那些11世纪宗教改革家的英勇无畏，因为他们想废除俗人对教会的控制权，并剥夺神职人员的家庭生活。在教皇的鼓动下，改革运动于1076年波及英格兰。在随后的几十年里，改革浪潮逐渐加强，从长远来看，甚至取得了一定的成功。到了13世纪末，结婚的神职人员已经寥寥无几。另一方面，他们中的很多人（包括一些权力很大的主教），继续与情妇厮混。达勒姆的雷纳夫·弗朗巴尔（RanulfFlambard）主教和索尔兹伯里的罗杰主教就是如此，近两百年后的考文垂的沃尔特·兰顿（Walter Langton）主教（被指控掐死了情妇的丈夫）和罗伯特·伯内尔（Robert Burnell）主教（爱德华一世的大法官，国王曾两次试图把他从巴斯和威尔斯换到坎特伯雷担任大主教）也是如此。就平信徒委派权和家庭关系而言，教会生活的这两个方面几乎没有受影响。“上帝剥夺了主教们的儿子，但是魔鬼给了他们侄子。”

然而，在反对神职人员结婚的运动中，即使取得的成功很有限，却也引人注目，因为从公元4世纪以来的七百多年里，关于这个问题的法令常常无法推行。这可能与12世纪和13世纪教育的普遍改善有关。如果整个社会变得更有文化，那么可以更容易地从平信徒中招募神职人员，他们没有必要跟过去一样保持接近于世袭阶层的地位。受过学校教育的人越多，他们就越了解教会，其中的一些人甚至就会尊重教会的古老律法。当然有理由相信，在13世纪的英格兰，奉行禁欲主义的人口比例高于11世纪。原因很简单，有更多的人誓言要恪守贞洁。在欧洲的各个地方，修道院蓬勃发展，英格兰也不例外。1066年，英格兰大约有50所修道院，1000名修士和修女。到1216年，大约有700所修道院，13 000名修士、修女和男女法政牧师（canonsand canonesses）。一个世纪后，修道院有接近900所，宗教团体成员有17 500多人。即便将总人口变成原来的3倍这一情况考虑进去，这些数字也还是相当大。即便如此，这些数字也未能透露宗教生活多样化和丰富的程度。在11世纪，所有的修道院都是本笃会。到了13世纪中叶，不仅有数百所本笃会修道院，还有一些男人或女人可以选择的新宗教团体：律修会（Canons Regular）、熙笃会（Cistercians）、吉贝定会（Gilbertines，英格兰特有的一个修会）、圣殿骑士团（Templars）、医院骑士团（Hospitallers）、加尔都西会（Carthusian）、多明我会（Dominicans）、方济各会（Franciscans）、加尔默罗会（Carmelites）和奥斯汀隐修会（Austin friars）。在这个框架内，几乎所有可以想象得到的各种宗教生活，乡村的、城市的、冥想的、苦行的、活跃的，现在都得到了满足。更重要的是，现在大多数人进入宗教生活是出于自己的选择。虽然老本笃会的修道院主要从孩子中招募修士——一些贵族父母把自己的孩子送到修道院来培养——但是从12世纪中叶以来，那些进入新旧修道院的人都是成年人。本笃会建立了自己的新模式，禁止16岁以下的任何人入会，并坚持实行为期一年的考察期。征募制已被自愿加入所取代。

在整个12世纪，英格兰教会建立了教区（diocesan）和堂区（parish），在这种组织结构下，英格兰教会延续了几个世纪。最后创建的新教区是伊利（1108年）和卡莱尔（1133年）。教区被分为若干副主教区（archdeaconry），副主教区又分为若干农村总铎区（deanery）。在诺曼时代，跟以前一样，新的教区几乎可以根据领主的意志随意创建，但此后变得更加困难。教会的区域组织结构被冻结在12世纪的状态。这当然不是因为人口和经济没有增长。相反，新的定居点继续建立，旧的定居点继续扩大。实际情况是，教会法和教皇司法权的发展趋于保护无数的既得利益。律师的崛起本身就是一个生活领域变化的结果，但它反过来使生活的其他领域发生改变变得更加困难。真正出现牧灵问题的地方是城镇。主教们为解决这个问题费尽心机，但他们的大部分努力都被平信徒、教士和庇护人的既得利益击败。13世纪时，人们找到了解决方案，但要解决问题，就需要做出彻底的背弃，过上一种新的宗教生活方式。这种新形式是由托钵修会（mendicant orders）的修士提供的，这些流动传教士所属的组织的国际性超越了教区和堂区的界限。来英格兰的第一批托钵修士来自多明我会，他们于1221年抵达英伦岛并前往牛津。三年后，方济各会的修士也来了，他们最早的修道院建在坎特伯雷、伦敦和牛津。加尔默罗会和奥斯汀隐修会的修士们于13世纪40年代抵达。到1300年，修士们在英格兰共建立了约150所修道院。

托钵修士的到来，同教会法的发展一样，是反映英格兰教会基本情况的一场运动。尽管其不断增长的物质财富牢牢扎根于英格兰的土地，但在精神、思想和社团生活方面，英格兰教会是拉丁基督教世界的一部分。从

11世纪后期开始，尤其如此。尽管盎格鲁–撒克逊教会一直对来自大陆的影响持开放态度，但在1066年之后，教会使用法语布道，并且在学问中强调拉丁语，这进一步强化了广收并蓄的姿态。更重要的是格列高利改革运动，以及覆盖整个拉丁教会的教会法和教皇司法管辖权的相关发展。改革者要求给教会以特权自由（libertas ecclesiae），这毫无疑问会产生一些重大后果，但最终结果却无法实现。虽然自由与特权和继续拥有巨大的集体财富有关，但国王和其他世俗的庇护人不愿意放弃他们的一些关键权力，特别是任命主教的权力，即使在13世纪他们不得不通过罗马教廷的法律机制来任命主教，他们也仍然不愿放弃这一权力。事实是，教会所拥有的精神武器（逐出教会和禁行圣事令）最终不足以阻止世俗权力。此外，它们容易因为滥用而降低效力。对世俗世界真正重要的领域，不仅有圣职任命，还有战争、比武和商业方面，在12世纪和13世纪的过程中，格列高利改革的英雄时代逐渐让位于一段和解时期。但改革者成功的地方在于将教会的教皇领导理论转化为集权化的统治体制。在很大程度上，神职人员学会了听从教皇的指示。因此，当教皇英诺森三世因与约翰国王的争吵而对英格兰实行禁行圣事令时，神职人员都服从了。从1208年到1214年的六年间，教堂关门了，平信徒被关在外面，他们无法享受圣坛上的圣餐、举行庄严的婚礼，以及在神圣的地方埋葬。甚至当教皇下令从1199年开始对教会征税时，神职人员虽然心存抱怨，但还是如数缴纳了。从1228年起，英格兰出现了一系列常驻收税人，他们拥有教廷大使（nuncio）的称号，而且几乎都是意大利人。这方面也存在妥协。赢得英格兰国王对征税的认可似乎是更现实的做法，因此，到1300年，国王获得了大部分收益。

在此期间，天主教基督教仍然是英格兰无可争议的宗教。这被认为是理所当然的。在教堂关闭的六年里，几乎没有公众抗议的杂音，但也没有兴起对其他宗教的热潮。在12世纪和13世纪，异端邪说跟11世纪一样没有对英格兰教会构成威胁——在这方面英格兰与欧洲的许多地方不同。在此期间，英格兰有少数的非基督徒——犹太人，但他们的处境总是不安全的，有时甚至是痛苦的，并且他们在1290年遭到了驱逐。大多数基督徒都为此欢欣鼓舞。

经济

1086年，英格兰经济的基本轮廓从《末日审判书》的重复、简洁的短语中非常清楚地显现了出来。这时候的英格兰基本上还是农业经济。超过90%的人居住在乡村，并从土地的资源中获得每日所需的面包和啤酒。这块土地上已经居住了不少人口（大约有13 000个有名字的定居点），并且大片土地得到耕种。到1914年，80%的耕地早在1086年就已被人耕种了。牧场、林地和沼泽都被开发利用。大多数人都是农民和渔民。贸易和工业都不能成为替代性的就业来源。《末日审判书》提供的统计数据（尽管使用这些数据必须跟使用其他统计数据一样保持谨慎）可以补充说明当时的情况。被称为维兰（villani）的人构成了人口最多的阶层，他们占记载的总人口的41%，他们的土地持有量占全部土地的45%左右。第二大阶层（占32%）是被称为“边农”（bordars）或“茅舍农”（cottars）的人，但他们只持有5%的土地。因此，尽管存在巨大的个体差异，但很明显，这是两个明显不同的阶层：一群是在乡村地区拥有大量土地的人，另一群人只拥有一间小农舍及所带的花园。此外，有14%的人被描述为“自由人”或“索克曼”（sokemen）。由于他们占据了1/5的土地，从经济角度来说，他们似乎属于维兰阶层。最后是没有土地的奴隶，他们占记载的总人口的9%。

在社会天平的另一端是国王和一小群有权有势的人，他们都是收租者（rentiers），靠地产的收入过着时髦的生活。不到200位平信徒和大约100座主要教堂（主教座堂、修道院和小修道院）占据了全国财富的3/4。这些人用法律术语来说是国王的直属封臣（tenants-in-chief），他们都有自己的租户。例如，威廉·德·瓦伦这样的富有贵族，从价值超过1150英镑的地产中划拨出价值约540英镑的地产转租出去。其中一些转租租户被称为骑士，他们的租约叫骑士封地（knights' fees）。（虽然许多骑士并不比最富有的维兰更有钱，但是他们与他们的领主的关系更密切，因此属于一个不同的社会群体。）其余的领主地产（通常是总地产的一半或3/4）被作为“领主自留地”（demesne），领主们大部分的收入和食物正是从这部分土地上获得的。一座带有一个固定中心的修道院需要定期的食品供应，但其他喜欢四处旅行的大地主可能对钱更感兴趣。因此，大多数领主自留地被租出去［技术术语叫“佃出”（farmed）］，以收取现金租金。大多数承租人来自与骑士封地持有人完全相同的社会阶层，他们一起组成了一个土地“中产阶级”，即绅士阶层。

在1086年之后的两百年里，英格兰经济发生了什么变化？即使在这么长的时期内，可以说，在许多基本方面，几乎没有变化。英格兰1286年时的城镇化水平不比1086年时更高。的确，13世纪比11世纪有更多更大的城镇，那是因为总人口更多了。船舶设计毫无疑问取得了惊人的进步——从公元8世纪开始，这方面一直是北欧的特长。在这个时期，最重要的是“柯克船”（cog）的发展，这是一种大型的桶状散货船，带船尾柱舵轮，吃水深。这意味着长期以来将英格兰东海岸与北欧联系在一起，把西部与法国的大西洋沿岸相连的海上贸易得以繁荣发展。据推测，羊毛、布匹、木材、咸鱼和葡萄酒的贸易量不断增长，商家的利润也在节节攀升。但贸易的发展并没有激发英格兰商业革命及银行和信贷设施的发展，13世纪时，这些领域依然是意大利的天下。这种相对落后状况导致的后果是，在13世纪，越来越高比例的英格兰对外贸易被控制在意大利人手中。他们的流动资本储备使意大利公司能够提供有吸引力的条款。他们不仅有资本买下一所修道院当年的所有羊毛产量，也可以提前多年订购。通过向亨利三世和爱德华一世提供大笔贷款，他们获得了王室的庇护。从13世纪后期开始，英格兰才真正被视为一个部分发达的经济体。其大部分进出口业务由外国人（加斯科尼人、佛拉芒人和意大利人）经手。其主要出口产品是原材料（羊毛和谷物），而不是制成品。换句话说，那时还没有工业革命。

在此期间，主要产业仍然没有变——纺织业、建筑、采矿和金属加工、产盐和海上捕鱼。此外，尽管有时纺织业有缩绒加工法的问世，但工业技术没有显著进步。在12世纪和13世纪，英格兰的纺织业远不能与高度资本化的佛拉芒纺织业相提并论。另一方面，佛拉芒对英格兰羊毛的需求的不断增长确实有助于保持良好的贸易平衡，从而保证这一时期有足够的黄金流入，以维持本国银币的优良品质。（在发展速度更快、货币化程度更高的地区，人们将劣质硬币作为零钱来使用。从这个意义上讲，英格兰的经济变化相对较小。）

首要的问题是没有发生农业革命。尽管13世纪的地产管理专家，例如亨利的沃尔特（Walter of Henley）或伊斯特里的亨利（Henry of Eastry）等人，以理性和科学的方式处理他们的工作，但他们工作的技术局限性意味着不可能显著提高产量，既不能提高羊毛的产量，也不能增加粮食的产量。尽管用马耕地的做法正在普及，但这对于提高农业产量的作用是微乎其微的。主要问题不在于犁地，而在于播种、收割和保持土壤肥力。人工播种和收割既耗费人力又效率低下。泥灰肥和大多数其他类型的肥料要么昂贵，要么无法获得。只有动物粪便比较普遍，并且被广泛和系统地使用。但是，冬季喂养羊群和牛群的高成本意味着粪便的产量有限。如果初级生产环节没有得到根本改进（当时没有改进），那么第二阶段的生产改进（例如在1200年左右引入风车）只能对经济发展起到微不足道的作用。因此，在许多方面，英格兰的经济仍然停滞不前。确实可以说，与其邻国，特别是弗兰德斯（Flanders）和意大利相比，13世纪的英格兰还没有11世纪发达。

尽管如此，我们必须明确指出，英格兰在一个重要的方面已经发生了相当大的变化。到了13世纪末，尽管男性和女性都熟悉性交中断这种节育方法，但英格兰的人口远远超过了1086年时的水平。确切的人口是多少，我们无从得知。在汇编《末日审判书》的时代，估计人口是一项非常困难的任务。大多数历史学家估计当时的人口在125万到225万之间。要估计13世纪晚期的人口则更加困难。有些历史学家认为可能高达700万；其他人认为没有那么多，或许是500万。但几乎所有人都认为人口增加了一倍多，且大多数人认为可能增加了两倍。人们猜测，英格兰人口从11世纪（或者可能从10世纪）开始缓慢增长，随后从12世纪末开始加速，这种假设似乎是合理的。但在不同时期、不同地区，增长率不尽相同。约克郡北区（North Riding）的人口在1086年后的200年里可能增加了大约11倍，而在其他地方，特别是那些在《末日审判书》调查时期人口已经相对密集的地区，即南部沿海和东盎格利亚的某些地区，增长率非常小，但在沃什周围的淤泥地带出生率特别高。

人口增长带来了什么经济后果呢？用“无发展的扩张”这句话来概括最恰当不过。人口增长的最直接的后果是定居点和耕地的实际扩张。扩大定居点是一件比较简单的事情。事实上，确实存在很多现代世界的公民称之为经济进步的迹象。城镇蓬勃发展，其主要职能是作为当地市场。如果了解一下城镇居民从事的各种职业，就会惊叹于粮食存储以及皮革、金属和纺织领域的工匠店主所占据的主导地位。即使对于大城镇而言（按照欧洲标准，英格兰仅有一个真正的大城市伦敦，据估计在1334年其财富是最接近的竞争对手布里斯托尔的四倍），长途和奢侈品贸易仍然不那么重要。农村人口密度的增加意味着城镇的规模和数量都在增加。1100年至1300年，建立了大约140个新城镇。如果已有的证据没有偏差的话，那么1170到1250年之间的几十年里建立的城镇数量最多，例如朴次茅斯、利兹、利物浦、切姆斯福德、索尔兹伯里等就是这个时期建立的。大多数情况下，它们是由当地领主建立的，他们希望通过收取租金和通行费来谋利。有些城镇的选址是利用海上贸易的扩张，因为较大的船只意味着波士顿、金斯林（King’s Lynn）和赫尔（都是新建的）等沿海港口比林肯、诺威奇和约克等河流上游的港口发展得更快。

在农村，特别是在那些被诺曼人废弃的北部地区的整整齐齐的村庄中，有时可以看出设计者所带来的影响。在其他地方，例如在已经人口密集的东盎格利亚，村庄有时会迁移到新址，散布在公共土地的边缘，大概是为了不占用良田。

但找到居住的空间是一回事，种植足够的粮食得以生存是另一回事。总的来说，农田的扩张并不是通过建立新的定居点来实现的，而是在现有聚居地的周边进行零散开垦。大面积的森林、芬兰泽、沼泽和高地被砍伐、排干和开垦。其中一些地方土壤肥沃（沃什周围的淤泥带是一个典型的例子），但大部分地方的土质一直比较贫瘠，如苏塞克斯威尔德的林间空地。这是“通向边缘的旅程”，人们走向耕地的边缘，有些边缘地十分贫瘠，它产出的粮食少得可怜，几乎不值得投入劳动力。对食品（最重要的是面包）的需求十分紧迫，因此其他“必需品”（燃料和建筑木材）只能让道。

当然人们试图更加集中地耕种现有的耕地。在13世纪，三田轮作制取代了二田轮作制，并得到了更广泛的使用。这意味着每年有三分之一而不是一半的土地被休耕。但是，如果要保持土壤肥力，更密集的土地使用需要相应地增加施肥。不幸的是，耕地的扩张有时会牺牲牧场和林地。牲畜数量不增加，会减少粪便产量。这反过来可能导致土壤肥力枯竭，而不是提高产量。无论在13世纪末期粮食产量是否下降，有一点似乎很清楚，如果可耕种的土地面积达到物理极限，但人口仍然继续增长，那么必定会出现两种情况之一。要么进口更多的食物，要么平均生活水平下降。没有证据表明谷物进口量增加。反倒有可能存在相反的趋势。英格兰谷物经销商将他们的商品以散装货船的形式运往弗兰德斯、加斯科尼和挪威等地区，即工业化或专业化程度比英格兰更高的地方，而且这些地区的经济也更适合出口布匹、葡萄酒和林产品，以换取基础食品。此外，有关13世纪英格兰地产的大量记录清楚地表明，租户持有的平均土地规模在缩小。在这个时期，更多人口意味着人均土地减少了。

尽管情况如此暗淡，但许多13世纪的村民仍比《末日审判书》时期祖辈们的日子好过很多。相对而言，他们免于战争造成的破坏。而且他们都不是奴隶。奴隶制是缺少劳动力的经济的特征，随着人口和劳动力供给的增加，奴隶制在削弱。确实，他们中的许多人都是农奴（可能占总人口的一半），而《末日审判书》时期的维兰和茅舍农（占总人口的3/4）都是自由的，不过，虽然维兰和茅舍农都是自由的——因为他们不是奴隶——但显然他们并不是非常自由，因此，能被称为“自由人”的阶层规模很小（只占记载中总人口的14%）。维兰和茅舍农的生活困难是因为他们的领主们也是自由人，而且有权有势。他们可以自由地操纵习俗，竭力压榨维兰和茅舍农，而且在劳动力相对短缺的时期，这可能意味着沉重的劳务服务，而且在这种时期，领主们不会乐意按市场标准支付工资。只有当劳动力供应增加时，领主才会越来越多地选择雇用劳动力。在12世纪，许多佃户必须支付租金而不是靠提供劳务来履行义务。在这一点上，法律意识的发展变得非常重要。在1200年的前后各十年里，国王的法官们制定了规则，以确定谁有权在王室法庭审理他们的纠纷，谁没有权这么做。他们认为那些拥有权利的人是“自由的”，而那些没有权利的人则是“奴性的”。把社会分成两个不同类别的后果是使一半人遭到奴役，使他们在法律上不自由。但是律师一只手拿走的东西又通过另一只手还回来了。一切被界定得越详细，成文的东西越多，习惯土地法就越僵化，越停留在文字规定上。操纵习俗变得更加困难，习俗比以前更有效地保护了现状。从这个意义上讲，比起11世纪的许多自由佃户，13世纪的不自由的佃户更不容易受到领主的肆意盘剥。试图操纵习俗的13世纪领主经常卷入与组织良好的村社的长期法律诉讼。

但是，虽然习惯法可能会保护贫穷的佃农免受领主的苛刻要求的压迫，但它无法保护佃农免受经济变革的严峻现实的影响。在1200年的前后十年里，英格兰的一半村民可能已经沦为农奴，但与贫困村民变得更穷的事实相比，这一点显得微不足道。那些在13世纪末真正遭受苦难的人不是这些卑贱的佃农，而是那些贫穷的佃农和没有一丁点土地的佃农，无论他们是自由人还是农奴。我们对租户有所了解。温彻斯特庄园的死亡率表明，从1250年开始，更贫穷的佃农变得越来越“对收获敏感”。这是一个委婉的说法，意思是每次收成不好，他们中的更多人死于饥饿或与营养不良有关的疾病。对黑尔斯欧文镇（Halesowen）的西米德兰兹庄园的研究表明，那里的贫困佃农（《末日审判》时期的茅舍农的继承者）的寿命比富裕的佃农（同时期的维兰的继承者）少了十年。无地佃农的生存状态如何呢？我们只能猜测，证据本身的性质使他们在13世纪的记录中很少被提及。大庄园的劳工通常不仅可以获得现金，还可以获得足以维持家庭生活的粮食补贴。但那些成为“经济过剩”的无地劳动者呢？据推测，他们也变得“对收获敏感”。

但是给穷人带来痛苦的经济阴云却为富人带来了曙光。人口的增长意味着对食物的需求增加。物价上涨，特别是在1200年左右和13世纪末期。另一方面，充足的劳动力供给意味着整个世纪的货币工资水平保持稳定，无论是计件工作还是计日工作。换句话说，实际工资下降了。在这种情况下，富有地主的日子很好过，在市场上出售他们的剩余产品带来了越来越多的收益。市场数量激增。1198至1483年间，官方授权建立了2400个市场，其中一半以上是在1275年之前建立的。同样，租赁需求的增长意味着租金上涨。例如，伊利主教的净收入从1271至1272财年的920英镑上升到1298年的2550英镑。但这并不意味着所有幸运的大庄园主所要做的就是坐享其成，坐等供求法则发挥作用。12世纪和以前一样，大多数属于富有领主的庄园实际上都是由他的佃农承租，无论是作为骑士封地还是以固定租金出租给“农民”。在稳定或逐步扩张的时期，这么做很有道理，从领主的角度来看，它把管理费用降至最低。这种制度十分稳定，终身租赁或延续几代人的长期租约很常见，而且这些长期租约有变成世袭使用租地的趋势。

但是1200年左右的价格急剧上涨给收固定租金的领主带来了严峻的问题。如果他想抛弃佃户，直接利用市场经济，那么他就必须直接管理他的庄园。摒弃一个古老的制度并不容易，许多领主遭遇了佃户的激烈抵抗，但领主们还是逐渐把土地收了回来了。关于这个过程的最著名的描述，可以读一读布雷克隆德的约瑟林（Jocelin of Brakelond）对布瑞·圣·埃德蒙茨的萨姆森（Abbot Samson of Bury St Edmunds，1182至1211年间任修道院院长）的有条不紊的生活的记载。领主把自己的庄园掌握在自己的手中，任命庄园管家和地方长官（reeves）来管理庄园并在公开市场上出售盈余。在这个新制度下，领主的开支和收益每年都在变化。这将使他的管理人员很容易欺骗他，除非他密切核查他们的活动。因此，每年庄园的详细记录会与其他庄园的类似回报记录表一起，被递交给代表大庄园的中央管理部门的审计师们进行核查。（大量的此类账目保存了下来，让我们能够对13世纪英格兰农村经济的某些方面有更多的了解。）审计师既制定政策又侦察欺诈行为。他们确定了每个庄园的目标，即必须达到的粮食和牲畜的生产水平。他们做出了投资决策，例如是否要建造新的谷仓、是否要购买化肥料等。对这些事物的关注导致了全新著作的诞生，即关于农业和庄园管理的论文，其中最有名的是亨利的沃特的《畜牧业》。所有这些变化的前提条件是较高的识字普及率，如果没有这一点，就不可能进行13世纪初的管理革命。

新制度的重点是使领主的利润最大化，并以尽可能合理的方式实现这一点。这种方法似乎不太可能关心穷人所面临的问题，穷人是经济体系中的无用之人，几乎所有穷人都无用。在庄园层面，有无数抵制领主要求的案例，包括被动抵制和直接行动（有时是法律诉讼）。在城镇，同样有越来越多证据表明贫富之间的斗争。到了13世纪90年代，英格兰已人满为患，传统经济已无法应对人口压力造成的社会矛盾，这个国家已处于阶级战争的边缘。

| 第四章 |

中世纪后期

（1290—1485）

拉尔夫·A. 格里菲思（Ralph A. Griffiths）

对当时的人们以及此后的众多历史学家来说，14世纪和15世纪似乎是一个危险、动荡和颓废的时代。英格兰的国内和国外战争（尤其是对苏格兰、法国和低地国家的战争）持续时间更长、波及范围更广、代价更大，参战的人数也是自维京时代以来最多的。在不列颠群岛内，尽管爱德华一世征服了威尔士，英格兰人仍然对威尔士人不放心；以欧文·格兰道尔（Owain Glyndwr）叛乱（从1400年开始）为顶峰的起义此起彼伏，似乎既证明了这种不信任，也应验了威尔士要把英格兰人逐出去的预言。凯尔特人对英格兰人的偏见进一步加剧，充满了被征服者或被压迫者所具有的所有痛苦和怨恨。1442年，一位苏格兰人说："英格兰人的暴政和残酷在全世界都是臭名昭著的，他们在与法国人、苏格兰人、威尔士人、爱尔兰人和邻近其他国家争权夺利的过程中，把这些显露无遗。"15世纪初，饥荒、疾病和瘟疫（从1348年开始）让英格兰的人口可能锐减了一半，这严重扰乱了英格兰社会。接近15世纪末，法国政治家们对英国人废除和杀害他们的国王和国王的子女的习惯（如1327年、1399年、1461年、1471年、1483年和1485年所发生的那样）表示不满，在西欧其他任何地方都没有这样频繁。信仰上的不确定性和异端的传播，致使脾气暴躁的牛津大学校长托马斯·加斯科因博士（Dr. Thomas Gascoigne）认为，他那个时代的英国教会已经腐朽，其主教们和神职人员也没有履行职责。一位颇受欢迎的诗人描述了1389年前后的情景，他认为这个看似腐朽的时代充分体现在奢华而不雅的服装上，如垫肩、紧身腰带、男士紧身裤和尖头皮鞋。

当然，依当代人的认识来评价那个时代是危险的，特别是如果他们曾经历过特殊的紧张或动荡时期。现在人们已经认识到，战争也可以有建设性的一面，也赋予英格兰人更加清晰的民族认同感；饥荒和疾病不一定完全摧毁社会，经济萎缩也不一定意味着经济萧条；异端的发展和对宗教机构的批评，可能会刺激人们的个人虔诚；与议会的演变一样，政治危机具有建设性的一面；最后，文学和艺术成就很少被民间骚乱或社会动荡所消灭。从20世纪后期的有利位置来看，中世纪后期是个动荡和复杂的时代——当然，这也是一个充满活力、雄心勃勃的时代；最重要的是，也是一个令人着迷的时代。

战争中的英格兰（1290—1390）

以王室和内府为中心的国王和他的宫廷，是英国政府和政治的焦点，也是其支点。两者的核心是国王与其有影响力的臣民之间的关系：首先是男爵或权贵，还有那些经常渴望加入男爵行列的乡村骑士和乡绅、富有的商人、主教和有才气的教士，所有这些人都寻求王室给他们提供庇护、地位和晋升。成功的国王与所有或大多数有影响力的臣民建立和谐关系——因为只有这样才能确保政治稳定、政府有效和国内和平。这不是简单或容易的任务。国王在其王国中至高无上的权威越来越得到强调，国王去世后王权要传给他的长子（从1216年），同时通过国王的秘书和仆人组成的网络，扩张了王室的统治，这两条原则强化了王权，但是是以牺牲大地主的封建的、地方上的权利为代价的。然而，这种世袭君主制的原则，虽然降低了皇室亲属争夺王位的可能性，但却更有可能是让不合适的国王（由于他们的年轻、性格或无能）继承了王权。最重要的是，14世纪和15世纪的持续战争，对英格兰的国王赋予了更重的义务。从爱德华一世的统治开始，每个十年内都会爆发战争，无论是在海外还是在岛内。中世纪后期的每一代英国人都知道战争的要求、压力和后果，而且比他们的祖先体会更深。

经历了亨利三世统治时期的内战之后，英格兰成功地取得了和解，恢复了国内和平，国王和他的臣民也因此可以重新建立稳定的关系——这种关系同时适当地考虑到了双方的权利和愿望。新君主爱德华一世（1272—1307年在位）精明强干、治国有方，决心强化他的君主权威。但他在岛内的所有领土上都不遗余力地主张自己的主权——即使是那些超越其王国边界的领土，于是开启了战火不断的时代。

在威尔士，他侵吞了最顽强、最独立的格温内斯王国；并且随着1282年卢埃林·阿普·格鲁菲兹的去世，他成功地征服了威尔士（在经过200年的断断续续的战争后）。因此，爱德华一世扩大了其在威尔士北部和西部的领土，形成了覆盖半个威尔士的公国；在1301年，这个公国被赐予国王的长子，使其成为英格兰出生的第一位威尔士亲王。这是一项重大的成就，尽管代价高昂。战争所造成的物质破坏须得到弥补；一个富有想象力的未来安全计划包括：建立十几个新的和重建五六个堡垒，其中大部分都是由效忠国王的移民居住的、新的、带城墙的城镇；并为被征服的土地设计了一个常设政府。这个政府（在1284年的《罗德兰法令》中宣布成立）开始是一个军事机构，但很快通过英国创新和威尔士做法的巧妙结合，建立了和平与稳定。由于公平、怀柔、缓和而建立了稳固性，这是新总督与威尔士人之间关系的标志；1287年、1294至1295年和1316年的叛乱，并没有构成广泛或严重的威胁。然而，征服的代价是惊人的。英格兰的每个郡及其他地区都招募士兵和水手、建筑师、工匠和劳工，前往威尔士服役。仅在1277至1301年间（当时一名熟练的石匠每周收入不到2先令）就至少花费了75 000英镑建造城堡，而镇压1294至1295年那场反叛的成本约为55 000英镑。幸运的是，威尔士王室政府取得了非常大的成功：到了14世纪中叶，它为皇家财政带来了收入，同时威尔士的绅士阶层在与外来政权的合作中也逐渐富裕起来。

爱德华一世灭了卢埃林之后不久，就把目标转向依靠威尔士边境地区的领主（大多数都是英格兰权贵），意图建立统治他们及其臣民的君主权威；他把威尔士教会和主教们直接置于自己的控制之下。爱德华在征服的整个进程中，表现出了远远超出军事行动的想象力、决心以及对战略的把握。但是被征服者的教会和国家，被外国人的统治集团所统治——他们心中难以抹去痛苦的感受。如果英格兰人的统治充满压迫，如果稳定统治所带来的经济利益枯竭，或者本土和移民之间的关系恶化，都将会给英格兰带来严重问题，也会威胁到英格兰对威尔士的殖民统治。

爱德华一世同样有意对苏格兰施加他高高在上的领导权威。这是一项异常野心勃勃的事业，因为苏格兰与威尔士不同，拥有自己的君主［坎莫尔（Canmore）家族］，而苏格兰人的独立情怀非常强烈，特别是在偏远的高地。但是，和威尔士的情况一样，1286年苏格兰国王亚历山大三世去世，4年后他的孙女兼继承人也去世了，这个时候爱德华看到了霸占苏格兰的机会。爱德华接受了苏格兰“王国守护者”的邀请前往解决苏格兰王权的继承问题，并利用这个“伟大的事业”（1291—1292）来确立自己为苏格兰的“领主”。苏格兰的抵抗和爱德华实现其主张的努力，开启了两国之间充满敌意的冷战时期，且一直持续到16世纪。苏格兰人寻求法国人的援助（1295年）和教皇的支持。他们在威廉·华莱士（1305年被处死）和罗伯特·布鲁斯（国王罗伯特一世，1306—1329年在位）的领导下，激发了强烈的爱国主义，捍卫了他们的政治独立。在1296年之后的半个世纪中，英格兰的二十几次入侵成功地在苏格兰低地建立了不稳固的军事和行政存在。但要在贫穷和充满敌意的国家维持这样的存在是困难的，维持所需要的资金必须主要来自英格兰。英格兰人也没有掌握北方海域或制服和控制苏格兰的北部和西部。因此，英格兰人在苏格兰没有取得像讨伐威尔士时的任何优势（或成功），甚至在战斗（特别是在1314年的班诺克本战役）中英格兰骑兵部队遭受了来自更加灵活机动的苏格兰人的重创，备感羞耻。《北安普敦条约》（1328年）承认了罗伯特国王，并放弃了英格兰人的霸权主张；但爱德华三世在1330年掌权后很快否认了该条约。此后英格兰–苏格兰关系是一连串令人悲伤的事件：入侵、边界突袭、英格兰对苏格兰南部郡的不稳定占领、强化法国–苏格兰“老同盟”（Auld Alliaunce）的协议，甚至在内维尔十字（Neville’s Cross）捕捉了大卫二世国王（1346年）。当英格兰人的主权要求和野心被苏格兰人坚定而团结的抵抗挫败之后，苏格兰成了英格兰持久的、耗资巨大的头疼事。

在班诺克本战役之后，罗伯特一世试图通过利用爱尔兰的局势来阻止英格兰对苏格兰的进一步行动。1315至1818年间，他的兄弟爱德华·布鲁斯（Edward Bruce）获得了英格兰–爱尔兰权贵和盖尔人首领们的支持，并于1316年被宣布为爱尔兰的高级国王。此后不久，罗伯特亲自访问了爱尔兰，这可能是为了掀起一场反对英格兰爱德华二世（1307—1327年在位）的“泛凯尔特人”运动。苏格兰对爱尔兰的这一干预，对英格兰政府造成了严重冲击，也暴露了其政权在都柏林的弱点。1210至1394年间，没有一位英国国王访问爱尔兰，甚至连号称“威尔士征服者”和“苏格兰人之锤”的爱德华一世也没有去过。相反，爱德华一世无情地掠夺了这个国家的人力、财力和物资资源，尤其是为了他在威尔士和苏格兰的战争和城堡建设。严酷的剥削和缺席统治，很快导致了行政权力的滥用和秩序的衰退，英格兰–爱尔兰的权贵和盖尔人首领们充分利用了这一点。国王的官员们掌管着日益衰弱和被忽视的政府，而盖尔人的政治和文化复兴已经在13世纪扎根。这有助于爱德华·布鲁斯的成功。一位同时代的人说，在他当政期间，爱尔兰“变成了一股汹涌的浪潮”。英格兰的领主地位从未恢复，因此无法在整个岛上强加其权威。爱尔兰不是财政资源，而是成为一项财政负资产。1318年后，来自爱尔兰的财政收入是爱德华一世时期的1/3，因此不足以维持英格兰在这里的统治。由次要人物领导的定期远征，对恢复国王的权威几乎没有什么作用，而直接统治下的地区因此缩小为都柏林周围的“帕莱”（the Pale）。当政府通过包括《基尔肯尼法案》（*Statutes of Kilkenny*，1366年）在内的一系列法令，强化种族和文化隔离，甚至施加迫害手段时，这等于承认自己的失败。“爱尔兰之主”在中世纪后期已经是徒有其名了，这种主权代价高昂、无法可依；爱尔兰人对英格兰人的统治充满敌意，并且苏格兰人、法国人甚至威尔士叛乱分子都会利用这一点。

英格兰君主要求威尔士人、苏格兰人和爱尔兰人承认自己的霸主地位，但遭到了加斯科尼的法国国王的拒绝。这些英格兰国王在加斯科尼的身份是阿基坦公爵，自1204年以来，一直是法国王室的封建王侯。无论在所谓的百年战争（1337—1453）之前还是期间，加斯科尼都是英格兰和法国关系的核心：它取代了诺曼底和安茹成为双方争夺的焦点。爱德华一世登基后，这个产葡萄酒的富裕省份是英格兰唯一剩下的法国领土。这里产的没有甜味的葡萄酒出口到英格兰，英格兰的布匹和玉米通过海路运到波尔多和巴约讷，双向的贸易加强了加斯科尼和英格兰的政治纽带：1306至1307年，公国的财政收入大约为17 000英镑，非常值得为之开战。就加斯科尼边境和当地居民的权力问题，英格兰与法国国王之间的摩擦逐渐变成了一个更大的、有关国家和主权的问题。具有自我意识、坚定自信的法国，一心要加强对其各省和王侯（包括英格兰的阿基坦公爵）的控制。而爱德华一世和他的继任者们不愿意看到法国王权在加斯科尼得到加强或产生任何实际影响。结果发生了一系列事件：和平会议、“局部”战争（法国军队攻入加斯科尼，公国经常被占领）、英格兰的远征，甚至爱德华一世亲自造访了此地（1286—1289）。

如果没有其他两个因素，英格兰和法国之间的关系可能继续以这种方式恶化。英格兰政府对法国-苏格兰联盟（自1295年）表示不满。爱德华三世入侵苏格兰之后，法国人（1334年）向苏格兰国王大卫二世提供的避难，令英格兰恼怒。更具有争议的是，法国王室卡佩家族的成年男性子嗣即将灭绝的后果。1314至1328年间，四位法国国王连续死亡，每次新王登基都需要加斯科尼宣誓表示效忠——这令人恼火。但1328年最后一位卡佩家族成员的死亡，引发了法国王位继承本身的问题。在那时，新的英格兰国王爱德华三世（1327—1377年在位）无法通过他的法国母亲伊莎贝拉宣称自己的权力要求；但在1337年，当加斯科尼的情况进一步恶化时，他就这样做了。他的行动可能主要是战术性的，希望让新的瓦卢瓦君主腓力六世难堪，尽管英格兰国王成为法国国王将具有无可否认的好处，即立即解决棘手的加斯科尼问题：加斯科尼的政治稳定和经济繁荣会得到保障。因此，1337年，当英格兰人在诺曼海岸发现一支法国舰队正在前往苏格兰的路上（英格兰人认为是这样），英法战争爆发了，而且持续了一个多世纪。

英格兰的战争目标既不恒定，也不严格坚持。特别是在14世纪，其战争外交主要围绕一系列眼前的问题，例如，如何在加斯科尼维持独立统治，以及如何阻止苏格兰在北部边境发动支持法国人的袭击。即使在爱德华三世于1337年宣布自己才是法国国王之后，他也准备利用在普瓦捷（Poitier，1356年）战役中擒获的法国国王约翰二世索要赎金；并在《布雷蒂尼条约》（*Treaty of Brétigny*，1360年）中放弃了对法国王冠的主张，以换取法方做出实际的让步。然而，王朝关系、商业和战略方面的考虑，甚至对于从1308到1378年设在阿维尼翁的教皇的不同态度，将英法冲突扩展到低地国家，波及卡斯提尔（Castile）和葡萄牙，以及苏格兰、爱尔兰，甚至威尔士。首先，这些战争（因为这是一系列不连贯的战争，而不是一场战争）是在1338至1340年间在法国北部进行的包围战。然后在1341至1347年，在法国布列塔尼省、加斯科尼省和诺曼底省发起了更为激烈的钳形攻势（英军在克雷西获胜，并夺取了加来）。接下来是爱德华三世的长子“黑太子”爱德华，1355至1356年从加斯科尼出发，发动了大胆的骑兵大战（chevauchees，以普瓦捷会战大捷告终），以及国王本人于1359年也占领了法国国王传统加冕地兰斯（Rheims）。战火在卡斯提尔（1367年）复燃，随后一段时期在葡萄牙、弗兰德斯和法国本土展开了间歇的、更为温和的战争，双方逐渐被消耗得筋疲力尽。

战争初期，英格兰占据优势，因为其更加团结、组织更加严密。英格兰的财富（特别是基于羊毛生产）以及在威尔士和苏格兰的战争经验，是其在欧洲大陆进行大规模作战的宝贵基础。法国各省份的高度独立，决定了英国的战略。爱德华三世在1338至1340年在低地国家开展的战争，依赖于弗兰德斯的织布城市的支持——这些城市虽然隶属法国国王，但与英格兰有着重要的商业联系。14世纪40年代，布列塔尼的继承纠纷，为英军进行干预提供了借口，甚至进而在一些城堡驻军；虽然加斯科尼远在南方，却是直接进入法国中部的通道。

不列颠群岛内部的战争，为英格兰政府提供了一个独特的机会，开发出招募大批士兵的新方法。由签订契约的队长招募的、新的雇佣军，补充并逐步取代了传统的封建军队。他们比组织松散、行动迟缓的法军规模更小、纪律更严，更可靠，也更灵活。英格兰的重骑兵和弓箭手在战斗中善于使用长弓和防御战术，具有决定性的优势。在战争的最初几十年，面对所有不利条件，英军都取得了巨大的胜利（尤其是克雷西战役和普瓦捷战役）。海上战争显得微不足道，因为当时的海军战术没有什么新奇或想象力。通常14世纪的指挥官还不能进行海战，斯鲁伊斯海战（Sluys，1340年，英格兰人获胜）对爱德华三世远征弗兰德斯所起的作用是次要的。英国人从不常备一支舰队。但是瓦卢瓦人从他们的卡斯提尔盟友那里学会了海战的专业知识，后来在鲁昂建造了船坞，及时确立了他们在海上的优势（他们在1372年的拉罗谢尔海战中获胜）。

英国在对法国战争中的投资之大前所未有。远征军的组织非常正规，偶尔规模很大（例如，1346至1347年超过1万人）。只要取得胜利，巨大的财政支出都是可以容忍的；但随着1369年英格兰军事优势的减弱，政府采取了更新、更冒险的权宜之计，包括征收人头税。单凭传统的南部五港联盟（Cinque Ports）不能为防御和远征提供全部的海运工作，因此数百艘商船（例如1334年围攻加来时征用了735艘）被政府强征，从而退出了正常的商业运营。1369年之后变得更加大胆自信的法国人和卡斯提尔人开始袭击英格兰的海岸；英格兰南部和东部的沿海郡县开始组织防御，同时有内陆其他郡县的支持。但即便如此，也无法阻止温切尔西（Winchelsea，1360年）、拉伊（Rye，1377年）和其他港口的陷落。战争的代价确实很高昂。确实，许多幸运的士兵占有了被征服的法国庄园，而且在胜仗连连的年代，赎金的收入也不菲（单单法国国王约翰二世的赎金就高达50万英镑）。但成千上万的英格兰人、威尔士人和爱尔兰人的生活和职业都受到战时服役的破坏；食品、材料和设备的供应，被转用于完全具有破坏性的战争；羊毛和葡萄酒贸易受到重创。非同寻常的是，英格兰在海外战事不断的几十年里，国内没有出现严重的政治或社会紧张，同时还守住了与苏格兰的边界，稳住了威尔士，以及避免了爱尔兰人的起义。这一成就很大程度上归功于爱德华三世和黑太子的鼓舞、表率和领导力，他们都体现了贵族们所宣扬并受全社会敬仰的骑士风范。法国编年史作家让·弗鲁瓦萨尔（Jean Froissart）认识他们父子俩，并且记录了他这个时代最激动人心的侠义壮举。在他看来，国王展示出“自从亚瑟王时代以来就没见过的英勇和高贵”。他的儿子也是“一位最英勇的男子和最侠义的王子”。他死于1376年，也就是爱德华三世去世前一年，“‘黑太子’因为他的高贵品质而备极哀荣”。爱德华三世主持的英格兰政权，不像爱德华一世那么严苛，而且其雄才大略远胜于爱德华二世。

这些战争是英格兰社会变革、宪政发展和政治冲突的催化剂——否则这些进程将发生得更慢。此外，与欧洲其他国家一样，英国在14世纪经历了人口和经济波动，增加了社会紧张和不确定性。结果引发了一系列危机，体现了国王与其臣民之间关系的微妙平衡（特别是权贵们，他们认为自己代表了整个“王国的大众”），以及国王本人对个人君主制的重要性。虽然爱德华一世和他的顾问们一直精明能干、意志坚定，甚至具有远见卓识，但国王的顽固和专制的性质，使他与有影响力的大臣的关系十分紧张。在1290至1297年之间，有产阶级、商人，特别是神职人员为了满足国王在法国和岛内的战争所需，承受了非常沉重的新税负（是爱德华统治前半期的四倍）。也出现过抵制，但是1297年的财产税只比预期减少了一小部分（35 000英镑）。此外，国王召集军队在境外长期服役。爱德华试图压制反对之声，这使神职人员感到震惊，并使商人们感到愤怒。主要权贵（包括威尔士边境地区的领主，他们憎恨爱德华入侵他们珍爱的领地）的反应是，恢复他们历史悠久的、自我指定的王国发言人的角色，并在1297年和1300年分别向国王表达了不满。他们利用《大宪章》作为反对不经纳税人同意而征税的旗帜，反对压迫性的、前所未有的苛捐杂税。1307年，爱德华发动了对苏格兰的第六次征讨。7月7日，在即将穿越索尔韦湾时，爱德华在布鲁夫（Burgh-by-Sands）死于侍从的怀抱——而战时的问题仍然存在。他遗留给儿子和继任者爱德华二世（1307—1327年在位）的，是一场耗资巨大、远未取得胜利的北方战争；同时，因君民之间的信任削弱，英格兰内部的政治局势动荡不安。在接下来的200年里，政治稳定和战争这两项当务之急主导着政府事务，对王国的社会和政治凝聚力及其经济繁荣产生了深远的影响。新国王将需要特殊的机制才能避免进一步的权威危机。

老练并不是爱德华二世的卓越品质。他的童年缺少父母的爱，青春时期被父亲冷落，并且在登基后要面对许多待解决的问题。爱德华二世向彼得·加瓦斯顿（Peter Gavaston）和休·德斯宾塞（Hugh Despenser）等怀有野心的弄臣寻求建议、友谊、甚至亲情。但他们其实不值得国王信任，许多权贵也憎恨他们的势力。这些事实，以及权贵们决心（在兰开斯特伯爵托马斯的领导下）从爱德华二世这里获得爱德华一世一直不愿做的让步和改革，把统治英格兰的艰巨任务（英格兰当时在苏格兰、爱尔兰、威尔士和法国问题上正面临挫折）转化成一场政治改革和个人权利的斗争。一份冗长的、更具体的加冕誓言（1308年），实质上更加严格地要求新国王遵守英格兰的法律和习俗；1311年权贵们制定了旨在限制王权的条例；这些条例在议会宣布，以获得广泛支持和批准。爱德华二世拥有他父亲的所有固执（虽然没有他的能力），同时，加瓦斯顿的被杀（1312年）将这种品质转化为一种不可动摇的决心——即不被他朋友的凶手所支配。与此同时，战争和保护臣民的负担一点也不比爱德华一世征服时期轻。而且，在1315至1322年期间，一系列灾难（庄稼歉收和牲畜疾病等）造成了严重的社会危机和贫困。内战（1321—1322）和国王的被废黜（1326—1327）是国王和权贵未达成互利合作的决定性后果。爱德华在1322年再次在议会（在约克）声讨这些法令，并在1322年在博罗布里奇（Boroughbridge）击败反对者后，处死了兰开斯特。到了1326年，取代这个导致内乱的卑鄙、压迫性和失败的政权的唯一选择就是废黜爱德华，拥立他的同名儿子和继承人为王。废黜国王得到了伊莎贝拉王后的纵容、爱德华王子的默许，以及在议会中大批权贵和其他人的支持，此大胆之举史无前例：自从诺曼征服以来，没有英国国王被罢免过。因此，在1327年，政府尽一切努力隐瞒真相，为这不正当的事做辩护。在威逼之下，这位可怜的国王泪流满面、在半晕状态下被迫同意退位。事后举行了一场议会会议，来尽可能广泛地分担逼宫的责任。虽然爱德华的儿子的继位确保了王权世袭原则保持不变，但王权神授的不可侵犯性已经被破坏。

虽然1327年爱德华三世只有15岁，很快他就做了父亲；并且证明他的能力远远超过他的父亲，对权贵的态度和愿望也比他父亲更敏感——事实上，他与他们同甘共苦，特别是在战争时期，以及在承担一个贵族社会的骑士义务方面。与此同时，新国王在法国的宏伟和受欢迎的计划中，引发了类似于爱德华一世在不列颠群岛和加斯科尼的事业中所引发的问题。若这些计划最终失败，那么对英格兰的影响可能与爱德华二世统治时期的影响相似。1337年，漫长战争的爆发意味着税收增加的幅度甚至高于爱德华一世晚年的水平；且爱德华三世对商人、银行家和地主表现出跟爱德华一世同样的冷酷无情。此外，在国王和权贵们所热衷的战争处于最激烈的时刻，国王却不在战场——这给通常在国王个人领导下运作的复杂政府提出了难题。爱德华发回的有关治理英格兰的法令［1338年在泰晤士河畔华尔顿（Walton-on-Thames）发布］导致了国王和他在法国北部的顾问们与留在英国的议员们之间的摩擦。有些人甚至担心，如果战争取得成功，英格兰在爱德华的心目中的地位可能没有法国王国重要了。因此，1339至1343年间，又出现了另一场危机，权贵、商人和下议院（此时已经是王室要求征税的论坛）向国王提出抗议。有人劝说爱德华要对他的权贵、神职人员和普通百姓更加谨慎和体贴。最终的和解和重建对国王的信任（自13世纪90年代以来很难做到了）是可实现的，因为爱德华三世是一个明智、务实的君主，充满自信心，但不会让它膨胀成傲慢。他任命了他的权贵们可以接受的大臣，顺从了议会对自身重要性的呼吁，并且与他的大臣们建立了非凡的融洽关系，这使他在英国的统治和在法国的野心维持了四分之一个世纪。尽管英格兰参与了最重大的战争，但避免了进一步的危机。

14世纪70年代的情况，与80年代形成了鲜明对比。对于生活在当时的英格兰人来说，在持续的法国战争（从1369年开始）以及爱尔兰和苏格兰边境的破坏性小冲突中所遭受的挫败令人不安；英格兰享受了10年的战争获利和税收暂停之后，重新纳税遭人怨恨。南海岸港口经常遭到袭击；海军未能完全控制英吉利海峡，危及了贸易和商人的利益；在法国发动的、代价高昂的骑兵大扫荡，偶尔也惊天动地，但几乎无利可图。然而，1375年英方政策突然发生逆转，与法国签订了羞辱性停战协议，还向不可信的教皇支付了一笔巨款——这只会令英格兰人感到羞辱和恼怒。此外，在模范王后菲利帕死后（1369年），爱德华三世慢慢陷入了衰老，健康衰减、神志不清。“黑太子”的身体也受到了长期戎马生涯的影响；事实上，他在1376年6月先于他父亲去世。然而，英格兰人民承担的财政、人力和其他负担却没有得到减轻。人们，特别是议会下议院，开始质疑国王的顾问们和官员们的诚实和能力。在教皇和教会的声誉受到严重玷污的时代，一股反教皇主义的浪潮开始兴起，这种强烈抗议于1371年使爱德华三世的神职大臣遭解职，其他人被指控腐败、甚至叛国。另一场政治危机已经出现。在1376年举行的、迄今为止最长和最具戏剧性的大会“优良议会”（good parliament）上，腐败无能的大臣（甚至包括老国王的有影响力的情人爱丽丝·佩雷斯）被下议院指控，并以一套新颖、高效的程序（弹劾）在上议院受审。从此以后，位高权重人士必须公开解释他们的公共行为。

当爱德华三世于1377年6月去世时，危机进入了一个新的阶段。“黑太子”唯一幸存的儿子和继承人理查二世（1377—1399年在位）继位，当时才10岁。英格兰有了自1066年以来的第二个和自1216年以来的第一个未成年君主。1216年，年仅9岁的亨利三世即位后，出现了一段政治动荡时期；1377年之后发生了类似的情况，并在英格兰东部和东南发生了农民起义（1381年）。1377至1380年间，政府为了资助战争而征收了一系列人头税。这些税率高于平常税率，1379年的人头税则通常被称为“邪恶补贴”。人头税在东盎格利亚激发了针对征税人员和法官的暴力事件，因为他们试图强迫百姓遵守纳税要求。但是，这些愤怒最终演变成普遍反叛的原因，是战败造成国内的满目疮痍、瘟疫的复发，以及当时的反教皇主义情绪。反叛者把补救的希望寄托在年轻的理查国王身上——结果是徒劳，尽管他在1381年夏天面对伦敦反叛者时表现出了相当大的勇气。

理查只有14岁，统治圈中的贵族之间，仍在继续角力，尤其是在国王的叔叔们之间。这一点以及在法国缺少进一步的军事胜利，使以理查的名义统治英格兰的顾问们的声誉下降，甚至影响了国王在其臣民眼中的地位。理查也是一位刚愎自用的君主，他的不安全感导致他依赖于不值得信赖的宠臣，类似于爱德华二世的情形。随着年龄的增长，他自然希望将他的随从和顾问人员扩大到超过他还是一个孩子的时候。在他的朋友和幕僚中，有些人是贵族阶层中的新面孔。国王没收了失宠者（包括他的叔叔格洛斯特）的领地，然后把它们慷慨地馈赠给他的朋友和幕僚。议会和一些权贵于1386年攻击了理查最亲密的幕僚，甚至威胁到国王本人。具有金雀花王朝所有君主的固执的理查，拒绝屈服。这导致他的顾问们被五位主要的“上诉人”贵族（格洛斯特公爵、沃里克伯爵、阿伦德尔伯爵、诺丁汉伯爵和国王的堂弟德比伯爵）进一步起诉或上诉。1387年12月，在拉多科桥（Radcot Bridge）爆发了一场小规模冲突，国王最亲密的朋友牛津伯爵被击溃。在至关重要的“无情议会”（1388年）上，国王被迫服从贵族们对他的惩戒——如果这一举措得以持续下去，将会显著改变英国君主制的性质。但是，战争的压力、个人统治造成的紧张局势，以及英格兰权贵的野心，再一次造成了最严重的政治和宪法危机。经过一个世纪以及更多此类危机之后，世袭君主制的体制基本上没有受到损害，但对国王顾问们的批评达到了新的效果，更广泛的意见对事件产生了重大影响。正是这些更深层次的政治变革和个人因素改变了中世纪后期英格兰的社会和经济生活。

财富、人口和社会变革

英国在中世纪后期的财富就是它的土地。利用土地的人，大多是英格兰人：种植玉米、生产乳制品和饲养牲畜。英格兰最重要的工业纺织业，就间接地以土地为基础——这块土地上通常放牧着大群的绵羊，生产欧洲最细的羊毛。位于格洛斯特的圣彼得修道院到1300年拥有超过10 000只羊，当时英格兰绵羊的总数已经在1500万到1800万之间。最富裕的地区是低地及中部和南部郡的平缓丘陵地带，再延伸到威尔士的边境和南部沿海地区。其他行业在创造财富和雇用劳动力方面的重要性较低，但康沃尔的锡矿业在国际上享有盛名，其生产的锡出口到欧洲大陆。虽然来自泰恩河谷和斯旺西附近的煤炭被沿着海岸线销售，反映了其日益增长的国内和工业用途；但铅、铁和煤炭开采相当有限。至于金融和商业服务，在现代已经成为英国的主要财富来源之一，而在当时对经济的贡献甚微。意大利的国际银行家在伦敦开设分行，尽管爱德华一世和爱德华三世在向这些意大利公司偿还战争贷款时很慢，仍然很少有英格兰商人［赫尔的威廉·德拉波罗（William de la Pole）是例外］能够与他们相竞争。除了沿海水域外，英国的商业海运通常远远落后于其他国家的航运；但加斯科尼出口到低地国家的葡萄酒和羊毛，的确越来越多地由英国商人和船只来承运。英格兰和威尔士的乡村，点缀着数以千计的农贸市场和集市（1350年时比过去更多），主要服务于半径在十几英里左右内的当地社区。大多数这些小城镇和村庄（比如蒙茅斯、伍斯特和斯特拉特福德等）都与它们的农村腹地融为一体；农村的富裕居民经常参与城镇生活、加入行会、购买或租用城镇住宅，以及在城里上班。少数规模更大的城镇，包括一些港口，商业活动范围更广：15世纪，什鲁斯伯里的商人定期前往伦敦；来自首都和加来（1347年以后）的商人来到威尔士边境，寻找细质羊毛。布里斯托尔因其与波尔多的重要联系，迅速成为中世纪后期塞文区（Severnside）的转口港；同时，约克、考文垂，特别是伦敦，更是成为国际贸易中心。

这些财富带来了个人、机构和王室的繁荣。最大的地主是世俗的权贵（人数不多，好比“平原上的摩天大楼”）、主教、修道院和其他宗教机构。在1300年，他们仍然受益于上个世纪不断增长的人口所带来的市场繁荣。价格上涨，来自土地的收入大幅增加：格洛斯特伯爵在班诺克本战役中（1314年）去世后，他的地产收益估计每年6000英镑多一点；而坎特伯雷的基督教堂小修道院（Christchurch Priory）的地产，在1331年的岁入超过了2540英镑。因此，土地所有者都直接开发了他们的地产，并对它们的有效管理产生了个人兴趣。他们尽可能地坚持自己的权利，从租户那里压榨出更高的租金；并在庄园法庭中仔细记录与租借地相关的租地者义务。这种来自土地的财富，是贵族阶层在政治、行政和社会上产生影响力的基础。其中许多人在好几个郡，以及威尔士和爱尔兰都拥有地产：例如，汉弗莱、赫里福德和埃塞克斯的伯爵，继承了埃塞克斯、米德尔塞克斯、亨廷顿郡、赫特福德郡和白金汉郡的财产，同时还拥有威尔士边境地区的布雷肯、海伊、亨廷顿和卡迪科特的地产。土地同样是绅士阶层的财富基础，尽管只是在更加本地的郡一级；土地给教会的土地所有者带来了世俗的权威，增加了他们对人类精神和灵魂的控制力。这种财富可以让一个人在国家舞台上更加自负、更具野心，就像兰开斯特伯爵托马斯一样，他是当时英格兰最富有的伯爵。

1300年的农民，生活在一个土地稀缺的世界，他们提升经济实力的机会，受限于土地所有者的严密控制。物价很高（1270年之后的小麦价格一直高于本世纪早期的价格），而且在购买食品、衣服和设备之后已经所剩无几。劳动力过剩导致工资很低，这样降低了熟练和非熟练技术人员的购买力：木匠一天挣3便士（不包括食物）；劳工一天挣1便士或1.5便士。牢骚、抱怨和暴力都是冲着地主和官员的，也经常发生抗租罢工和拒绝执行法定劳役的情况。

1300年前后，随着从波罗的海到西班牙、葡萄牙的市场的扩大，商人（尤其是羊毛出口商和葡萄酒进口商）的业务蓬勃发展，特别是在从地中海到意大利北部的海路开通之后。1304至1311年间，羊毛出口平均每年有39 500包（每包至少有250只羊身上剪下的毛）；这些货物中只有30%～40%由外国人运送。英格兰贸易中，对外国商人越来越排斥，反映了本土（或归化）商人的自信。爱德华一世为了他们的利益而专门立法（13世纪80年代），特别是保障了依法追讨债务，这对扩大贸易至关重要。但是，当战争来临时，商人率先抵制重税（特别是1294年的恶意税，或称“邪恶税”）和强征他们的船只。

国王是所有人中最大的土地所有者，甚至早在爱德华一世在威尔士获得公国并且兰开斯特家族的庄园于1399年与王室的合并之前。爱德华一世及其继承人的国家税收增长，使得王室还能够从富有的私人地主和商人那里获取财富。甚至农民也逃脱不了缴税，那些在爱德华一世统治时唱着流行哀歌“牧人之歌”的人，对此深有体会。然后，在1327年，所有拥有价值至少10先令商品的人都必须缴1先令8便士的税——毫无疑问，这个负担会间接地转嫁给不太富裕的人。战争的投入，使国王严重依赖于他的臣民的财富和忍耐。如果这种财富不再增长，或者个人和机构的繁荣被打破，那么国王夸下的海口可能最终无法兑现，臣民的忍耐力会降到危险的程度。

到了14世纪中叶，“高收益农业”（high farming）的繁荣时期几乎已经结束。物价下跌，使得为农贸市场的种植活动利润降低。工资上涨，农业劳工的工资比手艺人的增长更多，而且雇用女工并没有优势，因为她们的薪酬与男性看齐——实际上，在纵狗逗熊的游戏中，她们得到的报酬更高！大规模农业失去一些吸引力的主要原因是，人口的增长结束了——相反，人口在全速下降。随着可用劳动力的减少，工资开始上涨；随着人口下降，对食品和其他物资供应的需求也随之下降，价格也随之下跌。

在13世纪末，英格兰的人口达到了顶峰，可能超过了400万。那时，没有足够的耕地以确保所有农民家庭都有足够的生计。人口多和生活水平低，不可避免地意味着贫困、饥荒和疾病；死亡率上升使人口增长停滞下来。生活在贫困线上下的人的境况，因一系列自然灾害而更加恶化，很多自然灾害跟土地过度耕种以及14世纪头几十年里极端恶劣的天气有关。对于没有足够的粮食储存设施的社会来说，收成不佳是灾难性的：吃不饱，也没有钱购买现在更贵的东西。1315年、1316年、1320年和1321年的收成异常糟糕；1319年和1321年，牛羊的瘟病特别普遍。拉姆齐修道院（剑桥郡）的庄园过了20年才恢复过来；1324至1326年，英格兰部分地区发生了严重的洪水，在肯特郡淹死了数千只绵羊。饥荒和疾病蔓延，在黑尔斯欧文庄园（Halesowen Manor，伍斯特郡），15%的男性在1315至1317年间死亡。农业混乱普遍存在，粮食价格飙升（1315至1316年，黑尔斯欧文镇的粮食价格从每夸脱5先令7.25便士，涨到26先令8便士），羊毛出口萎缩。然而，这是一场暂时的灾难，英格兰在14世纪20年代开始逐渐恢复；但是，穷人的脆弱性已经显露无遗。

鼠疫造成的影响更持久、更深远。这场瘟疫，在当时被称为“大死亡”，自16世纪后期才被称为“黑死病”。首轮疫情于1348年在英格兰南部暴发；到1349年底，已经向北蔓延到苏格兰中部。同时代的牛津郡牧师杰弗里·勒·贝克（Geoffrey le Baker）描述了疫情从港口开始蔓延的过程；传染病是通过滋生老鼠的船只来到英国的，人们无法诊断其原因，也不知道如何处理其后果。

起初，瘟疫几乎毁灭了多塞特郡海港的所有居民；然后是那些居住在内陆的人，从多塞特郡开始席卷德文郡和萨默塞特郡，甚至传到达布里斯托尔；然后格洛斯特人拒绝布里斯托尔人进入他们的领地，人人都认为生活在疫区的人的呼吸具有传染性。但最后疫情还是袭击了格洛斯特；是的，还有牛津和伦敦；最后整个英格兰都遭到蹂躏，不论男女，只有不到1/10的人幸存。由于墓地不够用，人们选择用耕地来埋葬死人……无数的普通人和众多的修士、修女和牧师都死了——死人到底有多少，只有上帝知道。瘟疫主要袭击的是青壮年……这场大规模的传染病于8月15日传到布里斯托尔，9月29日左右开始在伦敦蔓延；它在英格兰肆虐了整整一年，疫情无比严重，以至于许多村庄完全绝户了。

虽然这场大灾难对英格兰造成了毁灭性打击，但是苏格兰人幸灾乐祸地认为英格兰人罪有应得……但幸灾乐祸之后，悲伤接踵而至，上帝的愤怒之剑离开了英格兰人，而使苏格兰人陷入疯狂……第二年，瘟疫除了继续蹂躏英格兰和苏格兰，也开始蹂躏威尔士人；最后，瘟神扬帆来到爱尔兰，夺去了大批生活在那里的英格兰人的生命，但几乎没有触及住在山区和高地的纯爱尔兰人。但是到了1357年，疫情出人意料地袭击了生活在各个角落的爱尔兰人。

黑死病一下子将英格兰的人口减少了大约1/3。到了1350年，因为致命的瘟疫和战争时期的各种其他逆境，泰恩河畔的纽卡斯尔处于严重的财政困境中；同时卡莱尔（Carlisle）也由于较晚传入的致命瘟疫和苏格兰人的频繁攻击而荒废，变得异常萧条。据报道，西福德（Seaford，萨塞克斯郡）在1356年“因瘟疫和战争而变得荒无人烟，居民又少又穷，以至于缴纳不起税赋，也无力保卫城镇”。塔斯莫尔（Tusmore，牛津郡）是瘟疫的另一个受害区：1358年获准将其田地变成公园，因为所有农奴都死了，村里不再有任何纳税人。然而，黑死病的灾难性影响不是立即出现的，也不是永久性的。生活在里辛（Ruthin）的一个威尔士人的行为具有代表性：他“因为贫困而在瘟疫期间离开了他的土地”；但到了1354年他又回来了，“并且得到了领主的接纳，继续租种原来的土地，支付同样的租金。”无论如何，在一个人口众多的国家，总算有人替代死去的租户，并且在未来20年内土地所有者的收入减少了不到10%。正是因为瘟疫在接下来的一个世纪里再次暴发（特别是1360至1362年，1369年和1375年）才产生持久影响，即使这几次暴发更多的是局部的，集中在城市。到15世纪中叶，人口稳步下降到大约250万甚至更少。

对于那些幸存下来的人来说，14世纪末和15世纪的生活可能并不像以前那样悲惨。对于许多农民来说，这成了一个充满机遇、雄心和富裕的时代：乔叟在《坎特伯雷故事集》中所描绘的朝圣者怀着愉快、乐观的心情，而不是笼罩在忧郁、沮丧的氛围中。在较小的劳动力市场中，农民通常能够摆脱几个世纪的被动无能，现在可以要求调低租金、坚持提高工资；随着物价的下跌，他们的生活水平也提升了。更成功更有野心的农民出租新地产，把余钱贷给其他农民；而且在农民历史上第一次建造了大量的石头房屋，特别是在南部和东部地区。

另一方面，地主们正面临严重困难。小麦、羊毛和其他大宗商品的市场利润较低，导致英格兰的耕地面积缩小，农业投资缩减。工资和其他成本攀升，更可取的做法是放弃“高收益农业”，转而把土地租给有进取心的农民。许多社区整个被遗弃（英格兰“失落的村庄”），其中原因是，人口危机和长期战争的双重困境。英格兰地区“失落的村庄”数量最多的，是靠近苏格兰边境的诺森伯兰郡和掠夺者垂涎的怀特岛。仅在15世纪的最后几十年（15世纪60年代从东盎格利亚开始），英格兰的人口才开始显著上升，直到17世纪才再次达到了1300年的水平。

英国的经济在14世纪晚期显著萎缩，但并非普遍萧条。人们在心理上逐渐适应瘟疫的冲击后，社会做出了出色的调整——尽管并非没有动荡。土地所有者采取了多种方式，进行了最痛苦的调整——当然并非所有方式都是出于维护国内和平的考虑。一些人，包括思想更加保守的教会地主（如圣奥尔本斯修道院的院长），采取高压措施，甚至压迫和勒索他们剩余的佃户。为了维持他们的收入，一些庄园主无情地压榨佃农；像莫蒂默家族这样的权贵，在威尔士拥有大片地产，他们对佃农的严厉态度可能引发了欧文·格兰道尔（Owain Glyndŵr）领导的起义（1400年）。其他人，例如15世纪后期的白金汉公爵，采用了更有效的管理方法来提高其庄园的盈利能力。还有一些人认为，把用于放牧和耕种的田地和公有土地圈占起来成本较低，是支撑不稳定租金的另一种方式；在15世纪晚期，特别是在北部和西部，圈地运动步伐加快了。大小土地所有者作为一个群体都开始采取行动，以“遏制雇工的恶意，他们游手好闲，在瘟疫之后，没有高工资就不愿意提供劳动”。爱德华三世颁布了旨在恢复鼠疫前的工资水平、阻止被解放的劳动力的流动的法令（1349年），并很快转化成议会法规（1351年）。此外，地位显赫的权贵或绅士有额外的财富来源：以授予土地、金钱和官职的形式获得的、来自王室的恩赐（正如亨利六世的博福特亲戚所熟知的那样）；家庭遗产使约克公爵理查（约1460年）成为他这个时代最富有的贵族；或者有幸与一位继承了丰厚遗产的女继承人或富有的寡妇结婚。其他人凭借为国王效力而发迹，尤其是在战争中。亨利五世在征服法国的过程中打了一系列大胜仗，他的手下利用捕获的俘虏索要赎金，并占领了法国北部的庄园。在1448年之前，白金汉公爵每年从法国的佩希郡获得的收入超过530英镑。15世纪中叶，一些人把从为国王效力和战争中获得的财富投入到最宏伟的计划中，即建造雄伟而优雅的城堡，例如约翰·法斯特夫爵士在卡斯特（诺福克郡）的城堡，赫尔伯特在拉格伦（格温特郡）的巨大堡垒宫殿，拉尔夫·博特勒爵士在格洛斯特郡苏德利的城堡。这些手段和资源，催生出了新兴贵族，这些贵族在各方面都与前几个世纪的贵族不相上下，而且往往具有根深蒂固的地区立场，如北部的内维尔家族（Nevilles）和珀西家族（Percies），以及西部的斯塔福德家族（Staffords）和莫蒂默家族。

英格兰的城镇和贸易也发生了类似的变化。生产羊毛仍然是牧区的主导产业，但其产业模式在14世纪发生了转变。部分原因是战争及其对佛拉芒工业的破坏，部分原因是英格兰人品位和需求的变化，毛织品生产消化了越来越多以前用于出口的羊毛；许多从事羊毛出口贸易的港口开始衰落，如英格兰东部的波士顿和林恩。斯坦福德和林肯等领先的毛纺织生产中心，被一批位于村庄和城镇的新中心所取代——这些村庄和城镇靠近快速流动的小溪和河流，水流动力能带动缩绒机。约克被利兹、哈利法克斯和布拉德福德所取代；南部地区、东盎格利亚、西部乡村，甚至威尔士，也开始大力发展纺织业；而布里斯托尔是西部布料的主要出口港口。伦敦独树一帜：它是14世纪晚期，唯一的人口可能超过5万的中世纪英格兰城镇。伦敦是王国的转口港，是波罗的海、北海和地中海贸易的终点站；它吸引了来自国内各个郡和东盎格利亚的移民，尤其是来自东米德兰（East Midlands）的移民；它的郊区正在沿着泰晤士河上游向威斯敏斯特延伸。这些变化不仅影响了乡村，而且使一些城镇的生活变得不稳定，城镇里的实权派们正努力在日新月异的世界中保持自己的控制权。英格兰的土地所有者努力应对经济危机，但它的代价往往是使得日益自信的农民和已建立的城市社区之间的关系更为紧张。

在14世纪的英格兰，经济、社会、政治和军事紧张的累积效应最明显地暴露在瓦特·泰勒的农民起义（1381年）中。这轮暴动的强度、时间长度和广泛的号召力，都是空前绝后的；但它的根本性质与随后几年的其他阴谋和造反都是一致的。1381年爆发的普遍暴力反抗是由另一种人头税引发的。这一次的税率是一个人头1先令，3倍于1377年和1379年的标准。人们的反应是逃税、对征税者和进行调查的法官实施暴力，并最终在1381年6月演化成起义。来自英格兰东部和东南部的农业工人的起义队伍，迎来了城镇居民和伦敦人的加盟；东盎格利亚生产粮食和羊毛的乡村，已经感受到经济紧缩和混乱的全面影响，以及日益过时的封建社会的社会矛盾。此外，起义者对14世纪70年代的政治管理不善以及最近在法国战争的惨败感到失望，他们担心敌人会袭击英格兰的沿海地区。尽管异教徒在反叛中没有发挥重要作用，但他们对英国教会的学说和组织的激进批评，使许多人倾向于谴责一个似乎没有履行职责的机构。

对政府施压、向新国王呼吁（“支持理查国王和忠实的平民”是叛乱分子的口号）为不满的人提供了最好的希望，同时伦敦的民众当中有一大批潜在的起义同情者。于是，叛乱分子从埃塞克斯和肯特前往伦敦会师（在这里，瓦特·泰勒和神职起义煽动者约翰·鲍尔成为领袖）。他们打开监狱大门、砸烂了国王的大臣们的府邸、洗劫了伦敦塔，并试图恫吓理查二世做出重大让步——如果这些得以实施，它们将打破农奴制的残余束缚，彻底改变教会和国家的土地所有权。但是，叛乱的策划和组织都很糟糕，更像是挫折感的本能大爆发。到6月15日，起义者已经纷纷散去，各自回家了。

仍然处于战争状态（1390—1490）

1389年，当理查二世22岁时，他宣称：“我的年龄足以统治我的王宫、我的内臣和我的王国。我现在所处的状况，应该比王国中条件最差的人更糟糕，这对我来说似乎是不公平的。”1386至1388年间，上诉的领主试图左右国王的盟友和大臣的选择，并规范他的政治行为——这一系列事件已经破坏了冷酷的国王和他的批评者之间的关系。这些领主当中包括一些国内最显赫的权贵，他们在英格兰中部和南部的庄园规模，加起来可以与位于威尔士、柴郡（Cheshire）和康沃尔郡的较偏远的皇家封地相媲美。然而，在1389年之后，理查谨慎地宣称自己是英格兰国王，并且凭借他的智慧和勇气，试图解决上个世纪前几任国王的野心和政策遗留下来的问题。在相对政治平静的时期，理查小心翼翼地依托他的内臣和偏远的封地，特别是柴郡和北威尔士，建立了一个忠于他的集团。从阿伦德尔伯爵那里没收来的土地，提高了国王在威尔士边境地区的王室权威——在那里，贵族阶层的领主是最具独立性的。理查二世在1394至1395年间对爱尔兰发动了耗资巨大的大规模远征，这是自1210年以来英格兰国王发动的首次爱尔兰远征。该活动重振了英格兰在爱尔兰的统治，并通过坚定又柔和的手段，使盖尔人领主和英格兰–爱尔兰领主臣服；理查甚至可能有完全征服这个长期没有被征服的岛屿的想法。这项冒险无疑增强了他在另一个领地的权力，并展示了他的内府机构和资源可以实现的目标——尽管是暂时的。关于苏格兰问题，英格兰在奥特本战役（Otterburn，1388年）失败之后，理查采取了更为传统的方式，鼓动持不同政见的苏格兰权贵，并策划军事行动；但在14世纪90年代，他开始意识到和平更为有益。1396年与法国达成的条约，以及理查与瓦卢瓦的伊莎贝拉的婚姻，停止了一场更能削弱国力的战争；如果停火协议能够按照预期的进程（至1426年）得以履行，将在整个百年战争中创造最长的和平时期。在国内，国王能够集中精力恢复王室在14世纪70年代和80年代因个人和政治弱点而受到的严重破坏。为此，王室创造性地利用仪式和视觉象征主义作为政治宣传的手段。

理查具有想象力、精明、专横。作为国王，他的其他特性不可取。他的成长和青少年经历，孕育了一种不安全感，导致他过度自信、缺乏分寸、肆意妄为。他对朋友极其慷慨，但对他的敌人反复无常、神神秘秘、冷酷无情：1397至1398年间，他流放了沃里克伯爵，处死了阿伦德尔伯爵，谋害了格洛斯特伯爵，然后流放了德比伯爵和诺丁汉伯爵。他无情地挥舞着君主的权柄（“他打倒了任何侵犯王室特权的人”是他为自己题写的墓志铭），他的最后两年，被称为“暴虐”——这么评价是公正的。教皇被诱导，发出威胁，要把任何“企图损害我们的王权、我们的君主或我们的自由，或恶意诽谤我们的人”逐出教会；理查与法国签订的条约得到了法方的承诺，如果需要，法国将援助他镇压自己的臣民。他于1399年5月第二次访问爱尔兰时，给德比伯爵亨利·博林布鲁克（Henry Bolingbroke，现任的赫里福德和兰开斯特公爵）提供返回英格兰的机会，恢复他的地位，并恢复他父亲的庄园——最近被理查没收的兰开斯特公爵领地。国王的处事方法，背离了英国的法律和惯例，也超过了地位较高的大臣的容忍度。他于1399年9月29日被废黜，结束了迄今为止最一贯的努力——让英格兰人解除战争的负担。

废黜理查二世是一个重大决定。尽管有1327年的先例，但1399年的情况在一个重要方面有所不同。自狮心王理查一世去世以来，英格兰国王第一次在没有儿子和继承人的情况下被结束了统治——现在国家可能面临着有争议的王位继承问题。自1216年以来的习俗，把继承权授予年长男性子嗣——尽管这可能意味着一位儿童国王（如亨利三世和理查二世本人的情况）。但是，如果没有年长男性继位人了，那么目前还没有公认的继承规则。1399年，根据血统，继承人应该在两个人之间选择：一位是七岁的马奇伯爵（earl of March），他的祖母是爱德华三世的第二个儿子莱昂内尔（Lionel）的女儿；另一位是33岁的亨利·博林布鲁克，他是爱德华国王的第三个儿子约翰的儿子。博林布鲁克在得到被理查疏远的珀西家族的支持后获得王冠。但是，在理查二世被罢免和监禁所造成的特殊情况下，无论是马奇还是博林布鲁克，都没有更明显的王权继承正当性。无论博林布鲁克如何歪曲、隐瞒和辩解，都无法掩盖这是一场政变。因此，如在12世纪的情况一样，英格兰的政治中注入了一个王朝的不稳定因素，导致了国内动荡，并在接下来的一个世纪招致了外国的阴谋和干预。

与此同时，英格兰无法摆脱早先企图征服不列颠群岛“凯尔特人”的后果。在理查二世富有想象力的政策失败之后，需要一个更稳定的关系来确保王国的安全，因为王国显然没有足够的资源进行进一步的征服和殖民了。在实际做法中，英格兰的历任国王放弃了在苏格兰和爱尔兰大部分地区实现其霸权的所有想法。在15世纪，英格兰对苏格兰人处于防御状态，部分原因在于与法国的战争再次爆发；部分原因是在亨利四世统治时期（1399—1413）和1450年之后英格兰的内部困难。1419年，苏格兰人甚至派出大量援军来援助法国人。苏格兰的詹姆斯一世曾短暂地（1406—1424）被囚禁在英格兰，阻止了跨越国界的重大敌对行动。但此后苏格兰人变得更加大胆，希望能够夺回罗克斯堡城堡（Roxburgh Castle）和贝里克（Berwick），并在1460至1461年实施了计划。突袭、海上冲突和海盗活动，以及无效的停战协议——共同造成了无休止的“冷战”状态。只有在百年战争结束后（1453年），以及英格兰的约克派政权（1461年）执政之后，才能真正有目的地寻求与苏格兰的更稳定关系。双方在1475年签订了一份条约，并在1502年实现了“永久和平”——尽管法国仍心存疑虑，且英格兰偶尔在苏格兰采取战争行动，如格洛斯特公爵理查于1482年占领贝里克。但协议标志着两国之间的关系出现重大改变，虽然边境地区继续依靠抢劫而繁荣，互相骚扰已成了生存之道。

英格兰对与爱尔兰关系达到平衡颇为不满，而盖尔人和英裔爱尔兰贵族倒很喜欢如此。理查二世对爱尔兰的大胆主权要求落空了，而且在中世纪再没有其他英格兰国王这么做过。国王对爱尔兰的统治，尽管得到了英格兰的大量资助，却始终非常脆弱：盖尔人享有独立和相对繁荣，而英裔爱尔兰人也珍惜自己的权力并与盖尔人和睦相处。英格兰政府主要担心的是安全问题（15世纪30年代有人说过，“爱尔兰是英格兰大厦的一个基座和支柱”），只有在威尔士叛乱（1400—1409）和15世纪50年代，安全受到威胁时，才会让英格兰更多关注爱尔兰事务。其结果是爱尔兰内部出现了政治分裂，脱离了英格兰。为了维持其在爱尔兰的统治表象，英格兰政府可以依赖的唯一权力来源是较大的英裔爱尔兰权贵——大多数英格兰人甚至不愿去爱尔兰。从都柏林进行统治不可能有效，而要发动征服战争，又没有资源。15世纪爱尔兰的真正统治者是奥蒙德伯爵（earl of Ormond）和基尔代尔（Kildare）伯爵等大贵族；即使政府想驱逐他们，也不可能做到。英格兰–爱尔兰的关系取得了一个平衡，但代价是英格兰放弃了对爱尔兰的有效控制。

在威尔士，完全征服遗留下来一些问题，特别是在14世纪后期不稳定的经济环境中，在英格兰化的自治市镇明显存在怨恨情绪——这种情绪针对的是教会和国家的官员（他们大多来自英格兰边境郡，甚至更远的地方）。这种怨恨，反映在从欧文·格兰道尔于1400年领导的起义。在这场不愉快的经历之后，大多数英格兰人对威尔士也怀着疑虑和恐惧。一位同时代人提醒道：

> 谨防威尔士，基督耶稣必须保佑我们，
> 不让我们子孙后代哭泣，
> 也不让我们哭泣，如果做不到，
> 是因为我们不够警觉；多年以来，
> 人们一直害怕那里的叛逆……

当时的威尔士对英格兰的安全构成了威胁，而且迫在眉睫。威尔士不仅为英格兰的海外敌人提供了登陆地（在格兰道尔领导的起义处于高潮时期出现过，在玫瑰战争期间也多次出现过这种情况），而且是一块被恶政和混乱所破坏的土地。亨利五世在镇压起义之后，对威尔士人采取怀柔政策，软化了以往的强硬手段，并且命令威尔士边境地区的领主照顾他们的领地。但是后来，无论是王室还是边境领主，都没有能力维持有力的统治；而且威尔士乡绅（英格兰绅士阶层的战斗伙伴）担负的责任也越来越少。然而，王室和边境领主都需要这些威尔士乡绅来治理威尔士，因为王室深陷内战。到了15世纪，少数领主因收入下降和威尔士人的敌意，再也不愿意在他们的威尔士领地生活了。威尔士在1449年之前“劣治与日俱增”，因此在本世纪的大部分时间里都出现了秩序（同时也是安全）问题。从亨利六世到亨利七世，连续几届英格兰政权都试图保持威尔士的和平，提高治理的质量，并控制当地的乡绅——因为只有这样才能解除对边境和王国稳定的威胁。在15世纪上半叶，英格兰的宗旨是依靠王室官员和边境领主履行其职责，来加强现有的执法机制。最终采取了更激进和具建设性的解决方案。特别是爱德华四世，他在15世纪70年代把他的儿子威尔士亲王安置在勒德洛（Ludlow），拥有对威尔士公国、威尔士边境领地和英格兰边境各郡的监督权。这项大胆的分权举动，授予了未来的亲王在整个威尔士的责任。

英格兰权贵（男爵、子爵、伯爵、侯爵和公爵，按地位升序排列）拥有的领土权力，对于王国的和平和皇家政府的成功来说，至关重要。他们在15世纪成为一个具有严格界定的世袭群体，几乎等同于坐在上议院的议会成员。君主可以“制造”贵族（亨利六世和爱德华四世都这么做过），也可以将现有的贵族提升到更高的爵位；而国王的恩赐，对维持贵族的财富和影响力至关重要。没有意识到这一点的君主，冒着与他们的贵族发生严重冲突的风险（理查二世和理查三世付出了代价才明白了这一点）。虽然贵族数量不多（最多60个家庭，几十年内战后也许只剩下一半），但至关重要，不仅因为他们中的一些在威尔士边境地区拥有独立的领地（且北方的内维尔家族和珀西家族占据主导地位），也因为他们对英格兰各省的社会和政治控制力。对王室来说，他们是比王室自己的官僚机构和行政部门更加有效的支撑力量。特别在本世纪，三个朝代均以武力夺取王权并在国内外采取大规模的军事行动，贵族们都做出了显著贡献。在法国遭受的耻辱性败战和领土的丧失，直接冲击了贵族的利益——这是爱德华四世和亨利七世后来努力避免的事情。

这些权贵与英格兰绅士阶层有着共同的利益。绅士、乡绅和骑士的人数约在6000到9000之间，他们希冀的是权贵们“好的领主统治”，而自己则提供“忠诚的服务”作为回报。权贵们为绅士提供资金、土地和职位，而绅士给权贵提供建议、支持和军事援助：1454年，白金汉公爵将他的徽章授予他的2000名门客。城镇和城镇居民是这种共同利益和服务关系的一部分，历史学家们毫不夸张地称之为“卑鄙的封建主义”。权贵与绅士、城镇居民，在两个不同的议会（上议院和下议院）的行为，是这种相互关系的另一个反映。

权贵和他们的门客的合作，对15世纪的篡位王朝尤为重要。亨利四世继承了他父亲冈特的约翰（John of Gaunt）创造的、兰开斯特家族处于优势地位的利益圈。冈特岁入12 000英镑，是中世纪晚期英格兰最富有的贵族，他广阔的庄园和大量的门客，现在传给了当上英格兰国王（1399—1461）的他的后代。约克家族（1461—1485）的继承人马奇伯爵，在1399年是王权继承的另一位候选人。他们除了拥有威尔士边境地区的领地外，远不如兰开斯特家族那般富有。在约克王朝存续的二十多年里，未能获得大多数权贵的支持是它的一个严重弱点。亨利七世不仅继承了兰开斯特家族和约克家族的地产、领土影响和门客，还继承了内维尔、博福特和内战中其他伤亡惨重的家族的遗产，从而确立了对所有英格兰权贵和绅士的强有力控制权。

第一个篡位者亨利四世有取代理查二世的优势；理查二世已经众叛亲离，失去了他的贵族同情者对他的信任。亨利的干劲、坚韧和和解的力量——更不用说他的慷慨——以及他与兰开斯特家族的关系，使他能够击败任何英格兰国王面临的最令人生畏的敌人的联合出击。理查二世的顽固支持者策划在温莎城堡刺杀亨利及他的几个儿子，阴谋被挫败，这些叛乱分子被捕，并在赛伦塞斯特被处死（1399年12月）。不久之后，这些“理查死党”的威胁，导致了理查本人在庞特弗雷特城堡（Pontefract Castle）神秘死亡。来自珀西家族的诺森伯兰伯爵和伍斯特伯爵，是1399年实际的国王“缔造者”，但是国王的目标是赢得各方好感，到1403年，他们对国王的幻想破灭，于是策划了几次叛乱。诺森伯兰伯爵的儿子“热刺”（Hotspur）在前往参与威尔士叛乱的路上被击败，并在什鲁斯伯里附近被杀。珀西家族与约克大主教斯克罗普（Scrope）的结盟，加强了他们在英格兰北部的力量；但亨利再次迅速出击，并于1405年处死了主教。在苏格兰的援助下，诺森伯兰伯爵发起最后一次反击，但在布拉默姆沼泽战役（Battle of Bramham Moor）中溃败；伯爵被杀（1408年）。

威尔士的叛乱，在殖民社会的土壤中有更深层次的根源。瘟疫缠身的人们所经历的痛苦，醉心于维持自己收入的外来土地所有者对威尔士人的压迫，有抱负的威尔士人被排除于机会之外，威尔士人对理查二世被废的不满——这些因素，共同引发了威尔士的叛乱（1400年）。各种不同的反叛动机和威尔士社会的分裂，意味着这不是一场纯粹的民族、爱国起义。然而，这是亨利四世不得不面对的最严重的威胁，镇压的代价也最高。欧文·格兰道尔从他在威尔士东北部的庄园出发，一路破坏了众多城堡和英格兰化的城镇。他和他的游击队利用山地地形来骚扰和消耗敌人，然后消失在“岩石和洞穴中”。叛乱持续的时间长度、没有决定性的战役以及皇家远征的无果，表明起义的成功。格兰道尔偶尔可以召集8000名士兵，还向法国（1403年）以及苏格兰和爱尔兰的“凯尔特”同胞寻求援助（1401年）。在1404年和1405年的“议会”中，他为一个独立的威尔士制订了宏伟的计划：威尔士将拥有自己的教会组织和大学（这些目标在随后的4个世纪都没有完全实现）；同时，他与珀西家族的联盟，想吹响瓦解亨利四世王国的前奏。

英军在国王和他的长子亨利王子的领导下，发动了几次威尔士战役（1400—1405）。其战略类似于在法国采取的战略：采用包夹战术、破坏性骑兵大扫荡，以及通过陆路和海路提供军需补给。战争的重负主要落在边境各郡和西米德兰地区，国王一次又一次命令这些地区招募人马去威尔士服役。军队的规模不小，有4000多人。有人回忆说，派往法国作战的军队也只不过5000～6000人。但是在威尔士的服役，并不像在法国的青翠田野里作战那样受欢迎；也很难筹集足够的现金来支付士兵的军饷。并且，1403年9月，亨利四世被告知：“你找不到一位愿意在你所说的国家停留的绅士。”

尽管欧文在威尔士北部和西部一般都很安全，但是他也有招募人马、物资供应和资金来源的问题。并且，1405年在伍斯特郡进军的失败，导致他的运势渐衰。他失去了苏格兰盟友（1406年），因为苏格兰的詹姆斯一世落入了英格兰人手中；而且英格兰和法国在1407年签订了停战协议——这样他又失去了法国的支持。

到了1408年，亨利四世的最大危险已经过去了：通过坚韧、果断，以及接受马背上的生活，他在英格兰和威尔士以及远至爱丁堡追缴他的敌人，并把他们统统制服。通过和解，他获得了议会的支持；同时，并没有交出王权的任何重要部分；而且他的四个儿子——亨利、托马斯、约翰和汉弗莱，都是他日益成熟的“资产”。在他于1413年去世后，王朝只经历了两次较大的威胁。第二年，当某些朝臣的反教权主义转向异端时，亨利五世毫不犹豫地甚至谴责他的老朋友约翰·奥尔德卡斯尔爵士（Sir John Oldcastle）。1450年之前的最后一次叛乱，与1399年的篡权有关（1415年，支持马奇伯爵），但在亨利五世率军远征法国之前被镇压。亨利四世的伟大功绩在于他为王朝打下了坚实基础。通过与德意志、斯堪的纳维亚、布列塔尼和勃艮第人的弗兰德斯结盟，英格兰赢得了国际地位。

亨利五世继承了一个和平、忠诚、团结的王国，足以让他在法国（从1415年开始）广泛开展战争活动，并在接下来的七年中的一半时间都在国外度过。凭借作为威尔士亲王期间积累的战争和政治治理经验，他展示了自己是一位能干、无畏、专制的君主，他放弃了父亲的谨慎方式。即使在离开英国、前往法国作战期间，他的王权也是稳固且充满活力的，使他能够发起一场与爱德华三世早期战役一样受欢迎的战争。他的统治是兰开斯特英格兰的鼎盛时期。

亨利通过安抚幸存的理查二世的支持者和重新建立外国联盟来为战争做准备。此时的法国国王患有精神病，贵族之间也是争吵不断，法国的情况助长了亨利的征服梦想。到1415年，他觉得能够要求对爱德华三世当年的愿景以外的领土拥有完全的主权，甚至要恢复爱德华对法国王位的要求。亨利的野心与他的臣民的期望相吻合。在热烈的权贵和骑士的带动下，招募了大规模的军队；王国频繁地投票通过税收政策，大幅提高税率，国王公开阐释他的目标，以获取支持。他甚至组建了一支海军来控制海峡。这种热情，在他去世之前几乎从没有消失——尽管下议院表达了（1420年）对英国最终征服法国的计划将产生的后果的不安，他们的前辈也曾对爱德华三世表达过同样的顾虑。

亨利五世采取了与爱德华同样的策略：与法国贵族结盟，利用他们的分裂，推进他自己的王朝主张。在整个战争期间，对英格兰人的成功来说，勃艮第的支持至关重要。然而，很快，入侵者的目标就变成了前所未有的大规模征服和殖民化。1415年的远征是试水，在阿金库尔战役（Agincourt）的胜利，极大地证明了传统的英国战术的有效性。因此，1417至1420年，亨利开始征服诺曼底，以及附近的省份；诺曼底是亨利统治期间和之后，双方的主要战场。亨利与查理六世签订的特鲁瓦条约（1420年）使他成为法国的摄政王，并取代法国王太子，成为瓦卢瓦王位继承人。这项非同寻常的条约所确定的英法关系，延续了超过一代人之久。虽然亨利五世从未成为法国国王（他于1422年早于查理六世去世），但他幼小的儿子（英格兰的亨利六世，法国人眼中的亲英派亨利二世）继承了双重君主地位。但维持它需要不懈的努力。

亨利五世和贝德福德公爵约翰（亨利五世的弟弟以及法国军事指挥官的继任者），1417至1429年间，将诺曼边境向东部和南部推进。他们先后在阿金库尔（1415年），克拉万特（1423年）和维尔纳叶（1424年）击败法军。这是英国权力在法国所能达到的巅峰。在贝德福德的统治下，“坚定与和解的建设性平衡”来使被征服的土地和进一步的战争（向南部的安茹和曼恩）能够负担军费。但是，圣女贞德激励下的法国复兴和查理七世在兰斯的加冕（1429年），挫败了这一计划。英军的进攻在帕提（Patay）战役失败后停止了。此后，诺曼人在外国统治下变得焦躁不安，英格兰在布列塔尼和勃艮第的盟友开始动摇，英格兰议会不得不为法国北部的战争寻求更多资金，那里的驻军和野战军队成为越来越重的负担。英国人处于军事和金融陷阱之中，而且没有亨利五世的天才来指挥他们。

在15世纪30年代，寻求和平变得更加紧迫，特别是英格兰一方。阿拉斯大会（1435年）和格拉沃利讷会议（1439年）的讨论都无果，主要是因为英国人内部在和平的愿望和重大让步之间的分歧还没有解决。但查理七世财力的恢复、英国在保卫兰开斯特法国的远征上的成本不断增加、贝德福德于1435年去世，特别是勃艮第的叛变——都是决定性因素。英格兰政府释放了奥尔良公爵（自阿金库尔战役以来一直被囚禁在英格兰），让他去游说其他法国王子们（1440年）接受英方的和平请求——但他没有取得多大成功。1445年，亨利六世与法国王后的侄女（安茹的玛格丽特）结婚，但即便如此，也只是求得停战；虽然有人提议两国国王举行会晤，但始终未能实现。最终，亨利六世承诺交还来之不易的在曼恩的领土，以代表他个人求和的诚意。此举未能赢得他的臣民的支持（特别是那些曾在法国有土地并在战斗中充当先锋的权贵和绅士），恼怒的法国人在1449年袭击了诺曼底。在炮兵的支援下，法国的猛攻取得了极大的成功；又在鲁昂（Rouen）和福尔米尼（Formigny）击败了英国人，并在1450年8月底迅速把英国人清除出公国。一位法国编年史家报道说，“……从来没有这么大的国家在如此短的时间内被击败，民众和军人的损失都甚微，杀人少，对农村的破坏也很小。”

在亨利五世和亨利六世统治下，几乎没有经历过重大交战的加斯科尼，遭到了乘胜追击的法军的入侵；1453年7月17日，法军在卡斯蒂永（Castillon）获胜后，加斯科尼西南部的英格兰领土完全丧失。这是最令人震惊的一击：加斯科尼自12世纪以来一直是英格兰人的领土；这导致英格兰与法国西南部历史悠久的葡萄酒和纺织品贸易受到严重破坏。在亨利五世的“帝国”中，现在只剩下加来了。吃了败仗的士兵回到英格兰，垂头丧气，他们认为自己的困境和失去亨利五世换来的东西，应该归咎于缺乏信誉的兰开斯特政府。在国内，亨利六世面临着战败的一切后果。

卡斯蒂永战役失利后的三个星期内，亨利六世精神和肉体上都近乎崩溃。这种状况持续了17个月，并且可能从未完全恢复。失去他的法国王国（亨利是唯一在法国加冕的英国国王）可能是他崩溃的原因，尽管到1453年他统治下的其他方面也令他十分忧虑。那些亨利所信赖的人，被证明不配他的信任，且遭到广泛憎恨，特别是萨福克公爵（1450年被谋杀）和萨默塞特公爵（1455年在圣奥尔本斯的战斗中丧生）。那些不被他宠信的人（包括约克公爵理查，以及内维尔家族的索尔兹伯里伯爵和沃里克伯爵）都感到愤愤不平、心生怨恨，国王和他的宫廷阻止了他们改善命运的努力。亨利的政权即将破产，其在各省以及威尔士和爱尔兰的权威正在陷入瘫痪状态。在1450年夏天，爆发了自1381年以来的第一次民众起义。出身微贱但才华横溢的约翰·凯德（John Cade）领导了这场起义。他占领了伦敦几天，并强烈谴责国王的大臣们。其实，国王个人应当对英格兰的困境承担不可推卸的大部分责任。

亨利六世本是一个心怀善意的君王，在教育和宗教方面有着值得称赞的愿望；他寻求与法国建立和平，并希望奖励他的朋友和仆人。但是，没有一个中世纪的国王可以仅凭善意来统治。此外，亨利骄奢淫逸，对人对事都没有精明、理性的判断力。他很聪明，受过良好教育，但他是最没有经验的国王，从未摆脱在少年时期那种对别人的依赖——这是他漫长的未成年期（1422—1436）的必然特质。无可否认，他的许多问题是不可避免的。他的父亲为他创造了双重君主身份——而这种身份的要求，比对那些军事征服者（如爱德华三世或亨利五世）的要求更沉重、更复杂。他未成年时期依靠权贵来摄政统治，这期间培养的既得利益集团，即使在国王成年后，也不容易放弃他们的利益——特别是他的叔叔格洛斯特公爵汉弗莱，和他的叔祖父亨利·博福特，温彻斯特的红衣主教。此外，在格洛斯特于1447年去世后，亨利六世是亨利四世的男性子嗣中唯一幸存的后裔，这一事实导致他不信任约克公爵，因为他是马奇伯爵的继承人（马奇于1399年被剥夺王位继承权）。那么，兰开斯特晚期的统治者有充分的理由警惕，因为约克的理查是那些不满者的潜在领袖。

尽管国王生病了，但是1453年10月，他脾气暴躁的王后为他生了一个儿子——这充实了兰开斯特王朝，但它几乎没有改善这个王国或约克的理查的状态。作为英格兰第一公爵和亨利的堂兄，约克在国王丧失掌控国家的能力期间（1454至1455年，1455至1456年），两次被任命为王国的保护者。但正因如此，他引起了王后的强烈敌意。在布洛希思（Blore Heath）和路孚德桥（Ludford Bridge，1459年9月至10月）的战役中，王后终于爆发了；随后在考文垂召开的议会上，约克、内维尔家族和他们的支持者遭到迫害。这个疏远了有权势的人的政权，在国内外留下灾难性的后果，导致约克于1460年10月提出了对王权的要求。不久之后，约克在韦克菲尔德（Wakefield）去世；在沃里克伯爵的协助下约克的儿子爱德华，于1461年3月4日登基。王朝战争（就是现在我们所熟知的“玫瑰战争”）正在酝酿当中，爆发15世纪50年代战争的条件已经酝酿成熟。

新登基的约克派君主爱德华四世，面临一个重大的不利因素：被废的国王，他的王后和儿子仍在逃。因此，他们的存在为他们的追随者及苏格兰和法国的同情者提供了一个焦点——这些人一心想着让虚弱的英国政权出丑。亨利在北方被捕（1465年）之后，爱德华感到更加踏实——尽管这位前国王被囚禁在伦敦塔，他的王后和儿子在苏格兰、随后在法国接受了庇护。更为严重的是，爱德华未能获得英国权贵及其门客的广泛支持。此外，在15世纪60年代后期，他逐渐疏远了他的强大的“国王缔造者”，即沃里克伯爵，后者（像1399年后的诺森伯兰一样）对爱德华日益增长的独立性感到不满。爱德华无耻的兄弟乔治、克拉伦斯公爵也背弃了他。政敌利用这些不利因素，策划了叛乱（1469年）。在法国路易十一的鼓动下，爱德华于1470年7月与流亡的兰开斯特王后玛格丽特达成了一项令人忧虑的协议。沃里克、克拉伦斯、兰开斯特家族和持不同政见者的约克派回到了英格兰，爱德华四世被迫逃到他的盟友勃艮第公爵那里。他们迅速恢复了（或“重新获得”了）亨利六世的王位，他是第一位中间有过中断的两次执政的英格兰国王（1470—1471）。当亨利于1470年11月召开会议时，大法官引用《圣经》里的一句话来开始他的布道，“叛逆的孩子们啊，回来吧，主说。”他不仅是在向威斯敏斯特呼吁，也是在向全国呼吁。

但被废的爱德华，就像他之前的亨利六世一样，处于自由状态，能够在勃艮第的帮助下组建一支军队。此外，亨利的复辟政权，充斥着互相冲突的效忠者和互相排斥的利益集团。因此，当爱德华于1471年3月重返英格兰时，他能够在巴尼特击败并杀死沃里克，然后向西行进，在图尔克斯伯里彻底打败了刚刚从法国返回的兰开斯特王后和王子。最后，爱德华四世的王朝终于安全了：玛格丽特王后在图克斯伯里战役后被捕，她的儿子在战斗中被杀，并且当爱德华胜利回到伦敦（5月21日）的那个晚上，亨利六世在伦敦塔里死了，很可能是被谋杀的。主要的兰开斯特家族的血脉已经断绝。约克派持不同政见者要么被吓坏了，要么死了；而克拉伦斯虽然与他的兄弟和解了一段时间，但后来在1478年因为进一步的轻率行为而被处决。

爱德华在15世纪70年代享有的相对政治安全，使他能够进行一段时期的建设性统治。他试图通过与布列塔尼、勃艮第和苏格兰的联盟来修复英格兰在国外的声誉，并且还想步先王们的后尘、继续对法作战。他的布列塔尼和勃艮第盟友反复无常，导致他1475年的远征差点变成一场灾难。但在《皮基尼条约》（*the treaty of Picquigny*）中，路易十一答应向他支付一笔不菲的补偿金，以换取爱德华承诺不谋求法国王位。爱德华试图重组政府的财政管理——这跟在兰开斯特王朝时期的意图是一致的。如果他宣布他的统治不会增加特殊的税赋以取悦议会，同时奖励朋友和吸引政治支持者，这意味着他不能指望采取一项连续的税收计划来增加收入。他要讨好商人和伦敦人，吸引他们为自身利益参与贸易，并与弗兰德斯和德国港口的汉萨联盟（Hanse League）保持良好关系。最重要的是，他在位后期的政治稳定，在很大程度上应归功于几位能力出众、忠心耿耿的国家官员的持续服务。

那么，为什么玫瑰战争没有结束呢？为什么除了北威尔士的乡绅，子孙后代都不知道都铎王朝？1483至1485年间，约克派遭遇了两个最常见的、危害君主制的危险：国王年幼；王室亲属冷酷无情、野心勃勃。爱德华四世于1483年4月9日去世时，他的儿子兼继承人爱德华仅12岁。他的幼年执政期并没有太长时间，而且无论如何，英格兰已经有过以前的几次幼王执政的情况，都没有出现太大的困难。但自15世纪50年代以来，政治环境已经恶化，特别是爱德华四世、沃里克和克拉伦斯经常采取武断、无情和非法的行动，使爱德华五世的继位暗藏危险。约克王朝登上国王宝座的短暂时间内，约克家族的兄弟们，爱德华、克拉伦斯和格洛斯特似乎都无法摆脱对王权的贵族式渴望。爱德华四世依靠一圈权贵来扩展他在王国的权威，他们大部分与国王自己的家族或他妻子的伍德维尔家族有联系：北部的格洛斯特、威尔士的伍德维尔家族和中部的黑斯廷斯勋爵。当爱德华四世在世的时候，各派系保持相对的平衡；但在1483年，依赖几个钩心斗角的派系的危险浮出水面。不信任，尤其是格洛斯特和伍德维尔家族之间的不信任，破坏了统治圈的稳定——使得那些圈外人（尤其是北方的老牌珀西家族，以及威尔士和西米德兰的白金汉公爵）看到了他们的机会。

在这种情况下，仅存的约克兄弟，即30岁的格洛斯特的理查，在其性格和野心的支配下，盘算着从年轻的侄子手中篡夺王权。他于6月26日篡夺了王位，囚禁了（并可能谋杀）爱德华五世和他的弟弟——他们俩就是史称的“塔中王子”。理查还处死了王后的兄弟和黑斯廷斯勋爵。他对王位继承的惯例规定唯一肯做的让步就是，他卑鄙地宣称爱德华四世和他的儿子都是私生子；他也无视克拉伦斯的孩子们。理查三世的行动和粗暴处事方法，导致了王朝战争重新爆发。1483年10月，爱德华三世的第五个儿子托马斯的后裔，白金汉公爵发动了叛乱。更成功的是，1485年8月亨利·都铎从法国率军在英格兰登陆——尽管他通过母亲的血统提出对王权的要求显得牵强；他的母亲玛格丽特·博福特是兰开斯特公爵、冈特的约翰的曾孙女；冈特的约翰是爱德华三世的第四个儿子；玛格丽特的祖父约翰·博福特是冈特的约翰和情妇凯瑟琳·斯温福（Katherine Swynford）的私生子。尽管如此，他于1485年8月22日在博斯沃思原野战役（Bosworth Field）击败并杀死了理查三世国王。到那时，理查自己的王室血脉似乎断绝了：他的妻子和他唯一的儿子已经死了。

多个因素使得亨利七世能够在博斯沃思战役之后保住他的王冠。在15世纪的篡位者中，只有他很幸运地在战斗中杀死了没有子嗣的前任。他从幻想破灭的约克派那里获得的支持至关重要，特别是爱德华四世的王后。此外，英格兰的权贵们已经厌倦了战争：不同等级的贵族已经损伤了太多，在某些情况下，他们的领土权力被削弱或被摧毁。因此，废除亨利的企图，在英格兰得不到多少支持。而且来自约克派的王权觊觎者［如1487年的兰伯特·辛奈尔（Lambert Simnel）］也未能使人信服。1455至1485年期间的实际战斗时间，加起来可能只有15个月，所涉及的军队规模可能不会很大；但战斗的重要性与参战或伤亡人数无关。“玫瑰战争”几乎摧毁了英国君主制的世袭基础，即使亨利·都铎夺得王权，也几乎没有巩固世袭制。亨利表面上扮演兰开斯特和约克的代表人物和继承人，但实际上他是通过自己的努力成为国王，并决心保持自己的王位。

建立一个民族国家

英格兰国王在自己的王国中享有可能令法国君主羡慕的统治力，而皇冠则象征着英格兰的统一。它的佩戴者与众不同。加冕仪式凸显了国王的半神性质——据说君主的触摸可以治愈淋巴结核这样的皮肤病。理查二世坚持要求靠近他的人应该屈膝，而“陛下”成为15世纪对国王的共同称呼。

王室行政的触角（决策、税收和要实施的法律声明）延伸到了不列颠群岛的各个角落，除了北部和西部。达勒姆主教和切斯特伯爵的特许领地在英格兰郡的制度之外，具有特殊的独立性。但毫无疑问，他们无法超越国王权力的影响范围：达勒姆的主教几乎都是国王挑选的，就像安东尼·贝克（1311年）和托马斯·兰利（1437年）一样，且经常担任王室大法官；1301年之后，切斯特伯爵也是威尔士亲王和国王的长子，而且在中世纪后期的大部分时间里，国王亲自掌管着柴郡——因为那里没有成年伯爵。

国王的治国理政，需要各郡配合。在每个郡，郡长和新的和平法官，在贵族和当地绅士的帮助下发挥最佳作用，反过来，他们的利益又与君主有关——因为他是王国里最大的单一财富和恩赐来源。下议院的一些代表来自卡莱尔和康沃尔郡之间或什鲁斯伯里和萨福克郡之间的郡和城镇——这样的议会在中世纪晚期政府中发挥了重要作用。在爱德华一世的统治下，战争和国内的动荡迫使国王在制定和实施影响整个王国的决策时，需要向他的臣民（当代人称之为“王国的百姓”）咨询，并征求他们的建议。除了世俗和宗教的贵族之外，还不时地邀请地方代表参加中央大会，即议会——这也是明智之举。不仅要挖掘贵族的财富，还希望挖掘城镇居民和较小的土地所有者的财富；在战争和政治危机中，需要他们提供物质援助和行动支持；但在法律或经济和社会安排中，遇到有争议或者新颖的变动时，举行代表性大会是可取的做法。所有这些因素，共同为议会设定了一个召开频率（1327至1437年间，平均每年召开一次）、与众不同的职能和既定程序；并且，从1337年开始，让下议院代表在其中发挥永久性作用。这个机构在中世纪欧洲议会中独一无二，它既讨论重大的商业问题，也讨论个人提出的小问题。它掌控着对英国人征税的垄断权，它是这片土地上的最高法院，它通过立法程序制定新法律并修改现行法律。甚至下议院代表也为自己赢得了特权，尤其是在议会会议期间他们拥有言论自由和免于被逮捕的权利。它基本上仍然是受国王支配的政府工具，但它有时会批评国王的政策和大臣（如在14世纪70年代和80年代，以及在15世纪40年代）——尽管几乎从来没有批评过国王本人。当议会成立并鼓励其发展的实际需要消失时，开会的次数大幅减少：在1453年（百年战争结束那一年）至1509年间，每三年召开一次。

当下议院代表回到他们各自选区的选民中时，必须提前告知、讨好和说服选民们，因为相当多的选民渴望了解有关事务的信息。毕竟，他们是纳税人，他们服役于战争和国防；并且政府也希望得到他们的合作和顺从。因此，明智的政府会仔细权衡它将要传递给全国的消息，以及它希望国王的臣民所采取的态度。为此目的，政府使用了完善的通信和宣传手段。官方公告的前言可以有助于推广一项政策，并为一种做法辩护：人们对约克大主教斯克罗普（Scrope）的大部分记忆是：他宣读了爱德华四世的公告。爱德华四世发布了反对被废黜的亨利六世的王后玛格丽特的公告；这位约克大主教被亨利的祖父处死，并且从此戴上了烈士的光环。这是一种巧妙的政治宣传手段，以使臣民继续反对兰开斯特王朝。公告被发送到每个郡，供公众阅读和展示。歌曲和民谣也可以影响广大群众，一些由官方鼓励的歌谣，夸张地歌颂阿金库尔战役的荣耀。布道在塑造民意和动员支持方面同样有效：1443年，亨利六世要求向每个教区派出优秀的、有煽动力的牧师，通过布道，协助王室为下一场对法战争筹集资金。加冕礼、王室仪仗队，以及国王和王后进入约克、布里斯托尔和格洛斯特（以及伦敦）的正式入城仪式，都是官方大肆宣传王威的场合，也是充分利用神话、基督教和爱国主义做宣传的场合。1417年，亨利五世的一幅画像，描绘了他在伦敦的接待处欢迎从法国远征回来的基督十字军士兵。如果任何公民对他入侵法国的正义性持怀疑态度，就会被清除。

用于通知、说服和辩解的信件的流通，等于出版前时代的出版，这些信件很快就进入了流行的编年史。通过这种方式，亨利五世向他的臣民报告了他的法国战役的进展情况。即便是当时的流行作家，也成了官方的宣传机器。在15世纪的作者，很少主动地创作他们的作品。托马斯·赫克莱夫（Thomas Hoccleve）是一位出身卑微的政府官僚，亨利五世花钱请他为阿金库尔战役和英军攻克了鲁昂（1419年）谱写赞美诗词。约翰·利德盖特（John Lydgate）在很长一段时间内受到亨利六世和他的宫廷的资助，他向百姓头脑里灌输沙文主义——这种极端的民族主义，来自1436年英格兰成功地阻止了勃艮第对加来的攻击。

国王、他的法庭和他的大臣（这些宣传渠道的主要开发者）通常住在威斯敏斯特、伦敦或温莎。英格兰君主制的圣殿是威斯敏斯特教堂，议会通常在威斯敏斯特召开（1339至1371年间，所有31次议会都在这里召开，而且在1459年以后没有任何一届会议在其他地方开会）。政府部门逐渐在威斯敏斯特或伦敦设立了永久性办公室；伦敦是英格兰最大、最富有的城市。在中世纪晚期，除了在宗教方面之外（坎特伯雷仍然是全英格兰大主教的所在地），伦敦在各个领域都成为该王国无可争议的首都。威斯敏斯特和不断发展的泰晤士河滨郊区一带，使伦敦成为王国的行政、商业、文化和社会焦点。在中世纪后期，特别是在战争时期，政府的规模有所增加，其复杂程度和运行节奏都提高了：征收和管理常规税赋、举行议会常会、设立海关服务、阻止战争和布置防务，以及监督整个王国的法律和秩序。结果是一个集中、协调和常驻的政府形成了。当14世纪头30年里与苏格兰的持续战争被规模更大的对法国的战争所取代后，约克也失去了与伦敦相竞争的另一中心的地位。此外，爱德华三世和亨利五世经常在国外率军作战，而缺席国内事务的管理——这更凸显了需要建立一个固定的、集中的政府总部，该总部可以在没有国王本人参与的情况下运作。1339至1341年间爆发的危机，让爱德华三世认识到，他再也不能像爱德华一世和他的前任国王们那样，把他的政府机器“随身携带”。到了1340年，财政署回到了威斯敏斯特办公，从此以后没有搬离过。国王的文秘署（chancery）、财政署和法院等官僚机构，都在首都扩大其规模。官员们大多是雄心勃勃的小土地所有者，它们也在邻近的郡扩张。权贵、主教和修道院院长在城市内或城市附近购买了住所或房屋；伦敦居民的姓氏和他们所说的语言表明，许多地位卑微的人从王国的各个地方迁移到了首都，甚至包括从威尔士和爱尔兰的人。

英格兰教会的英国特色，是中世纪晚期第二个重要且持久的特点。第一个特点是：英格兰教会与其他拉丁教会共同信奉天主教的信仰和教义。但人们普遍认为，这个由罗马教皇作为教父领导的普世教会，是一个由众多独立教会组成的大家庭，每个教会都有自己的特点和自治权。英格兰教会的英国特性，在中世纪后期变得更加明显，成为英国人国家意识在教会特色上的反映。在某种程度上，这要归功于英语和英国人的独立经历；在更大程度上，跟英国的法律和习俗有关——英国人（包括神职人员）生活在这套法律和习俗框架下，国王也在这个框架下遵守他的加冕誓言。此外，英格兰国王、贵族、绅士和城镇居民建立、鼓励和资助了英格兰教会，使他们个人和家庭与某个教堂或某些牧师建立了亲密的纽带。主教们是大地主（温彻斯特主教在15世纪中叶的年收入为3900英镑），他们在议会有一席之地，是国王的议员之一。他们和地位次之的权贵都经常得到提拔，因为王室信任他们、认为他们有用，并且，他们可以在教会得到奖励，不需要国家财政部掏腰包。当然，英国人能够控制其教会，并塑造其教会特点和神职人员，是有充分的实际原因的。在法国战争期间，有一点似乎更为紧迫。在1307年及以后，教皇在英国教会的组织和管理中的作用，都遭到了强烈的抵制，甚至包括主教的任命。毕竟，14世纪的大多数教皇都是法国出生的，并且，在1308至1378年期间，他们生活在阿维尼翁，有成为法国人的哈巴狗的危险（或者人们普遍这么认为）。相比之下，只有一位教皇是英国人（在12世纪中叶），并且没有一位教皇曾经访问过英格兰——直到1982年这个惯例才被打破。

通过几个方面可以说明英国教会的英国化趋势。基于早期神父制定的规范并通过教皇立法得以补充的《教会法》，被英格兰的教会法庭接受，并得到普遍运用，并且，教皇在教会事务中的最终司法权，也得到了承认。但在实践中，《教会法》受到王权的制约，特别是当被指控犯罪的教士声称享有“教士豁免权”时。从爱德华一世时代开始，教皇向英国神职人员征税的权力，受到严重限制；大多数教皇税收进入了国王的金库，而不是用来对敌斗争（许多人都这么认为）。更严重的是，从14世纪中期开始，以及在天主教大分裂（Great Schism）期间（1378至1417年，当时有两位，有时三位教皇同时声称自己是正统），教皇任命英格兰教会主教们和其他重要成员的权力受到限制，英格兰自己所支持的教皇。于是，英格兰国王使用了反教皇的《空缺圣职继任者法》（*Statute of Provisors*，1351年首次颁布，1390年重新颁布）和《侵犯王权罪法》（*Statute of Praemunire*，1353颁布，1393年延续），迫使教皇妥协，使得任命的主动权落在国王手里。因此，在15世纪之前，英国教会中很少有外国人被任命担任要职——除非他们得到了政府的特别批准；如亨利七世提名三位意大利主教时，就得到了这样的批准。

在英格兰，很少有神职人员对这种情况提出抗议。主教们没有这样做，跟他们的本性以及被任命的方式有关。教会没有集体抗议，是因为担心教皇向他们征税。神职人员没有这样做，因为英格兰国王是反对异教徒的天主教保护者和回击反天主教攻击的支持者。1433年，即使是一位圣奥尔本斯修道院的院长，也可以宣称“国王在这个王国至高无上”。

在中世纪晚期英格兰的体制性教会之外，有两股宗教热情极具英国特色：灵修，在神学中还可算是严格的正统；而受约翰·威克利夫（John Wycliffe）启发的罗拉德运动（Lollard movement），则是异端。14世纪兴起了对神秘和虔诚的著作的兴趣，其中大部分都是从本世纪后期开始用英语写作的，吸引了越来越多的有文化的公众。这些人理所当然地接受了教会的教义和做法，但他们更喜欢个人的、直觉式的宗教信仰，专注于收集在《黄金传说》（*Golden Legend*）里有关基督、圣母玛利亚和圣徒生活的、苦难和死亡的故事。作家们经常是向读者宣扬静思生活的、独来独往的人物。到目前为止，最受欢迎的灵修作品出自约克郡的隐士理查德·罗尔（Richard Rolle）以及后来的隐士诺威奇（Norwich）的朱莉娅女爵士（Dame Juliane）之手。《玛格丽·坎普之书》（*The Book of Margery Kempe*）是林恩的一位市民的妻子的灵魂自传，它树立了世俗男女所追求的美德的典范，人们通过启示、想象和狂喜来拥有这些美德。像兰开斯特公爵亨利这样的平信徒（他在1354年用法语撰写了自己的灵修作品），和像亨利七世的母亲玛格丽特·博福特夫人一样虔诚的女性，选择这种强烈的精神生活，是对学者们枯燥无味的神学讨论的反动；虽然他们没有误入罗拉德派的非正统观念（罗拉德派的精神根源并不与之相同）。

罗拉德派（可能是来自lollaer这个词，意思是一个说话含混不清的祈祷者）是唯一一个席卷中世纪英格兰的重要异端运动；且威克利夫是中世纪异端邪说历史上唯一一位能够激发反对天主教会的广泛异端运动的大学知识分子。这是一个基本上在英格兰土生土长的思想体系，通过书籍和阅读影响了很多人。尽管威克利夫不太可能用英语写作，但他激励了一系列英语论战作品以及1396年第一次完整的《圣经》英译本。首先，他迎合了当时的反教权主义情绪；他批评天主教会对财富的贪婪，以及太多不必要的神职人员，并因此而赢得声誉，以及贵族、朝臣和学者们的支持。但他日益激进的神学思想，过度强调对《圣经》的信心，招致牛津大学的谴责和开除。当面对亨利四世的严酷的正统宗教手段时（1401年将火刑列入迫害异端邪说的手段），有影响力的人对威克利夫的同情消退了。并且当罗拉德派与约翰·奥得卡梭（John Oldcastle）爵士的起义发生牵连，对他的同情几乎荡然无存了。当罗拉德派失去了精神源泉和强大的保护者时，就成了生活在威尔士边境地区和米德兰兹工业城镇的手工艺者、工匠和贫穷牧师的支离的、无组织但顽固的运动。他们的信仰变得越来越异类、古怪，但他们对教会权威的基本敌意、对《圣经》的忠诚和对英文《圣经》的推崇，预示着随后的宗教改革运动，并且成为后来的英国新教的核心思想。

识字率的提高和英语语言的广泛使用，是14世纪末和15世纪的两大发展趋势。它们是英国人日益增强的公共事务意识的表现，也反映了爱国主义和国家意识的情怀。

说服大家相信这些变化比证明它们更容易。关于识字率增长的速度和广度，当时没有统计，我们也不可能用当时基本上还不懂算术的人提供的数据对其进行量化。如果把界定“神职人员豁免权”（他们是当时的识字阶层）的1351年和1499年法令进行比较，则可以得到其增长的粗略指数。1351年的法令规定，所有有阅读能力的平信徒，应该被赋予“神职人员豁免权”。150年后，情况发生了变化，纯粹的世俗学者和圣职人员之间划了一条清晰的界限，这时候只有后者可以享受“神职人员豁免权”。也许识字阶层已经扩展到远远超过“神职人员”之外的范围，尽管1499年的法规将改变的必要性归因于神职人员滥用权力而不是识字率提高本身。

另一种普遍的做法就是比较中世纪后期的两次大规模的起义：瓦特·泰勒农民起义（1381年）和约翰·凯德叛乱（1450年）。1381年，来自肯特郡和埃塞克斯郡的农民向理查二世口头提出抗议，并且在起义期间与国王的所有联络似乎都是通过口口相传的；在伦敦塔，理查二世不得不要求叛乱分子把他们的冤情都写下来让他考虑——因为塔外面的反叛者一直朝他咆哮。将此与1450年的起义相比较，当时同样来自肯特郡和东南部的凯德的追随者，从一开始就以书面形式提交了他们的要求，他们制作并传播了几个版本的书面要求。冗长的文件是用英语写成的，有时候很口语化，有一个合乎逻辑且全面的论点在这个时期，出版手稿的业务正在蓬勃发展。众所周知，约翰·雪莉（约1456年）在圣保罗大教堂附近租了四家店面来发展出版业务，制作“小歌谣、诉状和回旋曲”，用来出售或出租。20年后，海关账目记录了通过伦敦进口了大量手抄本的情况（仅1480至1481年度就超过了1300本）。

人们可能会谨慎地引入一些数字来表明中世纪晚期的识字人口不仅限于贵族、教士或政府阶层。凯德领导的起义军中，那些工匠和手工艺者很可能就具有读写能力。在1373年的法律诉讼中，28名证人中有11人将自己描述为有文化之人（或者能够懂拉丁文，并且我们可以假设他们也懂英语）；15世纪中叶，包括商人、牧民、裁缝和海员在内的证人中，识字率也和前述的例子差不多。毫无疑问，其他人，无论是否有文化，都不会梦想被聘请作为证人；但我们无可置疑地相信托马斯·莫尔爵士（Sir Thomas More）在16世纪初的乐观估计，即英格兰人的识字率超过了50%。

如果我们不能完全放心地接受这些数字，我们至少可以观察到：有文化的男性（很少有女性）在各种职业中工作。他们填补了迄今只为神职人员所保留的一些最高政治职位：从1381年开始，平信徒经常成为英格兰的财务大臣，这个职位对阅读和写作能力（如果不是数字能力）的要求是必不可少的。有文化的平信徒被聘为政府部门的职员，诗人托马斯·霍克莱夫（Thomas Hoccleve）就称心地当了35年的公务员。同样明确的是，在1380年之前，商人有记账单的习惯；不久之后，乡村自耕农可以书写私人信函（当然也能读）；即使在庄园里担任负责人的农民，也是在一个办公室中工作，越来越多的交易是在纸张和羊皮纸上完成的。到爱德华四世统治时期，一些工艺行会的规则和规定，坚持要求它们的学徒必须达到公认的识字标准。

至少，富裕的平信徒的阅读习惯，也反映了同样的情况。阅读编年史很流行，而且不仅仅在伦敦如此。单单保留至今的手抄本就有数百件，并且随着时间的推移，在15世纪里制作出了越来越多的手抄本，其中多数都是用英语写的。商人和其他人开始拥有“普通书籍”，包括诗集、预言、编年史甚至食谱等，积累成他们个人的小型图书馆，供他们在空闲的时候翻阅。他们拥有书籍，并在遗嘱中小心处置它们——特别是宗教和灵修书籍。

英语得到越来越普遍的使用。在14世纪结束之前，说法语和懂法语（因此能读会写）的人显著下降；即使在政府和私人组织的官方和正式业务当中，英语的使用至少跟法语一样普遍。在这个世纪中间的几十年里，议会的讨论以英语进行——对此种情况的第一次书面记载，可以追溯到1362年。值得注意的是，最早用英文起草的房契是在1376年，最早的英文遗嘱出现在1387年，尽管这些只是粗略且原始的证据。到14世纪70年代，坎特伯雷正式大会的会议记录经常用英文；亨利四世于1399年用英语在议会发表讲话，并且讲话内容被详细记录下来。这场静悄悄的革命的原因是复杂的，但其中一个原因可能是：与法国的长期战争激发了爱国主义，罗拉德派的运动潮流储备了大量英文书籍和布道词，王室和贵族起了带头作用，当然还有，说英语的臣民更多、更广泛地参与到了王国的事务中，尤其是在议会中。书面英语取得了胜利。

在此之前，必须面对一个重大问题：区域方言问题。只有解决了方言的问题，才能实现英语作为书面和口头语言的全部潜力。必须承认，在大约一个世纪，流行的英语、古怪的康沃尔语、威尔士语，以及跟约克方言一样难懂的地方语言，都不能完全被吸收到一个共同的语言中；但融合也取得了很大进展。在15世纪上半叶，政府规模的扩大也起到了推波助澜的作用：政府的官方通信在王国内开发和推广了英语的使用。另一个因素是，在14世纪伦敦发展成王国的固定首都，约克作为辅助行政中心，布里斯托尔作为第二个商业大都市——每一个城市都演变出一种方言，别的地方的人必须理解它们各自的方言，于是它们逐渐融合成一个标准化的英语。这种方言主要是中部地区的英语，以牺牲城市语言为代价，取得了统一语言的胜利；因此，它更容易被农村郡所采用。中部方言之所以能够脱颖而出，在很大程度上是由于14世纪和15世纪来自英格兰中部地区和东部地区的大量人口迁移到了伦敦。罗拉德运动也起到了一部分作用，因为它在中部地区和西部乡村地区特别活跃，其大部分书面作品都是以中部地区的方言的变体书写的。这种方言以口头和书面的形式占领了伦敦，进而占领了整个王国。

杰弗里·乔叟（Geoffrey Chaucer）对于他的作品是否会在整个英格兰被读懂存在严重的疑虑——并且他为一个有限的、对他的作品着迷的圈子写作。

而因为用英文和我们的方言写作
是如此多姿多样，
所以我向上帝祷告，每一种方言，
都不会把你写错，每一种韵律都跟随你的方向。
无论去向何方，你都要朗诵，或者吟唱，
我乞求每个人都能读懂上帝的“模样”。

在1426年的一宗法律案件中，法官声明，虽然单词的读音在英格兰的不同地区有所不同，但在法庭上同等有效。半个世纪之后，威廉·卡克斯顿（William Caxton）可能会更加乐观地认为，来自不同郡的人都能读懂他印刷的几百本书。他意识到“在一个地方说的普通英语，与另一个地方的不同”；但是，通过使用“既不太粗鲁也不古怪的英语，且以上帝的恩典所理解的方式”，他预计不会遇到太大困难。无论是口语还是书面语，易于理解，对于沟通的有效性、观点的共同表达以及形成国家意识都至关重要。

英语已成为“一个征服民族而不是被征服民族的语言”。英语作家的自信，在天才的乔叟身上达到了新的高度，并吸引了来自最富有、最有影响力的人的资助，包括国王、贵族、绅士和城镇居民。各种形式的英语诗歌，无论在质量还是受欢迎程度上，都远远超越了14世纪和15世纪的英语散文：抒情诗和浪漫诗歌、喜剧和悲剧、寓言和戏剧。这些诗歌大部分都根植于北欧传统。14世纪英格兰西北和中部地区的文学复兴，主要是押头韵、不押尾韵的诗文。但这轮复兴得到了当地绅士和诸如博恩斯家族（赫里福德伯爵）和莫蒂默家族（马奇伯爵）等权贵的赞助，并且可以创作具有相当想象力的作品，如《高文爵士和绿色骑士》（*Sir Gawain and the Green Knight*）和《农夫皮尔斯》（*Piers Plowman*）。在同一地区，以英国奇迹剧形式出现的基督教戏剧，是在14世纪发展起来的；并在约克、贝弗利、韦克菲尔德和切斯特等北部城镇中大受欢迎。在这些地方，戏剧由城镇行会组织和演出。

与此同时，在南部和东部，出现了一种更新的韵文形式。这种形式更多地归功于法国和文艺复兴早期意大利文学的风格和内容。乔叟的一支妙笔，和他的朋友约翰·高尔（John Gower）的部分贡献，创造了英国文学不朽的杰作。这些作品在思想和词汇的丰富程度、想象力和人类理解力的深度上，以及纯粹的艺术性方面都是无与伦比的。约在1380至1385年间写就的《特洛伊罗斯与克丽西达》（*Troilus and Criseyde*），特别是反映英格兰社会全景的鸿篇巨作《坎特伯雷故事集》（写于1386至1400年，但从未完成），是英国文学成就的里程碑式作品。它们展示了作者的智慧、通俗性和创造力，以及对各种各样的当代英语谚语的熟练驾驭，这一切使乔叟成为中世纪英国最伟大的作家。

高尔是肯特郡人，先后分别由理查二世和亨利·波林勃洛克（Henry Bolingbroke）资助。乔叟出身于一个伦敦商人家庭，在贵族和王室社交圈长大，他是有史以来最负盛名的诗人之一。这反映了他非凡的创作天赋，他极大地丰富了英语的表达，并得到了同时代有影响力的人的认可。乔叟的弟子，霍克利夫（Hoccleve）和利德盖特（Lydgate），与他们的老师相比似乎显得逊色不少，但，至少王室、宫廷和伦敦市给他们提供的资助，基本上确保了他们所代表的首都英语文学流派，拥有一个光明的未来

英格兰的建筑师和建筑工人，也得益于本地的财富和品位的“供养”。通过从欧洲大部分地区流行的哥特式风格（尖拱是哥特式的符号和最显著的特征）中汲取营养，他们创造了独特的英国建筑风格。自19世纪以来，这被称为盛饰式（Decorated，更准确地说是自由流动和曲线型）和垂直式（又可说是垂直式、直线型）。在英格兰的主教座堂、较大的教区教堂和大学建筑的窗户和拱形设计上，最能体现这种建筑风格。任何新的建筑发展，都可以精确地找到其渊源，人们认为，在13世纪末与埃及的

穆斯林世界和波斯的蒙古世界重新建立的外交活动和十字军东征，把东方的建筑风格和技术传播到了西方。精美的窗花格和豪华的自然主义装饰图案，是盛饰式的特征，它们体现在三座幸存的埃莉诺十字架上；这些十字架是爱德华一世在13世纪90年代立的，用来作为他妻子的遗体从林肯运往威斯敏斯特墓地的旅程中的路标。圣玛丽红崖教堂（St. Mary Redcliffe）的六边形北门廊和门道，可以看到东方的痕迹，这座位于布里斯托尔的教堂，其历史可以追溯到14世纪初。这些奢华精美的结构，即使在哥特式流行的欧洲，都是无与伦比的；已经被人们誉为“英国整个中世纪的建筑史上纯粹创造性的最辉煌体现”。仅仅半个世纪（1285至1335年）后，它更是引发了一股潮流。这种潮流创造了最具有英国特色的风格：垂直式。在这个时代，英格兰处于战争状态，于是这种风格很少在欧洲大陆被模仿。它的简洁、清晰的线条和更大、更轻的空间，可能最早出现在威斯敏斯特大教堂（1834年被毁）的圣斯蒂芬皇家礼拜堂，或伦敦市的圣保罗大教堂（1666年焚毁）。无论哪种方式，以埋葬了爱德华二世的格洛斯特大教堂为代表，这种建筑风格，很快便借助宫廷的影响力传播到英格兰的西部。这种风格如今仍然让人叹为观止，无论是格洛斯特大教堂的唱诗席（可追溯到14世纪30年代中期），还是后来的坎特伯雷大教堂（建于1379年）和温彻斯特大教堂（建于1394年）的中殿。英式风格的装饰，现在主要集中在拱形屋顶，最典型的是赫里福德大教堂的会议厅（现已被毁）的扇形穹顶和格洛斯特大教堂的回廊（1351后建成）。

垂直式建筑风格最常见。最好的垂直式建筑，一般是在英格兰较大的教区教堂，如在赛伦塞斯特、考文垂和赫尔。无论是瘟疫还是战争（它们在15世纪导致大型建筑工程无法实施），都未能阻止东盎格利亚和英格兰西部的服装商和地主慷慨解囊，用来建造体现英格兰品位和技艺的丰碑。垂直式建筑，在15世纪后期一些最著名的英国建筑上经历了强劲复苏，其中大部分都是王室出资建造的：伊顿公学，温莎城堡（始建于1474年）的圣乔治礼拜堂、剑桥的国王学院礼拜堂，以及威斯敏特大教堂的亨利二世礼拜堂等。这一时期，无疑是“英国中世纪建筑的小阳春”。

中世纪后期，教区教堂的垂直式塔楼最具英国特色，从雷克瑟姆的坚固的圣吉尔斯教堂，到波士顿的圣博托尔夫教堂（St. Botolph’s Church）的高塔，到布里斯托尔的圣斯蒂芬教堂，到卡迪夫德的圣约翰教堂。此外，14和15世纪的木雕屋顶也是英国特色。最早的木质拱顶结构是1291后修建的约克的教堂会议室；1322年伊利大教堂的塔楼倒塌，重修的是木质拱顶和灯笼塔。这种结构，在威斯敏斯特大教堂大厅（1394至1400年）椽尾梁椽木屋顶达到了顶峰。威斯敏特大教堂是由理查二世委托修建的，被认为是“中世纪全欧洲最伟大的一件艺术品”。从13世纪开始，泥瓦匠、木匠、建筑师，都有国王、朝臣、贵族和其他人资助，他们不仅仅建造宗教建筑，还修建王室和私人的城堡和庄园。虽然这些手艺人主要在伦敦形成了自己的职业，并且与国王的工程紧密相联，但是他们也被分配整个英格兰和威尔士去完成工作任务。他们以自己的专业知识和经验，供贵族和主教们驱使，并由此创造了符合本国人品位的民族风格。

英格兰人的民族性意识和对自己的英国风格的认识始于何时，不容易判定。但他们有时会把自己与不同的民族（种族、语言、国家或文化和政治传统都不同）进行比较（或被别人比较）。在中世纪后期，英格兰与不列颠岛内和欧洲大陆的其他民族发生过频繁的剧烈对抗。这些对抗，是民族性和英国性自我意识形成的驱动力。这样的经历所激发的英格兰的情感，让他们意识到了自己的特性本质、共性、共同的传统和历史。

只要英格兰由诺曼的公爵们或安茹的伯爵们统治着，并且盎格鲁-诺曼男爵们在海峡的两岸都拥有庄园，其他贵族在英格兰和苏格兰都有庄园，统治精英不可能会认为自己是纯粹的英格兰人。但是当法国人占领诺曼底和安茹，并于1259年正式将那里纳入自己的版图之后，跨海峡的贵族们不得不决定他们应该首先向哪一方表示忠诚——这时候的统治精英才会可能认为自己是纯粹的英格兰人。随着苏格兰王国的自我意识的日益加强，特别是当爱德华一世发动的战争使得在两边都拥有土地的情况成为过去，英格兰的统治精英同样会认为自己是纯粹的英格兰人。此后，环绕英格兰的大海也强化了英格兰的独立性。在15世纪30年代中期，一位小册子的作者建议：

> 被大海环绕的英格兰独一无二；
> 大海像圆形墙壁拱卫着英格兰；
> 如果把英格兰比作一个城市
> 环绕它的城墙便是无垠大海……

从哈罗德国王以来，爱德华一世以后的国王，在成长经历和观念上比其他时期的国王都更加英格兰化。事实上，亨利六世在他39年的统治时间里，从未到过苏格兰或爱尔兰；他只踏足过威尔士一次［在蒙茅斯（Monmouth）度过了一天］；除了在他九岁加冕后访问过法国，之后再也没有去过。

对于外国人，在13世纪，佛拉芒人和随后的意大利人，在英格兰的海外贸易中占据重要地位，这让英格兰人憎恨他们的商业成功。在亨利七世统治时期，据说英格兰人“对外国人很反感，并希望外国人永远不要来不列颠岛；他们觉得那些外国人来这里是想自己成为这个岛的主人，可以霸占他们的商品……”。毕竟，像法国修道院附属的外国小修道院一样，出生在与英格兰作战的国家的人，可能会寄钱给英格兰人的敌人。比如亨利四世的王后（布列塔尼公爵夫人）的仆人，就充当法国的间谍。在百年战争开始阶段，国王的文书在王国的文件上潦草地写了一句“不要给外国人看！”——这么做并不是没有理由。

由地位卑微的弓箭手以及骑士和贵族发动的英格兰战争，给各个等级的士兵带来了鼓舞人心的自信。一位知情的观察者在1373年说：“英格兰人对自己满怀信心，他们打赢了那么多大胜仗，使他们相信自己不会失败。在战斗中，他们是世界上最自信的民族。”他们对自己的胜利充满无限的自豪感，而国王正是丰功伟绩的象征。在爱德华三世统治之下，“英格兰王国得到高贵的修正，荣耀和富裕程度前所未有”，而亨利五世在臣民中的威望达到更高的高度。英格兰人的优越感（仅次于自豪感和自信心）即使在15世纪中叶仍然毫不动摇——那时候的英格兰已经远非黄金时代了。野蛮的盖尔人被当作“小爱尔兰人”；1436年，英格兰人仍对佛拉芒人的鄙视毫不掩饰：

> 现在请记住，佛拉芒人，真为你们感到羞耻；
> 当你们围攻加来，理应受到谴责；
> 想要好名声，就做英格兰人而不是佛拉芒人，
> 继承那绅士血脉，古老而高贵。

1500年左右，当英格兰几乎失去了所有在海外的“帝国”时，一位意大利游客仍品评道：“英格兰人热爱自己和属于自己的一切。在他们眼里，只有自己，没有别人，只有英格兰，没有其他世界。而当他们看到一个帅气的老外，他们会说，‘他看起来像一个英格兰人’，或者说，‘很遗憾他不是一个英格兰人’。”优越感很容易变成蔑视甚至仇恨。经过几十年的与法国人的战争，仇法情绪很普遍——其程度与法国人的仇英情绪相当，法国人把英格兰人看作“被诅咒的民族”。对法国人的厌恶，在亨利五世时期最强烈。虽然他获得了法国王位，但在英格兰，他不鼓励政府和受教育的阶层使用法语。伦敦的酿酒商读懂了他们所崇敬的国王的意思，当他们用英文书写他们的条例，会备注这么几句，“我们的母语，英格兰方言，已经在现代社会得到光荣推广和修饰……而且我们最优秀的君王，国王亨利五世，已经把它的习惯用法……用书写来推广和颂扬。”

英国过去的不安全感，曾与英格兰国王（一直到爱德华一世，甚至爱德华三世）的活力和雄心一道驱使英格兰人进入了苏格兰、威尔士和爱尔兰。他们在融入这些地区方面取得的成功是有限的；虽然他们也试图把

威尔士人和爱尔兰人的文化、语言和习惯英格兰化，但拥有附属领地的英格兰人在中世纪后期失去了政治上的民族意识。参加康斯坦茨大公会议（1414—1417）的英国代表团宣称：

> 无论通过血缘关系、统一的习惯，或通过独特的语言（在神和人的法律中，语言是一个国家最牢靠、最积极的象征，也是一个国家的本质）来划定一个国家，或者通俗地把一个民族理解为区别于其他民族的民族，……或者一个国家可以理解（理应如此）为相当于法兰西民族的领土的一块领土——英格兰都是一个真正的国家。

但是，代表团的人还补充说，苏格兰、威尔士和爱尔兰也是英国的一部分——这样说，实际上破坏了他们自己的政治立场。

| 第五章 |

都铎王朝

（1485—1603）

约翰·盖伊（John Guy）

人口变化

在前工业社会，变革的最大推动力往往是人口或经济因素而不是政治。16世纪，黑死病肆虐后不列颠群岛的人口开始迅速恢复，但当时的农业生产能力足以养活增加了的人口。饥荒和流行病多次扰乱都铎王朝的经济，但没有彻底摧毁经济发展。当然也有积极的一面，耕地面积和消费需求的扩大刺激了农业商业化和企业家的崛起，鼓励了城市和住房的更新，进口的奢侈品也提升了人们的物质文化追求，刺激了商人的野心。商人们在新大陆和东印度群岛开拓投资，并开始在土耳其、俄罗斯、非洲、欧洲和波罗的海地区的传统市场开展贸易。

1485年之前的一个世纪里，与欧洲其他国家相比，英格兰人口稀少，经济落后，闭关锁国。黑死病肆虐后，英格兰恢复缓慢，基本上是人口恢复的过程，下面的数字就是有力的证据。在黑死病（1348年）前夕，英格兰和威尔士的人口一直保持在400万到500万之间。到1377年，人口因持续瘟疫锐减到250万。英国（不包括威尔士）人口在1525年仍然不超过226万，从黑死病暴发到亨利八世即位，英国人口统计史的显著特征是人口没有增长。但是这一趋势在1525年之后突然发生逆转。从1525到1541年，人口增长迅猛，这是一次长期停滞后出现的爆炸性增长。这轮增长在1541年后有所减缓，但人口仍持续稳定增长，仅在16世纪50年代末出现短暂的逆转；1601年达到410万。另外，威尔士人口从1500年的21万增长到1603年的38万。

英国人口总数（1525—1601）	
年份	人口（单位：百万）
1525	2.26
1541	2.77
1551	3.01
1561	2.98
1581	3.60
1601	4.10

数据来源：E. A. Wrigley and R.S. Schofield, *The Population History of England, 1541—1871*（《英国人口史，1541—1871》）1981

虽然地主和中间商从商业化农业中获利，然而其他方面出现了严重问题。对一个农业仍占主导地位的社会来说，需求突然增加，给衣食的供给造成了压力，这既有积极的一面也有不利的一面。16世纪90年代，社会普遍贫困，无数农民家庭和城市居民备受贫困折磨，须依靠教会救济或民间慈善来维持。通货膨胀、投资者的土地投机行为、圈地运动、失业、流浪和城市贫民区都是沉疴宿疾，都是人口增长和粮食市场化的常见症状。在15世纪，农场租金降低——因为很难找到佃农；地主被迫放弃直接利用土地，而以优惠条件把土地租给佃农。农民按惯例租种的土地所缴纳的租金，一直比较低；劳役已被现金取代，因为农奴制在1485年基本消失。与此同时，由于1348年以后劳动力紧缩，货币工资上涨；市场需求下降，粮食价格下跌。

1525年以后，需求增长刺破了由于人口增长停滞所带来的虚假繁荣的泡沫。对土地的渴求导致土地租金飙升。企业家地主驱逐了农场佃农和公簿持有农[1]。外部投机者以牺牲现佃农利益为代价，把几个相邻的农场连接起来，联合经营以谋利。瘠薄的土地被改造成牧场，以发展更有利可图的牧羊业。地主或者擅自占地者们圈占公共用地、开垦荒地，导致公共放牧权名存实亡。常见的观点认为，都铎王朝时期活跃的土地市场孕育了一个欺压穷人的、贪婪的资本家阶级——虽然这么说稍显夸张，但确实没有几个地主心慈手软：在土地所有权不全的代理商中跃然兴起了一个生机勃勃的市场，侵扰了众多合法土地所有人的利益。

通胀和失业给人民的生活造成最大的困难。不断上涨的食品价格，刺激着农民把粮食和饲养的牛拿到城镇上售卖——尤其是在伦敦地区——而不是用来满足农村的基本生活。小麦和大麦可以囤积长达三年，或者运到价格最高的市场上卖掉；为了卖个好价钱，赶牛群上市的人可以行走放牧上百英里。不断增加的人口，特别是城市人口，给市场带来了巨大压力：商品往往供不应求，尤其是在流行病或恶劣天气导致歉收的年份。以现金计算，农产品价格上涨的速度开始快于工业品，1525年以后上涨速度更快。按实际价值算，价格上涨比看上去的波动更剧烈——因为人口增长使得劳动力充足而廉价，工资很低。到16世纪90年代，劳动力市场供过于求。平均工资和生活水平相应下降，工人一天的工资仅够支付食宿。身强力壮的人（其中许多是因为地租上涨或公共土地被圈占而流离失所的农民）如潮水般，一批一批涌向卫生条件恶劣的城镇去找工作。

[1] 英国中世纪农民的一种，14世纪农奴制废除后由农奴转变而来。根据庄园法庭记录簿使用土地，直至终生。——译者注

总的来说，从亨利八世即位到伊丽莎白一世去世，必需消费品价格上涨了5倍。年化价格指数高达100左右，直到1513年，这一数字上升到120。到1530年，这一数字已经逐渐上升到169。到1547年，即亨利八世去世那年，该指数进一步增长到了231。1555年该指数达到270；两年后竟达到了惊人的409——尽管这在某种程度上是由于一系列货币贬值的延迟效应所造成的。伊丽莎白于1558年即位时，该指数已恢复至中位数230。随后再次攀升，但升幅更为平稳：1570年为300，1580年为342，1590年为396。但16世纪90年代末，雨水过多，庄稼歉收；同时发生的区域性流行病和饥荒，导致1595年指数达到515，1598年为685，1600年才降到459。

若把人口为作x轴，同期购买力指数作为y轴，建立一个关联坐标，显然这两个因素之间的相关性是负的。随着人口增长，生活水平逐渐下降；1556到1560年间，人口增长先放缓，随后骤然下降，这时期生活水平开始恢复。之后生活水平再次稳步下降；直到1586至1597年和1594至1598年暴发的短暂自然灾害，才打破之前的相关性。尽管自1570年以来，累积增加的雇佣劳动力，也必然产生了一定的扭曲效应。

换句话说，人口趋势是决定16世纪不列颠群岛命运的关键因素，而不是政府的政策、资本主义企业家、欧洲从美洲进口的白银、更快的货币流通或货币贬值。王室战争支出、大量借款以及货币操纵，加剧了通胀和失业。但经济生活主要与人口增长有关。

鉴于此，最大的胜利即避免普遍的生存危机。在16世纪50年代后期和1566至1571年间，生育率出现下降。伊丽莎白统治时期，结婚的人口比例较低。每隔15年左右就会发生至少一次粮食歉收，导致较高的死亡率——其中最严重的情况发生在1555至1556年和1596至1597年。任何年份收成不佳所造成的影响，往往要持续到下次丰收或庄稼收割。最严重的饿死人现象有两次：从1555年持续到1557年，从1596年持续到1598年。然而，尽管饥荒和疾病对受灾区特别是对16世纪90年代的城镇带来毁灭性打击，但是并没有发生全国范围内的大规模死亡。无可否认，除了其他困难之外，玛丽女王政权面临着黑死病以来最严重的死亡危机：人口在若干年内减少了20万，相当于总人口的6%。但是，由于一些地区受到的影响相对较小，就地理范围而言，这不是一场全国性的危机，但人口增长暂时受挫。事实上，16世纪饥荒的年份、强度和有限的地理范围表明，饥荒危机正在减缓，而不是随着时间发展而恶化。同时，相对于更大的人口，死于流行病的人也比以前减少了。在伊丽莎白统治的三分之二时间里，农村没有被危机波及，农村人口总是过剩。而且，当这些城镇的死亡率高得离谱时，农村中的剩余人口既可以增加务农人口，又能移民到城镇来、填补城市劳动力的短缺。

都铎时代也有许多积极的方面，即使富人变得更富、穷人（尤其是没有土地的雇佣劳动者）变得更穷，但不同群体之间也有很多不同。例如，农业工人的工资水平比建筑工人的工资水平下降了很多，而一些处于优势地位的工薪阶层，如金属工人或门迪普（Mendip）的矿工的实际收入，可能略有增加。在大多数地区，工薪家庭并不完全依赖他们的工资来维持生活。多种职业，如国内个体户和家庭手工业蓬勃发展，特别是在农村地区。除了住在伦敦内城的居民以外，城镇居民也种植蔬菜、养猪、养绵羊、养山羊、酿造啤酒。贵族和绅士的家庭佣工，除了少量的现金收入外，还获得食物和饮品——虽然实物支付到了16世纪90年代越来越少了。

建立新王朝

现在看来，长达30年的内战（玫瑰战争）仅仅是断断续续的动乱——即使存在短暂的流血；而且，亨利·都铎在博斯沃思原野战役（1485年8月22日）大获全胜，不应仅仅归功于运气和时机恰当。博斯沃思原野战役是决定性战役，因为理查三世及众多贵族大臣在战斗中被杀；因为理查提前铲除了最合法的王位继承人；因为亨利在战争前一天机智地宣称自己为国王，宣布理查余党是叛徒。通过迎娶爱德华四世的女儿——约克的伊丽莎白，亨利维持住了那些在一开始就与他一起反对理查的约克王朝背叛者对他的效忠。随后，他们的孩子陆续出生：1486年亚瑟出生，1489年玛格丽特出生，1491年亨利出生，1496年玛丽出生——这样他就以和平的手段实现了“兰开斯特和约克两个显赫贵族家族的联盟”。亲都铎王朝的编年史家爱德华·霍尔（Edward Hall）对此大加赞赏，后来的莎士比亚的历史剧，对此也倍加称赞。

亨利七世可以建立一个新的王朝，他能否建立一个新的君主政权，还有待观察。关键在于他能否统治贵族并将王权置于派系之争之上。国王不应只是做君主，而应治理国家。长久以来，英格兰国王一直是“平等者中的领头羊”，而不是“国王和皇帝”。玫瑰战争对农业或贸易造成的损害不大，但却破坏了对君主制的信心：人们认为国王没有能力或不愿意保护所有臣民的权利。特别是，王室政权已经不再是政治中立者，而是被一些人转变为派系斗争的工具。君主制的所有方面——特别是法律制度——都深受家庭忠诚、贵族争斗、裙带主义和人际关系网络的影响。

托马斯·莫尔认为，爱德华四世去世的时候，他的王国处在“太平盛世”——替爱德华说句公道话，国家重建的工作，在他去世前就已经开始了。爱德华四世没有过多建树，是因为他过于乐善好施；与伊丽莎白·伍德维尔婚姻破裂，沉湎酒色。他英年早逝预示着理查三世即将篡权。相比之下，亨利·都铎谨慎、狂热、机敏、俭朴，有些人认为，他在财务上小心翼翼，到了近乎贪婪，甚至爱财如命的地步。他对君主政权和治国之道的看法，与前几任国王迥异。亨利将精简的欧洲政府作为典范，特别是接纳多年流亡的布列塔尼和法兰西。这位之前没有执政经验的国王，对贵族价值观毫不同情，甚至愿意冒险短期内破坏王国的稳定来反对贵族势力。15世纪的统治者一般乐意与贵族结盟，但亨利的目标是建立一个贵族效力于国王的君主政权。为了确保贵族处于从属地位，他无情地颠覆了他们在当地和其领地的影响力，并把支持他们的乡绅变成自己的次等侍臣。他决心通过中央集权的宫廷亲自统治英格兰，而不是通过中间机构。这里仍然存在一种危险，那就是：当亨利遭到谋反的时候，那些拥兵自重的贵族也许会袖手旁观。

在几次约克党鼓动的政变中，得到北方和爱尔兰支持的冒牌国王兰伯特·西姆内尔（Lambert Simnel）在1487年发动的叛乱最具威胁力。15世纪90年代珀金·沃贝克（Perkin Warbeck）的叛乱同样威胁力巨大；直到亨利采取机智的外交手段使支持沃贝克的苏格兰、佛拉芒和法国保持中立，叛乱才得以平息。西姆内尔在斯托克（Stoke）战役（1487年6月16日）中被击溃，他的拥护者被杀或被赦免，年轻的冒充者被作为仆人纳入国王家庭中。沃贝克于1497年8月落入亨利手中，不久他因仰仗国王的仁慈胡作非为而被绞死。然而他的拥护者深深渗透进了亨利的核心圈子：国王继父的兄弟威廉·斯坦利（William Stanley）爵士是秘密策划者之一。对于亨利来说，1497年是决定性的一年，因为他面临着接连不断的事件：康沃尔发生抗税叛乱；苏格兰边境的动荡使得战争一触即发；沃贝克入侵，导致埃克塞特被占领。

消灭了沃贝克后，亨利开始醉心于确保王朝的安全，勇于承担政治和财政上的义务，以及恢复法律和秩序。为了实现这些目标，他用人时，依据这个人的贤能及对朝廷的忠诚，不在意他的社会地位。在运用王室资助和任命枢密院委员时，这一原则体现得最为明显。资助是指王室授予官员及其家眷职位、土地、养老金、年金或其他津贴，是政治控制的主要武器。所有臣民，无论是尊贵的贵族还是卑微的骑士、绅士，都会为了从国王那里分得更多利益而相互竞争。无论地位多么高的贵族，都加入了有失尊严的争抢。亨利根据有限资源的实际情况，不断调整资助制度，还对赞助资金进行审查，以确保其支出能有预期的回报。《解散修道院法令》（*Dissolution of the Monasteries*）颁布前的岁月，王室资源有些捉襟见肘；伊丽莎白一世统治时期也是如此。16世纪的大部分时间里，由亨利七世设定分配王室赏金的频次和标准；这种做法的危险之处在于，如此严苛的条件，可能会显得过于吝啬。赏金额度太少，又不能及时下发，极大地削弱了王室仆人和追随者的士气甚至忠诚。

1497年的危机过后，亨利的办法成了“胡萝卜加大棒”的有机结合。在他的庞大且活跃的枢密院，他推广会议磋商——这种方式一方面鼓励了委员们经常参会，但另一方面使得会议变得枯燥无味。在16世纪30年代重建枢密院之前，所有贵族都可能是枢密院委员，政治身份取决于参加枢密院会议的频次。在威斯敏斯特，枢密院委员设在“星室法庭”（又称“星座法院”，其大厅的蔚蓝色天花板上装饰着带金箔的星星），这里既是枢密院开会的地方，也是一个法庭。在议会未开会期间，星室法庭成为国王、大臣们和贵族的主要联络点，一直到沃尔西（Wolsey）1529年垮台。在亨利七世当权期间，星室法庭讨论的问题（如内部安全、国防及外交事务等）必须得到权贵的支持，因为他们也是军队的集结人和首领。庞大的枢密院从未讨论过亨利七世的财政或执法政策，这些议题要交给那些精通法律的枢密院成员和附属审计法院的成员。但是，亨利把出席宫廷节日以及枢密院会议作为大贵族身份的一部分，这大大消除了关系疏远的贵族带来的威胁——这种威胁源于可能缺乏沟通以及贵族们在政治圈里的孤立地位。

接下来，亨利下定决心把城堡和驻军的指挥权，甚至对军事活动的监督权，都集中到他的内臣手中。如果他觉得贵族行使权力时藐视王室利益，他会对领地的贵族势力发动直接攻击——这种攻击发生过若干次。攻击通常是，要么通过法律对其不法行为进行指控和罚款，要么采取更为严厉的惩罚：剥夺公民权和没收财产。

例如，伯加韦尼勋爵乔治·内维尔（George Neville）于1507年在王座法庭受审，罪名是非法保留一支私人军队。他认罪（人们在亨利七世统治下都会认罪，因为认罪会罚得少点），被罚款70 650英镑。按当时每人每月5英镑的平均薪酬算，相当于他从1504年6月10日至1506年12月9日的30个月里雇用了471名男子。这支所谓“军队”似乎包括25名乡绅、4名教士、440名自耕农、1名修鞋匠和1名补锅匠——朝廷对细节掌握得太精确了。在原则上，亨利当然不反对保留私人武装：他重视伯加韦尼的“军队”，下至最后一名肯特郡的补锅匠，就像重视其真正的领地主人一样（更美妙的是由伯加韦尼承担这支队伍的开销）——前提条件是这支军队首先要服务于国王。尽管亨利采取了防御性外交政策，还是让英格兰卷入了欧洲事务的纷争中。1501年亚瑟王子（Prince Arthur）与阿拉贡的凯瑟琳（Catherine of Aragon）的闪电式婚姻，提升了亨利在欧洲的声望；而他与布列塔尼的安妮（Anne of Brittany）的协议，迫使他于1492年率领26 000人的大军短暂入侵法兰西。除了从王室自己的领地上招募的士兵和要求贵族提供的士兵之外，英格兰——或者更确切地说是英格兰国王——拥有的士兵数量很少。因此，伯加韦尼的案件颇具惩戒性和警告性，其罪行并非如判决所述。事实是，这是一支私人军队，其主人的忠心受到亨利的怀疑，此人的出身是约克党，而且此人与1497年发生的康沃尔叛乱有很大牵连。

剥夺公民权和没收财产这一武器要严厉得多。剥夺公民权指议会法令判定嫌疑人犯了叛国罪，并宣布没收其财产，归国王所有，且宣告其血统已“腐化”。该手段实施的结果往往是受害人被执行死刑，但并不一定完全没收其土地。多数剥夺公民权的案件后来都被撤销了，做出有利于其继承人的判决——但并不是全部的财产都得到归还。亨利七世执政期间，共有138人获此罪名，其中86人自始至终未被平反。亨利七世只平反了46人，亨利八世平反了6人。与亨利六世、爱德华四世，甚至理查三世执政时期相比，这些数字相形见绌，反映了都铎王朝政策的严酷性。

这位新王朝的开创人在执政后期，政策严酷，过了头。1506年，他委任一位外来的教会税征税者波利多尔·维吉尔（Polydore Vergil）来撰写英国史。正是波利多尔写道，1502年后，都铎王朝的第一位君主变得贪得无厌：

> 他用比以往更严厉、更苛刻的手段对待人民，以便（正如

他自己声称的那样）让人民更加彻底地服从于他。人民对他的做法有另一种解释，他们认为自己遭受痛苦不是由于自己的罪孽，而是由于君主的贪婪。目前尚不清楚，是否一开始就是出于贪婪，但后来贪婪已经昭然若揭了。

围绕亨利的意图的争论仍然激烈。无论最终结果如何，有三点是明确的。首先，他的罚金额度从100英镑到10 000英镑不等，根据他认为被罚款人可接受的程度而具体实施。这些罚金旨在让政治国家——特别是贵族——任由国王摆布，并避开正当的法律程序。如果任何人被认为行为不端，他只会因拖欠罚金而被起诉：无法就被指控罪行的性质或程度提起诉讼。换句话说，亨利七世用收罚金代替法律，而约翰王和理查二世用空白宪章代替法律。其次，亨利的两位大臣理查德·恩普森（Richard Empson）和埃德蒙·达德利（Edmund Dudley）贿赂了陪审团，以做出对国王封建权利有利的裁决。最好的例子是威斯特摩兰伯爵庄园一案。在案件中，议会要展开调查，以纠正亨利八世执政时期的问题。最后，亨利七世出售重要官职，包括法律要职。他两次高价出售了普通诉讼法院的首席大法官职位，还出售了司法部长、掌卷法官和下议院议长的职位。

通过这些和类似手段，亨利七世在玫瑰战争之后恢复了王朝的稳定。他建造了新的宫殿，并将宫廷变成了政治熔炉，将贵族的地位降格为侍从。他开始建立一个由官吏管理的中央集权国家，并通过确保唯一幸存的儿子的继承权而企图使自己的王朝不朽。但是人们高估了他的财力。尽管从罚款和勒索中积累了大量资金储备，但在执政后期，外交上浪费了大笔资金，而且由于亨利过于吝啬，未能足额支付主要官员的薪资，迫使他们去压榨地主和富有的商人，达成私下交易，中饱私囊。一个典型的例子便是亨利·怀亚特爵士（Sir Henry Wyatt），他以超低价从王室债权人，特别是肯特伯爵那里购买土地。是国王明知他们所作所为却又故意佯装不知？还是就为了能在他们犯错时剥夺其财产？还是说，国王并未尽其治国之责？

年轻的亨利八世

亨利七世于1509年4月21日晚11点驾崩，两天秘不发丧，而他的议员们在进行着克里姆林宫式的运筹帷幄以保饭碗。亨利八世在差两个月18岁时成为国王，大张旗鼓地开始了他的“盛世”。获得教皇朱利叶斯二世（Julius II）允许之后，他首先迎娶了哥哥的遗孀：阿拉贡的凯瑟琳——这场联姻势必产生即使不是革命性的，也是重大的影响。接着他逮捕了恩普森和达德利，把他们在伦敦塔囚禁了一年之后才处决。年轻的亨利已经开始并打算继续用一个又一个无耻的手法。他的性格富于魅力，咄咄逼人，有时甚至有些病态。他的唯我独尊、刚愎自用和焦躁不安，都是他能干但二流的头脑和被娇惯的童年的产物。和他的父亲一样，亨利旨在扩大王权——但更多的是出于个人原因而不是出于政策和治国的理想。

年轻的亨利渴望征服，自视为“勇士国王”，欲模仿黑太子（爱德华）和亨利五世在法国的辉煌战功。尽管法国瓦卢瓦王朝成功巩固了领土，并将欧洲政治重心转移到意大利和西班牙，亨利仍渴望再次发动与法国的百年战争。他的骑士梦及代价高昂的战争（浪费人力、物力、财力）一再打击了议员们提出建议的努力。然而，虽然人们都知道像鹿特丹的约翰·科利特（John Colet）和德西德里乌斯·伊拉斯谟（Desiderius Erasmus）这样的知识分子都抨击战争，但不要忘了，在文艺复兴时期，为了捍卫“荣誉”，是不惜发动战争的。“荣誉”是贵族文化的基石；统治者认为，与他们的臣民不同，他们没有可以替他们伸冤的“上级”，因此在外交失败时别无选择，只能接受战争的“仲裁”。此外，战争是“国王们的消遣”。他与他的欧洲对手，特别是法国弗朗索瓦一世在王权和领土上进行争夺，又被迫承认了签订的条约，甚至接受了民众的需求。亨利八世统治时期，遭到了自亨利五世以来来自法兰西的、最肆无忌惮、最大范围的入侵。事实上，只有少数同代人认识到文艺复兴时期的战争会造成严重的短期经济损失。

亨利选择了红衣主教沃尔西担任他的第一任首席大臣。在这位骄傲且高效的主教掌权期间，亨利国王显得平易近人。已故国王的两位遗嘱执行者被亨利八世逮捕、处决之后，沃尔西一路高升。亨利八世执政初期，这两人就已是长老议员，他们曾策划决定：当这位年轻的国王以自己的名义提供皇家礼品或资助时，需要他们中一人或经常两人的联署签名。热衷于王权不受约束的亨利，很快开始抵制这一做法。由于沃尔西（当时仍是一位皇家牧师和施赈员）经常被议员们派去向亨利汇报，他就有机会私下向国王提出建议。正是由于这些交流，亨利（根据沃尔西的首席门役的叙述）发现，他的这位施赈员“是议会中能帮助实现国王意愿和乐趣的、最诚恳、最合适的、唯一的人选”，沃尔西因此得到提拔重用。

国王早期的战争，在很大程度上是沃尔西组织的。特别是1513年亨利亲自率军入侵法国北部，马刺战役（8月16日）后占领了泰鲁阿讷（Thérouanne）和图尔奈（Tournai）。占领的城镇没有什么战略价值，但国王却很高兴。另一次入侵已经计划好了，但亨利的盟友不可靠，于是沃尔西试图与法方谈判达成一份英法协议（1514年8月）。但是随着路易十二驾崩、弗朗索瓦一世即位（1515年1月1日），谈判破裂。但沃尔西于1518年与法国达成了新的条款，将这些条款转变为一份耀眼的欧洲和平条约。教皇、皇帝、西班牙、法国、英格兰、苏格兰、威尼斯、佛罗伦萨及瑞士都分别与其他国家签订了一份互不侵犯条约，其中包括一则战时互助条款。沃尔西一下子将伦敦变成欧洲的中心，亨利八世成为其仲裁者。这一出重头好戏本可以更加引人注目，因为这也是教皇的如意算盘，却被沃尔西抢了头彩。1520年，在所谓的“黄金谷”［位于加来附近的两个小镇基尼斯（Guisnes）和阿德尔（Ardres）镇之间］，亨利与弗朗索瓦一世在一场令人瞩目的、名为“金布围场”的体育盛会上比武，被人们誉为世界第八奇迹。1522年和1523年的更多战役，让亨利的军队挺进巴黎不足50英里的地方。在那之后，最好的时机出现了：亨利的盟友查理五世在帕维亚战役中击败并俘虏弗朗索瓦一世（1525年2月24日）。但若不能利用这个机会，亨利会再次与法国握手言和。

沃尔西在1515年圣诞节前夕被任命为大法官，他声称自己在国外是个调解人，在国内是个社会改革家；但若发生什么重大事件，他不得不把亨利的要求和他自己的政治地位置于利他主义动机之前。他最大的资产是他在英国教会中获得的特殊地位。对亨利和沃尔西来说，要强迫教皇授予沃尔西“终身全权使节”头衔，这意味着他将成为英国教会的最高权威，并可以自己召集教会理事会和宗教会议。利用这些权力，沃尔西设法让整个英国教会和教士都服从都铎政府和税收制度。看上去好像暗地里艰难地达成了妥协，即亨利同意教会目前最好由一位是王室仆人的教士来掌控，而教士们也接受了这一事实：服从神职领袖要比服从世俗统治者更好。因为毫无疑问，沃尔西上台会保护教会，避免教会里充斥着平信徒的观点。

麻烦的是，随着国家稳定和王朝安全得以恢复，英格兰又受到越来越多其他力量的冲击。鹿特丹的伊拉斯谟批判中世纪的经院主义，提倡重新探索古典学术和简单的“基督哲学”；他的思想迅速席卷北欧。作为托马斯·莫尔的密友，伊拉斯谟多次前往英格兰，于1511年至1514年间在剑桥编著了圣杰罗姆（St. Jerome）的文章和《希腊文新约圣经》。他的追随者们早在1511年就首次挑战教会当局了。那一年约翰·科利特在宗教会议上布道时，抨击了神职人员的胡作非为，并要求教会实行内部改革。伊拉斯谟的布道激怒了教会，但他继续呼吁宗教复兴，用犀利、诙谐机智的言辞批评教士和修士、教会迷信，甚至罗马教皇制度本身，赞美科利特的传道。在德国的宗教改革家马丁·路德公开挑战教皇权威之前，伊拉斯谟出版了《基督教骑士手册》（1503年）、《愚人颂》（1511年）和《一个基督教王子的教育》（1516年）。1516年，他又出版了《希腊文新约圣经》

的最终版本时，学者和受过良好教育的平信徒都异常喜悦，因为最后他们喝到了来自源头的清泉。

托马斯·莫尔的《乌托邦》（1516年）更为复杂。这本书妙趣横生地描绘了一个虚构的社会，一群异教徒按照自然美德的原则生活在一个偏远的岛屿上。乌托邦人有理性但缺乏基督教的启示。该书隐晦地将他们良好的社会风俗和开明的态度，与现实中欧洲基督徒低劣的行为标准进行比较，无声而震聋发聩地控诉了后者。书中的讽刺和挖苦说，基督徒需要从异教徒那里学习很多东西。

但伊拉斯谟和莫尔的世界观是不堪一击的。即使没有路德的挑战，他们的观点也不会长久立于不败之地，因为在其体系中信仰和理性存在矛盾。莫尔提出的解决方案是，信仰优越于理性，且天主教的信仰必须得到捍卫——因为这是来自上帝的戒律，但伊拉斯谟相信人的理性，不能接受上帝通过让人们相信那些已经被有识之士质疑的东西来检验他们的信仰。路德（至少在开始时）十分感激伊拉斯谟，但是他们因为对信仰和理性持不同意见而激烈争辩。很快，路德的影响力远远超过了伊拉斯谟。路德和他的追随者宣扬，单凭优秀的作品和天主教会的圣礼是不够的。恩典，也就是救赎，完全是按照公正仁慈的上帝的意志：善者（或“上帝的选民”）收到信仰这份礼物，信仰与他们自己的行为（或自由意志）、教皇或教士的行为（或自由意志）无关。路德说，这才是基督真正的福音。

这种“新学问”的兴起，正如其名，成为16世纪20、30年代最有力的力量，那时路德的思想和许多书籍开始渗透到大学、伦敦市、伦敦四大律师学院，甚至是王室宫廷本身。在剑桥大学，受影响的人包括牧师罗伯特·巴恩斯（Robert Barnes）和托马斯·比尔尼（Thomas Bilney），他们在伦敦和东盎格利亚传播了“神的话语”。沃尔西在托马斯·莫尔的协助下，坚定地消除异端，但没有成功。他的批评者指责他不愿采取火刑——因为沃尔西会烧书和监禁人，但是每当想到自己要把人扔到火里时，他体会到了伊拉斯谟所说的“人的恐惧”。然而，路德呼吁改革宗教的真正原因是，他了解了个人的宗教主观性，满足了人们聆听《圣经》的愿望，表达了他们对教皇和教会的不信任。

受过教育的平信徒的期望，反映了文艺复兴时期人们的普遍愿望，人们越来越多地寻求在《圣经》文本和《圣经》故事（最好带插图的）中找到信仰，但是英文《圣经》一个多世纪以来在英格兰一直是非法的：主教认为，英文《圣经》——即使是官方版本，也会通过允许人们形成自己的宗教观点而鼓励异端邪说。但是，印刷术的发明，给欧洲的思想传播带来了革命性变化，包括新教思想的传播。流亡海外的英国人开办的出版社，出版了大量宗教书籍和受路德派启发的《圣经》，它们涌入英国，特别是威廉·廷代尔（William Tyndale）翻译的英文《圣经》。民众对英文版《圣经》有持久广泛的需要。亨利八世本人十分开明，赞同这一需求，于是1535年科威德勒（Miles Coverdale）翻译的官方英文版《圣经》终于出版了。

亨利的离婚和英国的“帝制”王权

虽然阿拉贡的凯瑟琳生了五个孩子，但她的妇科病史是她不幸的根源。存活下来的只有玛丽公主（生于1516年）。到了1527年，凯瑟琳已经过了更年期，而亨利却迷恋上了安妮·博林，甚至背着沃尔西，将他的秘书威廉·奈特（William Knight）派到罗马，寻求迎娶安妮·博林所需要的教皇豁免。尽管解除王室婚约并不罕见，但亨利没有一开始就坚持只提离婚，所以问题就不能很快得到解决。实际上，他告知当时的教皇克雷芒七世（Clement VII），当初允许他与凯瑟琳结婚的豁免一直是无效的，从而将争论的焦点从婚姻法转到了教皇权力的敏感区——这就使得问题更加复杂。因为如果尤利乌斯二世（Julius II）当初的豁免是无效的，那一定是因为圣彼得的一位继承人犯了错，或者一开始就无权制定这样的法律文件，这岂不是显得教皇的地位还不如一个权力比他大的立法者。

亨利意识到，西方基督教界中少数人的观点也正是这个意思。他是十足的自大狂，沉迷于自己的说服力：认为他和上帝的意志是一致的；教皇的至上权威是伪造的，是人类发明的一种伎俩，用来剥夺国王和皇帝的合法头衔和遗产。他开始回顾英国“帝国”过去的黄金岁月，追溯到君士坦丁大帝和卢西乌斯一世（Lucius I）统治时期，亨利崇拜的统治者拥有神圣强大的权力，就像《旧约》里的国王们一样——事实上，没有卢西乌斯一世这个人，他只是一个神话，是中世纪编年史家虚构出来的。但亨利的英国“资料”表明，这位卢西乌斯是一位伟大的统治者，是英国第一位信奉基督教的国王，曾把自由和财产赐予英国教会，然后写信给教皇圣爱琉德理（Eleutherius，他曾经是个真实的存在），要求他传授罗马法。然而，教皇答复说，卢西乌斯不需要任何罗马法，因为他已经有了《不列颠法律》（*lex Britanniae*），这就足够了：

> 在你的王国里，你是上帝的代理人，赞美诗作者说：“上帝啊，请赐予国王你的判断力，赐予国王的儿子你的公正”（赞美诗lxxii：i）……国王有统治的名义，但不等于拥有一个王国。若统治得好，你将成为国王；反之，你将不再是国王……上帝授权你统治英国，你可以永远与上帝共同治理；在这个王国，你就是上帝的代理人。

《上帝的代理人》（*Vicarius Dei*）——“基督的代理人”。难以置信的是，亨利的离婚让他相信自己的王权可以凌驾于英国教会之上。

1529年10月，亨利驱逐了沃尔西，沃尔西绝望地做了妥协，因为作为红衣主教和终身全权使节，他的权力来自教皇。他任命托马斯·莫尔为新大法官——但这一举动适得其反，因为莫尔不支持亨利离婚，还很快辞了职。与此同时，亨利召集议会——这是英国历史上第一次，议会作为一个全权立法机构与国王合作。亨利和议会为让英格兰逐步脱离罗马教廷，颁布了一系列革命性法案：《上诉法案》（1533年）、《继承法》（1534年）、《至尊法案》（1534年）、《叛逆法》（1534年）和《反教皇权力法》（1536年）。《上诉法案》宣布了国王作为神圣“帝王”的新地位：所有英国司法管辖权现在都来自国王而不是教皇，无论世俗的还是宗教的。《至尊法案》宣布，英格兰国王是“英格兰教会的最高领袖”。颁布《继承法》是解决王位继承顺序的第一项措施，即使是托马斯·莫尔也同意，其原则上合法，但他憎恶法案的序言指责亨利和凯瑟琳的婚姻。托马斯·莫尔、罗切斯特主教费舍尔（Fisher）及伦敦卡尔特教团（London Carthusians）——这些最苦行、最受人尊敬的教皇权威和阿拉贡公主婚姻合法性的监护人，因“拒绝接受”亨利八世的王权至尊而遭到《叛逆法》的审判。剥夺国王或王后（现安妮·博林）的“尊严、头衔或皇室地产”，即否认亨利的至尊王权，依据《叛逆法》的条款，这些都是叛逆罪。1535年夏，该法案的受害者，所有被亨利怀恨在心的殉教者都被绞死或处决。一年以后，《反教皇权力法》的颁布，让英格兰完全脱离罗马教廷，消除了教皇在英国的残余宗教权威。

安妮本人出乎意料地成了亨利恶行的受害者。亨利秘密迎娶了她之后，她很快就怀孕了，于1533年9月7日生下了未来的伊丽莎白一世。但亨利痛苦地发现孩子不是他预期的男孩，很失望。后来安妮两次流产，第二次，据说死胎是一个十五周大的男婴。这时亨利爱上了珍·西摩（Jane Seymour）。亨利深信上帝诅咒了他的第二次婚姻，于是很快在1536年5月的宫廷政变中处决了安妮，好让他在不用离婚、不用拖延地迎娶第三任妻子。

亨利随后通过第二任首席大臣托马斯·克伦威尔（Thomas Cromwell）治国。克伦威尔是普特尼（Putney）一家旅馆老板的儿子，也是沃尔西的前法务官，崛起之初是博林家族（the Boleyns）的门客。到1532年1月，他已经开始管理议会了。克伦威尔担任过掌玺大臣、国王秘书、枢密院议长及亨利的（世俗）摄政官或宗教事务代理人等职务，一直活跃在政治中心。当亨利后来意识到他是个隐藏的路德派教徒之后，他于1540年6月倒台。当然，克伦威尔作为摄政官致力于改革，用《圣经》原文净化教会。他与博林家族的牧师托马斯·克兰麦（Thomas Cranmer）密切合作，克兰麦被亨利任命为坎特伯雷大主教。克伦威尔并没有否认基督真实存在于圣体圣事中，也没有用过多言语来教授路德的“因信称义”。但他颁布的针对教士的禁令（1536年，1538年），抨击了对圣徒和圣像的盲目代祷，否认了天主教徒对炼狱的信仰，是禁圣像运动的先声。有人向亨利告发，克伦威尔在加来秘密保护一群激进的新教徒，所以亨利收回了对克伦威尔的支持，并以异端邪说和叛国罪的指控，剥夺了克伦威尔的公民权利。

但这发生在克伦威尔第一次解散修道院之后。较小的修道院在1536年就消失了；两年后更大的修道院也消失了，因为亨利决定将修道院作为“天主教”的堡垒。大规模的民众（并与之相关的）叛乱打断了这一进程。叛乱主要发生在林肯郡和约克郡，并持续了长达六个月之久。镇压者们用戒严、绞刑示众、不断背弃亨利八世对叛乱分子所做的承诺等手段，对叛乱进行了残酷镇压。但是扫荡很快就完成了。截至1539年11月，共查禁560所教堂院。到此时，年价值13.2万英镑的土地、价值7.5万英镑的金银器和其他贵重物品，都落入了“王室岁入增收法庭”——这是一个由克伦威尔设立、用来管理教会财富的新部门。

人们经常争论解散教会的长期影响，可以很方便地将这种影响分成意料之中的和意料之外的。意料之中的结果是，亨利消灭了最后抵抗王权至尊的核心力量。他在原教堂的幸存建筑物和捐款基础上建立了六个新教区：彼得伯勒（Peterborough）、格洛斯特、牛津、切斯特、布里斯托尔和威斯敏斯特。最后命名的教区在1550年遭遗弃。亨利给大学提供很少的资金，为基督堂、牛津大学、三一学院和剑桥大学提供新的员工和修订后的章程。最重要的是，王室的固定收入几乎翻了一番。但是维持了多久？具有讽刺意义的是，通过解散教会所聚敛的财富，很快被蚕食殆尽。因为一方面亨利在16世纪40年代肆意挥霍，另一方面，平信徒要求通过提高国王资助来分一杯羹，以及提高侍臣的薪水（这在政治上是不可抗拒的）。

意料之外的后果包括：精美的教堂建筑遭大规模破坏，中世纪的金银珠宝被熔化，图书馆遭洗劫——这些都是“合法的”破坏行为。教士的士气立刻大减。圣职授任的候选人数急剧下降；很少有人相信亨利的宗教改革与宗教生活、与上帝有任何联系。在上议院，主教的消失意味着教会投票已经逐渐失效，使得两院中平信徒占了优势地位。主教曾拥有任命五分之二教区神职人员的权力，当原宗教地产被出售之后，这些权力被转移到平信徒手中。至于解散修道院的社会影响力，北方郡县受到严重冲击，因为北方的修道院比南方提供了更多就业和贫民救济，在国家经济中占据了更为关键的地位。

卡尔特教团在审判中称亨利是一个残忍的敲诈勒索者，但他们的裁决却忽视了一个更大的格局。亨利革命的影响涉及之广，将远远超出英格兰和教会，因为王权至尊的理念诱使他企图在不列颠群岛建立领土更辽阔的“帝国”。他贪婪地盯着北方边陲、威尔士、爱尔兰和苏格兰，渴望恢复前任君主们开启的更宏伟的殖民进程。他的方针政策没有宏大的建国理论支撑，部分是出于对“教皇主义”的恐惧。不可否认，除了苏格兰之外，所有这些地区都已在都铎王朝统治之下——即使有名无实。国王的令状传到特伦特河（Trent）以北地区，受到不同程度的轻视，边境地区、威尔士和盖尔族人居住的爱尔兰更是对之视而不见。尽管亨利七世压制了“权力过大的”臣民，但在边远地区，真正有影响的人仍然是拥有当地土地的贵族。

当然，苏格兰是由詹姆斯五世统治的独立王国，尽管他恰好是亨利八世的侄子。这让亨利相信苏格兰依附于英格兰，重新唤起了他统一英格兰和苏格兰的梦想。执政初期，亨利重申爱德华一世曾说过的，是苏格兰的“上级”和“霸主”。与罗马决裂期间和之后，他坚持认为威尔士、爱尔兰、苏格兰（愈加）归属在英格兰的“皇冠”之下。

英格兰与苏格兰的边界，在地图上仍然没有划分清楚，长期以来一直是个问题：治安很差，小偷出入频繁。当地的权贵维持着边境地区的和平，但他们的职务几乎都是建立在世袭的基础上，于是被敌手视为罪犯。虽然这种批评有失公允，但亨利却听信敌手的话，特别是开始质疑吉尔斯兰的达克雷勋爵（Lord Dacre of Gilsland）的忠诚，指控其犯有多起叛逆罪。

越来越偏执的亨利开始相信一群地方贵族正在策划推翻他。爱尔兰构成了最大的威胁，因为在帕莱（the Pale，英国在爱尔兰的管辖区，位于都柏林附近）以外，盖尔人的贵族是坚定的天主教徒，他们要么拒绝纳税，要么放弃布里恩（Brehon）法律或习俗。亨利七世曾把王权授予一个值得信赖的权贵家族：菲茨杰拉德家族（the Fitzgeralds）的基尔代尔伯爵，以期获得他们的忠诚。该家族凭借在盖尔人社区的实力，在帕莱地区拥有大批拥护者

威尔士距离更近，那里的绅士也更顺从，但仍然存在威胁。多年来，威尔士公国和领主管辖区域均无视英国法，管辖权冲突让嫌疑犯从一个领地逃窜到另一个领地。陪审团成员的腐败很常见，在法庭甚至出现过动枪的事件。亨利视威尔士为“天主教”叛乱分子的避风港。他对威尔士极为关切，因为从威尔士征来的税收和马匹，对王室军队越来越重要；而且，将部队派往爱尔兰的最佳路线，是通过威尔士的切斯特港。

1534年，克伦威尔派遣一支特遣部队进入威尔士，奉命铲除“教皇党人”，依据英国法判处他们逆国罪和其他重罪。1536年和1543年的《联合法案》让他的行动登峰造极。该法案将中世纪公国和领主管辖区域纳入12个受英国普通法管制的郡，在威斯敏斯特有议会代表，并且建立以英国巡回法庭为蓝本的法律体系。威尔士接纳了英国的法律和郡县行政管理模式，并成立了更新的威尔士地方议会和高等民事法院，来管理该地区的国防和司法体系。威尔士完全接受了王室令状以及英国租地制度的原则。

与此同时，在一次钳形攻势中，亨利突袭了达克雷勋爵和菲茨杰拉

德家族。1534年，达克雷以叛逆罪受审——出乎意料的是他被证明无罪，他也是唯一一位在亨利执政时期被无罪释放的贵族。但亨利并没有就此止步，他再次逮捕了达克雷，向他开出1万英镑的天文数字的罚款，并且禁止达克雷到距伦敦10英里之外的地方。

到此时，亨利已羁押了第九位基尔代尔伯爵，并打算以叛逆罪指控他——但没想到引发了一场声势浩大的反抗。奥法利勋爵（Thomas Fitzgerald，托马斯·菲茨杰拉德，或叫“西尔肯托马斯”），也是伯爵的继承人；他谴责亨利是一个异教徒，勒令任何出生在英格兰的人离开爱尔兰，违者处死。他扬言要与教皇和查理五世结盟，声称有12 000名天主教士兵正前往爱尔兰。不久发生的事震惊了全国：都柏林城堡遭包围，叛乱者烧杀抢掠，向街头发射炮弹，恐吓市民。

凭借一支庞大的军队，爱尔兰叛乱才于1535年8月得以平息，付出的代价是1500名英国士兵的生命和4万英镑。亨利对如何处理叛乱分子头目问题犹豫不决。他曾经处决了一些人，但导致反抗愈演愈烈，险些使斗争变成盖尔人的独立战争——这迫使他采取代价高昂的“爱尔兰英国化”干涉主义政策。这就解释了为什么在1541年，他将自己的官方头衔从爱尔兰的“领主”改为“国王”。他被爱尔兰人的嘲笑所激怒——因为爱尔兰人嘲讽他的“王室财产”是由教皇授予的。这位教皇是阿德里安四世（Adrian IV），他颁发的《褒扬令》把爱尔兰的领主权授予了盎格鲁-诺曼人，意味着亨利“拥有的”爱尔兰是教皇的封地。

至于苏格兰，亨利一再试图阻止詹姆斯五世与法国或西班牙结盟——因为这样的话，可能导致苏格兰继续支持教皇。亨利的几位天主教反对者已经逃到苏格兰去了，包括詹姆斯·格鲁菲兹·阿普·鲍威尔（James Guffydd ap Powell）。这位威尔士反叛者能言善辩，凭借他的三寸不烂之舌，摆脱了在伦敦塔的囚禁，携带妻儿一起逃往苏格兰——在那里他请求詹姆斯五世帮助威尔士起义，反抗亨利。

亨利对詹姆斯终于失去了耐心，因为詹姆斯允许苏格兰人加入爱尔兰叛乱。亨利知道自己不能同时在几条战线上作战，所以起初他尝试过和解，授予他的侄子詹姆斯嘉德勋章，并给他寄了一封要函，替自己的王权和王权至尊理论辩护。遭到詹姆斯的冷遇后，亨利转而威胁他——这激怒了詹姆斯，他提出自己的“帝国”主张，并于1537年迎娶了一位法国公主——尽管这位公主悲惨地去世了。詹姆斯很快又娶了另一位法国公主，玛丽·德·吉斯（Mary of Guise）。此后，亨利征服苏格兰的野心，让他在16世纪40年代发动了对法国和苏格兰的战争，点燃了战争的导火索。

亨利这样有恃无恐的原因是他的第三任妻子珍·西摩生下了合法的男性继承人，尽管她于1537年生下爱德华王子十二天后就去世了。亨利的第四任妻子是克利夫斯的安妮（Anne of Cleves），1540年1月的这场婚姻是为了赢得欧洲盟友。安妮虽然性子温和，但相貌平平，不适合当王后；离婚很容易，因为亨利和她从未圆房。接下来是凯瑟琳·霍华德（Catherine Howard），一位意气风发的女性，曾是安妮的伴娘，并于1540年7月成为亨利的第五任王后，也就是在扫除克伦威尔的政变一个月后。凯瑟琳于1542年2月因通奸罪被处决。最后，亨利在1543年7月娶了温柔可人的凯瑟琳·帕尔（Catherine Parr）。凯瑟琳两次丧偶，温柔贤惠，虔诚信教，幕后做了许多保护福音派改革者的工作；直到她的继子执政，他们才得以再次出人头地。

在生命的最后几年里，亨利对苏格兰及其长期盟友法国的战争计划使他年轻时的征服梦想全部复活。到了1541年，他与查理五世修复了关系，为跟法国开战铺平了道路，但此时他却十分谨慎，犹豫不决。詹姆斯五世此前已同意在约克与他会面，讨论外交解决方案，但却未露面——这极大地得罪了亨利。1542年10月，诺福克（Norfolk）公爵入侵苏格兰，起初收效甚微。事实证明，苏格兰的反击是灾难性的。1542年11月24日，在索尔韦莫斯（Solway Moss）战役中，3000名英军击败了10 000多名苏格兰军：耻辱的噩耗传来，不到一个月，詹姆斯便怏怏去世。他的女儿玛丽（未来的苏格兰女王）即位，她刚出生六天，父亲就去世了。

尽管如此，亨利还是将优势转化为危险：对内干预苏格兰，对外与法国开战，两头作战、压力重重。1543年，他利用索维莫斯战役的战俘作为苏格兰亲英派的核心，迫使苏格兰签订《格林尼治条约》。该条约计划让爱德华王子和玛丽·斯图亚特结婚，实现英格兰和苏格兰的联姻。接下来，他与查理五世正式结盟，计划在第二年春天联合入侵法国。但可以预见，这次行动并未协调一致。亨利被轻易占领布洛涅的胜利所迷惑，而查理则在克雷皮（Crépi）单方面与法国缔结合约后撤兵，让英军侧翼暴露无遗。这场耗资巨大的战争一直持续到1546年6月，当时弗朗索瓦一世同意英格兰可以统治布洛涅八年——前提是布洛涅回归的时候要附带亨利花巨资修建的新堡垒。作为回报，弗朗索瓦放弃了苏格兰，并含蓄地签署了《格林尼治条约》，但为时已晚。亨利对苏格兰的“粗暴求婚”（后人都这么认为）事与愿违。他的亲英派已崩溃，苏格兰人拒绝了《格林尼治条约》：赫特福德伯爵（珍·西摩的哥哥，也是亨利优秀的指挥官）支持亨利的立场，被迅速提拔，率领12 000名英军前往北方征讨。军队在边境地区和苏格兰低地造成巨大破坏，但遭人憎恶、效果适得其反。通过对爱丁堡烧杀抢掠，他用英国人的恐怖主义统一了苏格兰。

亨利于1547年1月28日凌晨去世。他蔑视教皇，扩大了王权，建立了英格兰教会，并确立了英格兰教会可以维系400年的大框架。在沃尔西和克伦威尔的辅佐下，他一门心思关注如何与更强大的对手较量。宗教战争得以避免，叛乱被镇压。神职人员受制于这个世俗国家，议会的权力增加，一个中央集权的国家正在成形。同时，亨利操纵法律，对忠诚的仆人和敌人同样残酷无情，近乎暴政。而他的宗教改革思想就像是一条搁浅的鲸鱼：在天主教和新教两个对抗的信仰体系的中间搁浅。他抵制教皇和有关炼狱的天主教教义，同时也没有接纳新教作为替代品，声称寻求“中间道路”，并将自己描绘成教会和国家的最高“仲裁员”。他选择在同一天烧死三位新教福音派成员和三位“天主教”牧师，就为了表示他对两派信仰“不偏不倚”。

亨利对“帝国”王权的愿景，意味着王权至尊与渗透到全国上下的扩张主义、殖民主义推动力紧密相关。要不了多久，这些成分就会混合成一种极具爆炸性的“鸡尾酒”。亨利在英格兰和威尔士取得了巨大成功；然而在爱尔兰，他的目标因过于宏大而受挫；在苏格兰，虽然1559至1560年间爆发了短暂、剧烈的新教革命，但绝不会在那里确立什么王权至尊。几乎不到一个世纪之后，苏格兰长老教会和爱尔兰教会便与英格兰教会发生冲突，结果引发了天主教内部的宗派主义，像天主教徒和新教徒之间的矛盾那样尖锐。即使在亲英派的苏格兰人心中，亨利的“王权至尊”模式也成为和平的根本障碍。

王室少数

亨利八世之死，在帝国权力中心留下了真空。根据《第三继承法案》（1544年）的条款（这一法案由议会在亨利离开英格兰、率军占领布洛涅不久前通过），玛丽公主和伊丽莎白公主的继承顺序在爱德华王子之后，并且若国王在爱德华成年前去世，那么权力将被授予亨利在最后的遗嘱中提名的摄政委员会。

1547年，爱德华9岁。人们议论纷纷，是未成年男性，还是女性继承人来统治国家？这样的话题常常引发非理性的恐惧和16世纪典型的冲动。未成年男性的统治，比成年女性的统治更容易被人接受，有不少先例可循：由摄政委员会执行政府职能，直到年幼的国王长大到被宣布为“成人”。此外，可以指定护国主或摄政总督与摄政委员会协商，“宣布”（或在行政上执行）国王的遗嘱。这样的框架，提升了枢密院在政治中的作用，并且可能刺激宗派之争，因为主要枢密院委员竞相担任护国主或摄政职位（两个职位可能由两个人分别担任，或者由一人兼职）。例如，亨利六世在15世纪50年代精力不济时，约克公爵努力抬高自己及其政策，而不考虑给王室造成的损害，这威胁到了君主制的惯例以及贵族和议员的利益。实际上，约克公爵的行为是玫瑰战争的导火索。

根据遗嘱，亨利八世任命了一个由16名成员组成的摄政委员会，负责治理国家，行使王权，直到爱德华年满18岁。该委员会成员以少数服从多数的原则进行统治。遗嘱中没有条款说要任命一位摄政王。在这种情况下，亨利八世驾崩时的情形，与1509年的情况类似。他的死讯三天后才被公开，而赫特福德伯爵挟持了年幼的国王，并侵夺了已故国王存放在秘密珠宝屋里的财产。1547年1月31日，摄政委员会听别人宣读亨利八世的遗嘱，表面上一致同意任命赫特福德为护国主和爱德华的摄政。不到一周，赫特福德仗着威廉·佩吉特（William Paget）的纵容，推翻了亨利的遗嘱。佩吉特是亨利八世的最后一位秘书，也是都铎王朝中期法院的幕后操纵者。赫特福德自命为萨默塞特公爵，以（法律上）相当于代表王权的护国主摄政王身份自居，有权发布政府公文，并有权挑选和任命枢密院成员。为了获取支持，他进一步授予摄政委员会成员贵族地位，并赠给他们大片土地。

萨默塞特一开始几乎得到了摄政委员会的真心支持。因为他扮演摄政王的角色，即使他的弟弟托马斯·西摩两年内因谋反而被处决，他弟弟觊觎爱德华摄政的职位。但摄政委员会成员幻想着萨默塞特只是他们的执行代理人，而不是事实上的唯一摄政王。委员们认为，作为摄政王的萨默塞特会向他们咨询关键的政策决定，而不是像国王一样自己决定如何治理国家。特别是在一些重要决定上，例如对苏格兰和法国的战争、英格兰和爱尔兰的国内秩序和安全，以及新教改革的推进。枢密院的同僚们认为萨默塞特孤陋寡闻、独断专行。

萨默塞特越来越像是在为获得最高赌注而玩政治扑克游戏。他冷落了贵族和绅士（他们是令人妒忌的传统社会权威和政治权威的监护人），反而向普通民众示好。简而言之，他“追求”人气。这是沃尔西采用过的手法；在伊丽莎白统治的后期，第二代埃塞克斯伯爵也采用了这种策略，只不过他们运用的范围更窄，政治基础也比萨默塞特稳固。萨默塞特很快发现，随着人口的增长和物价的上涨，人们对经济的不满已经变得非常严重，以至于他对百姓的友好姿态几乎引发了社会革命和一场阶级战争。他取悦大众而事与愿违，贵族和绅士无法遏制因生活水平迅速下降而引发的大规模暴力和叛乱。从1548年到1550年，除了北部外，骚乱和暴动几乎无处不在。在北方，1536至1537年反抗亨利八世的起义以失败告终，惨痛的后果仍使人们记忆犹新。为了支付战争开支，货币贬值，大大加剧了通货膨胀；而且在货币购买力突然下降的同时，萨默塞特开始征收圈地佣金和羊税，这证实了贵族的最大担忧：他在劫富济贫。最严重的起义发生在德文郡、康沃尔郡以及东盎格利亚。高潮的时候，叛乱分子和抗议者正式占领了埃克塞特和诺威奇。由于萨默塞特犹豫不决，未能终止这场国内危机，导致沃里克伯爵非常不满，并于1549年10月发动了一场议会政变。

萨默塞特最大的败笔是他继续坚持已经废除的《格林尼治条约》。他渴望实现亨利八世在苏格兰压制法国的影响并实现王室联盟的计划，到了痴迷的程度。他在平启战役（1547年9月10日）打了胜仗，是为了将苏格兰从罗马和天主教中解放出来；但他的政策没有促进苏格兰宗教改革，而是将苏格兰进一步推向法国的怀抱。1548年6月，6 000名法军在利斯（Leith）登陆，玛丽·斯图亚特被送往法国。萨默塞特继续威胁苏格兰时，法国的亨利二世向英格兰宣战，封锁布洛涅，向苏格兰派遣援军。苏格兰人同意玛丽嫁给法国王太子（法国王位继承人）——这等于给萨默塞特的棺材钉上了最后一颗钉子。甚至他最亲密的盟友佩吉特现在也抛弃了他。

到1550年2月，沃里克伯爵完成了政变，枢密院实现重组。沃里克没有用“摄政王”这个头衔，而是自称“枢密院议长”——这是个有趣的选择，因为此举重新启用了这个自他父亲埃德蒙·达德利（Edmund Dudley）垮台起便实已废弃的职位。传统上，沃里克被诬蔑为一个邪恶的阴谋家，一个真正的“马基雅弗利”（Machiavel）——但是很难理解为何会如此，因为，为了国家稳定而采取的权宜之计，是都铎王朝政策的惯例。

沃里克自封诺森伯兰公爵（1551年10月），成功扭转了萨默塞特默许或不加制止的不稳定局面。他通过招募外国雇佣军和一群“宪兵”而恢复了国内和平，英格兰的财政状况也重新走上复苏之路。最重要的是，萨默塞特对法国和苏格兰的灾难性战争很快结束了。诺森伯兰用屈辱的让步作为代价寻求和平：一个委曲求全但结果颇有吸引力，而替代了耗资巨大的战争。布洛涅立马回归了法国；在苏格兰的英国驻军也撤了回来，《格林尼治条约》不知不觉被人遗忘。于是，玛丽·斯图亚特与法国王太子的婚姻水到渠成——但考虑到年龄问题，婚礼被确定为不早于1558年4月。

新教改革

萨默塞特第一次成为摄政王时，他同时也是新教领袖，年轻的爱德华六世也被培养成了新教徒。1547年7月，萨默塞特重新发布了克伦威尔对神职人员的禁令，随后又颁布了体现新教教义的《布道书》或布道范本。他解散了附属小教堂（为施主亡灵做弥撒的小机构，有自己任命的神职人员），用掠夺的财富来支付对苏格兰的战争开销。接下来，枢密院写信给大主教克兰麦（Cranmer），下令拆除教区教堂的大量圣像和十字架龛。王室迅速占有了所有剩余的神殿、里面的珍宝和圣盘：曾经把英国教区教堂装点得富丽堂皇的雕像和壁画被砸碎或被涂上石灰。1538年，亨利八世破坏了作为朝拜中心的圣堂，特别是坎特伯雷的圣托马斯·贝克特（Thomas Becket）圣堂，但允许其他圣堂保留下来。萨默塞特完成了已经开始的破坏行动，全面毁灭与天主教礼仪和仪式相关的绘画、雕塑、金属制品和刺绣。

新教改革的危险往往是矫枉过正：1549年的康沃尔叛乱中，反对克兰麦的《第一祈祷书》，是民众会集举事的原因。传道者的许可制度到1548

年9月已瓦解，萨默塞特被迫暂时禁止所有布道——无论是否获得许可证，他只支持宣讲官方布道书。他承诺“结束所有宗教争议”和建立“统一秩序”；而克兰麦希望让英格兰成为欧洲宗教改革的中心，他写信给不来梅改革宗教会领袖艾伯特·哈登伯格（Albert Hardenberg）：

> 我们渴望在我们的教堂宣扬上帝的真正教义，我们完全不希望变化和不稳定，也不希望模棱两可：但是，抛开所有世俗的考虑，我们希望向后人传递一种真实明确的、符合《圣经》规则的教义形式。让所有国家都尊重我们的教义它由学识渊博、虔诚的信徒组成的权威来表述；这教义也给所有后代传下可供模仿的模式。为了实现这一重要想法，我们认为有必要得到学者的帮助，把他们的观点与我们自己的观点加以比较，这样可以消除教义上的争议，建立一个完整的、真正的教义体系。

响应克兰麦号召的新教神学家包括来自苏格兰的约翰·诺克斯（John Knox），来自斯特拉斯堡的马丁·布瑟（Martin Bucer），来自波兰的拉司基（JohnàLasco），来自意大利的彼得·菲密格理（Peter Martyr Vermigli），以及有争议的嘉布遣会前副主教贝尔纳尔迪诺·奥齐诺（Bernardino Ochino），他在16世纪40年代初高调皈依新教。

然而，克兰麦不是一个激进的人。到了1550年，他自己皈依了圣餐礼的新教神学，但他认为他的首要责任是维护英格兰教会的“秩序和体面”——这意味着要保留教士的法衣和许多旧的天主教礼拜仪式。这并不是激进的新教徒的观点。诺森伯兰曾无意中欲授予约翰·诺克斯一个罗彻斯特主教头衔（还好诺克斯拒绝了）；约翰·胡珀（John Hooper），被任命为格洛斯特主教，但很快就在教士法衣问题上与克兰麦发生了争执。不久，克兰麦开始意识到，宗教统一只能以牺牲一致性为代价，他的《公祷书》的两个版本（1549年，1552年）不仅需要得到议会批准，也必须通过

《教会统一条例》[1]强制执行；因此英格兰教会的教义和礼拜仪式，现在都依赖于议会权威，而不是最高统治者的意志和权威。

在玛丽统治期间，流亡中的诺克斯提出了一个理论：臣民有权反抗被盲目崇拜的统治者。这一理论震惊了欧洲。诺森伯兰是诺克斯的资助人，说明公爵将自己的未来与新教事业紧密联系在一起。由于沉迷宫廷作乐，爱德华六世于1552年4月感染了麻疹，严重降低了对肺结核的免疫力，不到一年他明显死于肺结核。依据出生时间顺序及亨利八世的遗嘱，信仰天主教的玛丽（阿拉贡的凯瑟琳的女儿）是合法继承人。但1553年7月诺森伯兰郡未遂的政变呼吁更合理的解释。事实是，诺森伯兰让他的长子于5月2日娶了简·格雷（Jane Grey），将自己的家族与王权搭上关系。简是萨福克（Suffolk）公爵夫人（亨利八世的妹妹玛丽·都铎的长女）；根据亨利八世的遗嘱，简是排在玛丽公主和伊丽莎白公主之后的王位继承人。接下来，爱德华与议会拟定了“继承案”，剥夺了他的姐姐玛丽和伊丽莎白的继承权，确立简和她的继承人为王位继承人。爱德华于1553年7月6日去世，诺森伯兰和议会四天后宣布简为女王。公爵的背叛似乎得到了证实，但他的阴谋跟爱德华本人的愿望是一致的。通过对修改“继承案”的各个阶段的时序分析表明，最初的想法完全出于爱德华，但是爱德华在诺森伯兰公爵本人或他的部下的请求下修改了这一法案。爱德华亲自起草了“继承案”（保存至今），并且完全由他自己修正。最起码，他一直是心甘情愿与诺森伯兰公爵合作的。

简·格雷只在位了九天。诺克斯代表她进行声辩：如果玛丽要夺取王位，是对“教皇主义”的威胁和暴政。但是政变被扼杀了。玛丽得到了她的拥护者的警告，逃到弗瑞林姆（Framlingham）——天主教霍华德家族的城墙堡垒。在东盎格利亚乡绅的支持下，她向南进军。伦敦改变了立场；诺森伯兰公爵、简和他们的主要盟友都受到审判并被送往伦敦塔。

[1] 还有一种译法叫《划一法》。——译者注

女性统治的问题

历史是由胜利者书写的。在16世纪，胜者是伊丽莎白时代的新教徒，拥护玛丽的天主教徒是失败者。此外，玛丽是一名女性统治者，在她所处的时代，传统观念认为女性统治有些另类、不自然。早期社会是父权制，父权制也是这一时期最基本的社会态度，这规定了国家应该由男性来统治。因此，玛丽的死后名誉往往与她的具体行为关系不大，甚至与她统治时期教区和当地社区的宗教状况关系也不大，而是与有关新教的争论、反西班牙仇外心理和性别政治紧密相关。

作为一个坚定的天主教徒，玛丽坚定地致力于实现世袭君主制的理想，决定嫁给她的表哥查理五世的儿子腓力。在1551年后，腓力成了西班牙的摄政王，很快（作为腓力二世）又即位成为西班牙、尼德兰和意大利的西班牙哈布斯堡王朝和新大陆的君主。虽然玛丽的婚姻成为新教抗议她的重点，但也给她带来许多优势。通过在执政初期结婚，她可以避免那些原则上反对女性统治的人的攻击；而她想生个孩子的愿望（始终未能如愿）也是个重要的信号，说明她非常重视作为世袭君主的职责——那就是延续王朝的血脉。在现有的候选人中，腓力是最合格的配偶：玛丽配偶的英国候选人都是无名的贵族家族的子孙——而下嫁给一位臣民本身就是一个高度敏感的问题。在亨利七世和亨利八世统治时期，英格兰的外交和商业利益一般是亲哈布斯堡和亲尼德兰的——亨利八世的第一次离婚是个重要例外。总的来说，没有理由认为玛丽的婚姻或信仰天主教是她走向成功不可逾越的障碍。后来的历史学家通常把大部分反西班牙和反天主教的偏见归咎于她的臣民。这些偏见主要有两个来源：一是议会有充分的理由担心腓力会将英格兰卷入他的欧洲战争；二是在伊丽莎白统治时期，英国和西班牙之间在宗教和商业上处于敌对状态，以1588年西班牙无敌舰队被英国重创达到顶点，新教教会历史学家把两国的矛盾追溯到玛丽时代。

玛丽的目标是主持一个“共识”政府：将激进的新教徒和诺森伯兰

公爵的亲密追随者排除在外。在这方面，她确实没有以身作则，因为她不得不强行让枢密院接受她的三项主要政策：她与腓力国王的婚姻（1554年7月），让英国恢复罗马天主教（1554年11月），对法国宣战（1557年6月）。另一方面，她是位足够强大、为所欲为的统治者。她的婚礼在温彻斯特大教堂（Winchester Cathedral）举行。根据当时的一份记录，她是由一位著名西班牙贵族阿尔瓦公爵（duke of Alva）交付给新郎的；但是根据另一份记载，她是由温彻斯特侯爵和其他英国贵族交付给新郎的。西班牙和英国的侍臣的位置经过精心安排，按照他们的等级、交叉站立在通往王座的台阶上。大量旗帜、横幅、飘带和其他装饰着西班牙和英国服饰的纹章图案，都是特地为这个盛大场合而制作的，民间的庆祝活动也是欢天喜地、盛况空前。

为婚姻铺平道路的条约已于1553年12月获得通过。这些条约表面上是维护英国人的利益——因为虽然腓力在玛丽有生之年成为国王，且英国成了双君主国，但是如果玛丽过世，腓力没有独立的王位继承权；没有妻子，他不能独立行使资助权；未经同意，他也不能将玛丽或他们将来的任何一个孩子带到国外。这些条约于1554年4月由议会批准。当时还通过了一项法案，限制腓力作为丈夫对待妻子的权力，并规定玛丽婚后应与婚前一样保持“单独和唯一女王”头衔。但腓力一抵达英格兰，他就被赋予优先于玛丽的权力。官方文件对两位君主的称呼是这样的：“腓力和玛丽，承蒙上帝的恩典，英格兰、法国、那不勒斯、耶路撒冷和爱尔兰的国王和王后；信仰的捍卫者；西班牙和西西里岛王子……”在国家职能方面，例如在温莎城堡的嘉德勋章受勋仪式上，腓力很快就自行扮演起国王和君主的角色——这种做法，被后来的君主制国家所效仿。腓力是否仅仅是婚姻条款中所界定的“亲王”，还是凭借自己的权力直接成为国王，显然是模棱两可的。只有当他离开英国，在布鲁塞尔或其他地方时，玛丽才恢复了她这个统治者的“唯一”权威：腓力在英格兰的时间段是1554年7月至1555年8月，和1557年3月至7月；在玛丽执政的其他时间，他都不在英格兰。1555年腓力首次离开后，君主“缺席”问题开始被提上政治议程。此外，1557年7月后，当时英格兰发动了对法战争，腓力不愿返回英格兰——显然，玛丽将不会有机会怀孕了，这恶化了政治气氛，预示着双君主制的有效运作接近尾声。

腓力有属于自己的皇家侧宫。在女王的父亲和弟弟统治期间，女王的侧宫是王宫的一部分，通常被称为“国王的侧翼”；腓力的宫殿占据了女王或配偶以前的房间，但在白厅的主要宫殿，这些房间最初是红衣主教沃尔西的房间，实际上比玛丽住的那一侧更堂皇、更宽敞。鉴于玛丽的侧宫相对较小，腓力一定会觉得空间局促。腓力从西班牙带来了服侍他的全套人马，但是到了英格兰，发现这里已经给他配齐了，还配有一支由100名弓箭手组成的护卫队。双方达成妥协，即腓力在私人卧室里只使用西班牙人，他的英国仆人负责卧室外的服务和礼仪活动。

如果拿当时百姓的富裕和物质生活作为依据的话，能看出来这个时期的人们好像没有政治和意识形态上的分歧，对这个国家也没有忧虑。人们对生活充满信心，尽情地举办着各种大型活动，对国王和王后的尊威怀着无限“遐想”。户外活动和喜庆游行的规模，与亨利八世统治时期一样盛大，室内的庆典和娱乐活动也一样。大量奢侈品被征用。奢侈品的分配并不局限于少数人：采取人人有份的政策，让尽可能多的侍臣获得额外福利。常驻大使、贵族、枢密院委员和一部分王室家庭成员都获得了慷慨的津贴。百姓的仪式试图展现双君主制。议会召开之前，将举行由西班牙和英国贵族及侍臣参加的弥撒和盛大的游行。在1555年6月和1557年10月分别为玛丽的姨妈、腓力的祖母胡安娜（Juana，曾经的卡斯提尔女王）和葡萄牙约翰三世国王举办了安魂弥撒。

玛丽恢复了在耶稣受难日的痉挛环祈福仪式。她还触摸病人的瘰疬，即“国王的罪恶”；并热衷于参加“濯足节”，在仪式上为许多与她年龄相仿的贫穷女人洗脚。亨利八世在每年的“濯足节”仪式上平均花费63英镑，而玛丽为此需要花费160英镑。

在圣保罗大教堂为女王胡安娜举办安魂弥撒时，西班牙和英国贵族肩并肩走在肃穆的游行队伍前列，德·菲利亚（Feria）伯爵和温彻斯特侯爵走在最前面；随后跟着的是王室成员，法国、威尼斯和葡萄牙大使，神职人员以及一小群手持金银装饰的横幅和纹章盾的哀悼者。一辆华丽的灵车是在木质框架上用蜡建造而成，并带有装饰性的圆顶和镀金华盖。围绕灵车的四个火炬，仅蜡烛就重达1231磅。可见其盛大程度不亚于亨利八世的葬礼。

人们常常认为，腓力在政府中没有发挥积极作用，他的兴趣局限于扩张皇家海军和边境防御，为英格兰加入哈布斯堡——瓦卢瓦战争做准备。这种观点纯粹是臆断。他在政治中扮演的角色是毋庸置疑的。他一抵达英格兰，贝德福德伯爵就被指示“告知国王王国的整体状况，以及一切有关此国的事，尽你们所知道的真事”，并回答国王希望讨论的任何问题，“履行忠实的议员职责”。在温彻斯特庆祝王室婚姻两天后，枢密院向文书下达了一项长期有效的命令，即“从今以后，所有需要呈递给国王的有关地产的文件，都应以拉丁文或西班牙文书写，并将该记录送交给请求国王陛下指定的财产接收人来接收”。任何重要的国家文件，都应由国王和女王共同签字；为了加速处理次要事务，还制作了一个包含两人名字的图章。

到1554年，枢密院内部形成了一个与王室政策制定相关的核心集团，但这个集团并不包括枢密院成员或大多数经常出席议会的人。相反，它的政治影响力完全来自个人与国王和女王的关系。集团成员会随时变动，但通常包括阿伦德尔伯爵、彭布罗克伯爵、威廉·佩吉特爵士（现在是勋爵）和其他三人。教皇朱利叶斯三世任命红衣主教波尔（Pole）为自己的教廷使节，负责英格兰与罗马之间的调停；玛丽也任命波尔为坎特伯雷大主教。波尔在流亡回国后，成为核心集团的关键人物。尽管他不是枢密院委员，但他在玛丽女王统治期间对世俗和宗教事务都产生了巨大影响。事实上，自从诺森伯兰公爵政变失败后、女王抵达伦敦的那一刻起，他就一直通过信函为玛丽与罗马的重归于好献计献策。

似乎为了让这个核心集团具体化，腓力第一次离开英格兰那天（1555年8月29日），一级新的会议政府建立了。这个是所谓的“特选委员会”或“国务委员会”，一个独特的欧洲（和哈布斯堡）类型的委员会。西班牙哈布斯堡做法的基础是卡斯提尔、阿拉贡、西印度群岛等的地区委员会，以及战争委员会、金融委员会等部门委员会和宗教裁判所；在这些委员会之上，还设立了一个制定政策的国务委员会。最后一种类型的委员会，是由腓力为英国所重新设计的。其成员将居住在宫廷里，并考虑“国家和财政的所有事业及其他重大时刻的伟大事业”。他们每周向腓力汇报三次，并在周日向其他枢密院委员汇报。当务之急是筹备即将于1555年10月召开的玛丽当政以来的第四届议会；还有王室的财政，特别是王室债务和对王室家族某些职位的收费。特选委员会在1555年9月向腓力呈递了四份综合性报告，此后委员会与腓力之间就英国的事务保持定期通信。

尽管特选委员会没有按照应有的频次向腓力汇报，但是委员会一直让他了解国家的最新情况，直到政权结束。报告通常涉及三到十几个主题；有时腓力给报告做了批注之后，又把原报告寄回伦敦，或者另附封面、处理信函中的议题。无论是哪种方式，腓力都仔细研究了特选委员会提交的报告。1556年夏天，他忧心忡忡，担心国内起义、法国入侵及沿海的防御情况。特选委员会写信宽慰他，苏塞克斯伯爵、其他贵族和海军上校已被派往各自郡县并负责沿海防御。当腓力收到来信，得知法国正在总动员，位于迪耶普（Dieppe）的海军正蓄势待发，他立马把彭布罗克伯爵以海军上尉的头衔派往加来，担任守城总指挥。所有这一切都表明，腓力与玛丽结婚后不仅仅是傀儡或“亲王”，他是英格兰国王，并且一直以这个身份在行事——即使他经常不在英格兰，且远离妻子。

反宗教改革和危机

玛丽已经决定恢复与罗马的关系。几次失败尝试之后，终于在其执政时期的第三届议会时得以实现。然而，她的成功仅仅是因为作假。简·格雷被推翻之后，她的支持者因为她是合法的王位继承人而拥护她；但是当她在威斯敏斯特安全登基后，人们才发现她激进的天主教信条。我们应该注意到约翰·福克斯和其他在伊丽莎白统治时期的新教辩论家的偏见，他们试图让人们相信，玛丽除了迫害一事无成。的确，她脱离了人的价值观和现实感，她残酷迫害对手，1555年2月后烧死至少287人——她认为可以通过这种手段击败敌人。但是知名的新教殉道士包括胡珀主教、黎德利（Ridley）主教、拉蒂默（Latimer）主教和大主教克兰麦，他们同样也是直接政治报复的受害者。许多玛丽时期的“殉道者”都是极端的新教徒，亨利八世或弗朗索瓦一世也会毫无怜悯地把他们烧死。按照16世纪的标准，玛丽恐怖统治的特殊之处在于其规模和强度，因为这些受害者在相对较短的时间内（1555年2月至1558年11月之间）被烧死，并且处决集中在伦敦、东南部和东盎格利亚。在其他地方新教还没成气候，北方只烧死一名新教徒，西南五个，威尔士三个。都铎王朝中期，信奉新教的人数在伦敦仍不超过总人口的40%；在南部和东部郡县约占15%；在诺威奇、布里斯托尔、考文垂和科尔切斯特等城镇约占25%；在北方不到5%。

更具破坏性的是，许多受害者都很年轻。自从亨利八世与罗马决裂后，已知的受害者有四分之三到了自由决定自己的宗教信仰的法定年龄——14岁。因此，他们算不上严格意义的背教者，因为如果他们对教皇权威一无所知的话，他们就不可能放弃信仰。法律规定应受惩罚的不应是简单的教义错误或真正的无知，而是“顽固的”异端邪说。根据教会法规，不是所有玛丽时期的殉道者的火刑都是合法的，包括克兰麦的。这证明了新教徒眼中受害者的立场，受害者引用了《圣经》：“你因敌人的缘故，从婴孩的口中获取力量。”[1]玛丽的做法遭到来自内部的反对，因为腓力明确表示他无法接受活生生把人烧死的行为，因为这很可能会引燃更强烈的抵抗。腓力虽然是一位虔诚的天主教徒，但却质疑宗教法庭的权力，并决心阻止教皇过度干涉自己领土内的事务。腓力不赞成玛丽使用火刑，这对女王是重大打击。

玛丽辩护说，自己的真正目标始终是让英格兰与罗马和解；迫害是她计划的一小部分。因此，对她来说有利的是，到目前为止，议会里拥有土地的平信徒彻底世俗化了，因为他们几乎二话不说地否定了亨利和爱德华时代的宗教立法，并重新制定了《异端法》，长期以来他们的唯一条件是：不应该归还自1536年以来被没收的教会土地。然而玛丽需要教皇的帮助，她不能单枪匹马。1554年11月，波尔枢机主教流亡归来，赦免了王国的罪孽，并宣布英格兰与罗马重归于好。然后，他本着反宗教改革的精神进行了教会改革，覆盖礼拜仪式、教士礼仪、教育和主教监督等领域。但他的方法高瞻远瞩。他没有把人当作个人，而是群体；他在布道前强调纪律；他试图成为一名“宽容的”牧师，帮助那些智力不足以自行做选择的人做出选择。这些方法无法扼制异端。波尔自称为“北极星”，认为他在英格兰可以引导迷失的灵魂。没有人给他提供完成使命所需要的时间和资金：只有三年时间，几乎没钱——这是不够的。教会的机器要慢慢地停转了；如果不提高神职人员的生活津贴，就不可能提高他们的教育水准，特别是北方地区。

如果说玛丽失败了，那也不是因为诸如托马斯·怀亚特（Thomas Wyatt）爵士在肯特郡（1554年1月）叛乱之类的反抗和阴谋（总的来说她有效地处理了托马斯·怀亚特事件），而是因为她的政策与议会冲突。议会阻扰了她让丈夫加冕的计划，同时强烈反对她与罗马教廷修好——除非她答应土地所有者有关前宗教土地的要求。在这个微妙的问题上，腓力同

[1] 这句话来自《诗篇》8:2，普遍的翻译是：“你因敌人的缘故，从婴孩和吃奶的口中，建立了能力。”——译者注

样坚决要求尊重议会的意愿，因为他担心玛丽的不妥协态度会导致严重政治后果。当议会随后以多数票拒绝没收800名左右逃往法兰克福、苏黎世、日内瓦和其他地方的新教徒的土地时，玛丽受到了羞辱，尤其是因为这些流亡者当中善于表达的成员不懈地发布反天主教的宣传，以及反对她的颠覆文学。在涉及财产问题的领域，人们情绪如此高涨，以至于下议院的辩论几乎陷入一场打斗，并且双方都采用了不正当手段。

执政时期的重大政治危机爆发于1557年3月。当时腓力寻求英格兰干预对法战争。大多数枢密院委员拒绝参战，只有来自腓力及后来玛丽本人的压力，才促使议会最终做出对腓力有利的决定。1557年6月7日对法宣战。一开始还算顺利，但战争在四个不同战场进行。人们普遍不希望英国参战，尽管取得了圣昆廷（Saint-Quentin）大捷，在这场战役中英军也只是配角。腓力认为这场战斗极其重要，它后来被描绘在埃斯科里亚尔建筑群（the Escorial）的一幅大型壁画中。埃斯科里亚尔建筑群，是腓力在1563至1584年间在马德里附近建造的新的宫殿和修道院建筑群。但在英格兰，这场战役实际毫不起眼，因为高昂的战争成本和其余战场发生的危险，让这场胜利黯然失色。

最糟糕的是，腓力于1557年7月第二次也是最后一次离开、前往布鲁塞尔之后，腓力和玛丽夫妻之间的相互信任已经崩溃。玛丽大肆宣称的“怀孕”被证明是假孕。当一位爱说笑的人无情地打趣说，“她没有多长时间可以等了”，侍臣甚至一些女王自己的仆人都会窃笑，“她丈夫已经离开她8个月了”。无法怀上孩子的沮丧，让女王几乎濒临绝望。

当战争（从英格兰的观点出发）严重失利，导致1558年1月1日加来失守，人们对玛丽的指责十分严厉。这座城镇是亨利五世留在英国人手中的最后一笔遗产。对国家声望的打击，让政权陷入瘫痪，腓力的最后支持者也潜逃了，特选委员会完全瓦解。与此同时，法国的亨利二世兴高采烈，且玛丽·斯图亚特与法国王太子的婚礼突然提前了，这是亨利八世和摄政王萨默塞特侵略的危险后果。只有波尔和温彻斯特侯爵继续得到腓力信任。不久，玛丽于1558年11月去世，只有她最亲密的天主教支持者为她哀悼举丧；而且数小时之后，波尔也巧合地死了——对新教教徒来说，这似乎是神圣的证明。

伊丽莎白一世宗教和解政策

伊丽莎白一世——亨利八世和安妮·博林25岁的女儿，于1558年11月17日登上王位。起初她的重点是解决宗教问题。她的个人信条仍然难以捉摸，但她最初的目的可能是恢复她父亲的宗教立法，重建自己的王权至尊，与罗马教廷决裂，允许以改革之后的形式举行圣餐仪式（包括使用面包和酒），仅此而已。如果真是这样的话，她的首席顾问威廉·塞西尔［William Cecil，后来的伯利勋爵（Lord Burghley）］比她更加高明。他本人就是一位热情的新教徒，也是玛丽时期流亡者的著名盟友和支持者，他通过正当或不正当的手段设计了自己所倾向的条款。

1559年1月议会开会时，塞西尔和他的密友贝德福德伯爵提出议案：重新确立王权至尊；要依据克兰麦1552年《祈祷书》的完整新教礼拜仪式。但当这些遭到玛丽时期的主教们和保守派的反对，塞西尔为此设下了圈套。3月31日，在威斯敏斯特发起了一场辩论，争论焦点集中在《圣经》所主张之教义上。当天主教徒走出了大教堂，塞西尔取得了宣传上的胜利，两位主教甚至被监禁。没错，伊丽莎白被称为“至高无上的统治者”，而不是英国教会“至高无上的领袖”——这旨在尽量减少神圣君主制对一个女人的影响。但是，在没有一位教士同意的情况下，《至尊法案》和《教会统一条例》终于通过了——在宪法史上是头一回。天主教的护教论者发出了“违规”的抗议声，他们指责塞西尔实行高压政治：“部分通过暴力，部分通过恐惧”。另一项法案把前修道院财产归还给王室，因为玛丽以牺牲个人利益为代价，已经开始把这部分财产归还给教会了；

而后一项法案则以牺牲主教利益为代价，巩固了王室的财产。伊丽莎白一世的宗教和解政策于1563年完成，当时宗教会议（Convocation）批准了定义英格兰圣公会教义的《三十九条信纲》：这些是基于爱德华统治时期由克兰麦起草的四十二条。最后，1571年，宗教和解运动比《教会统一条例》更加严酷，因为《捐款法》要求所有受益的神职人员要么同意《三十九条信纲》，要么辞职。

之后，英格兰圣公会成为伊丽莎白一世和詹姆斯一世时期国家的支柱。尽管存在缺陷，但它让英格兰免遭当时困扰其他欧洲国家——尤其是法国和尼德兰——的宗教内战。然而，虽然宗教和解意味着英格兰成为正式的新教国家，但是为了赢得教区居民（特别是偏远郡县和边境地区）的人心，还需要做大量的传教工作。在伦敦、城镇、东南部和东盎格利亚之外，天主教仍然占主导地位：主教和大多数教区的负责人都是玛丽统治时期任命的人，而坚定的新教徒则占少数。伊丽莎白和塞西尔继承了亨利反教皇主义和爱德华时代新教的所有负面和破坏性因素，但他们没有足够的资源建立改革后的教会——不过，纯粹以教会的方式看待他们的任务是不妥的。在这个阶段，一些人惯性思维很强，他们曾把教会视为资产即将被剥夺的有钱“公司”，或者视其为社会政治联盟——其领导人是地方长官，其节日界定了社会日历。此外，新教强调“神圣”的布道和上帝的话语，是一种学术信条，对于沉浸在中世纪晚期英格兰的口头传统和象征仪式的农民来说，没什么吸引力。

在伊丽莎白的统治下，天主教的衰落一方面是因为其自身的内部变化，另一方面是因为坚定的新教徒成功地营销了一种竞争性产品——基督教福音的传播。死亡引发了一场动态变化。宗教改革后，英国天主教更多地依赖亨利和玛丽时期的艰难求生能力，而不是1570年后神学院牧师和耶稣会会士的努力。超过225名自称为罗马天主教徒的玛丽时代的牧师，在1571年之前活跃于约克郡和兰开夏郡；尽管失去了在教会的职位，但有官方教会内的“第五纵队”支持，仍然愿意为罗马传教。然而到了1590年，只有1/4玛丽时期的教士们还活着，到1603年剩下的不到一打了。此外，伊丽莎白和塞西尔也在迫害天主教教士，有时甚至到了残忍的程度；而且随着对西班牙或教皇入侵的恐惧的增加，手段更加残忍。因此，1584至1585年，议会被说服颁布法律，规定：如果任何牧师自1559年以来是由教皇当局任命的，那么他自动成为叛逆者，定罪不需要额外的证据。很多牧师在伦敦塔被像理查德·托普克利夫（Richard Topcliffe）一样的人百般折磨，被戴上镣铐。理查德·托普克利夫由塞西尔或其代理人授权，伊丽莎白一世认识他，与他说过话，他在议会任职，但伊丽莎白总是假装不知道有这么个人。有100名天主教牧师以不同方式遭到野蛮对待。

但最终迫使天主教陷入少数派地位的，是新教传福音而不是上述迫害。这种传福音的主要方式是布道，尽管伊丽莎白的吝啬和自己保守的宗教观点排除了全面的政府传道计划。自愿的“清教徒”努力，通常会取得更大成就。在亨利八世和爱德华六世的统治下，宗教改革的动力主要来自政权本身，而在伊丽莎白的统治下，“主要推力”来自下层。

“清教徒”是一个贬义词，用于表示保守派所反对的意见的性质和程度。清教徒是指“教会叛逆者”或“更热切的”新教徒；但清教徒价值观的核心在于：新教徒在腐败和顽固不化的世界里“分别为圣”的能力。“清教徒”是有信仰的人，其中许多人是前玛丽时期的流亡者。他们试图从圣公会根除腐败和“天主教仪式”（如洗礼时的十字架、婚戒、圣餐仪式中的下跪、穿罩袍和白色罩衣、使用风琴等）；但伊丽莎白坚持拒绝调整宗教和解政策，即使在细节上。她要做的重要的事情是将她批准的请愿书传达给主教们。事实上，当清教徒的观点被清教徒教士测试时，需要严格一致。为了回应有关牧师法衣和仪式的争论，帕克大主教公布了《公告书》（1566年），强调了《祈祷书》的礼拜规定。埃德蒙·格林德尔（Edmund Grindal，坎特伯雷大主教，1576—1583年在位）与清教徒一样渴望宗教改革。他敢于告诉伊丽莎白女王，他服从于更高的权力，于是他被停职了。他的继任者约翰·惠特吉夫特（John Whitgift，1583—1604

年在位）要求所有神职人员都赞同王权至尊、《祈祷书》和《三十九条信纲》，否则就会被剥夺权力。

婚姻与继承

在伊丽莎白的政治生涯中，其中30年里被女王的婚姻问题、新教继承以及来自欧洲和苏格兰的天主教威胁所缠绕。在天主教大国眼中，伊丽莎白不适合当一国之君。她是一个未婚女人、异教徒，还是个私生女。她的头衔和王位继承权，受到苏格兰女王玛丽·斯图亚特的挑战。针对宗教改革带来的政治和意识形态问题，塞西尔及他在枢密院和议会的“可信赖的朋友”采取了积极主动和令人惊讶的激进方法——这出于他们强烈的新教身份感和神圣天意。塞西尔曾在1559年末威胁要辞职，因为伊丽莎白最初拒绝向苏格兰派遣一支远征军，以帮助诺克斯及其盟友趁玛丽·斯图亚特还在法国时发动一场新教革命。但即使革命成功、玛丽作为寡妇从法国返回苏格兰，塞西尔、他的追随者和间谍组织首脑弗朗西斯·沃尔辛厄姆爵士（Sir Francis Walsingham）仍认为，黑暗势力（特别是罗马教皇、西班牙和玛丽在吉斯的关系）正在策反英格兰，并且他们打算把玛丽作为武器。出于这个原因，新教改革必须通过一切可用手段来传播，玛丽也被排除在英国王位继承权之外。1566年后，尼德兰的新教徒发动了叛乱，反抗西班牙腓力二世的统治——就是否派兵武力干预这场叛乱的问题，塞西尔采取了谨慎立场（与沃尔辛厄姆和莱斯特伯爵相比）。

无论何时这些话题被提起，伊丽莎白都试图加以禁止或限制讨论，或谢绝采纳枢密院委员们的建议。她将这些话题重新界定为“国家问题”：它们变成了国家机密（arcana imperii）——在古典文学中表达“秘密”或“国家秘密”的短语；如果在没有统治者批准的情况下进行讨论，就会戳穿主权的面纱。伊丽莎白总是把这些事情留给她自己一个人做决定——或者说更多的是犹豫不决——辩称她需要在涉及王权和国家的问题上得到进一步的“建议”，从而把需要“建议”作为拒绝议员谏言的借口。人们反复地问她为什么不结婚，但很少得到答案。弗朗西斯·培根后来回忆她是如何“允许别人追求她，甚至向她调情”，这些“调情没怎么减损她的声望，更没有减损她的王权”。然而，有人说她是利用“求爱”来建立政治关系——这有些夸大其词了。她接连有四位“中意者”：罗伯特·达德利——莱斯特伯爵、克里斯托弗·哈顿爵士（Sir Christopher Hatton）、沃尔特·雷利爵士（Sir Walter Ralegh）、最后一位是埃塞克斯伯爵二世罗伯特·德弗罗（Robert Devereux）。她给四个人都送过秋波，但罗伯特·达德利是她唯一真正想嫁的男人。她上台的头18个月里，罗伯特·达德利是宫廷里的常客。西班牙大使曾写道：“罗伯特伯爵如此得宠，使得他可以为所欲为，甚至有传言说女王陛下白天晚上都去他的房间拜访他。”到了1559年秋天，他们的亲密关系引起了桃色八卦：罗伯特已经是有妇之夫，妻子是爱米·罗布萨（Amy Robsart）。伊丽莎白可能坠入爱河了。有人谈论婚姻（也许也涉及离婚）。这一丑闻于1560年9月破裂，当时有消息传到宫廷，称爱米在牛津附近的库姆纳宫（Cumnor Place）家中从楼梯上摔了下来。法医陪审团判定为意外死亡——但爱米是意外死亡还是自杀，从未得到证实或解释。伊丽莎白犹豫了，然后认为与达德利结婚太危险了。拖延两年后，她的意中人进入了枢密院。伊丽莎白一直保留着对达德利的爱慕之情：她把他的微型画像珍藏在衣橱里，并深情地保存着他去世前不久写给她的最后一封信。但是他们之间的关系经常不稳定。特别是当达德利擅自行事时，女王会羞辱他，甚至将他从宫廷赶出去。

在与达德利短暂的风流韵事之后，伊丽莎白试图将她的个人感情与政治考量脱离开来。她的婚姻成了政治和外交政策的工具。在她的欧洲追求者中，只有弗朗索瓦（安茹公爵，1579年继承法国王位），似乎真的对她感兴趣。在谈判开始时，她以不寻常的礼貌和媚态招待公爵的代理人。她跟他谈论爱情而不是外交或条约。她款待了他，并给了他大量送给公爵的礼物和爱情信物。当安茹公爵亲自前往英国、展开追求时，伊丽莎白完美地扮演了一个恋爱中的女人角色。她把他的微型画像戴在自己的裙子上，或者夹在她的《祈祷书》中随身携带；他离开后，她给他写信，还有一首哀婉忧伤的诗。一些历史学家认为，这是伊丽莎白在更年期前的最后一次恋情——但这仅仅是猜测。多少是真实的爱情，多少是逢场作戏、意在与法国签订协约，以确保英格兰能抵御不断增长的、来自西班牙的威胁——是一个永远的不解之谜。

对于其他追求者，伊丽莎白的确是在逢场作戏：求爱为直接的外交谈判提供了借口。腓力二世是她的第一个“追求者”；然后是瑞典国王埃里克（Eric）十四世；荷斯坦公爵阿道弗斯；奥地利大公查尔斯；法国查理九世的弟弟亨利——后来继承了法国王位的亨利三世（1574—1589年在位）。伊丽莎白以这些谈判自娱自乐，让这些候选人之间争风吃醋。伊丽莎白在1563年至1567年间考虑过奥地利大公查尔斯，因为奥地利哈布斯堡王朝被认为虽然信奉天主教但比实际情况更灵活。塞西尔发现，大公坚持要在女王住处里举办天主教弥撒——这难以接受，外交努力失败了。1570至1571年，同样的障碍挫败了与法国的谈判。伊丽莎白在这个阶段寻求与法国王室缔结婚姻，仅仅是因为她认为：法国人在没有王室婚姻的情况下，永远不会同意签订对抗西班牙的协约。当亨利要求一年四季都要做天主教礼拜时，该计划破产了。

毋庸置疑，如果候选人和条约合适，伊丽莎白可能已经结婚了。有时人们说，她童年和年轻时的经历，让她在原则上厌恶婚姻。她在1559年对议会说：“在我的大理石墓碑上，应该刻着这么一句墓志铭，那就是：一位在位这么久的女王，至死还是处女——这对我来说足够了。”但不能按字面理解她的声明。她常常要被迫回应来自（男性）枢密院委员们催婚的压力，她觉得这种压力有些无理。她是位天生的政治家，也是高超的演说家。她原则上不愿结婚的说法，与她差一点嫁给罗伯特·达德利的事实互相矛盾。

关于继承问题，塞西尔被苏格兰和玛丽·斯图亚特所困扰，尤其是1565年玛丽嫁给亨利·斯图亚特后。亨利·斯图亚特就是达恩利伯爵（Lord Darnley），是伦诺克斯（Lennox）伯爵的儿子和亨利七世的曾孙。玛丽和亨利婚后一年，他们的儿子詹姆斯王子出生。30年来，塞西尔一直担心“S.Q”（“苏格兰女王”）还活着。他称她为“S.Q”是因为，他甚至无法忍受说出她的名字。至少对他来说，“玛丽”和“苏格兰”在很大程度上是伊丽莎白政治的组织原则。

根据1572年议会召开前夕的一份备忘录，玛丽最终成为英格兰的囚犯，被软禁在谢菲尔德。塞西尔希望议会剥夺她的财产和公民权，并把她处决。在备忘录中，塞西尔批评伊丽莎白（他自己的女王）在“处理苏格兰女王的问题上优柔寡断”。他的分析是对伊丽莎白女王自即位以来所犯错误的猛烈抨击，而且有不少错误，都是以他对玛丽的个人看法的方式表达出来的。最大的指责就是伊丽莎白“拒绝”结婚——这在国内外曾引发了危机，在她忠诚的子民中产生了“不安”和迷惑。如果伊丽莎白效仿玛丽，结婚并生下一个男性后代和继任者，情况会好很多。

接下来，塞西尔说，伊丽莎白在过去的13年里一直试图安抚天主教徒，而忽略了新教徒。为此，她种的是“风”，收获的是“旋风”。塞西尔继续说，“从一开始”，伊丽莎白发落过玛丽，好像“她想用温柔和利益来感化玛丽，使其悔过自新。”她过去太宽容了，这是个根本性错误。玛丽在英格兰非常受欢迎，“更多人”认为她是伊丽莎白的合法继承人，许多人甚至认为她是“合法的女王”。“她每天都会赢得女王陛下的臣民的人心”——这非常危险。

这份备忘录切中了关于玛丽问题分歧的核心。在苏格兰事务上，伊丽莎白和塞西尔存在意识形态上的分歧。尽管他们能在几乎所有其他问题上合作，但针对双方关心的苏格兰和玛丽问题，伊丽莎白和她的首席大臣还是互不相让。在围绕继承问题的争论上，塞西尔将新教信仰置于世袭王朝权利之前，伊丽莎白采取了相反的做法。虽然她是新教徒，但她将宗教和政治分开，将王国的理想置于宗教之前。玛丽本人是亨利七世的曾孙女，与达恩利结婚后，她最可能继承王位——除非伊丽莎白本人结婚生子。在处理玛丽和苏格兰问题时，伊丽莎白十分反感塞西尔的认识：宗教先决条件可以推翻合法的王朝权利。

伊丽莎白希望和玛丽达成和解协议。没错，她从不愿见到玛丽（虽然差一点就接见了），也不愿指定她是自己的继承人。但她做好了保护自己权利的准备。最值得注意的是，1566年她提出，允许一个法官小组来验证亨利八世遗嘱的合法性，确定一下其是否有合法的签字、是否有效。这也是为什么塞西尔多次试图起草《排除议案》，以便通过《议会法案》永远排除玛丽继承王位的可能性。在这方面，塞西尔完全可以被描述为一位准共和主义者，因为他个人的政治观点预示了1688至1689年的光荣革命。在这场革命中，詹姆斯二世被同僚和议会废黜，一位新教徒根据宗教立场继位，无视世袭王权权利。

描绘英国女王伊丽莎白和玛丽这两个“竞争对手”的传统模式，只能到此为止。伊丽莎白当然想决定玛丽第二次婚姻的条约和对象。但这两个女王的共同点远超过了这个模式所允许的范畴。两者都维护君主制的理想：她们可能被异想天开地说成是“女性君主工会的全额付费会员”。两人都看到了允许宗教支配自己政策的危险，两人都厌恶她们的领头（和新教）议员跨越苏格兰边境进行串联活动——因为这样会削弱她们的理念，并将她们推向不希望去的方向。

但是，当玛丽女王在苏格兰犯错时，她不仅疏远了敌人，还疏远了自己的朋友。1568年5月，当她输掉了兰赛德战役（Langside）、逃往英格兰时，伊丽莎白（在塞西尔的建议下）囚禁了她。一连串的阴谋形成了，天主教的、教皇的和亲西班牙的野心结成危险的联盟，所有塞西尔的担忧似乎都将成真。但让玛丽嫁给诺福克公爵的阴谋，以及由信仰天主教的诺森伯兰伯爵和威斯特摩兰伯爵领导的1569年北方起义，都缺乏连贯性，很容易被摧毁。到1572年，伊丽莎白和塞西尔通过了另一项重大考验，王国得以保持稳定：塞西尔被封为伯利勋爵。

新教事业和无敌舰队

玛丽逃往英格兰和北方叛乱开启了政治新阶段。在整个欧洲，宗教方面的立场两极分化：英格兰扮演着新教的核心捍卫者的角色。1568年12月，塞西尔扣留了几艘腓力二世派往尼德兰运输珍宝的船，英格兰与西班牙关系恶化。然后教皇庇护五世发布诏书——通谕《在至高处统治》（1570年2月），宣布伊丽莎白被逐出教会，并敦促虔诚的天主教徒将她罢免。接下来是1572年巴黎发生针对新教徒的圣巴托罗缪大屠杀和尼德兰的公然反抗：两起事件都唤醒了新教徒的良知，并激励英国人自愿为尼德兰人和胡格诺派教徒提供援助。最后，伊丽莎白与法国签订的防御协约被腓力二世视为敌对行为。在这些问题上，枢密院内部存在分歧。但除了少数例外，在反对西班牙并致力于欧洲新教事业上，枢密院委员们团结一致。特别是，16世纪70年代和80年代，在新教外交政策的大目标上，伯利勋爵、苏塞克斯伯爵、莱斯特和沃尔辛厄姆的意见是一致的。他们的分歧在于英格兰应该在多大程度上动用军事干预。莱斯特和沃尔辛厄姆希望英国直接干预尼德兰的起义；但女王和伯利坚持认为，凭英格兰一国之力不能战胜西班牙。

然而1585年战争到来时，英格兰变得孤立无援。圣巴托罗缪大屠杀之后，伊丽莎白间接协助法国在尼德兰对抗西班牙，试图以最低成本调和相互冲突的政治、宗教和商业利益。她甚至支持安茹公爵弗朗索瓦（她最合适的追求者）在尼德兰的军事干预。但安茹公爵于1584年6月去世，未能阻止西班牙的势力。当信奉新教的那瓦尔的亨利（Henry of Navarre）成为法国王位继承人时，宗教战争在法国复燃：吉斯家族公开与西班牙结盟（1584年12月签署《儒安维尔协议》），使得法国国内立场不一，而腓力二世的势力变得更强。在腓力合并了葡萄牙（1580年）和亚速尔群岛（1582—1583）之后，他的舰队规模超过了尼德兰和英格兰的总和。西班牙圣克鲁斯侯爵（marquis of Santa Cruz）就这一点提出了“英格兰计划”

（Enterprise of England）：打造一支推翻伊丽莎白的“无敌舰队”。观察家们只讨论了应该首先征服尼德兰还是英格兰。

一个关键事件是尼德兰领导人威廉·奥兰治（1584年7月10日）被人用手枪暗杀。这引起了英国政客们的恐慌，担心伊丽莎白可能成为下一个目标。1585年5月，正当腓力信心满满地要截获伊比利亚港口的所有英国船只时，伊丽莎白发动了报复：于8月份与尼德兰国会结盟，并让莱斯特伯爵带领一支庞大的军队前往尼德兰。但莱斯特的远征军遭受了惨败。他在1587年12月灰溜溜地回国，之后不久就去世了。只有弗朗西斯·德雷克爵士和其他海盗在大西洋和太平洋劫掠西班牙船只时，取得一点微不足道的胜利。最后，伯利和他“信赖的朋友”得逞了，玛丽·斯图亚特被审判并处决（1587年2月8日）。因为新的天主教阴谋中至少有一个涉及暗杀伊丽莎白未遂，这让枢密院的态度更加坚定。伊丽莎白本人犹豫不决：玛丽已经被审判并被定罪，但她是照天意选定的女王，伊丽莎白拒绝弑君。但枢密院不能再等了。伯利向伊丽莎白撒谎，告诉她无敌舰队已到达威尔士。结果是她签署了玛丽的死刑处决令，伯利立即派人传达了处决令，赶在伊丽莎白改变主意前处决了玛丽——因为他深知她必然会改变主意。苏格兰（和欧洲）严厉谴责此事，但是21岁的詹姆斯六世没有抗议，因为他得到了大量的补贴金以及最耀眼的奖赏——英国王位继承权。

1588年7月19日，无敌舰队最终出现在锡利群岛海域附近：它的目标是征服英格兰，这本身就可以确保重新占领尼德兰。舰队的计划是赢得英吉利海峡的控制权，在尼德兰海岸与帕尔马公爵会合，将腓力的弗兰德斯军的精锐运到英格兰。主力舰队将掩护帕尔马渡过英吉利海峡，然后无敌舰队的舰载士兵与帕尔马军队会师，共同入侵英格兰。无敌舰队由梅迪纳·西多尼亚（Medina Sidonia）公爵指挥；英国舰队由埃芬汉的霍华德勋爵率领，德雷克（Drake）是副指挥官。霍华德的旗舰是“皇家方舟”号（1581年，为沃尔特·雷利爵士而建造）；德雷克是

“复仇者”号的舰长，1575年被委任。在整个英格兰，当地民兵被动员起来；在地图上圈定了可能的登陆点，并加强了防御工事。但是如果帕尔马真的登陆了，他的军队很可能摧毁这些部队：英国强大的海上力量至关重要。

在这场海战中，无敌舰队战败与一般传奇相差不多，当然传奇的碗赛除外。主要战役在佛拉芒海岸的格拉沃利讷（Gravelines）打响，制胜的关键是火炮：无敌舰队只携带了19或20门大炮，173门中口径重炮，基本没有战斗力，有些在使用时爆炸——这表明它们未经测试。另外，西班牙人只有21门长炮（远程铁炮），而英国人有153门；西班牙人有151门半长炮，英国人有344门。简而言之，霍华德勋爵和德雷克的舰队在航行速度和武器上均超越了对手。

遭受重创的无敌舰队向北逃往福斯河（the Firth of Forth），绕道奥克尼群岛（the Orkneys）和爱尔兰西海岸返回西班牙。1588年8月，信奉新教的英格兰以祈祷和公众感恩来庆祝胜利。但这是一次侥幸的胜利，此后，伊丽莎白再也没有将她的整个舰队一次性投入战斗。此外，虽然通过避免与外国结盟、依靠皇家海军和掠夺敌人船队的兼职海盗船，伊丽莎白以最低代价牵制了西班牙——后世对此引以为豪，但在欧洲大陆的陆地战争中，海军的威力还是被神话了。海上战争只是席卷整个西欧的战争的一部分，这场战争以法国内战和尼德兰起义为中心。由于伊丽莎白缺乏资源单独与西班牙对抗，她被迫出手帮助纳瓦拉的亨利和尼德兰人。天主教联盟在皮卡第、诺曼底和布列塔尼最为强大；这些地区和尼德兰形成了连续战区。1589至1595年间，伊丽莎白每年向法国和尼德兰派遣援军，除了装备和支付自己的部队的开销之外，她对法国胡格诺派和尼德兰人的现金补贴超过100万英镑，而且士兵伤亡惨重。相比之下，英国海军行动更像是英勇的配角。

黄金时代?

然而，从几个角度来看伊丽莎白时代后期的政策，对英国都是有害的。纳瓦拉和盟友的目标出现了分裂：1593年7月，他皈依天主教以确保他作为亨利四世继承王位，破坏了建立一个欧洲新教联盟的希望。然而，伊丽莎白继续支持他，因为一个统一的法国恢复了欧洲的力量平衡，而他欠英国的债务确保了英法在短期内能继续合作。接下来，女王与荷兰人关于不断增加的债务及英国驻军和辅助部队的费用问题发生了争吵。战争的代价在英国历史上是前所未有的：即使有议会税收，也只能通过借贷和出售王室的土地来解决财政空缺。最后，战争实际上蔓延到了爱尔兰。爱尔兰宗教改革没有成功：西班牙在那里尝试了像无敌舰队一样危险的入侵。这些问题连同严重的内部反抗，迫使枢密院开始考虑对爱尔兰的全面征服——这种想法有一定逻辑，因为亨利八世曾假设自己也是爱尔兰的国王。伊丽莎白犹豫不决。

最后，她派遣她的亲信埃塞克斯伯爵（星光耀眼但是个偏执狂）于1599年率领一支庞大的军队前往征服爱尔兰。但埃塞克斯的失败甚至超过了莱斯特在尼德兰的败战；他孤注一掷，试图通过施展个人魅力来挽救他的职业生涯，但是在紧要关头却又擅自逃跑了。后来，他领导他的派系在伦敦街头发动绝望的叛乱，事败后于1601年2月被处决。蒙特乔依（Mountjoy）勋爵在爱尔兰取代了他，1601年使盖尔人首领归顺，并大败西班牙的一支入侵部队。对爱尔兰的征服在1603年完成，但结果本质上是矛盾的：英国霸权得到确立，但征服的事实失掉了当地盖尔人的民心，也使推进爱尔兰宗教改革从而实现与英格兰的文化统一的希望破灭了。

然而，这种矛盾并不局限于爱尔兰的历史。衰败最明显的领域是政府。在与西班牙的战争期间，伊丽莎白时代的政府机构是否已变得腐朽?现在的批评围绕着以下几个方面：税收不足、地方政府管理不善和军队招募不足；中央政府腐败盛行；滥用王室特权授予侍臣及其客户有利可图的“垄断权”或许可证——制造了他们可能会执行某些法规以谋私利的漏洞；与16世纪90年代人口增长和经济困境规模相比，《济贫法》（*the Poor Law*）的好处微不足道。

为了赢得支持，伊丽莎白和伯利放任税收制度衰落。尽管政府支出飙升，但议会补贴的价值不仅没有随着通货膨胀而增加，而且由于静态税收评估和普遍的逃税，出现了以现金形式计算的收入下降。利率变得一成不变了，而评估的基础成为纳税人未经宣誓的声明。虽然沃尔西在亨利八世的统治时期实施了现实的税收政策而且成绩斐然，但伊丽莎白基本上放弃了这项政策。虽然伊丽莎白统治初期的一次性补贴的收益为140 000英镑，但实际最终只有80 000英镑。伯利自己也逃税了，尽管他在1572年之后还担任财务大臣。他在议会中虚伪地斥责税务欺诈行为——但他自己的收入评估停留在133英镑6先令8便士，而他的实际收入大约是每年4000英镑。

伊丽莎白政府未能维持税收的收益是都铎王朝的最大弱点。无可否认，伊丽莎白的地方税收提高了，特别是用于对于贫困救济、道路和桥梁维修以及民兵支出上的投入。民兵的招募和训练非常昂贵，又增加了地方的税赋。到16世纪80年代，培训费用相当可观；地方也负责提供教区武器和盔甲的库存；支付检阅官的薪水；修复沿海堡垒和修建灯塔；给派往国外服役的士兵提供武器和制服，并将其运送到登船的港口。在肯特郡，1585至1603年期间，该郡承担的军事筹备费用超过了10 000英镑。的确，装备和运输部队所需的“服装和行军”费的一部分是由财政部提供的，但实际上，地方承担了四分之三的费用。此外，在战争期间，为了增强皇家海军实力，政府传统上从沿海城镇和郡县征用商船（通常是渔船除外）。16世纪90年代的王室，除了征用船只，还开始征收金钱，并强迫渔民在海军服役，以及入伙海盗——这损害了当地经济。当造船税延伸到内陆地区（如约克郡西区）时，引起了人们的反对，以至于开始质疑王室征税的权力。

然而，战争经济的压力是累积的：在伊丽莎白统治的最后岁月里，

105 800名男子被征召入伍，参加在尼德兰、法国、葡萄牙和爱尔兰的战争。兵役成了不满情绪的导火索。1595年以后为爱尔兰战事而进行的征兵，引起了最大的不满。1600年，当军队前往阿尔斯特（Ulster）途中，肯特骑兵在切斯特近乎发生哗变。对郡县的压力导致行政崩溃，人们反对中央政府的要求，同时贸易中断、瘟疫暴发（其中大部分是从国外返回的士兵携带进来的）、1596年和1597年的粮食歉收、物价飞涨——这一切，引起了广泛的不满。

然而，在中央政府层面，不断上升的腐败标志着中央政府变得崇尚金钱主义。长期战争期间，王室赞助的短缺和晋升前景的阻塞，刺激了卖官鬻爵的盛行。宫廷里的相互竞争创造了一个可以买卖影响力的“黑市”。官职可以被公开交易——但与亨利七世时的卖官不同，现在的交易没有给王室带来多少经济利益。钱付给了侍臣，让他们去影响女王的选择。一个小职位的价格大约200英镑，油水足的职位可以竞拍到1000英镑到4000英镑，比如王室监护法院的破产管理官或者战争期间的财政长。买官竞标等于投资，因为如果被任命，新官上任后，将使用他的职权、连本带息捞回他买官的成本——因此，该系统无论按都铎时期的还是现代的标准都是腐败的，因为这是牺牲公共利益而牟私利。

在伊丽莎白时代晚期，许可证和垄断问题，引起了对政府的更加公开的反对。在一个世纪里，1597年和1601年的冲突是议会中最丑陋的。冲突表明，人们对侍臣和政府官员的权力滥用不满情绪，已经相当强烈。的确，一些垄断或许可证是真正的专利或“私人专控权”，而另一些则建立了海外贸易公司——这些公司也为海外商人提供了宝贵的领事服务。但许多海外贸易公司只是为了让专利权人在大宗商品市场上占据一席之地，或者给予专利权人专有权，制造商或商人要开展合法业务必须向他们支付费用。他们将钢材价格抬高了一倍，使淀粉价格翻了三倍；导致进口的玻璃制品价格上涨四倍；盐价上涨11倍。侍臣们可以强制执行专利权而不受惩罚，因为专利权依赖于皇室特权：普通法法院在没有皇室同意的情况下，不具备审查它们的权力。愤怒情绪在16世纪70年代首次在议会中释放出来，但是伊丽莎白时代晚期爆炸性的垄断行为引发了更强烈的反对。当一位年轻的律师威廉·哈克威尔（William Hakewill）喊道："难道没有面包吗？"伊丽莎白才亲自进行干预。1601年，她以牺牲专利权人为代价避免危机：发布一项宣言，废除了在议会中被谴责的12个垄断企业，并给予受其他专利伤害的主体在普通法法院寻求补救的权利。

对伊丽莎白政府的最后一条批评是，由于人口的增加和16世纪90年代的经济困境，《济贫法》的好处受到抑制。农产品价格在1594至1598年实际上比1615年之前的任何时候都要高，而1597年的实际工资比1260至1950年之间的任何时间都要低。可能有2/5的人口在生存线以下挣扎：在坎布里亚郡（Cumbria）高地，营养不良甚至饿死人的事时有发生；疾病不受控制地蔓延；有关财产犯罪的报告增加，并且成千上万的家庭不得不去领取教区救济。

1572年、1598年和1601年通过立法惩罚流浪行乞并且救济穷人。议会实行了一个全国性的强制征收教区税（parish rates）的计划，以救济老人和需要依赖的穷人，同时下令人们必须购买羊毛、亚麻、大麻和铁等原材料——这样，那些身强力壮的失业人员可以在自己的社区里工作。这样就建立了济贫和征收当地税收的体制，这个制度直到1834年的《济贫法修正案》出台才被终止。因此，从物质意义上讲，如果考虑通胀因素，通过立法来济贫远远没有做到位。到1600年，贫困救济金的慈善捐赠，据估计现金总额为每年11 700英镑，占国民收入的0.25%。然而，由于税率不高，筹集的资金估计也更少。如果这些数字是正确的，人们听到的不是一声巨响而是一声呜咽而已。在不同的层面上，《济贫法》是一个安慰剂，告诉"劳动穷人"，他们的社会上层对社会秩序的看法跟他们是一致的，并谴责"英联邦的蠹虫"（主要是中间商）。

物质文化、艺术和文学

在社会更高层，都铎王朝的庄园和高级住宅（prodigy house）越来越奢华。1580年之前的建筑物结合了中世纪晚期和古典风格，但大多数设计的目的是为了炫耀委托人的财富和权力。例如，德贝郡（Derbyshire）的哈德维克庄园（Hardwick Hall），使用了大量的玻璃，采用高耸对称的结构，从1591至1597年由罗伯特·史密森（Robert Smythson）为伊丽莎白也就是什鲁斯伯里夫人所建，这个设计是对沃尔西建造汉普顿宫的计划表示敬意。庄园的护墙上刻着显眼的两个首字母“E.S.”（代表Elizabeth Shrewsbury），宣告主人的名字。高耸的砖砌烟囱成了一个特征，表明下面就是主楼内的壁炉、厨房和服务用房（如洗衣服和烤面包），它们要么在一个侧翼，要么在半地下室。随着时间的推移，地下室变得越来越普遍，尤其是在面积受限的地点建造的城市住宅，特别流行建地下室。家仆开始被安排住地下室——后来花了300年才把他们从地下解救出来。

伊丽莎白时代的庄园和高级住宅的主要内部特征是长长的画廊，挂着历史人物的肖像，长廊里是私人谈话或者娱乐的地方。事实上，这些长廊仿照的是本世纪初建造的皇宫里的那些画廊。早期的例子包括沃尔西在汉普顿宫、约克坊（后来的白厅）和伊舍（Esher）建造的画廊。以类似的方式，底层的客厅取代了大厅成为最常用的家庭起居室和餐厅。一家人住在一层的客厅和二楼的房间里；仆人们在一层、二层和地下室干活儿，睡在阁楼或角楼里。因此，楼梯重新焕发活力：木框架结构逐渐成为楼梯的特色。最后，提供自来水供应和改善卫生条件，反映了文艺复兴时期对私人和公共卫生的关注。在城镇住宅，家庭经常会花费很大的力气来解决排水和卫生问题；为了换取供水或排水，他们有时会向市政当局支付现金，但经常是为城镇法院或议会提供一些服务。

关于长廊里展示的肖像画，在亨利八世时期，小汉斯·荷尔拜因（Hans Holbein the Younger）两次拜访英格兰之后，油画艺术和肖像画的风格发生了变革。他的神奇之处在于，出自他手的画像，令被画者栩栩如生。1526年，当这位画家手里揣着交给托马斯·莫尔的介绍信，从巴塞尔来到英国的时候，英国人很少关心肖像。当时人们最渴望得到的艺术品是佛拉芒人的壁毯。托马斯·莫尔是个例外，他是一位手里拥有佛兰德大师昆丁·马西斯（Quentin Massys）双联画的、真正的艺术鉴赏家。他雇用荷尔拜因在伦敦切尔西（Chelsea）为自己画肖像及画全家福。消息不胫而走，很快荷尔拜因便开始为亨利工作了——尽管起初只是为一些盛大活动画布景。开始的时候，人们并没有马上追捧他的画，只有外国商人或者莫尔的几个朋友真正想要他的画。

1532年，荷尔拜因看望在巴塞尔的妻子和孩子、刚刚回到英国——他要发迹了。亨利即将与罗马教廷决裂，急需要为他的重大举措做视觉宣传，他自诩为“英国教会的最高领袖”，下令在白厅画一幅真人大小的宫廷壁画。荷尔拜因关于这幅壁画的部分草图保留至今。这幅壁画在1698年毁于大火，但有留存下来的副本。这幅画画的是国王的枢密室，是郡主的里间密室。画的背景是一个凯旋门，亨利和珍·西摩在国王已故父母之前。画中央的题词歌颂亨利的伟大：如果说父王亨利七世在玫瑰战争之后给国家带来了稳定，出身更加高贵的儿子推翻了教皇，恢复了真正的宗教，那么谁更伟大呢？这幅画位于亨利宝座的后上方，是“真人”的令人敬畏的再现和神圣都铎王朝超凡威力的象征。

当然，荷尔拜因的“现实主义”是错视画法（trompe–l’ oeil）——这正是亨利需要他的原因。通过凸显国王的身材魁梧和重要性，让国王显得更有“帝王”气质；全身佩戴华丽的珠宝和刺绣，炫耀着巨大的遮阴布，因为这下面蕴藏着英格兰的后代。有一幅爱德华王子的肖像，是送给国王的新年礼物。在这幅画中，爱德华还是个蹒跚学步的孩子，穿着一件红色的短袍，袍子上装饰着金光闪闪的金线，与金黄的头发相称。即使是孩子也要宣扬“牌子”，这幅肖像带着另一段题词，勉励王子效仿父王，“成为他美德的继承人，天地间难得产下一个他的荣耀可以超越父亲的儿子。”王子的左手挥舞着一个拨浪鼓，像是一根权杖；右手举起，手指张开，仿佛在为他的人民祈福。

亨利有什么喜好，使臣便趋之若鹜，且在解散教会运动之后，他们口袋里也有钱了。亨利的慷慨促进了奢侈品和艺术品市场的繁荣。现在任何权贵都想拥有自己的肖像画了，因为荷尔拜因（和亨利）已经让他们相信，被画者将赢得不朽的名声。荷尔拜因之后，没有很快出现可以跟他齐名的画家，但是在伊丽莎白时期，尼古拉斯·希利亚德（Nicholas Hilliard）凭借其令人陶醉的微缩画像，成为最具影响力的画家。金匠出身的希利亚德，因其作为“画匠”（limner）的技艺而闻名，肖像宝石的照明者，他们捕捉到了“可爱、美丽、诙谐的微笑，如闪电般稍纵即逝的眼神，以及容光焕发的面容”。亲密关系是这种风格的关键，再加上丰富的象征手法，为镜像般的形象塑造增添了深度。为了增强在根特（Gent）和布鲁日（Bruges）的工作室（在那里，微型画画在精细的牛皮纸上，并贴在卡片上）学到的技术，希利亚德用金作为材料，并用“雪貂或白鼬或其他野生小动物的牙齿”打磨它，产生了逼真的钻石效果。希利亚德制作的镶嵌着宝石的小盒子，通常被人们作为护身符佩戴，或作为君主与臣民之间、骑士与女士之间交换的情感信物。他的技艺传授给了他的学生艾萨克·奥利弗（Isaac Oliver），再又传给了塞缪尔·库珀（Samuel Cooper）。这种微型肖像画最终被摄影的发明所取代。

音乐的发展最受以下几个因素的影响：皇室和贵族赞助，教会和天主教堂持续的礼仪需求，以及逐步放弃中世纪时期严格的模式限制，鼓励更大胆、更悦耳的作曲和表演技巧。所有都铎王朝的君主与红衣主教沃尔西，都是突出的音乐赞助人，无论是宗教的还是世俗的音乐。亨利八世乐器的清单表明，英国拥有欧洲任何地方的奢侈乐器，国王本人也特别喜欢古琵琶和风琴。他和沃尔西的私人教堂竞相招募最优秀的风琴师和歌手。在亨利八世和玛丽的统治时期，来自佛拉芒、意大利和西班牙的音乐家经常造访英格兰，威尼斯、佛罗伦萨、曼托瓦（Mantua）和罗马对英国的音乐产生了深远的影响，这些影响体现在作曲家帕莱斯特里纳（Palestrina）的经文歌（motets）和佛罗伦萨牧歌主义者的作品里。伊丽莎白一世收留了一大群来自意大利、德国、法国的宫廷音乐家和乐器制作人。她的皇家礼拜堂是音乐天才的一流音乐学院，托马斯·塔利斯（Thomas Tallis）、威廉·伯德（William Byrd）和约翰·布尔（John Bull）在那里开创了自己的职业生涯。新教宗教改革乐于鼓励而不是摒弃作曲家：爱德华时代和伊丽莎白时期的禁令，使礼仪音乐和天主教音乐完好无损，许多教堂的绅士默默地恪守着自己的天主教信仰，继续为拉丁文弥撒和经文歌作曲。塔利斯和伯德获得了音乐印刷许可证，使他们和他们的印刷商能够开创乐谱印刷。对于音乐来说，从意大利和法国引进的旋律、和声和舞蹈节奏，跟素歌和对位同样重要，装饰和演奏的艺术在维吉那琴作曲家（virginalist）之间开始流行，尤其是古琵琶和一组乐师组成的乐队。

至于文学和诗歌，伊拉斯谟的机智和莫尔的讽刺小说表现了（虽然以拉丁文）在宗教改革前欧洲文艺的繁荣。托马斯·伊利奥特爵士（Sir Thomas Elyot），约翰·切克爵士（Sir John Cheke）和罗杰·阿沙姆（Roger Ascham）把古典习语转化成英语白话散文。托马斯·怀亚特爵士（Sir Thomas Wyatt）、萨里伯爵亨利霍华德（Henry Howard）和菲利普·西德尼爵士（Sir Philip Sidney）以皮特拉（Petrarch）的风格恢复了英文抒情诗的生命力，并振兴了作为诗歌形式之一的十四行诗。但是自从乔叟时代以来，是埃德蒙·斯宾塞（Edmund Spenser）重新发现了英国韵律所缺乏的完美。音乐再一次辅助耳朵，完全实现了耳朵和舌头之间的连通。斯宾塞无可挑剔地掌握了节奏、时间和曲调：他的作品不仅仅是“模仿古人”。特别是，他将北方和中部地区与南方方言和谐融合，使得辞藻典丽的诗歌朗诵起来抑扬顿挫、优美动听，好比古琵琶跌宕起伏的乐声。他的田园诗集《牧羊人日历》（1579年），是英国诗歌史上的一个里程碑，其悠扬的旋律描绘了田园生活的苦乐种种：

鹌鹑啊，听听你的啼啭，
可惜你常向荒山鸣唱。
吾更爱夏日云雀，
你是众鸟中的领唱，
你的歌声在暮春林间回荡，
众鸟栖在林荫深处，躲避烈日，
叽叽喳喳欢快附和，或屏息沉默，
因为你的啁啾甜美令它们羞愧。

斯宾塞的杰作是《仙后》（*The Faerie Queene*，1589年和1596年）。这是一部寓言性的史诗，从多个层面审视了伊丽莎白时期晚代政体的本质和现状。这部长诗的形式既是文艺复兴的也是哥特式的：细节本身就十分重要，在不损害整体效果的情况下，修饰外部对称性。不过，这首诗首先是一个寓言。正如斯宾塞在给沃尔特·罗利爵士（Sir Walter Raleigh）的一封献词信中解释的那样，“在这首《仙后》中，我想赞颂的是荣耀，尤其构想了我们国家最优秀和最光荣的女王，以及她在仙境中的王国。然而，在其他一些地方，我不会隐射她。”换句话说，斯宾塞的寓言一部分是道德，一部分是虚构，没有简单或直接的意义对应。然而这个寓言只有一个结尾，就像它之前的《农夫皮尔斯》（*Piers Plowman*）和后来的《天路历程》（*Pilgrim's Progress*）一样，《仙后》带领读者通往能够分辨何为真理何为虚假的道路。为此，伊丽莎白时代的权力政治的野心、腐败、阴谋和世俗意识，被升华为“极乐仙境”，穿着浪漫的田园诗般的外衣，并被歌颂成格罗丽亚娜（Gloriana）黄金时代的虚构现实。

这首长诗没能给当时的宫廷当权派留下深刻的印象。斯宾塞告诉罗利，他的“总体目标”是“以善良和温和的方式塑造一个绅士或高尚的人”。然而，模棱两可的情况普遍存在：斯宾塞认为他的目标已经过时了。文艺复兴时期的政治和治国方法，使得骑士精神渐趋衰落；乔叟时代“真正的完美和善良的骑士”，已经被马基雅维利式的朝臣所取代。如果黄金时代曾经存在过，它也已经过去了：

> 我常常把古代世界的形象
> 与现在的状态做比较，
> 当一个人年富力强之时，
> 美德绽放出第一朵鲜花；
> 我发现这些奇怪的东西跟别的混在一起，
> 在他漫长的一生中，
> 从他人生的起点开始，
> 我就觉得这个世界与我格格不入；
> 并且曾经的差错也日益恶化。

毫无疑问，斯宾塞在《仙后》中的寓言过于复杂，他试图将世俗和理想化的行为准则融合成一部戏剧史诗——这必然会难以驾驭，因为读者不得不透过无数的拟人（比如伊丽莎白被比作月亮女神黛安娜，或辛西娅或贝尔菲比；沃尔特·罗利爵士被比作蒂米亚斯，玛丽·斯图亚特被比作杜莎，也象征着神学的虚假等等）来理解其寓意。然而，虽然斯宾塞具备让人愉悦的诗歌创作能力，但缺乏说服力，让读者觉得他是在幻想。我们应领会到揭穿格洛丽亚娜的神话：艺术把“镜子与自然相提并论”，并展示了“他那个时代的形式和压力”。

都铎时代最著名的、成就最高的作家当然是威廉·莎士比亚。他创作了38部戏剧，包括《哈姆雷特》（1600—1601）、《李尔王》（1605—1606）和《奥赛罗》（1604年）等；154首十四行诗（1593—1597）；以及叙事长诗《维纳斯和阿多尼斯》（*Venus and Adonis*）以及《鲁克瑞丝受辱记》（*The Rape of Lucrece*，1593—1594）。莎士比亚对英国文学和欧洲戏剧的影响力，超过其他任何一位作家。他的作品的纯粹人性、力量和精湛技艺，在任何欧洲语言中都是无与伦比的；他的天才超过了乔叟或者丁尼生，这无须证明或解释。但是，我们应该记住，莎士比亚不是像本·琼森（Ben Jonson）、米尔顿或伏尔泰这样的“知识分子”或“精英主义”作家。他的人生轨迹集中在斯特拉特福德（Stratford）和伦敦，而不是牛津和剑桥。他的日常世界包括生活、死亡、金钱、激情、舞台事业和啤酒屋等，这些因素被他的妙手转化成喜剧、悲剧、历史剧和诗歌。他丰富多彩的经历，也许是他的作品普遍受欢迎的主要原因。当然，他的作品中找不到偏执或自命不凡的痕迹。

莎士比亚的经历，也是处在文化十字路口的作家的经历。大约在1580年之后，欧洲文学越来越多地探索与现代思维过程相关的个体表达和表征模式。作者和他们创作的虚构人物，表现出对一般经历和作家自身独特体验的认识。莎士比亚的《哈姆雷特》和克里斯托弗·马洛的《浮士德博士》（1592年）是伊丽莎白时期文学中个人经历的戏剧性描写的缩影。在这两部戏剧中，《哈姆雷特》更为上乘。莎士比亚采用了一个人们熟悉的故事，并将其打造成为永恒的杰作。但是马洛的《浮士德博士》也不甘落后。两位剧作家都渴望对人做心理学而不是道德描述。不同之处在于，浮士德不会超越自我主义和自我戏剧化的界限来实现自我分析；而哈姆雷特的主观反省和自我怀疑，是其行动的基石。

中世纪晚期的哲学，已经开始触及了对感官、自然和真理的客观欣赏，这反映了学者的思想倾向。到16世纪90年代，大约在加尔文主义神学的影响下，重点已转向主观性和自我表达。加尔文主义神学强调：上帝注定的话语具有灵活性不足的特点；一个人对恩典的追求，必然依赖于系统的自我审视。马洛和莎士比亚主宰了伊丽莎白时代的戏剧，尽管他们没有垄断这一行业。15世纪的寓言和道德戏剧虽然一直被压制，但是还是在茁壮成长，特别是在切斯特、考文垂和约克这样的地方城镇。但是，伦敦莎士比亚环球剧场是美丽新世界（Brave New World）的象征，新教改革的影响与大都市生活的复杂性相结合，为现代英国的首选戏剧提供了独特的形象。自我表达、个性和独白的张扬，也伴随着教育和文化的推广、非国教徒良知的诞生以及世界主义态度的增长。

一个时代的结束

伊丽莎白在1603年3月24日不到凌晨3点去世。人们永远无法知晓，她最终是否对承认苏格兰的詹姆斯六世作为她的王位继承人有过遗嘱。然而，因为詹姆士从血缘来说是最佳候选人，而且是男性、新教徒、未婚——詹姆斯立即宣布自己是英格兰和爱尔兰的詹姆斯一世国王。他的母亲是苏格兰女王玛丽这一事实被静悄悄地淡忘了，但是他的即位实现了亨利八世曾寻求的英格兰和苏格兰王室的统一，结束了英格兰在不列颠岛内的最大安全隐患。

詹姆斯于1604年结束了与西班牙的战争。随着和平的恢复，以及新一代受过大学教育的新教牧师来到英国圣公会，伊丽莎白曾面对的两个重大问题，现在得到了解决。尽管参加伊丽莎白葬礼的人多得潮涌如海，大多数人还是乐意看到她的离去。古德曼主教说：“人民普遍厌倦了一个老女人的统治。”只有到了1618年以后，当詹姆斯似乎给予天主教势力过多的信任及30年战争席卷欧洲的时候，新国王在议会中的反对派才再一次开心地“重塑”了伊丽莎白的形象：称颂她是果敢的统治者，财务上精打细算，且毫不动摇地支持国外的新教事业。

这些仅仅是传说。尽管伊丽莎白是一个伟大的存在，挫败了西班牙的猛攻，并自我打造了一位强大领导人的假象，但她政权的力量来自伯利及他的盟友。虽然她在议会上慷慨陈词，但她本人同她父亲一样坚定地相信君权神授，以及王室对教会和国家的特权。个人性格上，伊丽莎白是个说活刻薄、心狠手辣、智力超群、妒忌心强、脾气暴躁的人，也许还吝啬、虚荣、报复心强——尤其是对别的女人。沃尔特·雷利爵士评论过她的决策风格："女王陛下做的所有决策都是半途而废。"后来的克拉伦登伯爵在他的《英国叛乱史》（*History of the Rebellion and Civil Wars*）中写道："我不如那些人敏锐，他们从伊丽莎白女王去世之后（如果不是之前的话）觉察到了这场反叛阴谋。"他知道，如果我们回顾历史，伊丽莎白在16世纪90年代的保守和故步自封，加上爱尔兰的问题和法院贪腐的横行，可以说已经建立了一个阻碍改革的旧式政体。最好读一读后来的历史，在查理一世的"个人统治期"（Personal Rule，1629—1640），伊丽莎白政府的腐败问题被更重大的威胁所取代：新教及不列颠群岛和爱尔兰内部安全受到的威胁——这些威胁，是由国王和大主教劳德（Laud）的政策制造的。然而，人民收入微薄和政府腐朽，这些伊丽莎白时代后期所遗留的问题，最终只能通过"内战和空位时期"（the Civil War and Interregnum）才能得到扭转。

| 第六章 |

斯图亚特王朝

（1603—1688）

约翰·莫里尔（John Morrill）

斯图亚特王朝是英格兰最不成功的朝代之一。查理一世因叛国罪被公开审判，并被斩首示众；詹姆斯二世担心遭受类似的命运，逃离了他的国家，丢弃了他的王国和王位。詹姆斯一世和查理二世皆寿终正寝，但詹姆斯一世生前眼睁睁看着他的所有希望破灭，雄心壮志受挫，而查理二世虽然想要有所建树，却胸无大志，直到晚年才过上他所渴望的平静生活。斯图亚特时代最突出的事件是20年的内战、革命和共和制的实验，这些本应从根本上改变英格兰历史的进程，但是这种改变即使有也是难以捉摸的。然而，尽管历代国王和将军艰苦卓绝的努力均以失败告终，但英格兰的经济和社会正在发生根本性的变化，这些变化在很大程度上不易被察觉，而且也并非政府有意促成的。事实上，17世纪英格兰最显著的变革是由出生率下降引发的。

经济和社会生活

英格兰的人口，从16世纪初（如果不是更早的话）开始稳步增长，在17世纪上半叶继续增长。1600年，英格兰总人口可能接近410万人（当时苏格兰、爱尔兰和威尔士的人口之和大约有190万）。到17世纪中叶，英格兰的人口达到顶峰，接近530万，英格兰整个不列颠的总人口已经从大约600万增加到了大约770万。此后，这个数字趋于稳定，或略有下降，英格兰降至490万，英格兰整个不列颠降至730万。人口增长的原因令人费解，1650年以前，人口基本稳步增长，偶尔因流行病造成人口暂时减少，随后又恢复增长。最近的研究，把人口增长归因于计划生育习惯。一旦瘟疫失去了破坏力，像英格兰那样土地资源丰富，永远不会遭受造成绝收的极端天气的国家，很可能会恢复人口增长。每对结婚的夫妇都可能生育足够多的孩子，并使他们长大成人，以维持人口总数。事实上，英格兰的晚婚习惯使人口增长率保持在较低水平。在所有的社会群体中，男女双方的结婚年龄通常被推迟到25岁左右，这样一来，女方只剩下12～15年的生育期。晚婚似乎是由于一项顽固的传统，即夫妻在结婚之前须攒下足够的钱，以便他们建立一个独立的家庭。对富人来说，这意味着去上大学、接受法律培训或当七年（或更长时间）的学徒；对贫寒之士来说，这意味着长期从事家政服务，食宿在东家，工资微薄。

晚婚的潮流一直延续到17世纪后期，这时的结婚年龄甚至更大，这也许是因为年轻人的真实收入已经下降，导致攒够成家立业的钱需要更长的时间。无论如何，首次婚姻的平均年龄似乎又增长了两岁，到了26岁以上，这必然会影响生育率。更戏剧性的是，人们有意限制家庭规模。有三个或更多孩子的家庭，采取了措施来防止或抑制怀孕。例如，第三个或以后的孩子的哺乳期，要比第一个或第二个孩子的长好几个月，以此来降低生育。粗制的避孕装置和对待性的审慎态度也很普遍。对一些绅士家族的研究表明，甚至独身生活变得更加普遍（海军的大规模发展可能部分地与这一意想不到的趋势有关）。17世纪后期在南威尔士主要的绅士家族中，有1/3的一家之主未婚，而一百年前这个比例是微乎其微的；而平均每对夫妇所生的孩子的数量，从五个下降到两个半（由于儿童死亡率高，意味着很高比例的家庭绝后了）。目前还不知道其他地方的绅士或者其他社会群体是否都存在这种现象，但可以肯定的是，这确实显示了人口的变化模式。

人口增长给经济、社会和政治带来了重大影响。在1640年前的一个世纪里，人口增长速度快于食物产量的增长速度，结果是，有些地区出现了粮食短缺，严重时甚至出现了饥荒和饿死人的现象。16世纪末和17世纪初，可能有部分伦敦人死于饥饿；17世纪20年代初，坎布里亚有不少人饿死，这是确定无疑的。此后，至少在英格兰，饥荒已不再是明显的威胁。农业生产增加、良好的交通和信贷额度，以及趋于平稳的人口数量，使饥饿问题得以解决。英格兰避开了周期性的粮食匮乏和大规模的饥饿，但在未来几十年里，这些问题持续威胁着欧洲大陆的邻国。

人口增长带来的更持久的影响是物价上涨。1500至1640年间，食品价格上涨了八倍，而工资增长不到三倍。对于大多数不生产粮食，或者生产的粮食不足以养活自己和家庭，也没有盈余可以在市场上出售的人来说，这是一个经济困顿的世纪。更为甚者，越来越多的人依赖雇用劳动生存，使得这个世纪人们的生活水平大幅下降。事实上，很大一部分人（显然是绝大多数人）必须购买他们所需的大部分食物，这些支出占他们收入的比重越来越大。政府最关心的是规范粮食交易，并在法律制裁的支持下，给地方提供农业机械、制定行政准则，以确保在庄稼歉收的时候，人们可以以最低幅度的涨价购买库存的粮食和其他农产品。

不断增长的人口不仅对食物资源造成压力，也对土地资源造成了压力。对那些平均生育不止一个儿子的家庭来说，在儿子成年后，要么分割家庭财产，下一代的每个成员的财产都减少，要么由一个儿子继承家庭的土地或房产，而其他成员不得不自谋生路。由于农产品价格高，因此哪怕是耕作那些边边角角、经济效益不高的荒地，也有利可图。但是在17世纪初，大部分地区都没有多少可供利用的荒地。解决办法在于更有效地利用现有的耕地，特别是在林地地区或沼泽地带（被海水或冬天的雨水淹没的地带），在现有条件下，沼泽地利用率有限。但是，排干湿地的积水和清理林地的费用都很高，这些工程必须由有风险资本的人来承担，而且当地人也必须牺牲他们原有的生活方式、生计以及不多的财富。政府再一次被迫进行积极调解（或者更多时候是举棋不定），一方面要鼓励更高的生产率，另一方面要照顾遭受不利影响的人的痛苦和抗议。

不断增长的人口也给就业带来压力。到了17世纪初，英格兰的失业现象非常普遍。农业仍然是主要的就业来源，但田间的劳作是季节性的，而且数十万人发现，并不是全年都有足够的零活儿可干。但是，由于劳动力丰富廉价，而且大多数制造业完全依靠体力而不是一种可以吸引劳动力去开采的能源，又由于原材料散布在各处，有的生长在地上，有的埋藏在地下，因此17世纪的“工业”是在农村地区的农舍和附属建筑里进行的。对于一些人，尤其是从事金属加工和建筑业的人来说，“制造业”是主要收入来源。对于其他人，如从事纺织业的人来说，“制造业”则可能是第一或第二收入来源。纺织品是到那时为止最大的“制造业”，大约有二十万工人分散在英格兰各地，尤其是在西南部、东英吉利或奔宁地区。然而，纺织业是一个特别不稳定的行业。17世纪初，过高的粮价影响了国内市场，战争和外国竞争也大幅缩小了外国市场。成千上万的家庭用尽办法还是入不敷出。伤病、残疾或死亡都使他们收入减少。社会上长期存在“不充分就业”问题——过多兼职工人在寻找全职工作，这是一个结构性问题。

在赫特福德郡的奥尔登纳姆（Aldenham），约有1/10的家庭经常需要依靠济贫税的救济，但还有1/4（总共超过1/3）的家庭偶尔需要失业救济或补贴（例如燃料或衣服）来度过困难时期。对许多家庭来说，为了维持生计，他们不得不节省燃料，采摘野果或野菜果腹，并定期向当地慈善机构或济贫税寻求帮助——这就是所谓的“临时经济”。农村就业困难导致大批男女拥入城市（尤其是伦敦），而在城市里，问题同样不少，而且更为复杂多变。城里有大量非技术性的杂活儿，但在经济衰退或者农业歉收的时期，零工的需求量会迅速减少。过高的食品价格导致人们对其他商品的需求减少，反过来又缩减了靠非农业工资生活的劳动者的数量。那些最需要增加收入来购买食物的人，反而最有可能找不到工作。因此，政府再一次介入，组织和监管国家穷人救助计划，并出台管理人口流动性、建房和促进海外贸易的辅助性规范。不断增长的人口大大增加了政府的责任和义务，可以说超越了国王的资源和能力。那些生产和销售商品的人，那些从土地热中获得更多租金和收益的人，以及那些在日益复杂并充满不确定性的土地和商品市场上提供服务的人（特别是律师），都想享受他们成功的果实；而其他人则期待国王来阻止或减缓结构性变化带来的影响。在充满活力的经济里，政府须在竞争的、不可调和的利益之间进行仲裁。难怪国王越来越被轻视，也越来越不被信任。

相比之下，到17世纪末期，这些问题即使没有被彻底解决，至少也缓和了许多。人口略微下降，阻止了问题的恶化。更重要的是，农业生产率提高了。虽然关于17世纪农业变革的性质和程度，现在仍然存在很大争议，但可以肯定的是，从大约17世纪70年代开始，英格兰不再是粮食净进口国，而成了出口国；事实上，政府不得不提供出口奖金来避免余粮囤积。这一重大转变可能和大规模扩大耕地面积有关——或是通过开垦新的土地（而不是耕种现有的土地），或是通过土地改良方案来实现的。但这也可能是由于引入了新的农业耕种方法，使每英亩的粮食产量大大提高。巧妙的轮作以及粪肥和化肥的广泛使用，增加了粮食产量，也使人们能饲养更多牲畜。几乎所有沿用到19世纪初的、用于改进英格兰农业的方法，早在1660年之前都被英格兰人掌握了，其实大部分方法在荷兰已经试用过了。问题是要了解这些方法被推广的速度有多快。自耕农顽固、保守；在教科书里，好的想法与华而不实的想法掺杂在一起；最有效的方法需要土地使用更加合理化，其中一些方法需要高资本投入。17世纪初，最普遍的创新似乎不是那些可以增加粮食产量的方法，而是那些能够吸收廉价剩余劳动力的方法——特别是将“工业化”的经济作物，如染料作物、烟草、桑树（供养蚕），转化为手工业生产的方法。只有当人口下降导致实际工资提高、粮价下跌，提高生产率的动力才能取代农民扩大经营规模的愿望。土地出租方式的变化也让地主看到更好的投资回报前景。原先的观念是通过增加种植面积这一简单的手段来增收，新农业或许巩固了这种理念。无论哪种方式，政府对粮食市场的干预和对工资的监管都变得不那么频繁和必要了。

1600年，英格兰仍然由一系列追求实现自给自足（并非总能如愿）的区域经济体组成。信贷和分配问题阻碍了地区之间进行便捷的农产品交换。大多数集镇，甚至大城镇都是展示和销售农产品的主要地方。到1690年，情况就不同了。长期以来，英格兰一直是欧洲最大的自由贸易区，倘若英格兰王室能够自行其是，那么爱尔兰和苏格兰或许也可以完全融入或接近免关税区。这个问题不应该归咎于下议院游说者的狭隘私心，特别是在17世纪初和17世纪60年代。英格兰的任何一个地方，距离大海都不超过75英里，并且因为英格兰实施了改善河流航行的计划，到1690年，绝大多数地方距离可通航到大海的水路不超过20英里。一个单一的、一体化的国家经济渐渐崛起。每个地区不再需要努力实现自给自足，不必在劣质的土壤上或不适宜的气候中生产低质的农产品。充分利用当地土壤和气候条件的区域专业化开始出现，一个地方生产的产品可以跟其他地方过剩的粮食或乳制品进行交换。因此，肯特出现了大规模的商品化蔬菜种植。

制造业也是如此。专业化生产的进一步发展引发了零售业的革命——商店时代的到来。此前集市给人的印象是，到处是摊位，凌乱不堪，摊贩或零售商陈列着自己种植的、自己制作的或者用当地原材料生产的产品。到1690年，大多数城镇，甚至很小的城镇都有了现代意义上的商店——卖的不是当地的农产品，而是能满足该地区多样化需求的商品。店主从遥远的地方进货，以满足人们各种各样的需求。一个有据可查的例子是，一个名叫威廉·斯托特（William Stout）的商人于17世纪80年代在兰开斯特以每年5英镑的价格租了一家商店。他去伦敦和谢菲尔德购买了价值超过200英镑的商品，用现金（一笔他父亲的遗产）支付了一半货款，另一半赊账。他很快就从世界各地采购货物，给兰开斯特及周边地区的人们提供种类繁多的商品：西印度的糖、美国的烟草、约克郡西区（West Riding）的五金等应有尽有。尽管如此，一旦城镇成为世界商品的销售中心，人们往往会绕过没有多少选择的小城镇，前往选择更多的更大的中心。这就是17世纪形成的城市集中在现有的大型集镇的原因。大约二十个城镇的现有居民已经超过1万，这些城镇的人口出现了急剧增长；而市场更小的小镇的人口则略有下降。一些小制造中心（伯明翰和谢菲尔德等金属加工城，或曼彻斯特和利兹等布匹城，或查塔姆等造船城）成为著名的城市中心。但1690年的二十个最大的城镇，几乎与1600年的二十个最大的城镇相同，所有这些城镇都位于沿海或可通航的河流上。

大城镇因其在市场中的地位发生变化而繁荣起来。但其中许多城镇，尤其是县城，不仅成为商品的销售中心，还成为劳务的销售中心。作为地方行政中心，数百人定期到县城的法院和委员会工作。商店的吸引力和地方行政中心的重要地位，刺激了县城的服务业和休闲产业的发展。绅士们和富农或是来到城里做生意、开商店，他们愿意接受律师、医生和地产中介的专业意见；或是带着家眷来住上一段时间，相应的社交活动催生了剧院、音乐会或一系列新的娱乐设施。一个追求休闲娱乐和旅游度假的时代即将到来。

巴黎是法国最大的城镇，17世纪中叶，这里已有35万居民。第二和第三大城市是鲁昂和里昂，分别有8万和10万居民。在欧洲，只有五个城镇人口超过25万，但人口超过5万的城镇有一百多个。然而在英格兰，1640年或1660年，伦敦人口已超过50万；纽卡斯尔、布里斯托尔和诺威奇，这三座城市旗鼓相当，争夺第二名，每个只有2.5万人。在英格兰，伦敦的人口比50个排在其后的城市的人口总和还要多。由此不难得出结论，伦敦的增长正在牺牲其他城市的利益。伦敦掌控着海外贸易，也因此掌控着大部分早期的银行业和金融业；这样一来，大部分出口贸易就必须通过伦敦。17世纪，主要的新“转口贸易”（如进口糖和烟草等殖民地原材料，再运往欧洲）也集中在伦敦。伦敦在行政、法律和政治领域占统治地位。虽然英格兰农村地区因供养首都而繁荣起来，并使居民解决温饱问题，但是城市增长可能因此放缓。到1640年，10%的英格兰人住在首都，且至少1/6的人在首都生活过一段时间。到1690年，伦敦最富有的100人就是英格兰最富有的人。财富不再是土地所有者的特权。

如果商品能在国家经济范围内更加自由地移动，那么人们就可以在自己的社区里长期生活下去。内战前和内战后，超过2/3的英格兰人死在他们出生的教区以外。但是，大多数人都没有远离家乡，而是留在他们出生的县。人口迁移有两种模式。第一种是“改善生活迁移”，青少年和年轻人迁往他处去当学徒或租赁农场。除了来自全国各地的移民前往伦敦当学徒外，整个17世纪，这种移民基本上是地方性的。第二种是“维持生计移民”，那些在家乡找不到工作或工作前景暗淡的人，出门谋生计，他们经常长途跋涉，希望在其他地方找到工作。17世纪下半叶，这两类迁移的数量比上半叶时减少了许多，一部分原因在于人口增长停滞及经济发展给家乡创造了更好的就业机会；一部分原因在于申请贫困救济的门槛普遍降低了，使得教区管理者更容易怜悯手脚健全的失业者；还有一部分原因是，严格的定居法抑制和阻止了移民。1662年，一项议会法案赋予了警察和监督者以权力，他们可以惩罚那些为寻找闲置的公共土地或者荒地来盖房子，而在不同教区间来回迁徙的移民。

17世纪可能是英格兰历史上第一个迁出人口多于迁入人口的世纪。在这个世纪，有30多万人（主要是年轻的成年男性）跨越大西洋移居美洲。最大的群体迁往西印度群岛；第二大群体迁往弗吉尼亚州和信奉天主教的马里兰州；一个小群体迁往以清教徒为主的新英格兰。移民浪潮是波动的，但在50年代和60年代达到顶峰。对于大多数移居国外的人来说，移民的主要原因是寻找工作和追求更好的生活。然而，对于少数人来说，移民是为了逃离宗教迫害，他们期望建造教堂并以自己的方式崇拜他们的上帝。越来越多的人因犯罪或仅仅因为流浪（特别是17世纪60年代）而被强行送往世界其他地区。除了跨大西洋的移民之外，还有未知数字的英格兰人越过了英吉利海峡，前往欧洲大陆定居。其中最大的群体可能是天主教家族的后裔，移民是为了宗教自由或充当雇佣兵。新教徒的年轻后裔也纷纷参加雇佣军。其中数百人返回英格兰参加了内战。因此，尽管在16世纪，英格兰是著名的宗教避难处，但在17世纪，欧洲和美国接受了来自英格兰的宗教难民。17世纪初，迁入英格兰的外国人可能比前几十年少。17世纪唯一重大的迁入移民是犹太人和法国的胡格诺派——犹太人在克伦威尔政权取消了定居禁令后蜂拥而入，胡格诺派则是为了逃避路易十四在80年代对他们的迫害。

很少有人在离他们出生地很远的地方安家落户，更多的人前往英格兰各地。商贩、承运人和其他从事商品运输的人员增长了三倍或四倍。沿海贸易中的货运量可能也增长了三四倍。马路上挤满了小贩（叫卖着新闻报纸、传单、年鉴、警示录和写满生活诀窍的小册子等）、兜售各种小饰品的流动商贩，还有旅行艺人。农村生活的社交中心是教区的教堂，而酒馆一直是人们消遣的地方，这一时期，在传播新闻和信息以及形成流行文化方面，酒馆已经不逊色于教堂。17世纪初，中央和地方政府对酒馆进行了监管，主要是为了避免太多的大麦用于制麦芽和酿酒；到17世纪末，政府监管更关切的是酒吧存在煽动叛乱的隐患。

1540至1640年这100年间，财富出现了再分配的现象——从富人和穷人手里移向中间阶层。王国里最富有的人的大部分收入来自租金和服务，而这些都很难跟上通货膨胀：长期租赁的传统、固定租金的习俗和波动的“进入费”（entry fine，租约易手时支付的款项）影响了富人的收入。精明的地主可以确保收入增长与通货膨胀保持同步，但许多人做不到。同样，那些有农场或财产但不能自给自足的人，受食品价格上涨（更糟糕的是价格波动）的冲击；而劳动力市场过剩，实际工资下降，使穷人很难填补他们的亏空。无地劳工和住小茅草屋的人激增。然而，社会的中间阶层，无论自耕农还是商人，生活却蒸蒸日上。如果他们的生产超过了自己的需求，有了剩余，他们可以高价卖出，并雇用廉价的劳工扩大生产。他们可以把钱放贷给贫穷的邻居（那时候还没有银行、股票和提供住房贷款的房屋互助协会），一旦借贷人未能偿还债务，他们可以没收借贷人的财产。他们投资于更多的土地，宁愿扩大业务规模而不愿意将资本投入改善生产率。许多人从农民阶层升入了绅士阶层。

17世纪，英格兰只有两群人享有“社会”地位——绅士和贵族。其他人具有“经济”地位，并由经济功能界定（如牧民、皮匠、商人、律师等）。贵族和绅士不同于其他社会群体。他们有着与众不同的“特质”，那就是“高贵”。贵族和绅士是“高贵的”，其他人都是“卑贱的”或“粗俗的”。这些概念部分来自封建和骑士传统，根据这个传统，王室持有土地，骑士们通过军事功勋从王室换取土地。这些军事功勋到这一时期早已不存在，但关于土地和庄园的所有权能够给所有者赋予社会地位和“荣誉”的概念重新焕发了活力，亚里士多德的公民概念被应用到英格兰。对绅士或贵族的治理应该不同于其他群体。绅士过着独立休闲的生活，不需要工作就有收入，衣食无忧，不依赖别人，有时间和闲暇来投身于政府事务。绅士具有独立的判断力，并训练做决定的能力。并非所有的绅士都曾任职于需要一些特质的岗位（如治安法官、警长、民兵队长、高级警官等），但是，所有绅士都有这种担任公职和治理国家的能力。绅士应该热情、仁慈、公正。无论在财富上，还是在心智和个人偏好上，绅士都不同于自耕农。小绅士和自耕农收入差别不大，但他们过着不同的生活：绅士出租他的土地，穿棉布和亚麻布，能读拉丁文；自耕农是干粗活儿的农民，穿皮革，用英文读写。到1640年，大约有一百二十位贵族和两万名绅士，占成年男性的1/20。土地的永久性和土地收入的稳定性使得绅士精神局限在农村地区；富有的商人或手工业者虽然收入可能比许多绅士高，并且在他所在的区政府中担任同样的公职，但并不具有绅士的地位，而且他必须工作，他的资本和收入是不稳定的。绅士年幼的儿子，如果去学法律或做生意，就无法保留他们的身份地位。不过他们可以从事某种职业，从而让自己和儿子可以重新获得绅士地位。富商或律师希望通过购置庄园，在晚年过上绅士般的生活。

这种模式在17世纪后期发生了转变。此时的条件对大农民（large farmers）不利——高赋税、高劳动力成本和低利润。如果他们不在提高生产率上加大投资的话，将比不上大地主（大地主依靠的是规模经济）。这一时期，极少有自耕农渴望跻身绅士行列，同时很多未成年的绅士放弃为了保持绅士的外表而进行的不平等的竞争。另一方面，职业人士、商人和城镇官员更加大胆地声称，他们跟乡村绅士一样优秀，理应获得受人尊敬的头衔。于是“绅士”的定义被延伸，囊括了以上这些人（他们不需要预先购买土地）。这些“伪绅士”越来越受人尊敬，越来越被人认可，甚至得到了传令官的认可。然而，他们没有获得广大乡村绅士的认可，他们认为自己所珍视的绅士身份被贬低了，并对此深恶痛绝。为了回应“绅士”一词被贬低的情况，他们推出一个新的术语，以恢复他们的排他性和自我重要性：他们称自己为乡绅（squire），称自己的群体为“乡绅阶层”。

1540至1640年这100年间，中间阶层以牺牲社会最底层和部分最顶层的利益为代价而得到巩固。1640年后的一个世纪里，大量贫困家庭的生活有所改善，而大农场主和小地主的日子越来越不好过，社会顶层则大发横财。到1690年，一群拥有地产的人崛起（他们伟大的时代才刚刚开始），他们的利益、财富和权力建立在地产之上，但远远超出了他们的地产。他们的投资涉及贸易、政府贷款、矿产资源，以及农业种植方法的改进和出租农田。他们一半时间住在城里，一半时间住在农村；他们既能与伦敦富裕的精英阶层打交道，又能跟乡下人打成一片。他们构成了超越财富的世界性的文化精英，这个群体融合了许多贵族，但不限于贵族。这一新现象在当时得到了认可，并需要一个集体名词来给他们贴上一个社会标签。于是，“贵族”（aristocracy，就像“民主”这个词一样，迄今为止是政治思想家所用的，而非社会分析所用的）这个词便产生了。17世纪后期发明的“乡绅”一词和“贵族”一词在很大程度上揭示了社会的演化。城乡一体化、大都市价值观和时尚的传播、经济的波动性，以及社会的流动性都是影响人们相互分类的重要因素。到了1690年，英格兰已经有一个灵活、单纯的有钱人精英阶层；欧洲大陆的大部分地区依旧盛行特权和血统论，而在英格兰，获得财富和权力的条件已经不再受这种落后观念的束缚。

政府和法律

斯图亚特政府对社会的这些结构性变化知之甚少，也无能力左右这些变化。斯图亚特政府掌握的资源远远不能实现国王的野心，也不能满足大多数人对国王以及国王对自己的期待。

国王掌握的财政和官僚资源仍然有限。詹姆斯一世继承了每年35万英镑的收入，到17世纪30年代末，这一数字已经上升到了100万，80年代末甚至达到200万，增长显著。这意味着，在整个17世纪，斯图亚特王室在和平时期有足够的资金从事各项活动。到17世纪末期，来自王室土地和王室封建特权的收入大幅减少，只占王室收入的一小部分。王室的常规收入主要来自对贸易的征税——商品进出口关税和消费税。消费税是对基本生活消费品（尤其是啤酒）征收的一种销售税。只有在内战期间和政权真空期（这期间大多数国家收入来自财产税），直接税收才是重要的财政来源。在1603至1640期间和1660至1689期间，直接税收占王室收入的比例不到8%，明显少于14世纪或16世纪。这一现象部分反映了土地所有者主导着具有税收支配权的下议院，但也反映了阻碍提高税收分配效率和公平性的行政弱点。

贸易的活跃度，尤其是在1630年以后，成为王室收入稳定增长的最大原因（远远超过通货膨胀率），几乎在各方面，斯图亚特王朝都是欧洲负债最少的王朝。詹姆斯一世和查理二世都遭受过财政失控的窘境，他们常常挥霍无度，草率地花钱收买仆人以获得他们的忠诚和欢心。然而，斯图亚特王朝的问题应该归咎于伊丽莎白女王。在16世纪和17世纪的整个欧洲，国王们都以国家正在遭受暴虐或异端的外国人的入侵威胁为借口，设立新的税种，而当入侵恐慌被解除或入侵被击退后，这些税种通常被永久地保留下来。17世纪90年代，当英格兰遭到专制君主路易十四和詹姆斯二世的围攻时，威廉三世就做出了这样的税收调整。由于斯图亚特王朝从来没有面对真正的外敌入侵的威胁，于是没有充分的借口，进行令人难以接受的财政税收调整。在无敌舰队时代，伊丽莎白一世有绝佳的机会增设税种，但她年事已高，心力交瘁，接受了保守的建议，没有去尝试。相反，她通过出售土地来支付战争的费用。虽然这一做法没有让詹姆斯一世和查理一世的处境变得如人们一度认为的那么艰难，但确实产生一个重大结果：它使国王丧失了借贷的抵押物。

只要斯图亚特的国王们用心治理，就有足够的收入实现财政平衡。在当时的统治者中，几乎只有斯图亚特王朝的国王没有破产过，他们只在1670年有过一次被迫推迟偿还贷款利息的情况。但他们从来没有足够的资金去打一场胜利的战争。因此从1600到1689年，从来没有人威胁要入侵或向英格兰宣战，这并不像听起来那么严重。英格兰向西班牙（1624—1630，1655—1660）、法国（1627—1630）和荷兰（1651—1654，1665—1667，1672—1674）发动过战争，但英格兰始终是侵略者。虽然这些战争没有完全实现主张战争的人的目标，但至少英格兰没有吃过一场败仗，让步也都是发生在交战前。虽然争夺殖民地（南亚、中亚、非洲、北美洲和南美洲）的斗争正在激化，但是英格兰没有割让过领土，相反领土继续稳步扩张。英格兰人越来越认识到，对欧洲大陆的重大武装干预是徒劳的，于是逐渐增加了向海军的投资，而所有欧洲大陆国家也发现，陆地战争的高成本阻碍了海军的发展。到1689年，英格兰海军与荷兰和法国平分秋色。接下来的25年里，一系列战争使英格兰海军称霸欧洲。由于没有财力支持，英格兰无法推行积极的外交政策，但在17世纪，其世界地位有了大幅提升。

王朝缺乏强制性的力量——没有常备军或有组织的警察部队。即使是保卫国王并围绕他执行仪式功能的警卫团，也是在查理二世复辟时期创建的。1603至1640年期间，国王可以在紧急情况下召集的战斗人员只有区区几十人，远非成千上万。1660年以后，英格兰可能有大约三千名长期服役的武装人员，而爱尔兰和丹吉尔（查理二世娶了葡萄牙公主为妻，丹吉尔是葡萄牙国王送给英格兰的嫁妆）要多得多。当时还有数千英格兰人被荷兰和葡萄牙军队组建成长期服役的军团，在紧急情况下，英格兰国王可以召回这部分武装力量，但英格兰境内没有军队。在詹姆斯二世统治之前，除了在英格兰西部拔掉非法种植的烟草和偶尔围捕宗教异议人士以外，英格兰都没有军队的身影。

当然，内战之后的情况并非如此。在冲突最激烈的时候，1643至1644年，英格兰大概有十五万名武装人员，占成年男子人口的1/8。到了17世纪40年代末，这一数字下降到2500人；在第三次内战，即反对年轻的查理二世和苏格兰人的战争（1650—1651），这一数字又上升到45 000人，；1652至1660年，武装人员的数量维持在10 000和14 000人之间（尽管在特定时期，还有18 000到40 000人在苏格兰和爱尔兰服役）。英格兰的军队被派到各个军事驻地。伦敦有一支人数可观的军队，大约3000人，这支军队驻扎在公共的地方（包括圣保罗大教堂，其中殿已成为一座教堂军营）。军队经常干涉当地的行政和政治（尤其是在当地的教堂，驻军经常保护分裂主义分子的礼拜堂，培养激进的分裂主义分子）。军队曾经是少数派共和政府的唯一保障，同时也是广大民众不满的源泉，这种不满影响了广大民众，使他们无法长期接受法国的弑君和大革命事件。

在该世纪剩下的时间里，防御入侵和叛乱的第一道防线不是常备军，而是民兵。民兵是一支训练不足、装备简陋、组织涣散的地方防卫部队，由国王指定的当地绅士家族招募和领导，但并不听命于国王。他们只是在1642至1645年的战争期间积极参战或愤怒地开枪射击。

英格兰根本没有警察系统。没有几个刑事案件受到过官方的“调查”。刑事审判的结果，要依据受害人或者有冤情的一方提出的指控，以及提交给治安法官的证据。逮捕是由乡村警员（由普通农民或手工业者轮流担任，任期一年）或由手下有若干带薪法警的警长（由绅士们轮流担任）来执行的。暴动和更普遍的骚乱只能由民兵或“地方武装队”来处理，“地方武装队”由一群自由土地持有者组成，是警长为应对暴乱事件特意招募来的。

国王几乎没有强制性力量，也没有多少官僚机构。17世纪30年代，有报酬的公职人员总共不到2000人，其中一半还是国王私人的家庭佣工，如厨师、马夫等。管理英格兰的“公务员”，或者说拿工资管理国家的人，不到1000人。最少的是为法庭和枢密院服务的文职人员。由于事实调查人员人手不足，且没有足够的文件柜存放可供检索的资料，因此决策者手头的所掌握的信息明显受限。17世纪，略微有所扩大的公务员队伍，大幅改进了海军管理和财政部门的工作（财政部能够负责各个政府部门的预算和财政优先事项）。内战带来了两个宝贵的副产品：在官方账目中引入阿拉伯数字取代罗马数字和印刷情况调查表（printed questionnair）。尽管枢密院在1603至1640年期间规模增加了三倍，并在查理二世时期再次翻倍，但是办事效率却稳步下降。而且虽然在外交理事会、贸易理事会、殖民地理事会等机构下面设立了二级委员会，但是办事效率并没有在伊丽莎白时期的基础上有所提高。

17世纪的英格兰政府是基于“同意”而进行统治的，这通常是指政府事务是由议会决定并通过议会讨论的。但更重要的是，这意味着政府是由来自英格兰各地无偿的、自愿的官员决定，并通过他们进行统治。各个郡政府掌握在重要的绅士手中，17世纪初，这样的绅士有3000人左右，而到了17世纪后期，这一人数达到5000人左右。他们是由国王挑选的，但是国王选择的自由度受到限制，他只能从每个郡的财富和声望最高的80个家族中挑选约50人出来。在实践中，除了太年轻、太老迈、太疯癫或过于笃信天主教的之外，所有绅士家庭的一家之主都被任命了。在200个左右的行政区，权力掌握在12 ~ 100人的团体手里。在大多数行政区，这些掌权人构成了一个自我延续的寡头统治集团；在规模较大的少数族裔中，选举像是一种更广泛的特许权。直到17世纪80年代，才有人试图挑战乡村和城市精英约定俗成的权利。

地方精英对政府的自愿支持极为重要，因为他们掌管着许多重要事务：税收的评估和征收，民兵的维持、训练和部署，社会和经济立法的实施，大多数罪犯的审判，以及日益加强的强制实施宗教统一。在查理二世复辟时期（1660—1688），他们的自主权和权威性实际上比战前时期更大（复辟是乡村绅士的胜利，而不是国王或议会的胜利）。17世纪的执政艺术是让那些统治城镇和乡村的人认识到，他们与王室之间存在着密切的利益契合点。在大部分时间里，这种利益契合是被认可的。王室和绅士之间拥有共同的政治词汇和相同的社会理念，对秩序和稳定的脆弱性也有同样的忧虑。这层关系让绅士们即使在不情愿的情况下也不得不服从国王。1625年，当一位绅士听到朋友抱怨被迫非法征税，他对这位朋友说："我们决不能给我们下面的人树立一个不效忠君主的榜样。"地方精英也参与了无数的地方争端、对峙和利益冲突。这些矛盾可能涉及传统做法或荣誉问题，税收的分配或税率问题，地方职位的晋升问题，或者改善公路和河道运输的资金问题。对于以上这些这些问题，国王和枢密院显然是仲裁者。所有的地方总督都需要王家支持来维持他们的地方影响力。如果不与国王合作，多数时候，任何人都别指望获得国王的支持。执政的艺术就是让所有地方总督马不停蹄地努力工作。1603至1640年间，即使有时候对被派下来的任务感到震惊或不安，但大多数总督仍然尽职尽责；1660年后，内战的可怕回忆也产生了同样的效果。只有1641年的查理一世和1687年的詹姆斯二世例外，他们暗藏私心，为了自己的利益而放弃与这些拥有大量土地、财富和权力的群体进行交易，此时王权与绅士之间的利益纽带宣告破裂。

除了王室与绅士阶层所保持的利益关系外，我们也不应该低估王室对那些塑造信仰和观点的机构的控制力。虽然国王从来没有完成对中小学、大学、教堂和媒体的控制，而且随着时间的推移控制力反而下降了，但大部分时间里，大多数教师、传教士和作家还是维护王权以及现行的社会和宗教观点的。这方面有一个明显的例子，劳德大主教和他的集团力图推进英格兰教会改革，他们的思想通过精心培养的牛津大学和剑桥大学的教师，迅速在这两所学府传播开来，并影响了整整一代大学生。同样，17世纪80年代，君权神授论在大学毕业的神职人员当中比在普通民众中更根深蒂固，这也是国王对大学里的重要职位进行控制的结果。在复辟时期，克拉伦登伯爵告诉议会，英格兰国教在17世纪50年代蓬勃发展，并在国王归来时遍地开花的主要原因是，克伦威尔未监管好中小学校长和教师。克拉伦登向政府承诺，将确保每一位教师的政治忠诚和宗教正统。有证据表明，17世纪后期对教师的控制比其他任何时候做得更有效。1689年以后，虽然持不同政见者获得了宗教集会的权利，但他们依然没有开办或经营自己的学校或学院的权利。

早期的斯图亚特王朝

由此可见，国王拥有着巨大但不稳固的资产。无论是都铎王朝政治体系崩溃并导致内战和革命，还是君主制和教会的回归和重建，没有什么是不可改变的。与16世纪80年代和90年代相比，在17世纪20代或30年代，担心或预测内战发生的人更少了，更不用说主动寻求内战的人了。17世纪60年代和70年代，几乎没有人相信共和主义和宗教狂热主义会遭到致命的打击。

在整个伊丽莎白统治期间，内战带来了三重威胁：悬而未决的王位继承问题，敌对宗教派别的狂热，以及欧洲大陆列强在英格兰和爱尔兰国内纠纷中的潜在影响。所有这些极端危险的问题，在16世纪20年代和30年代都消失或减退了。斯图亚特王朝以无可争议的继承人，牢牢占据了宝座。英格兰天主教社团被剥夺了原有的地位，但只受到极小的迫害（他们要缴纳区别性的税收和其他款项，且不得担任公职），而清教徒试图在这些已被摧毁的组织和机构中发展自己的力量，从而接管教会。清教徒普遍虔诚和热忱，但现在他们的主要特点是，接受《祈祷书》和教规的基本形式和做法，并通过增加自己的仪式、讲道和祈祷会来对形式进行补充。最重要的是，他们试图给宗教大家庭带来的精神净化，并非挑战本地教区的信仰，而是对其进行了补充。这些新增的形式是他们的内核，而《祈祷书》仪式只是证明他们信仰基督的外壳，但清教徒和当局之间的对抗程度下降了，清教徒为反对不虔敬的国王而组织地下抵抗运动的能力也消失了。最后，欧洲大陆内部的紧张局势出现了缓和，冲突规模缩小，这消除了其他国王干涉英格兰内政的动机。基于以上这些情况，英格兰在17世纪初摆脱了内战的威胁，此后，也没有证据表明英格兰社会普遍沦落到无法无天、暴力横行的境地。恰恰相反，除了埃塞克斯伯爵试图推翻他在法庭上的败诉而引起了短暂的动荡之外，1569至1642年这段时间是英格兰所经历过的时间最长的国内和平时期。1605至1641年期间，没有贵族成员或许也没有任何绅士被判叛国罪。事实上，这段时间内只有一位贵族成员被处决（1631年，卡斯卡芳爵士因众所周知的严重的性犯罪被判死刑）。叛国罪和处决的数量逐年下降。

斯图亚特王朝早期的英格兰可能是欧洲暴力最少的国家。17世纪的头40年里，死在戏剧《哈姆雷特》或《泰特斯·安特洛尼克斯》舞台上的人，可能比任何一场暴力冲突或一系列冲突造成的死亡人数都要多。敌对群体之间的血仇杀戮和循环报复，更是闻所未闻。除了在苏格兰边境地区偶尔出没的“骑兵流寇”（Moss Troopers）之外，英格兰没有强盗、土匪，甚至没有持械的流浪团伙。虽然16世纪后期仍然可以看到郡县法官之间的敌对，以及由争议引发的斗殴和暴力（如在16世纪70年代的柴郡和90年代的诺丁汉郡），但到17世纪，对司法机构的尊重足以消除这种暴力行为。

英格兰人出了名地爱打官司，但这恰恰说明人们愿意服从国王法庭的仲裁。虽然仍然存在审判轻率、陪审团由零散人员拼凑而成，以及对违法者进行恐吓和施行非正式的社区惩罚机制等现象，但这些远没有达到杀戮的程度。虽然在1628年，一名狂热分子出人意料地刺杀了白金汉公爵，但极少有执法人员在履行职责时遭到杀害或致残，包括总督、副总督、治安官或警长。一些执法人员在扣押那些拒绝付费或纳税的人的货物时，被殴打或被人拿着干草叉追赶，但总的来说，王朝头几十年的良好法律和秩序是王室法庭全权管辖的结果，也体现了人们服从于政府工作的大趋势。甚至暴乱（暴乱通常与粮食短缺有关，或者由于佃农和手工业者的土地被剥夺，失去了他们家庭的经济命脉）的频率和强度也逐年下降。当然，暴力的程度也很低，很少有人在暴乱中死亡。政府的反应也很克制：1629年，在前一次骚乱平息后的几周内，仅四名男子因涉嫌参与马尔登的暴动而被处决。另外，当局倾向于动用最低限度的武力，给暴乱分子判处缓刑，并在提起诉讼时提供仲裁，或用仲裁代替诉讼。暴乱没有对国家机构或现有社会秩序构成威胁。

很少有现代人会预料到当时会爆发内战，这只能说明人们没有认识到重大的结构性问题。英格兰可能已经变得难以治理。就像一架飞机的机组人员和乘客都没有预料到坠机发生，但这并不能防止坠机。虽然坠机有时是因为金属老化或机械故障，但有时是因为飞行员的失误。英格兰内战的原因太复杂，不能用这样一个简单的比喻来解释，但似乎战争的爆发更多是由于飞行员失误，而不是机械故障。作为事后诸葛亮，现代人在反思“大叛乱”的原因时，很少追溯到1625年查理一世即位之前。他们也许是对的。

虽然詹姆斯一世在很多方面都是一位非常成功的国王，但这无法掩盖他在性格和判断上存在严重缺陷这一事实。他与伊丽莎白女王恰恰相反。他对君主制和王权的性质有非常清晰、全面且一贯的看法，但他完全没有遵循这些看法。他知识渊博，撰写了有关政府的理论著作，与天主教论争者就神学和政治问题进行了有力的辩论，并将他的思想和笔锋转向古老但仍在不断增长的巫术威胁，以及引进烟草的威胁。他相信君权神授论，并认为国王只对上帝负责，而且只有上帝有权解除对国王的信任。但是詹姆斯也承认，实际上他受到加冕誓言的约束——加冕时国王庄严宣誓要遵守“王国的法律和习俗”。然而，绝对的王权可能只存在于理论中，在实际情况中，他承认他只能通过议会制定法律和提高税收，并且，作为国王，他的每一个行动都受到司法审查。虽然他的特权来自上帝，但也受到法律的制约。在这方面，詹姆斯言而有信。他与议会或者其中一些派别有若干分歧，但这些分歧大多是不重要的，并且是暂时性的。因此，他于1621年对下议院发表的致辞——他声称他们的特权是由他恩赐的——引发了一场围绕特权来源的争论。但他只声称有权评论他们如何使用这种恩赐，而没有声称有权撤销这份恩赐，也没有提到任何相关的权利和自由。正是这种不合时宜的做法，这种在错误的时刻做出正确论证的能力，使他从法国国王亨利四世那里得到“基督教界最聪明的傻瓜”这一绰号。

然而，他最大的缺点不是智力问题，而是道德和个人方面的问题。他不注重仪表，常常蓬头垢面，举止粗鲁，做事没有条理，还爱吹毛求疵。他掌管了一个法院，但这个法院侵吞公款、享受特权，迅速破坏了政府的效率和声誉。王室的财政捉襟见肘，为了给官员发放薪水不得不走歪门邪道。但在詹姆斯统治下（虽然在他儿子的统治下并非如此），这种做法一发不可收拾。法院的公众形象因一系列涉及性犯罪和谋杀的丑闻而变得更糟。1619年，一位前宫务大臣、一位前财务大臣、一位前国务大臣和一位前“绅士近卫队”队长，都因为性犯罪或财务犯罪被投入伦敦塔监狱。

1618年，詹姆斯一世和一位小绅士出身的侍臣发生了热烈的同性恋恋情，随后几年里，这位侍臣平步青云，成为白金汉公爵，这是一个世纪以来第一位非王室出身的公爵。白金汉公爵从病弱的詹姆斯手中接管了政权，并一直替年幼胆小的查理一世掌权，直到他于1628年遇刺。这样一个糟糕的公众形象让国王付出了惨重代价。财政上，他缺乏节制，不仅恶化了财务问题，也削弱了整个社会为他提供充足资金的意愿。

詹姆一世是一位有远见的国王，但从他自己的希望和抱负来看，他是一个失败者。他的愿景是团结。他希望把英格兰和苏格兰的王室联合起来，扩展成更完整的不列颠王国联盟。他想把法律、议会、教会整合起来，但他只能解决有限的经济联盟、对联合公民身份的有限承认以及共同的国旗。他所追求的“心灵和思想联合”完全没有实现。詹姆斯的想法表现在他提出的灵活、渐进的建议中，但是他的想法在议会遭到了心胸狭隘的乡绅的反对。他还试图利用他的三个王室（英格兰、苏格兰和爱尔兰）的力量和权威来促进基督教王公（Christian princes）之间的和平与团结，在他早年的时候，詹姆斯成功地调停了发生于波罗的海和德国的两起冲突。但在晚年，他因无法阻止“三十年战争”的爆发，以及“低地国家”（包括荷兰、比利时和卢森堡）之间再次发生冲突而饱受诟病。最后，他试图利用自己作为英格兰“天主教和改革宗教会”领导人的地位，推动苏格兰长老会和英格兰国教合作，促进基督教会的和好。他试图成立大公会议，呼吁结束宗教冲突，然而所有教会（包括天主教、东正教、路德教派和加尔文派）的温和派还未来得及对他的呼吁做出响应，这一计划就再次因“三十年战争”的爆发而落空。但是他的愿望仍在很多方面引起了共鸣。

但是，詹姆斯的统治确实使英格兰的政治更加稳定，并减弱了宗教狂热，实现了国泰民安，也赢得了国际社会的持续尊重。他在阿尔斯特推行“种植园政策”，掠夺了本土爱尔兰天主教地主的田产，取而代之的是数千来自英格兰的家庭（许多在伦敦德里及周边地区的家庭挨着一群伦敦人定居下来）和甚至更多来自苏格兰西南部的家庭，这项政策可以算作是一个相当残酷的短期成功，虽然其冷酷的后果到现在仍然没有消失。他留下了大笔债务和一个声名狼藉的法庭，并在没有足够经济实力的情况下，信誓旦旦地向西班牙发动了一场规模有限的战争。

他与议会发生过争吵，他提出的一些重大举措未能获得议会通过，其中就包括《与苏格兰合并法》和称为“大契约”的旨在使他的收入合理化的精心计划。但是他也没有遭受重大挫败，因为议会未能减弱王权，也丝毫没有强化议会参与政府事务的权力。议会在国王挑选的时间召开，工作完成后便解散。议会程序没有什么进展，因此也未对议会权力产生影响。在詹姆斯统治时期，议会在六个月中只召开不到一个月，直接税收不到王室总预算的十分之一。大多数成员严重疑问议会作为一个机构能否继续存在下去。没有人认为取消议会能给他们带来权利，更不用说有机会抵制王权。詹姆斯是一位依照法律进行统治的新教国王。他厌恶某些人，但极少猜疑和仇恨他的臣民。查理一世于1625年继位，这是自1509年或者说自1307年以来最风平浪静的王位继承。

正如伊丽莎白一世和詹姆斯一世之间存在惊人的差别，詹姆斯一世和查理一世之间也存在着惊人的不同。詹姆斯不拘小节、不修边幅、平易近人，而查理冷若冰霜、循规蹈矩、阴险狡诈。查理一世个子矮小，弱不禁风，在才华出众的哥哥的阴影下长大，他12岁那年，他哥哥死于天花。查理一世个子矮小，说话口吃，优柔寡断，他试图简化周围的世界，他认为只要国王树立榜样，只要确立秩序和一致性，顺从与和平将随之而来。他是那些对自己的动机和行为的纯洁性充满信心的政治家之一，他是如此充满正直感，以至于认为不需要向人民解释他的行为，也没有必要向人民证明他的行为是合理的。除了他的心腹之外，别人几乎无法接近这位国王。与能言善道的詹姆斯不同，查理沉默寡言，独断专行。他在很多方面正如詹姆斯在《国王的天赋能力》（*Basilikon Doron*）中所描述的偶像一样。

查理一世的治国方式不同。他是一位性情高雅的国王，主持着廉洁公正的法庭；他禁止贪污受贿；在1629年后的和平岁月中，国家预算平衡，行政精简，枢密院得到重组。在许多方面，政府变得更加高效务实，但也为此付出了沉重的代价，其部分原因在于误解和沟通失败。1625至1630年，英格兰与西班牙交战（为了重新夺回查理的姐夫巴拉丁选帝侯的领地，并支持新教事业），还与法国交战（迫使路易十三尊重婚姻条约的条款，路易十三把他的妹妹亨丽埃塔·玛丽亚嫁给了查理一世）。议会叫嚣着要对外国开战，但却不愿意提供确保战争胜利的资金支持。一支雇佣军被枉送德国，几支海军远征队向法国和西班牙沿海据点发起进攻，结果一无所获。行政和军事筹备所耗费的庞大资金，以及为了弥补议会支持的不足而采取的一些压迫性金融措施，引起了许多人的不满，一些人甚至开始怀疑军事行动和这些措施的合法性。

然而，在他整个统治期间，查理一世漫不经心地以自己认为正确的方式进行统治，也不解释为什么这么做是正确的。在1629年之前，国王和议会之间就一系列问题发生了对抗，如国王失败的外交政策、为资助该政策而采取的财政应急措施、为推行这些应急措施而动用的监禁手段，以及国王所赞助的教会中的一个新的少数派——这派人的信仰和做法与英格兰圣公会教义大相径庭。1629年，愤怒和受挫感达到了顶峰，于是查理决定，在可预见的将来，他将不召集议会而单独执政。他可能认为，如果主宰最近几届议会的莽撞分子和不满分子都死绝了，国王和议会之间旧的和谐就会恢复。这与他的大多数想法一样，过于简单化。但是这个决定本身并不是毁灭性的。1625至1629年间的三届议会，令查理愤愤不平、怀恨在心。但它们代表的只是一系列挫折而不是有组织的抵抗，并且它们还表现出议会体制上的无能。议员对国王的政策有很多直言不讳的批评，但意见不统一。一些议员对国王的宗教和外交政策感到焦虑，其他人则质疑国王的财政应急措施的法律基础。像约翰·皮姆、爱德华·科克爵士、托马斯·温特沃斯爵士、约翰·艾略特爵士和达德利·迪格斯（这些也许是议会中批评国王最尖锐的人）都憎恶白金汉公爵，而且都认为拨乱反正的最好办法就是自己在政府里就职掌权，但是除此之外，他们之间没有什么共同之处。这些朝臣个个都野心勃勃，一方面是因为在政府部门任职可以得到奖励和荣誉，另一方面是因为他们能够提出原则和政策。他们没有改变政治体制，也没有改变宪法。他们不是最初的革命者，他们甚至缺乏统一的目标，无法组织起替代政府的团队。

所以在17世纪30年代，国王在没有议会的情况下治国理政，并且没有采取任何协调一致的行动（和平或其他方式）来恢复议会。国王大幅增加了财政收入，足以应付和平时期的用度，他只在一件事上面临阻挠，不过这种阻碍在很大程度上是无效的，这件事就是国王从1635年起开始征收用于建立舰队的船税。大部分阻挠来自地方上关于税赋分配的争议。虽然船税征收比预期的要慢，但超过90%的船税都征收到了。对于船税的合法性问题，曾在公开法庭上进行过争论，国王胜出之后，船税继续征收，且税率更高了。到1637年，查理的权力达到顶峰：国家预算平衡，经济社会政策有效，理事会运作高效，且王位稳固。臣民对他的顺从程度达到几个世纪以来的最高峰。

然而，查理推行的宗教政策，使他疏远了绝大多数国民，因为他支持大主教威廉·劳德（William Laud），这重新唤醒了16世纪70年代和80年代的宗教热情，但这并没有导致地下教会或宗教颠覆活动的发展。事实上，那些不接受劳德的宗教要求的人，现在已经有了一个前几代人所没有的选择——移民到新世界。在新世界，他们摆脱了英格兰国教的迫害，但是他们开始以新教纯洁的名义相互迫害。

然而，关于劳德的两件事十分危险，它们削弱了臣民对国王的忠诚度。其中一件事是，由大主教资助的许多人所进行的布道，以及劳德本人和他的同事所鼓励的诸多宗教活动，让人想起罗马天主教的信仰和仪式。劳德自己坚持认为，虽然罗马教会存在腐败，但它仍是一个真正的教会。但人们普遍认为，教皇主义被人从侧门引入英格兰，英格兰国教正在遭到背叛和遗弃。事实上，劳德自己的首要目的并不是要改变教会的礼仪和仪式，而是要英格兰人完全遵从《祈祷书》。1559年版的《祈祷书》不仅是必要的，也是够用的。因此，围绕《祈祷书》发展起来的清教徒习俗和仪式的广泛影响，将被缩小或废除。这个计划激怒了所有的清教徒，也让多数人感到担忧。与劳德的教义同样糟糕的是，他试图以世俗人士侵犯了教会的财富和管辖权的罪名，来攻击他们，以此恢复主教、教会法庭和教区神职人员的权力和权威。教会的土地将得到恢复，什一税的控制权和神职人员的任命权都受到限制，神职人员执行上帝律法的权力得到加强。在劳德的教堂中，最显著的变化是，圣餐桌从教堂的中庭挪到了东边，圣餐桌被放置在一个高台上，并用栅栏隔离起来。与此同时，由注重地位的神职人员设立的华丽昂贵的长椅将被拆除，取而代之是朴实无华的长椅。教堂里，牧师站在高高的圣坛上，俯视着坐在下面敬畏谦卑的平信徒。有罪之人不能通过单独的神的圣言来得救，只能通过上帝的牧师所传递的圣礼来得救。只有从平信徒的贪婪和愚蠢中解脱出来的牧师，才能执行教会的使命。这样一个计划使劳德主教能够在这个国家享受几乎所有的既得世俗利益。

尽管如此，查理一世仍在1637年权倾天下。然而，五年后，内战爆发了。这完全是由一系列灾难性的失误导致的。国王应该从17世纪20年代（如果不是16世纪90年代的话）学到的最明显的教训是，无论有没有议会的帮助，都铎–斯图尔特政府体系都没有足够的能力打胜仗。打不了胜仗不要紧，因为在可预见的将来，没有人对英格兰开战，这给国王创造了越来越有利的经济环境（严重的通货膨胀逐渐消退，对外贸易蓬勃发展）。查理需要避免陷入一场不必要的战争。然而，1637年，他鲁莽地与苏格兰臣民进行了内战。查理一世坐镇伦敦，对苏格兰的治理显得鞭长莫及。对秩序和整合的渴望导致他首先挑战苏格兰领主的自治权，如对世俗化教会土地的管辖权和所有权，然后试图将劳德在英格兰所倡导的宗教改革引入苏格兰。苏格兰对宗教改革的抗议导致秩序崩溃，而国王时不时的威吓和不诚恳的让步导致这些麻烦迅速升级。12个月内，查理对苏格兰推行的宗教政策瓦解，他在那里的政治权威也遭到了越来越大的挑战。因此，他决定用武力强制施加他的意志。1639年和1640年，他计划入侵苏格兰。在两次交战中，苏格兰人的反应都比他更快、更彻底，发动的人也更多。短期议会（1640年4月至5月）提出愿意给查理提供攻打苏格兰的资金，作为回报，国王必须做出痛苦但可接受的让步（当然这比苏格兰人要求的要少），但是查理拒绝接受这样的交易，他更愿意依靠爱尔兰天主教徒和苏格兰高地天主教徒，以及华而不实的西班牙和教皇的帮助。糟糕的协同、士气的低落以及普遍缺乏紧迫性，迫使查理放弃了1639年的入侵行动。苏格兰人在1640年秋天入侵英格兰，并占领了纽卡斯尔。苏格兰人驻守在那里，拒绝撤兵，直到国王与苏格兰签订了一份由英格兰议会批准的条约（条约中包括战争赔款）。

因此，所有对国王政策感到不满的人都迎来一个独特的拨乱反正的机会：一个不能随意解散的议会被召集起来。之所以采取这种坚决的措施，主要与当时独特的历史背景有关。12个月之内，查理维持无议会政府所依仗的机构和君主特权被清除。那些在17世纪30年代曾劝诫过国王的人遭到监禁、流亡或羞辱。但是，没有发生预期的和平与合作。相反，在越来越大的不信任和指责中，危机迅速加深。内战在两年内爆发，几乎令所有人都感到沮丧和困惑。为什么查理的地位崩塌得如此彻底、如此迅速、如此惊人？历史学家们对此争论不休。但有两点非常明显，其中一点是，一旦人们普遍期望的宪法改革得以实现，那么查理卑劣的品格、明显打算尽早收回他的让步的决心，以及他越来越希望为达到自己的目的而使用武力的意愿，将迫使下议院领导人，尤其是约翰·皮姆（John Pym），考虑采取更激进的措施。1640年，议员们一致赞成一个对国王不利的、限制王权的方案，废除那些维持无议会政府的权力、君主特权和法庭。没有人打算增加两院的权力，只是坚持让议会定期举行会议来履行其古老的职责：制定法律、批准拨款、使国王注意到百姓的不满以及寻求补救方法。到1641年秋季，出现了一种全新的观点：国王本人是如此不负责任、无法挽救，因此议会有权以人民的名义，将以前由国王行使的权力，转移到议会手里。具体而言，这意味着下议院应参与枢密大臣、国家和法院的主要官员的任命和解雇，并且枢密院的辩论和决定应受议会监督。议会之所以提出这些要求，是因为查理在1641年7月与苏格兰人签订的条约中曾做出非常类似的让步。10月，爱尔兰叛乱爆发后，这些要求变得更加迫切。

爱尔兰北部的天主教徒害怕英格兰议会将推出新的压制性宗教立法，于是决定采取先发制人的行动，解除执行此类立法的阿尔斯特新教徒的武装。由于阿尔斯特种植园地区遗留下了宿怨深仇，暴力事件不可避免地失控，新教徒中有3000人（即新教徒人口的1/5）被屠杀。英格兰的可靠资料显示，实际数字要更大。对于查理一世来说，致命的是，这些反叛分子声称是按照他的权威行事，并且他们还伪造了一份授权令。这让人们更加相信一些传闻。有传闻说查理与爱尔兰天主教徒策划阴谋，以及他与信奉天主教的西班牙和教皇进行了秘密谈判，以获取1640年入侵苏格兰的人力和财力，而随后在1640年初，就发现了英格兰和苏格兰的军队密谋通过武力解散议会的行动。几周之内，在军人的支持下，查理断然签署逮捕令，在议会的一次会议中逮捕了五名下议院议员。在这种情况下，委托查理去招募和指挥军队来为英格兰效力并征服爱尔兰人，是不可想象的。此时，约翰·皮姆率领议会攻击查理一世，称他是一个精神错乱的国王，一个不适合行使王权的人。在内战爆发前的18个月里，下议院的大部分人和上议院的少数人都赞同这一观点。当查理一世在诺丁汉高举战旗向人民宣战时，人们对他的判断力和可靠性的质疑，是分裂国家的原因之一。

导致战争爆发的第一个因素是，查理在1640年的行动，迫使许多人采取了比他们原来的或预期的更为激进的宪政立场。但宪政因素对于内战爆发的影响是有限的。围绕一个迫切但不可谈判的主题，一个信任问题出现了，那就是用于对付爱尔兰反叛分子的武装部队的控制权。这还涉及别的问题，即国王对民兵及其指挥官（包括总督和副总督）的控制权。这些宪政问题，连同国王的大臣和议员对议会的问责，被证明是内战的诱因，但这些问题并不是那些积极选择站队的人头脑里考虑的东西。当然，信任问题使得一些人站到了议会一边，但是皮姆和他的同僚此时提出的新要求，对许多人来说是完全不能接受的。如果说国王跟教皇眉来眼去，把一些人推向了皮姆的怀抱，那么皮姆的鲁莽把另一批人推向了国王的怀抱，因为他不择手段地用屠杀数千名伦敦人的方式，来恐吓两院议员批准有争议的措施。1642年，就宪政问题，几乎每个人都选择了自己的立场，但是有10个人无法选择站队，他们认为双方都存在正确和错误的地方，并且继续祈求双方达成妥协，和平解决分歧。在大多数的郡和自治市镇，整个1642年的主流情绪是和平主义、中立主义或至少是地方主义。也就是说，人们企图通过全国中立化，促使各派达成非军事化协议，或者通过“和平”运动强制双方接受非军事化协议，或者县政府以国王或议会的名义强制实行秩序和纪律，但是，人们没有采取任何措施来阻止更大的、全国性的战争。关于宪政问题，无论对威斯敏斯特那些议员施加多大压力，都不足以引发内战，他们早都经历过王室的狡诈和伦敦学徒们的威胁政治。

但到了1642年，出现了第二个至关重要的因素——宗教。大主教劳德的宗教实验激活了清教徒的战斗精神。到1640年，大批神职人员、绅士，特别是富裕的农民和手工业者决定，必须推翻教会的管理制度，因为它很容易被一群创新者和秘密天主教徒（比如劳德派的人）所操纵。主教的职位必须废除，有人说，《祈祷书》“臭气熏天，上帝的鼻子也觉得它奇臭无比”，必须予以压制，并且必须停止庆祝圣诞节和复活节等“教皇制度的”节日。议会中的多数人最初赞成进行更温和的改革：惩罚劳德和他的追随者，并制定立法以减少主教的自治权和管辖权。但是，苏格兰人要求更大的变革，有人还精心策划了一场请愿活动，要求改革教会的“树根和树枝”，还有许多地区爆发了圣像破坏运动（砸碎教堂窗户的彩色玻璃和砍毁圣餐栏杆），这迅速导致意见的极端分化。由于许多反对主教的人也反对贪婪的地主和什一税（影响到普通的财产权），于是捍卫现有教会不仅是捍卫宗教，更是捍卫社会的秩序和等级以及国家。

在保皇党出现之前，已经有一个英格兰国教党，那些在1642年投奔国王的人显然是出于宗教目的。另一方面，拥护议会的人是那些致力于推翻现有教会的人，他们致力于建立一个新的福音派教会，该福音派教会更重视传讲上帝的话语，加强道德和社会纪律。新英格兰的流亡者回到了英格兰，他们讲述敬虔的信徒在荒芜之地的成功故事，他们的回归强化了以上观点。《旧约》中，以色列人摆脱了埃及的奴役，被带领到应许之地，同样神的新选民英格兰人将摆脱束缚，被带到另一片应许之地，一个勇敢的新世界。尽管大部分英格兰人都在犹豫不决，寻求折中办法，但是接受武装斗争的少数派却对宗教充满热情。

随后，那些犹豫不决的人也被无情地卷入内战。面对少数派不断升级的要求和威胁，大多数人不得不选择站队。许多人，或大多数人，只进行了极少的抵抗，他们选择按照逼迫他们的人的指示做事。另一些人进行了自我反省，而后不情愿地做出了痛苦的决定，将自己和家人搬到他们认为更高尚的一方的控制区。但是，由于害怕国王的“教皇派”盟友和议会的宗教狂热分子，做出这个决定让很多人痛苦不堪。

内战

第一次内战从1642年持续到1646年。很难说战争爆发的具体时间，因为国家是逐渐陷入战争的。1642年1月，国王离开伦敦，开始了环绕英格兰中部和北部地区的漫长征程。4月，他试图收回存放在赫尔的一系列军事装备（他在苏格兰战役中遗留下来的），但是城门紧锁，他吃了闭门羹，被迫退回到约克。在6月到8月期间，查理和议会两院就民兵训练问题向敌对军官发布了截然相反的指示，这导致了一些小规模冲突和武力威胁。到8月底，双方都在积极招兵买马，冲突升级。8月20日，国王在诺丁汉举起旗帜，正式宣战。但是，各方都希望谈判能够取得成功，或者两军之间只进行一场战役就解决问题。但是，10月23日，在沃里克郡南部的艾吉希尔（Edgehill）爆发的第一场战斗没有解决任何问题。虽然国王在向伦敦前进并且到达了布伦特福德，但他没有军队或后勤支持来迎战阻止他前进的部队。寒冬迫近，道路变得无法通行，他撤退到牛津。冬天里出现了间歇的和平，并进行了徒劳无果的谈判，仅仅过了一个冬天，真正的战争爆发了。最初的军队都是勉强拼凑的，军饷仅够糊口。到了春天，显然全国必须动员起来，必须在每个地区建立军队，还要有维持军队的资金和行政机构。国家可能已陷入战争，但是这场战争的逻辑及其代价会将内乱变成血腥的革命。

在1643至1645年的某些时候，可能1/10以上的成年男子都参了军。没有单支军队超过2万人，而最大规模的一场战役（马斯顿荒原战役，发生在1644年6月，在约克附近，有几支军队交锋）的参战人数也不到45 000人。但在1643年、1644年和1645年的战事期间，通常有12万到14万武装人员参与战斗。双方在各自的地盘组织各郡的“联盟”，每个联盟都有一支军队（至少在名义上如此），其主要职责是清除敌人的联盟，保护自己不被入侵。双方各有一支负责全国性战事的“行军部队”。在这些情况下，战争基本上是小规模战斗和包围，而不是重大战役。有些地区（例如东盎格利亚、南海岸和威尔士中部）几乎没有发生战斗；其他地区则不断被敌军践踏和占领（塞文河和泰晤士河流域最严重，而整个中部地区是一片永久的军事区）。议会的中心地带是伦敦附近的地区。由于靠近首都，受到议会两院的强制要求，以及成千上万的伦敦人已经迅速武装起来（由失业者和有宗教倾向的人组成，他们所占的比例不详），使得温和派和犹豫不决的人也接受了议会的权威。同样，国王最初的优势在于他访问和参观过的地区：中部地区的北部和东部，包括兰开夏郡到牛津郡的各个县。最北部和西部，最初是中立的或立场不明确的，保皇党逐渐在这些地区占了上风。

国王在最初阶段拥有几个优势：富人的支持、源自国王的自然统一的指挥结构，以及更简单的军事目标（夺取伦敦）。但议会拥有更大的长期优势：伦敦的财富和人力，对提供信贷至关重要；对海军和贸易路线的控制，使得务实的商人宁愿与他们打交道，而不愿与国王打交道；需要保卫的领土更加紧凑，比保皇党位于内陆的领土更不易受侵略；以及在1644年有两万苏格兰人从北面入侵国王的领地，虽然这一行动所起到的帮助作用有限，但仍然很重要，作为交换，两院承诺建立一种与苏格兰类似的教会政府。

在持久战中，议会一方很可能会拖垮保皇党。事实也确实如此。纯军事因素对战争结果的影响很小。双方部署了相同的战术并使用了类似的武器；双方都有大量经验丰富的军官，他们在三十年战争中服役于大陆国家的军队。1645年，双方都“重新塑造”了他们的军事组织，以打破军事平衡。国王在布里斯托尔和牛津分别设立了司令部，而议会把三支在最近几个月已经疲惫不堪的军队重新召集起来：一支对其现有的任务（防御东安格利）来说过于庞大的军队，威廉·沃勒（William Waller）爵士在南部地区吃了败仗的军队，以及埃塞克斯伯爵总司令的“行军部队”。这支新模范军由一位“局外人”托马斯·费尔法克斯爵士（Thomas Fairfax）指挥，以避免旧军队中的高级军官相互不服气，并且所有议会议员都从司令部中被召回议会；没有被召回的，要根据现有的资历进行安置。新模范军创立的初衷不是为了将议会事业激进化，它也不受激进军官控制。关键问题是职业化，而不是激进化。军队后来在宗教热情和为人才开放职业生涯方面取得声誉，并不是在其初创阶段就拥有的特征。1645年6月，议会在纳赛比战役中取得胜利，从这以后议会取得了一连串胜利，这并不是因为宗教热情，而是因为军队可以得到定期的报酬。在战争的最后18个月里，没有领到军饷的王室军队自动瓦解了，而新模范军得到了充分的补给。议会通过消耗战取胜。

战争的最后12个月中，暴力和破坏行为日益受到人们的反对。这些英格兰西部和西南部的中立主义者，或者说“手持棍棒”起义的农民和乡村手工业者，试图把一方或双方驱逐出他们的地盘，并要求双方通过谈判结束战争。由于保皇军队纪律松散，因此他们成为被打击的主要目标。但民众对双方的敌意，使得议会也很难采摘胜利的果实。

为了赢得这场战争，议会对人民征收重税，对富人和中等阶层征收的直接税收，占他们收入的15%～20%。对基本商品征收消费税，例如啤酒（在热的植物饮料，如茶、咖啡和巧克力引进前的时代，男女老幼的基本饮料是啤酒）和盐（当时必不可少的防腐剂）。数千名绅士和很多其他人的财产在对手控制的地区，他们的财产被没收，他们的收入全部由国家征用，只有那些有妻子和子女的，才被准许保留收入的1/5。战争接近尾声时，议会允许不太活跃的保皇党人（“过失者”）通过支付高额罚款来重新获得他们的庄园；但保皇党的强硬派（“邪恶者”）不允许通过这样的方式赎回财产，后来他们的土地在公开市场上被拍卖给最高出价者。而那些财产没被没收的人，都被要求把钱借给国王或议会。拒绝“自愿”借钱将招来罚款。除了这些负担之外，双方都采取了免费征用民宅的措施，即部队扎营在民宅里，平民几乎得不到任何食宿的补偿。移动的部队很可能自取所需，谁敢抗议，他们就把火枪指向谁。虽然抢劫和掠夺比较罕见，但偷盗和踩踏农作物很普遍。所有这些都发生在一个被战争严重打乱的经济体中。保皇派占领了伍斯特，议会占领了格洛斯特，这严重影响了塞文河上的贸易；保皇派对牛津的占领和议会对雷丁的占领也影响了泰晤士河上的贸易。糟糕的天气带来了其他问题，17世纪40年代后期，出现了该世纪最糟糕的粮食歉收问题。高税收和高食品价格影响了制造业市场，并导致经济衰退。穷人和生活拮据的人的困境令人绝望。要解决战后的和解、解散军队和恢复“正常”等问题，需要付出的成本越来越大。

为了打赢内战，议会还必须赋予其代理人广泛的权力，甚至是专断的权力。这场战争是由伦敦的一系列委员会负责管理的，这些委员会负责监督每个县和区域联盟的委员会的活动。各级委员会被授予与普通法原则相悖的权力：评估人民财富并摊派税收的权力；搜查房产并扣留货物的权力；以及在未经审判、未陈述理由和未受限制的情况下，监禁那些阻碍他们的人的权力。享受这些权力的人，受到任何民事或刑事诉讼的时候，都可以得到补偿，（在1647年中期以后）该赔偿由另一个议会委员会执行。地方最高法院的判决被委员会法令搁置。正是这些举措，保障了议会打赢内战所需的资源。但到了1647年和1648年，议会的治理看起来比国王更加暴虐。和平和复辟的呼声高涨。

为了赢得战争，议会还向苏格兰人承诺解散伊丽莎白时代建立的教会，并根据上帝的话和“最佳改革教会的榜样”重新创立教会（这是一种诡计，因为苏格兰人错误地认为这应该是他们自己的教会）。到1646年，这些至少在纸面上完成了。主教、天主教堂、教会法庭、祈祷书和教历（包括庆祝圣诞节和复活节）被废除和禁止。取而代之的是“长老会”制度。一些邻近教会的传道人和长老每月开会讨论共同关心的问题。每个郡内所有这些会议或“班”的代表定期会面。教区、各阶层和地方的活动，将由教会全国大会和议会进行协调。人们未能摆脱旧教会的权威，同样不能摆脱新的国家教会的权威。新的国家信仰将建立在新的祈祷书（《威斯敏斯特公众礼拜守则》，强调即兴的祷告和宣讲圣言）、新的教义问答书和新的信条上。在各个层面上，“敬虔”的人都有权利通过教会和世俗制裁向他人灌输道德义务、“礼仪改革”和严格的精神服从。但这个清教徒实验还是夭折了。它给平信徒太多的控制权，令许多恪守教规的长老会牧师不悦。它赋予单个教区的权力太少，而给予其他阶层、教省和教会会议的权力太大，令许多其他人不悦。精确的教条、仪式和纪律要求，对其他人来说过于僵化或者本身不可接受。虽然1642年“清教徒”一致反对现有秩序，但强迫人们做出某种选择的行为，造成了运动内部的重大分裂。许多“独立人士”拒绝接受这一方案，开始要求宗教信仰自由，以及在国家教会之外进行自由宗教集会的权利。有些人开始拒绝缴纳什一税。任何企图强制推行长老会制度的行为，都会导致清教主义的瓦解。同时，这个制度受到绝大多数普通民众的强烈反对。他们自四代人以来，一直热爱《祈祷书》，庆祝伟大的基督教节日，他们不愿意放弃这两样。他们憎恶清教徒的教义，即禁止任何人在没有得到牧师和他的自以为是的追随者的批准情况下，或者在没有获得有价值的证书的情况下，接受圣餐。因此，在英格兰的大部分地区，包括东盎格利亚，反对《祈祷书》和庆祝节日的法令都是一纸空文。试图强制推行变革的牧师们遭到了反对，甚至被驱赶。虽然1/5的神职人员因精神上、道德上或政治上的不妥之处被议会委员会驱逐，但那些替代他们的人，大部分仍然寻求秘密的主教圣职。虽然清教徒实验失败了，但它拉高了人们对专断的议会的仇恨。

但是，如果说绝大多数人，甚至是胜利的一方，也相信内战没有解决任何问题，而只是用更加严酷的税收和宗教政策替换了旧的国王的政策，那么少数人同样对满目疮痍的现实感到沮丧，他们认为必须进行更为激进的政治体制改革。上帝不可能毫无目的地让他的子民遭受这样的考验和痛苦。如果承认这场斗争徒劳无益，按照国王原本在1642年接受的条件将国王请回来，将会背叛上帝以及那些为上帝的事业而死去和受苦的人。宗教再一次成为激励人们继续生活下去的力量。这些观点在伦敦很流行，因为那里教堂集中，且经济陷入萧条；这些观点在军队里也流行，因为士兵依然带着痛苦和狂热的战争记忆，他们在战火中意识到神与他们同在。此外，身无分文的议会，忧心忡忡，他们预见到向人民增税的后果。1647年春，议会试图解散大部分军队，并在拖欠军饷的情况下（从内战结束以来累积的军饷一直没有支付），派遣其余部队再次征战爱尔兰，此举激怒了军队。1647年夏和1648年秋，两院中的大多数人都看不到未来的道路，他们无奈地接受了国王或许也会接受的条款。在遭遇军事失败后，国王的计划是继续谈判，但暂不做出任何决定，此计划看起来很奏效。

然而，军队曾两次阻止议会投降。1647年8月，军队进军伦敦，从下议院中赶走了领头的“煽动者”，其他人出于畏惧，投票表决把军队认为理所应当的税收和其他物资交给军队。在这个过程中，伦敦有一个被称为“平等派”的激进团体邀请军队来解散长期议会，裁定所有现有政府因滥用了人民的信任而无法律效力，并建立新的民主宪法。军队拒绝了这份邀请。平等派希望所有生来自由的英格兰人都签署一份社会契约，即人民协议，并充分享有参与去中心化的民主国家的事务的权利。所有担任公职的人，只能在短期内任职，并对其选民负责。许多权利，尤其是信奉任何形式的基督教的自由，都不会被任何未来的议会或政府所侵犯。平等派倡导宗教自由，谴责长期议会的腐败和暴政，军官和普通士兵都被平等派的倡议所吸引。军官和普通士兵中的“鼓动者”就平等派的提议进行了辩论，最著名的是1647年11月在普尼教堂及附近举行的辩论会。但绝大多数人最终认定，这些提议并没有满足军队的基本生存需求。相反，军队倾向于向受到严惩的议会施加压力，以利用其专权来满足其局部利益。

结果引发了各个地方反抗中央集权和军事统治的反叛运动，第二次内战爆发。温和的议会议员、棍棒兵和全国各个郡，联合起来反抗新的压迫，他们的愤怒得到了原保皇派的鼓动和支持。肯特郡、东盎格利亚、南威尔士、西部和北部地区，未受第一次战争影响、未被上次的经历所震动，而恰恰是在这些地区，第二次内战打得最为激烈。国王不明智地与苏格兰人进行了结盟，使战争变得十分复杂。议会未能履行协议（在苏格兰推行教会和解方案），此举遭到苏格兰人唾弃。尽管看起来不太合理，但苏格兰人还是愿意相信狡诈的查理所做出的含混不清的许诺。如果这些起义协调一致，或者至少同时发生，那么可能会取得成功。但起义是一个接一个爆发的，结果被军队各个击破。随着苏格兰人在8月的普雷斯顿战役中战败，第二次内战宣告结束。

内战没有解决任何问题。全国仍然呼吁和平与和解，仍然需要供养军队，国王仍然闪烁其词、做空洞的承诺。与1647年一样，两院不得不面对一个悲惨的事实，即他们所有的努力都已化为乌有。到12月初，议会只有两种选择：一是，向国王投降，让国王复位，并按照他的条件恢复秩序与和平；二是，废掉国王，大胆而冒险地尝试宪政。绝大多数两院议员和绝大多数国民，都希望选择前者，而由军队领导带头的极少数人决心选择后者。军队第二次清洗了议会。在所谓的普莱德清洗中，超过一半的下议院议员被逮捕或被强行阻止进入议会。其余2/3的议员拒绝参加被侵犯的下议院。在随后的革命性的几周里，所有议会议员中只有不到1/6参加了议会，许多参加议会的议员也只是为了缓和紧张的局势。不到1/10的议员通过了对国王进行审判的决定，议会在1642年向国王宣战。

1649年1月，国王被判处死刑。他的尊严和宽容极大地挫败了对手的舆论宣传。在白厅前的广场上，查理一世在惊愕但充满同情的公众面前被斩首。这位最无耻、最狡诈的英格兰国王获得了殉道者的荣誉。最终，他的名誉因他的尊严以及后来发表的为他做辩解的《圣王的肖像》（*Eikon Basilike*）而得到恢复。这本书在未来数十年里一直很畅销。

共和国与护国政治

1649至1660年，英格兰是一个共和国。在某些方面，这实际上是一个革命时期。别的国王也曾遭到残酷杀害，但之前没有一起是合法处死的。君主制与上议院和英格兰国教一起被废除。英格兰在1649至1659年间有四部独立的宪法，在1659至1960年间出现了一系列混乱的临时宪法。苏格兰完全融入了英格兰，傲慢的爱尔兰被征服，这在其冲突不断的历史上是前所未有的。这一时期是全国性政府的一次重大试验，但是还有很多问题没有被触及。法律制度有所修改，但是可以看出来，它还是那个由专属的法律司铎运作的晦涩难懂的旧普通法系统；季审法庭回归，并成为名副其实的地方议会，同时地方政府也恢复了旧模式。财务大臣重新掌握了政府的财政大权。现有的财产权受到保护和加强，社会秩序受到捍卫，不再受激进分子的影响。国教的结构变得十分松散。虽然不是人人都必须加入国教，但大家都必须缴纳什一税以供养神职人员，并且当教区官员履行都铎法令所规定的职责时，人们必须接受他们的世俗和道德权威。在实践中，每个教区在敬拜、见证和仪式等方面都享有自由，使得英国国教的仪式和节日得到平静、广泛的推广。

从体制上讲，这10年是恢复君主制的道路上崎岖坎坷的10年。1649至1653年，英格兰由残缺的议会进行管理，残缺议会是接受了普莱德清洗和弑君的长期议会的一部分。残缺议会获得了所有的立法和行政权力。尽管一些骄傲的议员将自己比作罗马共和国的议会，但在实践中，残缺议会捉襟见肘。残缺议会回避自身的问题，因为它忙得无暇采取大胆的举措和寻求长期解决方案，更不用说建立新的圣地了。通过出售王室、教会和保皇党的土地，残缺议会为军队提供资金去征服爱尔兰，包括攻占德罗赫达（Drogheda）和韦克斯福德（Wexford），以及屠杀平民。屠杀平民的行为在英格兰历史上是绝无仅有的，残缺议会辩解称这是对1641年大屠杀的报复。残缺议会也为军队入侵苏格兰提供了资金，这次入侵要比入侵爱尔兰温和。通过建立议会外金融机构和恢复战前形式的地方政府，残缺议会在外省说服了足够多的人继续前进，并在第三次内战中击败保皇党。对于宗教问题，残缺议会发出了前后矛盾的声明，大多数人都在猜测教会的优先事项，这样一来，没有人会极力反对。残缺议会与荷兰爆发了海战，并在随后的几个月内俘虏了大量荷兰商人，这使英格兰的转口贸易翻了一倍。士气低落的保皇党舔了舔伤口，努力去还债；老议会党中大多数垂头丧气的人不得不唯命是从。残缺议会则跌跌撞撞地往前走。

1653年春天，军队已经准备好迎接改变。在苏格兰和爱尔兰的胜利，以及在伍斯特战胜查理二世，被视作神恩的新见证。军队领导人，尤其是其指挥官奥利弗·克伦威尔（他自1649年以来担任军队指挥官）要求进行一场宗教改革，但残缺议会因为过于繁忙、过于死板而未能实行这项改革。

残缺议会和军官们之间的分歧最终导致议会被强制解散，军方曾在1647年和1648年希望避免此事发生。由于担心自由选举会惹怒右翼多数派，克伦威尔决定召集一个“圣徒集会”，集会的140名选民是从忠于上帝事业的人中精心挑选出来的。这些人除了具有克伦威尔称之为“事物的根源”（对上帝给他的子民的旨意具有完整和强烈的体验）之外，几乎没有什么共同之处。“圣徒集会”的任务是制订一个重建道德和政治教育的计划，克伦威尔希望该计划能让人们认识并拥有上帝的“承诺和预言”。克伦威尔设想这140名圣徒能够拼凑出真理的图像，这个想法虽然高尚但未免太天真。这140名被提名组成议会的顽固分子，缺乏领导，相互间缺乏协调，他们争吵了五个月，然后以少数服从多数的方式，将权力交还给总司令。克伦威尔诚心诚意地想说服别人来治理国家，而他不插手，但这种尝试失败了。军队单独撑起了这个共和国，它既能成立政府也能推翻政府。军队必须担负起执政的责任。

从1653年12月开始，直至他于1658年9月逝世，奥利弗·克伦威尔一直以护国主和国家元首的身份统治着英格兰。根据两个成文宪法，《政府约法》（1653—1657，由陆军委员会发布）和《谦恭请愿与建议》（1657—1658，由议会起草），克伦威尔作为行政首脑，必须协同并且通过国务委员会来进行统治。他还必须定期与议会会面。克伦威尔觉得自己与率领以色列人到达应许之地的摩西非常相似。英格兰人曾在埃及受到奴役（斯图亚特君主制）；他们逃跑并越过红海（弑君）；他们现在在沙漠中历尽千辛万苦（眼下的不幸），在火柱的指引下成功穿越沙漠（军队自1655年在西班牙战役中获胜起，接连取得了一系列伟大胜利，这是神灵旨意的显现）。像以色列人一样，人民不听指挥、牢骚满腹，有时需要被反扭双臂押送往应许之地，就像克伦威尔在1655至1666年间的一次失败的保皇派起义（参加起义的保皇党人数不多，但许多人视而不见，除了军队之外，很少有人去扑灭叛乱的火焰）中，对普通人反应不积极而感到失望。然后他制定了一个政府制度，将每个地区置于高级军事指挥官的监督之下。这些“重要将领”负责安全工作，但也在各个方面干预地方政府，实行“礼仪改造”（一场重塑道德的运动）。在其他时候，克伦威尔试图通过“疗伤与和解”的政策，淡化武力，努力扩大参政人员的范围，并与地方治安官和地方议会分享权力，诱哄着人民走向应许之地。

如果克伦威尔能满足于别人对他的政策的默许和最低程度的政治顺从，那么他本可以建立一个安稳和持久的政权。但他渴望承诺和热忱，渴望建立一个更能回应上帝的事物、更愿意顺服上帝指令的国家。克伦威尔是一位正统的加尔文主义者，他相信上帝的选民有责任让所有人都爱戴上帝、崇敬上帝，并且相信上帝的旨意向其子民显示了前进的道路。克伦威尔的想法与众不同，他相信在这个堕落的世界里，选民分散在教会之中。宽容是恢复上帝的话语和真理的统一性的一种手段。这种宗教激进主义伴随着社会保守主义。社会的等级秩序是自然而美好的，其缺陷和不公正并非固有的，而是罪恶的结果。必须改革的不是社会，而是社会中人的行为。

通过处死查理一世，克伦威尔脱离了扎根于过去的政治权威的正当性；通过承认拥有选举权的人所进行的自由投票将恢复国王的地位（即拒绝以同意为权威的基础），克伦威尔摆脱了当下的争论。他相信自己正在履行上帝的旨意，他的自我辩护还在未来。但是，由于他相信自己有这样的任务要执行，因此他蔑视公民自由和法律自由，而这种藐视对他来说是致命的。为了实现神所应许的未来，克伦威尔独断专行。他未经审判就把人投入监狱。当商人乔治·康尼拒绝支付违宪的关税时，克伦威尔囚禁了他和他的律师，以阻止他向法庭上诉。当议会未能为他提供足够的财政拨款时，他自行下达命令进行征税。当人民没有自发地回应他的重塑道德的号召时，他任命了许多上校，让他们来给百姓施压。因此这是最大的悖论。作为处死国王的人、不情愿的国家元首和有远见者，克伦威尔被第二届议会奉为奥利弗国王。他被赐予了皇冠。具有讽刺意味的是，议会提出要限制他的权力，用先例和法治来约束他。因为他认为这种限制不利于他去履行委托给他的使命，因为他认为上帝的旨意并没有指示他去恢复上帝设定的职位，于是他拒绝了王位。

克伦威尔在世时，拥有直接军事力量的军队和拥有终极社会权威的乡村绅士一直很活跃。克伦威尔是乡村绅士和职业军人、宗教激进分子和社会保守派、政治远见者和宪政倡导者、个人魅力十足和令人难以忍受的自以为是的独特结合体。他既是促进政局稳定的唯一因素，也是导致他所掌管的政权走向不稳定的最终根源。如果他能够解决争端，他本可以建立一个审慎的共和国；如果他的心中没有一团改变世界的烈火，他就不可能从羊农荣升到国家元首。随着他的去世，共和国轰然坍塌。他的儿子缺乏父亲的品质，不得不在高级军事指挥官的嫉妒下屈服。反过来，军官之间相互冲突，同时一场国家税收大罢工加速了军队的解体。奥立弗·克伦威尔去世18个月后，蒙克将军的一部分军队认为应该结束这一切。于是，他们举行了自由选举，并召回了查理二世。

查理二世被无条件复位。他宣布他的统治从他父亲死的那一刻开始算起。他的父亲曾经认同的那些议会法案继续生效，而其余的都被宣布无效（例如，这意味着共和国出售的所有王室和教会的土地都得到了恢复，但那些已经支付过罚金或者根据联邦立法已经回购自己的庄园的保皇党人得不到补偿）。议会对自己在政府中的地位心知肚明，议会已经不如伊丽莎白时期和斯图亚特王朝早期那样重要了（那个要求三年举行一届议会的没有约束力的法案除外，不过这项法案也在1684年被查理二世废除了，民众并没有对此提出抗议）。由于长期议会和政权空白期的议会像查理一世一样滥用权力，因此把议会建设成制衡王权的机构看起来似乎没有意义。相反，王政复辟旨在通过将权力从中央移交给地方来限制王室权力。查理一世曾同意废除特权法院，限制枢密院的司法权（现在被阉割，因而无法执行政策），并取消特权税。当地的绅士比以往更自由地管理自己的郡。更重要的是，查理二世以非凡的胆识和勇气，在尽可能广泛的基础上建立了自己的政权。他拒绝给予自己和他父亲的朋友特别的优待和信任。在各级政府中，如在理事会和在法院的要职分配上、在官僚机构以及地方政府中，查理二世都实行了权力共享。原保皇党人、曾经回避过渡政权的老温和派议员，以及克伦威尔派的忠臣，都得到了职位。实际上，混得最惨的是流亡的保皇党。议会试图驱逐和惩罚君主制的敌人，但查理二世挫败了议会的企图。只有那些签署了处死查理一世的死刑令的人，以及少数其他人，没有获得《赔偿和遗忘通法》的豁免（一位愤愤不平的骑士把复辟称为“给国王的敌人补偿而把朋友遗忘的行为”）。在查理一世看来，让老朋友（他们不会再放逐国王）不高兴比让宿敌不高兴更好，他做出这一决定需要极大的勇气。反对查理二世的阴谋活动很少，仅有几个激进的宗教派别有这样的企图，拥有一支不到3000人军队的政府就足以处理这种威胁。

查理二世曾提出类似综合教会的和解方案。他试图恢复英格兰教会，但这需要做出使大多数温和的清教徒都能接受的改革。为此，他向一些温和派提供了主教职位，并且发布了临时解决办法（《伍斯特众议院宣言》），该宣言削弱了主教的权力和自主权，并且使《祈祷书》中具有争议的仪式和措辞成为可供自由选择的内容。他还希望给极少数的清教徒和天主教徒（他们甚至不接受一个自由宽容的国家教会）提供宗教集会自由（如果不是平等的政治权利的话）。他为这一温和的解决方案奋斗了18个月，但结果以失败告终，因为骑士议会中大多数圣公会的严格主义者坚决反对此方案，他的顾问对此也并不热衷，而且理查德·巴克斯特和清教徒领导人为了阻止该方案而采取了自我毁灭行为。清教徒领导人拒绝了查理二世提供给他们的教会中的高级职位，他们抵制宽容，并且在改革《祈祷书》的会议上坚持不合理的要求。他们的苏格兰同伴更加灵活务实，达成了大多数教友都可以接受的解决方案。

查理二世最终放弃了对综合教会的追求，并同意《一致法案》（*Act of Uniformity*），该法案全盘恢复了旧教会，并要求神职人员进行一系列严格的宣誓和其他考验。结果大约有1/5的神职人员在1662年底被迫退出，其中许多人开始在教会以外建立集会场所。接着，查理二世开始着手推动对所有非英格兰国教徒的宗教宽容事业。尽管他在1663年1月的第一次尝试失败了，但他为自己已经扭转了教会的传统作用而感到欣慰。内战前，清教徒担心受到国王的迫害，曾向议会寻求保护；而此时，新的不从国教者不得不寻求查理二世的庇护，以免遭到议会的迫害。十五年来，查理二世跟大多数清教徒的政治关系都是安全的。然而，这也是复辟时期所推行的政策的最大弱点。这一时期建立了全面的政治解决方案，以反对狭隘、不宽容的宗教措施。当地的总督很少是异见人士，但许多人对异见人士表示同情。虽然议会通过了反对异见人士进行宗教集会的报复性法律，但是许多人不愿对他们施加全面的束缚。

一般来说，查理二世的问题不是来自他所采取的措施，而是来自他选择的政策路线。在某些方面，他是一个懒惰的国王。在青春期和成年早期，他一直渴望登上国王宝座，但流放归来后，他的所有雄心壮志都荡然无存了。他是斯图亚特王朝中唯一一个没有远见的君主，也没有长远的目标。当他的政策遭到强烈反对时，他很容易退缩。虽然他缺乏远见，但他并不缺乏偏见和偏好。他是一位具有强烈理想主义色彩的人：一个拥有众多情妇和17个公认的私生子的世俗男子，秉性愤世嫉俗，还是一个一知半解的知识分子，间歇性地热衷于英格兰皇家学会的事物。但是这种智力上的经验主义，与他从父母那里得到的情感和精神神秘主义结合在了一起。他相信自己具有半神的力量和属性。（据说用手触摸可以治愈一些疾病。查理二世比其他国王都更多地接触过这类病人。）他也强烈地被罗马天主教所吸引。他的母亲、妻子、兄弟和最喜欢的妹妹都是天主教徒，虽然他看起来和蔼可亲，但这只是表面现象，事实上他只与他的家人非常亲近。他知道，在天主教强盛的地方，君主制都很强大。天主教徒曾对他的父亲忠心耿耿。如果说有什么神学对查理二世产生了影响的话，那就是天主教教义（至于他的情妇们，他说他相信上帝不会因为这种享乐而诅咒一个人）。他偏爱天主教，他曾两次（第一次是在1670年与法国达成的秘密条约中，第二次是在临死前）透露了这种偏好。他到临终前，才宣称自己皈依天主教，这在政治上是十分明智的，但此举确实表明他提倡宗教宽容。这一点以及他对法国的堂兄路易十四明显的崇拜，引起了英格兰越来越多的恐慌。

查理二世在1660至1661年间获得了一笔巨款（每年120万英镑），这笔钱主要来自间接税。执政初期，糟糕的内务管理让他的财政入不敷出，这让他在治国理政上缺乏灵活性。如果不借助议会，他无法提高紧急征税，获得的长期信贷也有限。虽然查理二世对外交政策和战争与和平负有全部责任，但如果议会没有对这些需要花钱的事业进行深思熟虑的话，是不会投票同意提供资金的。

这个时期需要一位像亨利八世时期的托马斯·克伦威尔一样的伟大行政改革家，但是这样的人物并没有出现。问题的决策和政策的执行，都需要对机构进行重组，并形成体系。过于庞大、无组织的理事会缺乏办事效率。在国王大殿的特别会议上做出的决定，常常在下一次的特别会议上被推翻，这让人搞不清到底谁说了算，最终导致问题无法解决。在理事会垮台的情况下，政策的执行由各个大臣和部门进行，他们之间缺少协调。职位的任免也十分混乱。同样，议会效率低下，且议员们日益暴躁。查理二世觉得1661年当选的议员与他可能会遇到的保皇党人一样忠诚，于是他让“骑士”议会几乎每年都举行会议，这种情况一直持续了18年。议会效率低下的一部分原因在于，两院之间的对立越来越激烈，特别是上议院声称接管了已经废止的议会法院的大部分管辖权，而且有关这些问题的一些会议陷入了僵局。另一部分原因在于，缺乏可以遵循的政府计划。有几百名成员的议会没有公认的领导，议员们花费了大量时间在商讨将要讨论什么议题。由于大多数资深大臣都在上议院中，并且倾向于抵制法院的管理，因此17世纪60年代和70年代是拉锯战时期。查理二世是在国内外没有严重威胁的情况下，统治这个国家的。早期的顺风顺水之后，紧接着是轻微的政治萧条。瘟疫肆虐、第二次荷兰战争（1665—1667）期间荷兰人侵梅德韦河（Medway）所带来的侮辱，以及伦敦的大火（1666年），大大削弱了英格兰人的信心——英格兰人曾相信上帝会祝福这块已经觉醒的土地。

查理二世经历了许多政治尴尬，比如引入宗教宽容的举措遭到失败

（1672—1673），停止支付他的贷款利息（1672年），以及议会中的政治纷争［“Cabal”政府的五位声名狼藉的大臣就集体失败（1674—1675）相互指责］。但是对他的权威的唯一挑战，来自1678至1681年的《排斥法案》危机，该法案的出台是因为有人揭发提图斯·奥茨（Titus Oates）、伊斯雷尔·汤奇（Israel Tonge）和天主教的亡命之徒试图谋杀查理二世，并将他信奉天主教的弟弟推上王位。这一说法比许多类似的故事更清晰、更合理，但这同样是捏造的。调查这一案件的地方法官神秘死亡，同时詹姆斯私人秘书被发现持有阴谋反叛的信件，这些都使局势变得更加紧张。其结果是，查理二世全力制定议会禁令，禁止詹姆斯即位，从而打击了他的君权神授论。

事实上，“排斥”运动的政治领袖利用这轮危机剪除詹姆斯的羽翼的同时，也削弱了查理二世的势力。在头12个月里，他们的目标不是詹姆斯，而是查理二世的骑士圣公会首席大臣丹比（Danby）伯爵。这看起来很奇怪，但很显然，反对党领袖沙夫茨伯里（Shaftesbury）认为，丹比政权对自由的威胁跟詹姆斯的威胁一样严重。丹比的理念跟沙夫茨伯里的理念形成了鲜明的对比，因为他开发了复杂的议会管理技巧，集中财务控制，为了骑士议会（英格兰国教徒）的利益而打乱了地方政府的利益平衡，似乎愿意在和平时期发展一支常备军，并与荷兰人结盟反对法国人。沙夫茨伯里是内战中的叛徒，是残缺议会和克伦威尔国务委员会的成员，曾为查理二世担任财政大臣和大法官，他一贯支持自由和不受约束的议会、权力下放、宗教宽容，反对常备军，并对荷兰人表示厌恶。实际上，丹比的政策只不过是让查理二世过上平静的生活，但对沙夫茨伯里来说，这看起来像是初期的专制制度。到目前为止，在人民的意识中，天主教会和专制政府之间存在着某种联系，以至于丹比被描绘成了罗马教廷的特务，尽管他是无可挑剔的英格兰国教徒。只有当丹比被囚禁在伦敦塔时，沙夫茨伯里才会借助《排斥法案》，这本身就是目的，也是达到其他目的的一种手段。这些目的包括打破君权神授的理论基础，并创造持续采取政治行动和加强凝聚力的条件（以确保《排斥法案》在查理二世去世前生效，因为不经过斗争，詹姆斯几乎不可能接受它）。为了确保《排斥法案》，沙夫茨伯里成立了英格兰历史上第一个政党。他的“辉格党”发起了大量政治宣传，组织请愿和示威，并在三次连续的大选（1679—1681）中协调竞选活动。

但是他们失败了。查理掌握着所有的王牌。辉格党内部对谁应该继承詹姆斯王位这一问题意见不一：是备受宠爱的王室私生子蒙茅斯（Monmouth），还是詹姆斯信奉新教的女儿玛丽？几乎毫无例外地，辉格党只致力于做合法、和平的行动。由于对内战记忆犹新，人们不愿让主张暴力的委员会掌控国家。查理二世可以并且确实使用了他的权力来召集和解散议会，使之对自己有利；他在上议院拥有绝大多数议员的支持，可以一次又一次地否决《排斥法案》；贸易繁荣增加了王室的贸易收入，使查理二世免受经济困扰；并且除了《排斥法案》之外，他做出的让步政策拉拢了许多温和派。沙夫茨伯里犯了一个致命的错误，他认为查理二世会在压力下变得脆弱。沙夫茨伯里从来没有意识到，查理二世常在政策问题上让步，但从来没有在原则问题上妥协，他决不会放弃他神圣的权力。为了再婚，并通过婚姻来解决继任危机，查理二世做出的终极牺牲就是跟他尊敬的但不会生育的王后离婚。这是他政治风格的最佳体现。

事实上，他在1660年展示的钢铁般的意志、实用主义和平易近人的品质使他取得了成功。一个陷入政治僵局三年的国家重新复苏，并向他靠拢。在他最后的岁月里，他排挤掉反对过他的人，奖赏那些支持过他的人，并最终享受平静的生活。他所留下的国家，由那些相信君权神授、英格兰教会的神权和当地人有处理自己事务的神圣权利的人掌管着。托利党人得意忘形，他们欢迎詹姆斯二世（他们曾保护过这位国王的权力）登上王位。这种自满情绪遭到了粗暴的打击。

詹姆斯其实是一个偏执狂。他的苏格兰政府在17世纪80年代早期曾对叛乱进行过最严酷的镇压，并对新教徒异见人士大量使用司法酷刑。更糟的是，詹姆斯认为自己是温和的。他没有刻意计划效仿大陆模式，成为专制国王。但是，由于贸易繁荣极大地增加了王室收入（在受到查理二世宠爱的私生子蒙茅斯公爵企图以军事力量篡夺王位之际，詹姆斯召开了第一届议会，该议会投票通过了提高税率的议案），因此查理二世得以维持一支20 000人的军队。军队最引人注目的特征是：职业化和职业指挥官的非政治观点。詹姆斯曾两次敦促查理利用他的小股军队除掉棘手的议会。他会毫不犹豫地动用他的军队来对付桀骜不驯的议会，但不打算在没有议会的情况下统治国家。事实上，在他没落的时候，曾尝试用精巧的手法将同情他的人“塞进”议会。到1688年初詹姆斯的第二次婚姻时，他的婚姻已经维系了10年，但仍然没有子女。已经50岁的詹姆斯期待由他的新教女儿玛丽和她的荷兰丈夫奥兰治的威廉三世继承王位。他希望为他的同宗教徒获得永远的宗教和公民平等。这意味着不仅要让他们免受刑法（对未参加圣公会礼拜的罚款）和立誓法（*Test Acts*，禁止他们在国王的政府里担任任何职务和有报酬的工作）中的所有处罚，而且还允许在英格兰国教教堂边上建立天主教堂。这意味着要建立一个天主教等级制度、教区结构和公共礼拜场所。这也意味着允许天主教徒成立自己的大学（甚至可能接管或“修复”一些大学，成立天主教神学院）。这可能会让天主教徒免缴什一税，以及免受英格兰国教法庭的审判。詹姆斯坦诚地相信，一旦天主教传道的禁令被解除，一旦公民和宗教的障碍被清除，成千上万的人就会皈依天主教。他认为给予天主教徒“平等地位”是一项人道、温和的计划。如果在短期内，在国家和地方高级岗位的任命上，对天主教徒有所倾斜，作为对过去政策的纠正，这也只是合情合理的。

不用说，信奉国教的托利党被激怒了。他们对教会比对他们的神圣国王更忠诚。詹姆斯很快发现，在托利–圣公会控制的议会里，没有人会支持废除反天主教的立法，而且虽然臃肿的司法机构会支持国王暂停这项立法，但是当他死了，信奉新教的女儿即位之后，反天主教法案会立即生效。因此，他竭力排斥托利党所代表的乡绅阶层，并代之以建立在天主教徒和新教徒异见者联盟基础上的政权。詹姆斯解雇了3/4的治安官与大部分的郡尉。他所扶持的新人，社会出身较低。詹姆斯的清洗在地方政府中所形成的一场社会大革命，甚至比1646至1660年间的变革还要重大。詹姆斯在大多数城镇的章程中，呼吁重组他们的政府，让不同政见者有控制权（如果他想获得议会多数的同情，这一点尤为重要）。为了争取异见者，詹姆斯颁布了《宽容宣言》，给予他们充分的宗教自由。

信奉国教的托利党被惹怒了，但最初还是平静的。潜在的危机总有一天会爆发；詹姆斯一死，女儿玛丽就会接替他；他们会进行报复。消极的不服从会限制詹姆斯的成功。因此，七位主教向他解释他们为什么不服从他的命令，为什么没有指示他们的牧师们向民众宣读《宽容宣言》。他们还让教会承诺，英格兰圣公会未来将宽忍新教徒异见者。詹姆斯曾把主教们送上审判席，指控他们煽动诽谤，但即使是他的法官也团结一致地反对他，最终主教们被宣告无罪。1687年，托利党自鸣得意（“我们在任何情况下，都不会因为采取不抵抗和被动顺从的原则而被嘲笑”，哈利法克斯的侯爵写道），而1688年6月，事情突然变得异常可怕，因为詹姆斯的儿子出生了，他将是王位的继承人。现在，一个狂热的天主教主导的王朝似乎即将到来。

具有讽刺意味的是，虽然许多英格兰国教领袖将他们的宗教信仰放在他们的政治原则之前，但许多异见者选择将政治原则放在首位。他们毫不怀疑詹姆斯只是为了眼前的目的而利用他们。因此，双方领导人联合起来实行了权宜之计，邀请奥兰治威廉在武装人员的保护下来到英格兰，并向詹姆斯进行抗议。也许他们真的相信这会迫使詹姆斯同意威廉的羞辱性条款：召回旨在建立一个拥挤议会的令状，并发布建立“自由”议会的新命令；向法国宣战；成立委员会调查年幼的威尔士亲王的合法性。只有少数人愿意拿起武器参加威廉的入侵，但愿意帮助詹姆斯的人更少。

无论那些邀请威廉的人怀着什么期望，威廉本人肯定打算废黜詹姆斯。他的这一想法冒了相当大的风险，他唯一的借口是利用整个英格兰的陆军、海军和金融资源来向路易十四开战。但他是如何获得国王宝座的，这个问题并不那么清楚。最后，由于詹姆斯已完全精神崩溃，威廉在几周内宣布与玛丽联合执政。詹姆斯的军队和威廉的军队从未遭遇过。威廉于11月5日在托贝（Torbay）登陆，而后向东行进。詹姆斯把他的军队带到了索尔兹伯里，他不停地流鼻血，延误了行军。随着他的行为变得越来越怪异和狂躁，他的许多专业军官和指挥官都抛弃了他。后来詹姆斯逃回伦敦，很快就落入威廉的手中。即便如此，他的处境并不是毫无希望。一系列含糊的许诺本可以让他保有大多数同僚和主要绅士的忠诚，但他已失去了理性。他两次逃脱（第一次是他在肯特海岸被善良的渔民抓住并被送了回去，这令威廉大为恼火）。后来詹姆斯逃往法国，路易十四公开承诺用法国的军队来帮他复位，而威廉明确声明，除非他与他的妻子共同登上王位，否则他不会保护这个王国，这让英格兰在政治上别无选择。几乎所有辉格党人和大多数托利党人，尽其所能地合理化他们的行为，并以各种方式一致认为詹姆斯已经腾出了王位，且把王位交给威廉和玛丽。1688年的光荣革命比1642年的大反叛（Great Rebellion）更令人无法预料，而且其后果可能更重大。

英格兰革命对国王的权力产生了持久的影响吗？答案是其影响非常小。在17世纪80年代，国王在财力上得到了更好的支持，公务员队伍不断壮大但仍然不足，而且拥有一个创建常备军的前所未有的好机会。议会已经表明自己无法击败国王，无论是强加给国王他不喜欢的限制和条件，还是剥夺他迄今享有的权力。17世纪80年代的王室特权，与17世纪的其他时期几乎没有什么不同。国王可以否决他不赞成的法案，他可以罢免从事法律工作的个人，他可以赦免他选择的任何人。他可以挑选自己的议员、法官和高级官员，也可以随意解雇他们中的大多数人。他不一定会接受任何人的建议。如果他失去了大部分的封地收入和“任意”筹集资金的权力，那么他将从议会税收中得到补偿，其中有些是永久性的，有些是终身的。

唯一真正大大削弱王权的，是1641年的立法。该立法废除了那些特别容易受到国王控制的法院和地方议会。最重要的限制是，剥夺了枢密院的司法权。枢密院的实权被剥夺之后，就不再是一个行政的、活跃的机构，不再监督、劝诱和指挥当地政府的工作，而是恢复到它起初的功能——清谈机构，即国王寻求建议的地方。在斯图亚特王朝时期，枢密院可能从未像都铎王朝时期那样运作过；詹姆斯一世允许倾轧之风从枢密院蔓延到议会；查理一世不想听到枢密院内部小组提出的不同建议，他希望这些傀儡议员支持自己的原有看法。查理二世召集大臣们到他的私人住所举行仓促会议，秘密地制定政策，以便没有人知道发生了什么事情。出于不同的原因，每位君主都鼓励枢密院的秘密委员会发展壮大，委员会由担任重要职务的人组成。这是18世纪内阁议会的雏形。在1641年废除的其他议会法庭包括星室法院、高级委员会、上访法院，以及（偶然而非特意废除的）北部地区的议会和威尔士游行。在复辟中，查理二世的权力不受议会中的绅士的限制，而受外省的绅士的限制。都铎王朝和早期的斯图尔特国王制服不听话的郡县的几乎所有方法，都已经被剥夺了。政府比以往任何时候需要郡县的积极同意。在17世纪60年代，除海关外，所有教会法律，如《一致法案》、《非法的秘密宗教集会法案》（*the Conventicle Acts*）和《五英里法案》（*the Five Mile Act*）及大部分安全事务都交给了绅士阶层出身的地方长官，他们可以直接做决定，而不需要中央法庭来判决。

因此，废除君主制和共和制所带来的直接影响，非常有限。即使是对查理一世的公开审判、定罪和斩首的记忆，也没有改变君主的君权神授的主张或使其更尊重议会。毕竟，政治人士知道，弑君已经让民众付出了代价，它增加了而不是消除了对民众的压迫。资源与责任相匹配的问题变得更加明确；但问题本身既没有增加也没有解决。英格兰别种选择：要么以牺牲独立绅士阶层为代价，加强中央行政和管理；要么进一步去中心化，将英格兰变成一系列半自治的郡县国家，这样的国家自治程度高、课税较低但发展缓慢。17世纪20年代议会中的各种“乡村党派”、内战中的中立派团体，以及17世纪70年代和80年代的许多辉格党人都青睐第二种选择。这也是拥护共和政体的人的首选，如约翰·弥尔顿，他崇拜荷兰共和国，渴望在英格兰发展相同的寡头公民人文主义（oligarchic civic humanism）。最为戏剧性的是，这是民主集团（如平等派）的理想选择，他们希望让总督承担更大的责任，让政府服从享有主权的人民的自由，因此他们敦促将权力下放给当选的地方治安法官和陪审团。但是这些“乡村”意识形态与全球帝国的发展是不相容的。英格兰扩张到了西印度群岛和北美东部沿海地区（从卡罗来纳州到圣劳伦斯）；与南美、西非、印度和印度尼西亚建立了广泛的贸易网络；即使只保护地中海南部和东部的重要贸易，也需要强大的海军和军事力量。这只能通过国家增加税收和发动战争的能力来维持。1689年以后，路易十四和流亡的詹姆斯二世都威胁要引入天主教会和专断政府，最终迫使英格兰进行必要的宪政和政治变革，下一章将介绍这些变革。斯图亚特王朝时期是紧张局势未得到缓解的一百年。

精神和宗教生活

无论对于君主制，还是对于英格兰教会来说，17世纪都是一个幻灭的时代。在1688至1689年的光荣革命时期，英格兰教会失去了它在1603年获得的知识、道德和精神层面的权威。在精神层面上，圣公会在17世纪初就处于攻势。经历过1559年的一系列事件的那代人，目睹了拼凑在一起的解决方案，即为了满足政治需要而将新教教义和天主教实践混合起来。第一代清教徒的批评更具说服力，因为他们在玛丽女王时期被流放，使他们可以讲述欧洲大陆改革教会的纯洁经验。16世纪90年代和17世纪初成长起来的新一代人，不知道其他教会，他们喜欢圣公会教会年历和克蓝麦（Cranmer）仪式的节奏。约翰·杰威尔（John Jewel）、理查德·胡克（Richard Hooker）和兰斯洛特·安德鲁斯（Lancelot Andrewes）的文章将英格兰教会列为所有教会中最好的教会，声称该教会拥有来自凯尔特教会的宗徒血统和不间断的历史，赋予英格兰教会比教派分裂的新教教会更大的权威。此外，它还比罗马天主教优越，因为它在摒弃罗马主教篡夺的权威的同时，也摒弃了罗马天主教会的腐败和缺点。英格兰教会拥有像罗马教会一样古老的传统和宗徒的权威，并且更加忠实于基督的禁令。这些要求是清教徒不容易达到的。

清教徒表现出越来越愿意在教会内工作的意愿。他们对詹姆斯一世的即位的反应，即“千人请愿书”（The Millenary Petition），只是要求在现有框架内提出修改。在1604年的“汉普顿宫会议”上，詹姆斯主持了由主教和清教徒参加的会议，讨论完全是关于如何使主教国家教会更有效地传播福音。清教徒渴望拥有一个虔诚的国王，像1200年前的君士坦丁大帝一样，为他的国家带来良好的秩序，并促进和保护真正的宗教。他们要求做更多的事情，而不是做更少的事。他们希望在教会内工作，而不是反对教会。即使是占全国人口5%的天主教徒，也屈服于由英格兰国教徒领导的精神攻击。该世纪头25年争论最激烈的问题，是关于天主教徒是否应该宣誓效忠，并回避教皇要求他们做出的政治效忠。争论的结果是，英格兰国教徒的观点获胜，虽然天主教徒仍坚持自己的信仰，但是他们放弃了政治抵抗。火药阴谋事件（the Gunpowder Plot）是最后一个真正的天主教阴谋。随着英格兰天主教越来越不受武装神职人员的控制，而是受谨慎的贵族和绅士的控制，天主教变得越来越主张和平，在政治上也越来越被认可。

在长期议会召开之前，新教保持团结，如果不算一致的话。清教徒更多地参与到教会的活动中，而选择退出教会并违背教会而建立宗教场所或集会的人极少。数百人，也许数千人选择迁往新英格兰，而不是服从大主教劳德要求的英格兰国教的狭隘教义。但是没有出现分裂现象。

内战和政权空白时期，不仅英格兰国教出现了瓦解，英格兰的清教也出现了瓦解。英格兰教会的结构被废除（主教、教堂法庭）或被禁止

（《祈祷书》、圣诞节或复活节的庆祝）。天主教堂变成了布道中心，或被世俗化（用作营房、监狱或商场）。在成千上万的教区里，尽管旧的仪式和庆典被禁止，但仍在延续。但教会领导人失去了他们的勇气。主教逃离、躲藏起来或保持沉默，他们去世后也没有人代替他们。到1660年，幸存的主教年龄都在70岁以上，英格兰国教的主教成了濒危物种。

但那些梦想用像马萨诸塞州、苏格兰或日内瓦那样的加尔文主义教会，取代英格兰国教的人感到失望。议会设想的长老会制度也夭折了。内战的混乱造成了令人眼花缭乱的教派和教堂。浸礼会教徒是1640年以前为数不多的强大的地下教会之一，他们通过军队蓬勃发展起来。许多新的团体否认加尔文主义的信念（上帝的选民注定会得救），并宣称上帝的恩典可以免费获得。有些人甚至宣称人人可以获得救赎。这些团体在伦敦和其他省级城市中最为显眼。所有教派中最大的是贵格会教徒，他们在农村进行的非正式传播福音在16世纪50年代获得了数千名信徒。贵格派谴责宗教的形式化，以及他们教堂里“唯利是图的牧师”的似是而非的权威，所以贵格派要求人们在自己身上找到神圣的火花，圣灵会直接降临到基督徒身上，既不需要教会也不需要圣经作为传播中介。他们对正式的礼拜和什一税的仇恨，使他们发起了大规模的武装消极抵抗运动。1656年，他们的领导人之一詹姆斯·纳勒（James Nayler）因亵渎神明罪被第二届摄政议会审判。虽然他逃脱了死刑判决，但他遭受了各种严酷的体罚，议会花了几个小时来讨论要把他身体哪些部位切片或切断。

1660年以后，过去耀武扬威的宗教并没有恢复其地位。教会可能会在复辟中恢复了古老的外在形式，但它既没有自信，也没有力量重新实现大一统。英格兰圣公会为自己做的辩护是防御性的、前卫的。随着高级专员委员会的消失和教区法院的废弃，教会缺乏惩罚违规者的武器。这些机构的废除所带来的耻辱，使教会在制度上变得虚弱。1660年，庆祝复活节的活动和随处可见的五月柱可能是自发的，这显示出它们在流行文化中的深厚根源。但那些藐视教会的人不会被迫参加集会。1662年，教会决定不通过改动礼拜仪式和弱化主教的权力来扩大其吸引力，这一决定使两千名神职人员离开了教会。尽管教会试图防止非法的非国教徒的秘密聚会，但是浸信会、贵格会和其他激进分子并没有被斩草除根。更为重要的是，1662年，温和派清教徒内有几十万“异见者”重新审视了他们的愿望，是希望成为国家教会的一部分（尽管不是所提供的选项），还是渴望保持对上帝的纯粹崇拜。在16世纪80年代和17世纪，他们曾更愿意“等待治安法官”留在教会里，等待更美好的时光。在复辟时期，他们越来越赞成分离。在17世纪初，他们“对巴比伦更为虔诚”；而此时他们放弃了这种顺应时势的做法，并开始分裂。1689年的《宽容法案》正式承认了宗教多元化的事实。由于无法惩罚那些不是其成员的人，也无法强迫男性和女性成为其成员，英格兰国教会实际上是一种失效的精神力量。

在17世纪初和中叶，大多数知识分子和官员都认为，神圣的要务是为英格兰民族带来敬虔、良好的行为准则和秩序。上帝正在引导子民走向一个和平与正义的应许之地，在那里他们会热爱并崇拜上帝，因为这是他们的职责。詹姆斯和查理一世、温特沃斯和劳德、皮姆和克伦威尔都怀着同一个愿景，那就是人类通过勇敢面对神圣挑战可以建立一个更美好的世界。所有的政治作品都充斥着这样的思想：上帝存在于他的创造物中，以及在人类历史中和神意（他存在的标志）里，人们深深地感受到上帝的活动。莎士比亚的戏剧、多恩的诗歌、亨利·帕克和年轻的约翰·弥尔顿的思想都宣告了同样的观点。马洛（Marlowe）的戏剧是唯一没有证明这一规则的作品。

在政权空白期，这样的希望没有幸存下来。弑君的创伤使得保皇派不再信仰上帝的神意；激进分子在1660年经历的深层次的背叛感，很大程度上解释了他们之后的政治沉默。神之恩宠得到证实却又遭到背叛，这给他们的心理带来了巨大的痛苦。相反，大多数清教徒和他们的后嗣融入了上帝的国度。他们接受了世界是充满罪恶的，是不完美的。每个饱含泪水的人，都必须通过在自己内心建造一座恩典圣殿来寻求个人安宁。人们接受了教会和国家的能力是有限的这一事实，这是17世纪末占主导地位的意识形态。这在以下情况中是显而易见的，如查理二世偏颇的世界观与他深邃的个人神秘主义结合的方式，主教和神职人员的自由主义，以及异见者放弃寻求国家教会的要求。少数几个人继续寻求太平盛世（艾萨克·牛顿爵士成功地探索了物理法则，但是对《启示录》符文中基督复临的日期的探寻是失败的），但是大多数人安于现状。约翰·弥尔顿英勇地挑战上帝，因为上帝在17世纪40年代和50年代似乎引导了人民，但是在60年又背叛了他们。《失乐园》描述了一个让人堕落的万能造物主；《复乐园》描述了基督在荒野中所面对的诱惑，以及人类可能错误地用世俗方式传播福音。也许共和主义者被诱惑到了错误的道路上。《力士参孙》极其深刻地讨论了一位得到上帝伟大天赋的人，却没有利用这些天赋为上帝效力。正如参孙与大利拉（Delilah）恋爱并失去他的力量一样，共和主义者在17世纪50年代因为肉体的欲望而分心，并失去了遵守上帝旨意的机会。但是复辟时期更典型的清教徒作品是班扬（Bunyan）的《天路历程》，这部小说涉及个人寻求安宁与救赎。

基督教正在被非政治化、非神秘化。17世纪晚期特有的英格兰圣公会的宗教传单上的标题常常是“基督教的合理性”和“基督教并不神秘”等。上帝在自然界和生活中无处不在，他现在成为推动事物发展的创造者，也是存在于个人内心并使个人顺从道德准则的精神。布道倡导的是睦邻友好和慈善救济的美德。鼓励传道人宣扬善待老人和动物的宗教职责，而不是宣扬世界的变革。约翰·洛克站在不信奉国教的一方，恳求实行宗教宽容，将教会定义为人们自愿组成的社团，人们会聚在一起以他们认为合适的方式来崇拜上帝。宗教已经成为一个无关紧要的问题，几乎成了一种爱好。当局无须担心成年人在私下见面会做什么。前几代的清教徒根本想象不到宗教会成为如此平淡的事情。

宗教观念的淡化，以宗教思想为主导的世界观的崩溃，体现在了文学作品和科学中。复辟时期的戏剧与詹姆一世时期的区别，并不在于其庸俗性和琐碎，更在于其世俗化。根植于自然界的宗教经验的形而上学的诗歌，被更理智的和冷静理性的宗教诗歌所取代，或者被更为空灵的和其他世俗的诗歌所取代。

世俗化也体现在视觉艺术方面。都铎王朝和斯图亚特时期的乡村房屋，强调家长式的基督教价值观，房子中央有一个大厅，全家人和亲戚朋友聚在大厅里议事或吃饭。大厅里可能会摆放一张反映社会等级和层次的“高桌”，但是社会关系简单随和、不拘礼节。到17世纪末期，新建的房子已经有了客厅和私人餐厅，而仆人和其他家庭成员食宿分开。房屋建在宽大的花园内，花园四周砌着高墙，还有看家护院的人在巡逻。皇家宫殿就是这种风格。

与16世纪一样，17世纪的教堂建筑很少。也许大多数新教会是在1666年伦敦大火之后，在伦敦重新建造的。然而，斯图亚特早期的教堂和小教堂（如剑桥大学彼得学院）透着紧张和虔诚的风格，而克里斯托弗·雷恩爵士在伦敦设计建造的教堂透着冷静、轻松和理性的风格，两者形成了鲜明对比。大理石取代了富有寓意的彩色玻璃和黑色木镶板。反映道德职责的男女直立雕像取代了卧位人物肖像。

在所有的视觉艺术中，西班牙、意大利和荷兰的反宗教改革艺术的影响（将自然世界与超自然世界结合在一起的精致风格）被法国路易十四的影响（自我放纵，沉迷于物质上的挥霍无度）所取代。17世纪初，艺术家、音乐家和诗人联手制作了假面舞剧，这种娱乐活动试图融合古典文明和基督教价值观，观众被吸引入戏成了表演者，幻想与现实融为一体。伊尼戈·琼斯（Inigo Jones）和本·琼森（Ben Jonson）为查理一世编写的《假面舞会》的幻想力量如此之大，以至于国王开始相信自己的虔诚和美德会很快感染他的臣民，而这种秩序和一致性在全国跟在舞台上一样可以轻易实现。但是歌剧没有受这种幻觉影响，歌剧是17世纪晚期跟假面舞剧处于同等地位的艺术形式。虽然斯图亚特早期的作家围绕英雄故事和悲剧进行创作，但斯图亚特后期的作家转向了小说中的家庭说教，以及德莱顿

（Dryden）和蒲柏（Pope）的讽刺史诗。

复辟时期的科学也在世俗化。在17世纪40年代和50年代，科学家们在寻求他们称之为“一场伟大的复兴”。依据弗朗西斯·培根（Francis Bacon）的思想，由塞缪尔·哈特利布（Samuel Hartlib）和流亡的波希米亚人夸美纽斯（Comenius）等富有远见的社会工程师领导的科学机构，被清教徒政治家所推崇，这些机构承担其建立一个“美丽新世界”的重任。人类会驯服、支配自然界。医学上的进步将战胜疾病，农业进步将克服饥饿和匮乏。司法和教育的改革，将使人们和平享受新秩序。这是新教末世论的又一个方面，科学的锡安和其他锡安一样，于1660年消失了。在英格兰皇家学会眼里，17世纪晚期不是一个富于远见的时代，而是零零碎碎的探究和改进的时代。弗朗西斯·培根关于精确观察、测量和归纳推理的原理，被法国人笛卡儿进一步提炼，使得植物和动物生命的分类和研究方面取得了重大进展。在内战之前，威廉·哈维（William Harvey）发现了血液循环，这在17世纪下半叶引发了解剖学和生理学方面的一系列进步。艾萨克·牛顿撰写的《自然哲学的数学原理》（1687年）是两百年里理解物理规律的基础；在广泛的实验和测量的基础上，罗伯特·博伊尔（Robert Boyle）创造了化学学科，罗伯特·胡克（Robert Hooke）创造了地质学学科。物理学的进步沉重打击了以前的神秘主义。天体几何运动的发现在知识界摧毁了占星术的可信度。令人吃惊的是，自然规律的发现迅速增强了人类的信心，人们认为“万事”都能找到自然解释。受过教育的人抛弃了魔法、巫术和咒语。1640年后的一代人中，几乎没有人对女巫提出起诉。这并不是因为一般人不再相信咒语和魔法，而是因为不可能从持怀疑观点的法官和陪审员那里获得定罪。事实上，科学和技术并没有在各方面都取得进步。经济几乎仍然完全依赖人和动物的肌肉力量。在利用蒸汽方面没什么进步，更不用说利用天然气或电力了。从地下开采矿石和矿石冶炼同样遇到了技术瓶颈。科学正在改变态度，但还没有改变经济。

政治思想也被世俗化了。托马斯·霍布斯（Thomas Hobbes）把主权和其道德基础剥离开来；在《利维坦》（1651年）中，他颠覆了传统的政治权威的合法性概念，认为政治权威的合法性取决于事实上的权力，以及为生活在这种权力下的臣民提供保护的能力。马基雅维利（Machiavelli）虽然名声不好，但他的思想越来越有说服力，他驳斥罗伯特·菲尔默（Robert Filmer）和斯图亚特王朝卫道士的君权神授论。

英格兰革命是一个转折点。在革命中，可能任何一方都没有得到他们所追求或为之战斗的东西。革命对政治制度和社会制度的改变也许更少，但它深刻地影响了人们的精神价值观，至少是政治精英的精神价值观。这是一个从基督教人文主义、骑士精神和古物主义中汲取能量过渡到实用主义和个人主义的时代。约翰·洛克在他的第二部《政府论》（1690年）中写道，“所有人生来就处于完全自由的状态，可以根据自己的意愿指挥自己的行为，并以他们认为合适的方式处理自己的财产和人员，无须请求任何人离开或依赖任何人的意志”。约翰·洛克所传达的信息，只有当人们对旧理想感到幻灭时，才有可能实现，而这一信息在接下来的几十年中将产生深远影响。

| 第七章 |

18世纪

（1688—1789）

保罗·兰福德（Paul Langford）

革命及其影响

1688年“光荣革命”的历史重要性，在数代人的不断重新解释的过程中，不可避免地起伏不定。在20世纪，这场革命尤其不被人重视；甚至在现代历史学术的要求下，其意义可能有完全消失的危险。麦考利和维多利亚时代的辉格党人所钟爱的自由主义和民主精神的决定性胜利，已经萎缩成自私的寡头政治的保守反应。特别是与现代革命相比，它似乎更像是宫廷政变，而不是社会或政治权力的真正转变。这种印象得以加强或许是因为其具备当时最值得信赖的特征之一——相对没有那么暴力。然而，这方面可能言过其实了。在苏格兰，对被废国王的支持者不得不通过武力来镇压，这一过程于1689年完成。在爱尔兰，完全是一场浴血之战，这在爱尔兰神话和记忆中仍然占有突出位置。当伦敦德里的围困被解除，詹姆斯二世在博恩战役中被彻底击败时，阿尔斯特的新教徒们当然认为他们的救赎是光荣的，但他们几乎没有想到：没有不流血的胜利。

在英格兰，人们很容易认为情况也是这样的。前保皇派尼古拉斯·埃斯特兰奇（Nicholas L' Estrange）证实，只有幸运、詹姆斯二世的朋友们的混乱，以及国王在他自己的王国中令人奇怪地未能提高皇家的标准避免了如同17世纪中叶那样凶猛的内战。然而，令埃斯特兰奇感到宽慰的是，他的家人在斯图亚特王朝的事业中免遭进一步的牺牲——这或许让我们了解到，在革命过程中英格兰相对比较平静。从1689年1月在伦敦举行的议会辩论开始，随后的几个世纪一直存在着一种明显的妥协感，即有必要从边缘后退一步。该会议通过简单的通过一项法案的权宜之计转变为议会，尽可能遵循1660年复辟时使用的程序形式，显示了一种可以理解的愿望，即：把表面上非法的事物变成合法的。在实质问题上，优先事项显然是找到一个共同的核心协议，而不是测试任何一方提供的更极端的解决方案。奥兰治的威廉（William of Orange）成为国王，王后是玛丽。由丹比领导的托利党更喜欢玛丽作为唯一的君主，或者以詹姆斯二世的名义实行某种形式的摄政统治。但新教徒的救世主只接受王冠。尽管如此，人们还是尽一切努力隐瞒正在做的事情的革命性质。虽然詹姆斯的所谓非法行为——特别是他对常备军的依赖以及他对分配和暂停权力的依赖——遭到正式谴责，但是《权利法案》却竭尽全力假装被废的国王实际上已退位，让被遗弃的王国别无选择，只能寻求奥兰治家族的保护。尽管出现这种情况令人难以置信，但足以获得统治阶级中大多数人的同意。不可避免地存在例外情况，由坎特伯雷大主教桑克罗夫特（Sancroft）领导的一些教士，以及在七主教案件中协助推翻詹姆斯二世的两位主教，拒绝宣读“大会”拟定的措辞谨慎的誓言。其他人，比如诺丁汉的保守党，1681年7月7日的反应中法院的捍卫者，与一个合法的国王的概念做斗争——合法国王的头衔应来自议会的事实上的决定，而不是来自天国的法令。

然而，议会君主制被实质性地接受了。这一成就的深刻意义被掩盖，不仅是为了有意识地试图避免1689年的教条式处方，而且它的意义也被随之而来的长期痛苦所遮蔽。被动的服从和不抵抗，仍然是有影响力的理念。一些精心构建的论点支持这种理念，这种论点强调1688年的“新教之风”乃天意，同时也强调每个公民与任何形式的政府合作而不是服从无政府状态的责任。对于这一代人来说，这些观念继续在人们的思想中发挥作用，赋予了许多人对自己感受到的愤怒和绝望的合理解释，这些人已经看到了1688年发生的事情的必要性，但却发现难以忍受所有的后果。除此之外，他们深陷英国圣公会对18世纪思想的正统观念，并帮助确立了潜在的威权主义——该主义在美国和法国革命时代仍然是政治意识形态的重要因素。但是，基于这样的观点，1688年进行的重大改变，可以被认为是具有真正革命性的事物。《权利法案》显然超越了构成1660年恢复的宪法基础的世袭权利，取而代之的是通过议会表达的国民意愿。首先是威廉和玛丽，然后是玛丽的妹妹安妮，最后，在1700年后者的儿子格洛斯特公爵去世后，汉诺威的选民（詹姆斯一世的女性血统的后裔）的头衔，都由有产阶级来决定。在理论和实践中，绝对主义似乎在西方世界中处于优势地位的时代，不应低估这种转变的重要性。18世纪和19世纪的辉格党夸大了契约理论的连贯性和完整性，契约理论似乎在1689年取得了胜利：并且，他们低估了它所带来的紧张、矛盾和冲突。但从根本上看，辉格党人是正确的，因为他们断然拒绝了整套政府理论，并视契约理论为一个历史转折点。

君主制的地位，很大程度上是1688年革命者有意识的关注点。他们中的许多人是否预见到他们的行为对英格兰与外国势力关系的影响，是值得怀疑的。事实上，在这方面，革命的重要性是无可否认的。在1688年之前，相继的统治者（克伦威尔、查理二世和詹姆斯二世）的政策主要是亲法国人和反荷兰人。1688年之后，法国差不多成了一个永久的敌人，在争夺海外势力时双方成了永久的对手。冲突的规模也达到新高。九年战争（1688—1697）和西班牙王位继承战争（1702—1713）使英国既卷入大陆战争又卷入殖民战争——自从伊丽莎白时代与西班牙的战争以来，英国一直没有参加过这两类战争；并且在此期间战争，在技术和战略上的复杂性大幅提升。英国人在这种意想不到的甚至是不可预测的后果中，受到各种考虑的影响。在大战略方面，优先考虑的是打击路易十四在低地国家的扩张主义政策，并防止建立一个由西班牙和法国组成的强大的新波旁帝国。英国的商业利益，曾经面对荷兰经济扩张时，是需要保护；现在面对法国竞争更持久的挑战，是采取激进立场，尤其是主张英国从西班牙帝国那里分享一部分贸易（如果不是领土）。这些论点被辉格党编织成一个干预主义外交政策的系统性案例，在威廉三世和马尔伯勒（Malborough）的大陆战役中表达得最清楚。但是，如果不是因为王朝问题，这些考虑因素并不会导致许多英国人拥护这些年来的巨额资金支出和资源耗费。九年战争被恰当地称为“英国王位继承战争”。正因为威廉认为英国的反法联盟在逻辑上会遵循他自己对英国事务的干预，他才会在1688年启航前往托贝（Torbay）。然而事实上，路易十四对詹姆斯二世的轻率拥护，更有可能得到威廉的新臣民在外交上和军事上的支持。1697年英法通过谈判达成了令人不安的和平时，法国人对詹姆斯派阵营的支持撤回了。但四年后，西班牙王位继承处于危险之中，欧洲再次处于战争边缘，这次又支持路易对斯图亚特王朝——这一次以支持詹姆斯的儿子“老僭居”（Old Pretender）的名义，他说服了许多不情愿的英国人参与一场与欧洲大陆的冲突。

战争中最令人吃惊的方面之一是英国军队的完胜，特别是在马尔伯勒领导之下的西班牙王位继承战争。至少在现在，不仅是信奉新教的国王的继承问题得到了有效保障。更引人注目的是，一个被广泛认为仅仅是法国养老金领取者的国家，在短时间内获得的新声誉。马尔伯勒在布伦海姆和拉米利斯的胜利，还有鲁克（Rooke）在直布罗陀的胜利，斯坦霍普（Stanhope）在米诺卡的胜利，将英国确立为大陆政治的主要力量，也是地中海的重要力量，同时也是法国海外的有力竞争对手。战争的后期阶段，军事进步似乎使军费开支在国家支出中的比例减少了，虽然在布伦海姆战役时期取得了令人眼花缭乱的胜利，英国还是打消了膨胀的野心；但是1713年在乌特勒支（Utrecht）签订和平条约时，彰显了胜利的重要影响力，甚至创造了法国外交史学家所谓的欧洲“英国霸权”的印象。

战争对国内也造成重大影响。在和平时期，财政支出每年200万英镑就被认为过多，而战争的费用达到近1.5亿英镑。这笔巨额支出，需要相应提高税收，并带来广泛的政治影响。但回想起来更有意思的是，财政支出的1/3都是通过借款来实现的。只能从一个活跃且灵活的金融市场中，才能借到这笔巨资，而17世纪后期的经济状况就创造了这么一个金融市场。虽然土地价值受到农业经济衰退的严重影响，但贸易在17世纪80年代已经大幅增长，而且所释放的投资盈余，多年来一直在冲击经济。一个革命后的政府，急需现金，并准备抵押未出生的几代纳税人的收入，以能够提供有竞争力的利率，并提供有希望的投资可能性。一批金融家的倡议，最终促成英格兰银行于1694年成立——他们原则上并未做开天辟地的新事。只要战争爆发，各国政府就不得不依赖来自商界的贷款。新事物就是政治基础设施，这是这一时期特别沉重的借贷所必需的。新政权的信誉是建立在议会头衔的基础之上，如果没有明确认识到有产阶级最终会买单，那么这个政权的信誉可以忽略不计。如果没有认识到政权必须与这些阶级及其代表密切合作，那么就不存在这样的理解。国债及其所需要的一切，都是建立在这个把非法王朝、金融界和纳税公众联系在一起的重要纽带之上的。

几十年里，一场接一场的战争，增加了国家的债务负担。历届政府都越来越依赖贷款，而税收的主要功能通常仅仅是支付债务的利息。事后看来，这个在当时的欧洲没有平行做法的系统的优势是显而易见的。一个本来有点动摇的政权的政治安全得到了很大的加强；战时的国家资源在这种机制的推动下，将大量私人财富引入公共支出。当时，这种系统的缺点引起了更多的关注。国家债务实际可以偿还、国家能够摆脱破产威胁的妄称，变得越来越不可信。一个传统上普遍厌恶税收的社会，现在愈加焦虑，而新形式的税收使得财政部和筹款委员会（Committee of Ways and Means）的工作愈加困难。然而，即使在当时，也有人对新体制的无价的政治优势有清醒的认识。这源于这种体制对议会的影响，特别是对下议院的影响。因为在这个精心设计的过程中，一切都依赖议会，议会理所当然地拥有在金融问题上的权力。土地税是纳税人承担国债的基本保证，对其一次审议需要耗费一年。即使是长期授权的关税和消费税，也是经过漫长的辩论和讨价还价才得以延长和更新。"预算"名义上是18世纪中叶的一项成就，当时该术语最初被使用，是在亨利·佩勒姆（Henry Pelham）担任第一财务大臣时期（1743—1754）。但它的基本特征可以追溯到革命时期，正是在1689年最终确立了议会在宪政发展中的核心地位。在17世纪，人们将该立法机构看作是过去英格兰中世纪的一种有些荒谬和令人不爽的残余，对于有效的君主制政府来说，是一种非理性的阻碍——这种政府可能完全无法行之有效。现在，议会的未来是安全的;自1689年以来，议会每年都会举行一次相当长的会议。在这个意义上，革命给一个古老的问题带来了新的转折：18世纪的政治家们行事的时候，不再希望忽略议会，更不会希望如何粉碎它。相反，他们必须考虑如何操纵它。对议会的管理艺术，是乔治王朝政治行为的关键。

在17世纪后期，政治革命必然会引发教会革命的前景或恐慌（取决于个人观点）。在这方面，1688年的革命是重要的，或许不仅是因为它做了什么，而是因为它没有做什么。许多同时代人希望彻底修改17世纪60年代的教会和解方案。有人提出要建立一个真正全面的国教。对于一些异议者，尤其是长老会，同意建立国教的愿望，比自1604年汉普顿法院以来的任何时候似乎都更强烈。然而，他们的希望破灭了。与1662年一样，英国圣公会的乡绅阶层不允许削弱教会的等级制和主教制。在这个时候谈论一个罗德派（Laudian）或高派教会的反应是不合适的。但任何与异议者真正和解的迹象很快就消失了。相反，在最近发生的事件的背景下，后者得到的好处微乎其微，仅仅得到一点勉强的宽容。1689年的《宽容法案》实际上赋予了非国教徒在英国圣公会主教许可的场所内做礼拜的自由——前提是有关人员同意《三十九条》（*Thirty-nine Articles*）的规定并得到《一致法案》基本原则的支持。这似乎与詹姆斯二世向各类持异见者所承诺的前景相去甚远。

毫无疑问，出于这个原因，淡化《宽容法案》的全部意义是习惯性做法。给予那些信仰被严格限定的人以极其有限的自由，这对那些抵制"放纵宣言"所提供的诱惑并欢迎奥兰治的威廉的人来说似乎是一种低廉的补偿。但这种判断在很大程度上取决于不同人的观点。对于在17世纪80年代早期遭受过严重迫害的异议人士来说，《宽容法案》提供了前所未有的法定保障。从焦虑的教徒的角度来看，维持《复辟协议》（*Restoration Settlement*）的实质，同样非常重要。1662年的《祈祷书》一直是圣公会崇拜的礼仪基础，直到20世纪；但在1689年，它似乎提供了一个不稳定的教义平台——若没有这个平台，建立的新教可能会失去。荒谬的是，由此产生的教会排他性，与英格兰在18世纪的声誉有很大关系，那时的英格兰在野蛮世界中被视为文明社会。除了少数教派和教皇之外，接纳所有人的一个全面的国家教会，与一个受限制的宗教机构是非常不同的——后者与大量的非国教教徒共存。这种差异可能意味着一个宽容的多元社会。对信仰自由法律上给予承认远远超出了欧洲大部分地区所取得的成就，而伏尔泰称赞其为发展自由社会的关键因素。如果是这样，那在很大程度上是光荣革命的结果。

这些年来取得的成就的代价是，标志着奥古斯都时代特征的社会紧张局势和政治冲突。其中最突出的是宗教机构的困境。这一时期的巨大呼声是"教会处在危险中"。回想起来，教会是否真的处于危险之中，似乎是值得怀疑的。对于那些梦想恢复罗德派教会的人来说，宽容显然是一种可怕的打击。但是，自由主义神学和情绪的浪潮对大多数人来说似乎无害。此外，根据《宣誓法案》及《结社法案》（*The Test and Corporation Acts*），英国国教徒享有的政治权利被《革命协议》

（*Revolution Settlement*）所完好保留。然而，这里存在一个问题：在实践中，有迹象表明，异议者能够挑战并逃避这种权利。为了满足法规的要求，许多非国教教徒遵守国教的规定，每年根据圣公会的仪式举行圣礼；但是他们在自己的会议室中进行其余的活动——这种做法长期刺激着他们的敌人。在此期间，偶然合规的实际做法是否有所增长，尚不确定。但毫无疑问，越来越明显的是，现在不信国教的小礼拜堂得到公开承认，那些参加在这些小礼拜堂举行的宗教活动的人所遵循的双重标准显而易见。此外，17世纪90年代和18世纪初的一般氛围，引起了教徒们的焦虑甚至导致歇斯底里。人们对神学思辨和自然神教的倾向进行了大量讨论，并且非常恐惧。约翰·托兰德（John Toland）写的《基督教并不神秘》（*Christianity not Mysterious*）是最早和最系统的、推广"自然"宗教而反对"启示"宗教的尝试。该书1697年引发了就此类问题的激烈辩论。一些最严重的违反者自己就是现有的教会的神职人员。攻击三位一体主义的辉格党怀疑论者塞缪尔·克拉克（Samuel Clarke），以及连续担任三届主教但否认主教职位和教会本身的神圣性质的本杰明·霍德利（Benjamin Hoadly），都只是异端精神的最突出的例子，这种精神似乎标志着英格兰早期启蒙运动的进步。

高派教会对这些趋势的反应，在安妮女王的统治下达到了顶峰；当时信仰虔诚且在神学上很保守，她对这种趋势推波助澜。但这种反应的力量更多源于其他变化，其中许多与政党政治有关。保守党经常将自己描述为"教会党"，他们的实力很大程度上依靠他们对教会的危机感。他们还广泛吸收了边远地区圣公会乡绅的情感支持。对于后者，革命开辟的世界只带来痛苦。这段时期的战争，引发了自17世纪50年代以来最重的直接税。对于已经受到农业萧条影响的庄园来说，对一英镑征收四先令的土地税，是一项沉重的负担。此外，战争乡绅做出这种牺牲，似乎只是为了使绅士阶层的敌人受益。乡绅阶层包括商人、制造商，以及在斯图亚特晚期的商业和金融扩张中最活跃的"有钱人"。这些人似乎往往是宗教异议者，除了间接税之外，几乎都逃脱了其他税收，并且总是追随辉格党的政治理念。新旧政党制度之间的联系有时很脆弱。安妮统治时期的新托利党党员，通常来自具有清教徒或辉格派背景的家庭；他们的领导人罗伯特·哈利（Robert Harley）就是这样的人。另一方面，辉格党成员似乎不太可能是1679年的国家辉格党人（Country Whigs）的后代；他们对地位和权力的不遗余力的追求，使得他们获得了不太好的声誉——那就是把党派利益放在原则之上。但是在18世纪初，毫无疑问，党派意识十分强烈。这种意识可能在1710年达到了顶点——当时辉格党弹劾了保守党牧师萨谢弗雷尔博士（Dr Sacheverell），指控他宣扬旧的非抵抗主义。随后经常发生的动乱，清楚地揭示了革命偶然制造了政治上的不稳定。1694年的《三年法案》主要是为了迫使王室定期召集议会，但事实证明这是不必要的。但它也促进了频繁的选举，结果是导致经历一段选举冲突最激烈、竞争最大热的时期——20年里举行了10次大选，比以往的任何时候都频繁。此外，随着1695年《许可证法》（*Licensing Act*）的失效，有效废除了国家审查制度，确保了一个巨大且不断增长的公共辩论论坛。这些年来，格拉布街（Grub Street）的建立、报刊出版的出现，以及真正具备的政治意识的民众的成长进入了关键阶段——这绝非巧合。总的来说，历史学家认为，安妮的统治是实现政治稳定的天然背景。但根据同时代人可获得的证据，似乎有人认为：有限的君主制和稳定的金融会导致政治混乱。

知更鸟统治的兴起

1714年汉诺威人的继位，使原来就很紧张的局势更加紧张。在安妮活着的时候，即使不是从逻辑上，至少也是从情感上，人们将她视为一个真正的斯图亚特女王，她代表她的家族占据着王位。随着一位讲德语的汉诺威选帝侯的到来，这种理由变得非常牵强；这位德国选帝侯坚定地致力于在国外进行干预，并在国内推行辉格党的自由主义。从王朝的立场来看，1714年的一切，都是在反复无常地玩弄手腕。许多人敦促王位的觊觎者重回伦敦，值得放弃天主教；如果詹姆斯三世重返英国圣公会，显然会增加第二次斯图亚特王朝复辟的机会。如果没有这种个人牺牲，1715年的詹姆斯党人的叛乱只能无疾而终。路易十四在同年去世，法国无法参与在英国的冒险活动。即使在苏格兰，叛乱如火如荼，但斯图亚特王朝的前景并不乐观。1708年在一个相当紧迫的气氛中达成的苏格兰联盟，已经抹平了很多王权继承问题。许多苏格兰人惋惜他们失去了自己的国民议会和独立性。但是，联盟经过精心设计，保存了苏格兰的法律和教会机构；同时，通过纳入英格兰的帝国体系，苏格兰获得了实实在在的商业利益。在这种情况下，1715年的詹姆斯党人的叛乱，无论从哪一点来看，败局已定。

如果"老僭君"错过了他的机会，那在另一种意义上，他的显然成功的竞争对手乔治一世，也错过了他的机会。在安妮的统治后期，不受欢迎的战争、"危险中的教会"的选举口号，以及女王自己对辉格党的愤怒，帮助托利党牢牢地确立了自己的地位。对于他们中的大多数人来说，既定教会的利益，优先于对斯图亚特王朝的感情依恋。如果新政权效仿威廉三世1689年的策略，采取明智的两党政策，自己就可以缓解1714年的过渡。然而事实却相反，乔治一世显然已经准备好让汉诺威人的继承成为辉格党的独有财产。1714至1721年间，辉格党人谋求统治大权，全面排挤托利党，增大了詹姆斯党人的叛乱的危险，并且普遍威胁要重塑革命和解方案。首先通过了《七年法》（*Septennial Act*），确保新的辉格党政府在大部分工作完成之前，不必面对无法管理的选民。有传言说，当那个时候到来时，辉格党将取消对议会期限的所有法定限制，使"长期议会"或"养老金领取者"议会（'pensioner' Parliaments）得以复兴。与此同时，安妮统治下的保守党曾试图用来束缚异议的手段——《偶尔领圣餐禁令》（*Occasional Conformity*）和《分裂法》首先被叫停，然后在1718年完全被废除。《大学法案》（*Universities Bill*）旨在让皇室完全控制牛津大学和剑桥大学的补助费和奖学金，以期把这两个主要的教职人员的摇篮改变成辉格党的自留地。最重要的是，1719年的《贵族法案》计划将上议院限制在现有规模之内。这将使得无论君主如何改变主意，辉格党在上议院始终可以保持霸权地位，并为辉格党人提供了审查那些影响他们利益的立法的权力。通过这一计划，对托利党进行了一场稳步、系统的清洗，无论是郡治安长官、和平委员会成员，还是在军队和各级文职部门中。

如果这种大举行动取得圆满成功，将创建一个与此时的瑞典非常相似的体制，这个体制造成了瑞典50年的国家式微和贵族派系主义。该体制将建立一个寡头政治集团，其权力像17世纪几代英国人十分害怕的绝对君主制一样不受限制。它也将使18世纪最具特色的成就之一成为不可能——那就是一个稳定而灵活的政治结构。之所以没有出现这种情况，很大程度上是因为辉格党人之间的分歧。他们的计划起初进行得相对顺利，在乔治一世统治初期，辉格党人团结起来，粉碎了他们的对手。但这种联盟是短暂的。新国王公然使用英国的海军力量来实现汉诺威人在波罗的海的野心，他的外交政策因引起严重的外交紧张。在党派内部也出现了越来越激烈的争权夺利。1717年的最终结果是辉格党出现分裂，使沃波尔（Walpole）和汤森德（Townshend）站在了反对立场，让斯坦霍普（Stanhope）和桑德兰（Sunderland）在宫廷中的地位更加巩固。宫廷政治也出现剧变。国王的儿子，未来的乔治二世和他的妻子卡罗琳公主，明确表示他们打算与汤森德站在一起，从而开始了汉诺威王室成员继承王位的政治阴谋的悠久传统。在这种情况下，没有希望完成斯坦霍普的宏伟计划——即建立辉格主义提供的一统天下。在下议院，沃波尔本人在否决《贵族法案》并迫使政府放弃《大学法案》方面发挥了主导作用。在“南海泡沫”破灭之后不久，从他的计划的残骸中拯救出一些东西的任何希望都破灭了。

回想起来，“南海泡沫”和随之而来的一般金融危机有一定的必然性。似乎可以得出一个恰当的结论，即这次危机是由前几年伴随“金钱利益”兴起的强烈而膨胀的商业主义造成的。然而，最初对于引起这场动荡的南海计划有很多说法。英格兰银行所代表的经济利益，在战争期间获得了超额的投资回报，并且显然国家债权人之间存在着更大竞争空间。安妮女王统治时期的托利党大臣们，确实曾鼓励在1711年成立南海公司，以期在辉格银行之外提供有效的替代方案。此外，毫无疑问的是，社会上有资金，这些资金不仅存在于伦敦市，而且存在于储蓄者中，有望对公共债务进行更广泛和更公平的投资。南海公司1719年的计划似乎成功地重新分配了国债，同时为国家财政部提供了更好的条件。困难的出现不是因为该计划的基本逻辑，而是其中所涉及的众多不同利益。对于公司董事们，特别是启动该项目的内部团体，不仅需要为自己，还要为许多朝臣、大臣和国会议员谋取暴利——因为他们的支持，对于确保公司的提案被接受至关重要。这种支持是以高价购买的，比如提供条件优惠的股票，或以公开贿赂的形式赠送股票。简而言之，参与南海计划管理的许多人痴迷于快速获利——这只能通过提升公司潜力，让其远远超出竞争对手提供的投资机会来实现。这种做法在很大程度上取决于公司在南部海域的贸易实力。1713年的英国和西班牙签订的条约，使该公司垄断了西班牙的奴隶贸易，并可以向西班牙控制的美洲市场出口欧洲商品。从理论上讲，公司的商业前景一片光明。在实践中，从伦敦管理这一遥远贸易困难巨大，而且英国和西班牙政府之间经常发生的激烈冲突，更增加了这些困难。无法证明这种贸易在短期内是有利可图的；甚至随着时间的推移，已经难以实现1719年提出的疯狂预想。但在1720年初期普遍存在的投机狂热中，人们很快就忘记了现实。鉴于股票价格一路飙升，不断鼓励新的投机者进行投资，使得那些已经购买的人以可观的利润抛售他们的股票。资金的不断流入，使得公司有理由增发股票，对投资的稳定性愈加充满信心，更不用说政客们可能获得的更丰厚回报了。在这种由腐败政权、幼稚的投资公众和沉重的国家债务的合力之下，危机不可避免地爆发了。泡沫不断增长，刺激越来越不可信的项目中产生更多的欺诈性泡沫。当信心最终崩塌、泡沫彻底破裂时，后果是灾难性的——特别是对于那些出卖大量土地或其他财产、以高得离谱的价格购买南海公司股票的人。没有什么办法可以拯救这些受害者，而他们绝不仅来自最富有阶层。议会匆匆通过了一项严格限制将来的股份公司的法规——但这只是亡羊补牢。需要采取更加果断的行动，以尽量减少对政府的损害。国王和威尔士亲王公开和解。反对派辉格党人重掌政府要职，汤森德开始去争取国王的情妇肯德尔公爵夫人的好感，沃波尔推动下议院通过了一项泡沫危机的解决方案——该方案至少可以保护国债，并挽救宫廷的面子。沃波尔的这项任务，使他背上了遮掩高层腐败和舞弊的坏名声。某种程度上，沃波尔利用了这一严重事实。许多涉及1720年肮脏交易的人都是保守党人，他们和辉格党人一样，不愿公开曝光。此外，南海泡沫是国际危机的一部分，类似于巴黎的密西西比泡沫和阿姆斯特丹的郁金香狂热；把责任归咎于与政府或宫廷无关的某些人和非个人金融力量，是合情合理的。无论如何，国王的大臣们除了两三个适当的替罪羊外，其他的都逃脱了惩罚。对于沃波尔而言，所有这些都代表了一场伟大的政治胜利，无意间消灭了他的政治对手。两年内，斯坦霍普和桑德兰相继去世，为沃波尔执政的时代开辟了道路——他的政敌称之为“知更鸟统治”。

当然，不能指望当时的人可以预测未来相对稳定的时代到来。18世纪20年代困难重重，尤其是人类健康和生存的最基本条件极恶劣。20年代之初，不仅有南海泡沫，而且人们还担心目前正在摧毁法国南部的瘟疫，疾病很容易通过马赛和航道转移到伦敦。当然，过度恐慌是没有必要的；自从近四百年前黑死病首次发病以来，一直肆虐于欧洲大部分地区的疾病菌株，有的灭绝了，有的是接近休眠状态。但这种迹象在当时并不明显，无论如何，少数本土疾病继续对人口数量产生严重影响。在这方面，18世纪20年代后期特别令人痛苦。从1727年开始，在乔治二世统治的前三年，英国受到连续几波天花和类似于流感的传染病的影响，同时代人们不确切地将其描述为“疟疾”和“发烧”。对人口的影响显然是严重的。自17世纪70年代以来缓慢而微弱的人口增长似乎停止了，这是自16世纪80年代以来最严重的死亡率。到1731年，英国总人口约为520万——这个数字可能低于1655年克伦威尔统治英格兰的时期。

这段时期的疾病不仅是生理上的。南海泡沫所特有的贪婪、欺骗和歇斯底里，被媒体和宗教团体谴责为随后几年的重大社会通病。奢侈和挥霍的生活被视为因，道德腐败和涣散是其恶果。在当时破坏公众生活的重大丑闻中，似乎可以找到明显的证据。一系列议会调查揭露了高层的广泛腐败现象。德文特湖（Derwentwater）庄园的受托人被揭露，曾密谋将被没收的詹姆斯党人的财产以人为的低价出售给他们自己的人。慈善公司的董事们和官员的职责本该是为穷人提供就业和援助，但是却犯下贿赂、挪用资金甚至彻底侵吞公款等罪行。在这两个案例中，政府的知名议员和支持者都受到牵连。更为耸人听闻的是，大法官麦克尔斯菲尔德勋爵（Lord Macclesfield）遭到弹劾，被指控组织售卖司法部门的职位。当他被查出把大法官法庭（Chancery）受托管理的私有财产收益用于资助商业法司法人士时，甚至连他的部长级同事也拒绝为他辩护。财产监护人的侵权行为，在这个充分尊重财产权的时代似乎特别令人震惊。此外，公开的违法行为，可以很容易地找到对应的隐秘违法行为。犯罪行为是社会扭曲的一面镜子。但它又不仅是一面镜子，犯罪行为似乎变得更有组织、更商业化，也更惊人。“窃贼王”乔纳森·王尔德（Jonathan Wild）是他那个时代的典型代表。他的大部分钱财都是自己的手下“偷窃”而来的。他的成功，在很大程度上依赖与富绅官员在大都市的腐败勾结。他只是严重的经济犯罪中的一个突出的例子。皇家森林中的偷猎者，往往是组织良好、系统化的伦敦市场供应商。南部和东部沿海的走私者，根据市场原则和经济规模调整行动，他们同样离不开与官员和广大公众的频繁“合作”。当局试图采取一些严厉措施打击这些罪行。王尔德因案子败露被绳之以法，1725年被处死，而他的死，使他获得了流行神话中的地位。温莎森林和其他地方的偷猎者是新立法的打击对象，即1723年严厉的《布莱克法案》（*Black Act*）。他们在20世纪获得了民间英雄的地位，在这种情况下，历史学家有意将他们视为真正的流行文化代表。随着政府打压措施的加重，走私队伍似乎更加壮大了；在18世纪30年代他们最活跃的时候，为了给消费社会提供走私商品服务，他们敢与乔治二世的龙骑兵对阵。

这是早期汉诺威王朝时期英格兰出现的情况。在这方面，南海泡沫最好不被看作革命后英格兰的最后结局，而是开启18世纪中期揭开繁荣、庸俗和商业化历史时期的壮观序幕。这种戏剧性的比喻是特别恰当的，因为在表演艺术史上，这一时期具有特殊的意义。18世纪20年代和30年代，伦敦剧院经历了迅速的发展，并且发挥了越来越大的政治作用。直到1737年法院采取行动以获得广泛的审查权力之前，舆论以及新闻界对泡沫期间和之后出现的种种社会现象进行越来越多的批评。没有任何东西能比约翰·盖伊（John Gay）的《乞丐的歌剧》（*Beggar's Opera*）更有效地表达这种批评，这是1728年取得的巨大成功。这部歌剧的初衷是否真的作为一种政治讽刺作品尚不确定；但是在当时的舆论氛围中，人们立即把它视作政治讽刺作品。盖伊传达的信息，很好地契合了人们对现实的幻想和普遍关注。它清楚地把乔治二世的宫廷描绘成一个"小偷"的厨房；统治阶级的道德水准与伦敦黑社会的差不多。这是菲尔丁（Fielding）通过对乔纳森·王尔德与罗伯特·沃波尔爵士进行客观比较而强化的一点。在波普的《群愚史诗》（*Dunciad*）、斯威夫特的《格列佛游记》（*Gulliver's Travels*）和博灵布鲁克（Bolingbroke）的《工匠》（*Craftsman*）中，也有着非常类似的主题；这些都是非凡的十年间创作的极具争议的讽刺作品。讽刺的许多元素都是共通的：回归古典主义、乡村价值观的魅力、美丽的农村田园风光，尤其是对18世纪早期商业化的、金钱至上价值观的世界的不断批评。在这些方面，沃波尔时代的文学和新闻批评，实际上可以看作是多年来流行的潮流最后、最激烈的尾声。但是，它并未给出对于未来的构想，或对其他可能性的建设性分析。

当盖伊的观众在麦克希斯（Macheath）身上窥见沃波尔政治的本质时，他们抓住了这个时期最重要的方面，即汉诺威政权的政治性质与当代社会所谓的弊病之间的密切关系。除了一些例外（特别是漫画家威廉·霍迦斯，他把他的大部分精力用来讽刺礼仪和道德），伦敦的知识分子和艺术精英们的观点非常一致，认为沃波尔是个大魔头。他的典型形象是一个诺福克的爆发官吏，靠系统性腐败致富（他在1712年被托利党人以侵吞公款的罪名起诉），并通过不择手段和向宫廷趋炎附势而登上权力的顶峰。在1727年之前，他的姐夫汤森德（Lord Townshend）跟他一样从腐败中分羹，一样声名狼藉。但乔治一世的去世和一位新国王的登基使他明显受到了公众的关注。通过他对乔治二世，尤其是卡罗琳皇后的熟练操纵，沃波尔排挤掉了所有竞争者，1730年甚至包括汤森德本人。结果他很快就实现了大权独揽，这是自17世纪70年代的丹比以来没有人取得的地位。他的专权不可避免地引来了格鲁布街对他个人地位的攻击。他是伟人、英国巨人、大山一样的人。他也是人们的政治幻觉的完美代表——诺福克骗子，萨沃伊罕见的魔术师，灵魔般的巫师，精灵的化身，演技超常的大师将军等等。他对脾气暴躁和反复无常的乔治二世的掌控，以及他对以前无法驾驭的议会的控制，都被无数的抨击文章和版画描绘成一名不折不扣的政治魔术师。

那个时期以及从此以后，沃波尔的成功可以归功于他善于巧妙地利用影响力甚至以贿赂来开道。稳定似乎是这一时期的标志，也是这一时代区别于早年的政治混乱的特征，在这一点上，可以将稳定看作是行政部门的权力的最高峰。由于战争而膨胀的政府，特别是为运营新金融体系而建立的庞大政府机器，显然产生了大量新的恩惠。此外，革命后的政府非常需要在下议院获得多数支持，这也为利用这种恩惠来管理议会提供了强烈的动力。因此，出现了一个更加庞大、更有纪律性的在朝财政部党，能够弥合皇室和下议院之间的古老鸿沟，开创了行政与立法之间和睦共处的新时代。这是一个具有吸引力的理论，但并非所有的前提都是万无一失的，也并非所有的结论都是必然的。沃波尔的管理原则远不够新颖。至少自查理二世统治以来，历任大臣已经采用过这些原则，以便在下议院维持一个实质性的在朝党。安妮及她的继任者统治的时期，官员们溜须拍马、追名逐利，更不用说腐败盛行。事实上，在某些方面，沃波尔执政的和平年代减少了特权庇护关系的数量。毫无疑问，沃波尔本人和他的有效继任者亨利·佩尔汉姆（Henry Pelham）都是精明的管理者，而且这两个人都将执政党变成了一种非常有效的权力手段。但要打造乔治时代英格兰的传统的议会体制，需要的不仅是庇护制。

这并不是要否定沃波尔自己独特的才干。作为一个朝臣，他是无可比拟的。他对皇后（部分通过她）和国王的操纵，完美地结合了奉承、哄骗和威胁等手段。与卡罗琳女王关系密切的赫维勋爵（Lord Hervey）有充分的机会目睹这一切，并在他的回忆录中做了精彩的描述。能在朝臣中脱颖而出并不新奇，但令人惊讶的是，他各种天赋的非凡组合，使他能够以同样的技巧处理与议会议员的关系。他决定作为第一大臣继续留在下议院这一点，非常关键。前任大臣们传统上会离开下议院而进入上议院，但是沃波尔留在了最终控制政府钱袋子的下议院。作为辩论者，他有些粗俗（并不一定是缺点）、娴熟，并极有效率。作为调解人，他了解和顺应典型的乡绅观点的能力十分突出。但最重要的是他的政策，这与他的老辉格党派同事的风格有着重大的不同。对待教会方面，他希望避免古老的敌意进一步加剧。在《补偿法案》（*Indemnity Act*）的协助下，异议者可以享受信仰自由，甚至拥有一些地方权力。但是，他并没有真的试图打破圣公会在原则上的垄断地位；并且，废除《宣誓条例》和《公司法》（*Corporation Act*）是100年以后的事。他也认真讨论过其他领域的大规模改革，包括公司、大学或议会本身。在沃波尔的统治下，辉格党对法国实行新和平政策，对其他所有国家也都奉行和平政策——这样就给国内的人民带来了低税收的宝贵益处。从理论上讲，辉格党至高无上的地位仍然毋庸置疑。在实践中，沃波尔巧妙地改变了汉诺威政权的基础。他把强制政治让位于政治共识；独裁寡头政治被一个乏味但却稳固的执政联盟所取代——这个联盟向愿意就未界定的“革命原则”献言献策的任何人开放。

即使没有沃波尔，汉诺威政权最终也会对政治格局产生重要影响。仅仅就腐败而言，并不是沃波尔的管理方式产生的新事物，而是庇护程度的发展带来的必然结果。在1714年之前，宫廷的不确定或不一致的政策，使得对宾客和庇护人的统计非常困难。从选举金字塔顶端的自治市民，到卑微的收税官或普通议员，获取经济利益和权力的手段还远未明朗。在安妮女王统治下，政党政治的大部分不稳定性都源于由此产生的振荡。在1715年之后，大概在一代人这么长时间内，这个问题通过公共生活的一个简单而重要的事实解决了。乔治一世和乔治二世都反对将托利党纳入他们的政府部门，除了1743年短暂的“大屁股政府”（这是沃波尔垮台后不稳定的产物），托利党仍在野40多年。自相矛盾的是，这种对托利党的排斥，更能确保政府部门的稳定。在朝的托利党人毫无疑问首先是朝臣，其次才是托利党人；很多托利党人无法忍受永远无缘于官位和可观收入的前景。此外，沃波尔的辉格党纲领的要求特别宽松，许多以前支持托利党的家庭很容易就接纳了辉格党的新原则。对于那些出于兴趣或本能而自然靠近宫廷政治的人来说，尤其如此。在18世纪初，康沃尔郡附近的自治市镇，辉格党和托利党割据平分秋色；到了30年代，已经成了辉格党可靠的自留地。在上议院中，只有少数托利党人继续忠于他们在下议院的朋友。尽管在1712年，哈利（Harley）在那里获得了保守党的多数席位。这种变化并不是突然或剧烈的，而是稳定且持久的渐变，18世纪一些最重要的政治名称人物也是变化中的一部分，包括皮特家族和福克斯家族。

沃波尔和佩勒姆统治下的政治舞台的稳定性，无疑是汉诺威体系的一项重大成就；但重要的是不要夸大其程度。乔治二世统治时期的政治，并没有陷入与他们俩常常相关的僵局。汉诺威人对辉格主义的认同（尽管是掺水分的辉格主义），导致铁杆的“乡村”托利党家族被永久疏远。这些家族中尽管很少产生一流的政治家，但在反对派中保持了一定的韧性，并成为其他潜在的敌对因素的核心，他们会使那些背叛他们的同志的日子不好过。例如，当他们的一位贵族领导人高尔伯爵（Earl Gower）加入亨利·佩勒姆一伙时，就导致了1747年大选时在高尔的家乡斯塔福德郡爆发空前的骚乱。事实上，在各个郡，托利党有自己的地盘。在郡级选民的“40先令自由人”中，特别是在中部地区、西部乡村和威尔士，托利党得到了一贯的甚至越来越多的支持。在其他地方，即使不是处于主导低位，他们也是有影响力的。辉格主义的持续舞弊行为使托利主义在教会的实力必然受到影响。但教会的一个伟大的神学院牛津大学，仍然忠于圣公会的绅士阶层；并且托利党家族有足够的教会庇护，来维持自己强大的利益。在大城市，也有潜在的反政府的巨大力量。例如，在伦敦、布里斯托、诺威奇和纽卡斯尔，民众有参与政治的悠久传统，并为保守党的煽动者提供了支持。沃波尔体系的基础太广泛，不能被认为是一个狭隘的寡头集团——虽然城镇中有很大一部分土地所有者、教士阶层以及大量的中下阶层都反对它。这个时代的稳定局面，可能是表面上的。

当然，只有在政权本身分裂时才会产生真正的危机。到18世纪30年代早期，沃波尔在宫廷里遭遇了竞争对手的一致反对。当他在推广著名的消费税制度的时候，他们发现了可乘之机；这个项目在财政上是合理的，但却唤醒了众多英国人最深刻、最强烈的反感，因为他们担心政府官僚机构的扩张。只有当沃波尔在1733年撤回他的计划并且乔治二世坚决支持他打击宫廷里的对手的时候，他的政府才得以挽救。即便如此，1734年的大选中，出现了对他普遍的反对，并且严重削弱了他在下议院的多数优势。四年后出现了更严重的情况。1738年和1739年英国的海外扩张战略，需要对西班牙帝国采取激进立场——此举更加危险，因为它得到了威尔士亲王弗雷德里克的支持。由被冷落的托利党人、不满的辉格党人、敌对的商人、受欢迎的政治家和王位继承人组成的联盟，的确对沃波尔构成了威胁，最终不仅迫使沃波尔陷入一场他非常厌恶的战争，还导致了他的下台。人们对利益的问题特别令人担忧；在弗雷德里克于1751年去世之前，佩勒姆遇到了与沃波尔相同的问题。

即使没有这些内部压力，辉格党的优势地位也面临着相当大的挑战。

詹姆斯党人的威胁可能被夸大了；许多为“海峡对岸的国王”举杯祝贺的人，是否真的愿意拿他们的财产或生命去为斯图亚特家族冒险——这是值得怀疑的。尽管如此，他们中更坚定的人得到了一些鼓励。奥地利王位继承战争（1740—1748）暴露出英国不仅卷入了海外对西班牙的战争，而且卷入了对欧洲大陆上强大的波旁联盟的战争。在那场战争中，乔治二世似乎主要关心保护他心爱的选帝侯领地；随之而来的是与国内利益发生冲突，最重要的是把英国的金钱和士兵的鲜血投洒到在德国和荷兰的做法广受抨击，给爱国的政客们提供了足够的把柄来攻击政府。沃波尔早就预测到：战争意味着同时在英国土地上进行国王继承权的斗争——事实证明，就是如此。当詹姆斯党人于1745年入侵英国时，对汉诺威王朝构成全面的威胁。按照欧洲标准，英国常备军的规模很小；即使是1765年12月“小僭位者”（Young Pretender）率领一小股装备落后的武装进入英国中部地区中心地带，也已经把国防军忙活得筋疲力尽了。政府早就抛弃了一支没有保守党支持的有效民兵组织；许多乡绅最多只是保持不情愿的中立。在詹姆斯党人的军队被击退并最终在卡洛登（Culloden）被击垮之后，对苏格兰高地人进行的凶残清剿，说明了伦敦当局的担忧到了恐慌的程度。在这些方面以及其他方面，1745年的危机使辉格政府自满得意的状态有所收敛。人们对辉格政府的习惯印象是政治上冷漠并保留贵族般的优雅——这种印象可能具有误导性。这种印象很难与1745年衣衫褴褛且残酷血腥的叛乱分子的形象相匹配，18世纪50年代早期相对稳定年代的辉格党人也不是这副形象。

例如，佩勒姆的灵巧管理使得他能够引导英国安全地但是不太光彩地走出战争，并且其财务上的聪明才智能够使国债处在安全的范围之内。但是事实证明他们也会错误地判断政治气候。他在1753年颁布的《犹太人入籍法案》，旨在缓解英国犹太人社区的公民权利被侵犯的状况，但是却引发了高派教会的敌意和不宽容的浪潮，迫使他很快废除这一不讨人喜欢的政策，以避免在1754年大选中对自己不利。再次，詹姆斯党人的威胁警报和远征也并未结束。即使到了1753年，在伦敦依然能看到一位詹姆斯党人被公开绞死的惊人场面——毫无疑问，在某些方面，18世纪的政治较为温和，但也并非总是如此。

工业和闲暇

詹姆斯党人垂死挣扎之时，正是前工业化社会消失的时候。因为，被描述成工业革命的巨大经济增长和变革，发生在18世纪中叶。然而，回想起来为工业腾飞提供平台的时期，在当时被普遍认为是令人担忧的经济衰退期；如何评估这一时期，仍然存在问题。在18世纪30年代和40年代，农产品价格低得出奇；一些重要的制造业地区，尤其是旧纺织中心，遭受了严重的失业和动荡。但也有更可喜的发展。食品价格低，促使消费品支出增加，从而鼓励新兴产业，特别是在中部地区。虽然低廉的价格会抑制农业，但是也会刺激产量的增加，例如在东盎格利亚就是如此。经常与“芜青汤森”时期有关的农业混合改良技术，并不完全属于这个时期，但它们的重要性当然得到更广泛的重视。其他行业的进展非常显著。例如，18世纪30年代见证了交通史上最引人注目的发展之一——全国收费公路系统的建设。在1730年之前，只建立了少数收费公路信托基金。大多数主要道路的维护，包括北安普敦郡以外的大北路和几乎整条大西路，都依赖于那些恰好位于附近的倒霉的教区。乔治王朝初期，英格兰的道路承受着快速增长的客运量的巨大压力，以及主要消费中心之间更加繁重的货运负担，道路的状况恶化到简直成了国家的耻辱。收费公路信托即使不受欢迎，也是一个简洁的解决方案。由一个精心设计的分级收费制度，吸引大量本地筹集的资金，用于公路维修和维护。信托的鼎盛时期在本世纪中间的40年间。它们充分证实了地方的活力，在北部和中西班地区修建了大量新道路；到1770年，运河在货运上成了极有竞争力的方式，形成了一个真正的全国性的、相对高效的运输网络。交通的发展对出行次数的影响是巨大的。约克、曼彻斯特和埃克塞特等主要地方中心，在18世纪20年代，去离伦敦需要3天以上的行程；到1780年，行程被缩短到24小时内。几乎所有路线的行程时间都显著缩短了，似乎已将当时的交通技术推向了极限；直到大约1820年交通技术几乎没有什么大改进。由于麦克亚当（Macadam）和泰尔福德（Telford）的功劳，人们花在旅途上的时间进一步缩短。

如果没有内陆消费、贸易和资本的大幅扩张，就不可能有收费公路的发展。但这些年，国内经济增长远赶不上海外扩张。再次，当时的表面现象可能也产生了误导。爱国政治家们继续在公众面前基本上保持古老的帝国观念。殖民地仍然主要被视为有价值的原材料来源，同时作为过剩人口的倾销场所，或作为增加国家黄金储备的渠道。帝国皇冠上的明珠是拥有蔗糖种植园的西印度群岛；1739年的英国—西班牙战争跟以前的两国战争一样，被视为打入南美洲的黄金国的一种手段——因为那里拥有诱人的黄金、白银和热带产品。然而后来看起来，很明显，英国的海外贸易正朝着一个相当新的帝国的方向脱胎换骨。充满活力的出口市场，越来越多地出现在欧洲以外，特别是在北美。纺织品作为传统的主要出口产品，受益于这种重新定位，但在与金属工业相关的新型制造业，生产家用商品、工具、武器和各种器具的行业，增长更为明显——简而言之，对“伯明翰商品”的需求急剧扩大。

重商主义理论能够适应新的趋势，但当时人们需要花费一些时间来认清这个过程。到了18世纪50年代，人们开始认识到13个美洲殖民地的全部重要性，商人和行政官员的注意力开始转向与法国竞争北大西洋世界的主导地位。对北美殖民地的重视，也在国内产生了重要影响。乔治王朝时期的伦敦发展迅速，确保了其在西方世界最大、最具活力的城市的地位。但事实是，与英国的其他城市相比较，伦敦并不那么重要。美洲新贸易的很大一部分流向了西部新的或不断增长的港口城市：特别是利物浦、布里斯托、格拉斯哥等，在短期内怀特黑文的商业活动也十分活跃。这些港口的工业腹地、塞文谷和中西部地区、约克郡和兰开夏郡地区以及苏格兰西部的兴起，使战略性地从南部、东部和西部，向北部和中部地区转移。

这一时期的人口趋势清楚地体现了这种转变。在18世纪20年代的灾难之后，人口开始再次增长，尽管在30年代增长速度非常缓慢。1750年政府提出进行人口普查，但是流产了；如果完成了这次普查，预计能确定总人口约为580万，比20年前增加约50万。到1770年，人口达到了大约640万；到1790年接近800万。按照19世纪的标准，这并不是一个惊人的增长率。尽管如此，它代表了现代人口历史的关键转折点。一般来说，工业和城市的发展情况与人口增长大致同步。在17世纪末和18世纪初期，不乏重要的创新发明和新兴企业。但在亚伯拉罕·达比（Abraham Darby）时代和约西亚·韦奇伍德（Josiah Wedgwood）时代之间，存在着显著的差异。在这方面，18世纪中叶又是一次分水岭。人们熟悉的早期工业革命中的巨人，如博尔顿、瓦特、加贝特、阿克赖特，以及韦奇伍德本人，在18世纪60年代和70年代，深刻影响了民族意识；在18世纪60年代初爆发的七年战争期间，诸如伯明翰和曼彻斯特等城市的快速发展，极其振奋人心。城市发展本身，反映了经济增长和人们普遍对这种发展的重视程度。那些记得安妮女王统治时期的状况并继续活到18世纪的最后25年的人，将60年代和70年代描述为城市物质生活发生巨变和改善的时期，并且在一定程度上也包括较小的城镇。发展重点始终是城市的空间、卫生和秩序。曼彻斯特和格拉斯哥这些不断扩大的城市，备受外地人的青睐，因为它们拥有宽敞的广场、整齐的房屋和仓库。相比之下，旧商业中心杂乱无章的城市面貌、狭窄的街道和木材加盖茅草的房屋，看上去已经过时，甚至有些原始。任何有自尊的城镇都会借机向议会申请成立拥有重建城市的权利的改造委员会。今天许多保存完好的乔治王朝时期的城镇，都得益于这一时期的重建计划。也许最富有想象力的城镇规划的例子发生在英格兰边界以北；爱丁堡的新城（New Town）继续证明了城市奠基人在这方面的贡献。位于不列颠岛南部的首都也不甘落后。作为现代化进程的象征性举动，同时也是出于实际需要的考虑，伦敦金融城的多扇中世纪城门于1761年被拆除；其中的路德门（Ludgate）曾经被修复和装饰一新，人们信心满满地计划再使用数百年——但是修复后不到30年就被拆除了。在附近的威斯敏斯特，最大的单一城市重建项目于1762年几乎同时开工。威斯敏斯特重建委员会成员及其在各个教区的合作伙伴将改变这个大都市，大片区域旧貌换新颜。下水道和水管得到广泛铺设或重新设计。街道和人行道都是鹅卵石铺就的，很多路是第一次修整；广场被清理、修复，并用各种雕塑和植物装饰；对房屋进行系统性编号；五颜六色的旧路标令人眼花缭乱，甚至给路人带来危险，它们被一一清除。到了18世纪80年代，除了贫民窟之外，首都焕然一新的外貌，使伦敦人备感骄傲，也令游客特别是外国人惊叹不已。

变化不仅发生在城市和小镇。在大多数情况下，乡村建筑的变化缓慢一些；但就土地本身，新的模式正在出现。农业革命中最著名的表象，即议会圈地法案，主要集中在18世纪下半叶。这些法案的经济影响力可能被夸大了，因为从统计数字上看，它们不比几十年甚至几个世纪以来悄然进行的非议会圈地运动更突出；此外，它们主要是从英国南部和西部——从约克郡到格洛斯特郡的地带的一个特征。但作为在贫瘠或可转换土地上农业的盈利能力的标志，它们是有力的证据；并且它们对地貌的影响给当时的人们留下了深刻印象。到1776年亚当·斯密出版《国富论》时，圈地法案表明，人们对经济持续增长的信心达到了近乎自负的程度。令人好奇的是，斯密本人并没有完全分享这种信心。但斯密是一名学者，他的作品基本上是理论而非实践观察，其中大部分内容都是在18世纪60年代和70年代更为波澜壮阔的发展之前构思出来的。他的同胞约翰·坎贝尔（John Campbell）是一位更有信心的导师，他的《政治调查》（*Political Survey*，1774年）对英国的经济发展进行了毫无保留的颂扬。

不断加快的经济和物质增长，不可避免地对英国社会的特性产生了影响。在某种程度上，这些结果符合前几个时期商业多样化和资本主义发展的趋势。因此，在社会结构方面，其主要影响可以说是加剧了社会等级差异。由于财富的分配非常不均衡，而且由于税收的水平和性质对重新分配财富的作用微乎其微，中上阶层的实际生活水平的改善，比底层的改善更为显著。原则上，这绝不是新鲜事。例如，16和17世纪的农业发展，已经明显改变了典型的农村社会结构。圈地运动、囤积居奇以及总体上的改善，正在逐渐使乡村焕然一新，村民们通常是小财产所有者、自由民？或热爱老英格兰的自耕农等。有实力的资本主义农场主，通常出身于乡绅地主的租户，而不是土地所有者本身——现在正在主导一个农业世界。在这个世界中，他们之下的所有人都越来越多地被迫沦为无地劳动者。这个进程有时被夸大了，因为它的实际发生率在很大程度上取决于当地条件。但这个过程确实在18世纪加速了；最重要的是，工业化和城市化的发展，也发生了类似的事情。

从这个意义上讲，至少18世纪的英格兰正在发展为一个更加两极分化的社会。更糟糕的是，两极化的破坏性后果十分明显。且不说当时识字率和通信技术的大幅改善，人口流动的增加，也会让更多令人担忧的贫富差距愈加明显。统治精英生活奢侈、铺张浪费；中产阶级生活水平稳步提高，虽然幅度不大，但是累积起来的影响力更大——造成高度商业化、以金钱为基础的经济上的不平等现象尤为刺眼。如果这是一种病态，那么它在首都表现得最为显眼。在伦敦，由于相对缺乏完善的社会约束和习俗，可怜的穷人经常与舒适的资产阶级甚至富豪阶层密切接触，但却一贫如洗，这不可避免地引起在菲尔丁和霍迦斯作品中所描述的道德愤怒和社会批判。

很难判断，生活条件的实际恶化程度，被人们关注到的有多少。在1750年之前，食品价格低廉，加上人口几乎没有增长，使得工资稳定，穷人的实际收入可能有所增加。伦敦人对杜松子酒的渴望所产生的可怕问题（穷人们喜欢喝茶，这种喜好虽然损害力较小，但当时同样遭到批评）表明，至少在当时，人们的可支配收入并不过低。然而，在18世纪下半叶，许多人的情况似乎已经恶化，又回归到粮食收成不佳甚至不足的旧循环。再加上工业经济的短暂衰退和失业浪潮，使得最底层人们的生活变得危险且悲惨。此外，人口迅速增长和机械创新，导致工资保持在相对较低的水平，使得新兴无产阶级中更贫困的成员不一定能分享工业发展带来的好处。

18世纪的社会问题，其敏感程度比其他时候看起来尤甚，虽然对这些问题没有简单或全面的答案。穷人开始反击，主要用传统武器来捍卫陷入困境的经济秩序。为了应对物资短缺和高物价，他们呼吁旧有法律制定限制中间商和垄断机构的条文。为了反对削减工资和引进机械，他们联合起来，试图挫败他们的主人，组建俱乐部、提供社会保险。在极端情况下，他们经常爆发激烈的反叛和骚乱。尽管他们也取得过一些胜利，但总的来说，这是一场失败的战斗。人们对富有的中间商的所作所为普遍心存不满，拥有土地的乡绅阶层对这种不满情绪表示同情。但是，随着农业的发展，农产品的专业化市场的崛起，无论对地主还是食品商来说都至关重要。陈腐的工业关系的机制存在类似的情况：由于资本主义制造商和非熟练劳动者的共同欺骗行为，旧的学徒法得不到有效执行。成功遵守此类限制性做法的公司，将无法参与新的投资和行业。各个行业协会更得不到重视。纯粹提供养老金和疾病津贴的俱乐部，得到了上层社会的鼓励。但是，联合会（或工会）也经常受到压制，即使工会是针对18世纪雇主较明显的不公正行为而成立，例如在西方国家服装业使用卡车。工会组织有时会取得成功，如伦敦的裁缝业或皇家造船厂——这要归功于成熟的行业工会组织的决心。在大多数新兴行业中，制造商都占有绝对优势。

底层民众不满情绪的最极端表现，在某些方面得到最大限度的容忍——毫无疑问这是因为，家长式统治者们认为这是社会的一个必要的安全阀，即使有时候令人感到遗憾。政府很少动用过度的手段来镇压骚乱，对少数相关人也只是采取警告性惩罚措施。如果挑衅行为没有造成严重影响，即使看起来十分极端，惩罚通常会轻得出乎意料。选举骚乱在大部分时间内都被认为是不可避免的；在像考文垂这样动荡的城市里，由于选民众多以及那些不是选民的人的积极参与，每次选举都注定会发生骚乱。18世纪50年代中期和60年代中期，由于饥荒而反复爆发的食物骚乱，也或多或少被视为乡村生活不受欢迎但是必要的方面。在一定限度内，政府对此类事件有高度容忍度。例如，1765年伦敦斯皮特菲尔兹（Spitalfields）的缫丝工人认为，贝德福德公爵支持法国丝绸的进口而使他们的困境更加恶化，因而群起抗议，愤怒的工人全面包围了公爵的府邸。暴乱严重到不得不动用军队的地步，但伦敦上流社会把暴乱看作一种有趣的消遣也并不令人惊讶，而值得人们从旁观者的角度对其进行审视。当然，如果暴乱持续下去，可能导致更严重的后果。因此，18世纪30年代最初的反对收费公路的骚乱，得到了相对宽容的对待，甚至得到了有产阶层的鼓励——因为他们跟社会底层民众一样，憎恶对公路收费。但事后仍不可避免地受到了惩戒性判罚。此外，从18世纪60年代开始，政府对民众骚乱的态度有所改变。为了捍卫选举权和新闻自由，约翰·威尔克斯（John Wilkes）发起了旷日持久和有争议的运动，在街头引发了暴力示威活动。随后以“威尔克斯和自由”的名义与权威发生的冲突，产生了太多政治影响，已无法令当局熟视无睹。1780年的反教皇戈登骚乱首次在伦敦制造了一种切实的恐怖状态，标志着暴乱进入了另一个重要阶段。在接下来的十年中，只有法国大革命才能让政府放弃原来的对暴乱的容忍政策，并让有产权阶级意识到：大众的暴乱是可怕的。

对于最底层人口的增多和贫困状况的进一步恶化，没有永久的解决办法。18世纪依然依据伊丽莎白时期的《济贫法》和1662年的《定居法》来救济贫民。在最糟糕的情况下，一些贫穷的工人和他们的家庭的生活，与美国奴隶或俄罗斯农奴的情况相差无几，或者还不如他们。贫民救济，要不依靠吝啬的邻居提供最基本的生活必需品，要不让贫民寄宿在一家穷人的家里——有可能这家主人冷酷无情，对他的房客进行系统性剥削。定居法规定，必须为那些住不上每年房租不少于10英镑的房子的人，在其出生地提供一座住所——而10英镑是不小的一笔钱。在实践中，这些严厉的规定并不那么令人生畏。济贫是大多数教区开支的一个主要项目，到18世纪末期已经以惊人的速度在增长。济贫经常延伸到定期户外救济，并在一定程度上也考虑到生活成本的上升和人们生活水平的普遍提高。《定居法》仅在有限的范围内得以执行。不幸的是，法律没有得到认真执行的主要受害者是妇女、儿童和老人——确切地说，是那些可能给他们所逃往的教区增加负担的人。但即便如此，本世纪下半叶对人口移动的限制，实际上也是微不足道的。如果认真实施这些法规，就难以满足工业对劳动力的巨大需求。

与其他时代一样，有产阶级对穷人感到强烈不满，对他们制造的犯罪更加感到不满。一个商业化的社会，提供了越来越多的诱惑；同时，对违法行为的纵容，刺激了更多犯罪。诸如高速公路抢劫这样明目张胆的犯罪，或诸如违反狩猎法等在社会学上最有趣的犯罪，历来吸引了大多数人的注意力。但绝大多数犯罪都是这样那样的小偷小摸——这是针对有价值财产的犯罪行为。这种行为似乎在不断增多，特别是在城市地区。面对这种违法的浪潮（毫无疑问，形容为“浪潮”有点夸大其词，但却是真实存在的），这个时期的私人财产几乎没有得到有效保护。城市犯罪的上升呼吁有效的警察部队来增强侦查力度和破案概率（如果不是呼吁更温和的解决办法的话）。但是，警察部队会带来许多危险，尤其是它在政治庇护方面的潜在用途。此外，当时的人们对任何一支听命于政府的、组织有序的武装力量所带来的持续威胁，都高度警惕。一方面将常备军队保持在最低限度，另一方面允许一支更新颖、更险恶的力量来代替它——没有人觉得有这样做的必要。因此，除了少数和部分例外——例如伦敦的菲尔丁兄弟的努力——这个时期在扼制犯罪方面没有显著改善。恰恰相反，即使是对无关紧要的罪行，当局仍然会依靠纯粹的训诫、流放或死刑来威胁。这是一段对轻微罪行滥用死刑的时期，19世纪初的改革派对此进行过严厉抨击。事实上，这是试图阻止财产犯罪浪潮的唯一可行手段。即便如此，事实证明，这么做是没有什么效果的。陪审团不会定这样的重罪，法官也只在最明显的案件中才谴责此类罪行。与实际犯罪数量相比，被定罪的案件较少。即使宣判了死刑，在法官，或在地位高的庇护人的请求下，仍有很大的机会改判缓刑。这样，司法程序不可避免地陷入政策不连贯和政治操纵的混乱局面，这也成了这一时期的一个特征。

如果穷人指望不上国家，他们把希望寄托给教会，但是希望渺茫。18世纪的教会，在今天被认为在社会政策方面声誉欠佳。教会是乔治王朝时期庇护人制度的不可分割的一部分，很难期望它对主流的态度提出系统的挑战。但教会实在根本配不上它的声誉。18世纪的慈善行为有时会被遗忘——毫无疑问，这主要是因为这些慈善绝大多数是自愿的、非正式的。如果没有此前或随后有关慈善行为的官方或国家文件，它被遗忘是必然的。然而，在捐赠和一系列教育、卫生和娱乐机构的维护方面，文件记录之丰富是令人惊讶的。慈善常常带着施舍的态度，而且部分动机是为了阻止穷人对社会和政治构成的威胁。但其他时期也有类似的慈善行动，而且救济的规模十分庞大。典型的做法是向慈善机构捐款和建立社团，包括修建学校、向医院捐款、成立济贫所及监督福利团体。在这方面，教会——或者更确切地说是各个教堂——都参与其中。而最不积极的，是被后来的改革者所斥责的英国圣公会的要人，包括主教、副主教、座堂主任牧师和大教堂教士。

然而，有关教会在18世纪的地位，存在一些矛盾现象。本世纪早期“自然”宗教的影响，使人们越来越重视行动而非信仰。基督徒的行为要表现得像个基督徒，而慈善最能表达宗教热诚。但是，理性的宗教无论多么仁慈，并没有给那些因缺乏教育或智力不足、不够理性的人提供太多的精神慰藉。在自由主义倾向的影响下，所有主要教堂的精神能量明显萎靡不振。由于自然神论者对三位一体学说的挑战，出现了神学方面的紧张关系。受此影响，主流宗教在公众生活中的影响力明显削弱，暂时只有城市中产阶级提供一贯的支持。农村地区的教会，依托于其部分神职人员的住所和个人承诺，继续开展其不太稳定的工作。在城镇里，教会倾向于收缩，或者像异议者那样去吸引有教养的中产阶级会众，因为他们有能力为贫穷城镇补充教士的俸金、装修或重建教堂。

结果是，由教会的叛逆之子卫斯理公会运动，给穷人在来世补偿今世所遭受的苦难的精神安慰。卫斯理公会错综复杂，很难概括其重要性。约翰·卫斯理（John Wesley）本人就是牛津大学的高派教会观点和政治保守主义的知名学者。然而对许多人来说，他的影响力似乎表达了17世纪宗教的清教徒精神。他自己的精神之旅好比一场暴风骤雨，极其冲动而不稳定。但是，他赋予他的追随者的组织和纪律约束，却接近专制。在神学方面，卫斯理是一位阿米尼乌斯派教徒；但加尔文主义对卫斯理公会运动产生了深远的影响。事实上，在这个领域，走在卫斯理之前的先行者是威尔士的格里菲思·琼斯（Griffith Jones）和豪威尔·哈里斯（Hawell Harris），以及英格兰的乔治·怀特菲尔德（George Whitefield）等。对他们的敌人来说，所有这些人似乎都是危险的，甚至是煽动性的人物。露天布道可被视为对教区神职人员独占布道坛的公开冲击。从非专业权威的角度来看，卫斯理乐意向所有层次的人传播他的救赎福音，使得乡绅和郡民不寒而栗。然而，他的政治观点是专制性的，他没有对社会秩序提出任何挑战。他和他的追随者始终只关切一个问题：福音传道者是否能给所有人提供救赎，尤其是穷人，包括英格兰采矿和制造业的被抛弃的社区，他们往往被更时髦的神职人员所忽略。他的成就可能被夸大了，因为在他去世的时候，虔诚的卫斯理公会教徒大约只有七八万人。然而，他不安分的生活和旅行引起的恐慌和争议，表明了他对乔治王朝社会的影响程度很。卫斯理公会教徒被指控罪大恶极，其中一些指控相互矛盾。他们的传道人既是罗马天主教徒又有清教徒，既有詹姆斯党人又有共和党人。他们一方面性虐妻子，另一方面却对她们施加影响，让她们放弃所有肉体的快乐；他们一方面垂涎其他男人的物品，另一方面却不允许别人使用世俗的商品。对卫斯理公会的各种指控，明显说明卫斯理触及了当时一个有关良知的痛处，并暴露了信仰中的尴尬缺陷。

英国中产阶级的形成

卫斯理公会运动的早期历史给人的印象是，当时存在相当大的社会压力以及众多社会问题。但是这么说也有可能不无夸张。因为同时，人们也普遍认为英国社会避免了最坏的极端情况。令外国人深有感触的是英国社会结构的灵活性和凝聚力，而不是其紧张和僵化。从伏尔泰到格罗斯雷修士（Abbe Grosley），相继来到英国的法国人记载了这个国家没有“种姓制度”，特别是个人可以沿着社会阶梯轻易地上下移动。与欧洲大陆相比，英国社会没有什么贵族特权和优势，这一点赢得了外国人的称赞。贵族犯罪可能会由上议院审判，但当他们被送上绞刑架时，他们的遭遇像普通罪犯一样公开展示。1760年，当费雷尔勋爵因谋杀他的仆人而被处决时，人们普遍认为，他的命运明确证实：在犯罪和死刑方面，英格兰的法律对贵族、庶民一视同仁。在一个不太要紧但也许同样重要的事情上，格罗斯雷惊讶地发现，无论什么级别的人，都得支付收费公路的费用，贵族也没有赦免。此外，面临生活水平下降和物资匮乏的英国城市贫民，似乎过得比法国或德国农民更好。英国劳工（虽然必须承认，评论者通常指伦敦的劳工）似乎收入很高，吃得也不错，非常独立且善于表达自己的观点。最重要的可能是，外国人所强调的英国人对“绅士”一词的灵活定义。从外表上看，任何穿得像绅士一样的人，都被当作绅士对待。中产阶级甚至是等级较低的伦敦人，都在效仿上流社会的时尚、举止和观点。很明显，这是一个社会的真实标志，在这里，所有社会价值观、差异和习俗，都让位于金钱的权威。英格兰是18世纪欧洲一个富豪社会的杰出典范。

这一时期的社会稳定，在很大程度上是由这种富豪统治的本质决定的。从表面上看，几乎没有证据表明财产所有权的基本结构发生了巨大变化。中产阶级没有把大量的资本投入土地，没有大规模征用贵族或绅士的土地。手工业者和商业家庭稳步融入有地阶层，改变了这个阶层的确切构成，但没有显著影响其整体性质。在更高的社会阶层，大地主的地位在18世纪得到了加强和巩固。但土地只是一种财产形式，且不一定是最重要的。即使在这个世纪初，土地的首要地位也在逐渐削弱。在光荣革命时期对国民收入的估算表明，农业收入几乎占总收入的一半。但这个比例正在发生变化，到1780年可能下降到了1/3。事实上，土地本身只是英国经济普遍商业化的一部分；在土地开发和改良方面，土地越来越被视为类似于在股票、贸易和制造业上的投资。值得注意的是，虽然短暂的农业萧条对贸易没有多大影响，但反过来则不然；商业衰退对土地价格产生了极为严重的影响。在美洲战争中，当海外贸易遭受灾难性的萧条时，其影响立即反映在房地产价值上，并带来了严重的政治后果。如果有地产阶级拥有更大比例的非土地财产，情况就会大不相同。虽然他们在采矿权和某些政府债券等部门拥有重要地位，但显然他们并未拥有大量非土地财产。工业资本、个人财富和贸易中的动产，绝大部分归中产阶级所有。国民经济的活力和增长，主要取决于中产阶级；外国人非常赞许的英国社会的灵活性和稳定性，也依赖于他们。

当然，中产阶级或“中等阶层的人”并不是一个具有社会自觉意识或特别凝聚力的群体。中产阶级内部，无论在财富规模还是活动爱好方面，仍然是多种多样的。在拥有巨额财富并统治首都的城市商业巨头，与代表商业化英格兰骨干的小商人或工匠之间，存在遥远的差距。商业化的英格兰被称作新的“店主之国”——人们常以为这种称法出自本世纪末的拿破仑，但实际上亚当·斯密早就使用过了。乡村中产阶级（大多数是很快就获得乡村绅士头衔的佃农）和城市里的中产阶级（在工业社会初期发迹的商人、医生和律师）大为不同。尽管如此，这些人仍有很多共同之处。他们往往都是注重个人奋斗，积极发挥自己的才能。他们投入自己的劳动，从商业或职业的创业活动中获得利润——从这方面说，他们是真正的“资本家”。他们共同拥有、控制或经营经济中最具活力的部分。他们在政治上的主导地位，在大小城镇都很少受到挑战；即使在许多农村教区，他们比高傲的寡头和贵族更能代表统治阶级，后者只是在白厅和威斯敏斯特显得更为重要。

这个阶级的主导基调，其务实的态度和坦率的商业逻辑，在方方面面都是清晰可辨的，尤其是它在教育中的影响力。18世纪，英国教育表现欠佳，乏善可陈。在这方面，对都铎王朝和斯图亚特学术界、文法学校和大学的调查显示，状况令人忧虑。语法学校继续积极履行其向相对底层家庭的儿童提供受教育的机会，但数量确实很少。事实证明，大多数学校资金匮乏，难以满足或无法摆脱他们的控制人的贪婪。他们中，任教的神职人员经常做得最好；但他们工资低微和缺乏支持，普遍被沮丧情绪困扰。英格兰的大学给人一种自满和懒惰的印象，特别是把与苏格兰同行相比的话。在边界以北，学术生活的特点是宗教冲突甚至偏执。但它也显示出苏格兰启蒙运动欣欣向荣、极富活力的迹象。在道德哲学、政治经济学和医学科学等多个领域，苏格兰对欧洲和整个时代的贡献是巨大的。英国大学的水准则远远不够。他们的职能，部分是为了训练他们的神职人员，部分是为了给上流社会和富人提供广泛的教育。他们表现得比一般允许的更热情。像牛津大学赫特福德这样的新基金会提供的创新性教学，或者剑桥数学奖学金的真正进步，绝不能证实罗兰森的印刷品或反教会宣传所给人的印象。即便如此，他们显然也不能满足中产阶级的要求。

但事实是，文法学校和大学的设立原本就不是为了中产阶级。在缺少文法学校和大学的情况下，中产阶级采用捐款和收费的手段，创办了大批务实、进步的教育机构，来培养中产阶级的孩子，为各行各业和商业界提供劳动力。这些学校往往是昙花一现，当它们消失时，很少留下痕迹，以至于维多利亚时代吹毛求疵的人认为，它们从未存在过。即使是18世纪最大的学校，包括北安普顿和沃灵顿的不信奉国教的学院——即使是同类学校中最好的学校，不久以后也消失了。但与此同时，他们提供了商业阶层所依赖的基本的、朴实无华的教育。

结果显然是促使一种中产阶级文化的形成，它具有明确的事务主义色彩。如果说，曾经有一个英国启蒙运动，那也许就是实用主义思想的启蒙。18世纪中叶，使人们着迷的既不是神学论战，也不是哲学思辨，而是应用技术。成立于1758年的技术学会，十分恰当地表达了这种精神。也许学会成立初期最具争议的项目是：通过公路，将水产品从沿海运到伦敦的计划，该计划打破了泰晤士河鱼类经销商的垄断地位，并大幅降低了这种重要又有营养（这一点得到特别强调）的商品的价格。毫无疑问，这种做法有点奇怪，但它的目标非常实用。技术学会是一个全国性的组织，但它只是许多正式和非正式、持久和短暂的俱乐部或协会中最著名的一个；这些组织依赖于人们对科学或伪科学知识的兴趣。这种兴趣，在地方各郡和首都一样热烈。同样，与伊拉斯谟·达尔文和月球协会相关的利奇菲尔德圈，也是许多业余团体中最著名的，这些团体对科学的态度一丝不苟。它们所催生的文学潮流，让我们粗略地了解到：普通公众对科学问题的兴趣日益增长。即使是以娱乐为主题的月刊杂志，也刊登了这个时代的无数发明和推测遐想。这是一个醉心于探索物质世界的时代。

中产阶级在工作和学习之余，需要属于自己阶层的消遣和娱乐活动。18世纪总是让人联想到时髦的寡头社会的娱乐活动；在其鼎盛时期，最具代表性的是温泉小镇巴斯。然而，如果没有中产阶级的光顾，巴斯或许已经失去了其在乔治王朝时期的繁荣，变得默默无闻了。其开发者伍兹家族和首位仪式主持人“花花公子”纳什的事业，不仅要仰仗自身名人的声望，还依赖于中产阶级的金钱。每一位前往巴斯洗浴或参加聚会（Assembly）的贵族，都会带动一群人出钱去体验那里的上流社会的氛围。在这方面，如同许多其他方面一样，正是中产阶级对上流社会的时尚和习惯的一贯忠诚，才维持了休闲和奢侈活动的商业可行性，同时也维护了贵族精英希望自己显得高高在上的面子。无论如何，巴斯并不是唯一的水疗之城。温泉疗养成了地区性的乃至全国性的时尚，各郡纷纷效仿著名的巴斯，开发了一些类似的水疗中心。当丹尼尔·笛福（Daniel Defoe）在18世纪20年代初游历英格兰时，他发现了许多温泉小镇。他惊讶地注意到，坦布里奇（Turnbridge）是一个“以社交聚会和休闲娱乐为主要业务”的小镇。但是，坦布里奇在首都周围有几个竞争对手：埃普索姆（Epsom）、德威（Dulwich）和西德纳姆韦尔斯（Sydenham Wells）都为寻求乡村新鲜空气和矿物盐的伦敦人提供了极具吸引力的度假胜地。在已经是现代游客的祖辈最钟爱的峰区，笛福发现，巴克斯顿（Buxton）和马特洛克（Matlock）的游客数量超过了它们的住宿接待能力。尤其是巴克斯顿，在18世纪中叶发展迅速。尽管到了80年代，它与坦布里奇的竞争仅次于与巴斯的第二温泉城的竞争，同时，它也面临来自新的竞争对手切尔滕纳姆（Cheltenham）的压力。

当然，温泉水的供应有限；但另一种有价值的商品——海水，则并不短缺。医疗界急切地想证实盐水和海风的无法估量的好处，想让人们相信在海水中沐浴与泡温泉一样，这样的休闲有利于健康。海滨城市布莱顿直到18世纪90年代才发展起来。但海滨度假胜地的发展早已开始。拉塞尔医生在1749年发表了《腺体疾病治疗中海水的应用》（*A Dissertation on the Use of Sea Water in the Diseases of the Glands*）这篇论文，对这一过程产生了重要影响。韦茅斯（Weymouth）市大肆宣传英吉利海峡的海水中含有很高比例的矿物质；到1780年，它已经成为一个繁荣的度假胜地。从伦敦到马盖特和拉姆斯盖特交通便捷，这两个地方更早出了名，并能提供更复杂多样的休闲活动。位于约克郡海岸上的士嘉堡（Scarborough）也同样发达。在这些发展中，医疗因素当然很重要。但是不难看出，普遍的社会需求是休闲产业发展的重要推动力。上流社会每年有自己固定的活动安排，还有围绕宫廷的活动时间表；社会地位较低的阶层也有自己普罗化的集市和假日——两者需求之间存在相当大的真空，新的度假地正好填补了这段空间，并获得了巨大的成功和利润。这些地方基本上是为城市的中产阶级打造的，让他们暂时摆脱城市生活，换一个新的环境，相当于贵族们退隐乡村生活。它们存在的基础是能满足中产阶级的独特需求。通过收取服务费确保能够提供体面的服务，营造富有的氛围。在某些方面，女性是新富裕生活最明显的受益者，这种灵活但受保护的环境，对她们尤其重要。早在度假胜地出现之前，笛福就对它的特征进行了充分的描述，称其为“新流行的聚会式社交方式”。聚会是本世纪中叶流行的休闲方式，包含有舞蹈、玩牌、饮茶及普通的社交活动。即使在许多集镇，聚会为各种活动提供了宝贵的场所，既有像婚姻介绍这样严肃的，也有像乡村八卦一样随意的。在大城市，可能会举行壮观的聚会，以展示市民的自豪感。在诺威奇，18世纪50年代建造的剧院和聚会大厅由当地建筑师托马斯·伊沃里（Thomas Ivory）设计，外观独特。在建造这两栋建筑的同时，一座宏伟的新教堂也落成了——恰好证明了宗教与娱乐之间的社会联系。许多人花了钱准备每天参加聚会，同时在周日前往教堂做礼拜。

把复杂时代的所有文化发展归纳为单一模式，似乎不太明智。然而毫无疑问，乔治王朝中期艺术的主导基调是为了迎合富有且自命不凡的庞大中产阶级的需求。从朴素的贵族古典主义到资产阶级浪漫主义，不是简单的倒退。相反，古典传统继续被诠释，就像文艺复兴之后的几代人所做的那样。但是，那些无处不在的亚当壁炉和韦奇伍德陶器，明显带有一种崭新的甚至是反贵族的精神。奥古斯都艺术的胜利一直是精英阶层的胜利，因为这些艺术品主要是为了满足他们的消费。注重秩序、结构和形式，是18世纪早期艺术的标志；能深刻理解其古典意义，是诠释它们的关键。对教皇进行贺拉斯式的讽刺、伯灵顿的帕拉第奥风格的建筑设计，以及威廉·肯特等古典主义者所钟爱的、仍然基本上正通的园林景观，都属于同一类。但是20年之后，中产阶级教育所培养的注重实用主义的人，很少能体会讽刺语言中的微妙意味，能理解或者认同威尼斯文艺复兴的人则更少。相比之下，18世纪中叶的文化成就，既不复杂也不精致。由威廉·申斯通（William Shenstone）宣传的风景如画的园艺，以及由“能人”布朗所开发的“自然”景观的风尚，摆脱了18世纪早期模仿古典主义和隐喻的热情。新文学的发展也是如此。无论是流浪汉题材的小说还是清教徒式的小说，其性质明显都是资产阶级的。有时候，正如理查森（Richardson）在《帕梅拉》（*Pamela*）和《克拉丽莎》（*Clarissa*）中对放荡贵族带偏见的描绘一样，这一点是显而易见的。在其他时候，如在斯莫利特（Smollet）和菲尔丁（Fielding）的冒险故事中，这种资产阶级性质表现为对下层和中等阶层社会生活的关注和兴趣。无论如何，这些趋势汇集在一起，并在60年代的情绪中产生了最具特色的表达。例如，劳伦斯·斯特恩（Laurence Stern）的《商第传》（*Tristram Shandy*）进入了国王宫殿和普通家庭的客厅，既吸引了富豪也吸引了小职员。但是，不应该让人们对伤感主义运动的普遍热情抹杀其作为中产阶级价值观载体的重要性。商业化的英格兰的财富，赋予了消费社会文雅的绅士风度，情感在想象中使得这一风度达到完美。情感产生“自然”的品位，有德行的人的品位，无论你的出生背景还是成长环境，这是绅士风度的真正标准；情感还提升了中产阶级的家庭道德，强调家庭生活和对加尔文主义美德观念的忠诚，反对以“英勇”为标尺但具有等级化的个人荣誉观念。在乔治二世于1760年去世后，新的国王和王后想努力证明，自己才是这些理想的恰当标志，以给宫廷社会带来几乎类似于维多利亚时代的气氛。在这方面，他们忠实地反映了许多臣民的道德观念。早期的中产阶级只是在模仿社会地位更高的阶层。现在，至少从理论上讲，没有必要再继续模仿了。在这个勇敢的新世界，不需要努力去模仿别人的举止。正如麦肯齐的有影响力的作品中的主人公一样，一个善感的人实际上是“无阶级”的。

如果中产阶级文化是多愁善感的，那么它也有一定的狭隘性。只有当艺术家自己渴望证明愿意接受外部影响的时候，这种狭隘性才能得到缓解。但是，标新立异的知识分子在这方面的活动可能会有些误导。乔舒亚·雷诺兹（Joshua Reynolds）爵士，公认的新统治时期的英国艺术大师，有意识地呼吁英国去效仿欧洲大陆的风格，他本人也在向庸俗但优越的欧洲艺术传统转型。但在某种程度上，他体现了国内的许多新趋势。对于雷诺兹来说，就像他的同事海曼（Hayman）和盖恩斯伯勒（Gainborough）一样，他们对于新兴的富有公众和贵族庇护人同样依赖。在某种程度上，他的影响力也巧妙地反映了这一时期的国家活力和有组织的专业精神。1768年成立的皇家艺术学院，在某种程度上相当于一个具有代表性的协会，类似于代表医生和律师的专业机构。在另一个层面，该学院把充满活力的本土艺术推上巅峰。霍迦斯（Hogarth）就是本土艺术的先驱，尽管他本人从未目睹自己达到巅峰。并非外国影响在这个或其他文化领域都不重要。安杰莉卡·考夫曼（Angelica Kauffmann）是崇尚时尚的伦敦最受欢迎的装饰艺术家；约翰·佐法尼（Johann Zoffany）是伦敦最成功的肖像画家之一。但是，这两位艺术家都没有像18世纪初外国艺术家那样发挥作用。没有像韦里奥（Verrio）那样的人统领宏伟的装饰艺术，没有像汉德尔（Handel）那样鹤立鸡群的音乐家，也没有像赖斯布雷克（Rysbrack）或鲁比利亚克（Roubiliac）那样的人引领纪念雕塑。相反，有修饰英国人房子的亚当兄弟，有传授音乐的伯尼（Burney）或博伊斯（Boyce），还有雕刻墓碑的威尔顿（Wilton）。

画家们最能体现新的文化信心。霍迦斯在自觉地努力创造真正的本土艺术传统，最令人称赞的是他单枪匹马地为这一伟大事业而奋斗。他创立的英国画派的继任者们，可以自如地借用大陆的画技，而没有自卑感或依赖感——这一点很了不起。在这方面，德比的约瑟夫·赖特（Joseph Wright）——本世纪中叶不是最受赞扬但也许是最具创新性的艺术家，也很具有代表性。他恰好是查尔斯·达尔文的祖父伊拉斯谟·达尔文的朋友，他本人也是一位杰出的医生、科学家兼诗人。赖特最擅长的是他的带有教育目的的科学实验和发现。但他也是熟练的、光的“操作者”，其手法不亚于卡拉瓦乔（Caravaggio）。像其他艺术家一样，赖特去了意大利——但这是在其主要杰作问世之后，而不是之前。当他回来时，在许多人看来，他似乎失去了而不是获得了灵感。

纷争的政治

乔治王朝中期的英格兰所发生的社会变革，深刻而广泛，并对未来举足轻重。但是，在世袭的权力和习俗的力量压倒一切的时代，这些变革对政治结构的直接影响，还难以评估。从表面上看，18世纪中叶的政治特征几乎没有变化。诺斯（1770—1782）和小皮特（1783—1801）的政府，在执政能力和政策方面，能够与沃波尔和佩勒姆相比。重大的宪法变革确实很少；在19世纪威胁“旧制度”的动荡和改革的洪流，看起来尚未形成。然而，在这方面的表面现象，非常具有欺骗性。由于大批民众具有政治觉悟，政治的语言、目标，甚至机制都受到影响，而不仅由白厅和威斯敏斯特的政客们来左右政治了。不说别的，18世纪50年代和60年代的报纸、版画和小册子中所展示的唇枪舌剑的范围和激烈程度，足以证明公众辩论的活力和政治家参政的热情。在这些辩论中，有一位政治家似乎占据了特殊位置。对老皮特的评价，是这样褒贬不一；即使在两个世纪之后，都很难给予他这样一个有影响力的人物恰切的评价。在1754年之前，皮特的职业生涯远未取得成功。作为一个挥霍无度的家庭中被偏爱的幼子，小皮特加入了辉格党，并最终通过婚姻进入了一个辉格党的望族——即斯托的坦普尔家族（Temple）。年轻时，他是一个爱国者演说家，以令人生畏的言论和鲁莽的激情确立了自己的政治名声。在奥地利王位继承战争期间，他因强烈抨击汉诺威王朝而声名鹊起，并获得了高涨的人气，但这也使他成为国王不喜欢的人物。1746年，佩勒姆家族为他提供职位——其条件是有经济收入但没有政治前景。作为财政部主计长，皮特被排除在高级决策之外，并在议会辩论中被有效地“捂住了嘴”。这似乎是爱国者晋升上的又一个范例，即以牺牲原则而换来职位。但是，18世纪50年代中期的一系列事件，使皮特的命运发生了巨大变化。1754年亨利·佩勒姆的突然去世似乎成了一个分水岭，国王的话也证明了其重要性："现在我将不再有和平日子了。"佩勒姆的继任者是他的兄长纽卡斯尔（Newcastle），一位精明强干、经验丰富的大臣，绝不是辉格党内部传说所描绘的荒谬平庸之辈。但在上议院，他发现很难行使他的兄弟或沃波尔的控制力。皮特在下议院的主要竞争对手亨利·福克斯，缺乏取代佩勒姆的政治勇气或分量。自汉诺威人继位以来，议会中的主导力量是辉格党的"旧集团"，但其几乎处于群龙无首的状态。他们的反对派托利党，现在越来越不甘心继续被排除在政治权力之外，也不再认真考虑迎接海峡对岸的国王，而是在构思新的想法。难道皮特不能满足双方的愿望吗？

他能够做到这一点，很大程度上取决于环境，尤其是国际形势。奥地利王位继承战争确定了未来的主要冲突领域，但没有开始解决它们。海外的主要焦点不再是西班牙帝国的命运，而是英国和法国之间的世界性冲突——这两个国家是重商主义时代最成功的商业大国。在北美，法国试图建立一条从魁北克贯穿到路易斯安那州领地的带状防线，以切断英国殖民地。在西印度群岛，两国就有争议的产糖岛屿不断发生争吵，就像在西非两国就奴隶和橡胶贸易发生争吵一样。在印度，由于本土王子热衷于派系斗争且虚弱无力，加上法国和英国的东印度公司强取豪夺，使得当地的局势极不稳定。这一切都预示着两国之间将要爆发一场决定性的殊死之战，以确立各自的帝国地位。当战争爆发之初，对英格兰和皮特的政治对手来说，都是灾难性的。1755至1756年，英国未能在大西洋给予法国海军以决定性的打击，在地中海又丧失了梅诺卡岛，倒霉的海军上将宾（Byng）成了无情的替罪羊——这一切，让老辉格党政府名誉扫地。这正好成就了皮特，或许也成就了第一大英帝国。

随后的几年，在历史上已经成为一个特别重要并取得卓越成就的时期。在七年战争期间，英国在北美和印度彻底击溃了法国，在其他地方也扭转了波旁王朝的威胁——这一系列成功代表了帝国成就的巅峰，使皮特成为英国历史上战就最显赫的首相。此外，他成功地打击了“辉格党的旧集团”的政客，似乎预示着一位新政治家和一种新的政治形式的诞生。约翰逊博士将沃波尔和皮特做了精辟的比较，称前者是“国王赋予人民的大臣”，而后者是“人民赋予国王的大臣”。然而，皮特登上权力顶峰，更多依赖于自己精明的政治判断力和纯粹的运气，而不是公众的拥护。民众给予他的支持，是由他在伦敦城的朋友和在地方各郡新结识的托利党同僚一手策划的。他的第一轮执政，即1756至1757年的皮特–德文郡（Pitt–Devonshire）内阁，脆弱且短命；他的第二轮执政，即1757年的联盟，更为成功，部分归功于与纽卡斯尔达成的交易，部分原因是威尔士亲王（后来的乔治三世）的支持。利益权衡与“辉格党老集团”的这种结合，与皮特的历届前任和对手所构想的任何手段一样，是一种见利忘义的政治策略。这一做法与沃波尔在1720年所做的极其相似——当时沃波尔和乔治王子（后来的乔治二世）通过威逼利诱重回宫廷。

战争也没有完全呈现皮特的崇拜者所宣扬的完美无瑕。皮特追求的基本战略，与他以前所推崇的爱国宣言完全不一致。他坚持不惜花重金与普鲁士建立联盟，并投入大量的财力和人力来维持在德国的一支部队——这个做法延续了佩勒姆和纽卡斯尔的外交战略。皮特自己对七年战争有一个独特设想，他采取联合行动攻击法国海岸，转移法国人在德国战场上的注意力；这是一次绝望的尝试，目的只是为了向他的朋友（对他的“汉诺威王朝”政策越来越失望的托利党人）证明他的爱国者决心。在军事方面，此举不仅浪费资源，而且基本上毫无效果。胜利的最终来临，很大程度上归功于皮特难以驾驭的其他力量。总的来说，法国人因为未能为海军和殖民战争筹集资源而付出了沉重代价。在印度，英国东印度公司所享有的优势虽然有限，但具有决定性，特别是当罗伯特·克莱夫（Robert Clive）少将的才能得到了充分发挥时。皮特称赞克莱夫为“天赐”的将军——这等于在口头上承认，他无法将任命克莱夫的功劳归于自己名下。詹姆斯·沃尔夫（James Wolfe）对魁北克的英勇攻击，曾令全国振奋，但他也只是众多指挥官中的取得最后胜利的那一位，英国指挥官们在北美的战斗还是负多胜少。但胜利解决了战争中的所有问题，至少在和平谈判之前是这样。在奇迹年1759年（那一年西印度群岛和北美洲的局势都发生了转折）之前，皮特与纽卡斯尔的联盟摇摇欲坠，到了瓦解的边缘。皮特的托利党支持者一直在谈论抛弃这位大臣——因为他的政策让他们感到恐慌；纽卡斯尔盟友也一再威胁要抛弃皮特这位同僚，因为他花钱如水却换来屡屡败战。1759年，这些困难都化解了。

七年战争的胜利不应当全部归功于皮特。但在两个重要的方面，他的历史声誉似乎是当之无愧的。即使皮特在民众中的受欢迎程度被夸大了，但他在改变18世纪政治的性质方面所起的重要作用，是不可否认的。在18世纪50年代中期，传统的政治结构明显出现了裂纹。托利主义遭排挤，以及辉格家族把庇护权控制在一个狭窄的圈子内的能力，都没有维持太久。皮特至少带来了与旧政治决裂的希望。特别是在伦敦，因为他与这里的广大选民建立了深厚的关系。同样，作为一名战争领导者，他确实具有一种当时任何竞争对手不具备的、至关重要的品质；没有这种品质，战争就不可能继续下去，更不用说最终获胜了。这种品质就是政治上的勇气，以及与其相伴的自信（有时这种自信难以与轻率的傲慢相区别）。这种品质，可以给那些更有能力和谨慎的人提供敢于去战斗和赢得辉煌胜利的道德基础。正当老辉格党领袖纽卡斯尔和福克斯等人明显惊慌失措的时候，皮特对自己的领导力充满信心——这是左右战争方向的关键因素。如果政治桂冠归根结底要献给那些甘愿冒一切风险的人，那么从这个意义上讲，至少皮特配得上这份殊荣。

无论皮特成就的性质如何，这些年来他具有争议的活动恰好为随后发生的事件拉开了序幕。18世纪60年代政治性质的转变，将永远与新国王乔治三世以及他最不安分的臣民约翰·威尔克斯联系在一起。对国王而言，这些年是极其痛苦的。然而乔治三世所做的很多事情，都只不过是针对他祖父统治时期延续下来的各项趋势不得已而为之的。他所谓的废除旧的政党区别的革命决心，尤其是如此。随着威尔士亲王弗雷德里克和皮特成功地招纳托利党人进入政府，政党间的差异已经大为削弱。1760年的党派差异主要停留在口头上而不是实质内容上，不情愿和勉强忍耐已不复存在，取而代之的是老托利党因参与新政权而怀有的心照不宣的自豪感。在宫廷，他们受到热烈欢迎，并被授予恰当的职位、荣誉和贵族头衔。在各郡，他们重返治安官的职位——而在前十年他们没有做到；在中部各郡，治安官这个职位再一次像专门为乡绅设立的，其中许多是老保守党人甚至是老保皇派。令人敬畏的托利党获得了一个特殊的地位。当时的文坛巨匠约翰逊博士在政治上备受新政权的赏识，他在1762年从比特勋爵（Lord Bute）那里获得一份养老金。他的重新被接纳，并非没有讽刺意味。约翰逊在30年代写了一篇爱国檄文，猛烈抨击沃波尔在加勒比的亲西班牙政策，以及英国在那里的殖民野心。现在，新国王乔治三世提出对福克兰群岛的权力要求，并且对西班牙采取绥靖政策；在新政权下，约翰逊用同样铿锵有力且有说服力的文章捍卫乔治三世的政策，把福克兰群岛描述成"一片凄凉阴郁的孤岛，被人类视为无用之地，冬天风暴不断，夏天寸草不生"。在英国外交政策史上，这并不是福克兰群岛问题的终结。约翰逊个人所取得的成就的意义，在牛津大学的历史上得到了更为充分的认可。46年来，作为多愁善感的詹姆斯党人的家园和圣地，牛津大学一直被冷落在政坛的荒野，因为连续几代的辉格党教士垄断了大学里有名有利的职位。汉诺威王朝早期的英格兰教会教士们，通常是剑桥大学或牛津大学的几所小型辉格学院培养的。在新的统治时期，毫无疑问，牛津大学在情感上有回家的感觉。奇怪的是，即使在汉诺威王朝初期，牛津大学已经培养了不止一位首相。但佩勒姆几乎没有试图阻止他哥哥把教会的庇护权交给剑桥大学，而皮特曾一度屈尊利用自己的母校牛津大学的詹姆斯二世党协会。在乔治三世的统治下，牛津大学出了一位首相诺思勋爵（Lord North），他是牛津大学的名誉校长，也正好代表了保王党郡县的老托利党家族。

如果托利党重返宫廷并不令人惊讶，那么乔治三世的其他新举措也就不奇怪了。这一政权，曾怀着善意和崇高的理想。新的“爱国国王”可能会试图加强皇室特权——任何这样的想法都会被迅速粉碎。《王权继承法》（*The Demise of the Crown Act*）规定，法官不得像过去那样在君主死亡时辞职，从而消除了国王可能利用其合法权力扫除辉格党把持的司法机构的疑虑。与此同时，《王室经费法案》（*the Civil List Act*）规定把王室津贴严格控制在每年80万英镑；这与拨给乔治二世的津贴相同。但有一项重要的补充规定，即：皇室费用产生的任何盈余都归财政部而非国王。随着通货膨胀，这一规定使皇室应对宫廷开支上涨的能力严重不足；具有讽刺意味的是，国王以爱国主义的名义做出了最得不偿失的让步。这是莱斯特家族党在威尔斯亲王弗雷德里克统治下的真正遗产——这不是缔造仁慈君主的奇幻计划，而是为了进一步限制皇室的特权。

然而，与新政权的头等大事——和平相比，这些是微不足道的事情。两位老首相皮特和纽卡斯尔都辞去了职务：皮特于1761年辞职，因为乔治三世和比特拒绝听从他的主张将战争延伸到西班牙；纽卡斯尔因抗议和平条款而于第二年辞职。但是，现在回头来看，他们所坚持的大多数论点已无足轻重。如果不把战争期间获得的一部分利益归还波旁王朝，就无法实现和平。把主要的法属西印度群岛归还法国，以及在加拿大水域保留法国的捕鱼权——这些让步并不过分。在1762年的外交环境下，如果皮特和纽卡斯尔不想跟法国拼个鱼死网破，他们要做出的让步不可能比这些少。此外，那些年虽然取得了巨大成功，但是也付出了可怕的经济代价，到1761年这一情况引起了广泛的恐慌。反对继续战争的报道频繁见诸报端和宣传小册子上，在伊斯雷尔·摩迪特（Israel Mauduitt）的《德国战争思考》（*Considerations on the German War*）的引领下，反战呼声十分强烈。如果把战争进行到底，英国将以“破产”告终。此外，战争的标的物（获得腓特烈大帝的继续支持和一些额外的殖民地）的价值也存在疑虑。乔治三世和比特向西班牙求和，放弃了过多的利益，尤其体现在和平条款上。有可能他们认为，无论这场战争多么荣耀，并不是他们的战争，同时他们又急于求和。但在本质上，他们谋求和平的做法是谨慎合理的，并得到了绝大多数议会成员和公众舆论的支持。

在这种情况下，为什么新的政权如此具有争议性呢？或许主要是因为，新政府的掌权者在其无害的活动中夹杂着对旧政权的一定程度的个人恩怨，而这必然会产生麻烦。乔治三世的前私人教师比特勋爵被选中，来推行他的各项改革。比特是一位热爱知识的苏格兰贵族，但缺乏经验和技巧。为了让年轻的国王能够胜任君主的职责，比特给予的大部分指导都天真幼稚，而不够圆熟。当时没有反对自由和宪政的大阴谋，也没有推行新专制制度的任何意图。但毫无疑问，新国王和他的首相对在乔治二世统治时期独揽大权的人，怀着根深蒂固的憎恨；即使没有决心弃用他们，也会随时羞辱他们。“黑心”皮特在1757年被视为背叛了亲王的宫廷，公众对他的憎恨是显而易见的，所以皮特和比特在新形势下难以有什么合作。但皮特是一个妄自尊大之人，只有圣人才可能跟他长久合作。辉格党大家族是另一回事。他们的社会等级、影响力和继承的重要性将使他们成为危险的敌人。毫无疑问，他们以一种屈尊俯就的态度对待新国王。像卡文迪什这样的家族，很容易将自己视为拥立国王继位的有功之臣，汉诺威选帝侯至多是他们的首要“奖品”。纽卡斯尔在执政一生之后，期望他的建议被一位学究式的、软弱无能的苏格兰贵族所采纳，这是有情可原的；这位贵族以优美的体态和对植物学家的庇护而著称。简而言之，新政权有充分的理由谨慎行事，最重要的是，要确保新旧政权之间尽可能顺利过渡。这绝不是不可能的。辉格党“旧集团”很清楚，必须满足比特的要求。在没有自己的有号召力的领袖的情况下，他们中的大多数都满足于在新的管理体制下继续效力。一个典型的人物是诺思勋爵。他本人是纽卡斯尔公爵的堂兄弟，未来的首相；在新政权时期，他是乔治三世宫廷的被动追随者。即使是那些认为自己是新秩序的受害者的老朝臣，也不愿公开反对。哈德威克（Hardwicke）是辉格党人律师中的元老，也是佩勒姆体系的重臣之一；他也只是为他的朋友寻求个体面职位，并为他的家人谋求继续在宫廷里任职的机会。鉴于这种背景，比特和乔治三世把纽卡斯尔和他的朋友排挤出政府的做法，实在不是明智之举。当他们这样做，并坚持在1762年春天签订了和平条款时，英国政坛表面上一派祥和，但是他们实在是开启了现代英国政治中最持久的敌意之一。

如果新计划得以奏效，或许是值得付出一定的代价抛弃旧政治势力的。但是，比特年纪轻轻就担任要职，被强大的政敌围攻，于是就任一年就辞职了——其主要目的是以后座议员的身份指导事务，或者更确切地说（人们会不可避免地这么认为）从幕后来指导事物。因此，除了对抗老辉格派家族的愚蠢之外，他还极不明智地采用阴谋诡计和施压等手段，更激发了他们的敌对情绪。这股反对力量和比特模棱两可的行为，成了20多年的政治模式。从短期来看，18世纪60年代首相走马灯似的频繁更换，是一个噩梦般的循环。因为乔治三世一直在寻找一位私下里与他意气相投的并且能够主持议会的首相。在这个过程中，先后试用了罗金厄姆勋爵（Lord Rockingham）、皮特和格拉夫顿公爵（duke of Grafton）等辉格党人。但是觉得他们还是不够令人满意，直到1770年诺思勋爵的出现——他才是能够继承沃波尔和佩勒姆衣钵的人。经历了这些曲曲折折、派系分明的政治纷争，比特无足轻重但又具有破坏性地玩弄权术，猜忌辉格党家族，以及持续不正当地利用自己的权势，这些都留下了负面的政治遗产。当埃德蒙·伯克（Edmund Burke）发表了《关于当前不满的原因之思考》（*Thoughts on the Cause of the Present Discontents*，1770年），对当时的政治思想进行全面而经典的分析时，正是前述的这些不良影响，是他对新宫廷及其制度进行系统性抨击的基础。这篇“思考”作为辉格党的权威性文件进入历史，随后许多代人都把它视作记录乔治三世的错误行为的有力证据。

18世纪60年代还存在其他一触即发的因素。继战争之后，接踵而来的是严重的经济衰退——这清楚地表明了工业时代财富分配的不均衡。这一时期发生了一系列暴力性的劳资纠纷，在曼彻斯特和纽卡斯尔等城市中心引发了广泛的骚乱，并有可能演化成政治动乱。即使在农村，出现了多年的庄稼歉收、价格上涨以及物资严重匮乏。在这种氛围中，约翰·威尔克斯的活动得到了广泛的支持。威尔克斯在历史上被称为“一位和蔼可亲的无赖”，在某种程度上，这一名声掩盖了他在政治上的精明和足智多谋。时势和机会主义造就了威尔克斯。他所利用的民众的不满，在十年前几乎不会产生什么影响。通用逮捕令允许任意逮捕政治犯，这是汉诺威政府的惯用做法；当威尔克斯的新闻活动促使乔治三世的大臣们动用这种逮捕令时，引起了巨大争议。例如，皮特和纽卡斯尔在他们的时代使用了这种逮捕令；但是随后这种手段被用来对付被排斥的托利党而不是吵吵嚷嚷的辉格党人——借口是他代表了詹姆斯二世党人的威胁。同样地，在1768年，威尔克斯代表米德尔塞克斯郡准备参加议会，但发现自己被剥夺了下议院的席位——这种情况有不少先例，而且他被排除在外也有充分的法律依据。但米德尔塞克斯的选举人气很旺，与首都的狂热政治密切相关；米德尔塞克斯的选民可不能被视为一个腐朽的选区的一小撮选民。三年后，威尔克斯和他的朋友们抨击下议院不允许公开报道议会辩论——他们攻击的是这个立法机构古老且谨慎守卫的特权。但是，在新潮流下，守卫这一特权是不切实际的。拥护威尔克斯的激进分子通常是小商人、手工业者和工匠。他们代表了“中下阶层”中最核心、最直言不讳、最有力量的部分。当他们把不满带到乡村时，他们不仅得到了对选民权利受到威胁感到担忧的地方绅士的支持，而且还得到了全国各地城镇“中下阶层”的支持。虽然中产阶级是竞选活动的关键因素，但是他们没有统一的政治立场，抗议不一定是他们首选的政治手段。但他们参加威尔克斯组织的运动并在其中所扮演的角色，无可置疑地表明了他们在乔治三世统治时期是一股新生力量。然而，这种重要性中只有一部分是他们努力的结果。在汉诺威王朝初期的政治游戏规则不再适用，无论曾经有过多少成功的先例；觉得这些规则曾对他们有利的那些人，现在认为还是放弃它们更好。老辉格党人极力使宫廷的新思潮合法化，准备使用任何武器报复乔治三世。如果没有统治阶级中德高望重的人物的合作，威尔克斯所煽动的民众动乱，也终究不会产生重大效果。

叛乱与改革

一个新政权建立之初，其政治活动往往千姿百态备受关注。然而某种程度上说，这一时期最引人注目的变化涉及英国在海外的地位，尤其是七国战争之后必然形成的新的帝国意识。英国在北美的有效霸权尤其令英国人陶醉。18世纪60年代初期，帝国公务员和部长们为大西洋彼岸的殖民地设计了一个崭新的美好未来，他们沉浸在短暂的无拘无束的设想和规划中：魁北克省将提供取之不尽的鱼和毛皮；随着欧洲人定居于加拿大和佛罗里达州，美洲殖民地将为英国制造业提供了一个可靠的广阔市场，并源源不断地供应着基本的工业原材料，甚至为财政部提供新的收入来源——这对债务缠身的母国来说，前景诱人。西印度群岛被牢固地纳入一个受到有效监管的重商主义体系中，该地区蓬勃发展的奴隶贸易带来了巨额利润，还稳定供应热带产品；并为贸易入侵西班牙帝国奠定坚实的基础。在东方，出现了更加令人充满遐想、更令人兴奋的前景。在克莱武（Clive）于1757年在普拉西（Plassey）战胜法国之后，英国成为印度次大陆上占主导地位的欧洲大国。从技术上讲，英国并没有在东印度群岛驻军。但实际上从这个时候起，英国东印度公司就不可避免地参与了有效的殖民化。1765年，克莱武代表公司正式接受孟加拉的迪瓦尼（土地税），从而对该地区直接进行政治控制而不仅是从事商业活动。此举虽然发生在普拉西战役之后，但是具有同样的里程碑意义。这些事件改变了英国人对印度的看法。新殖民地充满异国情调，并且展现了以前未被重视的文化——这些对新帝国的影响力格外强大。这一影响力较早地体现在弗朗西斯·海曼（Francis Hayman）给克莱武绘制的巨幅肖像里。画中克莱武接受殖民地本土王子的臣服，该画于1765年被立在上流社会人士出入的拉内拉赫（Ranelagh）剧院。亚洲奇珍异品的进口急剧增多，并且第一次引发了对印度社会的真正兴趣。东方新领地的其他方面并不那么高雅，影响也较小。在1768年的大选中，新闻突出地报道了一些曾经在东印度公司效力过的参选人。据称，他们利用自己的不义之财，买通进入议会的道路，“在印度大发横财之人”来了。他们的影响和罪恶行径都被夸大了。此外，在本质上，他们与西印度群岛的种植园主和“土耳其商人”“富人”以及其他人没什么不同；他们非传统的收入招致“收入单一的”古老家族的敌意。但他们的出现会引起强烈的好奇，并最终引起担忧。克莱武本人就是贪婪的“在印度大发横财之人”的化身。在东印度公司供职期间，他不知廉耻、不择手段地敛取个人财富，是整个阶层的典型代表——他们将帝国视为快速致富的手段，甚至不惜采用犯罪手段。诱惑似乎不仅来自印度。在征收迪瓦尼之后，人们疯狂投机东印度公司的股票，导致公司出现多次财务危机；同时，政府也越来越关注公司的活动——这些都将东印度政治错综复杂且腐败频仍的特征暴露在众目睽睽之下。

在美洲没有出现英国人暴富后返回英国本土的问题。但帝国在美洲的扩张和维持殖民地所造成的经济和政治问题，甚至比在东方的扩张带来的问题还要大，其影响也更加广泛。英国大臣们非常清楚地看到了大西洋彼岸的臣民的潜在价值，但他们并没有意识到：面对来自伦敦的干预，这13个殖民地已经形成了高度独立的态度。他们也没有看清大约250万遥远、富有和足智多谋的移民阻碍和抵抗帝国政权的能力。其结果是，英美关系在十年内出现了周期性的危机。从1765年颁布的《印花税法》（*Stamp Act*）开始，该法案引发美洲居民发出“没有代表权就不纳税”的呼声，最终在1775年爆发了叛乱和战争。从英国的角度来看，即使在两个世纪之后，也很难确定争议的焦点是什么。到1775年，战后大臣们的大部分目标都被公开或默认地放弃了。到1775年，即使是最乐观的人也不会想到，美洲会成为罗金厄姆勋爵所说的“聚宝盆”。用武力镇压殖民地的成本必然会很高昂，而且其最终后果也不可预测。英国在欧洲的敌人显然会把美国独立战争看作是一个调整势力均衡的机会——在七年战争中这些欧洲国家曾处于劣势。此外，还有人质疑战争的理由，不认为这是重商主义原则的必然结果。与《独立宣言》同一年发表的亚当·斯密的《国富论》（顺便说一句，与爱德华·吉本对罗马帝国的悲观考查的第一卷同时出版），系统地推翻了帝国发展所依赖的经济理论。然而，除了少数例外，特别是伦敦的激进政客和一些非国教信徒，大多数英国人坚决支持对美洲的战争。战争的核心原则是捍卫议会无限的权威——在这一原则盛行的伟大时代，此举自然很重要。威廉·布莱克斯通（William Blackstone）于1765年发表的著名的《英国法律评论》（*Commentaries on the Laws of England*）毫不含糊地宣布了“议会至上”的无限法律权威；与美洲的冲突清晰地体现了这一点。此外，回头来看，似乎具有吸引力的经济论点在刚被提出时，几乎没有什么影响力。对大多数英国人来说，唯一认可的帝国概念是旧的重商主义帝国。拒绝接受议会至高无上的权威的殖民地，不仅毫无价值，而且是极其危险的。一些人认为：一个失控的帝国比没有帝国更糟糕；更有想象力的人几乎没能说服人们放弃这种观点。这里，如果有的话，存在着历史和文化的冲突。美洲居民内心里捍卫的，是17世纪英国人的权利。对他们来说，抵制印花税与汉普顿反对征收造船税的斗争一样；凌驾于地方议会和地方权力的国家权力是不可想象的。另一方面，英国人正在利用18世纪的武器——即议会的最高权威，这是18世纪最珍视的教义之一，也是在重商主义制度中不可分割的、无限的宗主权。这样，只有武力才能决定结果。

不久，战争的胜利天平偏向了新成立的美国。在此期间，这场战争对英国来说是一场灾难，比1665年第二次荷兰战争以来的任何情形都要糟糕得多。那场战争从一场殖民地叛乱演变成对波旁王朝君主制的全面战争，并最终导致与荷兰人的敌对行动，以及与其他大国的“武装中立”状态。1782至1783年的和平谈判挽回了一部分损失。虽然13个殖民地无可挽回地失去了，但是海军上将罗德尼（Rodney）于1782年在“桑特群岛”的海战中取得了辉煌的胜利，保住了英属西印度群岛，最重要的是挽救了乔治三世的面子，没有在他手里丢掉克伦威尔在一个世纪前获得的非常珍贵的牙买加这片宝岛。在地中海，英国挫败了西班牙重新占领直布罗陀的企图。在印度，沃伦·黑斯廷斯（Warren Hastings）击退了法国的报仇和印度王侯的反叛，拼死保卫了克莱武取得的领地。当时的英国人觉得，美国的独立是必须吞下的苦果；但13个殖民地以外的大部分帝国殖民地都保持完好，至少避免了在战争最黑暗的日子里所担心的彻底耻辱。

美洲战争对英国国内的影响，比海外的后果更重大。一场世界大战，给英国这样的新兴工业社会造成了巨大经济问题，伴随战争的贸易禁运极大地冲击了贸易活动。在随后的经济衰退中，股票市场和土地价值都暴跌至多年未见的、令人担忧的低水平。前所未有的高税收和国债的快速增长加剧了金融危机，并造成了严重的经济问题。于是人们对政府、议会和整套政治制度提出了根本质疑。在随之而来的混乱中，相对保守的势力，尤其是乡绅，参与了对宪政的公开抨击，并于1779至1780年发动了“协会运动”。各协会在各郡、首都和地方城市得到了广泛的支持，它们对改革的要求超过了所有激进派——但威尔克斯运动中的激进分子除外。约克郡神职人员和乡绅克里斯托弗·维威尔（Christopher Wyvill）差一点成为这场运动的全国领袖，而他本人并不是一位激进分子。然而，他要求消除有权选民太少的有名无实的选举区、扩大选举权以及推出无记名投票方式——这些要求无不具有前瞻性。此外，“协会运动”还传递了一种信息，或约翰·杰布和卡特赖特少校等来自大城市的鼓动者所扬言的明确建议，即：议会如果抵制改革，应该由各县郡代表取代它。当时人们对这种新现象的担心不是没有道理的。然而回头来看，协会运动的冲击力和规模，的确让人心惊。可以说，这一次比在随后的50年中任何时候都更接近实现改革，并且在1780年的运动巅峰时期，取得了非同寻常的全国共识。此刻，尽管面临政府内外既得利益集团的压力，下议院依旧通过了一项决议，宣布

“王权的影响已经增加，并还在不断加强，但应当予以削弱”。随后的近五年里，爆发了激烈的政治争议和持续的思想冲突。

那么，为什么“协会运动”未能履行其承诺呢？1782年，当诺思勋爵让位于辉格党统治的短暂时期，伯克和他的幕僚们对议会进行了一些改革，取消了一些臭名昭著的闲职，并对皇家财政进行了更为严格的审查。但议会改革有名无实。即使小皮特在1784年获得了最高权力，并且改革实际上也是由得到首相权威的财政部的长官提出的，但没有得到议会多数议员的支持。在很大程度上，这与“协会运动”诞生的环境有关。对彻底改革的真正热情是有限的，并且通常局限于中产阶级和城市居民。改革的呼声有时会产生不成比例的巨大噪声，但即使在城市资产阶级中得到的真正支持也极其有限。协会运动源于一场国家危机，在此期间，任何对现有政治的系统性批评都将具有号召力。改革者对宫廷体制的浪费和低效率的强烈抗议，似乎特别合情合理。30年后，因为同样的原因产生了同样的现象；当时，与拿破仑的战争开支巨大，并引发了经济危机，激发了相关的抗议。但这些条件没有持续太久，大多数改革的兴趣都随之消失。到了18世纪80年代中期，由于小皮特的政策开始发挥作用，商业逐渐复苏，财政状况明显改善。经济繁荣比任何辩论都更有效地打消了改革的动力。

另一个需要考虑的因素是，人们普遍越来越担忧极端分子所采取的措施。改革运动的狂热分子不仅挑战了宫廷的腐败政治，而且挑战了支撑这一体制的宪政框架，甚至是有产阶级本身。在改革运动初期的著作中，已经可以看到后来“人权”派的影子。按照后来的标准，像理查德·普莱斯（Richard Price）和约瑟夫·普里斯特利（Joseph Priestley）这样的人，算是温和的。但他们正在挑战当时一些最根深蒂固的观念和普遍的想法，因此打破他们与偏僻地方的绅士和地方商人的联盟，不费吹灰之力。在这种情况下，戈登骚乱尤其具有破坏性。改革派与戈登骚乱者之间没有直接联系。骚乱者在1780年春天控制伦敦将近一个星期，在这期间烧杀抢掠，无恶不作。他们的所作所为是无耻的宗教偏执，他们的目的是废除自1778年在政府和反对派的支持下通过的、对罗马天主教徒的宽松措施。与1754年的《犹太法案》一样，很明显，立法机关很容易与民众的情感脱节。反教皇的领袖乔治·戈登勋爵称他的运动为“新教徒协会运动”。对于受到惊吓的有产阶级来说，很容易将骚乱者与更受尊敬的协会会员的政治活动联系起来。在接下来的几年里，在英格兰如此显著的保守主义，其渊源可以追溯到这个时期。

| 第八章 |

革命与法治

（1789—1851）

克里斯托弗·哈维（Christopher Harvie）

对革命的思考

1881年，年轻的牛津大学历史学家阿诺德·汤因比（Arnold Toynbee）发表了《关于工业革命的系列讲稿》（*Lectures on the Industrial Revolution*），把这一时期跟“玫瑰战争”视为英国历史上一个独特的“时期”。人们很容易认为这是一个“两个重要的革命的时代”（法国的政治大革命和英国的工业革命），但这种提法也具有一定的误导性。虽然攻占巴士底狱是显而易见的“事实”，可工业化的影响是渐进的、相对的。这场革命，只是当我们回顾历史的时候才突显出来，“革命”的概念，对英国人来说没有什么意义——英国人对这个词感到不寒而栗——而对那些近距离接触革命的欧洲人来说，意义更大。事实上，是一位法国人第一个使用这个概念——法国经济学家阿道夫·布朗基（Adolphe Blanqui）于1827年首次使用了“革命”这个比喻，而卡尔·马克思（Karl Marx）在1848年之后让

“革命”这一概念在欧洲流传开来。这使得历史学家的任务变得棘手，因为需要平衡历史事件的现实意义和当时的意义。前者引导我们去关注工业变革，即在不起眼的工厂里开发的新工艺；后者让我们了解：在工业时代之前，削弱统治阶级势力的过程是多么缓慢，而在科学时代，宗教势力是多么顽固。大约在1830年左右，人们才意识到了实质性和永久性的工业变革；又过了20年，中产阶级才开始相信：工业革命使生活变得更加美好。对于这些变革，难道没有确切的记载吗？从理论上讲，有。但是，“事实至上”的时代是如此变化莫测且过于强调个人的作用，以至于记录和评估事实变得很不容易。直到1801年，英国才有官方人口普查——在那之前，关于英国人口是在增长还是在萎缩，存在着极大的争议。虽然这次人口普查随后发展成为一个更加复杂的、涵盖职业和住房条件的社会分析工具，但这是一个渐进的过程；在1791年至19世纪60年代之间，由地形测量局分阶段进行的全国性系统测绘，同样是一个渐进的过程。“自由放任”的意识形态和政府采取的紧缩政策，对数据的统计汇编产生了不利影响，因为受到监管或被征税的商品或企业减少了。（相比之下，大陆的集权国家在积极收集它们的小型工业企业的数据。）因此，在英国，围绕一些基本问题，特别是关于工业化是否对民众有益，仍然存在争议。此时，现代政治隐约出现了。汤因比的同时代人同意卡尔·马克思的观点，即到1848年，资本主义工业化未能改善工人阶级的生存状况。1917年以后，苏俄似乎展示了一种可行的替代方案——“有计划的工业化”。但是，这种模式很快暴露了其代价，那就是牺牲人们的生活和自由。关注“发展中世界”的自由派经济学家重申，要通过自由市场运作实现工业化。他们认为，虽然英国资本主义在短期内仍要面临投资资源短缺的难题，但他们实际上做到了既刺激了投资也提高了人们的生活水平。对“工业化是否对人民群众有益”这一问题的激烈争论，尚无定论。考虑到英国经济发展对爱尔兰、印度和美国南部各州的直接（远非幸运）影响，这一争论的结果也会受到地域的影响。

如果说统计的数据和背景存在问题，那么意识层面也同样存在问题。“工业化”这个概念，到了19世纪20年代才出现。无论统治阶层信奉什么经济学说，作为地方行政官和土地所有者，他们的信条是：稳定性，他们的价值观仍然是工业化之前的。但到1829年，工业化的趋势突然变得毋庸置疑。在简·奥斯汀的最后一部小说问世之后仅仅11年，在《爱丁堡评论》（*Edinburgh Review*）中，一个刺耳的新声描绘了“这个时代的标志”：我们移除高山，变海洋为通途；没有什么可以阻挡我们。我们向蛮荒的大自然宣战；发动强大的引擎，总是胜利归来，载满了战利品。

托马斯·卡莱尔（Thomas Carlyle）生动地、充满感情地概括了一幕幕当时的景象：沃尔特·司各特（Walter Scott）爵士在威佛利系列小说（Waverley Novels）中描述的、从英雄政治到经济政治的转变，罗伯特·欧文（Robert Owen）的位于新拉纳克（New Lanark）的规划有序的工厂社区，绝望的手摇织布工的空想政治，欧洲到访者的恐慌和惊讶等。仅仅几个月后，卡莱尔的话在乔治·斯蒂芬森（George Stephenson）的“火箭号”机车上变成了铁一般的事实。但是，我们能从这些意象中获得一系列与我们及那个时代本身相关的概念吗？这个时代的先驱、探索者乔治·马尔科姆·扬（George Malcolm Young）在自己的作品《时代肖像》（*The Portrait of an Age*，1936年）中，描写了各个角色“受到福音派教规的无法估量的压力的控制，以及受到他们所普遍信仰的进步观念的激励”。但扬撰写的历史（“重要人物的谈话”）是精英们的历史，忽视了民众（矿工和工厂工人、爱尔兰农场雇工和伦敦街头的流浪汉），或者仅将他们视为“麻烦”。托尔斯泰的《战争与和平》是犀利的，他认为：伟大的运动源自数百万普通民众个体所做出的决定；而扬的作品中缺乏这样的洞察力。与托尔斯泰笔下的法国和俄罗斯士兵处于同一时代的英国人，很少会同意“重要人物”的观点：据我们所知，只有少数人走进过教堂；而且从他们所写的和阅读的内容来看，他们对进步几乎没有足够的信心。

然而，无论那些遭受“后人居高临下的评判”的人的行动自由受到多大的限制，他们的抉择仍至关重要，我们必须倾听他们的观点。创造“后人居高临下的评判”这一短语的爱·帕·汤普森（E. P. Thompson）认为，确实存在一种持续的解释框架：法律。无论司法的过程中存在多大的偏颇（在18世纪，这是司空见惯的残酷现实），“法治”仍被视为整个社会的共同财富。在工业革命之后，这一主张仍然有效。1832年，年轻的国会议员托马斯·巴宾顿·麦考利（Thomas Babington Macaulay）主张政治改革，以保护法治免受任意权力的侵害：“被法律压垮的人，除了诉诸强力之外没有其他希望。如果法律视他们为敌人，那么他们将成为法律的敌人……”把新的群体纳入法律的保护，这些人将会遵循国家制度。这种理念中和了工业变革的“革命性”后果，也打消了人们以“革命”中建立新政治制度的企图。

此外，法律的演变为其他社会和政治变革树立了一个典范。在1859年牛津大学的一次演讲中，经济学被选为“最美最妙的上帝的自然法则”——当然法理学或地质学也曾在考虑之列。个人道德、技术创新以及英国人所追求的理想——所有这些，汇成了进步与法治并举的强大洪流。

在所有阶级中，旧的道德问题（贿赂和无信仰、饮酒、嫖娼和赌博等），即使不被认定为反社会，也逐渐被视为过时的。除了“必不可少的宗教”，还有从苏格兰或法国传播过来的理性主义启蒙思想，以及更便宜的消费品——这些都表明：人的生命可以更长，生活可以过得更精致。塞缪尔·佩皮斯（Samuel Pepys）把海军部里他下属的妻子视作合法的“额外福利”；而同样好色的詹姆斯·鲍斯韦尔（James Boswell）却因为他的妻子和家庭而感到痛苦。糜烂的生活预示着需要催生出新的道德规范：无论是由腐败或奴隶制的罪恶、无产阶级的骚乱或法国人所催生，还是由上帝的愤怒［威廉·布莱克（William Blake）在他的作品中对此进行了戏剧性的描绘］所催生。

现实就是证据。现状得到提升了吗？改善了吗？英国旅行者在1839

年惊恐地发现，匈牙利人在自己的航道上没有帆船，而他们的穆斯林邻居在多瑙河上有三角帆船，无论这是出于什么原因——或许是出于保护桨手和骑手的利益，或许是出于保障匈牙利贵族自由出行的权利，又或许是出于对土耳其的一切东西的厌恶——面对这种现象，英国人的典型反应是，“邪恶的利益集团”在阻碍改革和进步。虽然“进步”和法治都不是必然的进程，但仍需要为之抗争，与内部和外部的敌人进行斗争——国内的“旧腐败”和新的不满情绪，以及国外强大的竞争对手。进步意味着道德成长，而不是对经济或政治操纵一切。例如，克雷克夫人（Mrs Craik）的小说《约翰·哈利法克斯绅士》（*John Halifax*，*Gentleman*，1857年）的主人公就表达了这样的价值观：

> 只要是他能做的事，在完成之前，他不会中途将其搁置；他的各项事务都安排得井井有条，每天的工作都在当天完成。作为地方法官和土地所有者，无论是面对每天冒出来的无数细小的事情，还是他所感兴趣的时事，他都会以同样的方式一丝不苟地对待。无论处理外界的事物，还是处理身边的事物，他似乎都决定“趁白天工作”。如果他能做到，他一定尽心尽力，恪尽职守，确保所有的善得到认可，所有的恶得到补救，或者至少得到宽恕。

虽然法治是一种属于英格兰的传统，但其作为“高效”政府的意识形态，在某种程度上是在不列颠的内部边界地区被创造的。为了使他们的国家摆脱落后状态，苏格兰人曾将其独特的法律制度作为巩固土地资本、建立和管理“公民社会”的工具。在爱丁堡，亚当·斯密、威廉·罗伯逊、亚当·弗格森和大卫·休谟将经济学、历史学、社会学和哲学与法学结合起来，从而实现了苏格兰启蒙运动的伟大成就。帕特里克·科洪（Patrick Colquhoun）、詹姆斯·穆勒（James Mill）和《爱丁堡评论》的撰稿人等人物，把这一启蒙运动的价值观传播到了南方。与苏格兰相比，爱尔兰的贡献则完全不同。乔纳森·斯威夫特（Jonathan Swift）曾写道："法律假定在爱尔兰没有天主教徒呼吸的空间。"新教徒的法律，根据它的定义，必然是强制性的。因此，爱尔兰于1814年创建了不列颠的第一支由国家组织的警察部队，也就不足为奇了。

虽然一系列法律改革有助于推动在1799年废除压迫苏格兰煤矿工人和制盐工人的农奴制，以及在1807年停止了大英帝国的奴隶贸易，但是苏格兰和英格兰的佃农并没有因为法律"改善"了农村的状况而受益。法律比以往任何时候都更像是保护财产的工具：当英国面对来自欧洲的攻击威胁时，法律的这个功能使一个松散的社会的地方统治阶层团结一心。1745年，部落首领和领主曾聚集在受法国支持的查理·爱德华（Charles Edward）的周围；而此时这些人成了土地所有者，他们与革命者没有共同的事业。对他们来说，雅各宾党与詹姆斯二世党一样，都是异己。但随后使用法律来加强民族团结和保障经济变革的做法，将面临最严峻的考验。

工业发展

一位生活在1815年的老人或许会记得，1745年詹姆斯二世党人在曼彻斯特的游行，引发了伦敦的恐慌。这位老人必然会对一个重要的国际变化感到震惊，即：英国和法国的地位发生了逆转。这不仅是因为英国与法国进行了20多年的战争，并最终取得滑铁卢之役的胜利，更是因为英国工业持续发展，并占领了许多重要的贸易市场。英国的封锁摧毁了法国大海港的经济——波尔多的街道上杂草丛生；而同一时期的英国，占据了世界总贸易额的20%，以及约50%的世界工业品贸易。

工业发展并没有遵循预定的、可预测的成功途径。这是一个渐进的、随机的过程。亚当·斯密曾对工业充满疑虑；即使到了19世纪20年代，经济学家仍在怀疑技术能否普遍改善人们的生活水平。在采用格列高利·金（Gregory King）预算法的一个世纪里，英国的经济有了长足发展。1688年，采矿业、制造业和建筑业占英格兰和威尔士国民总收入的1/5。（如果全英国的数字，占比会更小，因为包括了经济落后的苏格兰和爱尔兰。）到了1800年，英国“制造业”的产值约占国民收入的25%，而贸易和运输业占23%。然而，这种增长并没有超越法国的产能。真正让英国脱颖而出的是质变，尤其是在营销、技术和政府干预的模式上的质变，以及1800年占国民产值33%的资本主义农业。法国的革命运动，虽然提高了农民权利却阻碍了法国农业的发展；但在英国，封建的土地所有权变成了更有效的资产形式，同时也成为开发商业产品的关键。

1745年，法国的人口为2100万，是英国的两倍。由于皇室的庇护和国家控制，法国的经济不仅工业产量巨大，而且具有技术创新性，增长速度不亚于英国。但英国的技术发展是由新需求驱动的；而在法国，技术的发展不仅受到政府干预的抑制，还因传统资源丰富而缺乏动力。法国仍然有充足的木材来生产木炭，而英国制铁工厂不得不选用煤炭作为燃料。法国庞大的羊毛产业依赖小农农业；而在英国，圈地运动和不断增长的农业效率限制了此类家庭产业，并鼓励投资兴建需要水、蒸汽动力或可以系统化生产的大型工业厂房。最重要的是，英国在18世纪70年代已经赢得了贸易战，将法国赶出了西班牙的属地、印度和加拿大。英国虽然失去了北美殖民地，但是棉花贸易的兴盛很快弥补了这一损失。

1801年，第一次官方人口普查结果显示：英格兰有830万人，苏格兰有163万人，威尔士有58.7万人，爱尔兰有522万人。围绕人口问题的争论有了定论：自1750年以来，英国人口大约增长了25%，增幅高出欧洲平均水准50%。但关于人口增长的原因的争论，仍在继续。1750年之前的一段时间内，人口死亡率出现下降趋势（由于食物供应更充足和卫生条件的改善，以及流行病致死率的下降）；随着更多的幸存儿童进入生育年龄，1750年后出生率开始上升。

在英国，制造业活动的增加和家庭农场的消失，使儿童成为宝贵的收入来源。农业作家亚瑟·扬（Arthur Young）劝告道："去吧，我的孩子们，去生孩子，他们比以往任何时候都更有价值。"在爱尔兰，人口增长取决于两个不同的因素：一是地主希望获得更高的租金，二是爱尔兰人从18世纪20年代开始种植马铃薯。马铃薯将一片土地的粮食产量提高了三倍；而地主意识到，新增农场上的人口增加，意味着每英亩土地将收获大约土地租金三倍的收益。因此，在1780年至1831年的50年间，人口翻了一番。

人口数量（单位：百万）				
	1780年（估计数）	1801年	1831年	1851年
英格兰	7.1	8.3	13.1	16.92
威尔士	0.43	0.59	0.91	1.06
苏格兰	1.4	1.63	2.37	2.9
爱尔兰	4.05	5.22	7.77	6.51
全英国	12.98	15.74	24.19	27.39
英格兰占比	54.7%	52.7%	54.2%	61.8%

最近的一项数据表明，在19世纪早期，英国农业的生产率是法国的2.5倍，而法国农业的生产效率已经比欧洲其他国家高得多。结果是，英国的人口在不断增长的同时，也正在从乡村向城镇迁徙，而城乡居民都能吃饱饭。1801年，大约30%的不列颠本岛人居住在城镇，21%的人口居住在人口超过1万的城镇，这一比例远高于任何北欧国家。然而，不到1/4的城镇人口居住在工业城镇。居住在工业城镇的人口比生活在海港、造船厂城镇和地区中心的人少。伦敦已经是一个无人能及的大都市了，拥有大约110万人口，占英国全部城市人口的1/3还多。

除此之外，人口分布仍然相当均匀。各郡的绝对人口仍然在增长。"凯尔特人的边缘地带"的人口，仍然占爱尔兰全境的近一半（45%）：

在大城镇中，都柏林（16.5万）和爱丁堡（8.3万）仍紧随伦敦之后；科克（Cork）和利默里克（Limerick）比大多数制造业城镇都要大。这些区域中心的复杂的组织结构，一方面反映了当地绅士、神职人员、农民和专业人士所起到的主要作用，另一方面也是数十年来贸易增长的结果。

贸易超过了工业，成为英国经济的主体。欧洲大陆的城镇，一直受到严格控制（或者说最近才有所松动），其贸易受到限制，复杂的税制也抑制了发展商贸的积极性。中世纪德国小城市的城门天黑前就关闭——此举是为了防止“外国人”进入他们的市场。但相比之下，在英国，内部商贸活动几乎没有任何障碍，且“重商主义”的政府积极鼓励“通过外贸”获取财富。18世纪发生了重大变化。英吉利海峡上似乎战事不断；同时，以马恩岛为据点的大规模走私很有吸引力，这使得商业路线向北移动。利物浦靠粮食和奴隶贸易，后来靠棉花贸易崛起；格拉斯哥靠烟草和亚麻贸易，随后靠棉花贸易和工程技术而发达。然而随着这些城市通往内地的高效交通路线的开辟，以及内地制造业的长足发展，它们作为贸易转口港的功能逐渐被取代。

贸易和商品流通，为工业化提供了核心推动力。没有哪个欧洲国家能像英国这样，有30%的人口居住在城镇，并且他们都有饭吃，有衣穿，有供暖设施。也没有哪个欧洲国家能像英国这样，控制着如此庞大的海外市场。英国商人通过一些机制，可以处理所有这些事情——法律即使不鼓励但也不会阻止建立这些机制——这些机制提供了一个框架，在这个框架中，生产率的提高可以转化为利润、信贷和进一步的投资。在国内，一个不断扩大的“体面阶层”为服装、餐具、建筑材料、瓷器行业创造了大量的市场需求——这种“内部”需求，在1750至1800年间增长了大约42%。但在同一时期，出口行业的增长超过了200%；其中大部分增长出现在1780年之后的几年里。

除农业外，在出口贸易中占重要地位的还有其他三个主要产业——煤炭、铁和纺织。前两者为未来的发展提供了大量固定设备、基础设施和多种选择。但是，到1750年，纺织品占了出口总值的50%以上；到1800年甚至超过了60%。1750年棉花出口无足轻重，而1810年这一比例上升到39%，占主导地位。煤炭产量在1750至1800年间翻了一番，因为蒸汽泵的使用使得更深、更广的煤层得以被开采，且马匹拉动的铁轨车可以把煤运到更远的水运码头。由于战争需求的推动，冶炼过程中使用煤代替木炭，以及在18世纪80年代“搅炼法”和“滚轧法”工艺的改善，铁产量在1788至1806年间增长了200%。但纺织品才是实现工业化腾飞的中坚力量。

羊毛一直是英格兰的特色产品，虽然在欧洲大陆占主导地位的亚麻制品在爱尔兰和苏格兰政府的支持下也正在不断扩张。棉织品的增长主要是因为采用了机器化生产，以及美国南部奴隶制所带来的原材料供应的快速增长。新机器还很简陋，但棉织品需求量的上升，意味着纺织工人抵制引入机器的问题得到了化解。在18世纪30年代，当约翰·凯（John Kay）打算推出他发明的飞梭织机（能使一个织布工的产量增加一倍）时，机器被捣毁了；但到了70年代，詹姆斯·哈格里夫斯（James Hargreaves）发明的手动珍妮纺纱机（一种多轴纺纱机）、理查德·阿克赖特（Richard Arkwright）的水力细纱机，以及约翰·凯的机器都被重新启用。阿克赖特发明的水力细纱机，以及它所需的大工厂，从德比郡山谷蔓延到兰开夏郡和苏格兰。在竞争导致棉织品价格下降（1784至1832年间价格下降了2/3）之前，这些工厂可以赚取巨额财富。阿克赖特精明地利用了他的专利权，这给他带来了20万英镑的财富和准男爵爵位。未来保守党首相之父罗伯特·皮尔爵士（Sir Robert Peel），起初只是个印花布的印染工人；后来发迹，他手下有15 000名员工。罗伯特·欧文估算，在1799年到1829年之间，他的新拉纳克工厂支付的5%股息，给他和他的合伙人带来了30万英镑的利润。在大约20年的时间里，使用手织机的织工日子过得也很不错。但是随着动力纺织机的引进，爱尔兰移民拥入了劳动力市场；在1815年之后，退役军人也加入了劳动大军，这些使织工的处境成为这个时代最惨的悲剧之一。

棉纺技术被推广到其他纺织业——迅速推广到约克郡的精纺毛料业，并缓慢推广到亚麻和羊毛业。同时，棉纺技术也促进了工程技术和金属结构建筑物的发展。要驱动数千个（纺织机的）锭子，必须建造强大而可靠的机械装置，因为纺织工厂（相当于易燃的引火盒）必须使用金属的柱子和托梁，才能防火。1770年，阿克赖特雇用水磨匠和钟表匠在克罗姆福德（Cromford）安装了他的木制机械。但是，随着功率高达150马力的水轮、复杂的走锭细纱机（一种结合珍妮纺纱机和精纺机特点的纺织机，能纺非常细的纱）和蒸汽动力的使用，工厂设计和机器制造很快成为专业化的工作。

詹姆斯·瓦特（James Watt）的分离式冷凝蒸汽机和曲杆齿轮联动蒸汽机，分别于1774年和1781年获得了专利。到了1800年，棉纺厂成了蒸汽机的主要用户，因为蒸汽机为走锭细纱机提供了可靠和持续的动力。反过来，蒸汽机所需的日益复杂的技术，既促进了其自身的进一步应用——1804年被应用于机车，1812年被应用于船运——同时还促进了机床工业的发展，特别是亨利·莫兹利（Henry Maudslay）发明的螺纹切削车床。这种车床（及其相关发明——千分尺）使零件的绝对精确加工成为可能。从此以后，机器可以自我复制，并且其构造也越来越复杂。18世纪合格钟表匠的标准，不再是高端的技能，而是机械工程中普通的技能。

交通基础设施的建设，也为土木工程的黄金时代创造了条件，因为像布林德利（Brindley）、斯梅顿（Smeaton）、特尔福德（Telford）和雷尼（Rennie）这样的工程师，都在尽可能高效地利用水运和马力。在蒸汽机发展的同时，风力开发技术也在与时俱进。帆船变得如此复杂、如此先进，以至于在19世纪80年代以前，它们一直与蒸汽船保持着旗鼓相当的竞争力。由收费公路信托公司，甚至政府出资修缮和监管的全国的道路破败；在某些情况下，也铺设了全新的道路。1745年从伦敦到爱丁堡需要将近两周的时间渐已1796年则仅需要两天半；到了1830年，乘坐四轮马车或轮船，仅需要大约36小时。在17世纪的河流航运稳步增长的基础上，爱尔兰在18世纪30年代开辟了几条使用闸门的“死水”运河。但是，正是布里奇沃特（Bridgewater）公爵的计划显示了水运对工业增长的重要性。1760至1771年，该计划通过水路将曼彻斯特与当地的煤田和利物浦连接起来。布里奇沃特的工程师布林德利设计了“狭窄”的运河，以防止河水在“干旱的”中部地区流失。在1764至1772年的和平时期，信贷成本较低，绅士、商人、制造商和银行家的公司纷纷投资修建运河，把所有主要通航河流连接起来。就牛津运河而言，这种私人投资项目可以获得高达30%的股息，但平均回报约为8%。下一轮水运交通建设的高潮，发生在18世纪80年代。这一次投入的成本规模超出了其商业回报，但英国此时拥有欧洲最发达的河流航运网络。在这一事业中，来自农业和工业部门的“改良者”团结一致，克服了许多影响阻碍合作的因素。

改革与宗教

在工业化过程中，英国政府没有发挥，也不希望发挥积极的作用，正如1815年出台的《谷物法》[1]所体现的那样，政府对“自由放任主义”政策并不支持。但政府越来越多地奉行系统性的原则——相比于其他阶层，这些原则对工业资本家阶层更有利。当然，这里所说的其他阶层，不包括土地所有者，因为他们往往也是投资矿业、运输和房地产开发的资本家。威廉·布莱克斯通爵士和伯克[2]的理论是：连续性、权力分配，以及政府、经济和社会的相互渗透——更重要的是政府作为一种自我调节机制的概念——补充了古典经济学、科学发现，甚至上层阶级精心培

[1] 该法案限制谷物进口，保护英国的土地贵族利益。——译者注

[2] 埃德蒙·伯克（Edmund Burke，1729—1797），爱尔兰政治家、作家、演说家、政治理论家和哲学家，他曾在英国下议院担任了数年辉格党的议员。——译者注

植的自然神论。

但这个理想的模型需要改革。在美洲战争时期，这一模型存在的腐败和低效率问题，已经造成了损失。尽管暴民的骚乱事件（特别是1780年的戈登骚乱）使得受人尊敬的改革者更加谨慎，但改革依然具有公认的必要性。亚当·斯密和约翰·卫斯理的言论以各种方式表达了改革的必要性。问题是，如何将改革限制在宪政体制的框架之内？试图使政治更具原则性和更加均衡的努力，如“协会运动”，只是暴露了错综复杂的“利益”关系和彻头彻尾的腐败。在苏格兰的“广大腐败选区”，4000多选民中要选出45名地方议员（114人中只有一人具有投票权，而在英格兰这一比例是7∶1）。这个选区从其“管理者”邓达斯（Dundas）家族——特别是在东印度公司和海军部的家族成员——那里得到了好处。1782年之后，在爱尔兰的“自由”议会，天主教徒依然没有投票权。

由于政治权力的分配极不均衡，制造业大城镇不得不依靠诸如“制造商总会”的集团施压，来表达它们的意见。1801年，拥有70万人的约克郡只有两名郡议员和26名自治市议员，而拥有18.8万人口的康沃尔郡却有两名郡议员和42名自治市议员。1793年之后，非国教信徒和天主教徒被允许投票，但仍不能参加议会。另一方面，政治的影响力受到极大的限制，而且从事政治的代价如此昂贵，所以对于一些人来说，被排除在政治之外其实是件幸事。虽然贵格会的总人数一直在下降，但其复杂的家庭关系（若与教派外的人通婚，就不能留在教派中）支撑其在各行各业的事业，从铁和铅的冶炼厂到银行和铁路。思想开放、“最多相信一位上帝”的唯一神教派，是地方上科学和教育启蒙的积极领军者。

福音派的复兴有些不同。它起源于民粹主义和传统的高派教会，从17世纪的宗教遗产（其代表人物是班扬，并由约翰·卫斯理广为传播）和威廉·劳（William Law）的虔诚文学中吸取灵感。与“旧的非国教”和加尔文主义的“上帝拣选”形成鲜明对比的是，福音派强调：上帝的恩典属于那些遵循《圣经》训导而生活的人。福音派受人尊敬，因为它没有排他性、不提倡基督宗教合一，也没有过于泛滥的“热情”（很多人成为不可知论者和高派教会成员后，对福音派提出严厉的批评，但他们起初都是虔诚的福音派人士）。福音派是诞生于危急时刻的信仰，它反对无神论的革命、冷漠的劳资关系和残暴的个人行为。虽然酗酒的皮特，好赌的福克斯，都曾受到德高望重的福音派教士施加的那种压力的影响。

福音派的复兴在政治上是保守的，但它很快走上了特殊的道路。1795年，由于再也无法接受传统的圣职授任，卫斯理创立的“循道宗”脱离了圣公会。虽然他们依然是保守党，但是循道宗又进一步分离出若干派。这些派别变得更加自主、更加激进，如同“原始循道宗”（于1811年脱离循道宗）。循道宗主要在北方传播，并且它是“约克郡的真正宗教”；而在其他地方，浸礼会和公理会在工业城镇广泛传播，这些地方的上层经常是唯一神教或贵格会的成员。乔治·艾略特（George Eliot）在其“政治小说”《菲利克斯·霍尔特》（*Felix Holt*，1867年）中描述了在1832年左右非国教的价值观：

> 这群人不相信“旧时的英格兰”要多好有多好，这里的众多男女意识到他们的宗教并不完全是他们统治者的宗教，因此他们的生活可以变得更好。如果是这样，他们也会改变许多现在使世界变得更痛苦、更罪恶的东西。

“活的信仰”（Vital religion）在威尔士完成了一场宗教革命。1800年，威尔士80%以上的人口仍然追随国教；其18世纪中期的传教活动，即“流动学校”，提高了识字率（威尔士语），并且培养了超出其承载能力的宗教热情。于是，倾向加尔文主义的循道宗和其他不信奉国教的派别，填补了这一空缺。到1851年，威尔士80%的人都去小礼拜堂。在苏格兰，掌管教育和济贫工作的长老会是处于正统地位的教派，实际上它也等同于一个二级的立法机关。长老会受土地所有者及其世俗的自由神职人员的控制。越来越多的人开始对长老会进行抨击，不仅有独立的长老会教友，而且还有那些希望将权力转移给会众的福音派人士。在爱尔兰，不遵从国教的传统，最初是从自由主义者们开始的。自由主义者的领袖将他们法律上的不利地位与天主教徒的处境进行比较。但是，18世纪90年代发生的一系列事件，以及福音派原教旨主义的复兴，最终加深了信奉新教的东北地区与英国其他地区之间的鸿沟。

海外战争

法国大革命在英国引起了普遍的热烈反响。在最坏的情况下，革命也会削弱这个老对手；在最理想的情况下，革命则会创造出另一个宪政国家。查尔斯·詹姆斯·福克斯、詹姆斯·瓦特、约瑟夫·普里斯特利（Joseph Priestley）、年轻的华兹华斯和柯勒律治（Coleridge）都盛赞这场革命。罗伯特·伯恩斯（Robert Burns）受到鼓舞，创作了《苏格兰人》（*Scots wha' hae*）这首有明显的现实意义的诗。当法国大革命看起来还只是一场温和的宪政运动的时候，埃德蒙·伯克（Edmund Burke）就已经在1790年11月发表了《对法国大革命的反思》（*Reflections on the Revolution in France*）。伯克在文中严厉谴责了这场革命。虽然伯克表达了当权派的感受——特别是当巴黎在1791年6月向左倾斜时——即：若打破惯常的准则，暴力将会横行。但英国政府并没有马上附和伯克的观点。只有在保留基本政治结构的条件下，改革才能进行。伯克既攻击了法国，又美化了布莱克斯通对英国政治制度的辩护。激进的英裔美国人托马斯·潘恩（Thomas Paine）发表了《人的权利》（*The Rights of Man*，1791—1792），以回应伯克的谴责。潘恩非常大胆地提出了个人主义民主改革的建议，这令英国的当权派感到惊慌。伯克可能已经引发了他本人曾试图避免的事情。6个月内，伯克的《对法国大革命的反思》卖出了19 000份，而潘恩的《人的权利》卖出了20万份，这对于一个仍然只有一半识字率的社会来说确实令人难以置信。自英国内战以来，出版的小册子从没有这么大的发行量，也没有产生如此大的影响。

英国政府对两件事情感到震惊：法国“自决”概念对英国的低地附庸国的影响，以及革命思想的传播。欧洲君主制国家更有理由感到担忧，于是在1792年夏天，这些国家放弃了18世纪战争的“绅士风度”，并将法国人视为应该被射杀的“疯狗”。法国人的回应是全民动员——“全国武装”。在英国，外交威胁升级为政治威胁：对法国的多次警告让巴黎的一些乐观革命者更加确信，战争将引发英国国内的革命。1793年2月，法国对英国宣战了。

但英国对战争毫无准备。当时，英国的陆军只有4.5万人，可以出海的战舰还不到1/10。此外，这次战争与以往的英法冲突有很大不同。英国陆军新的战斗风格，法国革命军攻击的猛烈程度，法国新指挥官的卓越能力——所有这些因素，从一开始就让英国的盟友陷入被动。到1797年，奥地利被击败出局，英国只能独自对抗拿破仑的军队。

战争的头几年，困扰英国政府的是三件事：法国入侵的威胁、战争的代价和内部纷争。法国人尝试了三次入侵，一次经由威尔士，两次经由爱尔兰。1797年，法国军队在彭布鲁克郡登陆时，没有得到任何支持；但到了1798年秋，安贝尔（Humbert）将军指挥的一支部队在梅奥（Mayo）的基拉拉（Killala）登陆，并与当地盟友一起战斗了两周，直到被击败。英国政府希望通过用马特洛炮塔（Martello Towers）加固海岸，并启用民兵（自卫队），以及将《民兵法》（*Militia Acts*）的覆盖范围扩大到苏格兰和爱尔兰，以此来保卫英国本土。所有这些都让参与其中的地方官员头疼不已。到1795年，英国对盟国的补贴已达到数千万之巨——因此不得不大幅增加税收，并在1799年开始征收新发明的个人所得税，每一英镑的收入课税2先令又10便士。最后，英国政府对那些想向法国人求和、想与法国人结盟的团体进行了果断的打击。1793至1794年间，“皮特的恐怖统治”，加上地方行政官、实业家和爱国社团的积极行动，摧毁了许多激进的社团。这种镇压在苏格兰尤为激烈。在苏格兰，布拉克斯菲尔德勋爵（Lord Braxfield）以苏格兰式幽默说：这里，专横地维护了“有史以来最完美的宪政”。

当一位受布拉克斯菲尔德迫害的人对他说，耶稣也是一个改革者，布拉克斯菲尔德回答说：“他做了那么多善事，到头来还不是被吊起来弄死了。”他的讽刺象征着苏格兰启蒙运动中，上流社会自由主义的终结。在随后的30年里，皮特的苏格兰律师盟友邓达斯家族操刀，在苏格兰实施了持续的镇压。在爱尔兰，形势的逆转更加剧烈。1793年，战争迫使皮特向爱尔兰议会施压，要求授予天主教徒投票权，试图削弱他们对“不信神”的法国的热情，转而支持英国。但“爱尔兰人联合会”的非教派激进主义迅速发展。到1798年，联合会在阿尔斯特（Ulster）遭到了极端新教组织奥兰治会（Orange Lodges）的抵制。当地的天主教农民对新教徒的特权深恶痛绝——这部分原因是他们受到了在法国受训、充满革命理想的牧师的影响，但这些农民也采取了暴力手段来抵制联合会。在安贝尔将军登陆前不久，联合会在威克洛（Wicklow）的势力迅速膨胀。虽然他们的势头只持续了很短暂的时间，但足以使新教统治者明白自己的孤立处境。1800年，爱尔兰效仿1707年的苏格兰，与英格兰建立了政治联盟。

除了1801至1803年间的短暂休战，“海外战争”一直持续到1815年。到那时，英国已经在战争上花费了15亿英镑。但是，战争的影响并不明显，甚至微不足道。战争很快就从大众记忆中被抹去了。在大部分时间里，整个英国就像一个武装军营：英国大量征用民兵，在任何阶段，都有大约1/6的成年男子可以武装上阵。与法国相比，这些民兵实际上很少在国外服役，尽管其中有许多人（约21万）都牺牲了。战争导致法国的人口增长放缓——1800至1850年，法国人口增加了32%；而同期英国人口增长了50%——相比之下，战争对英国人口增长产生的影响相对较小。然而，1805年之后，英国海军的霸权地位从未被撼动。通过海上封锁，英国海军摧毁了法国大部分的工业，因为法国最发达的产业都建立在贸易港口。

亚当·斯密曾写过，战争会扭曲需求，并在某些类型的劳动力中创造“卖方市场”。事实的确是这样。铁的贸易不仅在英格兰中西部的传统地区蓬勃发展，而且在苏格兰中部和南威尔士繁荣起来。梅瑟蒂德菲尔（Merthyr Tydfil）原本是一个落后、偏远的威尔士小城（令人难以置信，居然有便捷的运河交通），但在1790至1820年间，其人口增长了20倍；而威尔士最大的城镇卡马森（Carmarthen），在18世纪中叶，人口也才不到4000人。由于海上封锁遏制了英国的对手，因此，英国在纺织业上的领先优势竟然达到了英国制造商为法国军队生产制服的地步。查塔姆、朴次茅斯和德文波特（Devonport）的巨大海军造船厂进一步扩建，成为大规模生产的先驱。他们建造的帆船战舰得到了显著改进——与此相比，19世纪50年代蒸汽动力取代传统动力，几乎只是一场小革命。

事实上，海军的问题，典型地代表了英国政府存在的许多问题。1797年，水手的悲惨状况引发了在斯皮特黑德（Spithead）和诺尔（Nore）的哗变。这些动乱没什么政治内涵，无论哗变者心中有多么大的怨气，他们绝大多数仍然是爱国的。这几起事件并没有影响纳尔逊（Nelson）的舰队卓越的战斗力——1805年10月，英国海军在特拉法尔加海战中摧毁了法国和西班牙的舰队，从而确立了自己永久的海上霸权地位。政府采用软硬皆施的手段来处理水兵哗变——实际上，政府对付组织良好的码头工人的罢工，也是采用同样的手法。在其他领域，就改善工人阶级的困境的问题，政府并没有明确的态度。1799年通过的《结社法》视工会为革命团体，并将其定为非法组织；政府还成功地抵制了确保法定最低工资和恢复旧的劳资关系的提议——即使这些提议得到了制造商（主要是小规模制造商）的支持。这些措施，以及投资转移到政府基金和贸易战所造成的萧条，导致1790至1814年间的实际平均工资停滞不前。不过，18世纪90年代后，许多农村教区采取了相对慷慨的贫困救济举措（所谓的“斯品汉姆兰制度”），这些举措继续进行，无疑可以缓解更尖锐的社会矛盾。

在战争的大部分时间里，英国避免直接参与欧洲的战事；相反，英国给那些以各种方式集结起来的盟友提供资助，让他们出面来反对法国革命军，以及后来的拿破仑。这种做法只是18世纪战争中所采用的雇佣军模式的一种改进。直到1811至1814年，当英国将自己的部队派往伊比利亚半岛时，英军才直接卷入欧洲战事。然而，英国在其他地区斩获颇丰：加强了对印度的控制；通过新加坡实现了对荷属东印度群岛的有效统治；1795至1816年间，征服了锡兰；从荷兰人手中接管了南非；并声称埃及归自己所有。英国还非正式地获得了对中美、南美地区前西班牙殖民地的贸易霸权。

1815年6月，惠灵顿将军率领的多国部队和他的普鲁士盟友取得了滑铁卢战役的胜利。此后，英国以军事胜利者自居。但这场战争给欧洲留下的是法国人的烙印。无论拿破仑的军队走到哪里，他们都会传播（或者说他们的对手会模仿）法国的法律、度量衡标准、行政管理模式，以及革命的民族主义精神。欧洲的格局完全改变了。在1789年之前，英国一直是欧洲大陆共同体的一部分。大卫·休谟和亚当·斯密生活在巴黎跟在爱丁堡一样安适——也许比在伦敦生活更舒适。而1815年以后，英国的经济发展虽然也吸引了众多外国游客，但英国仍与欧洲生活仍保持着距离。

在国内，战争和萧条将政治思想分化为“革命主义”和“忠于现有政府”两派。“皮特的恐怖统治”、爱国社团以及“教会与国王”的拥趸等，迫使早先已经普遍存在的民主思想家要么隐退，要么与爱尔兰或工人阶级等真正受压迫的群体结盟。“雅各宾传统”对工业和经济的变革与对既存政府的“邪恶”一样敏感。“雅各宾传统”是各种思潮散漫的、不稳定的结合体，从无政府主义到宗教千禧年主义；在宪章运动出现之前（当然也包括宪章运动自身），“雅各宾传统”一直是劳工运动的标志。

然而，矛盾的是，执政精英毫不留情的务实态度，以及他们用来巩固国家权力的镇压手段——而不是用契约政治思想——在统治者内部唤醒了一批激进的反对派。威廉·威尔伯福斯（William Wilberforce）和克拉帕姆教派（the Clapham Sect）掌控之下的福音主义，旨在转变上层统治阶级的思想；但杰里米·边沁（Jeremy Bentham）所反复强调的计划，也是出于这个目的——边沁是一位富有的律师，他或多或少地认为，社会可以通过一套类似于经济学的不言而喻的原则来治理。其中，最容易掌握的是“功利主义”，即：社会行动的目的应该是为“最大多数人带来最大的好处”。作为所有“社会契约”理想的死敌，边沁反对法国大革命，并试图让历届英国政府对他的计划感兴趣，特别是有关法律和监狱改革的部分。他本来可能比他想象的更成功，但屡屡挫败驱使他转向民主改革派；到1815年，他开始支持普选。边沁的弟子们被称作“哲学上的激进分子”，他们提出了一套将体制改革与政治连续性结合起来的改革方案。1815年后，随着一批温和的劳工阶级领导人成为他们的追随者，他们向统治者和劳工阶级双方提供了这一方案。由此既产生了集权的国家行动模式，又产生了公共干预理论；在19世纪剩下的时间里，这两者始终具有强大的影响力。

依据边沁的理论，地方当局应在适当规模的地区增加税收并采取行政行动；地方政府应受到向中央委员会负责的受薪稽查员的监督。因此，“旧的腐败”和现行的肆意挥霍会得到遏制，地方政府也会对当地百姓负责——但事实上，官员还是处于支配地位。边沁和他的追随者米勒父子，以及埃德温·查德威克（Edwin Chadwick），可能已经投向民主，但他们不愿意让人民代表做更多的事情——最多只是让他们投票赞成或否决官员的行为。毫不奇怪，他们在英属印度取得了最大的成功。

法律已经转变为阶级斗争的模式。习惯于在法庭上争取伤残赔偿的工人失去了他们惯有的权利，并且他们的独立诉讼权利也受到了限制。有产阶级由于惊恐，使一直软弱无效的惩罚措施最终也步步升级。“英国工人阶级的形成”至少在一定程度上是战争、工业化和压制的结果，这意味着对不公平法律的抗争。威廉·科贝特对富人结成秘而不宣的联盟、对穷人进行敲骨吸髓般的压榨不赞同，罗伯特·欧文则对此一无所知；甚至边沁派也认为，法律机构是一个“巨大的险恶利益集团”。虽然最终只有爱尔兰人挺身而出反对它，但他们的失败像滑铁卢一样，证明了法治的胜利只是“一场死里逃生”。法治之所以能取得胜利，或许是因为人们在新一轮宪政浪潮的影响下，希望它能更长久地维持下去。

自由之路

英国人，何苦为地主耕植，
当他们把你们当牛马来驱使？
何苦辛勤地、细心地织造
为你们的暴君织造锦袍？
还是钻进你们的地窖和破屋去，
而你们建造的楼厦别人在安居。
为何不挣脱自己锻造的铁链？
看，你们炼的钢对你们瞪着眼。

——雪莱《给英国老百姓之歌》

1815年拿破仑战争之后，战后的托利党政府遇到了一批新的文学激进分子。柯勒律治和华兹华斯投入了秩序力量的怀抱中，紧随其后的是拜伦和雪莱。1812至1827年以利物浦勋爵为首相的政府，实际上是由资产阶级执政，该阶级由小乡绅、医生和商人的后代组成，甚至包括一名女演员——当乔治·坎宁（George Canning）担任外交大臣的时候。虽然政府被谴责为反动派（其中一些成员的确是这样），但政府还是保持中间偏右的明确立场。这届政府对外采取自由政策（按照王朝复辟时期的欧洲的标准），在国内推行和解政策。但它面对可怕的战后萧条和紧张的劳资关系，除了要支付战争债务，还要解决军人复员后的就业问题。强悍的反对派辉格党不但没有提供帮助，反而通过发表新文学评论的媒体和广泛的民众抗议文化来抨击托利党政府。这些媒体包括了亨利·赫瑟林顿（Henry

Hetherington）和理查德·卡莱尔（Richard Carlile）的“没付印花税的”报纸；民众抗议的文化则来自威廉·科贝特的田园激进主义和威廉·布莱克有远见的千禧年主义。土地所有者给政府施压，希望通过1815年颁布的《谷物法》来获得粮食补贴，并最终如愿以偿——十多年来，这种做法缓解了农民的不满情绪。但这都是有代价的。新工业城镇对秩序的威胁程度，超过了1811至1812年间的情形——因为战后繁荣的结束导致了广泛的失业和工资的急剧下降。自1800年以来，工人的自我意识（更多的是工业地位，而非阶级立场）变得越来越清晰，地方政府官员、工业家和太平绅士都深感自己的孤立。

这些绅士经常表达的担忧（雅各宾暴徒在他们的门口咆哮），以及一些劳工阶级领袖的明确的革命思想，会共同构成推翻政权的真正威胁吗？而事实上，政府阶层确是勉力支撑，以避免这样的结局。假如行动协调一致，假如有一个共同的经济目的将工人与议会激进分子及首都的技术行业联系起来，假如统治阶层真的被吓破了胆——那么政府有可能会被推翻。但真要做到这一步，也很难。伦敦不是像巴黎那样的“绝对”首都；假如伦敦的激进分子动员群众起来造反，几乎没有什么重要的权力杠杆可以供他们使唤。

伦敦没有与各郡一起行动。议会反对派与暴行势力划清界线，并强烈反对暴力行为；内政部长西德茅斯子爵（Viscount Sidmouth）主张镇压，他和他手下的地方官员威吓抵抗力量，但是付出了代价。抗议的高潮发生在1819年8月16日的曼彻斯特，要求改革的人群在圣彼得广场举行大规模的和平游行示威。当地的地方长官命令义勇骑兵前去逮捕演说者。骑兵冲向人群，在那场“彼得卢事件”（Peterloo）中，造成了11人死亡。运动的激进分子要复仇，政府则向抗议者内部渗透特务和奸细——这些导致了次年爆发的多起冲突，如苏格兰织布工的起义、在伦敦暗杀内阁成员的“卡托街阴谋”（Cato Street Conspiracy）。像施绞刑和流放这样的镇压手段，严酷、野蛮、行之有效。但从长远来看，它们加剧了人民对政府的抵抗，人民也越来越不相信政府。

政府本身对无管制的工业化持怀疑态度。虽然政府在推行自由贸易、系统化管理和改革后的刑法，它仍然依赖农业收益，并担心会发生进一步的劳工阶级暴力行为。政府的支持者沃尔特·司各特爵士对工业转移到城镇感到遗憾，因为他认为，在乡村工厂中，制造商对“那些依赖他和他的事业并与他和他的事业密切相关的人施加了有益的影响”。他可能想到过罗伯特·欧文和他在新拉纳克的工厂。为了大肆宣传自治的工业社区模式，欧文希望遏制工业化，并通过采用铁锹耕种的方式，使农业重新吸纳大量的劳动力。自战争结束以来，全国弥漫着社会危机和乌托邦救世的氛围，他的“新道德世界”理论十分契合这样的潮流。

> 史上最强的毒药
> 来自恺撒的桂冠。
> 没有什么比盔甲的铁片
> 更让人变得丑陋不堪。
> 当金子和宝石用来装饰耕犁，
> 和平的艺术应令人仰慕不已。

工匠们要读懂这首诗，不需要了解工匠天才威廉·布莱克的宇宙论。对于许多人来说，未来似乎与约翰·马丁细致入微的巨幅教诲画一样，启示着大灾难的到来。这些作品的雕版画在19世纪20年代风靡一时。

然而，辉格党在政治斗争中占据优势。1820年，乔治四世试图与他的配偶离婚，导致王室的糗事被抖搂出来。《爱丁堡评论》（*Edinburgh Review*）的主要撰稿人亨利·布鲁厄姆（Henry Brougham）支持卡罗琳女王（她是一个最不可能成为殉道者的人），反对国王和内阁，以博取公众的喝彩。然后在1822年8月，外交大臣卡斯尔雷（Castlereagh）自杀了，他曾设法在梅特涅组织的维也纳会议上将英国从保守势力中摆脱出来。由此，利物浦政府更自由的一派可以不受阻挠地施展抱负了。

1823年，美国总统门罗提出，欧洲列强不应再殖民美洲，或涉足美国、墨西哥等一些美洲国家的主权等相关事务。英国外交大臣卡斯尔雷的继任者乔治·坎宁支持门罗主义，以保证南美新成立的共和国的利益，英国也因此有幸进入一个巨大的新市场。两年后，内阁废除了《六条法令》（*Six Acts*）和反工会立法，并在1826年结束了邓达斯家族对苏格兰的“管理”。惠灵顿公爵领导的政府于1829年通过了《天主教解放法案》（*Catholic Emancipation*）。1828年，丹尼尔·奥康奈尔（Daniel O' Connel）当选为爱尔兰克莱尔郡议员；但作为一个天主教徒，他被禁止列席议会。奥康奈尔善于控制爱尔兰公众的舆论，而面对以民族起义相威胁，惠灵顿政府只得屈服，

现在只有议会改革仍有待实施了，但这直接涉及政党问题。政府可以通过明智的让步来疏通压力集团（工会、苏格兰人、爱尔兰人等）。然而，改革就意味着辉格党的胜利——包括他们对议会的控制和对官职的任命权。1828年，惠灵顿公爵在一些“激进分子”的压力之下，坚定了自己的立场；但在第二年，激进派因天主教解放运动而与他分道扬镳。与此同时，辉格党虽然并没有肆无忌惮地鼓励激进的竞争对手，但国家变得越来越动荡不安。1830年，乔治四世逝世，在格雷伯爵（Earl Grey）和约翰·罗素勋爵（Lord John Russell）领导的辉格党赢得选举后，改革的压力升至顶峰。当辉格党的改革议案被上议院否决时，组织良好的“政治联盟”在各个城市举行了大规模集会；骚乱者袭击了诺丁汉城堡和布里斯托的主教宫殿——这两处都是反改革贵族的住所。而在梅瑟（Merthyr），骚乱之后，工人领袖迪克·潘德林（Dic Penderyn）被处决。1832年4月，上议院以9票之差被迫做出让步，格雷政府总算松了口气；而在此前，格雷政府在英格兰南部残酷镇压农场工人的不满（即“斯温船长”骚乱），显示出其保守的本质。

应对改革

尽管鼓动改革具有近乎革命的性质，但1832年的法案覆盖了工业和商业力量中可能最容易惹麻烦的部门。但也仅此而已。苏格兰的选民人数从4579人增加到64 447人（增加了1407%），但爱尔兰选民仅增加了21%。包括曼彻斯特、布拉德福德和伯明翰在内的41个英格兰大城镇，首次有了代表自己的议员；在658名议会议员中，来自这些大城镇的议员几乎占了一半（324名），但一个英格兰选区的平均人口仍然低于900。只有349名选民的白金汉所推选的议员数量，跟拥有4172名选民的利兹一样多。占全国人口54%的英格兰继续占据下议院71%的席位。在1832年之前，这个比例是74%。"实质上的代表"，即代表利益而不是人，仍然是一个不变的原则。在随后的近半个世纪里，议会继续由地主利益集团主导。

接着，一些保守派担心边沁主义者会攻击贵族和教会。但议会中空谈理论的人很少，辉格党的改革热情也在迅速减弱。1833年，人道主义者如愿在大英帝国内废除了奴隶制，并通过实行工厂检查员制度对使用童工的情况进行监管。1834年，议会通过了《济贫法（修正案）》（*The Poor Law Amendment Act*），该法案的设计师埃德温·查德威克（Edwin Chadwick）视其为英国地方政府在系统和经济层面重建的基础。然而，它仍然是一座孤立的纪念碑。人们不仅憎恨《济贫法》，也憎恨它所象征的寒碜的济贫院或"巴士底狱"。

《泰晤士报》也在大肆抨击《新济贫法》，认为哲学上的激进主义或许已经做过了头。1834年是多事之秋，爱尔兰倒是一度平静，辉格党与奥康奈尔达成了谅解，并维持了6年。但在英国本土，仍处于早期阶段的劳工阶级发起的"另类社会"运动达到了顶峰。约翰·多尔蒂（John Doherty）等人领导的工会在发展壮大，免除印花税的报纸在发表各自的论点，《改革法案》（*Reform Act*）令激进分子感到失望，罗伯特·欧文回归政坛——所有这些因素结合起来，促成了“全国联合总工会”的诞生，它将通过“全国大放假”或总罢工来摧毁资本主义制度。在此之后，社会将在合作的基础上重新组织起来，工资将根据劳动时间计算。3月，政府发动反击，6名多塞特郡的工人被判刑，即所说的“托尔帕德尔烈士”（Tolpuddle Martyrs）。“全国联合总工会”进行了太多的抗议和罢工，但其组织者却无法协调各种运动。欧文在8月退出，意味着这场运动的结束。10月16日议会被意外烧毁——如果此事发生在6个月前，那就可能不仅具有象征意义了。

随着地方政府改革的推进，辉格党取得了真正的胜利。此前苏格兰自治委员会的议员都是“自选”产生的；从1833年开始，将由纳税人投票选举产生。两年后，英格兰的城镇进行了改革。在较大的城镇，辉格党和激进分子占据了主要公职，并在总体上保住了他们的职位。但政府现在严重分裂。1834年11月，皮尔（Peel）领导的托利党上台，该党或多或少承诺会在改革框架内执政。不过，这只是一个虚假的胜利：辉格党人于1835年4月重新执政，但是领导他们的首相是极其保守的墨尔本。当辉格党在1841年垮台时，皮尔似乎更加鲜明地表现出渐进式改革的精神，就连年轻的女王那位做事认真的丈夫：萨克森-科堡-哥达公国的阿尔伯特亲王也赞同皮尔的理念。

然而，皮尔受到两个方面的威胁。担心利润下降的制造商要求降低工人的工资，认为只有面包价格降低，他们才能降低工人的工资（面包是工人阶级的主食，他们每人每周吃大约5磅面包）。这只能通过允许自由进口粮食来实现，换句话说就是废除1815年的《谷物法》。因辉格党倒退而感到沮丧的激进派见风使舵，并掌握了主导权。理查德·科布登（Richard Cobden）是一位不太成功的棉布商，在大西洋两岸都有生意；约翰·布莱特（John Bright）是一位来自罗奇代尔（Rochdale）的贵格会地毯制造商；詹姆斯·威尔逊（James Wilson）是一位苏格兰记者，他在1843年创办了《经济学人》。他们成为“反谷物法联盟”的领军人物。1838年10

月，他们在曼彻斯特主持了联盟成立大会。这个联盟既代表了在一定程度上又创立了具有商业头脑、崇尚个人主义的中产阶级——德国人称之为（现在仍然称之为）“曼彻斯特主义者”（Manchestertum）。通过请愿、示威，动员非国教教徒，以及富有想象力地使用新的“一便士邮政制”（1841年）等活动，联盟煽动起对土地贵族和皮尔本人广泛的敌意。

事实上，在公共财政政策方面，皮尔曾遵循政治经济学的准则：大幅削减进口关税，重组英格兰银行，以及允许铁路公司拥有自由的企业领导权——尽管当时的贸易委员会主席威廉·格莱斯顿（William Ewart Gladstone）倾向于将其彻底国有化。但是联盟成员大为愤怒。他们意识到他们的利益与越来越具有反抗精神的劳动大军绑在了一起。一位离经叛道的曼彻斯特棉纱工厂主、年轻的德国人弗里德里希·恩格斯（Friedrich Engels）目睹了工厂内涌动着的一波又一波不满的浪潮，他预言：

> 一旦工人决心不再任人买卖，决心自己来决定劳动的价值，成为不仅具有劳动力而且具有意志的人，那时候，今日的政治经济制度就走到了尽头。
>
> 恩格斯的预言的论据是经济萧条可能带来极端的后果，以及有组织的工人阶级在宪章运动中所展现出来的力量。

“我可不关心政治，但是我是一名宪章运动分子。”1848年，一位伦敦清洁工对社会调查的先驱亨利·梅休这么说。《人民宪章》提出了六点著名的要求：成年男子的选举权、无记名投票、平等的选区、废除议会成员的财产资格规定、议员薪酬制以及每年举行议会。宪章运动所产生的影响，与法国大革命和丹尼尔·奥康内尔在爱尔兰的活动旗鼓相当。但对于这场极其复杂、高度本地化的运动来说，团结只是表面的、短暂的。在形式上，它是极端民主的（尽管只涉及男性选举权，关于女性选举的提议很早就被否决了）。当这场运动发展成声势浩大的全国性运动的时候，维持了短短数年（1838—1842）就偃旗息鼓了。但在一些地区，由于受当地的经济困境、政治传统，以及领导人性格的影响，各种组织和异端活动此起彼伏。由于对已建立的政党、酗酒、爱尔兰、财产和教育等问题的态度不同，“武力”领袖和“精神”领袖之间的分歧变得更加复杂。在苏格兰和英格兰中部地区，运动的领导层来自小商人和职业人士。在约克郡，由于失业严重和《新济贫法》的影响，运动的领袖们激进好斗；但他们与托利党一道共同发起了工厂改革运动。威尔士工业区的“边境城镇”就已经出现了多起“通过暴乱增加集体谈判筹码”的事件。1839年11月4日，纽波特爆发了大规模示威并最终与军方发生流血冲突，就不足为奇了。冲突造成14人死亡。但随后的审判把示威中的暴乱者发配到了澳洲的塔斯马尼亚，而不是送上绞刑架。

相比1831年的墨尔本或1819年的利物浦，皮尔更有人情味，更加圆通老练，他的政策也取得了成功。1843年和1844年的经济繁荣使宪章运动陷于低潮；运动在1848年的最后一次复兴，反映的是爱尔兰的痛苦，而不是英国工匠们的野心，也不是任何模仿欧洲革命的愿望。晚期的宪章运动不仅更带有爱尔兰特色，也更具实验性和多样性。费格斯·奥康纳（Feargus O' Connor）提出了土地安置计划，欧文主义和社会主义思想死灰复燃，随之兴起的还有欧洲革命者的一些想法——因为许多欧洲革命者最终流亡到了英国。但无论朱利安·哈尼（Julian Harney）和欧内斯特·琼斯（Ernest Jones）与马克思和恩格斯的精神友谊多么令人神往，群众性运动已告终结。以往的宪章运动分子仍然活跃在针对单一问题的各种运动中，例如禁酒运动、合作社运动（1844年的罗奇代尔先锋商店的源头就是宪章运动）和工会运动。其他人则移居国外。许多以前的宪章运动分子，最终体面地进入维多利亚中期的地方政府当公务员，或者进入新兴的地方报业。

“除非主建造城市”

1832年，从中东传播过来的霍乱席卷欧洲，在英国导致31 000人死亡。1833年，议会投票表决，为基础教育拨款3万英镑。同时，约翰·基布尔（John Keble）在牛津大学宣讲“国家叛教”。这些事件只是恰好发生在政治改革时期（议会花在温莎城堡的马厩上的时间和金钱，要比教育经费多），但是它们是决定未来国家发展方向的重要因素，也是维多利亚时代早期人们理性界定自己社会地位的方式。

霍乱肆虐突显了城市快速增长所带来的问题，尽管其影响在农村同样致命。新工业城镇面积不大，人口密集，步行上班十分普遍。城市的土地使用与阶层的经济实力相匹配：数量较少的有产阶层，在棉纺城镇可能占人口不到5%，却通常占有50%的土地面积。工人们一般住在工厂附近，或者靠近道路、运河以及后来铁路等交通方便的地方。他们的居住环境肮脏不堪，因为19世纪的城镇往往烟雾弥漫、臭气熏天。对于工人来说，这里的房租和其他生活开销都很贵。租一套过得去的房子，可能需要一个熟练工人每周收入的1/4——很少有家庭能够负担得起。结果贫民窟在老城区激增，如伦敦的贫民窟聚集地，利物浦和曼彻斯特的“地下室”，苏格兰自治城的“地带”（lands），以及梅瑟蒂德菲尔的“瓷器区”（China）。不仅如此，地主和投机建筑商还制造了带有地区特色的新贫民窟，如约克郡的“背靠背”连排式公寓和窄小的“房间加厨房”或“单向筒子楼”公寓。在1870年之前，在格拉斯哥，70%的家庭住在这样的公寓里。

住房条件差，卫生条件会更糟。富裕的市民可以联合起来，共同出资成立委员会来提供水、排污和街道照明，以及一定程度的治安管理——结果这就让周边贫民的恶劣生存条件雪上加霜。中产阶级居住区使用新式抽水马桶，经常把污物排入劳工阶级居住区的供水系统中。

流行病的暴发，似乎成了劳工阶级的报复。被仆人和小雇员等大批穷人环绕着的富人们，平日里不把他们放在眼里，但是现在却突然变得容易被传染。例如，1856年，日后担任坎特伯雷大主教的阿·坎·泰特（A.C. Tait）在卡莱尔失去了他7个孩子中的5个——都是死于猩红热。1831年，政府强迫地方贵族成立临时卫生委员会以对抗霍乱。埃德温·查德威克担心，由于家庭顶梁柱的死亡以及人们糟糕的健康状况，越来越多的人会沦为贫民。1840年，他代表济贫法委员会主持了“劳动人口卫生状况的调查”，调查报告于1842年发表。随着报告的出炉，以及随后发生的社会骚乱——更不用说新一轮霍乱暴发的威胁，政府不得不在1848年出台了一项法案。该法案赋予市政当局建立地方卫生委员会的权力，委员会听命于三名公共卫生专员——其中包括了查德威克本人。除了边沁主义者之外，还动员了其他力量，如宪章派和激进分子，但可能更多的是托利党、职业人士和慈善家。阿什利勋爵（Lord Ashley）的表现，能体现整个卫生改革运动的过程。这位后来成为沙夫茨伯里伯爵（earl of Shaftesbury）的人，可能是一位心怀偏见的低派教会托利党人——麦考利将他的风格称为“埃克塞特大厅的驴叫声”——但他继承了威尔伯福斯操纵公众舆论和精英意见的技巧，以获得有效的政府干预。在19世纪40年代和50年代，这些技巧被用来帮助矿工、工厂工人、移居国外的穷人和贫民窟的居民。有些人认为行政改革具有自己的动力，不受议会行动和意识形态的影响。在议会对社会状况漠不关心的情况下，官员（掌权的人）和像阿什利这样的积极分子，都具备制定自己的法则的力量，“托利党对历史的阐释”（对这种观点的称法有失公允）将议会和这两股力量进行了对比。但这只是对改革进程的部分解释。官员们的行为标准因部门而异，因人而异。有些人恪尽职守，甚至不惜自我牺牲；另一些人则代表了文官制度下公务员队伍轻松、懒散的作风。作为邮局高级官员的安东尼·特罗洛普（Anthony Trollope），仍然有时间每周狩猎两次，并且每年稳定发表1.7部小说。其中一部《三个文员》（*The Three Clerks*，1857年），生动描绘了改革前死气沉沉的文官制度，也表达了特罗洛普本人对改革者的奚落。

这是“地方自治”和职业专业化发展的黄金时代，它最强大的发端来自大城市，以及新一代在苏格兰受过训练的医生——他们正在从低端的外科医师兼药剂员成长为一支自我管理的专业队伍。利物浦于1847年任命了第一位卫生医疗官员；一年以后，伦敦市中心（俗称存在各种社会危险的“一平方英里”）任命了活跃的约翰·西蒙医生（Dr John Simon）为卫生医疗官员。到1854年，各地卫生医疗官员的任命，成为强制性举措。此举至关重要，因为不仅可以督促城市执行重大的供水、排水和贫民窟清洁计划，而且还能确保实施有关避免建筑和过度拥挤的规定。

新的工业社会对教育机构提出了质疑。在这一点上，意见不一。福音派人士汉娜·莫尔（Hannah More）认为，为了向孩子们灌输宗教思想，他们应该学习阅读而不是写作。亚当·斯密担心劳动分工会造成工人阶级的思维迟钝，希望通过国家教育来缓解这种影响。由于加尔文主义对苏格兰教会的改造，苏格兰有了国家教育；但在英格兰没有采取类似的措施。在19世纪之前，英格兰有文法学校（多数是在宗教改革前成立的）、独立或“冒险”的学校和慈善学校。这些学校在质量上千差万别，且永远无法全员接受不断扩大的年轻人口，更不用说为新城区服务并提高教育水准。然而，在1800年前后，包括乔治三世在内的一些人，倾向于把教育作为预防革命的手段，出现了一些新的、廉价的也因此具有吸引力的教学方式。根据兰开斯特（Joseph Lancaster）和贝尔（Andrew Bell）所创立的“导生制”，高年级的小学生死记硬背课文内容，然后传授给低年级的学生——这种做法直接导致1808年成立了“英国和外国学校学会”（British and Foreign Schools Society），以及1811年成立了“全国学会”。然而，这两次全国性的举动恰逢两股势力——一方是这两场运动的发起人非国教信徒，另一方是国教圣公会——的敌对情绪激化的时期。在随后的近一个世纪里，宗教派别间的敌意继续凌驾于教育标准之上。

在受人资助的学校或“公学”的改革中，宗教对立只是英国国教的内部矛盾，并且不那么激烈。18世纪末，学校的条件尤其寒碜。但在1829

年，广教派教士托马斯·阿诺德（Thomas Arnold）在拉格比公学开展他的事业之前，情况有了改观。事实上，他的改革与1832年的保守的政治解决方案相似，但持续的时间要长得多。对于那些一心要读大学的人来说，“人文教育”（拉丁文和希腊文）仍然占主导地位。“人文教育”曾经是为年轻的贵族子弟提供的、毫无实用意义的仪式化教育；但现在，通过奖学金和助学金（如在牛津和剑桥），它得以提升，开始为中产阶级子弟提供实用教育。中产阶级子弟的目标是为了获得资助、受到教育，进入各个职业行当；但其作用更为深远：引领其他中产阶级子弟去实践净化了的土地贵族的价值观。到1842年阿诺德去世的时候，其他历史更久的公立学校已经在纷纷效仿他的模式。而铁路系统的扩展和1857年托马斯·休斯（Thomas Hughes）的《汤姆·布朗求学记》（*Tom Brown's Schooldays*）的显著成功，对这场教育改革运动起到了推波助澜的作用。

公学的改造为新一代改革者提供了范例，他们中的许多人就是在那里接受过教育的。与边沁派不同，他们没有制订一个高度统一的计划，而是谋求改造只对贵族和国教教徒开放的教育机构，使其为全社会服务。弗·丹·莫里斯（F. D. Maurice）的追随者（其中就包括托马斯·休斯）试图成为劳资纠纷的仲裁者。1848年，他们表达了“国有化”的理想，其必然结果是把劳工阶层纳入“政治社会”中。他们并不孤单。在布拉德福德，一位年轻激进的羊毛制造商威廉·爱德华·福斯特（William Edward Forster，曾经是贵格会教友）写道：

> 如果不对这些群众做出一些让步，如果不是所有阶级都认真努力让他们吃饱饭，那么迟早会发生动乱。但是我认为，防止动乱的最佳政治方法是让中产阶级同情工人，帮助他们实现合理的要求，并以此来反对工人们不合理的要求。

福斯特的妻子是拉格比公学校长托马斯·阿诺德的女儿，也是学校巡视员兼诗人马修·阿诺德的姐姐。这个主张崇高思想和温和改革的“知识贵族”，其事业已经从福音派宗教转向政治活动。

阿诺德公学，以及大多数政治家都属于广派教会和圣公会自由派的传统，他们的原则是视教会为国家的合作伙伴，且神学教义必须严格服从这一关系。福音派崇尚宗教制裁，但其简单易懂的神学理论受到了自由派的攻击；到1832年的《改革法案》出台的时候，这种攻击似乎达到了高潮。教士们担心边沁主义潮流，或者无神论改革浪潮即将到来，约翰·凯布尔（John Keble）在牛津大学布道时，宣告了一股来自教士的抵抗力量，这种抵抗基于圣公会的使徒传统。“单张运动”（Tractarianism）亦即牛津运动，并没有通过社会改革或“高派教会”形式来反对自由主义——这是英国圣公会传统的一种保守的、精神上的诉求。12年后的1845年，牛津运动出现分裂，包括约翰·亨利·纽曼（John Henry Newman）在内的领袖们决定，没有什么可以把他们与罗马分开，于是他们与罗马天主教保持一致。虽然敌视牛津运动的人攻击它但运动还是通过像威廉·尤尔特·格莱斯顿（W. E. Gladstone）这样虔诚的平信徒，以及它对宗教教育和建筑的影响，巩固了圣公会的精神。广派教会处境困难，因为它主张从社会学的角度来欣赏宗教；而在英格兰教区，只有不到1/5的人参加他们的教会活动。1851年那次绝无仅有的宗教人口普查表明，确实只有大约35%的英格兰人参加周日的礼拜仪式（虽然地区差异极大），且其中一半人还在“坐听”持不同意见的牧师的布道。1848年和以后的岁月里，广派教会的基督教社会主义者努力去接近劳工阶层——如果说有一个工人是被这个组织的领袖莫利斯（Frederick Denison Maurice）的神学所说服，那么就有10个工人是受他的同事查尔斯·金斯利（Charles Kingsley）的小说的影响；还有更多人是得到了切实的帮助，如勒德洛（John Malcolm Ludlow）为各工会做的工作，以及尼尔（Edward Vansittart Neale）发动的初期合作社运动。

英国国教徒至少拥有传统、财富和控制着广大的区域，而非国教教徒却没有这些。非国教不仅帮派分裂，而且常常被各统治阶级所猜忌。其中一些领袖，如循道宗著名的杰贝兹·邦廷（Jabez Bunting），试图通过保守主义来实现内部的团结一致。乡村和矿区的非国教教徒的标志是政治激进主义（南威尔士的变化尤为剧烈）；城市的精英阶层在政治上也非常激进，如一神论者或贵格会教徒。直到19世纪50年代，在《谷物法》运动取得成功之后，非国教才开始显示自己的力量，要求提高自己的公民地位，或根据“解放社”（Iiberation Society，成立于1844年）的纲领，要求废除圣公会的国教地位。有组织的非国教教徒在自由主义运动中发挥着重要的（同时也是制造麻烦的）制度性作用，但它还是在逐渐损失自己，富有的非国教教徒正源源不断地转向圣公会。

在苏格兰，关于圣职授予权的争议，在1833年至1943年的“十年冲突”时期达到了顶点。最终，已确立的苏格兰教会被“瓦解”，同时新的独立“自由教会”建立了。1845年，《济贫法》出台，苏格兰教会的世俗角色很快就被解除。但宗教政治在19世纪剩下的时间里继续困扰着苏格兰的中产阶级。

“隆隆作响的变革之辙”

然而，即使从古典经济学的角度来看，19世纪40年代仍然是危机四伏的十年。英国工业仍然以纺织业为主，其产品市场有限，还要面临来自美国和欧洲的日益激烈的竞争。该行业资本过剩，每个新发明的采用都意味着资本回报率的下降，商业萧条一轮比一轮严峻和持久。实际工资增长缓慢，或许不足以应对手工业的急速衰落，以及高昂的城市最低生活成本。马克思通过开办工厂的恩格斯的描述来观察英国的情况，对他来说，这只是当时状况的一部分。资本主义注定要断送在自己的资本剩余积累上；在下一次经济衰退中，工资越来越低的劳工们将起来，果断反抗资本主义。

马克思应该会很认同雪莱的挑战：

> 起来吧，像雄狮初醒，
> 你们人多势众，不可战胜——
> 快摇落你们身上的枷锁，
> 像摇落沉睡时沾身的露珠——
> 他们有几人，你们却众多。

19世纪40年代，在爱尔兰发生的一系列事件，似乎让事态到了革命的临界点：1845年、1846年和1848年的马铃薯枯萎病，破坏了爱尔兰人口增长的基础；1845至1850年间，100多万人死于营养不良；1845至1855年间，有200万爱尔兰人移居外地。来到英国本土的爱尔兰移民，生活贫困，甘愿接受远低于英国人标准的工资，已经被视为具有爆炸性的力量。卡莱尔在他的《宪章运动》（1839年）中写道：

> 每一个愿意摘下统计数字的眼镜去看的人，都会发现在城镇或乡村……英国底层劳工的生存条件，越来越接近那些在各个市场上与他们抢饭碗的爱尔兰人……

革命并未爆发，主要是由于工业的蓬勃发展吸收了剩余的劳动力和资本，并将其转化为新的、多样化的经济。经济的主要的、在心理上也是最令人惊叹的工具是铁路。

自17世纪初以来，各种原始类型的铁轨将煤从矿井运到港口或河流；到1800年，英国全国各地铺设了大约200英里长的马匹拉动的轨道，规格和样式各不相同：先是木制的轨道，后来有了铁轨。从18世纪70年代开始使用铸铁，从90年代开始使用更加可靠的锻铁“护轮轨”。当时出现了两种形式的蒸汽牵引机车：固定的低压机车拖着车厢上坡，而轻型高压“移动”机车可以在轨道上自行运行。1804年，工程师理查德·特里维西克（Richard Trevithick）在威尔士展示了他发明的移动机车，这种机车很快在北方煤田得到采用。在北方煤田区，像乔治·斯蒂芬森这样“观摩”过机车的人，正在建造大承载力的边缘铁路；1800至1825年，由于煤炭产量翻了一番，对这种铁轨的需求使得靠马匹牵引的运输能力达到了极限。到1830年，在议会的授权之下，整个英国本土已经建成了375英里的铁路线。

随着连接利物浦和曼彻斯特的铁路得到大肆推广，19世纪20年代中期的商业繁荣引发了新一轮铁路建设的高潮。1820至1830年间，棉纺织品产量几乎翻了一番，同时曼彻斯特的人口增长了47%。然而，处于垄断地位的布里奇沃特运河（Bridgewater）无法满足这些生产、生活物资的运输需求，这时急需一个更有力的竞争对手的出现。这种对运力的要求，几乎超过了当时的技术水平：在公开竞争的压力下，斯蒂芬森父子赶在那条利物浦—曼彻斯特铁路竣工前夕才生产出了更高效的机车。然而，获得殊荣的“火箭号”（1830年）和实现大规模生产的“专利者号”（1834年）之间的差异，几乎不亚于“火箭号”与其笨拙但可靠的前身“旅行者号”（Locomotion）之间的差异。此后半个世纪里，火车机车的设计没有多大改变。

在19世纪30年代，又一轮投机热潮推动了铁路的发展。到1840年，将近2400英里的铁路把伦敦与伯明翰、曼彻斯特及布莱顿连接起来。一些新线路生意红火、实现盈利，而其他线路投资过度，且面临刑事和法律指控，遇到了麻烦。在股份公司的早期阶段，没有多少约束规则，那些成功将“临时股票变成黄金”的人声名鹊起。例如“铁路之王”乔治·哈德森（George Hudson），他在1845年控制了1/3的铁路系统。哈德森用开辟新路线筹集的资金来支付现有线路的股息，从而获得了可观的利润；由他推波助澜的40年代的铁路投资狂热，在1848年偃旗息鼓；他的投机行径暴露、遭到攻击，不得不逃离英国。但是这时全国的铁路线已经增加到8000多英里，铁路网已经从北方的阿伯丁延伸到南部的普利茅斯。

但是，铁路时代也缔造了英雄：斯蒂芬森和他聪明的儿子罗伯特、约瑟夫·洛克（Joseph Locke）、丹尼尔·古奇（Daniel Gooch）和博学多识的伊桑巴德·金德姆·布鲁内尔（Isambard Kingdom Brunei）。他们的巨大项目（轨距为7英尺的大西部铁路、先进的“大不列颠号”铁甲蒸汽船，以及18 000吨的“大东方号”巨轮）不仅让公众痴迷，也让那些不幸的出资人胆寒。切斯特顿（G.K.Chesterton）后来问道：“是哪批诗人向星星发射了这些巨拱？”这批被卡莱尔称为“工业领袖”的人，是比棉纺大亨更引人注目的企业家，塞缪尔·斯迈尔斯（Samuel Smiles）后来将他们形容为“自助自立”的典范。

在没有任何现代施工技术的情况下，英国人在短短的20年里建造了这种新的运输系统。“筑路工人”（据称在1848年有25万筑路工人）在啤酒和牛肉的驱动下完成了英国早期铁路这一巨大的大地艺术。19世纪30年代，英国工人的形象是可怜的工厂奴隶或饥饿的棉织工。到了50年代，其形象是身强力壮的劳工，他们能在6个月内让水晶宫拔地而起，他们被送到克里米亚战场去修筑铁路和营地，弥补了军队的软弱无能。然而，铁路耗费的资金是空前的：到1849年，铁路上的投资已不少于2.246亿英镑。1849年，铁路的总收入仍然很低，仅为1140万英镑；尽管到1859年，总收入已增加到2440万英镑，但铁路一直是一项收益稳定但很有限的投资，甚至一些铁路公司的收益远远达不到稳定的水平。1852年之前，客运的收益要高于货运；随后货物运输量有了增加，在很大程度上是因为铁路公司有计划有步骤地购买了其主要竞争对手：运河。这些运河的业主此前一直享有巨额利润，很不情愿在竞争中看着自己的金饭碗被抢。到了50年代中期，运河网的战略性河段已经归铁路公司所有，运河运输业务被无情地转移到铁路上。在这个工业发展中最具活力的领域，亚当·斯密所谴责的“资本家的阴谋”已成为事实。

政治与外交：帕默斯顿时代

铁路的繁荣时代恰逢政治的戏剧性变革。1842至1844年连续三年农业丰收，粮食充足，价格低廉。然而在1845年，恶劣的天气摧毁了收成，第一轮马铃薯枯萎病袭击了爱尔兰。反谷物法联盟的论点似乎得到了证实。皮尔试图在内阁推行自由贸易主张，但以失败并辞职告终；只是在辉格党无法组建内阁时，他才重回政坛。1846年2月，他提出了3年内取消谷物进口关税的一揽子措施。因此，他通过给《济贫法》和当地警察部队提供资金，赢得了（或者说希望赢得）绅士阶层的支持。但他的政党存在严重的分裂。那年5月，当他的对爱尔兰的高压政策受到谴责时，只有少数人支持他。在随后的选举中，约翰·罗素（Russell）回归，组建了辉格党内阁；此后辉格党和后来的自由党主宰了英国政坛。包括格莱斯顿（Gladstone）、阿伯丁（Aberdeen）和詹姆斯·格雷厄姆爵士（Sir James Graham）在内的皮尔派精英倒向辉格党；被削弱的托利党绅士现在发现自己的领导是前辉格党人德比勋爵、乔治·本廷克勋爵（Lord George Bentinck），以及从前的激进分子、外来的本杰明·迪斯雷利（Benjamin Disraeli）。托利党作为一个党派仍屹立不倒，但在接下来的30年里，只执政过5年。

那时有了更强大的党内管理，集中体现在圣詹姆斯宫的两个新俱乐部：改革俱乐部和（托利党的）卡尔顿俱乐部，两者均成立于1832年。但如果把政治立场设想成非左即右的，那就相当于把后来的标准硬套在了当时的政治上。那时候还没有全国性的政党组织，也没有什么政党纲领，公开演讲也很少见。领袖们——仍然主要是辉格党巨头——会在选举前（每7年举行一次）向他们最亲近的同僚（通常是亲戚）透露一些关于政策动向的暗示。有望当选的候选人前往可能获选的选区发表演说，在当地名人显贵中拉选票；只有获得体面的支持率，才有望“参加竞选”。

竞选活动耗资巨大，因此不能成为惯例。拥有领地的贵族在他们所在的“口袋选区”有着坚不可摧的地位。譬如，一个农民或手艺人想要通过公开投票，与伍德斯托克的布伦海姆宫（Blenheim Palace）的贵族一争高下，那几乎是自杀之举。同样，各郡县也由大家族掌控。在中等规模的选区，竞选活动更加开放，但成本也很高。这些地方的选民有时出现腐败行为。狄更斯在《匹克威克外传》（*Pickwick Papers*）中对此类情况有所描述，小说中伊墩斯维尔（Eatanswill）的情况就是这样。新获得选举权的大城镇有时会推选身无分文但很活跃的参选人，例如麦考利被选为利兹的议员。但更多的情况下，人们会投票给当地的富商——因为富商们通常有实力承担竞选的大部分费用。然而，有些情况在今天仍然很常见：英格兰比较保守，而“凯尔特人外缘地区”比较激进。

虽然1834年惠灵顿的短暂的临时内阁是英国最后一次由公爵担任首相的情况，但是权力仍然被控制在土地贵族手中。在议会中，辉格党仍然与托利党平分秋色。尽管在许多情况下，只是最近才达到这种状态，但这足以说明统治精英阶层不是一成不变的。皮尔和格莱斯顿都是牛津大学的优等生，而他们的上一代都是地方工商界的大亨。更令人瞩目的是本杰明·迪斯雷利的脱颖而出，这位冒险家兼小说家来自犹太教家庭，而犹太教民到了1860年才在英国获得完全的公民平等权利。

政府各部门在国内立法上花费的时间很少，而把更多精力投入在外国事务和军事上。这并不奇怪，因为后者占据了国家预算的1/3以上。自1815年以来，海军和军队都没有发生太大的变化。海军在1822年购买了第一艘汽船，一艘叫作“猿猴号”的拖船。1828年，海军又极不情愿地订购了其他几艘汽船。海军部的大臣们觉得“汽船的引入”是蓄意对至高无上的帝国的致命打击”。利用船桨来驱动，意味着要损失舷炮的火力，而风帆战舰可以服役多年；因此德文波特仍然在1848年推出了全帆三层甲板战舰。而此时，螺旋桨已经成功运用于小型船只，帆船的时代已临近末日。原来长期服役的陆军士兵大约为13万人；在1830年时，其中42%是爱尔兰人，14%是苏格兰人。这批军饷低下、住宿条件恶劣的士兵，维持了爱尔兰和各殖民地的和平。在许多小规模战役中，这支军队在印度和1839至1842年对中国的鸦片战争中，扩大了英国的贸易和影响力——是为了捍卫自由贸易商人的利益，而不是为了保护没落的特许公司。

英国渐渐从欧洲事务中淡出，也反映在它的外交政策上。拿破仑战败后，欧洲大陆保守派领导人，尤其是俄罗斯的沙皇亚历山大一世，试图通过大国的定期会议在欧洲建立合作体系。但即使在1814年，英国外交官也希望通过传统的权力平衡手段来实现安全——即使这意味着要复兴法国作为抗衡俄罗斯的平衡力量。从那时到1848年的大部分时间里，英法之间维持着一种默契的协议；但是在1830年，这层关系受到了干扰：信奉天主教的比利时脱离了荷兰——看起来似乎可能落入法国的势力范围。不过这一问题很快有了解决方案：比利时保持中立，同时其新王室与英国保有密切联系——所有这些都以《伦敦条约》（1839年）为保障。1914年8月，德国违反这一条约，终结了长期的和平。

英国和法国之间的其他问题不太容易解决，因为这些问题与奥斯曼帝国的逐渐衰落有关。英国希望把奥斯曼帝国作为缓冲，来抵御奥地利和俄罗斯在巴尔干地区的扩张。在这段时期的大部分时间里，占主导地位的人物是帕默斯顿（Palmerston）。1830年，46岁的他才刚刚开始从事外交事务，他挤进了白厅脏兮兮的外交部（在外交部权力鼎盛的时候，才只有区区45名工作人员）。在那里，作为外交部的实权派人物，他一干就是30年。他是热忱的爱国主义者，但在一定程度上也是一个自由主义者。然而，在1847年，欧洲最著名的英国政治家不是帕默斯顿，而是自由贸易的积极倡导者科布登。他在欧洲各个首都备受欢迎；各个东道主确信一件事：保守的君主制度行将就木，自由主义时代的黎明即将到来。

1848年初，马克思和恩格斯代表一小群德国社会主义者，在伦敦起草了《共产党宣言》，预言在资本主义最发达国家的工人将领导一场欧洲革命。2月24日，巴黎爆发反对路易斯·菲利普（Louis Philippe）的起义；随后柏林、维也纳和意大利各省也相继爆发革命。但是英国没有出现这种情况。当宪章派于4月14日向伦敦发出最后一次大规模请愿时，英国一时出现了恐慌：当局临时征召了一万名特别警员；内政部则买通了各电报社，令其一周内不得为宪章主义者服务。就像率先在欧洲大陆发动起义的是中产阶级志愿大军，英国警察可能比宪章派更加感到不满。但是警察对政府绝对忠诚，革命没有在英国发生。肯宁顿公地上的宪章派解散离去，请愿运动结束，议会笑到了最后。

但欧洲也没有重演1793年的情景。巴黎的共和政府希望与英国保持合作，坚决反对国内的激进分子，也不打算向国外输出革命。帕默斯顿不希望改变权力平衡，但他提倡立宪体制，并主张奥地利应从意大利撤军。这种温和的政策没有取得成功，英国没能保住自由主义者所取得的任何成绩。英国实施了土地改革，并赢得了农民的支持；俄罗斯给奥地利提供援助来镇压革命者，使其可以腾出手来处理其他事务。这些举措使得旧的专制体制东山再起。但此时的奥地利正在苟延残喘，而俄罗斯人在东欧开始占据令人担忧的主导地位。

融合

《谷物法》的废除、1848年紧急情况的妥善处理，以及铁路的迅速扩张，不仅使经济形势充满了希望，而且新的政治共识也为经济发展奠定了坚实的基础。农业的利益有所损失，但农业生产的高效率使其能够抵御外国的竞争。与此同时，资产阶级意识到，它必须与旧的统治阶级合作，才能控制工业工人；还要向工人做出足够的让步，才能避免爆发政治动乱。在这种背景下，铁路、蒸汽船和电报都极为有用（特别是与纺织业相比）。“富有魅力”，成为工业化极具吸引力的广告。从功能上讲，新兴行业汇集了土地、商业和工业等资源，也让律师们发了大财。

到19世纪50年代，法律将劳工阶级纳入其中，或者说至少将他们的领袖纳入其中。诸如工程师和木匠这样的技术工人组建了“新模式”的工会；他们不再向政府施压、要求政府以国家权力干预，而是强调契约平等。他们不是通过公开示威，而是通过对两党议员施加外交压力来发挥作用。他们在做事程序和形象上摒弃了旧的、类似阴谋社团的盟誓和神秘主义，而是近乎保守地恪守法律条文，注重捍卫他们作为劳工阶级代表的尊严。

经济和社会理论也在朝着“融合”思想的方向发展。早期的古典经济学具有颠覆性，且持悲观主义态度，马克思所发展的那一分支仍然如此。但约翰·斯图亚特·穆勒（John Stuart Mill）在他1840年的《逻辑学》（*Logic*）和1848年的《政治经济学》（*Political Economy*）中，将功利主义与渐进的改革以及对温和的劳工领袖的同情加以调和。穆勒惊讶地发现，他的《逻辑学》［该书大量借鉴了圣西门（Saint-Simon）和奥古斯特·孔德（Auguste Comte）的法国社会学传统］居然成了古老大学的正统，当时这些大学正在从牛津运动的创伤中恢复过来。但是，作为“理性主义的圣徒”的米勒，出于对英国浪漫主义诗人的热情，成功地使他那融合了功利主义、伦理上的个人主义和改良派“社会主义”的思想被当局的改革者所接受。这些改革人士借本世纪中叶发展起来的高品位的文学评论，广泛传播穆勒的思想。

在倡导政治融合的人看来，“法治”远没有实现。戴西（A. V. Dicey）用“法治”这个词来形容19世纪的政府，他本人在19世纪60年代写道：“作为约翰·史密斯的约翰·史密斯是无法被禁止的，但作为工匠的约翰·史密斯却能受到禁止。”但他预计，选举权的扩大将结束这种不公平现象。这一点在后来基本实现了。

那么，谁仍然置身“法律之外”呢？爱尔兰人曾经受伤太深。奥康奈尔留给新一代爱国者的遗产是“废除联盟”。虽然信奉天主教的中产阶级像苏格兰人一样，迫切地想在英国的主流社会中找到自己的生存空间，但大饥荒使爱尔兰民族主义者而变得更加咄咄逼人，并且将来可能会得到移居美洲的同胞的帮助。移居殖民地的人，可能因为移植了英国的体制而感到自豪——但正如移民局所知，海外遗民们的法律概念里并不包含给当地人的权利。当法院维持广派教会那模糊且无所不包的教义时，高派教会和低派教会都心怀不满。他们虽然无法驱逐广派教会，但可以给维多利亚时期的城市建筑和宗教礼拜活动带来不可忽视的影响。

早在1859年达尔文的《物种起源》问世之前，知识分子就接受了政治和社会进化的概念，如丁尼生所写的，“自由缓慢地向下延展，从一个范例到另一个范例”。托马斯·卡莱尔虽然并不倾向自由主义，但赞扬自力更生和职业道德，赋予个人主义近乎宗教的品质。约翰·斯图亚特·穆勒成为维多利亚时代中期自由党的核心人物，他不同寻常，只是因为他希望将“融合”的思想扩展到政治上被忽视的另一半人口——女性（其公民权和法律平等权发展缓慢，但在19世纪50年代开始加速）。另外两位桀骜不驯的才智超群之士很难约束。约翰·拉斯金（John Ruskin）是“牛津大学毕业生”，他的作品《现代画家》（*Modern Painters*）在1843年引起轰动。他把对贵族的尊敬与认为经济和环境越来越具破坏性的观点结合起来。但与罗伯特·欧文相比，他的直接政治影响微乎其微。没有人比查尔斯·狄更斯（Charles Dickens）更猛烈地抨击法律的拖沓和不公，然而也没有人比他更担心革命和无政府状态的后果。前者有“兜圈子衙门”、泰特·巴纳克尔斯（the Tite Barnacles）、庄迪斯诉庄迪斯案（Jarndyce vs Jarndyce）的例子，后者有斯莱克布里奇（Slackbridge）、德发日太太（Madame Defarge）和比尔·赛克斯（Bill Sikes）的例子。戴西的评价恰到好处，他将狄更斯与沙夫茨伯里并列为推动公众舆论走向“积极”改革立法的力量。

好斗的非国教教徒和传统的激进主义者有自己的世界观，与当权派的世界观相差甚远；但当权派却把触角伸向了他们。19世纪40年代，中产阶级在阅读“工业小说”，如迪斯雷利的《西比尔》（*Sybil*）。他们对大城镇的生存条件既感到担忧又十分着迷，城市的问题使他们联想到自己，并试图通过个人主义道德去解决它们。但是盖斯凯尔夫人（Mrs Gaskell）的《玛丽·巴顿》（*Mary Barton*）和查理·金斯莱（Charles Kingsley）的《奥尔顿·洛克》（*Alton Locke*）无法提供任何这样的保证——对于小说中最具英雄气概的人物来说，唯一有效的解决方案就是移民。在小说《艰难时世》（*Hard Times*）中，当要考虑如何改善焦煤城曼彻斯特居民的未来时，狄更斯曾经发出的卡莱尔式的辛辣讽刺，现在出现了动摇并消失了。

但焦煤城没有几个人有时间或金钱来阅读文人围绕他们的困境所写的小说，人们也不太了解他们在阅读什么东西——尽管他们的阅读习惯显然受到文学激进分子和中产阶级的共同影响。《纪事晨报》（*Morning Chronicle*）的早期社会调查员亨利·梅休（Henry Mayhew）将柯贝特（Cobbett）和黑兹利特（Hazlitt）的新闻传统延续到了19世纪60年代；而来自同一个反世俗环境的狄更斯则摈弃了这一传统。我们知道，工会中的“劳工贵族”会阅读那些地位比他们更高的人希望他们读的东西，宗教信徒仍然读他们的《圣经》和《天路历程》（*Pilgrim's Progress*），但是那些“粗人”和“酒馆群体”读什么呢？在渔港上、织工中和农场里，民间传统得以保留，并不断发展。19世纪后期，一位美国教授发现，2/3伟大的英国传统民谣仍然在苏格兰东北部的“农场”中传唱；在那里，更为平民化的“茅屋民谣”在耕夫和马车夫中传播着有关农民的故事。同时，“骑手语录社”保留了一种原始但有效的工会主义思想。

乔伊斯·加里的小说《非蒙主佑》（*Except the Lord*，1953年）描写了维多利亚时代中期一位激进的青年政治家。小说的主人公切斯特·尼姆（Chester Nimmo）走进了游乐场的帐篷里，一群演员正在表演《玛丽亚·马登，或红色谷仓谋杀案》（*Maria Marten, or the Murder in the Red Barn*），这部19世纪经久不衰的情节剧，是根据1830年“斯温船长”起义前夕发生的真实谋杀案改编的。下面是尼姆的反应：

> 我们看的这出戏，数百万人都看过。讲的故事是富人对穷人施加的最残酷的伤害。全剧竭尽可能地展示了穷人的美德、无辜和无助，以及富人们无耻的残酷和无情的自我放纵。
>
> 这只是数百部此类戏剧中的一部。我常常纳闷，这样的宣传怎么没有给英格兰带来一场流血的革命，跟法国、意大利、德国几乎所有其他国家一样。这宣传的力量是巨大的呀！正如我所说的，这对我自己的生活起了决定性的作用……

作为一位敏感且具有历史意识的小说家，加里似乎感受到了劳工阶层中一种深深的怨恨和不满——而这些，被掩盖在劳工阶级具有的政治尊严和自助精神下面。可政治上的“融合”、一排排干净的工人住宅、越来越华丽的小教堂，以及仍然锁着门的礼拜日公园，都未能抚慰工人们心中的怨恨和不满。

| 第九章 |

自由时代

（1851—1914）

H.C.G. 马修（H.C.G. Matthew）

自由贸易：工业经济的猖獗

1851年的世界博览会，展现了英国在世界市场上的优势地位。但是来自欧洲大陆的许多展品，尤其是来自德国各州的，会让英国制造商在细看其优异技术时，驻足惊叹。由宫廷赞助并由贵族组织的这次博览会，反映了英国对经济发展和自由主义的重视。博览会点燃了公众的热情。一列列专用的火车把参观者从全国各地载往伦敦，这是一个令人疲惫但又令人振奋的长途一日游。对于许多普通人来说，这是平生第一次访问伦敦。展览的成功，令当时的人们惊叹不已。参观人数每日在报刊上公布，到最后，共售出600多万张门票；甚至有一天，超过10.9万人参观了“令人炫目的透明玻璃拱”——设在海德公园、由约瑟夫·帕克斯顿（Joseph Paxton）设计的展览馆：水晶宫。博览会的丰厚收入，后来用于建造南肯辛顿的多座博物馆。庞大的人群举止得体，公开拥戴君主制。有产阶级成员对自己感到庆幸：19世纪40年代的紧张、一触即发的革命气氛，在50年代转为平静；到60年代，社会气氛已经变得非常自信。在展览会上出售的一首街头民谣，突出反映了一种奇特的融合——工匠的自力更生精神、崇尚自由贸易的国际主义和推崇君主体制的沙文主义——这种融合的主张，也是本世纪剩余时间里英国民众生活的基调：

> 哦，英格兰最大的财富，当然是诚实的劳动者……这是一个光荣的景象：成千上万的人在此相聚，不分宗教和国籍，彼此友好地致意。
>
> 像来自同一个强大祖先的子孙，愿这个神圣的纽带不断延续，愿沾血的战争之剑收起，代之以和平的橄榄枝。
>
> 但是请听！号角已吹响，维多利亚女王确实莅临，她将和我们永久在一起，她是我们赞颂的君主。我相信每一颗心都会响应我下面的倡议——让她的朋友如意、富足，让她的敌人深陷混乱。

此类民谣的基调，说明了帕默斯顿勋爵亨利·坦普尔（Henry Temple）深受人们爱戴。1852年组建的阿伯丁勋爵的联合政府，在克里米亚与俄罗斯开战（1854—1856）；战争中的失利导致联合政府解散——此刻的帕默斯顿在废墟中脱颖而出，出任首相。他一直担任首相，领导着自由党联合政府，直到1865年10月去世——中间只有一次短暂的间歇。帕默斯顿极度自信，将英国看作唯一的世界强国；他集贵族、改革家、自由贸易的倡议者、国际主义者和沙文主义者等多种角色于一身，并成功地同时扮演了所有这些角色。

1851年的大博览会所展示的社会，其真实情况到底是什么样的呢？同一年的人口普查提供了更多的统计分析。两个事实引发了公众的想象。在英国本岛，居住在城镇的人口（尽管通常是相当小的城镇）有史以来第一次超过乡村人口——这与过去、与任何其他经济体形成鲜明对比。英国经济致力于发展以城镇为基础的制造业、运输业和服务业，自由贸易运动不是设计出来的，而是伴随着这一过程应运而生。自由贸易的曙光让人们忘记了19世纪20年代自由派托利党的梦想，即经济可以在农业和工业之间保持平衡。农业仍然是最大的产业，在50年代和60年代其产值和产量确实有了显著提高。但人口的增长集中在城镇，而且劳动者离开了土地、进入了城市。70年代，随着北美大草原的开发，英国农业面临危机；但是捍卫农业利益的人寥寥无几。70年代的“田间造反”是一个错综复杂的事件，失业的劳动者因工资下降而组织了这场运动，最后地方行政长官和农场主不得不调军队来收割庄稼。到了50年代，英国（特别是英格兰北部和中部，南威尔士和苏格兰南部）借助于亚当·斯密的世界贸易“看不见的手”的作用——而不是任何有意识的政治决定，坐上了国际资本主义的过山车：乘车者除了眼前忽高忽低的车轨，什么也看不见，前方是没人到过的地方。城镇人口过半的国家，还没有先例——也许这就是为什么英国人如此眷念农村的景象和传统。

1851年的人口普查中，一个统计数据引起当时人们的注意，即关于宗教的状况。这是有史以来唯一一次试图评估英国参加宗教或不参加宗教礼拜活动的人口普查。关于统计数据，虽然存在一些争议，但要义不容置疑且令人惊讶：

> 只有部分英格兰人和威尔士人去教堂；而且在所有参加礼拜活动的人当中，英国国教徒勉强过半。英国总人口17 927 609人，去教堂参加礼拜活动的人分别是：
>
> 英国国教徒　　5 292 551人
>
> 罗马天主教徒　　383 630人
>
> 新教教徒　　4 536 265人

在潜在的上教堂去做礼拜的信徒中，超过525万人留在家中。这次人口普查是非国教徒的胜利。他们要求拥有更大的政治代表性和关注度，现在他们的要求得到了所有维多利亚时代中期最强大武器——“事实”的支持；这些要求也得到了查尔斯·狄更斯笔下的兰开夏郡制造商葛雷硬先生（Mr Gradgrind）的赞同。

19世纪50年代的英格兰城镇化水平越来越高，或许也越来越世俗化，当然也越来越去国教化。维多利亚时代中期的政治反映了这些趋势，所有趋势都朝向自由主义。

1847至1868年间，托利党（1846年分裂后，党派的残余部分被视为保护主义者）连续在六次大选中失利（1847年、1852年、1857年、1859年、1865年、1868年）。托利党败选这一点是明确的，但是谁赢得了这几次大选，却说不清楚。多数派政府依靠四大群体的支持：辉格党、激进分子、自由主义者和皮尔派（1846年罗伯特·皮尔爵士的追随者）。而这种支持总是容易解体。维多利亚时代中期经典的政治模式总是这样，联合政府由上述所有或大多数团体组成，各派之间相互妥协和讨价还价，直到再也无法达成一致，然后就到了崩溃的地步：政府将在不解散议会的情况下下台；托利党将组成一个少数派政府；在此期间，非托利党党派将化解他们之间的分歧，团结一致击败托利党，强制解散议会，赢得大选，并重新夺回权力。这一总体模式解释了为什么在1852年、1858年—1859年、1866年—1868年的内阁由占少数的托利党组阁（德比/迪斯雷利）。

因此，1846年至1868年间的政治制度将托利党人排除在权力之外，同时又允许他们偶尔以少数派执政。在同一时期，由阿伯丁勋爵于1852年首次组建的多数派联盟，逐渐融合成“自由党”；19世纪60年代，这个联盟经常被称为“自由党”。尽管如此，它仍然存在内部分歧，易于解体。在行政层面，辉格党、皮尔派和帕默斯顿勋爵占主导地位。在很大程度上，他们的统治是因为人们的容忍。19世纪40年代，反《谷物法》联盟中所体现的中产阶级政治意识的高涨，使政治家们明白，只有与中产阶级的期望达成一致，才能维持旧的政治结构。在1853至1859年、1859至1865年间，来自皮尔派的财政大臣威廉·埃尔特·格莱斯顿提出的一系列重大预算，力图在财政上满足这些期望。制造业阶层想要自由贸易，格莱斯顿就确保他们如愿以偿。

“自由贸易”当然不仅意味着取消保护性关税。“自由贸易”或“自由放任主义”是简略的术语，体现的是一整套政治、社会和经济组织的哲学原理。1848年首次出版的约翰·斯图亚特·穆勒的《政治经济学原理》，堪称维多利亚时代中期的自由主义手册。该书言简意赅地点出要义：“简而言之，自由放任主义应该具有普遍意义：任何脱离它的行为，除非出于某种大善，否则必定是一种邪恶。”这套理论设定：国家应该靠边站。穆勒等人把“国家”与社会对立看待，是基于个人可以而且应该独立行事的假设。个人主义、自尊、自立及自愿组建合作性社团，这些都是维多利亚时代中期自由主义的要旨。因此，经济应该是自我调节的；无论是消费者还是生产者，只要手持塞缪尔·斯迈尔斯（Samuel Smiles）的《自助》（*Self-help*，1859年），都应该可以在经济活动中自由地以自己的方式行事。

这种个人主义思想，来源于广泛流行的社会进化论者的著作。查尔斯·达尔文的《物种起源》（1859年）并非从天而降：它自然地融入并超越了一系列关于进化论的文章。无论是在个人、国家还是全球层面，进化的概念，以及随后的“进步”的概念，都渗透到了维多利亚时代生活和思想的各个方面。因为进化是由科学定律决定的（这种观点通常被称为“实证主义”），所以人的责任是发现并遵守这些定律，而不是干涉它们。因此，大多数实证主义者［如担任有影响力的周刊《经济学家》编辑的沃尔特·白芝浩（Walter Bagehot），写了多部社会学著作的赫伯特·斯宾塞（Herbert Spencer）］都是强有力的自由放任主义支持者。

一个人要有所成就，他或她必须做好准备并具备知识：自由社会的核心是具备知识，以及评论知识的自由。道德的选择必须是知情的选择：心怀同情心的自我意识和自我发展，是乔治·艾略特（玛丽·安·埃文斯）小说的主题；她自己的一生，就是维多利亚时代中期的自由精神的实践和硕果。

1855年和1861年两度废除“知识税”（对报纸征收的印花税，以及对纸张征收的关税和消费税），成为弥足珍贵的自由立法的典范。废除这些税收，才可能促使伦敦和地方上自由报业的诞生，它既是自由主义英国的缩影也是其保障。19世纪五六十年代，日报和周末报都迎来了蓬勃发展；特别是在地方上，绝大多数报纸在政治和一般性观点方面都非常开放。到1863年，英国的报纸超过了1000家，其中绝大部分是新近创办的。例如，在1867年的约克郡，86家当地报纸中有66家是在1853年以后成立的。在伦敦，《每日电讯报》（*Daily Telegraph*）于1855年重新创刊，作为一便士日报和自由报业的旗舰，其发行量在1871年达到了20万份，远远超过了《泰晤士报》。新创办的地方报纸秉承了《每日电讯报》的风格，毫不掩饰地热情歌颂进步主义。1862年，格莱斯顿巡视纽卡斯尔造船厂，这家业界领先的报纸就此次巡视发表了下面的社论，充分体现了这种风格：

> 如果我们向德比勋爵（托利党领袖）献上一朵政治三色堇，并告诉他“那是为了纪念”时，那是因为“保护主义”的低劣谬论和疯狂不能仅仅因为它们已被宽恕而被遗忘……自由贸易戴上荣耀的绿色桂冠已十载，她的手上还握着法国条约（1860年签署的自由贸易协定）这一未来征服的象征，我们终于将“自由贸易”请上了永久的神座。

到了19世纪60年代，自由贸易（具体来讲就是不设保护性关税）已经成为英国政治的核心正统，几乎与新教传承一样不可动摇。古典政治经济学家取得了完胜，因为他们的信仰中最根本的信条已经被确立为一条被广泛接受的政治原则，只有固执、任性、自负、顽固、守旧的政治家才会否认它。正如迪斯雷利所说，议会前座的托利党政治家们很快就认识到，如果他们想要自己的政党再次成为多数党，他们必须接受：保护主义“不仅已经死了，而且该死”。托利党的预算案变得与自由党的一样，也全心全意地服务于自由贸易。

在财政政策领域之外，关于“自由贸易”应该走多远，意见不一。19世纪五六十年代，自由主义运动内部的压力集团倡导了一系列“消极的”自由贸易措施：废除国家教会，取消强制性教会税，取消进入牛津、剑桥及公职的宗教测试，取消对土地的转让或使用的限制，终止基于赏赐制而委任公务员。除此之外，在60年代，各个选区广泛兴起了要求进一步改革议会的运动；这一要求受到许多但不是所有自由党议员的欢迎。对这些问题进行立法的自由党，并不是现代意义上的“政党”，而只是一个错综复杂、相互关联、各为其主的松散联盟——其最基本的共同点是都崇尚、忠于自由贸易的经济。在联盟内部，存在许多提倡改革的利益集团，特别是宗教性质的。60年代的一次大规模的宗教复兴，使自由党内部增加了许多宗教活动家，也激发了他们更大的热情去抒发意见，或为党派的成功而卖力。罗马天主教徒、非国教教徒，甚至世俗主义者，都在这一广泛的进步运动中找到了自己的声音——这些声音因他们对圣公会和国立教会的敌意而形成共同的强音。在整个19世纪，人们投票给自由党的最重要的社会原因或许是，非国教力量太壮大了。然而，自相矛盾的是，该联盟的领导层是清一色的英国圣公会成员，虽然是温和的改革派。因此，就改革的速度，联盟的领导层和更激进的支持者之间有相当大的争议。总的来说，领袖们（帕默斯顿、约翰·罗素勋爵、格莱斯顿）想进行温和的改革，这将有助于加强整个圣公会的地位；而激进派要求的改革是：逐渐取消圣公会的国教地位。于是，双方只能达成有限的一致，例如同意取消强制性教会税，但同时就其政策的最终目的存在分歧。这种政治方法的最大成就是

1869年在爱尔兰取缔圣公会的国教地位。

善于表达的工人阶级成员参加自由党，特别是在选区一级，是非常重要的。在19世纪30年代和1840年代初期，宪章派所提出的六点要求，根据当时的政治情况，不可能被拥有政治权力的阶级所采纳。到50年代后期，激进的宪政改革运动（通常由前宪章派成员领导）只要求改变选举权——即使在这方面，最多也只是要求赋予每个家庭男性户主选举权（称之为“家庭选举权”）。两个党派的政治领导人，尤其是自由党的，要满足这些要求并不困难。两党出于各自的盘算，也都想改变现在的体制。一些托利党人希望改变它，因为从1847年开始，他们的经历表明，他们无法在现有制度中赢得大选。包括格莱斯顿和约翰·罗素勋爵在内的一些自由党人，希望稍稍扩大选举权的覆盖面，以便包括更多自由主义工匠——这些都是坚定的个人主义者，支持自由党的削减开支和改革计划。一些激进分子，如约翰·布莱特，希望实行“家庭选举权”制度，为自由主义提供一个更加全面的基础；尽管如此，他们很快就指出，他们不希望把投票权给予所谓的“社会残渣”（即：穷人、无业者、“不节俭者”、身无分文的人）。罗伯特·罗伊（Robert Lowe）等一些自由主义者，虽然对普通立法持激进态度，但不相信任何走向“民主”的变革，因为他们认为“聪明阶级”会被它淹没。一些保守党，如后来的索尔兹伯里勋爵，担心家庭选举权制度会因增加所得税等直接税而使财产受损。一些辉格党人认为，没有理由去改变一个总是选出非托利党掌控的议会的制度。

帕默斯顿回应了上述最后一派人的观点，并在没有承诺实行选举权改革的情况下，赢得了1865年的大选。同年秋天，帕默斯顿去世。继任的罗素于1866年与格莱斯顿推出了一项主要针对城镇的、非常温和的改革议案，结果导致内阁分裂：党内一部分人认为该议案过了头，另一部分人觉得还不够，但都对议案不予支持。随后，第三届德比/迪斯雷利少数派托利党政府提出了自己的城镇选举改革议案，从而放弃了反改革派的立场。某种形式的改革已成必然：当迪斯雷利意外宣布接受家庭选举权修正案时，自由党开始了习惯性重组；该法案随后被通过，其形式比前一年罗素—格莱斯顿提出的议案更具戏剧性，也更彻底。1832年的选举制度已经终结：此后一直到1918年，城市政治的规范已经建立（1884至1885年，各郡县的男性也获得了类似的投票权）。在1868年极度混乱的情况下，自由党获得112个议会席位，以占绝大多数的优势赢得大选，再次证实其在1865年选举中所确立的主导政党的地位。事实上，1867年的《改革法案》改变了政治游戏的规则，使得多数派托利党执政再次成为可能。但是这是1874年由迪斯雷利领导下的托利党政府，这届政府并没有认真地试图否定过去30年来自由主义的任何主要成就，当然也不会更改自由贸易的核心要件。

格莱斯顿第一届政府（1868—1874）的头几年里，这些改革的压力达到了顶点：到1874年，19世纪中叶自由主义提出的许多要求得到了满足。19世纪60年代和70年代初，自由党不仅取缔了爱尔兰教会的国教地位，还废除了强制性的教会税、"知识税"、牛津和剑桥入学的宗教考试，以及军职买卖；自由党对爱尔兰的土地问题，以及在英格兰和苏格兰的教育问题进行了立法；实行竞争上岗，放开了公务员招录制度；他们引入有限责任制，使资本主义对投资者来说相对安全。在这些改革举措之上，自由党政府优先考虑的是支持自由贸易的财政政策、适当的政府会计制度、最低预算以及削减开支。

尽管政治上一直存在拉锯和纷争，但这轮巨大的改革浪潮并没有受到严重阻碍。甚至确立圣公会的国教地位（完全捍卫其国立地位，一直是保守主义在本世纪上半叶的核心号召力）这件事，在一定程度上已经明确而有效地终结了：削弱圣公会的地位，在30年代还仅仅是一个激进的梦想，到了70年代已然成为现实，而且几乎没有遇到明显的抵制。托利党的最后一张牌，即无须选举产生的上议院，仅能发挥有限的作用：延迟废除纸张税，推迟废除教会税、无记名投票选举以及取消大学的宗教考试。有产权阶级和劳工阶级已经开始携手合作意欲大规模清理自由党掌舵的国家之船的甲板。

“自由贸易”成为主流思潮的时候，恰逢经济繁荣时期，这一时期从19世纪50年代初持续到70年代初。当时的人们认为，自由贸易促成了经济繁荣，——但是经济史学家对此表示怀疑。取消关税壁垒，可能只会对英国经济产生微不足道的影响；但在全国都在致力于经济发展这一大背景下，对“自由贸易”的重视，刺激了所有阶层共同的创业热情。从数字来看，本世纪中叶的经济繁荣并不惊人，而且这里面还存在轻度的通货膨胀。但这一段时间的经济发展至关重要——因为这似乎表明，20至50年代期间一直是当务之急的“英格兰状况”问题，可以或正在被在现有的社会和政治框架内运作的市场力量解决。即使19世纪60年代兰开夏郡的“棉花饥荒”所造成的困境（当时英国棉纺厂的主要原料供应地是美国南部的种植园，美国内战切断了这一传统的原材料来源）也没有造成持久的政治影响；有产阶级感到庆幸，地方上的举措和自愿捐款，似乎足以让威斯敏斯特政府避免对兰开夏劳工的苦难承担任何直接责任（尽管实际上政府的贷款计划也起了重要作用）。

与任何其他国家相比，19世纪50年代至70年代期间，英国经济在其复杂性以及产品和活动的范围来看，都非常出色。英国拥有丰富的早期工业经济的基本原材料——煤和铁；由于大陆国家需要进口英国的煤和铁，来为自己的工业化提供基本原材料，英国这两种大宗商品的世界性优势更为凸显。一个生机勃勃的制造业生产出各种各样的物品，从船舶和蒸汽机到纺织品，再到装饰维多利亚时代家居的林林总总的小商品；英国船只把出口的商品运往世界，让整个贸易世界都留下维多利亚的烙印。这种活跃的工业活动，依赖于坚挺的货币，以及一个有时候会失灵但相对比较稳定的银行系统；特别是从19世纪70年代开始，银行系统在经济中发挥着越来越重要的作用。

流动人口：城镇和乡村

到1870年，经济进步的浪潮造就了一个工业化和城镇化水平更高的国家和经济体。1851年，尚有人认为城镇的增长难以为继——而事实上这样的势头在加强。到1901年，英格兰和威尔士只有1/5的人生活在所谓的“农村地区”；也就是说，80%的人口已经城市化了，这个比例比任何欧洲国家都要大得多，而且直到20世纪70年代，这一比例几乎保持不变。到1901年，超过5万居民的城镇有74个；伦敦（维多利亚时代人们称之为“大都市”）的人口，从1851年的230万增长到1911年的450万（如果算上所有郊区人口，则为730万）。增长最快的不是利物浦和曼彻斯特这样的传统“工业革命”城市，而是围绕工业中心地带形成的城镇群，如索尔福德（Salford）等。城市扩张的这些区域，构成了维多利亚时代晚期城市规划理论家帕特里克·盖德斯（Patrick Geddes）所称的“城市聚集区”：一大片工业化和城市化的区域，其中若干城市合并形成一个事实上的非农村单元。到1911年，英国有7个这样的地区；而当时没有一个欧洲国家有超过2个。它们是：大伦敦（730万人）、东南兰开夏（210万人）、西米德兰兹（160万人）、西约克郡（150万人）、默西塞德（120万人）、泰恩赛德（80万人）和中克莱德赛德（约150万人）——所有这一切都发生在1911年在本岛只有4000万人口的英国。一些城镇，如生产钢铁的米德尔斯堡（Middlesbrough），在半个世纪里从几乎没有人烟增长到12万人口。大多数这些“城市聚集区”都有一个不小的爱尔兰社群，因此这些地区的政治色彩比其他地方更偏向“橙色和绿色”。在本世纪末，伦敦和利兹也吸收了大规模的犹太社群，他们是如同爱尔兰饥荒一样凶猛的东欧“农村人口外流”的受害者。

当然，这种速度的城市增长，在20世纪的欠发达国家中相当普遍，但在19世纪没有先例。要概括这些城镇的特点并不容易。它们的建筑风格和标准各不相同：从格拉斯哥坚不可摧的石头经济公寓，到矿区城镇通常由劣质砖建成的“背靠背，双上双下”小房子，再到中产阶层居住的体面郊区别墅。此类住房的一个共同特点是几乎全部都是用于出租：自住业主很少见，虽然到本世纪末变得更加普遍。一些关心当地居民的城市，对城镇有良好的市政规划，建设了公园、图书馆、音乐厅和浴室等公共设施；另一些地方则任由投机开发商的自行其是。

这些不断发展的城镇由铁路主导，铁路首次造就了全国一体化的经济。火车站和铁路编组站会占用城镇的空间，从而改变了城镇中心的面貌；铁路提供了便宜的交通工具，使得境况较好的人可远离市中心、居住到郊区；铁路也会让一切蒙上一层烟尘。肮脏和喧闹，是维多利亚时代城市的特征：火车、工厂和房屋的烟囱以及马匹带来污物；行进在圆石路上的手拉车、马车和马匹制造各种噪声。当汽车运输在20世纪初开始取代马匹时，每个人都注意到：城镇中心变得更加安静、清洁了。但噪声、污秽和糟糕的住房与人们的适应能力有关：改善城市生活的需求变得强烈，是一个缓慢的过程。对于许多维多利亚时代的人来说，生产是他们生活的理由，佛罗伦斯·贝尔夫人在她的著作《在工厂》中，很好地表达了这一观点。这是一部研究典型工业城镇米德尔斯堡的经典著作；米德尔斯堡的存在只为一个目的，那就是制铁：米德尔斯堡没有浪漫的过去，没有堂皇的传统，但是这种飞速的巨大增长，赋予了它别样的浪漫和尊严；这是实力的尊严，能够在没有历史基础、没有时间基座的支撑的情况下，凭借其自身纯粹的力量而屹立不倒的尊严……虽然它可能没有古代的魅力和美丽，但没有一座制造业的城镇会缺乏自己独特的趣味和风景。高大的烟囱、粗笨的窑炉和熔炉，透过冬日下午的烟雾隐约显现，犹如城堡的塔楼和尖顶。黄昏和黑夜是观看炼铁城的理想条件：白天是烟云柱，夜晚是火焰柱。

在大博览会之后的20年里，这些城镇的活力（在一定程度上，受到博览会上展出的机械装置的激发）转移到了乡村。“高级农业”（投资于化肥、排水系统、建筑物、收割机和脱粒机等农业机械，以及与新铁路连接的道路建设）从表面上驳斥了自由贸易将对农村造成打击的论点；高级农业还帮助乡村实现现代化，无论是道德上还是物质上；甚至在农村，人们担心传统宗教的延续问题，因为许多人开始不信奉国教，甚至转向唯物主义。

精力充沛、积极进取的一代农民赢得了财富，过上了安东尼·特罗洛普（Anthony Trollope）的巴塞特郡（Barsetshire）系列小说所描绘的宁静、休闲的郡县生活。1868年，英国消费的食品中有80%仍然是本国生产的。但是，尽管推行了“高级农业”，许多地区，尤其是爱尔兰和苏格兰，仍然严重缺乏资本投入；20世纪初期，苏格兰高地的北部和西部地区，仍然普遍靠脚犁耕地、人力扬谷。

在19世纪70年代，连年歉收，北美大草原的开发，以及往返英国与海外羊毛产区又快捷又便宜的航运，导致了“大萧条”。只有牛奶、干草和秸秆的生产没有受到严酷的外国竞争的冲击。特别是粮食价格大幅下跌，打击了以产粮为主的英国东部地区；但农场主，尤其小农场主，反应迟缓，不愿接受粮价的持续下跌，也没有及时调整去适应对乳制品的新需求。西部牧区受到的影响较小。随着城镇的发展，农业在经济中的重要性在下降——经济的萧条加速了这一过程：1851年农业占国民收入的20.3%，到了1901年仅占6.4%，英国的大部分食品和羊毛等原材料都依赖进口——这一事实具有相当重要的战略意义。即使在保守党内部，对保护农业的呼声也没有做出什么反应，当然也没有改变支持自由贸易的财政体制。一些主张土地改革的自由党人不搞保护主义，而是提倡小规模农业（1885年的“三英亩加一头牛”运动）作为解决方案；为苏格兰高地设立的“小农场委员会”（1886年），有权建立不受地主干预的小农团体——此举是英国本土土地改革中唯一的重大成就，从长远来看也很是了不起。

城镇里工时更短、工资更高的吸引力，19世纪五六十年代的机械化，本世纪最后25年的农业萧条，都导致了大规模的农村人口外流——大部分流向苏格兰和英格兰的城镇；其余的一些流向煤田（特别是在威尔士），一些流向英国的殖民地，一些人参了军。1861至1901年间，英格兰和威尔士农村男性劳动力总数下降超过40%；尽管许多农村未婚女性在诸如女子友爱会（Girls' Friendly Society）等机构的帮助下，前往城镇从事家政服务——但总体来讲，女性在城镇更不容易找到职业，因此农村地区女性总人口减少幅度较小，于是出现了显著的农村性别失衡现象。

所有这些，都使得农村社会死气沉沉、被人遗忘，表现出衰败社区典型的听天由命的特点。托马斯·哈代（Thomas Hardy）小说的出版跨度（1872—1896）几乎覆盖了整个农业萧条的年代；他的小说捕捉到了决定乡村社区及其居民命运的无法控制、遥不可及的力量。哈代写到了已经消逝的乡村习惯和传统。这些小说虽然在形式上有些古老，却能折射出当时社会的色彩。

《卡斯特桥市长》（*Mayor of Casterbridge*）描写了玉米商迈克尔·亨查德（Michael Henchard）的命运，他因不能适应新的交易方式而走向毁灭。当亨查德破产的时候，哈代这样评述他：他的思绪似乎倾向于认为，是某种力量在跟他较劲。威塞克斯小说所描绘的“一贯的悲剧”，是一种文明的解体。1895年，哈代对他的小说进行整体评价时说：“从根本上说，这种变化是因为承载当地传统和幽默的常住农民，最近被一群或多或少流动的劳工所取代，这导致了地方历史的连续性出现断裂；对于保存地方的传奇、民俗、亲密的社交关系以及古怪的个性，这种断裂比任何其他东西更致命。对于这些传统而言，存续的不可或缺的条件，是一代又一代人要依附于一片特定的土地生活。”幸运的是，塞西尔·夏普（Cecil Sharp）、马乔里·肯尼迪—弗雷泽（Marjorie Kennedy-Fraser）以及其他民俗和民间歌舞历史学家，在这些传统完全消失之前，记录下了英国乡村生活的优良品质。

白厅和威斯敏斯特的政策，加速了乡村习俗的衰落。多项教育措施（例如，1872年的《苏格兰教育法案》）致力于让说盖尔语的苏格兰人和爱尔兰人以及说威尔士语的威尔士人都使用英语，并让农民适应城市生活。在1850到1900年之间，农村变革和教育政策对这些地方语言造成重大打击。尤其在苏格兰，这种冲击几乎是毁灭性的。然而，在威尔士，当地出台了计划，确保从1889年开始，在学校里教授威尔士语。

在一些地区，城乡之间存在大量的人口流动：农民工离开城镇回乡收割庄稼，小城镇的居民也经常到周围的乡村去偷猎。一些工人，特别是煤矿工人，住在农村，出门就是荒野和田地；他们的运动爱好，如赛灵狗和赛鸽，也都跟农村有关。中产阶级人士趁土地价格低时，买下一片乡村土地。对于有产阶级中善于理财的人士来说，农村变成了一个昂贵的游乐场，一个“度周末”的地方；但是对于大城市的许多居民而言，乡村成了一个偏僻甚至是危险的地方，居住着一群充满好奇的人，他们的口音、衣着和举止都很古怪。奥斯卡·王尔德（Oscar Wilde）的喜剧《认真的重要性》（*The Importance of Being Earnest*，1895年）描绘了大都市人的口气：

> 布莱克奈尔夫人：……土地已经不值钱了，也不能给人带来快乐。它给人带来社会地位，却又让人留不住。土地就是这样。
>
> 杰克：我有一栋乡间别墅，附带一大片土地，估计有1500英亩；但是我的真正收入不靠这块地。事实上，我估摸着，偷猎的人是唯一能从中获益的人。
>
> 布莱克奈尔夫人：乡间别墅！……我倒希望你有一座城里的房子。像格温朵琳这样天性单纯、完美无缺的女孩怎么能住到乡下去呢？！

尽管如此，一个往日幸福农村的形象仍然停留在城镇居民的脑海中：不管是什么阶级，每当他（或她）有可能，都住在一个带花园的房子里，也许还租一块菜地。他在城里重建了乡村，却无视痛苦的农村生活的现实。城镇的建筑风格和规划，越来越反映人们对乡村的怀旧情绪；当贵格会大企业家、吉百利家族在伯恩维勒（Bournville）开展社区建设实验时，当本世纪末的“花园城市”运动风起云涌时，这种怀旧情绪达到了顶峰。

大众和阶级：城市工人

毫不奇怪，多数人口的城市化和农村地区的衰落，对社会各阶层造成了深刻的影响。19世纪上半叶，有产阶级最害怕的是出现一个或多个具有革命倾向的劳工阶级，所幸的是本世纪下半叶没有出现这样的阶级——这也许是这一时期最引人注目的特征。大多数工业劳动者除了他们的劳动产品外，没有留下任何纪念品：他们的生活细节，他们的抱负、希望、信仰、喜好、厌恶、习惯和热情，基本上都被人遗忘。在大英帝国，对外族着迷并训练有素的公务员，以极高的效率写下了不少报告，详细记录了外族人在上述方面的情况；但在国内，只有在19世纪末，才有人开始系统地观察城市贫民的生活习俗。亨利·梅休（Henry Mayhew）印象式的《伦敦劳动力和伦敦穷人：愿意工作、不能工作和不愿工作者的状况与收益百科全书》（*London Labour and the London Poor: a Cyclopaedia of the Condition and Earnings of those that will work, those that cannot work, and those that will not work*，1861—1862）开了一个头，但是不够系统，而且此后没有类似的报告问世。据我们所知，劳工们的生活高度复杂、形式多样，且常常带着各自的地域性和宗教色彩。

1860至1914年间，实际工资翻了一番，一个本分劳工的生活水平开始迅速提高。1868至1874年的经济繁荣时期，以及1880至1896年期间，工资增长尤其迅速；在后一段时期，实际工资上涨了近45%。到了19世纪80年代，许多人开始享受休闲时光了，这是19世纪以来第一次出现这种情况。

除了衣、食、住等方面的必需品消费之外，人们手头有了一些余钱（虽然不多）。引人注目的是，财富盈余并没有带来人口出生率的上升，反而是下降——这种情况出现在19世纪70年代的有产阶级身上。随后，效仿他们的劳工阶级也出现了这一情况。因此，多出来的钱并没有花在多出生的孩子身上。这是一个令人吃惊且前所未有的变化。从马尔萨斯（Malthus）到马克思等古典政治经济学家预测，根据“工资铁律”，劳工阶级只能维持勉强糊口的生活水平，因为任何剩余财富都会被更多的孩子用掉；而事实却偏离了他们的预测。自80年代以来，控制家庭规模，是为英国工人阶级相对富裕的基础。这种情况发生的过程和原因尚不清楚。男女结婚更晚了；他们可能已经采用了19世纪70年代后开始普及的、相当不可靠的避孕措施；妇女可能将堕胎作为终止怀孕的常规手段。

“劳工阶级”（维多利亚时代几乎总是使用复数形式）当然涵盖了广泛的范围。查尔斯·布斯（Charles Booth）于19世纪80年代末开始进行对伦敦的社会调查，并发表了调查报告《伦敦人的生活和工作》（*Life and Labour of the People in London*）。他归纳了6个主要类别：“高薪劳动力”“定期标准收入”“定期小额收入”“间歇性收入”“临时收入”，以及布斯所称的“最低阶层”。“定期标准收入者”的群体数量最大，相当于其他五个类别的人数之和；而且正是这一类别的男女缩小了家庭规模，增加了实际收入，同时开始意识到他们在经济中的潜在力量。

“定期标准收入者”的日子越来越好，于是他们加入了工会，以保护自己的利益，并通过工会谈判以获得更好的工资和工作条件。19世纪中叶的工会，大多数都是覆盖面有限的“行业工会”。其成员通过做学徒或从事熟练的机器操作获得了行业的资质，他们希望借助工会小心翼翼地维护他们在同行中的特权和来之不易的优势地位。对熟练劳动力的稳定需求，强化了工会的影响和地位；一些技术的发展扩大而不是削弱了其重要性，例如铁船建造技术。在19世纪70年代，特别是在80年代，工会成员得到了补充，开始纳入更多有正规工作的人。生活水平的提高，才能实现工会增员，因为会费相当高工会的存在，不仅是为了与资方进行工资谈判——甚至这不是主要目的——更是为了各种各样的“自助”救济。因此，工会与“互助会”密切相关，有时其本身就是“互助会”。任何有自尊心的工人能够从工会获得的第一个救济是丧葬补助——避免由济贫院来支付丧葬费；但许多工会也有疾病和失业救济金，因为国家尚未为临时受灾的人提供任何帮助；除了济贫院这张最后的安全网之外，国家更缺少帮助那些永久性弱势群体的机制。

在1945年后的观察者看来，；工会活动是在最不同寻常的社会背景下变得更加活跃的。1874年之后的20年里，陡然发生了严重的通货紧缩，即物价下跌了（相比而言，工资下降的幅度略小）。另一方面，有固定工作的人的实际工资上涨了。但是，工会成员很难接受这样的现实：很难相信，雇主降了工人的工资，仍然会让他生活得更好。于是，新的工会主义关注的是捍卫工人阶级的工资——这是一种对现实的反应，也是一种积极的力量；除了团结的想法之外，还算不上一种意识形态。一些社会主义者参与了这一时期最广为人知的罢工：1888年布莱恩特和梅的火柴厂的罢工，以及1889年为了“码头工人的六便士”的伦敦码头大罢工。两次罢工都吸引了不少中产阶级的兴趣，可能是因为发生在伦敦，而且在激进分子的眼皮底下。但这两次并不是典型的罢工（实际上伦敦码头罢工并非由工会组织：工会是在罢工结束后成立的）；也不应过分夸大领导罢工的约翰·伯恩斯（John Burns）等“社会主义者”的作用。甚至大部分的工会领袖都是格莱斯顿的坚定支持者：卡尔·马克思在英国几乎度过了他的整个写作人生，然而在这个小圈子之外，他和他的作品几乎不为人知；19世纪80年代兴起的社会主义组织的作品，只有很少的读者。实际上，劳工阶级对社会主义思想的抵制，使中产阶级知识分子对他们感到绝望。

如果工会是不断增长的工人阶级自我意识的体制表达，那么共同爱好的休闲活动——尤其是男性工薪阶层喜爱的，进一步巩固了这种团结感。从朴次茅斯到阿伯丁的工业城镇，观看英式足球成为男人们（几乎无一例外只有男性）的常规娱乐；此类比赛最初由公立中学和大学的业余俱乐部创办，但在19世纪80年代中期基本上职业化了。在19世纪的最后25年里，每个有自尊心的工业城镇都建立了一个足球俱乐部。其中一些足球队反映了一座城市的不同宗教派别，比如格拉斯哥的天主教“凯尔特人队”和“新教流浪者队”，还有默西塞德郡（Merceyside）的天主教“埃弗顿队”和新教的“利物浦队”。所有这些球队都激发了追随者对当地的热爱、激情和自我认同，令许多政治组织者都羡慕不已。足球运动是一个高度组织化的城市社会的产物：杯赛（从1871年起）和联赛（从1888年起）的常规性和复杂性，维持眼前和持久兴趣的需要，每周门票和客场比赛的火车票的预算，自我规范的庞大人群——这些都反映了这是一支有纪律、有秩序的劳动大军；他们心甘情愿地为他们的娱乐活动花钱，观看球员们为通常由当地商人组织的俱乐部踢球。对整个足球“赛季”的持续关注，使工人具有更广阔的时间观，这也类似于农民们所熟悉的、与气候季节有关的时间观。

自从1873年以来，组织了板球郡际锦标赛（County Championship），此项运动时间更长、更别具一格，也更具有社交性。板球越来越受欢迎，其原因比足球运动的兴起更加复杂。这或许说明，尽管英国社会经历了工业化和劳动分工，但个人主义精神得以保留下来。来自格洛斯特郡的医生威·吉·格雷斯（W.G. Grace），近乎专制般地控制对当时的球场和球员，创造了许多至今都没人打破的击球、投球和接球纪录；他几乎与1874至1876年间的冠军骑师弗雷德·阿切尔（Fred Archer）一样，成了民族英雄。格雷斯别具一格的大胡子，常常让人们误以为是他索尔兹伯里勋爵——当然这种混淆可能对后者更有利。

此前，劳工阶层的旅行都是为了拼命寻找新的工作或居住地。到了19世纪80年代，旅行已经开始成为一种休闲活动：对许多人来说，在新设立的公共假日，参加个人或公司组织的海滨之行，就仿佛是一年一次的远足。布莱克浦（Blackpool）、莫克姆（Morecambe）、士嘉堡

（Scarborough）、绍森德（Southend）、伊斯特本（Eastbourne）、波多贝罗（Portobello）等度假胜地应运而生，既满足又进一步刺激了这一需求。劳工阶层的假日几乎都在城里度过："海滩"指的是码头、杂耍表演和海滨更衣室，它们后面是旅馆、民宿和商店。90年代，激进主义者和社会主义者试图以徒步和骑自行车俱乐部的形式，组织去乡村旅行，来拓宽这一旅游传统。但是乡村旅行对中产阶级的下层，而不是劳工阶层，更具有吸引力。

大众媒体的发展，以及通过电报实现的覆盖全国的快速通信，催生了劳工阶层的另一项重大娱乐活动：赌博，尤其是赌马，以及通过新生的足球博彩业进行赌球。赌博成了挂在彩虹尽头的一罐金子：休闲可能很有趣，但闲暇也可能用来赚钱——尽管赢钱的概率很低。

劳工阶级中比较富裕的一部分人，开始分享一点儿半个世纪前工业革命给有产阶级带来的繁荣和期望。饮食有所改善，除面包、土豆和啤酒外，还能吃上肉、牛奶和蔬菜。住房条件也有所改善；由于肥皂更便宜了，而且到处都买得到，房屋更加清洁，人们也更加注意个人卫生了。有固定工作的家庭用书籍、照片以及装饰性的家具来装点自己的屋子。体面的生活成了人们的追求目标：手上有钱花，可以证明对生活方式有一定程度的控制力，生活安定，不用总把眼光盯着工资袋，可以抬头扩大眼界了。分期付款公司的兴起为人们的生活追求提供了支持，这些公司让劳工阶级收入中盈余的大部分都这样支出了。

工薪阶层生活水平的提高十分重要，但必须客观合理地看待。19世纪下半叶的每个10年里，经济都出现了短暂的混乱。当时的许多人认为，从70年代中期到90年代中期这段时间是"大萧条"时期，企业的利润和人们的收入都出现了下降。如我们所见，农业方面的确出现了大萧条。对于整个工业而言，这是一个调整期而不是萧条期——但是对于工人来说，"调整期"通常意味着处境不妙。在80年代，"失业"一词被赋予了现代含义。

从上教堂做礼拜的意义上讲，宗教对大多数城镇工人的生活没有什么直接的影响。“并不是说上帝的教会失去了大城镇，而是教会从来没有占领过城镇。”阿·福·温宁顿—英格拉姆（AF Winnington–Ingram）在1896年这么写道。农村劳工进入城镇后，新教教会（无论是国教还是非国教）都未能成功说服他们继续上教堂做礼拜，也没能打动出生在城里的大多数人去这么做——尽管教会提供了慈善施舍和主日学校这样的间接诱惑，以及传教团、奋兴派圣斗士、救世军和教会军团这样的直接接触。在1902至1903年的伦敦，只有大约19%的人口定期去教堂，其中的大部分人来自社会地位较高的地区。在首都以外的城市，这个比例或许略高；而在小城镇，这个比例会高得多。只有罗马天主教的活动，才吸引了大批劳工阶级的成员：天主教组织满足了劳工阶层的需求，教会通过自己的社会组织和俱乐部，巧妙地吸收了天主教教徒和“爱尔兰人”。

这并不是说劳工阶层对宗教毫无兴趣。即使有世俗的选择，“借助仪式”（尤其是婚礼和葬礼）仍然十分流行。不上教堂做礼拜的人，似乎也没有对宗教怀有强烈的敌意，除非宗教抹上罗马天主教的色彩或者采用死板老套的形式，并与爱尔兰移民和当地社群之间的摩擦联系在一起。相反，他们憎恨与有产阶层的地位和权力明显地联系在一起的宗教，尤其是圣公会。在口齿伶俐的人都在大力倡导去教堂做礼拜的社会中，不去教堂既是对宗教不感兴趣的表现，也是一种抗议。

职员和商业：中下阶层

1850年之后的几十年，是中产阶级规模壮大的黄金时代。1851年，中产阶级是一个相对较小且相当容易识别的群体：专业人士、商人、银行家、大型店主等。这个群体和劳工阶层之间隔着一道鸿沟。到19世纪末，出现了更为复杂的格局。经济变革催生了一个庞大的中间群体，可以称为下层中产阶级。经济中的服务业已经发展成规模越来越大、结构越来越复杂的部门。随着英国经济逐渐走向工业化、商业化，一支庞大的白领工人大军应运而生，他们在零售、银行、会计、广告和贸易领域从事管理和服务工作。工厂的管理从父系的家族传承，交给了新的职业经理人阶层；制造业的管理队伍也迅速壮大。随着政府在新职责上的支出增加，尤其在根据1870年的法令所建立的教育体系上，地方和中央政府的公务员队伍开始迅速扩大。商店、办公室和电话交换基站，为妇女提供了新的就业机会。这些变化对人们的影响十分显著，产生了一支庞大的城市劳动者大军：他们在新式的技术学院接受过教育，搭乘火车或新建的地铁通勤；他们住在当时位于城市边缘的郊区，或像克罗伊登（Croydon）这样的小镇；19世纪70年代，这些小镇迅速发展起来，成为城市职员的宿舍。郊区化是19世纪下半叶城市生活的典型创新：成排的整洁的房屋，或是小型公寓或半独立式，而且屋前屋后常常带着小花园——这些景象，显示了这一新社会阶层成功地实现了自己的住房理想。

这些家庭在自由主义时代过得很好：自由主义要求个人取得成就，这一阶层响应了自由主义的号召。他们崇尚着美德、竞争、体面、效率和目标感。他们尊重成就、金钱和成功。它不确定自己在社会秩序中的地位，对那些认为自己拥有指挥权的人做出了回应：他们也尊重等级制度。在这方面，他们与19世纪50年代坚定的个人主义式自由主义者的大不相同——那时候的个人主义是由“善良的旧事业”的前工业主义精神和17世纪的战斗口号所支撑的。他们正试图在社会秩序中正在寻求一个稳固的位置——因此欲在城市中占有一席之地的保守党视其为可利用的工具。在某些地方，尤其是在具有非国教传统的小镇上，例如威尔士和苏格兰的集镇，中产下层掌管着城镇；由此带来的自信以及不遵从国教的传统，让他们保持着自由。在大城镇中，他们倾向于充当协作阶级，帮助贵族和中上层阶级获得权力，以换取承认和地位。

《每日邮报》由哈姆斯沃思兄弟于1896年创立，在全国范围内有很高的发行率，很快便挤占了地方报刊的市场，成为中下阶层的代表性读物。最初它遵循自由主义–帝国主义基调，后来在布尔战争中又倒向了统一主义。“勤杂工写给勤杂工看的东西。”索尔兹伯里勋爵轻蔑地评论该报及其读者。

有产阶级

中产阶级的上层分为两部分。一部分是职业人士，如医生、律师、国教教会的神职人员、行政高官；他们拥有共同的大学教育背景，他们当中越来越多的人在同一所公学学习过。在许多城镇中，他们的生活比19世纪上半叶更加离群索居：他们搬出了市中心，住进了位于郊区的、更加气派的别墅中。这个阶层有送孩子上寄宿学校的习惯，这提高了该阶层的国家视野，并减弱了其成员的地域根源。拉格比公学的托马斯·阿诺德（Thomas Arnold）的精神，得到了其继任者的诠释和修改，这种精神渗透了各行各业。在以希腊文、拉丁文和古代历史为主的课程的培育下，在国教广派教会的道德感化下，为“强身健体”而举行不间断的比赛（冬天的橄榄球，夏天的板球和田径运动），以度过每个闲暇时光；职业精神值得敬仰，但又十分刻板。这个阶层越来越重视培养帝国的管理者，而忽略了一个工业国家的需要。

从事制造业的中产阶级在某种程度上受此风气的影响。越来越多制造商没有将他们的孩子提早送入家族企业，而是让他们接受针对职业阶层的教育过程。棉纺厂主和造船厂主的儿子学习希腊文，打橄榄球——不同于德国制造业的子弟，后者学习科学和会计学。接受过这种教育的青年，通常没有兴趣回归制造业的生活；因此，要保持企业家和制造业的精神，变得越来越困难——而这股精神一直是19世纪上半叶工业发展的主要动力之一。这些人发现，商业比工业更适合他们的兴趣，于是他们进入了正在扩张的银行业。因为在这个行业，工厂车间的血汗以及劳资关系，被简化成一列列数字。

英国经济越来越依赖这批人的能力。大宗商品的贸易曾出现巨额逆差（1851年为2700万英镑，1911年为1.34亿英镑）。由于银行、保险、海运业的利润，以及英国海外投资资金的收入等“无形收益”，这一逆差被扭转为总体顺差。服务业的收入（1851年为2400万英镑，1911年为1.52亿英镑）和海外股息（1851年为1200万英镑，1911年为1.88亿英镑）似乎已成为英国繁荣的重要因素，随之诞生的是一个中产阶级，其主要专长是管理金钱，而不是管理人或产品。

英国经济社会生活中的这一重要发展，与制造业工业化的早期阶段一样，是计划外的，是早期工业化的自然产物，这体现在两个方面。随着“世界工厂”的产品出售到国外，其他经济体受到了刺激，迫切需要自己无法提供的资金。英国与这些经济体的竞争，以及19世纪80年代某些制造业部门的萧条，降低了英国制造业的利润率，因此那只“看不见的手”让服务业的发展步上了正轨。

同样，对服务业的发展趋势，既不能过分夸大，也不能过分强调其新颖性。土地、工业和商业的轻松融合，早就是一种公认的英国传统。这一传统没能让英国的贵族成为欧洲大陆式的特权阶层，并且为制造商提供了身份地位作为报偿。一些人获得了这种奖赏，另一些人，特别是不从国教者，却没有得到这一好处。制造业和制造商在英国仍然势力强大。但是，他们并没有成为19世纪上半叶人们所期望又畏惧的英国社会的权力上层，或者“中产阶级中的君主”。部分是由于，贵族在很大程度上通过吸纳制造商，从而抹平了其政治和社会影响。

中产阶级信奉新教，并且是活跃的信徒。他们在圣公会和大学里的地位越来越重要：大学现在在很大程度上满足了他们的需求，因为根据1854年的《诺斯科特-杜威廉报告》（*Northcote-Trevelyan Report*），文官制度进行了一系列改革，要求文职应聘者通过专业和公务员考试。由于需要维护住房，支付仆人以及学校和大学的学费，从1870年代开始就限制了中产阶级家庭的规模，也就是说，这早于工人阶级之间的相同现象。体面的生活需要养得起房，雇得起用人，付得起中学和大学的学费，这使得中产阶级从19世纪70年代起就开始控制家庭的规模——这一趋势比劳工阶层的小家庭现象出现得早。

中产阶级妇女也希望缩小家庭规模，因为她们开始对生活寄予更多的期望，而不仅是生儿育女和操持家务。因少生子女而得到部分解放的妇女，在慈善机构、教会、地方政治和艺术，尤其是音乐方面发挥了重要作用。有些女性克服重重困难，挤进了大学（她们可以听课，参加考试，但不能获得学位）；从19世纪70年代后期开始，在牛津、剑桥和伦敦设立了女子学院。女性仍然不被鼓励从事每一种职业，但其中一些人成功地当上了医生。但是，最高级别的护理，是女性最容易获得的职业。

盛典

贵族（和绅士）仅受到这些变化的部分影响。在英国社会生活的三大阶级中，贵族可能是维多利亚统治时期变化最小的阶层。正如社会主义作家比阿特丽斯·韦伯（Beatrice Webb）所说，贵族是“一种出奇坚韧的物质”。它继续行使着相当大的政治权力，威斯敏斯特两个政党的大部分成员都出身贵族，几乎占据了帝国的所有上层职位，在各郡县掌控着地方政府，并统帅着军队——海军在社会阶层上相对不那么排外。贵族和绅士从19世纪50年代至70年代的农业繁荣中赚了一笔，但在农业萧条中亏了本；但是，由于他们对城市土地的娴熟投资以及城市扩张所带来的意外机遇，部分损失得到了弥补——因为原本不值钱的农地被征用，兴建市郊房屋，使土地的所有者发了财。英国贵族一直参与工业化，特别是在采矿、开凿运河和修建铁路等方面。现在，它与新一波的商业扩张精明地联系在一起：大多数银行和保险公司都聘请一位贵族来为董事会撑门面。公司还通过精明的联姻来维持自己的财富，特别是与美国的新贵们联姻：最著名的例子是第九任马尔伯勒公爵（duke of Marlborough）与康苏鲁·范德比尔特（Consuelo Vanderbilt）的婚姻。通过这些手段，尽管农业衰落，许多大贵族庄园仍然得以保存下来。这些庄园既能给人带来财富，又可供人享乐，因此被用作休闲娱乐的场所。城市居民对贵族的了解，主要是通过流行报纸和杂志对他们的描述：他们是一群生活悠闲的男女，在乡村玩赛马、狩猎、射击和钓鱼，在伦敦玩赌博、看戏剧。随着休闲对英国人来说变得越来越重要，贵族并没有因为悠闲自在的生活方式而不受欢迎。宫廷起了带头作用。阿尔伯特亲王让南方的宫廷生活变得庄重严肃，这样的刻板也影响了北方的休闲娱乐活动。19世纪50年代，维多利亚和阿尔伯特在迪赛德（Deeside）河畔修葺了巴尔莫勒尔宫（Balmoral）；他们对农民生活和农业知识乐此不疲，并做高调宣传；他们还庇护了广受欢迎的艺术家爱德温·兰西尔爵士（Edwin Landseer），这位画家善于描绘乡村狩猎的场景。所有这一切，使得苏格兰受到了尊敬，同样人们也开始喜欢上英格兰北部和西部以及威尔士的荒野和山地。此时，浪漫主义运动正在衰落，却正是最受大众喜爱的阶段；宫廷将自己与浪漫主义运动联系在一起，以此重新确立了自己的人气，并体现了城市文明对自然的控制。兰西尔的《幽谷君主》是维多利亚时期被复制最多的一幅画，画中描绘的一头雄鹿并不是这块领地上的王者，而是猎人枪口下的困兽：峡谷不再安全，大自然被驯服了。

维多利亚和阿尔伯特在巴尔莫勒尔宫的生活过得很愉快，但他们也心怀着高尚情操：始终不忘对农民的责任。威尔士亲王，维多利亚的儿子爱德华（1901年继位），却是一位纯粹的享乐主义者。他的一系列丑闻使他的母亲感到震惊，但却令各报纸欣喜——因为这些丑闻为报业提供了爆料的素材。亲王与他的富豪朋友组成的小集团，代表了英国的“富豪政治”，从新的杂货零售业中发了大财的托马斯·利普顿爵士（Sir Thomas

Lipton）是其中一员。在摄政后的日子里，福音派和牛津运动在贵族身上留下了深刻的印记，并在19世纪50年代和60年代使帕默斯顿的纨绔主义显得格格不入——纨绔主义似乎要让位于铺张的消费和普遍的道德放纵。一些贵族，例如托利党首相索尔兹伯里勋爵，尽管生活的环境富丽堂皇，但仍沿袭着简朴的生活习惯——他的家庭向来对宗教信仰十分虔诚。索尔兹伯里是最后一位留胡须的首相；在他生命的最后一个十年（19世纪90年代），他变成了与时代脱节的人。他的侄子和首相职位的继任者阿瑟·贝尔福（Arthur Balfour）被视为一位自由思想家。贝尔福和爱德华七世代表了新派贵族的特点：一个显然是怀疑论者，另一个则公然过着骄奢淫逸的生活。

尽管维多利亚和她的儿子在风格上有显著差异，但君主制（法院和整个礼仪社会的最高端）在母子俩的统治下都经历了蓬勃发展。在她漫长的统治时期（1837—1901），维多利亚小心翼翼地捍卫了君主制的特权——她越来越认为，保守党政府更好地保护了这些特权。在1861年阿尔伯特去世后，维多利亚长时间没有在公共生活中露面。这种做法很不得民心。并且，在巴黎公社的刺激下，英国爆发了一场严重的共和运动；19世纪70年代初，自由党领袖采取了某种手段，才阻止了这场运动的进一步发展。正是君主的缺席和懒散——而不是她的君临天下——引起广泛的负面评论。在一个瞬息万变的社会中，一些重要成员强烈拥护等级制；在不断发展的大众传播行业的精心包装下，君主制似乎成了社会稳定的支点，因为它注重家庭、连续性和宗教信仰。沃尔特·白哲特（Walter Bagehot）在他的经典著作《英国宪政》（*The English Constitution*，1867年）中指出，英国人“遵守我们所说的社会的戏剧表演……戏剧的高潮是女王”。君主制使权力合法化：“它通常像谜一样深藏不露，有时又像庆典游行一样招摇过市。”在1887年和1897年的女王登基周年庆典上，君主制大放异彩。维多利亚女王本人显然也是普通人，她的痛苦（作为“温莎城堡的遗孀”，勇敢地履行女王的职责）广为人知；再加上她年事已高、体弱多病——所有这些都凸显了人的脆弱与体制的威严之间的反差，让人对体制的威严倍加敬重。

君主制代表着工业化前社会秩序的永恒品质。在一个城市化程度越来越高的社会中，它平衡工业革命的力量：英国的城市化程度越高，君主制就越程式化、仪式化和大众化，因为它所主张的价值观超越于资本主义社会的平等竞争之上。

“礼仪的重大提升”

相对于工业和社会变革所带来的潜在紧张，英国在19世纪50年代至90年代之间（爱尔兰除外）应该算是一个秩序井然、和谐稳定的社会。尽管政治骚乱并没有完全消失，但这种骚乱很少发生，因此不足以留下广泛的印记。在英国本土，盗窃和暴力等犯罪行为的绝对数量和相对比率都下降了——在人口迅速扩大的社会中，这是非同寻常的成就，有力颠覆了工业化和城市化必然导致更高的犯罪率的论断。刑事犯罪案例登记员在1901年指出，自19世纪40年代以来，“我们目睹了行为举止的巨大变化：过去碰到冲突，不管动不动口，先动手再说；现在变成动口不动手的君子。不同阶层的行为举止都比较接近了，无法无天的风气退化了”。这个很大程度上自我调节的社会，依靠志愿组织来救助精神上和物质上有需求的人，这些组织包括教会、互助会，以及庞大的慈善组织网络。一个重要的领域是教育。19世纪60年代，人们已经承认，光靠教会的自愿努力，无法提供足以满足工业国家需求的基础教育体系。1870年，自由党政府通过了一项法案，成立了教育委员会，负责在没有教会学校的地方建立公立小学（尽管直到1880年，才强制要求儿童上学；并且，在1891年之前，上学必须付费）。地方性倡议，特别是在伦敦和北部的一些制造业城镇，将一套面向少年甚至成人的非常有效、门类广泛的技术教育体系，移植到了小学中。

但是由于这种做法更多地取决于每个学校董事会的思路观念，因此该体系课程，参差不齐，绝比不上德国的同类做法。制造业城镇，特别是曼彻斯特和伯明翰，建立了市立大学——这些大学主要不是为那些进入传统行业的人设立的，与牛津大学和剑桥大学相比，它们淡化了古典人文教育。当时的人们将政府对教育的责任视为穆勒说的体现，而没有看到这是政府承担更广泛的社会组织责任的开端。

“别墅托利党人”：保守党的复兴

1867年和1884年的《改革法案》，将城镇中成年男子的选民比例从20%增至60%而在郡县，这一比例提高到了70%——这给政客们带来了麻烦。家庭选举权制度使他们获得了更大的选民人数，尽管这绝不是普选（即使是对男子来说，也远远达不到普选的程度）；改革后选举采取无记名投票，而以前每个人的投票都是公开的。

对于习惯于从未输掉大选的自由党联盟来说，现在的问题是，他们无固定形式的非正式联盟能否继续取得成功？这个问题现在显得更加严峻，因为格拉斯顿的第一任政府于1873至1874年以传统的自由党的风格瓦解，然后以非传统方式败选，从而自1846年以来首次把权力转移给了托利党。对于失利，自由党从两方面做出了回应。在某些城市地区，尤其是在伯明翰，约瑟夫·张伯伦（Joseph Chamberlain）作为当地的主要政治人物，实行了严格的政党组织“核心小组”制度。“核心小组”由一群自封的地方知名人士组成，往往是不信奉国教的商人；他们通常强烈批评自由党的领导人，指责他们过于谨慎和过于贵族化。成立于1877年的“全国自由党联盟”（National Liberal Federation）试图将五花八门的地方“核心小组”实现一定程度的统一管理。另一方面，仍然主要由贵族构成的自由党领导人对此表示震惊。横跨这两派的，是具有很高威望的格拉斯顿（W. E.

Gladstone）。他是利物浦玉米商（原籍苏格兰）之子，在伊顿公学和牛津大学的基督学院受过教育。他本人是英国国教徒，但在他的职业生涯后期对非国教教徒的诉求表示同情，因此能够吸引维多利亚时期各个社会阶层的好感。格拉斯顿背后没有“核心小组”为他撑腰：他的志向是获得国家的权力，而不是地方的权力基础。他从地方组织的领袖脱颖而出，赢得了广大的自由主义者的青睐；他的手段是发表政治演说和发行宣传小册子。全国性报纸和地方报纸通过电报连接起来，形成新的巨大宣传网络，首次实现了全国性的即时辩论：政客发表演讲的第二天早上，演讲稿就到了全国每个中产阶级家庭的早餐桌上。因此，在1868年大选的竞选活动中，格拉斯顿开辟了一条崭新的道路，试图借助道德义愤建立一个大众阵线：1876年保加利亚的土耳其人屠杀基督教徒，他反对英国迪斯雷利政府采取的苟安政策；1879至1880年，他强烈指责保守党人在帝国伟业中犯下的道德和经济犯罪行为（“中洛锡安郡竞选运动”）。“讲坛”成了维多利亚时代晚期政治活动的典型形式：格拉斯顿发明了一个新的政治辩论论坛，他的同时代人，无论是自由党人和托利党人都不得不加入进来。

1867年的《改革法案》为托利党带来了新的机遇。原来对失败习以为常甚至麻木了的托利党人，开始占上风了。1867年，“全国保守与宪政协会联盟”成立；1870年，中央办公室开始改善调整竞选策略。托利党的目标是城镇选区：要获得政治权力，托利党人必须将其基地从郡县扩大到新建的城镇和郊区。19世纪70年代和80年代，他们在这方面取得了极大的成功。在迪斯雷利的领导下，他们令人信服地赢得了1874年的大选；在迪斯雷利于1881年去世后，在索尔兹伯里的领导下，托利党成为主要政党。托利党取得这样的成功，是因为这个政党将本质上拥护等级制、贵族和英国国教的政党，与大城市中不断壮大的中下阶层的诉求联系起来：托利党成了有产者和爱国主义的政党。迪斯雷利认为，政治上的成功不仅取决于正确的方针政策，还取决于如何推介自己。1872年，他在兰开夏郡和水晶宫的著名演讲中，将自由党描述成不爱国、危及财产、威胁国家体制、背叛的帝国利益的政党。从更积极的角度来看，他主张实行社会改革政策，这使他特别吸引最近成为选民的劳工阶级成员。这些演讲的主题，尤其是爱国主题，很快就被其他保守党人所继，成为下一世纪大多数保守党竞选演说的范本。

1874至1880年，保守党执政。执政头几年进行了一系列社会改革，其中大部分是由内政大臣理·艾·克罗斯（R.A. Cross）推动的，包括工匠的住所、公共卫生、互助会、河流污染、食品和药品销售、商业航运、工会、工厂、酒类经营许可和教育等，都是立法的主题。其中许多改革在保守党执政之前就已经“在酝酿中”，在很大程度上应归功于皮尔派－自由党的传统——正是这样的传统激发了上一届格拉斯顿政府的改革动机。这些改革对中产阶级利益的影响，可能比对劳工阶级的利益影响更大，并且由于这些社会措施不是强制性的，其效果比预期的要有限（例如，到1880年，87个威尔士和英格兰城镇中只有10个决定实施《工匠住房法》）。尽管如此，这些改革在为保守党造势方面起了重要作用。它们表明，保守党能够有效处理城市问题，并且为“托利民主”已经实现的说法提供了依据。与德国保守派处理城市生活问题的方法相比，英国的改革更加具有整体性、协调性和建设性。

但是，保守党的真正兴趣在于巩固城市中产阶级的基础，赢得劳工阶级的支持只是额外的收获。丑化自由党缺乏爱国主义精神仅取得了部分成功，——因为保守党声称自己是有能力奉行帝国主义的政党，但其在19世纪70年代后期对南非和阿富汗发生的事件处理不当，以及军事行动开支巨大，严重损毁了自己的声望。既要当帝国主义者，又要做到缩减开支这一中产阶级的美德——这十分困难：格拉斯顿的中洛锡安郡系列演说，巧妙地暴露了这种自我矛盾。

保守党在1880年大选中失败，部分原因是格莱斯顿的演说，部分原因是那年的贸易衰退。1880至1885年接任的格拉斯顿政府，是自由党的最低谷时期，党内焦躁不安，内阁分歧重重。在帝国事务中，托利党的指责似乎得到了证实：犹豫和混乱导致了一系列灾难，最终导致查尔斯·戈登（Charles Gordon）于1885年在喀土穆牺牲。自由党人因过分习惯于殖民地办公室的“官方思路”，而不会拒绝扩展帝国的责任；自由党上了台，同时也表示有一些遗憾：在选举中，这个党损失了两派选民：因为做得过了头，自由党疏远了反帝国主义者；又因为犹豫不决而得罪了拥护帝国主义的人。在国内事务中，格拉斯顿决心控制和减少开支，这使积极的改革变得举步维艰。与1868至1874年形成鲜明对比的是，政府仅进行了一项重大改革，即1884年的郡县级选举权改革。农业劳工获得了选举权，人们期待郡县的席位交到自由党手中；而托利党的索尔兹伯里采取了“针锋相对”的举措，利用上议院的否决权，为自己的党派捞了一大把：议席重新分配法案使城镇选区的界限划分对托利党有利。因此，托利党得以利用自由党的改革，建立了只有一名议员的中产阶级城市和郊区选区的政治结构——此后，其政治上的成功一直依赖这个政治结构。

这样做的结果是使自由党越来越依赖“凯尔特人”，即爱尔兰、苏格兰和威尔士议员。因此，这三个地区的所关切的和优先的事项，挪到了英帝国舞台的中心。

爱尔兰、苏格兰、威尔士：地方自治受挫

人人都承认，存在“爱尔兰问题”。但是究竟是什么问题？几乎没有共识。迪斯雷利描述了伦敦人的迷惑：

> 我想看到一个公众人物能站出来，说一说爱尔兰的问题是什么。有人说这是一个物质问题；另一个人说是信仰问题。现在又成了缺少贵族的问题，然后又是没有铁路的问题。今天是教皇的问题，第二天是土豆的问题。

爱尔兰的农业绝对是该地区最大的产业，且绝大多数地产由新教徒所有；与流传的说法相反，新教徒大多居住在庄园里或在庄园附近。爱尔兰的农业在19世纪五六十年代的经济繁荣时期蓬勃发展，并取得了一定的技术进步。但与英格兰相比，其资金投入仍然严重不足。爱尔兰自身无法创造多少资金，也没能从英格兰吸引太多资金。爱尔兰的经济养活的人口，不知有多少人迁移到了英国本岛，使得英国的城镇无论大小，都有爱尔兰人社区；1841至1925年间，移居“海外”的爱尔兰人包括：475万移民到美国，7万到加拿大和3.7万到澳大利亚。

1798年爱尔兰爆发了一场叛乱；19世纪30年代和40年代，丹尼尔·奥康奈尔试图废除《1800年联邦法》，但以失败告终；1845至1846年，爆发了大饥荒。所有这些导致了19世纪60年代的芬尼亚爱尔兰独立运动；这场运动在美国、加拿大和爱尔兰策划了起义。1867年，运动制造了一系列炸弹爆炸案，让英格兰感到震惊；特别是在伦敦的克拉肯威尔（Clerkenwell）监狱发生的爆炸中，造成一百多名无辜者死亡。芬尼亚运动不代表爱尔兰人的普遍观点，但存在将来转变成普遍观点的危险——鉴于此，自由党政治家，尤其是格莱斯顿还是采取了让步措施。1869年在爱尔兰撤销圣公会的国教教会的地位，1870年推出《土地法》，以及1873年的教育改革失败（被爱尔兰议员否决）——这些都表明威斯敏斯特可以为爱尔兰大众提供他们想要的东西。但是这些改革还不够。艾萨克·巴特（Isaac Butt）领导的“自治协会”运动开始壮大，而此前在爱尔兰政治中占主导地位的自由党则被迫撤离。从19世纪70年代初到90年代中期的农业萧条，使情况更加恶化。查尔斯·斯图尔特·帕内尔（Charles Stewart Parnell，跟巴特一样都是新教教徒）在1877年成为自治派的领袖，并一直担任这个职位，直到1890年的离婚丑闻毁掉他的前程。帕内尔总是毫不犹豫或者无所顾忌地利用任何政治局势；但是即使如此强硬的路线，在某种程度上也胜不过土地联盟（Land League），因为土地联盟为农民争取土地所有权。1879年，帕内尔怀着矛盾的心情当上了土地联盟的主席。土地联盟是崇尚“武力”的芬尼亚派和崇尚“道德”的帕内尔派的强力融合，形成民族主义的、天主教的人民阵线。在1879年至1882年农业最萧条时期的“土地战争”中，该联盟长期想把农民从土地上赶走的运动进行了斗争，他们采取了暴力手段，并“抵制”驱赶运动的制造者［“抵制”（boycott）这个词来自查尔斯·博伊科特上尉（Charles Boycott）的名字；面对社会和经济上的排斥，上尉的精神崩溃了］。爱尔兰乡村的暴动，以及格莱斯顿的内侄、爱尔兰事务大臣弗雷德里克·卡文迪什勋爵（Lord Frederick Cavendish）于1882年被刺杀，使英国的有产阶级感到震惊和恐惧；正如我们所看到的那样，他们只习惯于暴力程度很低的犯罪。

为了应对这场危机，1880年再次上台的格莱斯顿政府一方面采取高压政策，另一方面做出让步。1881年出台的《土地法》满足了农民的许多要求，却没有赋予他们土地所有权。地方自治党在爱尔兰问题上的影响力增强了（在1884年的郡县制改革的帮助下），在1885年12月的选举中赢得了86个席位，从而成为能够在威斯敏斯特左右自由党和保守党执政的一支重要力量。

格莱斯顿曾私下里恳求索尔兹伯里通过两党合作来处理爱尔兰问题，但是遭到拒绝；于是格莱斯顿表示支持爱尔兰自治，以此来解决这一棘手的问题。格莱斯顿的决定与自由党思想的主旨十分吻合，但决定是基于政治上的必要性：此后，自由党在无须自治党议员游说支持的情况下取得大选胜利，只有1906年这一次。大多数自由党人都拥护权力下放，用格莱斯顿的话说，这是各民族“正当争取自由的权利”；不容否认，1886年的爱尔兰已经证明自己是这样一个民族。问题是，其民族性是应该得到承认还是粉碎之？此外，格莱斯顿在1886年推出的温和的《地方自治议案》虽然没有允许爱尔兰独立，但是议案的反对者却不这么认为：首先，尽管有帕内尔的保证，但从长远来看，议案将导致爱尔兰独立；其次，那里的新教徒主要集中在阿尔斯特省的工业之都贝尔法斯特，议案没有给他们提供保障，让他们免受“罗马统治”。

这一系列复杂的事件，导致英国政治发生重大危机。1886年夏天，面对格莱斯顿的《地方自治议案》，自由党出现了分裂：93名议员［其中多数是在哈廷顿勋爵（Lord Hartington）统治下的辉格党人，但也有一些是约瑟夫·张伯伦（Joseph Chamberlain）领导下的激进分子］与保守党一起投票反对该议案；这次投票导致自由党政府下台，随后的20年里保守党（或称统一党，是一个反地方自治联盟）称霸政坛。自由党内的统一主义者（来自自由主义的叛逃者）脱党而去，随之而去的还有大部分的自由党的报纸，还有几乎所有传统上支付了该党大部分选举费用的土地贵族。尽管在上议院中，自由党现在只是极少数派，对自由党来说，丧失影响力和金钱可能比流失倒戈议员更为严重。

1886年的分裂削弱了自由党，但让格莱斯顿控制了该党和全国自由党联盟；1891年，联盟在纽卡斯尔召开大会，他接受了其激进方案，从而巩固了自己对联盟的控制权。因此，地方自治将自由主义交到了格莱斯顿手里。1886年之前，爱尔兰阻止了二级议案的通过，因此地方自治不仅正当，而且有必要。但是在1886年之后，鉴于上议院的存在，地方自治的议案不可能通过。因此，地方自治既激发了自由党人为正义而抗争，又使他们遭受长达二三十年的挫折。

自然，爱尔兰的事件影响了苏格兰和威尔士。在这两个地区，废除政教合一也成为一个政治问题，并且都经历了土地运动。尽管在1882年，政府动用部队镇压了斯凯岛（Isle of Skye）的佃农示威游行，但这两个地区几乎没有爱尔兰部分地区的暴力特征。两个地区的某些自由党人都要求实行“全面地方自治”；19世纪末，威尔士和苏格兰、爱尔兰一样，经历了文化复兴；地方自治运动在文化复兴的鼓动下而兴起，并在19世纪80年代末和90年代的自由党中获得了相当大的影响。但是，与爱尔兰不同，自由党能够将苏格兰和威尔士的准民族主义运动遏制在一定范围内；在一定程度上，是因为同爱尔兰相比，苏格兰占主导地位的工业部门以及在威尔士日益重要的南威尔士煤田，使这两个地区与帝国的经济更加紧密地联系在一起。在苏格兰南部和南威尔士，自由党的帝国主义胜过了民族主义。

自由党出现了分裂；尽管在19世纪80年代后期进行了各种尝试，但仍无法统一。托利党趁机巩固了阵地。他们不是活跃的反变革派。索尔兹伯里并未试图推翻50年代至70年代之间自由党取得的成就，尽管当时他曾强烈反对自由党的政策。托利党的立场，以及托利党与自由党的统一主义派建立的联盟，取决于阻止事情做成，而不是去做事。因此，尽管通过了一些立法（特别是在1888年建立了民选的郡议会；在1890年公布了改善工人阶级住房的措施；后来又通过了1902年的《教育法》，此举在某种程度上建立了中等教育体系），但1886至1905年间掌权的统一派没有什么通过意义重大的立法——这也不是它的初衷。保守党主要依靠城市选民，希望继续保持50年代和60年代自由党执政时期的国家状况，但又不喜欢地方自治这样的自由主义的新产物。保守党排斥格莱斯顿的自由主义，不是因为它背弃了本世纪中叶自由贸易时代的成就，而是因为格莱斯顿派的自由党人的进步似乎超出了那个时期的目标。因此，反格莱斯顿联盟严重依赖地方自治这个立场，以使联盟保持团结并把自由党人拒之门外。这个联盟冒着选举失利的危险，超越了其反地方自治的立场，到了20世纪初才意识到这样的风险。自由党继续推行地方自治，等于为联盟维持下去助了一臂之力。1892至1895年自由党少数政府短暂执政（这是格莱斯顿的最后一届政府，1894年他退休后由罗斯伯里继任），在第二个《地方自治议案》上花费了很多心血。该议案在下议院成功通过了，但最终还是被上议院否决。自由党可以在英格兰各郡县、苏格兰、威尔士和爱尔兰笼络鱼龙混杂的绝对多数人，但他们无法维持或重复这一成功。1895年，统一主义者令人信服地赢得了大选，并在1900年利用南非战争中取得的一系列暂时胜利举行了“卡其色大选”，确定了他们在议会的多数席位。

不情愿的帝国主义者？

统一派反对地方自治的做法，始终具有帝国主义的意味：帝国的权力绝对不能放弃。1800年通过《英爱联合法案》的情况，恰好显示了爱尔兰的战略重要性，而地方自治再次将爱尔兰置于危险之地。在19世纪的最后三十多年里，帝国问题成为公众关注的焦点。我们现在必须看看这些问题对英国在世界上的地位产生了什么样的影响。

总体而言，英国人并不希望加强帝国的直接权威；试图延续帝国权威的施压集团得不到公众的支持，在政治上也没有什么意义。的确，在白人定居的老殖民地，英国人成功地实现了权力移交：1867年通过了《加拿大自治领法》（*Dominion of Canada Act*）；1900年通过了《澳大利亚联邦法》（*Commonwealth of Australia Act*）。然而，在19世纪的最后40年中，英国在非洲、远东和太平洋地区吞并了大片土地。1851年，英国成为世界贸易大国，在世界航运中占绝对优势，即使在1870年后英国在制成品中的主导地位削弱的情况下，这种优势仍在延续。哪里有贸易，哪里就有英国的利益——即使英帝国的势力没有正式存在。因此，在正式的领土吞并之前，非正式的帝国影响力已经存在了。有句格言说得恰到好处：“贸易紧随国旗而来。”在几乎每种情况下，事实都恰恰相反。正如约瑟夫·康拉德（Joseph Conrad）的小说所说的那样，没有哪一个小海湾——无论它多么偏远——没有英国代表在那里组织石蜡油和当地商品的运输。

在东非和中非，最早来到这里的欧洲人常常是宗教人士，比如像戴维·利文斯通（David Livingstone）这样的福音派医学传教士。他一边传播福音，一边治病救人，并揭露了内陆地区不人道的奴隶贸易。1872年，斯坦利（H. M. Stanley）“营救”了利文斯通；前者对这次“营救”行动进行了巧妙的自我宣传，成为维多利亚时代最伟大的冒险故事之一，并极大地增加了人们对“黑暗大陆”的兴趣。

在某些地区，英国的贸易尝试得到武力的支持。一个显著的例子是印度政府对鸦片的垄断，以及英国通过一系列“鸦片战争”强迫中国政府全面开放通商口岸，并签订《天津条约》（1858年）。这是英国所有帝国主义扩张中最不光彩的一笔，因为这是一项经过深思熟虑的一贯政策，而不是处理地方危机的偶然结果。政府拐弯抹角的介入，有时候是通过特许公司来开辟小的殖民地：特许公司是具有政府担保的、对某个地区的贸易权和管理权的贸易公司。尼日利亚、东非和罗得西亚，最终都被以这种方式纳入英国的统治，因为当一家特许公司破产［或者实际破产，如塞西尔·罗兹（Cecil Rhodes）的英国南非公司在1920年之前从未支付过股息，并于1923年被接管］，英国政府别无选择，只能承担起行政责任。

除了这个庞大且主要是非正式的贸易网络外，印度是核心，是“镶在帝国皇冠上的主要宝石”——如今已不再那么有利可图。但是考虑到欧洲以外的安全问题，英国人依然认为印度是个焦点。1857至1858年的印度兵变后，老的东印度公司清盘解散，其领土由英国直接管理。1876年，在女王的明确授意下，威斯敏斯特通过了一项法案，宣布她为“印度女皇”。

为了保护印度以及通往该次大陆的路线，英国进行了一系列兼并。离印度不远的缅甸和马来亚被吞并，这项行动主要是在设于加尔各答的印度政府的敦促下进行的。印度政府实施了自己的帝国主义计划，具有其独特的系统化手段，与伦敦的随性做法完全不同。在这条路线上，英国把埃及和苏丹纳入自己的控制之下——在非洲东部和南部的帝国扩张，至少在一定程度上是出于保障印度安全的考虑。这种简单的说法，当然不足以概括每一次吞并的极其复杂的过程。最具争议的吞并是埃及和南非，应对此加以注意。

通往印度的路线，使地中海东部的安全成为英国长期以来的关注重点，尤其是针对俄罗斯的安全问题。1854至1856年间，英国和法国在皮埃蒙特–撒丁国的一些协助下，派出了庞大的舰队和军队来支援土耳其。克里米亚战争的起因很复杂，但根源是俄罗斯向辽阔而脆弱的奥斯曼帝国的渗透。英国和法国这两个“最先进”的欧洲国家与“落后”的俄罗斯交战，其表现令人失望，并且在某些方面显得十分无能——尽管，海上运输大批增援部队确实面临相当大的麻烦。报纸通过电报报道了前方部队的困境，清楚地反映了这些问题，也暴露了一个自由国家参与战争的荒诞之处；报纸的报道也让弗洛伦斯·南丁格尔（Florence Nightingale）赢得了“提灯天使”的美名。这场战争主要是一系列围困，长时间处于僵局，最后在克里米亚和亚洲土耳其的卡尔斯地区进行血腥决战——这种情况跟后来1914至1918年的第一次世界大战类似。土耳其保住了，因此英国人撑住了奥斯曼帝国，而埃及是奥斯曼帝国的一部分。

英国希望土耳其能够改革，成为一个现代的、自由的国家。但这个希望落空了。到19世纪70年代，土耳其再次分解，并受到俄罗斯的攻击。1874至1880年间执政的迪斯雷利政府继续执行捍卫土耳其完整性的克里米亚政策：格莱斯顿领导下的反对党自由党认为，这项政策不再可行，并支持将“欧洲境内的土耳其”的大部分领土分割成若干独立的基督教国家。1878年出席柏林会议的“欧洲协同体”就分割土耳其达成了共识，迪斯雷利带着“和平和荣耀”返回伦敦，还将塞浦路斯岛归入帝国的统治；塞浦路斯岛被认为对东地中海具有战略重要性，但实际上却不具备作为海军基地的价值。

随着土耳其解体，埃及变得越来越自力更生。它开始组织开挖苏伊士运河。运河于1870年开放，这对英国与印度的联系至关重要。修建运河的资本流入，破坏了埃及的稳定，使埃及的社会和政治开始瓦解。1875年，迪斯雷利从埃及总督手中买下了运河运营公司的大量股份。因此，当埃及到达破产的地步，并试图发动军事政变时，不仅触及英国在埃及的战略利益，而且直接影响到英国的经济利益。格莱斯顿多次尝试其他解决方案未果，不得已于1882年代表运河债权人入侵并占领了埃及。英军一直到1954年才撤离；埃及从未被正式吞并，其地位相当于理论上独立的印度的藩属国。19世纪80年代和90年代的一系列战争之后，英国自然而然地正式吞并了叛乱的苏丹：1885年，马赫迪（Mahdi）杀死了特立独行的戈登；1898

年，在恩图曼（Omdurman）战役中，陆军元帅基奇纳（Kitchener）最终残酷粉碎了马赫迪领导的苏丹起义。土耳其的衰落，使英国成为东地中海和东北非洲的主要大国。

南非的事件本来与上述地区并没有什么不同，但是由于布尔人的存在而变得复杂。英国于1795年占领了开普（Cape），以保障通往印度的路线。南非腹地（布尔人在19世纪30年代向这里迁徙）的安全，影响了开普敦。英国提出了各种将布尔人纳入联邦的计划，并在1877年布尔人遭到祖鲁人的削弱时，迪斯雷利政府趁机把同盟关系强加给了布尔人。不称职的将领（这是英国在南非的军事行动的特征）导致800名英军在伊桑德拉瓦纳（Isandhlwana）丧生，这是在殖民战争中少有的、“长矛战胜火枪”的情况。当然，这只是暂时的挫折，祖鲁人在乌伦迪（Ulundi，1879年）战役中被打得惨败。布尔人希望重新获得独立。1881年的一场短暂的战斗中，一小群英军在马朱巴山（Majuba Hill）战败，布尔人大肆宣传这次胜利的意义，随后与英方达成了一份不明确的协议：德兰士瓦（Transvaal）和奥兰治自治邦（Orange Free State）独立，但服从英国的宗主地位。在德兰士瓦，越来越多的钻石开采，以及1886年发现了黄金，使状况发生改变。从财务上讲，南部非洲实际上是英国的珍贵“皇家珠宝”。塞西尔·罗兹（Cecil Rhodes）等人控制着资本的涌入，破坏了布尔人的农村经济，就像埃及发生的情况一样。跟埃及一样，德兰士瓦破产了，但布尔（Boers）在保罗·克鲁格（Paul Kruger）的领导下仍然保持着严格的政治掌控力。1896年，罗兹的密友詹姆森博士试图煽动外侨（居住在德兰士瓦但不享有政治权利的英国人）起义，但是失败了。新任高级专员阿尔弗雷德·米尔纳（Alfred Milner）主张英国的权力高于布尔人共和国，决心通过战争击溃克鲁格。米尔纳激怒了克鲁格。1899年，克鲁格向开普殖民地发起进攻，发动一场短暂的有限战争。然而，布尔人拥有充足的德国武器；英国人习惯于跟未经训练、没有火枪的土著人进行殖民战争，但是与布尔人的战斗显得笨拙无能，随后吃了一系列灾难性败仗。英军只有在重型武器的协助下，才于1900年攻下布尔人的主要城市。战争似乎结束了，殖民地大臣张伯伦说服了索尔兹伯里举行“卡其大选”，统一主义派轻松赢得大选。但是布尔人拒绝接受失败，并以游击战术骚扰英国人。英国人予以回击，烧毁了布尔人的农场，清除了草原，并有组织地将布尔人家庭赶进“集中营”。集中营的高死亡率，导致英国国内发生激进抗议活动。“什么时候战争不再像战争？”接替罗斯伯里（Rosebery）担任自由党领袖的亨利·坎贝尔·班纳曼爵士（Sir Henry Campbell-Bannerman）问道，他自己回答说：“就是当战争以在南非这样野蛮手段进行的时候。”1902年，双方谈判议和：米尔纳试图粉碎南非白人（Afrikanerdom）的社会和政治结构，但以失败告终。

世纪末的反应：新的国家观念

与布尔人的战争代价巨大，其花费远远超过19世纪英国其他所有帝国主义扩张行动的总和。战争未能粉碎布尔人，但确实粉碎了格莱斯顿的财政体制，将政府支出提到了一个新高，此后再也降不下来了。这场战争还使许多知识界一直担忧的问题变得鲜明且具有戏剧化。战争显示了帝国的优势和对帝国的忠诚——因为白人殖民地会派遣部队来增援，但也显示了其弱点。帝国似乎过度扩张，协调不足。英国海军不再独霸天下，法国海军已形成威胁，相继崛起的还有德国、意大利、美国和日本的海军。“光荣的孤立”（Splendid isolation）的外交政策开始显得很危险。帝国之间的竞争意味着在19世纪70年代至90年代，法国最有可能成为英国的敌人，德国则最有可能成为英国的朋友。德国于1898年开始推行海军振兴计划，并试图占得“太阳下的一席之地”，以及在布尔战争期间对克鲁格的支持，都使德国看起来像是一个强大的威胁；厄斯金·柴尔德斯（Erskine Childers）的经典间谍小说《沙岸之谜》（*The Riddle of the Sands*，1903

年）就准确捕捉到了当时人们的感受。1902年的英日同盟确保了印度洋和太平洋的海军安全。为了减少帝国的责任，英国与其他强国签订协议，如1904年与法国签订协议解决了就北非问题的分歧，1907年与俄罗斯签约解决波斯问题。布尔战争导致英国外交政策走上了“新路线”。虽然这些协约涉及的是欧洲以外的地区，但它们的真正意义在于欧洲内部。尽管它们不是盟约，但在欧洲日益紧张的局势下，在一定程度上使英国站在法俄同盟一边，针对德国和奥地利。与法俄同盟的亲近程度到底如何，当时尚不清楚。

我们在非洲大地奋力前行一步步顽强行进
迈前腿跟后腿
战场上绝不后退（这段诗没头没脑）

布尔战争引发的对世界安全的忧虑，也使公众开始谈论英国的相对经济地位，因为国家的力量最终取决于经济实力。19世纪50年代英国经济的绝对优势大大削弱了。美国、德国、法国和俄罗斯这一时期都是重要的工业强国；在经济的某些领域中，美、德两国要胜英国一筹。英国现在已成为列强中的一员，不再是没有同行者的开拓者。然而，在大多数情况下，英国社会和政府依然照常行事，似乎什么变化都没有发生。自由贸易，最少的政府支出，自主和自我调节的经济——这是19世纪50年代和60年代的自由主义国家所奉行的准则，保守党跟自由党一样小心翼翼地守护着它们。1851年中央政府的人均支出为2.00英镑；到1891年，只增加到2.50英镑（到1913年，涨到4.00英镑）。在80年代和90年代，这种情况遭到了越来越多的批评，布尔战争就是一个例证。

19世纪50年代的克里米亚战争中，英军进展缓慢，引来了对统治精英的能力的批评。军事上的无能和南非战争中新兵的素质低下，导致有产阶级在社会上大声疾呼，要求对整个国家的经济、社会乃至政治安排进行重新评估。

在考虑对传统自由主义的各种批评之前，应该指出一种普遍的影响力，即“社会达尔文主义”。我们先前看到，实证主义者是自由放任主义的大力支持者。在19世纪80年代和90年代，社会达尔文主义的影响开始有了不同的形式。“适者生存”的斗争，在市场上的个人之间已经不那么明显，而更体现为国家之间的竞争。这极大地减少了被讨论的单元数量，并提出了一个问题（与民族竞争有关的帝国主义也提出了这个问题），即无数个体是否比单个“种族”更适合作为研究的对象，以及是否“先进的种族”可以通过政府、社会甚至基因组织来控制自己的命运。这个概念（结合了英国进化科学和德国的有机国家概念）极大地影响了当时的思想：“种族”一词成为整个政界改革派的共同语言，从右派诗人鲁德亚德·吉卜林（Rudyard Kipling），到新自由主义哲学家霍布森（J.A. Hobson）和霍布豪斯（L.T. Hobhouse），再到左派剧作家萧伯纳（G.B. Shaw）。随着大众媒体报道了许多成功的小规模殖民军事远征活动，人们很容易做出轻率的假设，即：社会达尔文主义的流行形式就是与帝国主义联系起来的种族优越性。这些迎合大众的报道都强调个人的胆量、品格、进取心和“赢得帝国伟业”的重要性，而很少提到交战双方技术装备上的巨大差距：一方是一支训练有素、配备来复枪的欧洲军队，从19世纪90年代起还偶尔使用机枪；交战的另一方是大多使用长矛的当地武装，最多也只有几杆零星的滑膛枪。

对自由主义国家的批评，以经典的维多利亚时代的形式，来自三个主要的政治阵营：一是心存不满的保守党和统一主义者，他们认为他们的领袖过于死板，墨守皮尔–格莱斯顿的财政政策的准则；二是自由党人，他们认为自由主义必须继续前进以应对新的挑战；三是社会主义者，至少乍一看是在挑战整个国家秩序。三个阵营在要求提高“国家效率”这一点上是一致的。这是一个口号，旨在表明愿意利用政府权力为“帝国间的竞赛”来组织和立法，以迎接世界挑战。

自由贸易国家一直受到批评。在19世纪下半叶，最具影响力的批评者是艺术评论家和社会评论家约翰·拉斯金。虽然在政治上无法给拉斯金归类，但他强有力的散文作品，如《给那后来的》（*Unto this Last*，1862年），抨击了工业社会的美学；但他没有写出非常系统的评论文章。他的美学批评得到了“前拉斐尔兄弟会”的追捧。后者是由画家、作家和艺匠组成团体，他们借助威廉·莫里斯的著作和设计强调了工业化之前英国的价值：这是一个处处是手工业者、农民心满意足、充满浪漫色彩的神话般的王国。在这种影响下，设计和建筑发生了广泛的变革，诺曼·肖（Norman Shaw）和世纪之交的鲁琴斯（Lutyens）所设计的“英式风格”住宅建筑是这场变革的缩影，它们是新郊区最好的建筑。莫里斯还发表了具有持久影响力的社会主义论调，他所描绘的英国是一个田园式的、自给自足的、人人平等的自耕农社会。莫里斯没有对抗工业化，而是绕开了它。

前拉斐尔画派的美学，以及其对中产阶级道德的全面批判，被19世纪八九十年代的唯美主义者赋予了新的动力。其中最引人注目的是才思敏捷的剧作家奥斯卡·王尔德（Oscar Wilde）。王尔德跟他的爱尔兰同胞帕内尔一样，因向公众暴露了他的性取向而身败名裂。王尔德的出色文章《社会主义下人的灵魂》（*The Soul of Man under Socialism*）列举了唯美主义与个人主义之间，而不是集体主义的社会主义之间的联系。

从1884年开始，这些社会主义的倾向得到了总部位于伦敦的费边社（Fabian Society）的补充。费边社的成员包括悉尼·韦布（Sidney Webb）和比阿特丽斯·韦布（Beatrice Webb）、萧伯纳、威尔斯（H.G. Wells），后来还有年轻的拉姆齐·麦克唐纳（Ramsay MacDonald）。他们都是坚定的社会进化论者。费边社成员对自由经济秩序的批评，不仅认为这种秩序不公正，还认为其效率低下和浪费：一个由受过训练的专业人士管理的中央计划经济和劳动力市场，将消除效率低下、经济危机周期，以及其失业和贫困等副产品。费边社主张通过立法而不是通过革命逐步达到这一目的（协会以罗马将军费边的名字命名，就是效仿他的策略）。费边社的主要贡献也许是协助英国左派发展了一个新的“进步”观——在19世纪80年代，由于围绕地方自治问题争吵不休，英国左派的视野受到了限制。因为费边社一般只向现有的知识分子演说，所以他们不是一个大众的运动。但是，人们对格莱斯顿的自由主义的局限性也越来越不满。来自艾尔郡（Ayrshire）煤田的煤矿工人基尔·哈迪（Keir Hardie）表示，日益工会化的工人阶级，必须在下议院拥有自己的代表（那时下议院议员仍未领薪水）。哈迪于1892年当选代表西汉姆的议员，在1888年帮助组建了苏格兰议会工党，并于1893年在布拉德福德成立了独立工党。独立工党视自己为一个社会主义政党，但它很难建立一个得到民众支持的组织。它与自由党一样，发表反帝国主义的言论，支持“全面自治”，但也呼吁国有化。海因德曼（H. M. Hyndman）的社会民主联盟，因其准马克思主义意识形态而更具活力，但也没有在民众中站稳脚跟。

旧自由主义、新自由主义、工党主义和关税改革所有这些运动的影响都是有限的。自由党仍然是“左派”的主要政党（“左派”这个词首次被经常使用，是在19世纪80年代的英国政治讨论中）。尽管如此，自由党提出的想法，以及其组织成功构成的威胁，都集中在自由主义思想上。自由党在19世纪最后20年的思想辩论中做出了自己的贡献。它是始终主张土地改革的政党，人们对土地改革的热情被诸如美国亨利·乔治的《进步与贫困》（*Progress and Poverty*，1880年）之类的作品重新点燃。乔治提出的问题是：“在不断增长的财富中，什么造成了贫困？”简而言之，这是因为土地所有人收取的租金，以及劳动者无法自由使用农村和城市土地。解决方案是征收彻底而有效的土地税，即“单一税”。在第一次世界大战之前，甚至大战以后，土地运动始终是激进主义的一大主题。

“我们曾将妇女和儿童从矿山、工厂里解救出来，为什么我们现在坐在那里，静静地看着比原先的情况更糟的堕落发生在他们身上？”自由派基督教历史学家、激进派人士阿诺德·汤因比问道；他与格林（T.H. Green）的激进思想，对19世纪70年代和80年代初的牛津大学产生了巨大的影响。汤因比的追随者们［例如1884年在东伦敦创建“汤因比服务所”的巴内特教士（Canon Barnett）］首先鼓励知识分子要有个人的（往往是宗教的）奉献精神，去现场观察劳工阶级的问题；其次及后来，要接受一个认识，即自愿的努力本身不足以解决这些问题。“先进的激进分子”开始期望政府更多地参与经济活动，也希望有更多的“积极自由主义”，以确保每个人都有充分发挥个人能力的途径。这势必要花钱，自由党人认为这笔钱应该通过增加直接税——特别是遗产税和累进所得税——来筹集在增加国家财政收入的同时实现一定程度的再分配。1892至1895年少数派自由党政府朝这个方向迈出了重要的一步，通过首次征收有效的遗产税来支付增加的社会改革和海军开支。这种运动被称为“新自由主义”，尝试通过使自由市场体系“公平”地运作来为这个体系辩护；它试图使资本主义合理化，而不是替代资本主义。该运动中最具有代表性的作者是霍布森，同时他也坚决抨击“不道德的”帝国主义。该运动希望将自由党转变为“新自由主义”，从而使得自由党继续作为一个具有广泛基础的政党，能够吸收和整合城市劳工阶级。这样可以避免德国的情况——即工人阶级组建了基于本阶级的马克思主义政党，拒绝承认德国国家政权的合法性。自由党的政治权宜考虑更强化了这种观点。在著名的塔夫河谷罢工案中（1900—1901），司法部做出了一系列不利于工会的判决，质疑他们有组织纠察队的合法性，以及他们免去损失赔偿的自由；这之后，一些工会在19世纪90年代后期迅速壮大起来，并与独立工党联手，于1900年成立了劳工代表委员会。在布尔战争中分裂成三派的自由党处于最疲弱的时期，对迄今为止一直站在自由党一边的工会主义者，不能提供太多的补偿。劳工代表委员会秘书拉姆齐·麦克唐纳（Ramsay MacDonald）在1903年2月与自由党协商了一项选举协议；根据该协议，自由党和工党的选区分支不会分散他们的选票，以免统一党人被选入议会。双方进一步达成一些地方协议——通过这些协议，许多工党候选人将有很大的机会当选。

左翼两党之间的这种调和，表明了他们之间存在着相当大的共识领域：工党（劳工代表委员会于1906年更名为工党）是“进步政党”的一部分，至少在目前是这样；它们同样具有进步政党的改革愿望，以及对自由贸易的拥护。

统一党人（是托利党和自由党统一主义派的联盟，1895年就应该这么称呼了，因为那一年自由党统一主义派的领袖约瑟夫·张伯伦（Joseph Chamberlain）和哈廷顿勋爵进入了索尔兹伯里的内阁）希望保留当时的英国宪政体制。但是，大多数人赞成保留当时的财政政策，并提倡自由贸易。索尔兹伯里勋爵尽管在两院中都占有多数席位，但并未给予保护主义有效的支持。但是，他党内的帝国主义派越来越多地认为，某种形式的帝国保护必不可少。这样做的原因有三点。首先，这派人认为，美国和德国经济的日益强大是由于对新兴产业的保护，而且在技术先进的新时代（包括化学、电气、汽车产业），如果不实施国家保护、采取一定程度的规划，以及加强工业与教育之间的合作，英国将输掉这场竞争——而只有政府才能主导完成所有这些事情。其次，他们认为帝国关税同盟（类似于19世纪初期德国的Zollverein）可以整合整个帝国的经济，英国生产制成品，而殖民地提供原材料。第三，为了使帝国适应将来会愈加激烈的大国竞争，就必须进行社会改革；而改革的资金来源，除了直接税之外，唯一的另一条来源就是包括食品税在内的关税。该计划体现在1903年约瑟夫·张伯伦发起的关税改革运动中，当时他仍为殖民地大臣；此举让前一年接替叔叔索尔兹伯里勋爵担任首相的亚瑟·巴尔弗（Arthur Balfour）十分难堪。关税改革计划资金充裕，组织精巧，内容丰富，它使统一党出现了分裂（尽管年轻的温斯顿·丘吉尔是实际上离开该党的少数议员之一）。在一系列的补选中，然后在1906年的大选中，选民们对关税改革计划不感兴趣，当时自由党和29名工党议员以绝大多数票重回议会。英格兰在19世纪80年代和90年代抛弃了地方自治，但没有抛弃自由贸易。皮尔-格莱斯顿的开放市场和食品低价的传统，仍然有很大影响力：“大面包和小面包”是自由党的响亮口号。

但是，尽管1906年的自由党取得大选的胜利是因为几个消极因素——对关税改革的敌意，非国教教徒（宗教复兴使他们的地位提高了）对巴尔福1902年《教育法》的厌恶，以及对统一党处理帝国事务不力的普遍批评——气氛已经发生了改变。“旧自由主义”（和“旧托利主义”）仍然有不小的影响力，但是左派、右派以及自由党本身对维多利亚时代的自由主义国家的批评入木三分。

20世纪初（关于20世纪是应该从1900年还是1901年的元月1日开始算起，依然存在争议），经济条件好的家庭普遍用上了各种电器，包括电灯、电话、打字机、留声机、汽车等；很快又发明了无线电和飞机。这些电器在19世纪90年代就问世了，但是由于技术上不够成熟，市场推广比较缓慢。1907年，世界上第一座为电影院设计的建筑，在兰开夏郡的科恩（Colne）开业。忽然间，维多利亚时代以及这个时代人们关注的事物仿佛已成遥远的过去。短短几年间，三位最著名的公众人物相继离世（1898年格莱斯顿，1901年维多利亚本人，1903年索尔兹伯里），更凸显了时代的变化。

爱德华时代：解除国家危机

19世纪90年代和20世纪初，对劳动力市场的运作和社会状况进行了一系列社会调查，帮助人们对19世纪的国家进行重新评估。查尔斯·布斯（Charles Booth）的《伦敦百姓的生活和工作》（共有33卷，1889至1903年间发表于4份期刊）和西博姆·朗特里（Seebohm Rowntree）的《贫困：城镇生活研究》（1901年）都是这类调查。布斯和朗特里首次试图将“贫困”界定为一种社会现象（不同于《济贫法》对“贫困”的那种法律定义）。朗特里发现，约克郡人口的27%以上生活在他所说的“一级或二级贫困”中。自19世纪80年代以来，受雇劳动者的生活水平可能已有所提高；但事实表明，很大一部分人口仍生活在“贫困”（一个相对性的术语）中，处于经济灾难的边缘。这与前面提到的宫廷和贵族阶层的奢侈华丽的“富豪”生活形成鲜明对比。

贫困人口差不多占总人口的30%，这令人震惊——也确实令当时的人感到震惊。但这也意味着70%的人生活相对富裕，这在19世纪中叶的“工资铁律”时代是不可想象的。在19世纪60年代，当时担任财政大臣的格莱斯顿承认，经济发展必然产生“大批贫民”。维多利亚时代人们，依稀能感觉到周围有生活困苦的人，但是无能为力。马修·阿诺德（Matthew Arnold）的《文化与无政府状态》（1869年）描述了伦敦东区的情景，那里生活着“数量庞大、苦不堪言、难以管理的穷困群体”。因此，人们处理贫困的做法也是局限于某个区域的个人行为：以个人慈善的形式救济他们实际认识的人；或所谓的“值得帮助的穷人”的特殊群体，例如没落贵族。如今，在世纪之交，系统的调查不仅让人们惊讶地发现“超级种族”竟如此穷困；而且通过提供的数字，说明问题是可以处理的，还建议了补救手段：只有了解了问题的大小，才知道解决办法。主张自由贸易的知名经济学家阿尔弗雷德·马歇尔（Alfred Marshall）说：“1834年的问题是好吃懒做、甘愿受穷的问题，而1893年的问题却是贫困的问题。”他暗指贫困已经变成一个既可以界定也可以解决的问题。

1905—1914年的自由党政府，尤其是在阿斯奎斯（Asquith）于1908年因坎贝尔·班纳曼（CampbellBannerman）逝世而成为首相之后，做出了相当大的努力来开始解决这些问题。免费的学校餐（1907年）、养老金［阿斯奎斯在1908年就任首相之前制订的一项计划，由继任他担任财政大臣的大卫·劳合·乔治（David Lloyd George）确保计划在下议院通过］、先于凯恩斯赤字财政的《发展法案》（*Development Act*，1909年）、温斯顿·丘吉尔的职业介绍所（1909年）、劳合·乔治的《国家保险法案》（*National Insurance Bill*，1911年，由国家、雇主和雇员共同出资，为某些工人在疾病和失业期间提供了强制性保险）等，这些举措以及许多规模较小的措施，构成了现代福利国家第一批立法里程碑。维多利亚时代的信条是：个人的诚实和勤奋将确保适度的富裕，而以上的举措打破了这一信条。改革是基于以下认知：资本主义既浪费又低效，并且对个人具有惩罚性，而不论个人的品德如何；同时，改革也承认光有“自愿捐助制度”是不够的。但是这些仍然是主张自由贸易者推行的改革，他们认为：对制度做适度的调整可以逐步消除资本主义的不公正现象，使之变得“公平”。

这些改革需要花费巨资，但是改革是广泛的共识。引起人们争议的是筹集支付改革费用的方式；为了打造“无畏”舰队以应对德国海军的扩张，也需要筹集大笔资金——这使得争议更加激烈。关税改革者提倡征收保护性间接税来筹资，而自由党则主张通过立法扩大直接税。劳合·乔治1909年的预算案对高收入阶层的收入实行了“超级税”，并试图对土地征收有效税——这使长期困扰人们的问题浮出水面。巴尔福和统一党利用上议院否决了该预算。

这已经是越来越频繁地使用上议院来挫败自由党立法的最终结果：1893年的《自治法》和1906至1908年间的一系列议案，不是被修改得支离破碎就是被完全否决。否决该预算案，重创了英国代议制的根本信条——因为在传统上这是下议院的特权。统一党辩称，若采用传统的方式来否决财政立法案的话，自由党会利用这一惯例来“添加”实际的社会立法，但是所有税收最终都会而且一直都会造成社会后果。1910年的两次大选，让自由党不得不依靠工党和爱尔兰人的支持，但事实上仍然是上议院处于劣势，多数人都反对它：统一党领袖最终做出了让步——尽管并不是所有的追随者都心甘情愿；1919年的《议会法》把上议院的否决权限制为两年之内。

这场伟大的体制之争始于关于社会结构的一个基本问题：额外的税收负担将落在谁头上？是通过超级税落在富人身上？还是通过食品税落在穷人身上？随着争论的进行，又提出了另一个有关宪政结构的问题。在其爱尔兰支持者的要求下，自由党现在提出了第三个《爱尔兰自治议案》，该议案连同之前的撤销圣公会在威尔士的国教地位的议案，根据1914年《议会法》的条文，成为正式法律，——尽管在战争期间没有付诸实施。

统一党不情愿地接受了预算案，但不愿接受《自治法案》。在新领导人安德鲁·伯纳尔·劳（Andrew Bonar Law，他于1911年接替了巴尔福成为统一党领袖）的暗暗鼓励下，他们接受了伦道夫·丘吉尔勋爵（Lord Randolph Churchill，温斯顿的父亲）在1886年提出的口号："阿尔斯特将战斗，阿尔斯特将是正义的一方。"许多枪支（其中大部分多是德国制造）被运到北爱尔兰。人们开始怀疑军队对国家的忠诚度。英国选民的投票使统一党作为整体三度失去执政的机会。尽管在阿尔斯特问题上自由党做出了实质性让步（本可以更早这样做），但统一党还是在1914年将爱尔兰拖入了内战的边缘。第一次世界大战的爆发，使后人无法知道统一党是否会阻止本来可能发生的内战。

因此，对政治和政治家来说，爱德华时代的英国是一个动荡的时期。自由主义的复兴，以及自由党愿意就久拖未决或受挫的许多问题进行讨论——这对统一党来说是一件痛苦的事；无论是执政还是在野，统一党继续将自己视为国家理所当然的统治者。

如果说旧统治阶层的衰落造成了社会的极大动荡，新崛起的力量则十分活跃。妇女选举权运动可以追溯到1867年的《改革法案》，当时约翰·穆勒（John Stuart Mill）试图修改法案、赋予妇女投票权。这方面已经取得了一些进展，因为一些妇女赢得了地方选举和英格兰教会会议的投票权，并可以作为地方议会、学校董事会和济贫法委员会的候选人。但是在19世纪七八十年代，赋予中产阶级妇女的次要公共角色（牧师、医生或议员的助手；担任慈善组织的秘书——其主席几乎总是男性；可以参加大学考试但不能获得学位）已经远远不够了。妇女被排除在帝国议会选举投票之外，这说明她们的权利被剥夺。争取妇女选举权的运动也是推进新公民概念的运动。福西特夫人（Mrs Fawcett）的"全国妇女选举协会联合会”，于1897年联合众多知名组织，发起了一场基础广泛、带有自由主义色彩的运动，并取得了长足的进步。但是，潘克赫斯特（Pankhurst）领导的“妇女社会政治联盟”（1903年）后来者居上，势头盖过了前者。妇女社会政治联盟日益提倡针对财产和政治家个人施加暴力，其成员也因被监禁和绝食活动受尽折磨，甚至导致死亡。该联盟是推进还是阻碍了妇女事业，很难下定论：一方面，它把妇女运动搞得风起云涌；另一方面，它因倡导暴力，吓跑了包括议员在内的众多潜在的支持者——特别是阿斯奎斯首相，使得通过立法程序实现自身诉求的成功率更低。尽管在自由党和工党内部以及少数统一党中，有支持他们的声音，但在1914年之前，没有通过任何有关妇女选举权的立法。

爱德华时代也见证了工会运动的蓬勃扩展，从1901年的200万会员增加到1913年的410万。在1908年之后的几年中，物价上涨而工资停滞助推了这一新兴运动，运动渐显威力。在1910至1912年间，爆发了一系列大罢工，其中1911年发生的首次铁路大罢工规模最大。而作为首相的劳合·乔治平息了这场运动，这也没有先例。由于只有通过成为工会会员才能获得工党成员资格，并且由于大多数工会都隶属于工党（煤矿工会是一直支持工党的最大工会，1909年矿工加入工党，对工党来说是莫大的胜利），工党实力大大增强。随着围绕意识形态的讨论日益激烈，工党建立了一个广泛的选区支部网络；其中很多讨论必然是乌托邦式的（许多是受威廉·莫里斯的启发），因为执行手段还很有限。工党在下议院确立了稳固的基础，但规模有限，并且很大程度上取决于它与自由党签订的协定——协定为工党在1906年大选中获得了约30个席位。工党在选举中取得的席位很有限不足为奇，因为在它有望获得支持的那些工业选区中，大约60%的成年男子没有获得选举权。在下议院，工党在很大程度上已将自己视为代表工会利益的施压集团，成功修改了最初由自由党提出的议案，以阻止1906年的《劳资纠纷法》（*Trade Dispute Act*）对工会进行依法兼并；《劳资纠纷法》是因塔夫河谷案（Taff Vale）而出台的。工党还介入了社会问题和外交政策。工党在威斯敏斯特的势力发展缓慢，使得一些工会主义者（尤其是威尔士的一些矿工）转向工团主义——即，工会为了加强对劳工的控制力，绕开议员、议会和代议制政府，而采取“直接行动”。

工党的存在和成功，与工团主义的扩张和遇到的困难密切相关，这反映出工党与自由党在社会基础和指导方针方面的差异。劳工运动的团结，不仅是因为工人清晰地认识到自己属于一个单独的阶级，而且他们之间存在文化上和社会性上的亲和力，在工作和休闲中拥有共同的体验。劳动者并没有感到自己与有产阶级有隔阂，但他们确实感到自己与众不同。这一感觉因自由党没有接纳工人作为候选人而得到强化：尽管工党和自由党在政策问题上达成了广泛的一致，但自由党的中产阶级成员——那些在选区里起主导作用的人——将不会让那些人——他们认为应该从仆人出入的门走进他们居所——当候选人。

“你美好的夏季结束了”

因此，爱德华时代革新后的自由主义面临许多困难。20世纪英国有两届推崇改革的伟大政府，自由党与其中的第一届政府一道积极地、富有想象力地解决了许多立法上的困难。它成功地遏制并在很大程度上解决了财政政策、福利政策、社会主义和军国主义等方面的危机；到1914年，军国主义已使许多大陆国家陷入政治僵局（尽管爱尔兰仍然可能是例外）。导致英国自由党政府终结的，不是国内分裂，而是外交事务。巴尔福的外交大臣兰斯多恩勋爵（Lord Lansdowne），以及1905至1914年间自由党政府的外交大臣爱德华·格雷爵士（Sir Edward Grey），实行“协约”政策——我们前面提到到过这项外交政策所产生的喜忧参半的后果。在欧洲势力对比中，英国在情感上暗暗站在法俄联盟一边——虽然没有挑明。1905年英法之间秘密的军事对话，增加了这一承诺。尽管英国是最强大的帝国，但对大陆事务几乎不能施加直接影响。霍尔丹（R. B. Haldane）的军队改革，产生了一支专门派往欧洲的远征军；这支军队尽管高效，但与大陆列强的庞大应征部队相比还是势单力薄。确实，德国人根本没把它放在眼里，结果付出了代价。随着“欧洲大国统一行动”的概念被公然的民族主义主张所取代，英国的影响力逐渐减弱。虽然格雷本人具有强烈的反德情绪，但仍继续避免与德国的对手正式结盟。但到1910年，局势已经很明显，假如英国有敌人，那一定是德国。在北非，巴尔干和土耳其发生的一系列事件中，以及在海军建设计划不断升级的背景下（尽管英国尝试通过谈判达成一项军备限制协议，特别是在1911至1912年间），英德敌对关系公开化认。英德敌对，不仅体现在外交和军事方面，甚至在文化方面也是如此。19世纪90年代，英国人对德国人曾经表示敬意和关切——现在这种情绪变成了惊慌和恐惧。

1914年6月和7月在巴尔干和中欧发生的事件，迅速引发了战争。德国预计自己将要称霸的时刻到了，而英国几乎发挥不了太大的影响力。英国从战争中可能获得的收益，会比任何其他欧洲大国都要少——或许俄罗斯除外。如果德国人不入侵比利时，英国的自由党内阁是否会参战，值得怀疑。但是德国人既忽略了英国传统上对低地国家的战略重要性的关注，也忽略了保证比利时独立的重要含义；在普法战争期间，英德两国曾于1870签订协议、保证比利时长期独立。德国进攻比利时使事情有了决断，阿斯奎斯带领他的内阁宣布参战。只有两名内阁成员辞职——约翰·莫利（John Morley）和约翰·伯恩斯（John Burns）。阿斯奎斯决心参战时的心情十分沉重：士兵们兴高采烈，兴致勃勃地奔赴战场，以为“圣诞节前就能结束战争”——英国的政治领导人可没有这样的心情。

对于欧洲大陆的这场战争，英国人在心理上远没有做好准备；从整体上说，物质准备也不够。当时，陆地战争一直被视为由职业士兵和一些志愿兵参加的、不太重要的事情，即使是在克里米亚战争和南非战争中，仍然持这种观点。军事行动的重要性，在贵族和绅士中有影响力，在公学中的影响也日益加深，但在其他地方就不太被重视。一些右翼团体试图将社会军事化——从19世纪50年代的民兵组织，到来复枪志愿者，再到20世纪初罗伯茨勋爵的兵役联盟。但各团体的努力显然失败了。“特拉法加日”是一年一度的军事庆祝活动，反映了公众主要还是指望强大的海军，认为英国应该采取防御性姿态，即所谓的“蓝海政策”。除了在某些农村地区，对普通百姓来说，“去当兵”“去领国王的军饷”只是在失业或遭遇个人灾难的情况下不得已的下策。在庆祝仪式中，英国公众喜欢军乐队和鲜亮的军服——因为这些是娱乐活动，而战争的表现与之恰恰相反。讲究盛大场面、注重国内事务，是英国的风格。在爱德华时代，政府签订的出售枪支、舰船的合同，价值可观；并且军售是英格兰东北部经济的重要组成部分。但总的来说，军事事务很少让政府和上流社会烦心。军事事务，渗透到了几乎每一个欧洲大陆国家的政治、社会、经济秩序中——而英国还没有受这样的影响。第一个工业化国家向世界呈上了令人瞩目的自由资本主义民主制度的公共实验，其成功的前提是自由贸易和世界和平。1914年8月4日，星期二，该实验戛然而止。

田间的庄家已经收割，灰色的干草垛立在太阳下；那里传来低声细语，有人在吟唱：“收完了，过来吧，蜜蜂已经弃三叶草而去；你美好的夏季结束了。”

鲁德亚德·吉卜林（Joseph Rudyard Kipling），《长长的小径》（*The Long Trail*）

｜第十章｜

20世纪

（1914—1991）

肯尼思·O. 摩根（Kenneth O. Morgan）

第一次世界大战

1914年7月17日，在伦敦市长于官邸举行的年度宴会上，英国财政大臣大卫·劳合·乔治对英国社会的不良状况发出严厉警告。在国内，矿工、铁路工人和运输工人的“三重联盟”威胁要进行大规模联合罢工，以支持铁路工人的要求，他们要求承认工会的地位和一周48小时工作制。除了全国范围内的工业可能瘫痪之外，爱尔兰海对岸处于近乎爆发内战的状态：在信奉新教的阿尔斯特和信奉天主教的南部，有20多万人已武装起来，悠久的爱尔兰民族主义有可能演变成一场严峻、血腥的冲突。在国外，在印度和埃及都存在民族主义问题。在不远的东南欧，奥地利大公弗朗茨·费迪南德（Franz Ferdinand）于6月28日在波黑的萨拉热窝遇刺，巴尔干半岛的各民族再次卷入动乱。

因此，在世界大战前夕，英国所呈现的经典形象是一个处于解体边缘的文明自由民主国家，被制裁措施和制度已无法应对的紧张局势所困扰。然而，正如过去一样，一旦最高的战争危机爆发，这些冲突因素就会以惊人的速度消退。团结一致的情绪笼罩着整个国家。英国在8月4日宣战之后的头几个星期里，不可避免地引起恐慌。只有财政部和英格兰银行采取大力措施才能稳住国家的货币和信贷。本着"一切照常"的职业道德，制造业和商业部门努力调整去适应战争带来的挑战。实际战斗的初期阶段几乎是灾难性的，因为英国远征军仓促拼凑起来并被派遣到弗兰德斯和法国，在伊普尔（Ypres）遭遇严重逆转，部队方寸大乱并遭受重创，不得不从蒙斯（Mons）撤退。英军兵力减少到只剩三个兵团，其战斗力几乎从一开始就被严重削弱。只有法国军队在马恩河（Marne）顽强抵抗，阻止了德军向巴黎的快速推进以及德国及其奥地利盟友的早期胜利。

然而，在最初的灾难之后，国家及其领导人安下心来准备打持久战。在敌对行动期间，爱尔兰自治等重要的国内问题被搁置。不同政党之间宣布无限期休战。1914年夏天的工业骚乱逐渐消失，英国工会联盟（TUC）表现得比雇主还爱国。一种奇怪的平静笼罩着全国，因为关于战争的正义性已经形成了广泛的（但远非普遍的）共识。让一个自由社会接受战争的一个要素，是某种广泛的、人道的理由来解释战争的真正含义。劳合·乔治提供了这个理由，他曾经是1899年南非布尔战争的一个坚决反对者，多年来一直是阿斯奎斯自由党政府中最直言不讳的左翼成员。劳合·乔治在最初几周仍然保持沉默。但是，1914年9月19日在伦敦女王大厅，他向聚集的威尔士同胞发表了强有力的演讲，毫无保留地决心战斗到底。他占据或声称占据了道德的制高点。他宣称，这是一场代表自由主义原则的战争，一场保护"弹丸小国"的圣战，这些小国包括被德国公然入侵的比利时，或现在受到奥匈帝国威胁的塞尔维亚和黑山。战争不仅得到了所有基督教教会的领导人的支持，而且得到了从查尔斯·詹姆斯·福克斯（Charles James Fox）到格拉德斯通（Gladstone）的所有自由派重要人物的支持。毫不奇怪，当战争是一项神圣的事业时，它很快得到了响应，尤其是英国境内的苏格兰和威尔士。

在接下来可怕的四年里，关于战争的正义性这一广泛共识并没有从根本上受到侵蚀。当然，这种共识也经历了许多变化，特别是在1916年5月以后——因为这个时候制定了不受欢迎的、为武装部队征兵的政策。最终，到1917年，纯粹的厌战情绪正在造成影响，与其他因素很不一样——比如有组织的劳工越来越好战，以及俄罗斯布尔什维克革命所带来的救世主般的吸引力。当然，这种共识也是通过一些手段来维持的，如对新闻机构的微妙或粗暴操纵、媒体审查，以及政府宣传“匈奴人”所犯下的暴行。对激进或反战评论家的迫害也很多。尽管存在政府压力，基督教和平主义者的“反征兵协会”（No-Conscription Fellowship）和民主控制联盟（它主张通过谈判寻求和平）等机构，在1917年对公众舆论产生了一些影响。兰斯多恩勋爵（Lord Lansdowne）对和平的呼吁（1917年11月29日）引起了轰动。尽管如此，战争年代的现有证据表明，广大人民群体仍然相信战争是公正和必要的；无论付出多大的代价，都必须继续战斗直到德国敌人完全投降。响应武装部队征兵的人员中，志愿者的比重很大而且热情高涨：事实证明，在1914至1916年间法国的扩军过程中，自愿参军的人数比此后的强制征兵更为理想。从1914年秋季西部战线的最初僵局，拖延到1918年8月至9月最终盟军取得突破，长期陆地和海上的冲突，其实是一种不得不接受的忍耐。

这些可怕的岁月所造成的心理和道德影响，深深地烙在了英国人的记忆和世界观里。这种影响，在整整一代人的文学情感上抹上了浓重的色彩。在第一次世界大战结束后的二十年里，这些影响左右着英国在应对外国战争威胁时所采取的政策。西部前线的战争采取了一种非常规的形式，即双方构筑了坚固的防御工事，进行了长时间的拉锯战，挖了狭长的战壕，无法利用移动攻击火力的新武器——这种战术，在1870年的普法战争中曾被广泛应用。近四年来，在法国战场几乎没有什么起色。英军偶尔会为掌握战争的主动权而发动几次进攻——这些尝试总是以巨大的伤亡收场。对于一个百年无战事的国家来说，伤亡的规模让人几乎无法理解。1915年9月，英国人在洛斯（Loos）的进攻被击败。损失更大的是，1916年6月，英军在索姆（Somme）河上的进攻，结果是一场灾难性的失败，第一天就有6万人阵亡。仅在这里，英军的伤亡就达42万。这些经历中最可怕的是1917年8月至9月的帕斯尚尔（Passchendaele）战役，当时有超过30万英军死亡或受伤，其中许多人在暴雨中淹死在弗兰德斯的沼泽地里。当不能移动作战时，骑兵和像“坦克”这样的机械发明都不起作用。新型战斗机的效果也不怎么样。与其他场合一样，指挥官与普通步兵之间的阶级划分阻碍了他们之间的交流——这在整个过程中是致命的。实际上，英国在接下来的几个月里不再是一支强大的进攻力量。1918年3月和4月，英国军队拼命争取在亚眠地区（the Amiens）阻止德军新的推进。直到8月英军总司令道格拉斯·黑格（Douglas Haig）爵士最终取得戏剧性突破，战争才显示出即将结束的迹象。与此同时，劳合·乔治和温斯顿·丘吉尔等人倡导通过更为外围的“东方”策略来规避西部战线的僵局——这种尝试也连续失败了。1915年夏天向达达尼尔海峡（Dardanelles）的远征，是一场大规模的战斗，但是军事管理不善，导致了更大的损失；一年之后，对萨洛尼卡（Salonika）的远征也是如此。特别是达达尼尔海峡战役极大地损害了丘吉尔作为理性政治家的声誉，过了数年时间，他才挽回了损失。即使在英国传统的霸权地区公海上，1916年6月在日德兰的一场重大海战，英国充其量只是和德国公海舰队打了个平手。英国皇家舰队损失了三艘战列舰、三艘巡洋舰和八艘驱逐舰。

后来的反战宣传描绘了一批愤怒的民众，他们对陆军和海军指挥官们表现出极大的不满，因为是他们的糟糕指挥导致几乎在每个战区英军都遭受了惨败。“战争诗人”，如威尔弗雷德·欧文（Wilfred Owen）、艾萨克·罗森伯格（两人阵亡）和齐格弗里德·沙宣、罗伯特·格雷夫斯（两人幸存），特别被帕斯尚尔战役的杀戮所震撼，他们都鼓励人们放弃战争这个想法，因为战争的杀戮可能导致整整一代年轻人丧命！战争的最新统计数据（英国75万人阵亡，另有250万人受伤，许多人永久残疾）强化了大规模的反军国主义情绪。然而，当时的大多数人并不反战，即使他们应该如此。战争初期的英西线总司令约翰·弗伦奇（John French）爵士在1915年底被取消了指挥权，而他的继任者道格拉斯·黑格爵士，一个冷峻寡言的低地苏格兰人，因勇敢和正直，稳步树立起了在公众心中的声望；埃德温·鲁琴斯爵士（Edwin Lutyens）设计了高耸的战争纪念碑，以纪念在蒂耶普瓦勒（Thiepval）阵亡的英国士兵。其他海军和陆军领导人，如海军上将比蒂（Beatty）和艾伦比（Allenby）将军（他们在1917年至1918年间指挥了一场漂亮的战役，他们率军从埃及出发，通过巴勒斯坦进军叙利亚，消灭了德国人的重要盟友土耳其人）成了受欢迎的英雄。严酷又不可避免的阵地战，是结束战争的关键。布鲁斯·班斯法瑟（Bruce Bairnsfather）著名的“老比尔”漫画，敦促他的战友：如果知道“有一个更好的洞”，就请钻吧——象征着士兵们用一种幽默情绪来面对阵地战的恐惧。在经历了绝望的军事危机和得到美国巨大的军事、财政援助之后，英国和法国的陆军攻破了德军的防线，到达德国边境——1918年11月11日，签订停战协议。而民众对战争的热情达到顶峰。自从安妮女王统治马尔伯勒（Marlborough）时代以来，英国似乎有可能在这些岛屿上酝酿出一种新的军事狂热。

战争广泛流行（以及随后的不受欢迎）的一个主要因素是，所有人口以及整个社会和经济都被卷入了其中。经过一段悠闲的初始阶段，战争在1915至1916年带来了巨大的工业和社会转型；它在没有先例的情况下建立了国家权力和集体主义控制的“利维坦”。工业、农业的生产和分配，都被用来满足强大的战争机器的需要。这个模式是由新成立的军需部制定的，劳合·乔治于1915年5月接管了军需部。负责处理武器和弹药供应中的瓶颈，该部成为一个巨大的中央机器的引擎，通过“干劲饱满”的人们，使整个工业活跃起来。新模式在社会福利、住房政策和妇女地位等不同领域也产生了巨大影响。煤矿、铁路、商人和其他航运都受到国家控制。战前一再鼓吹的自由放任原则——包括自由贸易本身的神圣原则，都被绕过或忽视。同样，传统的劳资关系体系也进入了全新的模式。1915年3月，政府和工会（矿工除外）之间进行谈判并签订《财政协议》（*The Treasury Agreement*），协议禁止罢工，但也保证工会领导人具有集体谈判的权利，并间接地为他们提供接触政府的新渠道。

在战争年代，《财政协定》当然没有实现普遍工业和平的目标。煤炭行业存在重大争议，特别是1915年7月南威尔士矿工联合会成功举行了正式罢工。军需部通过将非技术工人（特别是女性）引入工程工厂，试图"稀释"劳动力，并试图控制军备工业的劳动力流动——这些举措带来了很多麻烦，特别是在克莱德赛德（Clydeside）。1916至1917年苏格兰和谢菲尔德商店服务员的非正式罢工提醒我们，战争年代的"共识"是肤浅的，远非真正的一致。然而，战争确实确立了工会的持续法人地位，对新成立的英国工业联合会的雇主们也一样。一种新的、有机的、有计划的劳资关系体系即将出现。重要的是，埃里克·格德斯爵士、约瑟夫·马克尔爵士、德文波特勋爵和罗丹达勋爵等有势力的商人，在中央政府的重要部门任职。这象征着工业巨头和政治精英的关系正在发生转变。爱德华七世的"自由英格兰"正在变成一个"公司化"的国家，几乎是后人所称的"大不列颠有限公司"。

在更广泛的社会和文化活动领域，一战的总体影响确实是深刻的。像工党领袖拉姆齐·麦克唐纳（Ramsay MacDonald）这样的左翼反战人士讽刺地指出，战争的必要性在社会改革方面取得的成就，远远超过了半个世纪以来工会和进步人道主义运动的成就。政府活动正在呈现新的景象。在和平年代，治理英国的是技术专家、专业人士和公务员精英，现在又增加了新的阶层，行政和管理类人员大规模增加。像威廉·贝弗里奇或西博姆·朗特里这样的社会改革者，甚至是社会主义者比阿特丽斯·韦伯，在中央政府中成为有影响力甚至受人尊敬的人物——特别是在劳埃德·乔治于1916年12月接替阿斯奎斯担任首相之后。工资上涨了，工作条件也改善了。1917年的《玉米生产法》重振了英国的农业，为佃农和他们的雇工提供了新生。政府还重视技术教育和其他教育，特别是在1918年通过了《费舍法案》（*H. A. L. Fisher's Act*）。该法案规定，要普及免费小学教育，并为从小学到中学再到高等教育创造机会。政府的各项调查（其中一项是由索尔兹伯里勋爵这样的保守派所领导的）为国家住房计划开辟了新的前景，这个领域在1914年之前几乎完全被新自由主义所忽视。地方政府提供带补贴的住房制度，制定了一项原则，即为工人阶级提供几十万套的廉租房，并清除城市中心和老工业区的贫民窟；政府也开始关注公共卫生。最具讽刺意味的是，一方面，国家正在打一场大规模摧毁人类生命的战争；另一方面，国内正通过改善医疗、改善儿童和老年人以及哺乳母亲的生活条件，以及成立医学研究委员会这样的措施来保护生命。到1918年底，政府致力于建立一个新的卫生部，以协调卫生和国家保险，并接管地方政府委员会的职责。

英国社会从战时经验中获得了一个重要收获：对英国人（实际上是大多数人口）来说，这是一个解放的时代。英国妇女是战争年代的最大受益者。成千上万的女性在前线服务，经常在战地医院。英国护士艾迪丝·卡维尔（Edith Cavell）因在比利时协助英国和法国战俘逃跑而被德国人处死，有力地提升了人们对女性的普遍尊重。在国内，像埃米琳·潘克赫斯特（Emmeline Pankhurst）夫人和她的大女儿克里斯塔贝尔（Christabel）——虽然不是她的社会主义小女儿西尔维娅（Sylvia）——这样的妇女参政运动领导人协助政府招募新兵。在广泛的其他领域，妇女在文职和行政部门、军需和其他工程工厂，以及之前仅为男性保留的许多其他陌生的任务中，发现了巨大的新机会。全面战争正在逐渐消除几十年来限制英国妇女的性别障碍。现在几乎不可能争辩说妇女无法充分行使公民权；因此，在1918年的《人民代表法令》中，30岁及以上的妇女获得了投票权。这些进步几乎是突然发生的。那个漫长的、痛苦的、充满迫害和偏见的妇女史宣告结束。恢复和平后，全面的“重建”（不确切的）工作得以展开。在英国和其他地方一样，政府通过强调战争的积极和进步的后果，希望（或许是无意地）扩大和巩固当时的共识。

第一次世界大战给英国的政治也带了巨变。在战争爆发时，下议院仍主要由自由党和保守党（或统一派）之间的吉尔伯特式竞争所主导。然而，对于自由党而言，战争带来了灾难。部分是由于战争所带来的对个人和公民自由的严重侵犯。部分是由于许多自由党人对当时所倡导的战争的优点刻意隐瞒。1915年5月，阿斯奎斯的自由党政府转变为三党联盟，标志着自由主义没落的新阶段。此后，阿斯奎斯的领导显得无精打采、笨手笨脚，同时自由党内部对征兵制这一根本问题产生了严重分歧。劳合·乔治和丘吉尔都认为，征兵标志着全心全意决心“战斗到底”。像约翰·西蒙（John Simon）和雷金纳·麦克纳（Reginald McKenna）这样的传统自由党人则优柔寡断。阿斯奎斯自己不高兴地摇了摇头。最后，所有18至45岁的成年男性都必须服从征兵制，但对阿斯奎斯和自由党伦理的批评，在继续加剧。

1916年12月，最后的危机来了。几个月来一直有人抱怨政府的失败——不仅是在战场上，而且未能解决爱尔兰问题和国内劳资纠纷。在1916年12月1日至19日之间，出现了拜占庭式复杂的政治“宫斗剧”，历史学家们像许多中世纪的学者一样争论不休。劳合·乔治与两位主要的统一主义者博纳·劳（Bonar Law）和爱尔兰人爱德华·卡森（Edward Carson）爵士一起，向阿斯奎斯提出成立一个新的最高战争委员会来管理战争。经过几天的犹豫，阿斯奎斯还是拒绝了这个建议。劳合·乔治随后辞职，并在12月4日至9日东山再起，当选为所有党派组成的联合政府的首相。除了下议院大约一半的自由党人之外，联合政府不仅包括所有的统一派成员，而且包括（在国家行政机构中占微弱多数的）工党。从此以后，在1916年12月到1918年11月之间，劳合·乔治将自己打造成一个近乎坚不可摧的“半总统”。他是一个至高无上的战时内阁的首相，得到一个新的内阁办公室和一个“郊区花园”及私人秘书组成的顾问组的支持。在这个尖顶之下是一个强大的中央集权的机器。劳合·乔治的胜利帮助英国赢得了战争，但对于他自己的自由党而言，这意味着一场灾难。党内仍然四分五裂，其基础已被动摇，在议会中效率低下并意见不一，在媒体和知识分子眼中已经失去了斗志和动力。在1914年之前激活了许多社会改革的新自由主义正在衰落。当战争在1918年11月结束时，自由党已经是一个分裂的、羸弱的残缺的存在，是一战中最大的受害者。

工党非常出乎意料地取代了自由党的位置。战争爆发时，工党内也存在很多分歧。与工会领导人的爱国主义形成鲜明对比的是，拉姆齐·麦克唐纳和许多社会主义左翼人士一直反对参战。因此，麦克唐纳不得不辞去议会工党领袖的职位。战争期间的问题，如征兵制的影响（对军事和可能对工业的），以及是否愿意为劳合·乔治效力，也困扰了工党。然而，战争对工党的长期影响是完全有益的。工党所依赖的工会，因战争经验而大大加强。到1919年初，工会成员的人数大约翻了一番，达到800多万。俄罗斯的革命以及战争最后两年更广泛的反战激进主义，也为工党提供了新的活力。实际上，工党一直在为政府效力，并同时充当正式的反对派。工党的地位非常理想，正好利用了自由党内部的困难。最后，1918年的特许经营改革将选民从大约800万扩大到超过2100万。这意味着工人阶级的选票大幅增加了，同时助推了以阶级为基础的政治两极分化的趋势。1918年的党章，赋予了工党一个新的社会主义承诺——更重要的是，在选区和总部重组了结构，使其始终由工会主导。工党的壮大是战争的一个重大政治后果，虽然在当时无法被预见。

真正的受益者是保守党。战争顺其自然地使保守党成为多数党。除了被战争号召团结起来之外，作为自我标榜的爱国者，在1914年之前因关税和其他问题出现分歧后，保守党越来越关注商业和制造业的利益。他们现在的群众基础是城市或郊区，而不是乡绅。在战争结束时，随着斯坦利·鲍德温（Stanley Baldwin）和内维尔·张伯伦（Neville Chamberlain）等新的、以商业为导向的人物的出现，保守党像工党一样，准备摧毁爱德华时代的政治体系。到1918年11月11日战争结束时，劳合·乔治完全掌舵。自由党与保守党结成选举联盟，反对反政府的自由党的“和平主义者”和工党的“布尔什维克”。右翼统治的新时代正在形成。

在国外，战争年代也造成了某些变化。从各方面来看，这是一场为帝国以及国王和国家而战的帝国战争。澳大利亚、新西兰、加拿大、南非和印度提供了巨大的军事和其他援助。“澳新军团日”伴随着对加里波利苏弗拉湾（Suvla Bay）的回忆，成为澳大利亚历法中的一个悲剧性的、象征性的纪念日。1917年，劳合·乔治实际召集了一个有多国总理组成的帝国战争内阁，以协助母国的内阁。一个强大的帝国政治家，南非的扬·史末资（Jan Smuts），甚至被邀请参加英国内阁的审议会议。在商业中，帝国的偏好正在成为现实。帝国的神秘感在这个时代十分强大。当时的主要建筑师埃德温·鲁琴斯在年轻时代就是威廉·莫里斯的弟子，深受其发起的艺术和手工艺运动的启发。现在，埃德温·鲁琴斯和赫伯特·贝克（Herbert Baker）正在通过重建德里市将他们的才能转化为宏伟的现实。主要的建筑是象征古典权威的一座巨大的殖民总督官邸和几座行政大楼。在战争年代，帝国的思想比以往任何时候都得到进一步发展。事实上，战争年代的秘密条约确保了在和平时期托管式统治制度或其他计策，将使英国拥有比以往更广大的帝国领土，包括中东地区和波斯湾地区广阔的新领土。英国人受到“阿拉伯的劳伦斯”等个人主义者传奇般的英雄壮举的鼓舞；又因对美索不达米亚和中东其他地区巨大的石油财富的渴望，大英帝国的疆土越来越辽阔。

但实际上，一直维持庞大的帝国版图，变得越来越不切实际。早在1914年之前，为了有效实施帝国的某项政策，财政和军事力量上的不足变得越来越明显。特别是在印度，国大党领导的民主主义运动日益高涨。现在还有一些新的、越来越有效的反对英国统治的民族主义起义。在劳合·乔治担任首相期间，威尔士是忠心爱国的；与威尔士不同，爱尔兰出现了令人不安的殖民叛乱景象。1916年4月，由少数共和党人和新芬党支持者发动的复活节起义，似乎是一场惨败。但是，由于阿斯奎斯政府对起义采取了残酷镇压的手段，到1918年中期，新芬党及其共和党信条几乎赢得了南爱尔兰所有26个郡的支持。像约翰·狄龙（John Dillon）这样的资深领袖，被迈克尔·柯林斯（Michael Collins）和埃蒙·德·瓦勒拉（Eamon de Valera）等新的民族主义激进分子抛在一边。到战争结束时，南爱尔兰实际上情势极为紧张，那里抵抗征兵制，处于以近乎暴乱的方式反抗王权和新教统治地位的状态。从19世纪40年代的丹尼尔·奥康奈尔到19世纪80年代的查尔斯·斯图尔特·巴涅尔，再到1900年之后的约翰·雷德蒙德，在这几十年里，爱尔兰民族主义的长期发展是遵守宪法的，而且基本上是和平的；但是现在似乎到了新的、爆炸的边缘。因此，战争年代的一个明确道德是，对于克莱德赛德和威尔士采矿山谷来说，政治和社会共识已经非常脆弱，但还没有延伸到爱尔兰南部。随着爱尔兰共和主义的发展推动了一种新的反抗帝国统治的民族主义斗争如火如荼地进行。其中，印度人和埃及人可能都在谨慎地观望。这场战争留下了一个遗产：更加一体化但又更加孤立的英国，昔日宏伟的帝国角色正在被战后世界中更广泛的变革所瓦解。

20年代

当和平回归时，似乎没有什么变化。劳合·乔治在1918年12月的大选中取得了压倒性的胜利，证明了战争年代的爱国主义和统一，也确保了战争与和平之间的平稳过渡。这次选举之所以被称作“优惠券选举”，是因为支持联合政府的候选人都收到一封感谢信。首相被一致称赞为“赢得战争的人”——这是自克伦威尔以来最具统治力的政治领导人。这个选举结果确实是压倒性的。联合政府在议会的支持者人数不少于526人（其中136人是自由党人，其余的几乎都是统一党人），工党议员只有57名，独立自由党人26名。但是如果仔细研究，会发现这个结果并不那么具有确定性。虽然工党只占57名议员的席位，但是该党已经赢得了250万张选票，这几乎是一次巨大的选举突破。在爱尔兰，新芬党在南部的81个席位中占据了73个；其代表退出了英国议会，并在都柏林建立了自己的非官方议会或"Dail"（爱尔兰国会之下议院）。即便如此，首相及其战时同僚的法律权威也是无可辩驳的。

选举似乎也证实，社会经济的许多方面正在迅速恢复正常状态。许多战时控制和国家集体主义的机构都消失了，好像从未存在过。主要产业被归还于私人手中，包括铁路、航运，甚至煤矿。煤矿的所有者们，可能是整个资本主义世界中最令人讨厌的群体。政府还开始实施一致的财务政策，以确保最终恢复金本位——这意味着要采用货币紧缩的做法，即逐渐收缩货币发放（在战争期间，货币曾被迅速超发）。伦敦金融城、阶级制度和私人资本主义，似乎注定要继续大行其道。为了表明这是具有人性的资本主义，政府也在1919至1920年开始了一系列改革活动。事实上，劳合·乔治在选举中更加积极地宣传自己是一位渴望建立"适合英雄施展才干的国度"的社会改革家，而不是一位决心要绞死德国皇帝或"把德国压榨得吱吱叫"的沙文主义者。因此，政府出台了一项有力的计划——即使很短暂，以扩大医疗和教育服务、提高养老金及推广全民失业保险。最引人注目的是由自由党人大臣克里斯托弗·艾迪森（Christopher Addison）博士发起的住房补贴计划。尽管财政部不愿意提供财政支持，该计划在1919至1922年期间共建造了20多万套公共住房——这是解决英国住房这一主要社会问题的一个有限但宝贵的开端。

但人们很快就不安地看到，生活已不再正常，1914年之前的舒坦日子无法轻易恢复。由于失去了外国市场，以及为了支付战争而出售海外投资，导致出现了新的、破坏性的经济问题。最不祥的是报纸头条密切关注的、大幅增加的国债。1914年，未兑现的债务资本为7.06亿英镑。六年后，这个数字已飙升至78.75亿英镑。在1918至1919年迅速通货膨胀后，人们高喊着要发展“经济”、结束公共支出中的“浪费”，以及恢复平衡的预算和坚挺的货币。

在政治上，事情也远非正常。劳合·乔治的联合政府在不愉快的环境下掌权，背景是围绕着1918年“优惠券”大选的阴谋。他的执政合法性受到了质疑。此外，联合执政容易陷入内部纷争，自由党人首相和他的保守党同事之间，在国内、外交和帝国事务上的关系持续紧张。劳合·乔治本人是一个超凡的人物，但他高高在上，全神贯注于国际和平会议，远离下议院；他也是一位没有党派的首相，在个人财务和性活动中十分随意，并不能赢得普遍的信任或爱戴。因此，停战期间的共识很快消失，取而代之的是新的矛盾。

反对派的一系列挑战，逐渐破坏了联合政府的执政基础。新的模式正在形成，这将塑造未来20年英国历史的进程。在左翼，劳合·乔治因忽视自由贸易等古老而神圣的原则，遭到许多自由党人的猛烈抨击。他的爱尔兰政策更加令人震惊。1919至1921年，英国政府以无限制的报复政策对爱尔兰共和军发动战争，导致后备部队在爱尔兰实施血腥暴行。后备部队是由皇家供养的，来支持陆军和警察部队。1921年12月，天生的谈判专家劳合乔治最终与新芬党领导人亚瑟·格里菲思（Arthur Griffith）和柯林斯达成了和平协议。从1922年1月起，建立了一个由爱尔兰南部26个天主教郡组成的爱尔兰自由邦，在北爱尔兰的6个新教郡留在英国。但是，在自由主义舆论中，这种大转变为时已晚，不足以修复劳合·乔治失去光泽的形象。

在工党和工会界，首相完全丧失了他长期享有的“劳工保护人”的声誉。1919至1921年，他的政府采用了强硬的手段（包括紧急权力和动用部队），来处理矿工、铁路工人和许多其他工人（甚至包括警察）的全国大罢工。此后，政府未能阻止大规模的失业（很快增加到一百多万工人）的不断增长，也未能驱散笼罩在老工业区的阴影。1919年桑基（Sankey）委员会发布报告，建议煤矿国有化——政府没有采纳报告的建议，明显欺骗了矿工；同时政府还通过进一步破坏铁路工人、运输工人和矿工组成的“三方联盟”，在“黑色星期五”（1921年4月15日）挫败矿工的罢工。这一系列事件在工人阶级的头脑里打下了深深的烙印。人们本来期望当选政府能够促进国家的团结和社会的统一，而实际上政府使阶级裂痕比以往任何时候都更大。如果联合政府受到左翼的攻击，来自右翼的攻击也会越来越大。保守党渴望恢复一个健康的独立政党政治体系，摆脱专制首相及其拥护者的冒险手段。尽管联合政府已经延续了将近四年，但困难重重，劳合·乔治本人也陷入绝境。

除此之外，对和平条约和“凡尔赛体系”的幻想破灭的情绪更为普遍。1919年的和平解决方案越来越不受欢迎。该方案涉及英国与其盟国之间在战争期间缔结的秘密条约，以及在经济赔偿和边境安排上施加给德国人的不公正的条款。没有哪本书比经济学家J. M. 凯恩斯的《和平的经济后果》（1919年）更有效地表达了这种情绪。作为英国财政部顾问的凯恩斯，在巴黎和会期间辞职，以示抗议。他的这本书迅速成为大西洋两岸的畅销书。该书的结论是，要求德国支付战争赔偿将导致其财政崩溃，从而永久地削弱欧洲经济。凯恩斯用令人难忘和优美的语言描述了凡尔赛宫的狂热、腐败的气氛，谈判代表在这种氛围中达成各种秘密交易。他谴责劳合·乔治为“一无是处”的人。英国首相在后来的历届国际会议上为缔造欧洲和平进行的努力，变得不受欢迎。用邦纳·劳（Bonar Law）的话说，英国拒绝继续充当“世界警察”的角色。英帝国可能比以往任何时候都要庞大，但同时必须收回对欧洲的承诺。否则，像1914年8月那样，另一场悲剧将降临英国大地。劳合·乔治联合政府遭受的致命打击，发生在1922年10月。当时，为了保卫希腊在小亚细亚的地位以及那里的海峡，英国与土耳其之间差一点爆发战争。保守派以及英国的左派都反对这种经济主义的新战事。政府的右翼基础崩溃了。劳合·乔治于1922年10月19日下台，余生都与政治无缘。

随后有两股反对劳合·乔治政府的力量——分别由拉姆齐·麦克唐

纳和斯坦利·鲍德温（Stanley Baldwin）为代表，两者都在导致1922年10月联合政府垮台的运动中起了重要作用。麦克唐纳倡导令人陶醉的乌托邦国际主义和“勇敢的新世界”理想主义，是壮大中的工党的完美代言人。在1922年和1923年的大选中，工党的席位迅速增加。他可以与克莱德赛德的社会主义和伦敦当权派的风格都保持联系。另外，斯坦利·鲍德温领导着代表郊区中产阶级的体面生活和正统爱国主义的保守党，他们都对劳合·乔治的政治实验和战后英国外交政策的国际冒险主义感到震惊。鲍德温在1923至1924年、1924至1929年和1935至1937年担任首相，对于迫切需要恢复安宁生活和社会的稳定的英国来说，他是恰当的领导人。

公共生活的其他领域也在不断经历变化和动荡。许多战前既定的模式，现在似乎都受到攻击。在威尔士和苏格兰，知识分子发起的小规模运动表明，王国的统一本身可能受到威胁。两个地方都效仿爱尔兰模式成立了各自的小型民族主义政党：1925年威尔士民族党和1928年的苏格兰民族党。然而，它们的实质性意义，在于遥远的未来。

在艺术、文学、音乐、绘画和建筑方面，从战前幸存下来的巨匠（如鲁德亚德·吉卜林和托马斯·哈代、爱德华·埃尔加和鲁琴斯）尚未过气，但已经受到了“现代主义”和叛逆的前卫运动的潜在挑战。在小说家中，乔伊斯和劳伦斯的主要作品已经完成；事实上，在《恋爱中的女人》（该小说反映了战争岁月的社会弊病）于1920年问世之后，劳伦斯后来的工作似乎相对不起眼。更具创新性的作品来自与“布鲁姆斯伯里团体”有关的知识分子和艺术家的小圈子。尤其是弗吉尼亚·伍尔夫所创造的一系列非凡的“意识流”小说，以其对人性的微妙描绘和奇特流畅的形式，证明了小说中“现代主义”的生命力。更为正统的是E. M. 福斯特的《印度之行》（1924年），一部与布鲁姆斯伯里团体间接相关的小说家的作品，该作品在处理西方和东方文化的相互作用时，反映了西方自由人文主义的自信心在日益下降。诗人T. S.艾略特的《荒原》（1922年）以其令人不安的节奏和意象，成为诗歌中最显著的开拓性成就。这首长诗充满了基督徒的谦卑和个人忧郁的基调，捕捉到20世纪20年代文化的一个强大方面。除了萧伯纳的《圣女贞德》（最能体现他的哲学思想）之外，这一时期的戏剧创作没有什么起色。在艺术、设计和建筑方面，这也不是一个充满想象力的时代。像本·尼科尔森（Ben Nicholson）这样的画家仍在寻求新的风格，而保罗·纳什（Paul Nash）等其他画家显然还在原地踏步。在艺术界，布鲁姆斯伯里团体再次出了一些有名的叛逆者。艺术评论家和赞助人罗杰·弗莱（Roger Fry），以及画家邓肯·格兰特（Duncan Grant）和瓦妮莎·贝尔（Vanessa Bell）等，试图在绘画表现形式上摆脱现实主义模式。事实上，布鲁姆斯伯里团体［包括作家和艺术家，以及经济学家J. M.凯恩斯、散文家利顿·斯特拉奇（Lytton Strachey）及团体的哲学家导师乔治·爱德华·摩尔（G. E. Moore）等］体现了20年代英国文化现状的许多优点和局限性。它试图通过欧洲大陆的现代主义诗人和超现实主义艺术家的灵感来浇灌英国艺术。它破坏偶像的同时，又树立新的崇拜对象。斯特拉奇对维多利亚时期主要人物（从女王往下）的短处进行了讽刺性探究，他那种“打碎偶像”的愿望表露无遗。更糟糕的是，布鲁姆斯伯里鼓励一种近亲式的、几乎是部落式的艺术传播观；它成了一个带有王朝光环的“象牙塔”。30年代的作家们批评布鲁姆斯伯里团体是一个新的文化当权派。他们指责这个团体没有充分重视道德（而只关注纯粹的审美）的敏感性，以及缺乏对政治或公众的关切。布鲁姆斯伯里的精神，可能会鼓励不同类别的艺术与民众越来越拉开距离。

这一时期的艺术发展，表现出反抗和解放精神，与更广泛的社会运动相呼应。获得投票权的妇女（1918年部分妇女，随后1928年所有妇女都获得了投票权）能够享受其他自由：有吸烟的权利，享受看电影等新的休闲娱乐，追求更开放、更少受约束的“性生活”，穿颜色更加亮丽的服装。在20年代的回忆录中经常受赞赏的“天之骄子”［Bright Young Things，诺埃尔·考沃德（Noel Coward）的讽刺作品和戏剧似乎是专门写他们的］，他们的世界观十分局限。他们通常是中上阶层的背景。他们或他们的朋友，常常就读于某某公学，牛津或剑桥——特别是牛津大学，它与一种自由的文化自我表达联系在一起，这种文化倾向于颓废、虚无主义，或两者兼而有之，就像30年代以“反战”抗议为标志一样（同样错误地）。较老的大学在社会上的影响力，可能远远低于后来的宣传神话所说的那样，但它们融入了对一个更无形、无根的世界的探索氛围中。

当然，较老的道德标准的维护者，似乎在战后遭受了权威危机。没有哪个地方比教会中更明显，教会显然是全面战争的受害者之一——罗马天主教可能除外，因为它大部分成员是爱尔兰人。非国教的小教堂在维多利亚时代的鼎盛时期，曾是许多人的道德灯塔；现在，其会员和资金来源都在减少，其权威也在削弱。即使在威尔士和北方的根据地，非国教小教堂也在逐渐没落。尤其是，战争产生的对清教主义和严守安息日主义（Sabbatarianism）的挑战，严重动摇了小教堂对信众的控制力。战争结束后，英格兰教会也很难保持其既定的国教角色。蓝道尔·戴维森（Randall Davidson）和科斯摩·朗（Cosmo Lang）等大主教在宣讲旧的凝聚力和戒律，但他们的话似乎越来越显得苍白。

从形式上讲，英国仍然是一个显著的基督教国家。教会领袖仍然受人尊重，且不可分割地与皇室和有土地的贵族联系在一起。周日仍然是宁静、沉闷的，因为火车停运，商店和剧院关门，威尔士和苏格兰的教堂也是如此。1927至1928年对英国圣公会祈祷书的修订，引发了激烈的公众辩论；英国天主教徒与基督教福音派之间的旧战争死灰复燃。宗教认同感渗透在中产阶级的价值观、家庭、社区及他们所维护的爱国主义形式中，正如新成立的英国广播公司（BBC）推出的宗教节目所表明的那样。宗教与英帝国的联系也是如此，特别是通过童子军和团契等青年活动。战争本身鼓励了一种世俗的信仰，鲁琴斯在白厅竖立的阵亡纪念碑和一年一度的休战纪念日就象征着这种信仰。然而，尽管几个世纪以来有许多形式上的做法提醒人们他们的宗教遗产，但是基督教的影响和神秘感显然在减弱，特别是在战后一代和退役军人中。

1926年的全国大罢工充分说明，教会不能有效影响事件的发展。那一年，工业衰退、失业和社会苦难的可怕循环，导致了英国有史以来的最严重的阶级冲突。1919年至1921年的大规模罢工现已成过去。首相鲍德温呼吁“和平岁月，主啊”。但在英国最大的工业采煤业中，局势仍然紧张，因为矿工们工资被削减，甚至被解雇，矿工家庭的生活水平在下降。1926年4月，政府终止了对采矿业的补贴。5月2日，鲍德温中断了与工会联盟（TUC）代表团的谈判。几乎是偶然地，工会发动了大罢工。9天（5月3日至12日）内，英国完全陷入了停滞状态。工会在挑战政府和宪法制度方面的潜在经济力量，显示出前所未有的强大影响力。教会领袖们呼吁调解，但无济于事。

实际上，全国大罢工足够和平。没有发生针对许多工贼（包括为此目的旷课的许多牛津和剑桥学生）的暴力。工贼们驾驶公共汽车，并从事其他破坏罢工的活动。警察或武装部队没有施暴，他们也没有遭到来自工人的暴力。最终，工会联盟突然在5月12日宣布取消罢工，因为约克郡、坎布里亚郡、泰恩赛德、南威尔士和苏格兰的工业区一如既往地不为所动；并且几个关键工人群体（如电力工程师）从未被号召去罢工。对于工会来说，这是一场彻底的失败，特别是对于矿工们来说。他们的罢工又苦苦地支撑了几个月。英国的阶级斗争是一场短暂的、不流血的小冲突。对于中产阶级的旁观者来说，罢工不痛不痒，甚至非常有趣。

很显然，全国大罢工所揭示和强化的分裂，是在未来20年或更长时间内困扰国家统一的一个重要因素。在英国的煤田，1926年大罢工中胜利和背叛的记忆，直到1984至1985年的全国矿工罢工时仍然是活生生的现实。由于工会内部意志不坚定，以及政府做好了充分准备且态度强硬（有一批像丘吉尔一样的强硬派大臣，丘吉尔当时任财政大臣），1926年的大罢工似乎没有效果。尽管如此，根据一位威尔士矿工后来的回忆，大罢工确实展现了英国工人阶级非凡的忠诚和阶级团结，不仅在较老的采矿、钢铁和造船业，而且在新的服务业，比如公路或铁路运输和配送中的“半熟练”

工人。这个国家的阶级划分已昭然若揭，即使没有酿成身体上的暴力。人们还对警察或公务员的中立性表示了深深的怀疑，甚至怀疑新成立的英国广播公司（BBC）的中立性——实际上BBC在面对政府压力时努力保持其独立性。在采矿区，大罢工之后，矿主开始迫害工人，大幅削减工资，并试图破坏矿工联合会作为工人的声音的基本作用。像亚瑟·库克这样的蛊惑人心的矿工领导人，现在成了袖手旁观者；而继任的工会领袖和工党不再迁就一个回报和机会明显扭曲的社会制度——这样的社会制度是对战争年代的社会统一的嘲讽。随着英国在萧条时期继续蹒跚而行，对大罢工的记忆还没有消失，同时，阶级抗议仍未消除。

在20年代后期，英国安定下来，一直持续到20世纪40年代。人口继续增长，只是速度较慢：从1911年的40 831 000增长到1921年的42 769 000；到1931年的人口普查时，增长到44 795 000。但阶级鸿沟在不断加深，乔治·奥威尔等年轻作家后来强调了这一点。在英格兰南部和中部的大部分地区，20年代是一段社会富裕、人民对生活越来越满意的时期。有很多为郊区中产阶级开发的房地产项目，这些项目源于1919至1921年的艾迪森住房计划和后来的内维尔·张伯伦的计划，这些计划直接给私人住宅开发商提供补贴。经历过战争后，更多人渴望拥有中产阶级的生活：有住房；一个安静的家庭环境；更多的休闲活动；例如，到1930年，私家车超过100万辆，其中最著名的是外号叫“奥斯汀婴儿”（Baby Austin）的这款车；出现了使室内生活更加舒适的设备和机械助手，如吸尘器。通过BBC广播的力量，将娱乐节目和生活指南带给千家万户。1880至1918年间，初级管理人员、公务员、教师、技术工人、白领行政人员及职业团体有了大幅增加。对他们来说，20年代是一个不错的时期，因为物价开始下降，购房也不难，还可以享受自己喜欢的休闲活动。技术先进的新产业正在蓬勃发展，特别是位于英格兰中部地区的长桥的赫伯特·奥斯汀和位于牛津附近的考利的威廉·莫里斯的现代汽车厂。郊区居住生活的新模式在它们周围兴盛起来。对于这些人来说，在经历了战争和大罢工的所有不必要的激奋之后，单调但踏实的价值观似乎很有吸引力——这种价值观的代表人物是热爱大自然的首相斯坦利·鲍德温，在他身上体现了“安全第一”的哲理。

然而对于许多其他领域来说，这是一个越来越绝望和幻灭的时期。例如，在战争结束后短暂而令人振奋的复兴之后，农村在20世纪20年代陷入了萧条。农村人口稳步下降，特别是在英格兰南部机械化程度较高的小麦种植区。农产品价格下跌，农村收入水平下降，从苏格兰高地到康沃尔的小乡镇的活力正在减退。英国乡村生活在表面上保留了不变的传统；1918至1926年间，“绿色革命”大大扩大了小土地所有者的数量——这是自诺曼征服以来土地所有权的最大转变。但在表面之下的是负债模式，按揭和银行贷款的负担，以及明显的衰退，使城乡之间的生活质量差距越来越大。许多英国文学作品以乡村为背景，产生了重大的文化和社会影响。

在较老的工业社区，特别是在英格兰的北部和东北部、南威尔士工业区、苏格兰中部的克莱德赛德以及北爱尔兰的贝尔法斯特的贫民窟，这是一个让人愈加绝望的时期。工人阶级住房和生活条件的低劣，环境的肮脏，在20年代有详细记载。环境恶化也对贾罗、维甘（Wigan）和梅瑟蒂德菲尔等老城区造成了阴影。伴随着潮湿、不卫生的住房以及糟糕的学校和公共服务，关于儿童疾病和死亡、中年人肺结核、矿工肺病和残疾老年人的数据令人震惊。英格兰北部、威尔士和苏格兰的老工业区的人口预期寿命，明显低于英格兰东南部和西米德兰兹郡的郡首府和水疗中心。20年代，社会鸿沟日益扩大，且因无休止的失业而变得越来越严重。失业困扰着缺乏投资的钢铁、造船和煤矿等老工业。1925年，时任财政大臣的丘吉尔决定恢复战前的金本位。事后遭到凯恩斯的尖锐批评，但得到了大多数正统经济学家和商人的广泛支持。这意味着英国煤炭和钢铁产出被严重高估，生产它们的工人的失业率较高。在教育和医疗设施的质量，以及图书馆、游泳浴场或公园等设施的质量方面，在鲍德温平静主政的英国，社会差距更为明显。“安全第一”的时代，以其世俗化的进程，意味着［根据社会主义经济史学家R.H.托尼在1929年发表的一些著名讲座］建立了一种新的“不平等宗教”。这种社会的特征之一就是：2/3的国民总财富由40万人（不到人口的1%）所拥有，同时英国社会内部的生活质量存在巨大差异。

然而，这种日益加剧的社会分裂，在当时几乎没有引起反抗或抗议。在某种程度上，这是因为，即使在萧条时期，工人阶级世界也存在着温暖和团结，工人阶级形成了自己的价值观、文化和娱乐。那个时期的遗物（工人俱乐部和图书馆；充满活力的矿工小屋、合唱团和铜管乐队；由工人阶级社区中的“合作社”提供的信贷基础）现在看起来似乎已经很遥远，甚至肥皂剧《加冕街》（*Coronation Street*）也显得很遥远了。但它们确实证明了，即使在这些悲观的岁月中，工人阶级生活中也保有着力量和乐观。人民的统治者也鼓励大众娱乐，以此作为镇静剂，促进爱国情怀。这种“面包和马戏团”的传统，可以追溯到维多利亚时代的音乐厅。音乐厅的主角如乔治·罗比（George Robey，曾拒绝骑士爵位）仍然火爆。但这种艺术形式迅速被新的无声和有声电影所超越：查理·卓别林和玛丽·碧克馥（Mary Pickford）现在是影院的宠儿。除了英国工人阶级天生的韧性和自尊之外，还有一些品质使英国相对和平和融合。

这些可能要归功于当时备受诟病的政府。张伯伦担任卫生部长期间（1924—1929）是这一过程中的里程碑，这一时期有效地将伊丽莎白的《济贫法》贯彻到底。戴布帽的工人阶级中的足球迷，和住在郊区住宅开发区的、新兴的中产阶级，表面上被一些共同的价值观联系在一起。熟悉的象征可以将他们全部联合起来，比如永远受欢迎的乔治五世——这或许是鲍德温提供的消磨意志的定心丸。1925年在新温布利球场举办的帝国展览会，激发了民族自豪感。这十年的体育明星是板球运动员杰克·霍布斯（Jack Hobbs），萨里队和英格兰队的开场击球手，他在1925年超过了传奇人物W.G.格雷斯的百分纪录（125次）。杰克·霍布斯为人谦虚、从不抱怨，是虔诚的基督徒，并且滴酒不沾，是个模范家庭男人，是忠于皇家和国家的典范。他是一位愿意被业余的公立学校的“绅士们”（他们通过不同的大门进入了贵族竞技场）领导的专业“球员”。他总是打出一记直接的球棒，总是接受裁判的判决——无论判决多么令人失望或不公平，他都没有抱怨。在第一次世界大战后社会转型的漩涡中，英国社会正在艰难恢复传统秩序，杰克·霍布斯温和、善良的个性，为这样的社会提供了可接受的试金石。

30年代

20年代以怀旧和创新的混乱迷蒙而结束。“上流社会”和宫廷一如既往地过着奢华的生活。烟画和杂志推崇社会名流的个人吸引力，如年迈的茶叶大亨托马斯·利普顿（‘Tommy’Lipton）或伦敦德里（Lady Londonderry）夫人等女招待。熟悉的名人们的影响，仍然在英国很多地方产生威力。埃尔加（Elgar）在1934年之前是英王御前音乐家；吉卜林（Kipling）一直在积极写作，直到1936年；托马斯·哈代于1928年满载荣誉去世，享年88岁。“安全第一”的理念只允许最谨慎的创新形式。20世纪20年代后期的政治傀儡是工党领袖拉姆齐·麦克唐纳，他在1929年要求组建第二个工党政府。麦克唐纳在1914年至1818年有反战抗议的背景，但作为全国大罢工中令人放心的人物、社会主义极端分子的打击者和上流社会沙龙的座上宾，他似乎投身于贵族的怀抱之中了。作为一名“合法”的反叛者，对于一个致力于适度而不失控的变革的社会来说，他是一个非常安全的象征。劳合·乔治现在是一位孤立的老政治家，丘吉尔因为对印度自治政府的“顽固”观点而将自己排除在托利党主流之外——于是麦克唐纳似乎是一个可靠的领袖，他所采取的步骤显得更为稳妥。

事实证明，第二个工党政府是一场灾难。在很大程度上，这是因为失去了对政治的控制。1929年10月美国证券交易所崩盘，随后是贸易和就业的螺旋式下降，这是任何政府都无能为力的。尽管如此，很明显，英国工党政府几乎无法提供社会主义或任何其他类型的失业救济，失业率以惊人的速度上升；到1932年末，达到近300万的受保人口。虽然失业率在20年代后期逐渐下降，但实际上工业停滞和社会衰退仍在延续。除了世界范围的生产过剩和需求下降之外，还有一些英国特有的因素。这里的工业结构过度契合于传统工业，如煤炭、钢铁、纺织、造船业。长期以来，投资不足、人员臃肿和效率低下；同时英国的文化几十年来提倡人文学科和绅士风格，在商业教育或职业技能训练上乏善可陈。整个工业和制造业基础都急剧收缩，直到1935年才出现恢复的迹象。很久以来，在采矿业和其他领域出现的绝望，失业者的饥饿游行和示威活动，以及“靠救济金生活”的无助和无望——伟大的英国公众对这些情况已经屈从或麻木了。

有些人认为，需要一种新的政治举措来重建和振兴国家及其经济，并推动它们向新的方向发展。在中间偏左派，劳合・乔治在整个30年代仍然是一位年迈的、基本上被忽视的先知；他敦促英国也采用美国模式的新政。极左派们提出了各种各样的秘方，从社会主义联盟的集体主义，到后来的左翼图书俱乐部（Left Book Club），再到小共产党的纯粹宗派主义。韦伯夫妇（Sidney and Beatrice Webb）声称看好苏联的社会主义。在激进的右翼，奥斯瓦尔德・莫斯利爵士（Sir Oswald Mosley）首先退出了保守党，后来又退出了工党，试图通过混合计划经济和反犹太主义来创造一种英国的法西斯主义变体。与此同时，资深社会主义作家萧伯纳和威尔斯（H.G. Wells）以不同的方式推动有计划的、清廉的、科学的乌托邦事业。但最受欢迎的解决方案，是在英国政治的传统组合中寻找。到1931年8月，麦克唐纳的工党政府显然处于绝望之中。随着5月报告的公布，高涨的政府支出和不均衡的预算，成为工业崩溃的根本原因，出现了大规模的银行挤兑。政府被敦促削减社会支出，包括失业者生存所必需的社会福利。内阁四分五裂，银行家和工会联盟之间争吵不休。8月23日，麦克唐纳辞职。

然而，第二天早上，不是一个保守党-自由党政府取代他的位置，而是麦克唐纳将继续担任新的“国家”政府的首相，几乎所有他自己的工党同僚都将被排除在外。在随后的10月大选中，这届政府（后来英国脱离了金本位并使英镑贬值）以绝大多数席位东山再起，拥有556名支持者；工党的席位减少到51个，几乎全部主要的前大臣在民意调查中都败北。这届“国民政府”将为30年代的英国定下基调。它的傀儡麦克唐纳逐渐从政治舞台上淡出，成为一个悲情人物。鲍德温的政治生涯勉强维持到1937年。他仍然能够动用巨大的政治影响力和手腕：他在1935年推动通过了一项给予印度更多自治权的法案；在1936年让爱德华八世“认输”——这位无冕的君主蔑视普遍的惯例，既想保留他的王冠，又要迎娶一个离异的美国女人辛普森夫人，最终只好选择退位。但政府内部的主要能量，来自新的技术官僚风格的保守党，他们摆脱了维多利亚时代的“土老帽”形象。其中最突出的是内维尔·张伯伦，一位著名的伯明翰王朝的继承人，30年代政治生活中的杰出人物——无论在国内还是（后来的）国外。张伯伦引领了30年代前半期英国的经济复苏，在住房和耐用消费品方面投入了大量资金，并为东米德兰兹和英格兰南部的发达工业区带来了新的繁荣。来自南威尔士、达勒姆、坎伯兰和苏格兰等老区的移民，与郊区和轻工业中心的新增长相得益彰。政府采取了独特的管理和监管方式，即英国经济政策的“中间道路”。农民因牛奶和其他营销方案、配额的形式而受益；城市和郊区居民也获益，如改善交通（伦敦地铁就是一个显著的例子）、扩大的天然气和电力供应，以及廉价的住房。1932年的渥太华会议埋葬了一个世纪的自由贸易。当时创立了一个新的关税和帝国优先的商业制度，原计划这个制度能延续到20世纪70年代。关税对英国经济的影响引起了极大的争议，但卡特尔化的钢铁业似乎显示出工业巨头化也有一些好处。选民们非常感激，在1935年的大选中，他们以多数票回报了国民政府（现在几乎清一色都是保守党），并给予了张伯伦的保守主义广泛的支持，直到30年代末在外交政策上出现新的分歧。

国民政府的政治无可争议地、毫无歉意地建立在阶级和地区差异之上。老工业区得到“特殊区域”发展计划的支持。按照流行的说法，工业化的苏格兰、东北部、坎布里亚郡、约克郡和兰开夏郡的大部分地区，以及南威尔士都是“萧条地区”；只有当这些自给自足的社会的难民出现在伦敦和伯明翰、参加饥饿游行的时候，或在剧院门口向排队的人乞讨时，外部世界才发现这些社会的存在。在所谓的“萧条”社区中，有一种讽刺性的、自我维持的生活模式。在那里，工业正在萎缩，这意味着他们的收入进一步下降；这意味着共公设施的破败更趋严重，工业在加速衰退。公众对失业人员举行的，从贾罗到伦敦的游行，记忆深刻。

一些当时最有力的文学作品（乔治·奥威尔有点模棱两可的长篇小说《通往威根码头之路》（*The Road to Wigan Pier*），沃尔特·格林伍德的、描述悲惨生活的《领救济金的爱情》（*Love on the Dole*），刘易斯·琼斯动情地描述威尔士采矿村的生活的《库玛地》（*Cwmardy*）、《我们的生活》（*We Live*）极大地引起了人们对这种结构性贫困的关注，触及了当时社会和文化的敏感问题。但很少有人采取措施来解决问题的根源。贵格会和其他理想主义者都在当地进行了慈善救济活动。政府通过特别区域委员会提供了一些援助，尽管新的区域政策几乎没使这些地区的工业基础实现多样化或改造提升。托马斯·琼斯讽刺地提出，这些地区可能会变成露天考古博物馆，而火车会将这里的居民带到达格纳姆（Dagenham）或豪恩斯洛（Hounslow）去寻找就业机会。还有一些创新做法，例如建立工商业区，通过提供低息贷款或投资补助，吸引实业家组团迁入老工业区。例如，白金汉郡的斯劳镇成为30年代许多工业活动的焦点；而那里的糟糕建筑成了约翰·贝杰曼（John Betjeman）挖苦讽刺的目标。但是，总的来说，财政部和英格兰银行施加的限制措施以及政府缺乏紧迫性，使得主要工业领域缺乏有效的支持。1935年《国防白皮书》出台，政府进行军备扩充，重点发展工程和飞机生产——直到这时，就业人数才大幅增加。

但是，遭受衰退影响的工业区得到的刺激政策很少，其主要原因是它们自给自足，发展受限。一战之后，英国其他地区的大多数人的生活还过得去，甚至在很多方面很惬意。30年代的通货膨胀率很低，私人住房便宜，消费者的选择也日益丰富。1933至1937年间，每年平均建造345 000所房屋。汽车工业和电气、化学和纺织品公司继续蓬勃发展。在英格兰中部地区，莱斯特和考文垂等城镇经历了前所未有的增长和富裕。生活的回报更加明显。赫伯特·查普曼的阿森纳职业足球队的运动员虽然收入不高，却能吃牛排、喝香槟。在伦敦外围，“地铁”不断延伸，向北通往赫特福德郡边缘的柯克佛斯特（Cockfosters），或向西通往白金汉郡边界的阿克斯布里奇（Uxbridge），说明白领人口所从事的专业领域和获得的服务都在扩大。在亨顿（Hendon）、哈罗或金斯伯里（Kingsbury）等郊区社区中，建造了许多整洁的商业步行街、新电影院和足球场。参差错落的半独立式中产阶级住宅，沿着主干道向远处延伸，甚至延伸到周围的乡村；它们相对不受旨在保护城市周边“绿化带”的环境政策的影响。伦敦以外的西部大道，成为不受控制的工业和住宅开发的代名词，建成一批劣质的、各时期风格都有的工厂（后代不恰当地把它们视为现代艺术的纪念碑）。如果说30年代失业和萧条期间，英国缺乏社会变革的一个原因在于老工业区缺乏政治和经济活力，那么另一个原因则在于，越来越多的人安于温馨舒适的郊区生活。在萧条的岁月里，大多数人的生活并未受损害。

30年代的欧洲，极权主义席卷了德国、意大利和奥地利，法国和西班牙陷入了混乱；相比较而言，英国表现出惊人的稳定。英国的社会和文化等级变化很小。议会、法院和以牛津和剑桥（几乎完全是公立学校的保护区）为首的高度分层的教育体系都一如既往地保持着高声望。面对大规模的民主运动，这个君主国巧妙地回应以微不足道的变化，以此来保持其尊严：例如，乔治五世出席温布利杯决赛，这是工人阶级一年一度的节日。1935年乔治五世的银禧年登基纪念，也能激起全国人民的欢腾。甚至与爱德华八世退位相关的短暂危机，也没有使君主制受到什么损害。英国仍然与一个饱受冲突蹂躏的欧洲大陆相隔绝，英国人对欧洲大陆的民族知之甚少。

在艺术领域，30年代在很多方面都是一个非常繁荣和充满创造性的时期。在诗歌中，最重要的人物仍然是T. S. 艾略特，一位出生在美国的保守的英国天主教徒。他的《四个四重奏》从1930年开始陆续问世，尤其在二战期间。事实上，艾略特越来越认为戏剧是一种更适合的艺术形式，他从《大教堂的谋杀案》（1935年）开始戏剧创作。这部戏剧是对托马斯·贝克特殉道的最有分量的评论。然而，这一时期最有影响力的作家们强烈反对脱离于20年代的布鲁姆斯伯里精神。在当时的漩涡中，年轻的诗人如奥登（W. H. Auden）、斯彭德（Stephen Spender），路易斯（Cecil Day Lewis）和麦克尼斯（Louis MacNeice）反映了当时的政治激情。奥登的著名诗歌《西班牙》（1937年）受到他在内战中短暂服役的启发，成为当时文学潮流的缩影。重要的是，所有这些年轻的诗人，即使实际上没有成为共产党人，也与一种新马克思主义亲近。与之相反，当时的两位更出色的年轻小说家伊芙琳·沃（Evelyn Waugh）和格雷厄姆·格林（Graham Greene）都皈依了罗马天主教，尽管两个人的政治观点和其他观点截然不同。

英国音乐的波动性较小。国王御前音乐家埃尔加于1934年去世，不过他自从1919年创作了惆怅的、描绘秋天的《大提琴协奏曲》之后就没有什么新作品问世了。古斯塔夫·霍尔斯特（Gustav Holst）和弗雷德里克·戴留斯（Frederick Delius）的浪漫主义流派，不得不与斯特拉文斯基（Igor Stravinsky）和勋伯格（Arnold Schoenberg）的追随者的不成调的甚至毫无结构的试验性风格相竞争。阿诺德·巴克斯（Arnold Bax）和拉尔夫·沃恩·威廉姆斯（Ralph Vaughan Williams）的音诗，是一种当代流行的全音阶作曲技巧，深深地根植于英国传统的曲调和主题，是现代音乐融洽地与本土音乐传统相结合的典范。

在视觉艺术方面，30年代是一个充满激情和创新的时期，无论是在雕塑还是在绘画中。约克郡矿工之子亨利·摩尔（Henry Moore）和他的弟子雅各布–爱泼斯坦（Jacob Epstein）的作品，让英国雕塑焕发出新的活力。另一位先驱是画家本·尼科尔森（Ben Nicholson）的妻子芭芭拉·赫普沃斯（Barbara Hepworth）。在此期间，英国绘画也异常活跃，从斯坦利·斯宾塞（Stanley Spencer）的乡村基督教象征主义到保罗·纳什与法国超现实主义的成功融合。在各个方面，30年代的英国都比以往更为出色。在建筑和设计方面亟须创新，建筑师诺曼·萧（Norman Shaw）、查尔斯·沃赛（Charles Voysey）和查尔斯·雷尼·麦金托什（Charles Rennie MacKintosh）的鼎盛时期是在1914年以前；从那以后，建筑设计不再墨守成规。从体现格罗皮乌斯（Walter Gropius）和德国包豪斯（Bauhaus）的影响的大型公共建筑，到带有新艺术风格或装饰派艺术色彩的工厂和电影院，再到普通但重要的地标（如弗兰克·皮克和霍尔登的伦敦新地下火车站），英国建筑体现了许多反叛色彩和真正意义的解放。在一个更容易理解的层面上，皇家艺术学院和流行艺术节（如亨利·伍德爵士皇家阿尔伯特音乐厅举办的伦敦"逍遥音乐会"等）所展示的新生活，体现了某种文化进步——如果算不上文化革命的话。

从各个方面来说，30年代的英国，在较老的工业区之外，展现的是一派国泰民安的景象，文化想象力也使国家充满活力。但局势在1937年发生突变，不是因为任何直接的国内不团结或争论，而是因为来自外交事务的影响。20年代和30年代，英国的大部分内部和谐都建立在一成不变的外交政策之上。凯恩斯于1919年所表达的情绪，在1922年把劳合·乔治赶下了台——现在这种情绪已渗透到整个社会。右翼不愿参与海外军事冒险的做法，遭到了左翼的抵制；左翼坚信1919年的和平解决方案在任何情况下都是报复性的，在道德上是站不住脚的，是民族和帝国之间对抗的产物，而不是为了建立更和谐的世界。在20年代，英国的国防逐渐削弱——公众几乎没有抗议，因为想当然地认为未来十年内不会发生重大战争。战舰的数量在这一时期尤其受到削减，丘吉尔担任财政大臣的时候最热衷于这么做。这之前在新加坡竣工的巨大的新海军基地，似乎已经不合时宜了。主要的军事目的是确保对印度的统治。但出于对甘地和国会运动的逐步和部分妥协，使得在次大陆的英国驻军从1925年的57 000人缓慢减少到1938年的51 000人。同样，与爱尔兰自由邦的关系日益和谐，最终达成了1936年的“协议”；并且勾销了爱尔兰欠英国的所有债务，减少了陆军或海军的另一个潜在难题。

即使在希特勒于1933年1月担任德国总理之后，30年代初期英国公众的情绪仍然是淡漠的。英国的工人运动也倾向于和平主义——除了少数例外，例如运输与普通工人工会的欧内斯特·贝文（Ernest Bevin）。它代表右翼国民政府，对武器预算投反对票。在社会主义左翼，有一些人民阵线的拥护者，如斯塔福德·克里普斯（Stafford Cripps）爵士。他敦促需要与苏联结盟，并认为社会主义才是国际不和的真正补救办法。相反，大多数保守党都不希望采取冒进的外交政策；特别是自从鲍德温对人们说，未来的战争很大程度上由空中力量决定胜负，不可能有真正的防御——轰炸机总能穿过防线。面对1931年满洲里或1935年阿比西尼亚的危机，保守党几乎没有热情去维护国际联盟的权威。有一些右翼分子，特别是一些新闻业巨头宣称，英国和希特勒的德国之间有共同点，都是条顿人的后代，都反共产主义。一群政治家和记者在马洛（Marlow）附近的泰晤士河畔的克里维登（Cliveden）的阿斯特勋爵和勋爵夫人（Lord and Lady Astor）的豪宅里寻求庇护。人们普遍认为，外交部的想法正在朝着这一路的方向转变。

当行动的时机显现时，公众舆论是抵制的。希特勒于1936年初进入莱茵兰，直接违反了《凡尔赛条约》。但只有少数声音呼吁英国做出军事回应——如孤立且不受欢迎的丘吉尔。早些时候，针对意大利入侵阿比西尼亚，英国公众普遍赞同外交部的绥靖政策，尽管有些尴尬。实际上，意大利人被允许占领位于非洲之角的这个古老的帝国，有英国一点点的经济或军事参与。对国际联盟和集体安全精神做出了正式承诺，但他们合起来的力度远远不够。在阿比西尼亚危机期间，外交大臣塞缪尔·霍尔（Samuel Hoare）爵士被作为一个公共牺牲品一样推到幕前——但很明显，对墨索里尼的意大利的绥靖政策是英国政府的集体决定。现在可以查到的内阁记录证实了这一点。无论如何，霍尔几个月后几乎没有争议地重新进入政府。在西班牙，一个左翼民主选举产生的共和党政府，遭到佛朗哥将军领导的右翼民族主义势力的进攻，后来右翼势力得到意大利和德国的武装援助——对此，英国政府恪守“不干涉政策”，即使这意味着西班牙的民主最终会被消灭。1937年10月，一位强大人物内维尔·张伯伦出现了，他信心百倍地致力于积极、主动地寻求与法西斯独裁者的妥协，而不是鲍德温的被动的绥靖政策，再次强化了英国不想参与欧洲事务的情绪。政府内的主要人物，如霍勒斯·威尔逊（Horace Wilson）爵士和亨德森爵士（Sir Nevile Henderson，驻柏林大使），推动了这项政策的出台。

然而，在各个层面，公众情绪突然开始发生变化。甚至政府也开始转向需要彻底改革国防，特别是在空中。从1935年起，国家正在组建一支新的以战斗机为基础的空军，以最新技术为后盾，包括“雷达”及其他防空和防御系统。通过像提萨德（Henry Tizard）和他的竞争对手林德曼这样的人，当权者偶尔再次听到科学创新的声音。到1937年，重整军备计划显然已经启动，尽管有来自财政部的压力——财政部关注计划对收支平衡的影响。私下里，人们现在已经知道，英国与美国建立了更广泛的经贸联系。英国仍处于经济困难时期，而美国一国就可以承担英国武器计划的开销。更广泛地说，公众的心理受到西班牙内战事件的深刻影响。不仅像奥登这样的诗人或像乔治·奥威尔这样的散文作家，而且许多与国际纵队并肩作战的英国工人阶级志愿者，也正在被推向新的国际主义。来自德国的犹太难民将希特勒政权和德国的反犹太主义的真实情况告知了英国公众。即使在工党的左翼分子中，像贝文和沃特·西特里尼（Walter Citrine）这样的工会领导人，也在积极反对奉行新和平主义的工党政客，因为他们拒绝向法西斯德国和奥地利的工会和劳工团体提供武装援助。张伯伦是一位非常不善于随机应变的首相，所以他更难以维持平衡。

德国在1938年发动了一些列军事行动，占领了奥地利，随后威胁捷克斯洛伐克（表面上代表波希米亚西部边缘的苏台德德国人），这些事件在英国造成了全国性的良心危机。张伯伦做出管理上的果断回应。他在贝希特斯加登（Berchtesgaden）、巴特戈德斯贝格（Bad Godesberg），最后于1938年9月在慕尼黑，与希特勒达成协议。实际上，他纵容了德国人根据自己的时间表吞并苏台德地区，而不会遭到英国或法国的武装报复。在短时间内，这种投降政策似乎也顺应了公众的情绪。张伯伦以胜利的方式回归，以一种不祥的语言宣布，我们还处在和平时代。但这种放弃责任的行为再也站不住脚了。有些人声称张伯伦正在寻求喘息空间，为了让英国在后来的军事方面更有效地对抗德国——这种说法并没有得到内阁审议记录的支持。来自丘吉尔及其同僚，甚至安东尼·艾登（Anthony Eden，最近从外交部辞职以抗议张伯伦的外交政策）的批评之声，现在更加符合民众的情绪。到1938年底，慕尼黑显然要对捷克斯洛伐克这个民主国家发动武装侵略；英国全国一片愤然。自1916年劳合·乔治以来最强大的首相张伯伦，在几个月前还坚不可摧，突然受到众人的指责。要加紧步伐重整军备，政府与工程行业的工会开始新的谈判，试图加快弹药和飞机生产。

当希特勒于1939年3月最终入侵布拉格时，英国公众的愤怒爆发出来了。张伯伦因外界压力而被迫做出保卫波兰的军事承诺——波兰位于远离英国海岸的东欧，并且不能保证苏联将协助保护波兰的东部边界。一个多世纪以来，英国都没有干预欧洲大陆事务（可以追溯到1812年半岛战争的结束），现在突然发生了逆转。政府被惊恐的舆论所淹没。英国甚至想与苏联正式结盟——虽然事情进展缓慢，以至于俄罗斯在8月与德国签订了协议。在夏季，有一种新的情绪弥漫开来，决心倾全国甚至整个帝国之力抵抗德国的侵略。1939年9月1日，希特勒入侵波兰。在几次尝试修补、最后一分钟妥协的努力无果之后，张伯伦在9月3日的广播中宣布：英国已向德国宣战。几乎没有任何异议，即使是力量微弱的共产党——其中许多领导人物反对莫斯科的官方路线，也加入了反法西斯的事业。在下议院，工党成员亚瑟·格林伍德（Arthur Greenwood）代表英格兰“发言”——实际上他的演讲也代表了威尔士、苏格兰、北爱尔兰以及帝国的其他领地。

在围绕绥靖政策的争议的后期阶段，公众辩论的气氛变得前所未有地激烈。30年代初的自满情绪被搁置一旁。国民政府和工党之间就很多问题存在持续的敌意，如无休止的失业、“失业救济金”的丑闻和“经济状况调查”的操作等。除此之外，“慕尼黑人”（张伯伦、西蒙、霍尔和他们的追随者）跟由丘吉尔领导的民族主义批评者之间存在着巨大的分歧。丘吉尔谴责懦弱的绥靖政策是可耻的。在捷克斯洛伐克发生的事件上，英国的左翼和右翼都一致抗议，这在西班牙或阿比西尼亚事件时还未出现。国内和国际矛盾加在一起，让英国社会成为一个充满激情的、动荡的整体。张伯伦是30年代总体繁荣的设计师、郊区中产阶级的伟人和这十年的主导者，现在突然成为骗人的、腐朽的政治秩序的象征。1940年，两位年轻的激进记者迈克尔·富特（Michael Foot）和弗兰克·欧文（Frank Owen）在一场激烈的争论中，强烈谴责张伯伦是难逃其咎的“罪人”——这可能是自威尔克斯（John Wilkes）时代以来，对政府最严厉的批评。

在这个时候，由张伯伦主持的政府，很难使英国社会为一个共同的事业团结在一起。然而，如1914年8月一样，英国团结在了一起。实际上，当1939年战争爆发时，所有地区和阶级都还达成一致意见。与1914年一样，公开的宣传是：这场战争是代表被压迫民族和受迫害种族的一场圣战。英国参加一战，基本上是为了这样的一场圣战；参加二战，比1914年更是必要的。中产阶级和工人阶级、资本家和工人、社会主义者和保守派，为了不同的动机而参战，或者是为了政治领域的不同优先追求。但是仍然存在广泛一致的迫切要求，以达成新的共识。如同20年前，面对全面战争的挑战和动荡，英国重新获得了团结和民族意识。

第二次世界大战

第二次世界大战爆发后，公众情绪明显不如1914年8月之后的那么激愤或强硬。一战时的军国主义和和平主义现在都荡然无存。在很大程度上，这是战争初期的奇特特征。在1940年4月之前的所谓“虚假战争”期间，战斗似乎很遥远，几乎只是停留在理论上。这是伊夫林·沃（Evelyn Waugh）的小说《打出更多旗帜》（*Put Out More Flags*）中所描绘的、一个充满好奇的模糊阶段。英国采取了大规模的空袭预防措施：公园里挖了战壕，向高空释放拦截气球，在公共建筑物上部署防空武器。向男女老幼分发了3800万个防毒面具；把几十万的学童从主要城市撤离到可能更安全的偏远农村地区（尽管许多人后来又逃回家了）。食品、衣服、汽油和其他商品的配给供应，突然变得司空见惯。起初，战争本身显得波澜不惊，喜讯从远方传来——如英国海军取得了一场胜利。那是在1939年末，德国战列舰“格拉夫斯佩”号在乌拉圭蒙得维的亚港外的普拉特河（River Plate）河口，被英国三艘较小的战舰逼入绝境。

公众情绪的不确定性，也反映在政府态度的模棱两可上。虽然内阁已经重建，把丘吉尔纳入了其中——如同1914年一样他回到海军部；但是掌权者仍然是原班人马，依然是1931年的国民政府。特别是工会，对一个仍由工会的老对手和阶级敌人张伯伦领导的政府深表怀疑。接着在1940年4月，冷战开始升温。德国人入侵了挪威，在纳尔维克（Narvik）打散了英国海军和陆军。不久之后，荷兰和比利时被占领，法国军队在无序的撤退中被打得落花流水。不列颠群岛本身的安全，现在已经面临着明确且紧迫的威胁。

30年代的旧政府不能再这样存在下去了。在1940年5月7日至8日的下议院中，80名保守党人反对张伯伦的领导。两天后，他辞职了。温斯顿·丘吉尔成为战时内阁首相，工党和自由党都加入了政府。首相的变更，总体上没有1916年12月那么明显的阴谋。事实上，丘吉尔在新闻界和议会中拥有更广泛的支持基础，而且比劳合·乔治拥有更多来自陆海空军高级指挥官的忠诚。

丘吉尔体现了传统的爱国主义和统一情怀，他的同时代人中无人可以与之相比。战争给他的职业生涯带来了新的动力和意义。他在电台和下议院的鼓舞人心的演讲，为他的国家在这个“最光辉的时刻”激发了新的民族意识。他能够把丢脸的敦刻尔克大撤退描述成英国人智慧和决心的一场“胜利”。随着法国在6月中旬向德军投降，英国的领土安全受到了自1804年拿破仑一世以来、前所未有的威胁。此时的英国孤立无援。

英国在陆军和海军方面的防御工作是值得商榷的。在国内战线，除了动员后备部队，还有一支平民组成的“家园护卫队”。在后来的喜剧片《老爸上战场》（*Dad's Army*）里有滑稽的模仿，这支业余的队伍真有些搞笑。幸运的是，它的军事效力从未经受过考验。但真正的战斗在空中，现在担任飞机生产大臣的新闻大亨比弗布鲁克（Beaverbrook）迅速建立起喷火战斗机和飓风战斗机的储备。从8月中旬开始，德国空军发起一波又一波的闪电式空袭；最先的目标是英国机场和飞机制造厂，后来是伦敦、考文垂、普利茅斯、利物浦、赫尔、斯旺西以及其他港口和主要城市。奇迹般地，面对这种恐怖的轰炸，平民的士气和国家防御坚不可摧。在空战中，驾驶喷火战机和飓风战机的“少数”传奇飞行员（包括许多波兰人、捷克人和加拿大人）在8月至10月期间对德国空军造成了沉重的打击。到了圣诞节，德军即将入侵的威胁实际上已经过去了，尽管对伦敦和其他地方的“闪电式”空袭仍在继续。丘吉尔声名鹊起，人民的团结精神随之高涨。敦刻尔克和英国上空的空战，制造了无数神话——这助长了潜在的孤立主义和一种不真实的民族自力更生的感觉，导致英国战后对西欧联合的冷漠。英国人认为，在没有好战的西方民主国家的支援下，英国人凭借一己之力已经避免了敌人的占领，自1066年以来一贯如此。尽管如此，1940年的“最光辉时刻”的言辞，让人们充满骄傲和激情，感觉这是成就最高的历史时刻。

战争的后期进程，尤其是海上和空中战争，对英国的国际和帝国地位产生了重大的长期影响。这场战争起初是一场传统的欧洲冲突，旨在维护国家安全和西方的力量平衡，通过在北海和北大西洋广泛部署英国海军来保持对英吉利海峡的控制。实际上，在1941年夏天英国已经成功实现了这个目标，因为英军挫败了德国登陆不列颠岛的威胁（希特勒对此一直犹豫不决），并击退了德国的空袭。随着英国商船队的日夜运行和（从1941年初开始）美国《租借法案》的出台，确保了在战争剩余时间内，英国可以获得免费的食品和原材料供应，不列颠群岛本身没有迫在眉睫的危险。即使是很容易被德国U型潜艇击沉的英国船只，也还在不断增加。丘吉尔密切关注中立国爱尔兰的港口以及其反英总理德瓦莱拉（de Valera）。在1944年夏季和秋季，德军从荷兰基地发射的V1和V2导弹对英国构成了进一步危险。尽管这种新武器令人深感震惊，并且在英格兰东南部造成生命和财产的严重破坏，但并没有严重危害国家的安全。

然而，从1940年末开始，战争很快就展现了更广泛的帝国主题。最初的冲突只是为了保护西欧和中欧免受德国法西斯主义的侵略威胁，但战争迅速变成了维持英联邦和帝国的宏大使命——正如几十年来所做的努力一样。英联邦的白人统治的领地（澳大利亚、新西兰、加拿大以及南非）立即提供了原材料、海军及其他方面的援助。此外，尤其是印度和埃及提供的信贷（在战后造成很多麻烦的所谓“英镑结余”）帮助英国购买物资，并部分弥补了海外资产损失和“隐形”收入的下降。1941年6月苏联参战；1941年12月，在日本袭击珍珠港的美国舰队之后，美国也进入战争。这场战争已经演化成世界范围内的战争，战斗在每一个大陆和每一个大洋打响，大英帝国的庞大结构也受到严重威胁。

英国陆军、海军和空军的许多努力，都是为了保护中东地区的传统交通线路——以苏伊士运河和波斯湾及其腹地的军事基地为中心，因为这里拥有巨大的石油储备。意大利于1940年8月参战后，英国军队在阿比西尼亚和索马里兰向意大利军施加压力，并取得了巨大成功。英军付出更大努力来保护埃及和北非的沿海地区。1941年，阿奇博尔德·韦维尔（Archibald Wavell）将军领导下的英国军队，攻占了整个昔兰尼加（Cyrenaica），并向的黎波里挺进，但后来被迫撤退回埃及。1942年托布鲁克（Tobruk）的沦陷，在英国国内引发一场重大政治危机，甚至使丘吉尔的地位受到威胁。

1942年晚些时候，最重要的军事活动涉及英国第八军。这支部队先是由克劳德·奥金莱克（Claude Auchinleck）将军领导，后来由蒙哥马利指挥。第八军抵抗德国向开罗和苏伊士的进攻。蒙哥马利于1942年11月在阿拉曼最终取得突破，英军成功并持续穿越现代利比亚，通过的黎波里，进入突尼斯。在这里，蒙哥马利与奥马尔·布拉德雷（Omar Bradley）将军率领的美国军队会师——会师前布拉德雷这支军队从阿尔及尔附近的最初登陆点向东行军。随后盟军发动的一系列战役，包括占领西西里岛，从意大利长驱直入，从安齐奥（Anzio）海滩头到阿尔卑斯山——都离不开帝国的战略交通要道，以及对地中海东部的控制。那些认为应该在1943年在法国开辟第二阵线以减轻俄罗斯红军的压力的人，看到在地中海地区集中这么多军事力量而感到沮丧和愤怒。然而，丘吉尔重视地中海的战略意见占了上风。1944年，英国军队再次登陆希腊，驱逐了德国人；之后又挫败了希腊左翼运动——即希腊民族解放军（ELAS）。

在远东地区，英军也在拼命维系帝国的基础。日本穿过中国、入侵印度支那和荷属东印度群岛，包括占领美国在菲律宾的所有基地——这使丘吉尔在战略安排上将远东地区置于中东地区之上，因为这里是日军通往印度次大陆的要道。英军吃了几次大败仗。最致命的是1941年12月10日"威尔士亲王"号和"反击"号战列舰被日本炸弹和鱼雷击沉。随后日军迅速穿越马来亚，并于1942年2月15日迫使在新加坡的8万多英国和帝国军队投降。这场灾难，是指挥官珀西瓦尔（Percival）将军以及丘吉尔本人（他低估了日军的战斗力）严重错误的预判导致的结果。首相在下议院称之为"英国历史上最糟糕的投降"。这是帝国衰落的里程碑。例如，从此以后，澳大利亚和新西兰要向美国寻求在太平洋地区的保护，而不是向宗主国英帝国。

然而，灾难没有持续发生。日军对缅甸的进军被迫推迟了，奥德·温盖特（Orde Wingate）将军的“缅甸远征军特种部队”（Chindits）获得了极大的赞誉。虽然印度受到国会运动以及日军从缅甸发动袭击的威胁，英国还是维持了在印度的统治。到1944年末，英国在东亚和太平洋地区的地位仍然强大，即使失去马来亚、新加坡和香港，即使需要依赖美国的陆地和海军援助。

最后在1944年6月，在艾森豪威尔和蒙哥马利的指挥下，盟军从诺曼底海滩登陆法国，战争再次在欧洲展开。最后阶段的英国军事战术引发了军事历史学家的一些争议，尤其是在法国北部和低地国家进军速度的延误。在阿纳姆的空降是一场灾难。即便如此，最终还是一场快速的大胜仗。1945年5月9日，蒙哥马利将军正式接受德军在吕讷堡灌丛（Luneburg Heath）的无条件投降。希特勒本人几天前就自杀了。两颗原子弹在广岛和长崎造成巨大破坏，当时就造成十多万人死亡，随后日本也于8月15日投降。

在整个过程中，战争紧紧牵动着民族心理，没有表现出1914年至1918年大战期间的疑虑或愉快的沙文主义。最令人满意的是，在第二次世界大战的六年里，伤亡人数比以阵地战为主的一战四年间的要少得多。这一次共有27万军人在六年内牺牲，以及在国内有6万多名平民死于德国空袭。战役更具外围性，更具偶发性，最终在技术基础上更有效地进行。甚至像哲学家伯特兰·罗素这样的和平运动的退伍军人也觉得，这是一场漂亮的战争。与此同时，围绕英国外部角色的所有重要问题仍未得到解答。在中东和远东地区，即使英国再次控制了亚洲的香港、沙捞越（Sarawak）、马来亚和新加坡以及非洲的英属索马里兰等地区，帝国体系也承受着巨大的压力。在战时会议和1945年7月至8月的波茨坦和平会议上，美国人对加速非殖民化进程感到关切。丘吉尔焦虑地发现，他担任首相，打了六年的血腥战争，现在却不得不面对大英帝国的解体趋势。真是计划赶不上变化。

在国内，全面战争的影响同样重大。与第一次世界大战一样，二战后英国的人口格局和结构发生了巨大的变化，一个中央集权和控制力极强的政府，仍规范着社会和经济生活。然而，与1914至1918年不同的是，这个国家机器似乎更加公正，并且这一趋势更有可能延续到战后世界。这场战争清楚地表达了一种深刻的平等主义精神——这种精神在英国历史上任何时期都不曾出现过。乔治·奥威尔在《狮子与独角兽》里认为，社会正在发生革命。配给供应簿、防毒面具、身份证和其他战时控制措施，平等地折磨着人们，意味着“公平分摊”的理念。闪电战期间，人们共同承受苦难。“被疏散者”取得了显著的影响，他们是从伦敦、伯明翰、利物浦和其他城市撤离到英格兰和威尔士的农村社区的学童们。全国的大部分人第一次发生相互交集，尽管不一定相互了解或相互喜欢。来自城市贫民窟的疏散儿童获得了医疗服务和食品供给——意味着他们的身心健康状况得到了很大改善。对于他们的父母来说，战争意味着在30年代可怕的衰退之后可以恢复充分就业了。平等主义也鼓励了人们对社会规划的信心，即使车间和矿井口跟伦敦官僚的会议之间不一定存在明显或直接的联系。然而，结果是，怀着战时的团结精神和平等付出的精神，人们开始提出有关公共政策的新问题。在武装部队中同样产生了一种深刻的信念，这块“适合英雄的土地”不会像1918年后那样，把军人肆意抛弃。这种情绪，被战时媒体精确捕捉，包括由汤姆·霍普金森（Tom Hopkinson）编辑的插图杂志《图画邮报》（*Picture Post*）、《每日镜报》（*Daily Mirror*），以及约克郡作家J. B. 普里斯特利（Priestley）的流行电台脱口秀。他的威廉·科贝特（William Cobbett）式的本土激进主义风格，吸引了大批听众。

记录这种情绪最著名的文件是贝弗里奇（Beveridge）1942年11月的报告。这是出自一位严谨的学术型经济学家的报告，它概述了一项令人兴奋的全面社会保障计划。该计划由中央税收出资，包括产假福利和子女津贴、全民健康和失业保险、养老金和死亡抚恤金。用当时的话说，这是一项“从摇篮到坟墓”的社会保障计划。欣喜若狂的公众反应，让这位缺乏个人魅力的贝弗里奇成了一个新名人，成为另一个“人民的威廉”；这份报告强调了社会政策在战后公共议程上的重要性，以及免费的国家医疗服务等其他优先事项。《巴洛报告》（*Barlow Report*，实际发布于1940年）主张对停滞不前的“萧条地区”进行彻底改革。随后，1945年的《工业分散法》（*Distribution of Industry Act*）开始了一个漫长的过程，通过使经济基础设施多样化和现代化，扭转英格兰东北部和南威尔士等地区的经济衰退。1942年的尤斯瓦特报告（*Uthwatt Report*）概述了一种新的城市规划动态方法：在主要大都市周围提供“绿化带”；对土地使用进行新的控制；并通过发展“新城镇”来接纳老城区溢出的过剩人口。所有这些战时蓝图的基础，是对1943年预算方案和1944年政府白皮书中阐述的充分就业的进一步承诺。30年代，许多社区被停滞和经济的及人力的浪费所困扰，这样的悲剧再不会重演。那时失业游行者的领袖们现在在政府中很活跃，如爱伦·威尔金森（Ellen Wilkinson），她是代表贾罗的国会议员和1936年饥饿大游行的领导人。

支持这一社会创新潮流的是财政政策的转变；政府承诺采取反周期政策，做人力预算和需求管理。这些做法甚至被金斯利·伍德（Kingsley Wood）和约翰·安德森（John Anderson）爵士这样的传统主义战时财政大臣所接受。凯恩斯本人曾在财政部任职，并极大地影响了内阁强大的经济部门。凯恩斯曾经是1919年战后解决方案的主要批评者，现在不仅是制定国内预算政策的关键人物，而且也是外部财政安排的关键人物——包括通过布雷顿森林协议使国际贸易和货币合理化。最激进的秘方现在是在最古板的圈子中提出的：主要产业和英格兰银行的国有化；征收遗产税；医疗职业有薪水，还要接受国家指导。这些设想都引发了保守党和工党内阁大臣之间越来越多的争论，后座的议员也会愤怒地发飙，如直率的格拉斯哥犹太人伊曼纽尔·辛威尔（Emanuel Shinwell）和一位出色的威尔士前矿工阿内林·贝万（Aneurin Bevan）。但是，在像丘吉尔这样的传统战时领导人的支持下，这种社会和知识分子的辩论百花齐放，比1917至1918年的“重建”讨论具有更加精确的构想和更广泛的吸引力。这确实是新气象的标志。

在文化和艺术方面，战争为旧的价值观赋予了新的生命。显而易见，文学并没有像1914至1918年那样受到刺激；没有产生与一战时期类似的一代“战争诗人”。政府给战争艺术家提供一些资助，鼓励他们去描绘闪电战和其他地方的体验：亨利·摩尔、约翰·派珀（John Piper）和格雷厄姆·萨瑟兰（Graham Sutherland）是三个值得注意的例子；保罗·纳什是两场战争中的官方战争艺术家。

有趣的是，音乐是一种受到强有力刺激的艺术形式，特别是战时音乐创作得到了CEMA（鼓励音乐和艺术战时促进委员会）的赞助。海丝夫人（Dame Myra Hess）在闪电战期间在伦敦举行的午餐时间钢琴音乐会，表明了公众对音乐的一种新的热情。作曲家的杰出表现来自迈克尔·蒂皮特（Michael Tippett，他是一位和平主义者，创作了一部动人、充满人情味的作品《我们这个时代的一个孩子》）和本杰明·布里顿（Benjamin Britten）的作品。后者的《彼得·格赖姆斯》（*Peter Grimes*）于1945年6月首演，为英国歌剧带来了非凡的新活力。英国歌剧主要还是源自50年前吉尔伯特和沙利文（Gilbert and Sullivan）的合作作品（一位是剧作家，另一位是作曲家）。在战争期间，电影也成为一种创新的艺术形式。像电影《与祖国同在》（*In Which we Serve*）和《相见恨晚》（*Brief Encounter*），有效地利用了战时主题：分离、失去、牺牲。电影为一个商业倾向的行业注入了创造性的现实主义。

然而，在所有文化传播的媒体中，英国广播公司的电台，在公众心目中占据了最重要的位置。像汤米·汉德利（Tommy Handley）这样的喜剧演员、像维拉·林恩（Vera Lynn）这样的流行歌手、像理查德·迪姆布比（Richard Dimbleby）和温福德·沃恩·托马斯（Wynford Vaughan

Thomas）这样的战地记者，成为当时伟大的大众艺人和新闻传播者。在一个被不熟悉的社会和思想观念震动的世界里，英国广播公司仍然是一个基本保守、令人放心的机构，恪守对上帝、国王和家庭的承诺，关注生命的连续性和国家遗产的永久性。在六年战争的大屠杀中，这似乎是大众所需要和要求的。

无论如何，民众的意识和受教育程度都日益提高。自1918年以来，英国教育没有经历过任何重大改革；由于1922年盖迪斯经济政策，政府缩减开支，教育事业的发展受挫。工人阶层的大部分人，实际上根本没有受过中学教育；按照国际标准，在1939年之前上过大学或接受其他高等教育的人口比例非常小，而且受过高等教育的人几乎全部是富裕或中产阶级的家庭背景——只有在威尔士除外。因此，1944年出台的《巴特勒教育法案》（*Butler Education Act*）是战争年代的另一个社会里程碑，它设立了新的普及全面中等教育的框架，像高卢一样分为三个部分，即现代中学、文法中学和技术中学。与此同时，法案为文法学校注入了新的活力，计划未来对学校建筑和设备的巨大投资，以确保更高的识字率以及社会和职业流动性。在战后的世界里，大多数落榜的学生就读于“现代”学校。尽管人们对其办学水准有诸多怀疑，但在文法学校接受教育的男女学生必定有良好的人生开端。

第一次世界大战使政府决心恢复传统价值观和思想，然而工人阶级和知识分子都普遍要求社会变革，甚至是革命。第二次世界大战期间，愿望和现实之间的距离在缩小。事实上，二战对英国人民最重要的遗产包括：在两种认知上的一致性：公众要求社会变革，政府部门也承认战前社会的不公正和分裂达到了危险程度。这次变革的主要力量是现在的工会。它已经不是1918年后政府的局外人了。当时最强大的工会领导人、运输和普通工人工会的贝文（Bevin），1940年5月被丘吉尔任命为劳工大臣，是负责国内事务的主要大臣。在他的支持下，工会与政府合作，来规范工作实践、改善工业条件，以及规划经济战略，两者间建立了前所未有的亲密关系。英国工会联盟（TUC）书记沃特·西特里尼（Walter Citrine）实际上成了政府的一名辅助成员。

战争期间确实发生过罢工，特别是1942年肯特郡的矿工罢工，以及1941年苏格兰克莱德河畔的和1942至1943年南威尔士的男学徒罢工。但与正在形成的、更广泛的共识相比较，罢工是相对较小的事件。到1945年战争结束时，英国工会联盟起草了一份修订的公共优先事业清单，包括主要行业和公共服务的国有化、维持充分就业、依据贝弗里奇报告建立福利国家，以及更多基于“公平分摊”战时精神的平等主义财政意见。

在各个层面上，这种思潮附和着显著的政治激进主义情绪。实际上，在1940年至1945年间，可以说英国比其历史上任何其他时期都更快地向左倾斜。在政府中，丘吉尔政府的工党大臣们赫然占据着内务部门的要职：劳工大臣贝文；副首相克莱门特·艾德礼（Clement Attlee）；内政大臣赫伯特·莫里森（Herbert Morrison）；格林伍德、道尔顿（Hugh Dalton）和其他人也成为人们熟悉和值得信赖的人物。他们是，战后重建这一信念的守护者。改革派的保守党大臣也是如此，如教育法案的缔造者巴特勒（R. A. Butler）。他们的观点与政策制定者们的新正统观念相协调，他们中的许多是自由主义理论家，如凯恩斯或贝弗里奇，或者仅仅是无党派技术官僚。

除了威斯敏斯特和白厅之外，很明显，公众变得更加激进。公众的思想倾向是可以看得很清楚的，因为报纸上的盖洛普民意调查记录了这一点——尽管同时代人很少关注这些来自美国的，陌生的社会学统计方式。在补选中，模糊的基督教社会主义大众财富党（Common Wealth Party）取得了几次成功。在苏联红军打赢斯大林格勒保卫战并向柏林挺进之后，公众普遍对红军充满了热情。甚至在军队中也是如此，在时政小组和讨论圈中，左翼或新颖的想法都被大肆宣传。来自北非沙漠或远东地区军人的家书，愤愤地要求在战后得到更好的待遇。

因此，随着战争的结束，重建，是一个更加连贯和深刻的理念。1918

年，许多蓝图都设想得不妥当，注定要被财政部置诸脑后。这次更像是一场人民的战争。重建的想法更精确，既有更民主的推动力，也有更多理性基础。一旦战争结束，就会显现出巨大的影响。1945年5月，在德国投降几天后，丘吉尔的联合政府突然意外瓦解，而远东地区对日本人的战争仍在继续。令丘吉尔感到沮丧的是，代表普通民众意愿的工党国家行政部，坚持要求工党的大臣们离开政府。7月将举行大选。

1918年的“优惠券选举”始终是一次虚伪的表演。即使这次选举没有被凯恩斯所暗示的歇斯底里的“绞死德国皇帝”的沙文主义所污染——这个因素无疑是存在的。普遍的爱国主义激情，使得1918年11月至12月的竞选误导了公众情绪。然而，在1945年6月至7月期间，人们的头脑更加清醒：更准确地关注住房和医疗、充分就业和工业振兴；更关注战后迫切的社会需求，而不是外部或大英帝国主题。从这个意义上说，受人尊敬的战争领袖温斯顿·丘吉尔的权力和威望显得无关紧要，甚至成了保守党的尴尬。

令人惊讶的是，选举结果是自1906年以来从未有过的政治滑坡。工党增加了203个席位，共占394个席位；而保守党占210个席位。平凡、沉默寡言的工党领袖克莱门特·艾德礼发现自己进了唐宁街10号，成为被绝大多数人推选的政府的首脑。除此之外，欧内斯特·贝文担任外交大臣，赫伯特·莫里森担任副首相，道尔顿担任财务大臣，以及斯塔福德·克里普斯（Stafford Cripps）爵士担任贸易委员会（Board of Trade）主席。这是对战争年代变化的气氛的一个引人注目的评判，毫无疑问也是对30年代的苦难的延迟判决，以及对慕尼黑和西班牙、贾罗和饥饿游行的痛苦记忆。在英国历史上，罕见地似乎呈现出一种不连续和脱节的状况；它使大臣们和群众选民既感到兴奋又感到困惑。正如一位新任工党大臣詹姆斯·格里菲思（James Griffiths）十分困惑地惊呼的那样：“这以后——会怎样？”

战后世界

事实上，一个阶段紧跟着另一个阶段不断到来。1945至1951年的工党政府，虽然在其六年任期内存在大量的国内党派纷争——甚至偶尔会相当激烈，但是却形成了一种新的共识，即：建立一个基于混合经济的民主国家和福利国家。这一共识，使得英国顺利实现了战后的艰难转型；这一共识，在本质上延续了一代人或更多代人。直到20世纪70年代后期，政治和经济环境非常不同的情况下，战后时期出现的、由艾德礼奠定基础的共识，才受到决定性挑战。在这之前，二战后政权所引入的创新与稳定之间的平衡，似乎非常符合民众意愿。

在某种程度上，艾德礼政府确实制订了一项卓越的持续改革计划。主要行业和机构被纳入公有制，包括煤炭、铁路、公路运输、民用航空、天然气、电力、有线和无线广播，甚至是英格兰银行。总的来说，英国20%的工业被纳入“公共部门”。边远省份的公司及私人资本家，被分管企业的公共行政官员董事会所取代。直到1948年9月钢铁国有化带来了政府内部的分歧，公有制的主要前提（正如1945年劳工宣言所阐明的那样）才受到挑战。

公共财政扶持的社会福利也有很大的扩展，通常被称为“福利国家”。最引人注目的、最有争议的是贝文于1946年推出的国民医疗服务体系（NHS），该计划于1948年7月生效。免费医疗服务在当时引起了很多争论，医生们极力抵制——他们认为这是在实施一个薪酬制度，使他们成为国家雇员，并会破坏私人行医。然而，战后的公众共识足以迫使该法案通过，并使所有公民能够获得免费医疗服务。其他值得注意的措施包括：1946年引入的国家保险制度，非常符合贝弗里奇的战时提案；国家提供补贴的廉租房也重获新的动力——到1952年，该计划共提供了100多万套新的临时住房；增加养老金；提高国民义务教育年限；还有儿童津贴。

有人说，这些措施在当时受到人们的一致欢迎——而实际上远非如此。政府向批评者做出了许多让步。贝文本人不得不允许医学界保留私人诊所，并在国有化医院内设立“自费床位”——这是典型的英国式妥协。在中等教育中，公立学校与国家文法学校并肩繁荣。事实上，1945年以后的“社会主义”思想风行的年代，伊顿和其他私人教育机构从未如此繁荣，慈善机构的地位也受到国税局的保护。由于政府要鼓励房产销售，同时也是出于“财产所有的民主制”的原则，公共住房计划在消减。

然而，尽管有其局限性，福利国家获得了广泛的支持。在接下来的20年，福利国家被认为是一个平衡的、富有同情心的社会的重要属性。尽管1951年4月大臣之间发生争吵，导致贝文和其他两位大臣，因假牙和眼镜指控而辞职，但受到公众支持的综合性福利国家的基本原则，在很大程度上完好保留下来。同样，对充分就业的承诺和新的区域政策也延续下来，这些政策为威尔士的山区、达勒姆、坎伯兰和苏格兰的中央工业带等曾经荒废的地区重新赋予了生命力。鉴于这些好处，工会会员准备接受工资冻结、贬值和不愉快的困难时期。尽管许多要求被政府断然拒绝，他们仍然保持对政府的忠诚。

后来的传说证明，在某些方面这确实是一个经济紧缩和普遍萧条的时代。从一开始，英国就面临着巨大的战后债务。原材料和基本食品供应持续短缺；由于缺乏美元，导致与北美的贸易严重失衡，使情况雪上加霜。1947年7月，在外汇兑换热潮之后，出现近乎恐慌的英镑挤兑；1949年9月决定将英镑兑美元贬值；1951年7月至8月朝鲜战争期间的国际收支异常困难。食品、衣服、汽油和许多家用商品的配给制一直延续到1954年。规划和控制由白厅的不露面官僚管理（并被“投机倒把”和“黑市”钻空了）。这种规划和控制成为当时最“正常”的一部分。

尽管如此，占绝大多数人口的大多数工薪阶层认为，自1945年以来的岁月，是自鼎盛时的维多利亚时代晚期以来最好的年代。工资比1938年的水平高出30%。生活水平提高了，就业有保障，环境和教育设施也更加令人满意。在英国，人们可以从事足球和板球等大众体育运动，去电影院和舞厅，还可以享受休闲活动。海布里、维拉公园或老特拉福德等足球场，每周吸引了超过6万名热情（且完全和平）的观众。

1951年，工党政府在在任的最后几个月推出了一个英国节（Festival of Britain），以庆祝1851年大博览会一百周年。在面对经济短缺和海外事务严重阴霾的时候，一些心怀偏见的批评人士认为，这不是举行全国欢乐节日的时候——但庆祝这个节日，被证明是一个大成功。除了其他好处之外，它还开启了对废弃的泰晤士河南岸的大规模清理工作；其核心建筑是罗伯特·马修（Robert Matthew）设计的、用来举办音乐和其他艺术活动的新节日大厅（Festival Hall）。节日庆典使建筑师、雕塑家和设计师新的创造力得到释放。与此同时，它还展示了英国人潜在的一些技术和制造技能。沿着泰晤士河南岸的巴特西（Battersea）的这个游乐园，成了欢乐和发明的海洋。这场节日庆典，证明了英国人的文化仍然充满活力，他们仍然向往着和平，仍然重视自己的传统。

事实上，1951年之后，保守党英国节所展示的民众喜悦之情得以延续。1951至1964年，是保守党不间断统治时期，四位首相先后是丘吉尔、艾登、麦克米伦（Harold Macmillan）和道格拉斯·霍姆（Alec Douglas Home）；他们均奉行社会和平政策，一般允许工会发展他们在战争期间所增长的自由和集体谈判能力。也很少有大罢工，也没有家庭暴力——即使在北爱尔兰。福利国家得到了进一步加强，所增加的条款相对较少。充分就业仍然是一个普遍关注的优先事项。事实上，人们认为，凯恩斯式的需求管理方法能永久地确保充分就业。这种方法体现在“Butskell先生”［这是两个人名的合成词，一个是保守党领袖巴特勒（Butler），另一个是工党领袖盖茨克尔（Gaitskell），两人当时都提出了中间派政策］的财政信条里。

当失业率在1959至1960年再次抬头时，保守党在推动干预主义的地区政策方面，与其工党前任一样积极。这一时期的首相哈罗德·麦克米伦被（半崇拜的）左翼报纸漫画家“维琪”（Vicky）称为“超级麦克”。因此，1951年至1964年之间没有出现任何与艾德礼式共识的重大偏离。1964年，哈罗德·威尔逊（Harold Wilson）领导的工党，以微弱多数重掌政府（在1966年的大选中赢得了绝大多数席位），表明国家政策没有大幅度偏离过去20年来人们广泛接受的政治和社会框架。

国内的政治和谐，为艺术的实验和创新提供了空间。在20世纪40年代经历了一个荒芜的十年之后，50年代出现了许多杰出小说家的主要作品，其中一些人在战前就开始写作：乔伊斯·凯利（Joyce Cary）、劳伦斯·达雷尔（Lawrence Durrell）、安格斯·威尔逊（Angus Wilson）和艾里斯·默多克（Iris Murdoch）是其中最杰出的。英国戏剧在这一时期也经历了复兴，从爱尔兰人塞缪尔·贝克特（Samuel Beckett）和哈罗德·品特（Harold Pinter）的先锋作品，到约翰·奥斯本（John Osborne）等坚定人物的社会现实主义。后者的《愤怒的回顾》（*Look Back In Anger*，1956年）在斯隆广场皇家宫廷剧院的激进主义大本营上演，因其蔑视自1945年以来英国的社会变革而引起轰动。混沌、浪漫的"愤怒的青年"诞生了。在《局外人》（*The Outsider*）中，科林·威尔逊（Colin Wilson）捕捉到了边缘化的知识分子的两难境地。

诗歌也表现出很大的活力，特别是通过威尔士诗人迪伦·托马斯（Dylan Thomas）——直到他于1953年在纽约酗酒死亡。北爱尔兰也出现了"阿尔斯特文艺复兴"。在海外，前往美国旅行的英国人注意到，英国戏剧家和演员近乎垄断了百老汇。尽管英国在经济和技术上比美国落后，但仍然可以通过其文化成就在美国演绎英国本土的作品——这并非是没有依据的幻觉。

英国音乐也异乎寻常地充满活力，布里顿（Britten）在作曲和歌剧方面尤其活跃；像威廉·沃尔顿（William Walton）这样年长的人物也很活跃。更令人鼓舞的是，音乐制作显示出一种明显迹象，即不那么神秘了，也不再只是中产阶级的活动。学校交响乐团和业余音乐团体蓬勃发展。当地的音乐节正在快速涌现，1947年在爱丁堡推出的音乐节最为出色。所有这一切背后的一个主要原因是，国家通过艺术委员会提供赞助——无论人们对这个机构的存在和影响力有多大的争议。

遗憾的是，建筑和城市规划领域没什么进步。“新城镇”大多是冷酷、斯大林主义式统一的代名词，即使像米尔顿·凯恩斯（Milton Keynes）这样的新镇的街道网格让人想起罗马时期的城镇规划，而在闪电战中遭受破坏的老城区的重建机会经常不被重视，特别是在曼彻斯特、斯旺西和圣保罗大教堂周围的伦敦金融城。丑陋的高层公寓穿透了天际线。新的城市建筑和大学往往显得冷峻而没有吸引力。“平板玻璃”并不是一个令人激动的概念，主要城市中心和古老的大教堂城市的设计也因此受到了影响。

在艺术界的其他地方，英国广播公司，无论是其广播还是电视，都显示出文化先驱的迹象。英国广播公司的“第三套节目”（The Third Programme）从1946年开始极大地刺激了音乐和戏剧的发展。电视在1950年之后开始在全国普及；尽管存在各种局限性，电视成了有效的社会工具，让国民更了解自己的国家。通过广告获得资金的“独立”电视台，开始于1954年。英国广播公司在满足少数群体——包括知识分子、威尔士人以及来自亚洲和其他地区的“有色”移民——的兴趣方面，也很有价值。

电影也逐渐成为新艺术实验的媒介。电影的低价和非正式的氛围，能够吸引大众，其地位也因为普通观众而得到加强，并且立即摆脱了来自电视的竞争挑战。20世纪40年代后期最著名的电影事件是伊灵电影公司（Ealing Studios）的喜剧，其特点是以克制的幽默和温和的宽容重新诠释了传统的英国主题。《买路钱》（*Passport to Pimlico*）、《仁心与冠冕》（*Kind Hearts and Coronets*）以及此类风格的其他电影，证明了英国社会的连续性和持久性。在英国阶级体系的阴影下制作的无穷无尽的电影远则没有那么有趣，它们以充满感情的、自视甚高的、令人茫然不解的术语来描绘工人阶级——几代人来伦敦西区的剧院观众对这些术语非常熟悉。外国人通常被描绘成不可靠的或只是滑稽的［这一时期大量出版的伊妮德·布莱顿（Enid Blyton）的儿童书中就是这么描绘外国人的］。像友善的村庄“鲍比”等持久的象征，被电影《寒夜青灯》（*Blue Lamp*）或电视剧如《警察狄克逊》（*Dixon of Dock Green*）赋予了感性的新意。

更为积极的是，在50年代后期，一些席卷法国、意大利和（在某种程度上）美国电影的新浪潮，也对英国产生了一些真正的影响。一系列具有社会现实意义的电影，往往带有尖锐的社会评论，表明文化态度的转变。《甜言蜜语》（*A Taste of Honey*）或《年少莫轻狂》（*Saturday Night And Sunday Morning*）深入探索了工人阶级的价值观和他们的价值观所塑造的人际关系；这两部电影的流行，体现了英国电影业的新深度和敏感度。在更广泛的层面上，电影业的发展表明了英国在这个过渡时期的安全与稳定。

普遍安宁的对外政策，有助于国内的稳定性。1945年的英国仍然是一个强国，是国际和平会议的“三巨头”之一，它通过制造自己的原子弹和氢弹来证明了这一事实。在经济衰退的累积效应不可避免地造成影响之前，这件强大的外衣一直保留到1963年在莫斯科《禁止核试验条约》的签订。英国拥有自己强大的防御系统、自己的独立核武器、自己的英镑区，以及强大帝国（虽然正在逐渐解散）内部的战略、贸易和金融联系。在医学、物理学和化学方面，英国仍然十分卓越，一些杰出的英国科学家荣获诺贝尔奖：弗莱明（Alexander Fleming）和弗洛里（Howard Florey）发现了青霉素；英国分子生物学家克里克（Francis Crick）和他的美国同事沃森（James Watson）共同发现了DNA。还有受尽折磨的数学天才艾伦·图灵（Alan Turing），他在战争期间参与了德国Enigma密码系统的破解项目，并在自杀前开创了计算机科学。

然而，二战后，英帝国采取了渐进的、必要的收缩政策，英国的国际地位因此而重新定位。这是一个无情的过程，即使像丘吉尔这样资深的帝国主义者也无法阻止。1947年至1949年间，艾德礼政府给予印度、巴基斯坦、缅甸和锡兰（今斯里兰卡）自治权，这一时期是权力移交的关键时刻。这等于明确声明，英国在军事和财政上已经力不从心，而且最重要的是缺乏以武力继续持有遥远的土地的意愿了。非殖民化进程在50年代势如破竹，英国在西非和东非以及其他地区的领地纷纷获得了独立，甚至包括肯尼亚和塞浦路斯——在这两个地方，英军与本土民族主义势力发生了血腥的冲突。在南部非洲，1963年中非联邦最终解体，意味着北罗得西亚（今赞比亚）和尼亚萨兰（今马拉维）的独立。

到20世纪60年代初，只有少数几块杂乱的领土仍然在英国的直接统治之下：英属洪都拉斯加勒比海地区的小岛、福克兰群岛、直布罗陀、香港、亚丁、斐济和其他一些前哨基地。现在，人们对于帝国的神秘感充满着怀念。“帝国日”从公立学校的日历中消失了；印度籍公务员匿名回国；国王不再是印度的皇帝。

然后在1956年10月，当埃及人宣布苏伊士运河从此被国有化后，当时的英国首相安东尼·艾登惊人地联合法国和以色列采取秘密行动，入侵苏伊士运河区。世界舆论，甚至包括美国，都反对英国。英镑地位受到威胁；石油供应枯竭；在联合国的谴责下，英国军队灰溜溜地撤回。公众对此几乎没有表达长期愤怒；旧帝国主义的声音相对平静。在1959年的大选中，保守党在国内繁荣的基础上参选，并且轻松地赢得了胜利。按麦克米伦的话说，“从来没有这么好过”。

另一方面，美国政治家丹尼尔·莫伊尼汉（Daniel Moynihan）大写特写英国在亚非第三世界的新声望，因为英国解放了世界上相当大比例的人口，而没有经历法国人在阿尔及利亚、荷兰人在印度尼西亚或比利时人在刚果的痛苦。一个曾经青睐杰里米·边沁和李嘉图（David Ricardo）、约翰·穆勒（John Stuart Mill）和威廉·格莱斯顿（William Gladstone）等自由派的世界，现在开始倾听伦敦经济学院的拉斯基和托尼、《新政治家》杂志（*New Statesman*）以及（甚至反对）工党所宣扬的社会民主主义信条。

在后帝国时期，英国成为一个更加自省的国家，在世界事务中所发挥的作用是不稳定的。随着英联邦内的联系变得更加礼仪化（虽然具有重要的实际意义，如英镑区的运行、英国对黄油和肉类等英联邦产品的偏好），与美国的关系显得更加重要，即使在许多方面苦乐参半。从1949年开始，美国和英国通过北约在战略和地缘政治上紧紧捆绑在一起。不久，在东南亚条约组织（SEATO）中，两国也结盟。此后，英美两国在政策上密切合作，无论保守党还是工党政府掌权。

英国人对两个英语民族之间的平等“特殊关系”引以为豪。然而，很明显，在实践中英国在拼命维持自己虚幻的独立姿态。在朝鲜战争中、在与中国的交往（除了正式承认之外）、在中东、尤其是在欧洲面对俄罗斯的威胁时，英国和美国的政策是相似的——即使不完全相同的话。1956年英国参与苏伊士行动，这是对英美关系的一次罕见的背叛，不过这次尝试性行动很快被扑灭了。1962年英美签订的《拿骚协议》确保美国给英国提供“核威慑”（北极星号潜艇），使得英国的防御和经济对美国的依赖比以往任何时候都更加明显。

在本土附近，从1947年开始有人试图组建西欧的政治和经济联盟。从战争结束后这个想法首次提出，英国政府就持怀疑态度——即使不是公开反对。其理由包括：英国与英联邦的联系、与美国的特殊关系、英国独特的宪法和法律制度，以及英国社会主义计划的自主性等等。更重大的理由是，大多数英国人认为：西欧人是难以理解的外国人，英吉利海峡两岸很少有天然的联系。1963年，麦克米伦领导的保守党政府第一次试图加入欧洲共同市场，遭到法国总统戴高乐的拒绝；1967年威尔逊领导的工党政府的第二次努力再次被拒。英国人对未能加入这个国际机构没有表现出任何莫大的悲伤，因为加入欧洲共同市场意味着食物价格上涨，削弱跟英联邦国家的联系以及对国家主权的威胁。亲欧洲派逆清晰的舆论潮流和“千年历史”感而行。

在这个自足并有点孤立的社会中，一般模式是以消费者的利益为主导所设计的。在表面之下，这个时代的预言家和经济学家们发现，经济增长速度缓慢，生产力下降。社会学家发现了深刻的不平等和阶级鸿沟，这些阻碍了“停滞社会”的现代化。英国人对自己的体制和传统的态度是自满得意。对于英国人来说，现在的生活似乎明显更好。出生率下降意味着家庭规模变小，也更富有。房屋装潢得更好；越来越多的家庭拥有汽车；可以用便宜的按揭贷款买房；每年夏天都去西班牙、法国或意大利度过一个体面的假期。

日益惬意的生活，也不局限于住在郊区半独立式房屋的中产阶级。工薪阶层的人们也可以乘飞机去阳光明媚的地中海沿岸旅游，或在酒吧、俱乐部和其他地方狂欢，因为更高的工资和更短的工作时间给他们带来了选择的自由。工薪阶层的年轻人，成为社会学分析和反叛传统的潮流所喜欢的目标，因为他们的生活方式更古怪，流行文化在他们中间也更盛行。像长发的北爱尔兰和曼联足球运动员乔治·贝斯特（George Best）这样的体育明星，代表了与20世纪20年代的杰克·霍布斯非常不同的价值观。披头士乐队（一群利物浦青年）在20世纪60年代早期取得了音乐上的突破，使得英国成为所谓的“放任型”社会的先驱。在这样的社会里，酒精和毒品泛滥，裙子短得出奇，性行为也更加开放。1966年英格兰足球队在世界杯赛上的胜利，为年轻人的新好战性增添了爱国主义的光环，尤其是因为英格兰队击败了老对手德国队。足球流氓高唱着“两次世界大战和一届世界杯”！

此外，在麦克米伦首相等的享乐主义观点以及工党内政大臣罗伊·詹金斯（Roy Jenkins）的文明宽容政策的助推下，中产阶级改革者开始了其他社会变革。法律对性犯罪、同性恋和其他情况的罪行从轻发落。堕胎以及避孕药和其他容易获得的避孕手段，为无休止的性放纵提供了空间；离婚和单亲家庭急剧增多。据称，在美国肯尼迪总统的“新边疆”政策的推波助澜下，青年文化曾袭卷英国上下。尤其是英国大学中，混合了各种文化。在这里，越来越多的背井离乡的工人阶级学生与更具侵略性的同时代中产阶级融合在一起，因数量庞大，增强了对青年的吸引力。许多新的大学在1963年之后的十年里纷纷成立，而老牌大学大幅扩大规模。一些批评人士抱怨说，“更多意味着更滥”。其他人反驳说，只有5%的年轻人接受了某种形式的高等教育，英国人的潜力几乎没有得到挖掘。由于社会富足解决了基本的生计问题，所以思维清晰的大学生可以将他们的精力转向新的奋斗方向。

50年代后期的核裁军运动，很大程度上归功于中产阶级年轻人的理想主义。有一段时间，该运动差一点影响工党成为执政党。60年代后期，同样的激情形成了对美国越战的抗议。在美国加州大学伯克利分校或法国索邦大学的学生反抗运动，也在英国校园中短暂爆发，然后同样神秘地偃旗息鼓了。

这些运动产生了广泛的影响。在公众满足的表面之下，实际上存在着各种根深蒂固的分裂力量。在哈罗德·威尔逊的第一任首相（1964—1970）期间，各种不同的群体爆发了反抗。世界的生态受到破坏，且受到难以想象的恐怖武器的威胁——这种背景下的年轻人，对消费主义和墨守成规的价值观不感兴趣。在其他地方，威尔士和苏格兰产生了年轻人的民族主义抗议潮流；在西班牙巴斯克（Basque）地区或加拿大魁北克省的此类抗议，更让人难忘。威尔士和苏格兰并没有充分享受20世纪50年代经济增长的红利。为苏格兰以及后来（1964年）威尔士所创建的国务大臣等正式机构，几乎没有满足他们的民族愿望。苏格兰民族主义者合理地抱怨说，伊丽莎白二世的称号在他们的国家是不恰当的。在威尔士，其古老的语言和文化在强大的英语文化的冲击下濒临灭绝。在1966年的一次补选中，卡马森（Carmarthen）的威尔士民族主义者获胜，随后发起了代表威尔士语的非暴力抵抗运动（以及几次未遂的爆炸企图）。统一主义者的一个成功回应是：在1969年，查尔斯王子被册封为威尔士亲王。在苏格兰，民族主义者占领了汉密尔顿席位和几个地方当局；一种新的反英格兰情绪似乎席卷了苏格兰的高地和低地。

“有色”少数裔引起的问题，更加违反宪法或更不平静。自1950年以来，从印度、巴基斯坦、西非和西印度群岛到英国的移民有一百多万人。他们住着破旧的房子，在就业中和在警察执法中（有时候）遭到种族歧视。除此之外，老城区的种族偏见更加危险。一名持不同政见的右翼灾祸预言家以诺·鲍威尔（Enoch Powell）以煽动性言论激化了种族歧视。根据美国的种族骚乱，他预测英国城市将成为“血河”。

更令人不安的是，在北爱尔兰，从1920年起一直由占多数的新教徒控制，现在出现了动荡。信奉罗马天主教（通常是民族主义者）的少数派发起了一场声势浩大的民权运动。在实践中，维持宗教和种族和谐的努力显然已经落空。军队进驻贝尔法斯特和伦敦德里以维持秩序。爱尔兰共和军和新芬党在英国各城市制造了一波令人震惊的爆炸事件，表明古老的爱尔兰民族主义斗争进入了一个新的险恶阶段。在60年代后期，少数族裔举行了从布里克斯顿（Brixton）到贝尔法斯特的游行，建立在双方同意基础上的自由英国似乎正在瓦解，好像跟1910年至1914年间的情况一样。

迄今为止，只有部分社会结构保持完好，因为整体人口的生活水平很高并且还在继续改善。但是，在20世纪60年代，越来越多的证据表明，不断增加的经济压力正在加剧新的社会紧张局势。在这糟糕的十年里，英国举步维艰，采取了一个接一个的金融权宜之计，经历了频繁的国际收支危机和多次英镑挤兑。作为权宜之计，1967年的英镑贬值，并未产生任何持久的补救效果。通货膨胀率开始显著上升，特别是在20世纪70年代初，爱德华·希思（Edward Heath）领导的保守党政府肆无忌惮地扩大货币供应量——这是凯恩斯主义的误导版本。凯恩斯主义经济学家的所有预测现在都被推翻了，因为通胀上升带来了失业率的上升。

起初，这仅限于东北部、苏格兰和南威尔士的老工业区。后两个地区的民族主义的兴起，与煤矿和工厂关闭以及工人下岗密切相关。但到了1973年，英国的经济问题显然已经产生了更为普遍的后果。这个国家创造财富的能力，以及它在世界贸易和生产中的份额，都在严重下滑——也许是无可挽回的下滑。英国似乎已经取代土耳其，成为传说中的“欧洲病夫”。

为了抗议生活水平下降，工会发动了工人的集体力量。工会的成员迅速增加，1979年达到1300多万人的峰值。罢工此起彼伏，煤矿的罢工最为严重。1972年2月举行了全国矿工罢工，并取得了圆满成功。尽管自20世纪50年代以来，煤炭工业已经全面萎缩，但希思政府还是充分见识了矿工罢工破坏国家生产和能源供应的能力。1974年2月，另一场矿工罢工迫使政府召集主题为“谁来治理英国？”的选举。出人意料，答案是：人们略倾向工党——于是政府随之大换班。矿工们再次赢得了他们的所有要求，并在工资表中恢复了以前的高排名。

日益扩大的抗议情绪、不愿接受传统的制裁和纪律，以及在工会强力挤压下动摇的生产基础——这些形成了不祥的背景，因为英国在享受了短暂而令人陶醉的“富裕”之后，将要迎接新国际秩序的陌生挑战。

从70年代到90年代

20世纪70年代的英国，为宏观经济和社会学治理提供了一个永久的、痛苦的案例。与几乎所有其他发达国家相比，英国的经济持续下滑——按绝对价值计算，甚至低于自己早期的生产水平。1973至1974年的能源形势发生巨大变化，使英国和其他西方国家从中东进口的石油价格上涨了4倍，给经济雪上加霜。不过这刺激了英国在这十年里去开采北海的石油和天然气。

凭借核电站和水电计划以及丰富的煤炭供应，英国在很多方面都能比其他许多竞争对手更好地应对这些新的困难。但是，石油价格的大幅上涨，不可避免地推动了自1919年以来最严重的通货膨胀。工会施压，要求在1975年底工资增长30%——这进一步加剧了通胀。英国的通货膨胀继续保持在历史高位，1980年曾一度超过20%，随后在1982至1983年降到一个相对容易控制的10%左右。此后，由于工资增长放缓，以及许多商品实际价格相对下降，货币供应受到限制；到1987年秋季，通货膨胀率下降至4%左右。

随着价格上涨以及工资和其他各项成本的压力，失业再次成为英国国内主要的祸害。到1980年，失业人数已超过200万——是自30年代以来的最大规模。随着政府投资和货币供应的减少，到1983年春季，失业人口已经超过300万。之后三年，失业人口一直保持在这一惊人水平，甚至有所上升；直到1987年经济增长有所恢复，失业人数才小幅减少，下降至300万以下。经济的中心似乎出现了严重的溃烂——几十万人，其中许多是青少年或其他年轻人，注定在数年内要依靠国家救济，而公共福利服务正在递减。

有证据表明，其他方面也有所下降。虽然人口继续增加，从1951年的5000多万增加到1981年的5600多万；但人们注意到：1975至1978年期间，实际上人口有所下降。在经济衰退期间，出生率急剧下降，而老年人口比例增加——这给社会服务带来了压力，老年人必然依赖于身体健全的就业人员创造的财富。

其结果，对社会结构最具破坏性。1974至1975年是通货膨胀失控的最初阶段，紧跟着是政府与工会签订不安的所谓“社会契约”的时期。契约是威尔逊和后来的卡拉汉（Callaghan，1975—1978）的工党政府跟工会谈判的结果。工会同意调整他们的工资要求，以换取针对其需求的特定政府政策，特别是工作保护。此后没有发生过严重的罢工，直到1978至1979年所谓的“不满的冬天”，当时公务员甚至包括市政公墓的挖墓人都发动了一连串的罢工，帮助保守党选举获胜。

此后，工会继续坚定地举行维护“工作权”的示威活动，抗议削减公共支出和高失业率。不仅传统上脆弱的地区，如苏格兰、默西塞德郡和东北部，甚至曾经繁荣的地区，如西米德兰兹郡（West Midlands），失业率都达到20%以上。在钢铁行业，康塞特（Consett）、肖顿（Shotton）和科比（Corby）等大工厂永久倒闭。因医疗卫生和教育服务（包括大学）投资减少以及艺术和环境支出减少，人们的生活质量间接受到影响。英国现在成了后凯恩斯主义“滞胀”现象的典型例子——即同时出现了工业衰退和高通胀。

这些经济压力严重影响了70年代的社会稳定。它们助长了其他已经十分明显的社会、社区或种族的紧张局势。最令人不安的案例仍然是北爱尔兰。英国最高的失业率加剧了新教徒与罗马天主教徒之间根深蒂固的种族和宗教仇恨。整个70年代，北爱尔兰的局势变得越来越令人担忧。民权运动的成功，冲击了原来的统一主义的主导地位；1972年的斯托蒙特（Stormont）大会，支持英国议会的直接统治。但临时派爱尔兰共和军重新开始制造暴力，同时伊恩·佩斯利（Ian Paisley）牧师发表侵略性的反教皇言论来蛊惑民众。

无疑，斯托蒙特大会的闭幕没有使双方实现和平。军队继续在伯格赛德（Bogside）和佛尔斯路（Falls Road）上巡逻。在阿尔斯特和南部的爱尔兰共和国之间，发生了紧张的边界事件——因为爱尔兰共和军从爱尔兰共和国获得资金和武器。有时，北爱尔兰的地方性暴力事件会跨过大海，蔓延到英国本土，在英国城市制造可怕的炸弹袭击，甚至暗杀政治家。女王的亲戚蒙巴顿勋爵是一位杰出的海军上将和政治家，1979年在爱尔兰附近的一艘船上被爱尔兰共和军的炸弹炸死。

英国政府做出新的努力：让都柏林政府直接参与北爱尔兰事务——这是自1922年以来的第一次。1985年11月，首相撒切尔夫人和爱尔兰统一党总理加勒特·菲茨杰拉德（Garret Fitzgerald）达成盎格鲁-爱尔兰希尔斯堡协议。但是，这导致了阿尔斯特的统一主义者的抗议，并抵制英国议会。在那个不幸的岛屿上，真正的全爱尔兰的团结精神仍然遥不可及。爱尔兰历史悠久的种族仇恨尚未得到平息。矛盾双方都能轻易地弄到枪支。一再发生的暴力事件让公众开始明白事情的严重性：1984年的保守党会议期间，有人企图暗杀住在布莱顿酒店的撒切尔夫人；1991年2月，爱尔兰共和军向唐宁街10号发射迫击炮未遂。

其他紧张局势虽没有那么暴力，但同样令人不安。苏格兰和威尔士的民族主义者通常以宪法形式继续表达自己的心声。在1979年“分权”措施失败后，凯尔特民族主义似乎有所收敛，但在威尔士仍然存在政治和文化冲突。捍卫威尔士语仍然吸引了许多热情的忠实分子，甚至还有愤怒的爱国者以绝食至死相威胁。有些英格兰人在威尔士乡村拥有“第二个家”，他们的房子有时会被当地的纵火犯烧毁。在苏格兰，政府仍然面对很大的分权压力，尤其是在20世纪80年代经济基础削弱的情况下。然而，总的来说，威尔士和苏格兰仍然是和平的社会，没有像海对岸的凯尔特人的北爱尔兰那样，被民族主义者痛苦地撕裂。

更令人担忧的是，大规模的黑人社区越来越动荡；其中大部分黑人居住在大城市贫穷、破旧的贫民区。伦敦的诺丁山地区和布里斯托尔的圣保罗地区，出现了零星的麻烦。1981年夏，英国曾一度经历了美国模式的种族骚乱的全部恐怖，因为利物浦的托迪斯（Toxteth）地区和伦敦南部的布里克斯顿地区的黑人年轻人进行了长时间的骚乱，一切都被电视报道忠实地记录下来（电视报道或许也起到了推波助澜的作用）了。另一次暴力事件发生在伦敦北部托特纳姆（Tottenham）的布罗德沃特农场（Broadwater Farm）住宅区，黑人青年在那里谋杀了一名警察。这些事件的一个值得注意的方面是，移民社区与警察之间缺乏信任。由于黑人年轻人的失业率尤为严重，而且在就业、住房和社会机会方面普遍存在歧视，种族之间的关系越来越成为人们关注和恐慌的理由。

其他麻烦也在积累。有一些工会抗议活动因为带有恐吓色彩，远远超出了此类活动的通常范畴。例如在伦敦北部举行的针对格伦威克（Grunwick）工厂的示威活动。青少年观众在足球比赛和其他运动场所制造盲目的暴力，破坏赛事。因此，英国的传统稳定性，越来越多地受到四面八方的冲击。一位美国国会议员沮丧地观察到，英国正变得像智利一样“无法治理”。

事实上，这一说法夸张得有点离谱。很少有社会能够在高失业率、通胀上升和公共支出减少的情况下像英国人一样保持平静。有证据表明，原来神圣不可犯的机构，现在受到的待遇，低于其历史上应得的尊重：牛津大学遭到“静坐”抗议；警察、法官、教会领袖（和足球裁判员）未能维持他们以前的权威；即使王室成员也受到公众的批评或骚扰。尽管如此，制度和公民生活的大结构仍然是坚固的。但是，毫无疑问，发生社会摩擦和潜在的分裂的地方是如此之多，以至于必须重新审视和重新制定古老的制裁和限制措施，以使英国社会得以继续。

在这个动荡的时期，英国对外部世界的看法经历了一个内省阶段。在现实中，一种深刻的孤立心理决定了大众的态度，自1918年以来经常如此。与美国人在北约的正式联盟仍在继续，但对承诺没有多少热情。20世纪70年代后期，核裁军运动方兴未艾，是一种少见的和平的抗议形式，表明这种依赖于恐怖的核武器的联盟引起了很多公众的不安。拟议的巡航导弹计划引起了更多不安，并导致女性示威者在伯克郡的格林汉康蒙（Greenham Common）导弹基地进行长期抗议——这是女性政治的新起点。

在经历了多次外交内斗之后，英国于1973年进入欧洲共同市场。1975年的一次独立公投中，绝大多数人——几乎占总人口的三分之二——支持英国成为其成员。但“欧洲”主要在非政治背景下引起了人们的喜爱。欧陆的一揽子度假计划、欧陆的汽车和食品的普及，以及欧洲足球比赛并没有让英国人更热切地喜欢他们的欧洲邻居。1975年以后，英国人对共同市场继续怀着闷闷不乐的敌意；民意调查显示，英国人持续反对成为欧洲经济共同体（EEC）成员。无论如何，这个庞大的组织主要由隐身的官僚组成，很少受到民主制约；总部远在布鲁塞尔和斯特拉斯堡，这样的机构很难在英国这样的独立国家赢得公众的喜爱。加入共同市场意味着更高的食品价格，以及海量黄油和葡萄酒等将涌入英国市场，因此不可避免地受到英国人的广泛谴责——自1846年废除《谷物法》以来，英国人一直享受着廉价食品政策。英国人既是似是而非的“欧洲人”，也是似是而非的“大西洋主义者”。

另一方面，20世纪80年代后期有迹象表明，由于加入欧洲共同体带来了经济利益，英国人心甘情愿地成为其成员，反欧洲主义思潮也正在逐渐减弱。到1987年6月大选时，工党不再提议通过谈判退出欧洲经济共同体，特别是因为该组织现在包括法国、西班牙和希腊的社会主义政府。1986年撒切尔夫人和法国总统密特朗签订协议，建设连接英法的、穿越英吉利海峡高速铁路海底隧道。这条隧道于1993年开始运营，这显示英国的孤立主义至少有了部分让步。

1992年英国同意加入欧洲单一市场，这是一个重大变化。最后，经过内阁的多次内部争论，撒切尔夫人于1990年10月被迫加入欧洲汇率机制。然而，对于与欧洲的经济和政治关系，在保守党和政府的几个层面仍然存在严重分歧。在迫使执政十一年的撒切尔夫人于1990年11月辞去首相职务这件事上，这一分歧是主因。

英联邦的民族情绪仍然保留了一些影响力，以女王为名义国家元首。然而，与英联邦国家的关系，也变得越来越难以描述。无论是涉及进入英国城市的黑人移民，还是关于如何应对南非种族隔离，与英联邦国家的这层关系，都可能产生摩擦而不是善意。与此同时，1989年英国与中国达成协议，在八年后撤回在香港的统治——再次表明，英国的世界角色正在不可逆转地削弱自己。

迅速退出帝国的进程仍在继续，但是几乎没有引起公众的不满。经济和军事上的疲软，决定了英国采取的是有控制的紧缩政策。最艰难的遗留问题是南罗得西亚，这片与南非毗邻的土地推行着种族隔离系统，存在种族大屠杀的危险。撒切尔夫人保守党政府的政策出现了180度大转变，于1979年12月授予罗得西亚（后改名为津巴布韦）完全自治权——无视白人定居者的抗议。议会和公众欢呼、喝彩这次帝国的撤退。吉卜林和赛希尔·罗兹（Cecil Rhodes）的帝国主义精神终于被驱除了。“帝国”似乎已经不太可能进一步扰乱英国人的心理。

然后，出乎意料的是，1982年3月下旬，福克兰群岛（阿根廷人称之为“马尔维纳斯群岛”）荒芜的前哨基地被阿根廷人入侵。英国政府在公众强烈呼声之下做出积极响应。两艘仅存的航空母舰和数十艘其他战舰、多架战斗机和一万名士兵组成一支特遣部队，被派往8000英里外的南大西洋的风暴海域。在迅速且成功的战斗中，得到了美国技术的支持，这些岛屿很快被重新夺回；6月14日，英国国旗再次飘扬在斯坦利港。

福克兰群岛战争极受欢迎；持不同政见者、核裁军运动或其他不同观点根本无人顾及。与此同时，在战争开始之前，除了从邮票上，英国人民几乎不知道这些遥远而几乎毫无价值的前哨小岛。一场战争似乎不会重振帝国的雄风。战后，增强海军力量或向南大西洋增加财政资源的公众愿望，并不比战前更强烈。福克兰群岛事件表明，英国人民中不耐烦的孤立感正在上升。面对国际怀疑论，英国仍然可以显示出强国的身份，在陆军、海军和技术方面，比像阿根廷这样的军事独裁国家更具优势。民族自豪感得到了复兴。

但福克兰群岛的沙文主义，几乎在它开始时就消失了。英国国内重返熟悉的罢工、经济衰退和社会不满，例如1984年3月的一场激烈的矿工罢工，持续了整整一年。警方和矿工的纠察队之间发生了激烈的冲突。然而，全国矿工联盟内部就是分裂的，重要的中部地区的煤田继续开工——结果全国矿工联盟惨败，且更多矿井关闭了。

矿工能够迫使英国政府屈服——这是自第一次世界大战以来，历史和民间传说的一个主要特征。随着石油、天然气、电力和核能的大力发展，煤炭对英国的能源供应不那么重要了，矿工的力量也没有那么显眼了。然而，在矿工罢工之后，白领和公共服务人员组织了一系列罢工，特别是教师引发的长期纠纷，导致1985至1987年英格兰和威尔士的教学秩序遭受严重破坏。

撒切尔夫人领导下的保守党政府使80年代初期的问题更加严重——这

似乎是英国在20世纪最右倾的一届政府。与此同时，工党政治家托尼·本恩（Tony Benn）领导着一场极左的、迈向原教旨社会主义的基层运动。共识似乎已经荡然无存。评论人员引用了叶芝的话说，“最好的缺乏一切信念，而最糟糕的充满激情”。工党中持不同政见的右翼成员组成了一个新政党，有些人从中找到了慰藉，这就是“社会民主党”：奉行凯恩斯式的经济中间路线，提倡收入政策、欧洲主义和核威慑。值得注意的是，尽管对经济抱有很多宿命论，1983年6月的大选中，撒切尔夫人和保守党大胜，获得397个席位；而工党明显下降至209个，自由党17个，社会民主党只有6个席位。

人们再次担心温和的中间意见在大漩涡中会被一扫而空，但是其他更有希望的发展取代了这种担心。英国的经济变革有了回报。在某种程度上，它们是国民经济有利变革的结果。北海的石油使英国能够自给自足，因此在其能源供给上处于独特的优势地位。国际收支突然出现逆转，有了大量、持续的盈余（直到1986年）。这也意味着制造业在英国经济中的主导地位将不那么重要了。当然，石油、电子产品、航空航天（如协和式飞机）、高架桥（Humber Bridge）、高速列车、海峡隧道和计算机芯片方面的技术奇迹表明，本土的创新潜力和科学创造力并没有枯竭。

在80年代中期，也有不少迹象表明，这些发展创造了新的繁荣，至少在英格兰南部、部分中部地区和东盎格利亚。东盎格利亚的增长尤为明显。像斯温顿（Swindon）和贝辛斯托克（Basingstoke）这样的小镇，呈突飞猛进之势。由于英镑的贬值和一些大宗商品的进口价格下跌，英国经济在1987年初开始迅速发展，并达到4%的增长率。值得注意的是，这一轮增长主要依靠金融服务、信贷、投资和消费热潮，而不是英国制造业的传统优势；制造业继续呈现远低于1970年以前的生产水平。自从工业化以来，在历史变革中，经济的基本特点就是动荡。一个值得注意的事件是1986年10月27日发生在伦敦金融城的所谓“大爆炸”：为交易商提供的一个几乎看不见的、高度复杂的计算机网络，取代了股票经纪人在证券交易所大楼里成群乱转的古老景象。这反映了资本市场的新国际主义。资本市场也有助于修复伦敦东区——数十年来这一区域一直被的忽视。“雅皮士”（yuppy，年轻上进的专业人士）的社会现象，被广泛讨论并经常被谴责。雅皮士是一群从事股票经纪、投资或商业银行业务的高收入青年。

对于许多英国公民来说，在70年代和80年代初的危机之后，生活突然变得更加舒适。住房持有率继续提高，到1987年底，三分之二的人口拥有自己的住房。持有股份也变得更加普遍。政府将国有企业“私有化”的政策，有助于实现这一目标，如电信系统、英国天然气公司、不列颠石油公司和机场（在80年代末供水和电力公司也实行私有化）。相反，工会在公众中的受尊重程度在下降，甚至工会成员也从1980年的1300万人左右下降到1987年的900万人。

在这个时期，英国并不是文化贫瘠之地或智力上缺乏冒险精神。英国小说家和戏剧家仍然非常有创意。几位英国著名建筑师获得了国际知名度，如詹姆斯·斯特林（James Stirling）、诺曼·福斯特（Norman Foster）和理查德·罗杰斯（Richard Rogers，巴黎蓬皮杜艺术中心的设计师）。英国音乐界从未像20世纪80年代那样繁荣昌盛，伦敦似乎是世界音乐之都；在利兹、卡迪夫和其他地方，出现了管弦乐和歌剧的重要新发展。英国的文学周刊保持着高质量。英国广播公司仍然是一个主要的传播机构，其影响力因士气和收入下降而受到削弱——虽然与撒切尔政府的纠纷分散了很多精力。尽管从1981年开始，政府实施了开支削减政策，大学在文科、理论科学和应用科学（包括医学）方面仍然不断取得创新成果。

一位美国评论员伯纳德·诺斯特（Bernard Nossiter）甚至在70年代末声称，英国表面的经济衰退和失业，其实掩盖了一些更积极的东西，即：创造性地利用闲暇。英国中产阶级和熟练工人阶级反对这种不断增加的大规模生产的常规模式，并选择更大程度地摆脱自动化劳动的苦役。这种观点可能过于乐观，忽视了古老的工作实践和管理惯性中的长期传统，这种传统阻碍经济甚至整个社会的发展。

此外，英国文化所依赖的物质基础，受到技术创新失败和创业精神减弱的威胁。英国大学和研究机构在80年代中期遇到的“人才流失”问题，引起了人们的极大关注——有天赋的年轻科学家被吸引到大西洋彼岸去了。工业革命以来的两百年里，英国人仍然不愿意以现代化的模式来培养他们的科学天才。然而，尽管有这种明显的弱点，英国人才并不一定不能够应对社会激变和工业弱点之外的新压力，而不仅是过去几个世纪以来商贸领头羊和国际地位的负担。

这些和其他事态的发展，为玛格丽特·撒切尔夫人的保守党政府带来了新的生机。在1987年6月的大选中，尽管工党在新领袖尼尔·金诺克（Neil Kinnock）领导下构成激烈的竞争，保守党还是再次轻松获胜，占375个席位；工党占229个席位，而衰弱且涣散的自由党/社会民主党联盟则只有22个席位。因此，撒切尔夫人成为自1812至1827年利物浦勋爵以来，第一位赢得三次大选的首相——这是一项非凡的成就。保守党在竞选活动中做出了很多努力，声称他们已经恢复了国家的繁荣，也是国家安全的可靠保护者。工党的单边核裁军政策没有得到广泛的支持。在蓬勃发展的英格兰南部，工党四分五裂、观念陈旧，不可能获选。

另一方面，选举结果显示，英国内部的区域鸿沟非常明显。保守党的大量选票来自南部和中部地区，但在北方的工业城市失势。在威尔士，工党得到5%的摇摆选票；在苏格兰，这个数字是7.5%。人们谈论着南北方之间的基本社会鸿沟：南方日益繁荣，充满自信；北方在腐朽没落，高失业率，城市发展滞后，公共服务不到位。19世纪40年代迪斯雷利的小说中描述的“两个国家”，在一个多世纪之后仍然那么泾渭分明。

20世纪80年代的英国显示出一连串既分裂又稳定的因素，两种因素脆弱地共存着，破坏的力量十分明显。在北爱尔兰、工业界以及城市中的黑人聚居区，社会问题显而易见。政治共识面临着各种形式的新挑战：由本恩领导的新马克思主义工党左派；准法西斯国民阵线的种族主义思想；

或者是某些社会民主党人有时表现出的贵族精英主义。传统的关系（年轻人对待他们的父母、“女权主义”的妻子对待丈夫、工人对待雇主和工会领袖、学生对待他们的老师、公民对待法律和秩序的监护人等）似乎在不断发生变化。《英国正在死亡吗？》是1979年一本耐人回味的书。相比之下，英国的稳定性往往表现为对古典模式和祖先怀着类似于宗教的崇敬，如对王室的崇拜，或者模糊的“遗产”概念——这往往需要有选择地和感性地阅读英国历史。

1987年大选后，撒切尔夫人的政府陷入混乱，显著加剧了公众的不稳定。在这十年的大部分时间里，政府奉行货币主义、私有化和市场力量；挑战教会、大学和地方政府等机构；凭借首相本人几乎无敌的个人优势，撒切尔主义似乎取得了胜利。但在接下来的三年里，遇到了严重的困难。在国内，一些更激进的提案遇到了重大反对意见。政府试图将市场力量引入教育领域，甚至国民医疗服务体系（NHS），引起了公众的极大愤怒。一项以社区费（或“人头税”）取代家庭税收制度的提议，招致全国各地的抗议。毕竟，早在1381年，生来自由的英国人在瓦特·泰勒（Wat Tyler）的领导下，就曾起义、反对征收人头税——这一段记忆仍然在流行。更为灾难性的是，政府做出了一个不明智决定，即1989年首先在苏格兰征收人头税。这使得苏格兰的专业人士、中产阶级舆论更加疏远保守党。在爱丁堡举行了一次多党制宪会议，会议制订了把税收权力下放给苏格兰议会的计划。

最严重的是，经济的表面复苏开始不那么可靠了。首先是在1987年的“黑色星期一”，股市发生大崩盘，股价下挫了22%。财政大臣奈杰尔·劳森（Nigel Lawson）的减税政策，现在被视为导致巨额国际收支赤字的罪魁祸首——创下20亿英镑的最遭纪录。失业率大幅上升，英镑承受着贬值的压力。更糟糕的是，政府主要夸耀的征服通胀，现在受到消费信贷和消费热潮的威胁。银行利率飙升至15%——每位按揭买房者都感受到了这种影响。更甚者，劳森与首相就欧洲政策进行了激烈争吵之后宣布辞职；随后，最新任命的外交大臣杰弗里·豪（Geoffrey Howe）也辞了职。

撒切尔夫人自己现在变得越来越不受欢迎。她充满个性、专横的领导风格，现在看来更像是一种“负债资产”。她在外交事务中的“强硬”名声（可以追溯到福克兰群岛战争），现在也似乎不值得可信赖——特别是与英国的欧洲伙伴就统一货币问题一再发生争执的时候。与此同时，工党对尼尔·金诺克的“新现实主义”做出调整，变得越来越温和，因此更受选民欢迎；还放弃了对大规模国有化和单方面核裁军的承诺，以及其对欧洲的敌意——并在此过程中开始排挤拥护本恩的极左翼残余分子。在1990年的夏天，英国政治的巨变可能即将到来。

秋天，巨变如期而至。面对多名内阁成员辞职、补选失败以及对欧洲事务和经济的困难，撒切尔夫人似乎陷入了前所未有的困境。11月迈克尔·赫塞尔廷（Michael Heseltine）挑战了她的党内领导地位（实际上是首相职位）。赫塞尔廷是辞职的前任内阁同僚之一。尽管撒切尔夫人赢得了第一轮投票（204票对赫塞尔廷的152票），但她遭遇的党内反对意见，足以迫使她辞职。像1922年的劳合·乔治和1940年的内维尔·张伯伦一样，是保守党的后座议员，而不是选民，把她拉下了马。在第二轮投票中，胜利者是约翰·梅杰（John Major），一位鲜为人知的英国财政大臣，也是一位看似温和的人。因此，他成为首相，引领国家从十一年之久的“撒切尔主义”过渡到更加一致的社会和政治秩序。

进入千禧年

1990年撒切尔的倒台，如同1922年劳合·乔治的倒台一样，都是极其痛苦的。随着前任领导的离开，似乎开启了一段更加平静的时期，梅杰称之为“一个国内和平的国家”。作为促进统一之举，梅杰把撒切尔的主要对手赫塞尔廷请进了内阁。国家曾有过一段平静时期。不受欢迎的人头税被取消。1991年2月，英国参加海湾战争，英国的装甲部队和喷气式战斗机出色地协助美军和其他“联合”部队把萨达姆·侯赛因的伊拉克部队赶出科威特——此举曾一度为政府赢得广泛支持，即使现在没有“福克兰群岛因素”来推动保守党的事业。

重要的是，梅杰似乎在欧洲问题上弥合了党内的分歧。1991年在谈判《马斯特里赫特条约》（*Maastricht Treaty*）的过程中（该条约加快了欧洲的一体化，包括1999年开始使用的统一货币），英国政府似乎取得了外交上的成功。英政府从欧洲伙伴那里赢得了将来从货币联盟中“有退出选择”的权力，以及保障工人的权利和最低工资的“欧洲社会宪章”。成功维护了保守党统一表面上的团结。

另一方面，撒切尔统治后期仍然面对各种基本困难，尤其是经济的衰退。这一时期，英格兰中部的中产阶级日子最不好过：工作不稳定、住房按揭利息高、陷入负资产和房价下跌。铁路系统的新一轮私有化，也引起了极大争议。

由于保守党的天然支持者遭遇了所有这些问题，而且在欧洲事务上，保守党也是困难重重，因此人们普遍认为，保守党将在1992年的大选中输给工党——当然，至少民意测验是这么显示的。但是结果证明，这些预测是误导性的。约翰·梅杰以朴实无华、诚实守信、从不要诡计的良好形象脱颖而出。他意外获胜，为保守党赢得336个席位；工党获271个，自民党仅20个。政府赢得了“埃克萨斯人”的支持——这些人爱国，平时喜欢阅读《太阳报》，是生活在像巴西尔登（Basildon）这样的新兴小镇的熟练和半熟练工人。保守党和工党分别获得41.85%和34.16%的选票；保守党的整体表现比议会的席位数量所反映的还要出色：共赢得1420万张选票，创历史新高。选民们似乎并不相信工党领袖金诺克能够推动经济发展。对多数选民来说，工党仍然是一个过时的、注重阶级意识的政党，而不能给人们带来繁荣的未来。保守党已经连续赢得了四次大选，这是自19世纪

《谷物法》废除之后的自由党前身辉格党以来的最佳成绩；看起来，保守党注定要继续保持它的优势地位。

然而，实际上这次选举只是延长了导致保守党四分五裂的分歧和痛苦。1992年9月16日的“黑色星期三”，崩溃降临。无论是保守党还是首相，都无法从这次创伤中恢复过来。英镑面临巨大压力，英国政府被迫退出欧洲汇率机制（ERM），并使英镑对所有主要货币贬值。这对梅杰首相和拉蒙特（Norman Lamont）财政大臣是一次致命打击，瞬间毁掉了保守党善于管理经济的美誉。保守党的支持率在民意测验中直线下滑；工党的支持率有时候超过保守党30个百分点。而且在接下来的四年半里，工党的支持率一直居高不下。政府似乎无力挽回败局。

经济复苏需要政府削减支出、增加税收。1993年克拉克（Kenneth Clarke）接替拉蒙特担任财政大臣，情况才慢慢好转。还有其他一些不受欢迎的政策。撒切尔的旗舰政策：工业和公用事业的私有化失去了光泽。公众发现，私有化的火车经常不守时，私有化的税务公司在夏季出现断水现象，还有公司高管的薪水也增长太快。

然而在北爱尔兰问题上政府曾一度取得一些进展。1993年末，梅杰与爱尔兰总理成功签订了《唐宁街协议》。第二年新芬党宣布停火。此次停火持续了将近两年。和平重新回到冲突不断的贝尔法斯特的街头，英国军队也逐渐撤出。但是1996年在金丝雀码头发生了一次大爆炸，表明脆弱的和平是暂时的。自从1922年爱尔兰分裂以来，支持统一的新教徒和天主教民族主义者之间的政治鸿沟，其实一直没有缩小。跟自从小威廉·皮特（William Pitt the Younge）以来所有前任首相一样，梅杰没能弥合北爱尔兰世代的教派分歧。

尤其是，保守党被欧洲关系所困扰。1991年签订的《马斯特里赫特条约》（简称《马约》）并没有成为建立和谐的平台，而是导致选举失败的定时炸弹。自20世纪50年代以来，在麦克米伦和希思的领导下，保守党是更亲欧的政党，而工党更加敌视欧洲。现在它们的立场完全颠倒过来了。

工党全心全意地致力于把英国送上欧洲舞台的中心，包括《欧洲社会宪章》和最低工资，受到各工会的热烈欢迎；而保守党内部意见不一，因为撒切尔执政后期出现的欧洲怀疑主义或者恐欧盟症变得越来越狂热。

推动反欧情绪的，不再是帝国发出的警告，而是英国的国家独立受到了威胁。《马约》被认为是对王国主权的挑战，因为议会将受到压力倾向欧洲共同体，并接受欧元，去除英镑在历史上的卓越地位，因此该条约成了争论的焦点。关于欧洲问题，保守党内阁也是意见不一，如同1903至1905年的内阁关于关税改革和帝国问题一样龃龉不合。梅杰跟当年的亚瑟·贝尔福（Arthur Balfour）一样无助且优柔寡断——1906年的结果是，保守党在大选中惨败。

在下议院，保守党的不同派别就《马约》和欧洲问题进行的争论，年复一年。党内分歧导致在补选和地方政府选举中受损，直到保守党在基层几乎消亡了。1994年的欧洲议会选举中，英国工党赢得64个席位，而保守党只有18个，自民党2个；此后的情况越来越糟。关于食品的各种争论使事态更加混乱。小牛肉、羊肉以及在英国水域的捕鱼权，据说都受到了来自布鲁塞尔的威胁。最糟糕的是，英国暴发了疯牛病，这种传染病导致了几人死亡，对公共健康构成重大威胁。以德国为首的欧盟禁止英国牛肉出口到大陆。疯牛病也是撒切尔放松动物饲料监管政策的结果，但是这件事引起了英国牛农、保守党普通议员和广大恐欧盟人士的大规模抗议。1996年夏季兴起了一股自50年代以来从未有过的反德浪潮。小报，如默多克控制的《太阳报》，煽动民粹主义者的仇外情绪。但是牛肉出口禁令没有取消。梅杰在恐欧盟的批评人士毫无理智的攻击下，被迫于1995年辞去党魁职务，但轻松击败了一位右翼挑战者约翰·雷德伍德（John Redwood）。但是这一事件凸显了梅杰在政治上的长期软弱性。

90年代中期，百姓生活的基调和风格，比政府的政策更能体现一种理想破灭和愤世嫉俗的情绪。政府意外陷落性丑闻和金融丑闻的泥潭，使人回想起20世纪60年代的情形——那是漫长的一党执政的初期阶段。一个生僻的词“污秽”（sleaze）表达了公众对政治生活的印象，反对梅杰和他的政府的小报们也在不遗余力地煽风点火。一批次要政府部门的大臣卷入了性犯罪，并被迫辞职。即使在道德宽容的时代，这些行为如果是在政治家身上，也是不可接受的。对保守党尤其难以接受，因为该党不明智地宣称自己崇尚“家庭价值观”，并鼓励民众在道德上“返璞归真”（go back to basics）——在这个模糊的短语里，潜伏着危险。

更糟的是，政治家们与商界和金融界存在着隐秘的联系——揭示了威斯敏斯特的深层腐败。大臣们和普通议员被曝光接受了来自私人公司和中间游说集团的未申报财物，导致几名大臣辞职。

政策方面也存在严重的道德问题。内阁大臣在斯科特调查中被公开谴责，调查报告指控他们在1991年之前瞒着议会把军火卖给伊拉克（在海湾战争中，这些武器被伊拉克用来对付英军）。同时，诺兰委员会（Nolan Committee）谴责公众生活标准，并呼吁更大的透明度。

依据美国或者意大利政治的标准来衡量，英国政界的违法行为算是小巫见大巫了。英国从18世纪末就开始根除腐败了。根据英国的标准，这些行为是令人震惊的。政府即使不腐败，也显得对腐败掉以轻心；而作为首相的梅杰，要么不知道实情要么对此不够重视。

保守党的人气衰弱了，普遍的“污秽”使得90年代中期成了幻想破灭的时期。像威尔·赫顿（Will Hutton）的《我们所在的国家》（*The State We're In*）和西蒙·詹金斯（Simon Jenkins）的《不对任何人负责》（*Accountable to None*）（都出版于1995年）等批评性作品，都谴责了后撒切尔英国的社会不平等、中央集权和淡化的社区意识；赫顿呼吁公民权利和共和国的团结。许多机构都受到了攻击，甚至君主制本身也面临一波自从摄政时期以来未有过的大众批评。私密的家庭问题刺激了这种批评，比如查尔斯王子和戴安娜王妃的分居和离婚；同时有人批评女王的财富、生活方式，以及不能适应现代社会。温莎城堡失火后，动用了公共资金来修复，导致大规模的批评。1992年，女王称这一年是“极其糟糕的一年”。共和制取得了有限的进展，尤其是在年轻人当中。

其他方面，因罗伯特·麦克斯韦尔（Robert Maxwell）养老金丑闻和莱斯银行（Lloyd's Bank）的保险问题，人们对伦敦金融城的信心也受挫。刑事司法体系出现了警察滥用职权的案例，如伯明翰六人炸弹案（Birmingham Six），在这起案件中证据被做了手脚。人们批评内政部侵犯人权和政治干预法律。

公众对英国社会的状态心存憎恶。在伦敦东部，高大上的后现代塔楼社区、一个生态公园，还有一个由伦敦码头区开发有限公司（Docklands Corporation）在金丝雀码头建设的小船坞——这一切光鲜亮丽，与睡在河岸街（the Strand）和林肯因河广场（Lincoln's Inn Fields）的无家可归的年轻人形成鲜明对比。财富、收入、医疗卫生和生活方式等方面的社会差距越来越大。除了像艾滋病这类较新的传染病之外，像肺结核这种早就绝迹的疾病也卷土重来，困扰着穷人。还有其他社会不稳定的来源。家庭瓦解十分迅速：离婚率高达三分之一，在欧盟国家中位居榜首，甚至高于北欧国家。像默西塞德郡等地区，长期存在年轻人失业的问题，许多不安全的住宅小区，以及城市里吸毒泛滥——这些问题在电影《猜火车》（*Trainspotting*）里都有所反映。该电影是根据爱丁堡作家欧文·威尔什（Irvine Welsh）的小说改编的。尽管英国社会达到了前所未有的富裕，但是精神贫瘠，社会分裂。

然而在许多方面，这种感觉又是不均衡的，社会的绝望情绪被夸大了。尽管存在各种问题，梅杰治理下的英国越来越繁荣，大多数国民对生活非常满意。在黑人小伙史蒂芬·劳伦斯（Stephen Lawrence）被杀一案中，尽管警察在办案过程中存在种族偏见，但在撒切尔时代的种族骚乱之后，少数族裔的境况在不断改善。随着大多数女性（包括已婚和未婚）参加工作，家庭的收入增加了；像保姆和幼儿托管人等家政服务人员的数量，自爱德华时代以来第一次出现增长。年轻人上大学的比例达到了三分之一，同时非全日制和“继续”教育也开始普及。老年人的平均预期寿命稳步提高（女性达到了77岁），带着养老金较早地退休，可以安享晚年。

出国度假变得稀松平常，尤其是1994年海峡隧道的铁路和公路开通之后。大多数家庭都可以享受集中供暖、微波炉、电视或个人电脑等生活的舒适和便捷。包括因特网和数字服务等信息技术的发展，意味着更多人可以在家里上班，并获取大量的知识。到2000年，英国的手机用户已经超过了2500万。城市生活开始复苏，像格拉斯哥、卡迪夫、纽卡斯尔或利兹这样的城市欣欣向荣，快乐的酒吧、世界各国的饭店和咖啡屋随处可见。购买国家彩票也非常流行（为慈善事业募集了大量资金）。休闲活动的流行，反映出人们的生活普遍富裕。足球运动取得巨大成功，从欧洲大陆或南美引进外国球星，收取高额卫星电视转播费。另外，黑人足球运动员、田径运动员或板球运动员的成功，极大地改善了种族关系。

英国的大部分文化保持强大活力。伦敦仍然是出版中心；建筑师诺曼·福斯特（Norman Foster）和理查德·罗杰斯（Richard Rogers）获得了世界知名度。福斯特具有象征意义地设计了重建的柏林国会大厦，大厦于1999年开放。电影业尤其兴旺发达、充满创意，影院里的多屏幕技术吸引了更多观众。成功的电影包括历史经典《疯狂乔治王》（*The Madness of King George*，由第4频道制作）及《光猪六壮士》（*The Full Monty*，1977年），后者讲述的是六位失业的谢菲尔德钢铁工人如何把他们的才干转化成脱衣舞表演的励志故事。媒体也充满了英国艺术和设计的活力；流行歌手辣妹组合展示了“女权”和新爱国主义。人们还谈到“酷不列颠”（cool Britannia），英国是流行时尚市场的领导者，如同披头士乐队鼎盛时期和“摇摆的60年代”一样。1995年至1997年，在出口增长的带动下，英国经济开始复苏，评论员感到不解：为什么社会上明显缺少“感觉良好”的情绪。很奇怪，公众的情绪很低落。

政治因素是理想破灭的原因。但似乎也是政治，才能重新带来希望。作为过去的社会主义和工会罢工的象征，工党似乎注定永久当在野党了——但却出人意料地成为缔造更加美好世界的希望。工党的东山再起，是在金诺克领导时期，当时工党放弃了左翼政策。他的继任者约翰·史密斯（John Smith）通过削弱工会的力量，继续现代化进程，并在党内会议上引入“一人一票”制度。

但是真正的改变是在1994年史密斯去世之后。他的继任者是托尼·布莱尔，一位41岁，受过公立学校和牛津大学教育的出庭律师。布莱尔抛弃了旧的意识形态，振兴了工党。他年轻俊朗的外表，给人耳目一新的感觉。他是英国现代历史上最成功的党魁。他声称，已不是“工党”而是“新工党”。他在按揭购房的中产阶级中，比在工党的核心支持者工人阶级当中更受欢迎。他高唱爱国主义，高举联盟统一大旗。他说，英国在本质上还是个“年轻的”国家。他利用发达的现代通信技术作为宣传手段，让全党随时获知信息，并提升领袖的作用。他在下议院嘲笑梅杰说，“你跟随你的党，我领导我的党。”

新工党更加包容。布莱尔公开呼吁商界精英对英国工业联合会（Confederation of British Industries）的支持；他试图取悦默多克的媒体机构——尽管它们曾经诋毁过工党；他甚至高度赞扬撒切尔在国有产业的私有化、提高住房持有率以及结束来自工会的束缚等方面的成就。他的模式不像是出自旧工党［该党从凯尔·哈迪（Keir Hardie）到詹姆斯·卡拉汉，已经延续了一个世纪］，更像是澳大利亚工党的“市场社会主义”或者克林顿总统领导下的美国民主党。

结果是，出现了一个不遵循教条主义的工党。该党拒绝国家计划、国有化、福利待遇普及化、收入再分配，以及与工会的联系——与工会保持联系曾是1945年艾德礼领导的工党的特点。布莱尔发起了一项成功的运动，在1995年否决了致力于国有化的第四条党章。由于保守党的失败，工党在民意测验上大幅领先，布莱尔主宰了英国政坛。

工党在1997年大选中获胜。民意测验结果在这轮选举中得到了充分的验证。保守党遭遇了比1945年或1906年更惨的大溃败，实际上是自惠灵顿公爵于1832年抵制《选举法修正法案》（*Reform Act*）以来，最严重的失利。10.9%的摇摆选民倒向了工党，工党赢得419个议会席位；而保守党只有165个；自由党获得了自20世纪20年代以来的新高：46个席位。五位内阁大臣丢了席位；代表英格兰郊区的选票大规模倒向工党，包括撒切尔在芬赤利（Finchley）的席位。所有主要城市的选票也投向了工党，苏格兰和威尔士也没有一个席位回归保守党。

这轮大选的另一个特点是，120多名女性被选为议员；其中100多名来自工党，都属于中产阶级——至此，工党中工会的因素基本上消失了。这是英国选举史上最了不起的大换血，这是对保守党执政缺位的不满反应，这种不满，从八年以前撒切尔实行人头税以来就开始积累了。44岁的布莱尔成为维多利亚时期以来最年轻的首相，并很快树立了个人权威。

工党的上台过渡期顺风顺水。经济迅速好转。这是历史上第一届上台的时候没有遭遇金融危机的工党政府；上台之后，经济继续保持稳定：信任财政大臣戈登·布朗执行审慎的金融政策；恪守竞选前的承诺，即维持保守党的税收和支出限制；利率将由独立的英格兰银行委员会而不是政客来决定；股价指数从1997年5月的4300点上升到到2000年底的6000点左右；在许多国内政策上，政府长期奉行谨慎甚至保守主义原则，尤其是削减部分福利系统的支出，以减少对国家的依赖，并提倡“工作福利”的道德准则；许多左翼人士的抗议被置之不理；医疗卫生体系的支出水平引起了很多争议，直到2000年夏，政府大幅增加投入才罢休；政府对企业执行体谅、友好的政策；在维护法律和秩序上立场坚定；并首次开始收大学学费——所有这些措施，对于一个原本中间偏左的政党来说，都是非同凡响的。另一方面，政府实施家庭纳税减免政策，提高向儿童的投入，以及设定工人的最低工资（起初的标准是时薪3.6镑）——这些举措，带有财富再分配和渐进的社会主义色彩。

关于欧洲事务，这届工党政府似乎比前任更加积极。但是布莱尔跟梅杰一样，不愿意加入欧洲统一货币体系。他的直觉既亲欧又亲美。在第二次大选之后的某个时间，举行了公投。然而在北爱尔兰，政府终于在几十年的暴力之后取得了难得的突破。1998年4月的耶稣受难日，新芬党和统一党的领袖坐在谈判桌前，达成了协议。协议涉及以下几个方面：根据在苏格兰的模式，在贝尔法斯特成立一个由108位成员组成的大会；来自都柏林和贝尔法斯特的部长组成一个跨境委员会，负责处理安全和其他事务；还成立了英–爱委员会（British–Irish Council）。这是自1922年爱尔兰独立以来，阿尔斯特的政治家们意见最一致的时候，同时也是布莱尔一项非凡的外交成就。一个月后，在北爱尔兰举行的公投中，该协议得到71%的支持率，包括占多数的新教教徒。在消除武器方面经历了许多困难，随后在1999年11月北爱大会开始运行，在统一党领袖大卫·特林布尔（David Trimble）的领导下，新芬党的部长们担任着各个要职。然后，这个被捧成“历史性”的新动议陷入停顿，因为内部分歧导致北爱大会暂停了。2000年夏，大会临时恢复工作，但是在“游行季节”（marching season），北爱的气氛仍然紧张，和平进程依然不稳定。

北爱协议暗含的联邦制度，与一个国内的领域方向一致，在这个领域工党政府非常激进。在一系列体制改革中，政府通过投票把上议院的世袭议员清除出去，到2000年底仅剩下92名上议院议员。《欧洲人权公约》的内容被纳入英国法律中，政府还出台了一项措施来扩大信息自由。更了不起的是，1997年9月工党组织了关于苏格兰和威尔士分权的公投。苏格兰人以压倒性多数支持在爱丁堡成立具有税权的苏格兰议会。在威尔士，以微弱多数（0.3个百分点的优势）支持成立由选举产生的大会。但是公投的结果将对联合王国的集权治理带来重大改变，联合王国自从1707年的《联合法令》以来就存在了。有人甚至预测，英国不再可能保持统一了。1999年夏苏格兰议会成立，议员依据各选区调整后的人口比例选举产生，工党和自民党组成联合政府，但是也有不少民族党席位。随着英国进一步参与欧洲一体化进程，苏格兰议会有可能出现新的变化。国内的多元化和跟欧洲的融合，会导致政府结构松散，法律、议会和内阁的角色会发生转变，关于英国的身份认同会产生不同的观点。有一些人看到这种趋势，产生了激进的英国民族主义情绪。但是大多数人已经认识到了后帝国的世界、信息革命和经济全球化，会以一贯的冷静去接受未来可能出现的任何变化。

随着布莱尔政府稳住了脚跟，2000年1月，英国人民以喜悦的心情迎接新千年的到来。比起十年以前撒切尔夫人倒台之后的情形，人们现在的心情很是放松。经济在复苏；社会安宁，包括北爱；性别平等取得进步；少数族裔更广泛地融入主流社会；苏格兰人和威尔士人忙于处理分权初期阶段的事务。至少在这个时期，英国似乎找到了自己觉得相对舒服的风格和国际领导力。

当然，在最近的几十年里发生了许多重大变革。不同阶级、不同性别和不同代人之间的互动，像婚姻、家庭和为人父母这样的社会基石，都经历着不断的变化，而且打破了传统的结构。2000年7月做的一份官方调查显示，在过去的30年里，财富、机遇和生活方式的差距几乎没有减小。英国仍然是一个阶级分明的社会。来自有职业的和无技能的家庭背景的孩子，在教育前景和人生机会方面的差距越来越大。来自后者家庭的女孩，很可能在十几岁就当了未婚妈妈，而不是去继续求学。

古老的机构难以应对现代潮流。英格兰圣公会很难适应世俗的时代；像女牧师的授任这样的问题，增加了教会的焦虑。2000年，只有少数年纪大的人参加基督教仪式。不信奉国教的道德心是维多利亚时期的遗留产物；由于教会组织负债累累，威尔士的不少小礼拜堂关闭了。天主教会（爱尔兰人一般信奉天主教）因其反对堕胎而受到抨击。除了生活在偏远的苏格兰西部群岛的加尔文教徒之外，周日不再是主的日子，而是人们购物、驾车出行、看电影和踢足球的放松机会。重要的是，多年以来，来自印度次大陆和部分中东地区的移民数量，发展最快的宗教团体是伊斯兰教。

皇室成了最近一场动荡的众矢之的。有人预测，在伊丽莎白女王二世去世后，查尔斯王子可能不会继承王位。但是1997年8月31日，查尔斯离婚的妻子戴安娜王妃在巴黎车祸中丧生，人们爆发出非同寻常的感情宣泄。在威斯敏斯特大教堂为她举行的葬礼上，人们倾泻出他们的巨大悲伤——因为对他们来说，她既是占据小报娱乐新闻头条的魅力标志，又是权势集团的局外人；她同情社会的受害者，如艾滋病患者、无家可归者、单亲母亲和亚洲少数族裔等。她的葬礼或许重新唤醒了人们对君主制的依恋，即使以漫不经心、不是那么恭顺的方式表达出来。2000年8月，伊丽莎白王太后举行百岁生日庆典；隆重的场面表明，公众对皇室还保留着爱戴。澳大利亚曾举行建立共和国的全民公投，但是失败了。英国共和国似乎还很遥远。

在某种程度上，托尼·布莱尔代替了戴安娜，成为权威的灯塔而不是“风中之烛”（在葬礼上人们这么称呼王妃）。尽管媒体上笼罩着阴郁情绪，民调显示出人们对自己国家的热爱——在西方世界，并不是每个国家都是如此。没有英国人愿意移居国外。对新工党的热情，在2000年的大选中有所减损。保守党领袖黑格（William Hague）在民调中取得一些进步。人们一再抱怨政府公共支出不足，尤其是医疗卫生和铁路，人们还担心像转基因作物等环境问题、民粹主义青年文化、黑人社群的愿望，以及南北经济鸿沟。但是所有的不满都未超出现有的社会结构。英国不同于欧洲大陆国家，没有诞生种族主义右翼势力。

2000年1月1日千禧年那一天，在格林尼治的泰晤士河畔开放了一个巨大的塑料穹顶，紧挨着建筑师伊尼戈·琼斯（Inigo Jones）和克里斯托弗·雷恩（Christopher Wren）设计的杰作。这次展览活动与1851年的大博览会和1951年的英国节一脉相承；但是这次的大穹顶远没有50年前的英国节那么受欢迎，因为缺乏前一次的远见和历史意识，同时媒体也在唱反调。其他千禧年计划，一开始也不顺利：圣保罗大教堂附近的千禧步行桥，出于安全考虑，开放一天后就关闭了。但是其他项目（其中许多都是国家彩票资助建设的）展示了英国建筑师和工程师持续的创意才华，著名的有卡迪夫的千禧体育馆（Millennium Stadium）、盖茨黑德

（Gateshead）横跨泰恩河的、充满未来感的悬索桥，以及巨型雕塑“北方天使”。千禧年还开放了一大批美术馆，经常在出人意料的地方，比如沃尔索尔（Walsall）及索尔福德的洛瑞（Lowry）美术馆。爱丁堡的“心”国家博物馆也被人广为称赞。在泰晤士河畔议会大厦斜对面的“伦敦眼”，是一个巨大的摩天轮，也深受群众喜欢。5月开放的伦敦泰特现代美术馆，是由废弃的河岸发电站改造而成的，是瑞士建筑师充满想象的杰作。在泰晤士河北岸，威廉·钱伯斯（William Chambers），在18世纪70年代设计的萨默塞特宫重新装修后向公众开放。它采用了一系列建筑创新，传达着与以往的巴黎和纽约一样的活力。

20世纪的英国，经历了多次地震式、而且往往十分痛苦的巨变：两次世界大战、30年代的大规模失业及70和80年代的社会动荡。随着新千年的到来，英国现在正在经历着深远的文化和民族变革。古老的机构发现，公众对它们的崇敬和钟爱在悄悄溜走。

在这个过程中，有些东西一直没有改变。90年代最受欢迎的影片还是出自简·奥斯汀的小说。2000年1月的民调显示，威廉·莎士比亚在上个千年中仍被认为是“最伟大的英国人”——尽管有些人认为，另一位象征传统的温斯顿·丘吉尔“更伟大”。英国人普遍没有排外情绪。人们对自己的家乡依然怀着一份依恋，如对伦敦［2000年5月通过选举产生市长，激进的左翼肯·利文斯通（Ken Livingstone）当选］、对“北方”、对泰恩河畔、对东盎格利亚或康沃尔，对苏格兰和威尔士的文化。邻近的著名足球俱乐部仍然延续着古老的敌对关系（在格拉斯哥还带有宗教色彩）——即使球场上的所有球员可能都来自国外。电视肥皂剧中，单是把场景布置成像索尔福德的加冕街（Coronation Street）和伦敦东区的艾伯特广场这样的内城街区，就对观众很有吸引力。古老的乡村魅力可以通过收音机系列节目《弓箭手》（*The Archers*）来感受——这档节目被人称为“每天的乡村故事”；而现实中充斥着犯罪、种族主义和离婚的社会问题。有一个叫作“乡村联盟”的激进团体十分活跃，对农民的生计问题和废除猎狐运动非常恼火，这表明英国农村有自己强烈的需求和身份认同。地域感更具有破坏性。位于爱丁堡的、具有立法权的苏格兰议会和位于卡迪夫的、选举产生的威尔士议会，引起人们的担心，担心当地民族的一次庆祝活动可能导致联合王国的解体。

2000年困扰英国的主要问题是看起来不太明显的经济增长和社会矛盾。它们引出了一些根本性问题，如在多元文化、多信仰的社会，英国的价值观和身份认同是什么。面对诸如凯尔特人分权、来自英联邦和其他国家的移民、欧盟成员国身份，以及扫除旧地标的全球化经济，什么东西能够留存下来？这些难以参透的问题，与过去两千年延续的历史截然不同；随着新千年的到来，它们依然困扰着英国人。

结　语

（2000—2008）

英国人怀着谨小慎微的心情迈进新千年，全然不同于20世纪初和二战胜利后的心情。20世纪初，南非战争正酣，那时的英国人不可一世；1945年，经历过二战煎熬的英国人爱国情绪高涨。不过，在布莱尔领导的新工党执政期间，英国人安居乐业，甚至感到心满意足。这种情绪建立在稳定的经济增长和大众消费主义的基础之上。消费主义的风行表明，大部分人口过上了富足的生活。布莱尔也许是唯一没有被经济窘境所困扰的工党首相。1949年的艾德礼政府和1967年的威尔逊政府，都受到过英镑贬值的冲击。现在英镑十分坚挺，甚至坚挺得有点过了头。布莱尔手下得力的财政大臣戈登·布朗执掌经济，确保每年2%以上的稳定增长。近来英国人最关注的失业率，降至25年来的最低；通胀率降至1.8%，也是西欧国家中的最低；2001年11月的利率降至4%，也是40年来的最低水平。一个世纪前工党成立的初衷是捍卫劳工阶层和贫困阶层的利益，现如今的工党可以大言不惭地称自己是一个“务实的政党”——对于这样的政党，资产阶级再不会感到畏惧。

如今的英国经济，在很大程度上是依赖于金融业和信贷。英国曾经是世界工厂，但是现在的制造业产值占经济总量的比例，已经下降至20%以下；服务业对经济的贡献率增至75%，其中包括商业服务、银行业和其他金融服务，而且以计算机技术主导。自从1986年的金融大爆炸以来，伦敦一直是国际金融中心之一。许多城市所畏惧的金融市场全球化，恰好是伦敦的优势。其他欧洲经济体正深陷困境，尤其是德国和法国，它们眼巴巴地看着海峡对面的英国——曾经的"欧洲病夫"——正在快速发展。在某些方面，英国的经济稳定只是表面现象。英国经济严重依赖于国内消费，尤其是鼓励个人借贷的火爆房地产业，个人贷款也可以用于购买第二、第三辆汽车，或者去西班牙买一栋假日别墅。使用信用卡透支的消费额飙升到数十亿英镑。这一轮消费浪潮的显著特点在于，人们具有承受重度债务的胆量，尤其是住房按揭，或者支付子女的中学或大学教育费用。人们已经抛弃维多利亚时代留下来的古老训诫——花销不要超出自己的财务能力。据统计，2007年的成人人均负债约高达3.3万英镑。高借贷的生活，在很大程度上是因为稳定的利率。一旦房价下跌或股市低迷，许多人将陷入资产负值或财务危机。但是在新千年之初，这些风险似乎都很遥远。新工党遵循以市场为导向的经济政策，如减少监管、私有化、资本自由流动，以及从保守党继承的低税率，似乎与其传统理念背道而驰。在布莱尔的工党政府的领导之下，在经济方面，英国人现在都是撒切尔主义者，尽管在社会政策方面还不是。很明显，工党政治家经常提到"市场"，而从来不提"资本主义"。

在这种经济环境下，老工党的标志性政策——公有制、对工业的控制、再分配税、全面福利，或支持工会——都胎死腹中。新工党的"第三条道路"强调管理至上主义，而非意识形态。分析师描述了不断扩大的半官方机构、"沙皇"、工作、私人融资计划等类似的"不入主流的社会力量"，并同时强调了非选举产生的管理咨询师、特别顾问，以及舆论导向专家，他们削弱了白厅和威斯敏斯特的权威。大卫·马宽德（David Marquand）于2004年出版的《大众的衰落》（*Decline of the Public*）一书中说道，从1979年以来，继倡导自由市场的撒切尔主义者之后，是布莱尔的管理至上主义者。他们常常带着反知识分子的平民主义色彩，不再坚持了维多利亚时代公正无私的公共服务的理想。在这种陌生的政治氛围中，布莱尔的工党政府是首届没有受到左翼、马克思主义者或其他派别挑战的工党政府。社会主义作为一种清楚明了的思想，已经缺乏说服力，正如撒切尔夫人之后的任何保守主义意识形态一样。在继安东尼·克罗斯兰（Anthony Crosland）的《社会主义的未来》之后，再没有人；过什么有价值的关于社会主义理论的书籍问世。其实克罗斯兰这本书现在读起来也已经过时。1979年，工会最强大的时候，其成员多达1300多万人；如今的工会成员只有那时候的一半多一点，因此许多工会组织的地位被边缘化了或被忽略了，还有一些工会进行了合并。像身份明确的矿工或搬运工组成的独立工会，已经不复存在，取而代之的是成员组成复杂的组织，如联合工会和“法庭之友”（后来又被并入联合工会）。工会与工党的传统亲密关系已经不复存在——虽然工党的资金来源还依赖于工会。这届政府似乎是中间派，乐意征求各派别的意见——这么做绝不是出于工党的执政理念。工党和保守党之间的意识形态鸿沟，比起1945年或1983年的情景，已经微乎其微——不过现在的人们似乎也不太在意它们之间的差别。

英国的政坛被布莱尔的个人魅力所主导。他超越了左右翼之间的老分歧，他不费吹灰之力就能驾驭媒体。他手下有一批精干的顾问，其规模超过任何一位前首相的顾问团队，现在他是英国政坛的真正主宰。于是在2001年6月的大选中（由于口蹄疫的暴发，大选日期被推迟一个月），工党再次获得压倒性胜利，获得167个议会席位，占绝大多数，不亚于1997年的大选。经受了后撒切尔时代的创伤的保守党，仍然没有恢复元气。保守党赢得166个席位，比上一届大选多了一位，然后他们失去了英格兰南部的一部分席位，这些席位被第三个政党：自由民主党抢了去。然而，这次极其无聊的大选的一个最显著的特点是低投票率，仅有59%，是自 1918年以来的最低。英国引以为豪的是人人参与的民主制度和议会宪政，1940年“大本钟为自由发出洪亮的钟声”——撒切尔夫人也曾这么说过；但是现在的英国正在退出自己的历史角色。很明显，为赢得选举权进行的长期斗争，宪章派和妇女参政论者的无记名投票，似乎迷失了初衷。

然后，公众仍然需要英雄。他们从历史中而不是现实中寻找英雄人物。英国比其他任何国家都更喜欢追忆二战时期的传奇英雄人物。尤其在1940年——当时的英国被认为在“最光辉的时刻”孤军奋战。体现这一历史转折的重大事件包括敦刻尔克大撤退、希特勒的闪电战和不列颠之战——有关这些战事的影片，无休止地在电影院和电视屏幕上播放。圣诞节那天，女王讲话后，这些片子立马上映，反日耳曼情绪高涨。尤其是对丘吉尔的崇拜达到了新的高度，有关他的传记一本接一本地出版。这种崇拜延伸到了全世界，甚至连不是历史学家的美国总统小布什，也在自己的私人办公室里摆放着丘吉尔的半身像。丘吉尔的价值观、对大英帝国的热忱，以及对过时的社会等级制度的依恋，距离2001年的英国已经非常遥远；但是他所展现的坚强意志和国际影响力，是任何一位后继的首相无法企及的。他的受欢迎程度，远胜于一战时期的首相劳合·乔治。每当发生恐怖主义危机或者环境灾难的时候，人们会自然而然地想起敦刻尔克战役的精神，而不是一战时期的加里波利之战和索姆河战役。

作为上个千年的杰出人物，丘吉尔仍然具有偶像般的感召力。20世纪90年代，皇室因家庭内部动荡导致其威望受损，丘吉尔取代了皇家的影响力。公众对皇室的认识，模糊而犹豫，是视其为皇室家族个人？还是宪政意义上的君主制？还是法律意义上的王权？人们围绕皇室俸禄和税收的无休止争论，正体现了这种混淆。例如，谁才是皇室的形象代表呢？虽然女王保住了她的皇位，或者说是在勉强维持，但却不能算一个受人尊敬的偶像。2002年6月举行了盛大的伊丽莎白二世登基50周年庆典。白金汉宫的花坛里回荡着20世纪60年代披头士的经典歌曲《你所需要的只是爱》（*All You Need Is Love*）。庆典前不久，愈百岁的王太后刚刚去世。她受人爱戴，被视作希特勒闪电战时期的英雄人物，她的离世令全国人民悲痛不已。王位继承人查尔斯王子于2004年娶了同样已经离异的情人卡米拉·帕克·鲍尔斯（Camilla Parker-Bowles）。他们俩曾长期保持情人关系，《时代》杂志称卡米拉为他的“伴侣”，他们的婚姻并没有引起太多的争议，说明人们对王室的道德问题更加宽容了。与澳大利亚的情况不同，共和制在英国还远没有构成威胁。2005年，电影《女王》的上映，再次唤醒了人们对王室的忠诚；这部电影以同情的口吻（但说不上奉承）讲述了1997年戴安娜王妃亡故后女王所处的困境。身为女爵士的海伦·米伦（Helen Mirren）在片中扮演了伊丽莎白女王，并众望所归捧得奥斯卡大奖。尽管诸如美国人、法国人这样的国民，以自己的公民身份而自豪，然而英国人（尤其是英格兰人）更乐意做地位更低的“女王的臣民”。

总体来说，这是一个社会和平时期，从维多利亚的鼎盛时期以来，难得有类似的时期。这一时期内，没有发生过去常见的紧张，如大罢工、抗议人头税及种族暴乱等事件。高级警官曾指责，警察奉行制度性种族歧视政策；但是现在他们对内地城市的少数民族社区实行安抚策略，这一做法收效喜人。新法西斯主义英国国家党，发起了各项运动，并在北部各个城市的白人男性劳工中形成自己的号召力。尽管人们对此感到忧心，但并没有出现类似于法国的勒庞（Le Pen）和奥地利的海德（Haider）那样强烈的种族主义。即使在长期深陷教派冲突的北爱尔兰，暴力趋势也大为减弱。尽管围绕爱尔兰共和军解除武装的争议导致（以及解除一些极端清教徒组织的武装）北爱尔兰地方议会无法开会，但某种形式的和平进程仍在继续。阿尔斯特省正在走向自从1922年爱尔兰分裂以来从未有过的正常状态，同时还从爱尔兰的经济繁荣中受益。

唯一重大的社会抗议活动发生在2000年之初，出乎意料地来自农村地区。乡村联盟（Countryside Alliance）壮大起来，在议会广场举行了几场大规模游行示威活动。农村居民有多种不满，比如，抗议诸如邮政、公交等地方便利设施的减少，农场主抱怨政府处置口蹄疫方式不当，还有来自猎狐者的更具体的抗议——他们向议会提议，禁止带猎犬狩猎。但是在一个大多数人口集中在城市和郊区的社会，农村居民的抗议不太可能形成大气候，正如1846年他们抗议《谷物法》的情景一样。不循规蹈矩的上议院出人意料地动用了1911年议会法案，通过了禁止带猎犬猎狐的提案，最终使得猎狐得到禁止。然而，当支持者和反对者双方都耗尽了各自的热情之后，法案难以实施——这也是典型的英国人方式。乡村的猎人照旧残害、杀害狐狸、野兔、公鹿和其他野生动物。

除了禁止猎狐之外，新千年之初的英国，还发起了消除阶级鸿沟的运动。而实际上，此时的阶级鸿沟比以往愈加明显。英国的社会稳定，源自人们普遍不愿意挑战不平均的社会结构。社会各中间阶层的广大人群——常常生活在虚构的“中间英格兰”——正趋向大致平等的生活，他们的生活水平和方式更加同质化。然而，跟布莱尔上台之前保守党执政的18年里一样，布莱尔时代的特点之一是：社会越来越不平等。20世纪70年代曾出现过财富和收入更加均衡的趋势，但是在随后的30年里，这一趋势发生了急剧的逆转。当然，工党成功地把自己的许多社会政策瞄准了内地城市的穷人。工党给贫困的家庭和个人提供财富再分配式的税收减免、创造就业的新政计划、旨在减半且最终消灭儿童贫困的各种运动，以及在贫困地区加大基础教育投资。工党政府还签署了《欧洲社会宪章》（*European Social Chapter*），并实施了保守党曾反对的最低工资——即使最初的最低工资并不高。这些举措自然有效地改善了贫困人口的生活，像“避难所”、“拯救孩子基金会”和“帮助老年人”这样的慈善机构，也是为穷人带来福音。

但是，根据2007年朗特利基金会（Joseph Rowntree Foundation）的报告，贫困人口的比例依然没变，甚至有所增大。报告称，“贫困线”以下的家庭增长到了17%。2007年，还有1270万人生活在“相对贫困”中，这些人的收入在中位收入的60%以下。在苏格兰和北爱尔兰的众多城市，或者诸如位于南威尔士、东北英格兰前矿区的贫困社区，差不多一半的家庭都属于“相对贫困”人口。内地城市还有一些几乎无法救助的“底层阶级”（underclass）。相反，有钱阶级的规模不断扩大。“资产富足的”

人因房价飙升而获益，尤其是在英格兰南部地区，他们中有些人因股市上涨而财富稳定增加。最富有的1%的人口，在1979年占全国收入的5%；到2000年后，这个比例翻了一番。私募公司的收益和城市奖金都迅速增长。2007年，公司高管的平均年薪达到了285万英镑；然而通过巧妙的运作，他们纳税的税率比他们的办公室保洁工的税率还低。因为伦敦的文化活力和仁慈的税收制度，许多跨国公司的主管和董事长视伦敦为理想的居住地。富人和穷人越来越明显地居住在不同地区，通过邮政编码就能识别；他们的孩子上不同的学校，相互也不认识。而左派知识分子曾在这个国家声称：社会主义就是平等。对财产继承和资本转移采取宽松的政策，意味着根深蒂固的贫富差距会代代相传。随着人生机遇越来越受家庭背景和教育主宰，在千禧年的英国，阶层流动性十分有限。英国知名大臣曼德尔森（Peter Mandelson）声称，他的政党不受富豪的影响。新工党的执政理念与前首相迪斯雷利的“民族一体化制度”不同，现在的英国成了“两个民族”。直到2008年10月，经济合作与发展组织（OECD）宣布，英国的社会不平等在缩小。

不过，虽然存在阶级鸿沟问题，但没有发生革命。这是因为大多人已经认命，但相信自己的子女的境况会更好。四分之三的人口拥有自己的住房，开着至少一辆轿车，每年至少一次乘坐假日廉价航班出国度假，使用着诸如手机、录像机和个人电脑这样的先进科技产品，品尝着异域美食，在电视上观看体育赛事放松心身（尽管参加体育运动不如以前频繁了）。虽然协和式飞机在运行30年后因技术过时而于2003年停止跨越大西洋的飞行，但英国人制造的空中客车A380于2007年交付使用。越来越多敢于冒险的个人，可以在维珍银河公司（Virgin Galactic）网站上预定未来的太空之旅。教育是一种强大的社会融合剂，高等教育迅猛发展，使得近乎一半的高中生都能上大学。在提倡“终身教育”的英国社会，教育并不止步于21岁。女性尤其获益于教育事业，现在女大学生占了大学生总数的一半。因此，女性在职业发展上也取得了长足的进步（尽管还没有完全实现同等报酬）。甚至连军情五处的负责人也是一位女性。随着受教育的女性优先重视职业发展，结婚和生育年龄被延迟，导致生育率下降。女性生产第一个孩子的平均年龄提高到30岁。像房事后女性口服避孕药之类的避孕品，在药店里随时可以买到。此外，几十年来，人工流产已经合法，女性有了选择生活方式的自由——尽管此举遭到提倡“生命权”的罗马天主教徒的反对。虽然20世纪70年代发起的女权主义运动已经失去了它的锋芒，但是这场运动在英国留下了深刻、永久的影响。

这一切意味着：公共争辩的焦点不再是社会福利和平等——自从劳合·乔治时代的新自由主义以来，这些都曾经是社会思想家日夜思考的主题。现在人们关注的焦点更多地转向了有关生活质量的问题，比如健康的环境和可持续发展、个人福祉和个人自由。越来越关注吃得太好又缺乏运动的成年人的肥胖问题，甚至儿童的肥胖问题。因吸烟有害，从2007年起，在工作场所、饭店和酒吧、娱乐场所，以及公共交通系统实行了禁烟。围绕酗酒、因特网和其他形式的赌博以及贩毒，也爆发了激烈的争论。同时，政府的另一部分政策产生了相反的效果，比如：在市中心允许通宵饮酒，在内地城市开设赌场（一家超级赌场被上议院否决），以及在划分“软毒品”和“硬毒品”方面，政策的左右摇摆（大麻制品的危害性，先是被降级，随后又被升级）。当时装模特凯特·摩丝（Kate Moss）被人发现吸食可卡因时，她的职业生涯短暂受挫；但是作为楷模，她的形象后来又得到了改善。

随着社会的发展，一部分明显受益的人口是“同性恋”群体，现在普遍称之为“男同”和“女同”。自从20世纪60年代以来，同性成人之间自愿的性行为已经合法化，公众的态度也变得更加宽容、少了一份苛求。只有一些宗教团体仍然在反对同性行为，但已无济于事。2004年的一项里程碑式立法，就是允许民事伴侣关系（实际上，就是同性婚姻），同时赋予同性伴侣领养孩子的新法律权利。公众人物自信地宣布自己的性取向。从奥斯卡·王尔德以来，曾经造成众多受害者的旧清教徒式的迫害，现在已经消除，但并没有出现令人兴奋不已的情景。同样，异性之间的关系也变得从未有过地开放和多样化；“伴侣关系”越来越多地取代了正式的婚姻，而且离婚率达到了一半。

除此之外，所有这一切表明，教会的影响力在削弱，而教会一直反对赋予同性恋者性平等权以及更加便利的离婚。已经被同性恋教士和女牧师问题搅得焦头烂额的英国圣公会，似乎在失去自己的权威——任何一个礼拜日里，只有不到10%的自称领圣餐者参加礼拜活动。天主教徒和穆斯林的宗教热忱，远胜于圣公会教徒。信徒最多的新教，在过去的400年里，曾一直是英国国民性的核心，但是现在新教正在迅速萎缩。70%以上的人或许会声称他们“信上帝”，“教会学校”（几所穆斯林学校）也在努力办学，并且顽固的世俗无神论者只是极少数。但是，出于众多实际目的，英国已经不再是一个宗教国家。清教主义和贞洁道德观在全面隐退。当人们要求布莱尔的新闻发言人阿利斯特·坎贝尔（Alastair Campell）谈一谈首相的坚定宗教观时，他干净利落地回答道：“我们不信上帝”。具有讽刺意义的是，当布莱尔离职后，于2007年底皈依了罗马天主教。

最显著的社会变化是英国6000多万人口中有了大量的外来移民——这一事实自然引发了人们充满焦虑的争论。联合王国当然是一个由不同本土民族组成的多文化的统一国家，他们包括英格兰人、威尔士人、苏格兰人和爱尔兰人。继早期的撒克逊人的入侵之后，不列颠曾遭到丹麦人和诺曼人的入侵。在最近的几百年里，都铎王朝时期的弗兰德斯织布工，斯图亚特王朝末期的法国胡格诺派教徒，历尽东欧大屠杀的犹太人，以及20世纪50年代后、来自黑人英联邦的移民——这些外来移民向英国引入了新的少数民族文化。到2000年，来自印度次大陆、非洲和加勒比地区的大批人口在英国安家落户，而且主要集中在大城市里。此外，还有来自中东、远东和巴尔干半岛的难民，以及合法或非法的移民。针对如“洪水”般涌入英国的移民，人们爆发了激烈的争论，有些政治家也在借题发挥。人们开始关注生活在诸如牛津郡坎普斯菲尔德（Campsfield）的拘留营里的难民的待遇问题，以及他们是否有权在英国定居。如果把寻求避难的人悉数遣返，他们所面临的危险尤其令人心碎。

印度裔英国政治科学家帕雷克（Parekh）勋爵主持了多元文化主义报告，他在2000年坚定主张，英国应该公开地、积极地承认自己是一个多文化、多信仰的社会，并应该为之感到庆幸。这种态度不仅体现在就业、福利和住房政策方面，还要贯穿到教育和英国的历史观上——应该把英国历史放在更加多元文化的背景下重新诠释。尽管多元文化主义得到了广泛的支持，但是种族平等委员会（Commission for Racial Equality）更倾向于强调文化融合而非多元主义。即使大部分旧的种族紧张已经减弱，有人抱怨在政治上正确的多元文化主义会威胁传统的文化特征，如儿童玩具、摇篮曲和儿童故事、复活节的热圣糕，以及互送圣诞卡片（“冬天节”是人们给圣诞节的替代性名称）。重要大臣、来自布莱克伯恩的议员杰克·斯特劳（Jack Straw）提议，穆斯林女性不得佩戴面纱——这引起极大争议。Kaur Bhattis备受争议的话剧《耻辱》（*Behzti*）在伯明翰REP大剧院上演。这部以锡克教寺庙为背景的话剧，内容涉及性虐待和谋杀，引起了英国锡克教徒的强烈不满。他们的游行示威导致话剧停演。

但是来自亚洲的移民现在形成了一股强大的社会和文化力量。内阁大臣罗宾·库克（Robin Cook）曾说道，印度咖喱鸡（chicken tikka masala）跟约克郡的布丁一样，成了英国的特色菜。2007年，差不多十分之一的英国人都来自国外：其中印度人有57万之多，其次是爱尔兰人（41.7万）和巴基斯坦人（27.4万）。当英格兰板球队在主场与印度队和西印度群岛各国的球队举行对抗赛时，观众对不同球队的支持同样各占一半——这就是为什么保守党政治家一度呼吁用一场“板球对抗赛”来作为界定国民身份的标准。尽管如此，英国的主流文化越来越不是纯粹的白人文化和盎格鲁–撒克逊文化。英格兰和苏格兰的足球队里，有大批天赋出众的黑人球员；还有许多来自欧洲和南美的球员，其中不少也是黑人。像阿森纳和切尔西这样的知名球队里，几乎没有一位本土球员。但是人们对“本地”球队的忠诚热度丝毫不减。重要的不是哪个国家，而是哪一个俱乐部。

2004年后，种族和文化融合的问题变得更加复杂。来自欧洲各国的人口，已经在改变着英国社会。同时大量的英国人口迁居到外国——大部分前往法国和西班牙。反过来，由于英国是个经济发达、文化活跃的福利国家，这个国家像磁铁一样吸引着外来人口。在伦敦就生活着30多万法国人，实际上伦敦已成了继巴黎、马赛和里昂之后的第四大“法国城市”；2007年的法国总统大选中，候选人来到伦敦拉选票。2004年，欧盟接纳了10个新成员，其中大部分是东欧国家，从此英国社会出现了新的转折。2007年1月1日，保加利亚和罗马尼亚加入欧盟，使其成员达到27个。尤其是，掌握技术能力的波兰人大批涌向英国。在2004至2007年的3年间，据估计有63万波兰人来到伦敦；紧随其后的是斯洛伐克人、匈牙利人和立陶宛人。伦敦几个郊区的文化成分极其复杂。然后，波兰人和其他人通常能找到工作，主要从事水暖工和电工等家政行业的工作；他们纳税、不惹事，为英国的经济做出了重大贡献。他们和92%的英国人一样，都是白种人——这一点对他们来说是有益的。大量信奉天主教的波兰人来到了北爱尔兰，打破了原有的人口结构平衡，使天平倾向当地信奉罗马天主教的少数派。北爱的警队成员，传统上主要是新教徒，现在招募了波兰人，进一步改变了警察队伍的结构。据估计，从2007年以来，英国接纳了总共150多万移民——实际的数字肯定要大得多。移民对英国的社会结构、宗教组成、主流文化及历史意识会造成什么样的影响，有待全面的考证。

来自海外的移民，是新千年之交的英国所经历的两个最明显的变化之一。另一个变化是宪政的改组。1997至1999年，在布莱尔执政的头两年里，在上议院议长欧文勋爵（Lord Irvine of Lairg）的领导下，英国实行了大刀阔斧的宪政改革。上议院差不多失去了92%的世袭贵族。《人权法案》确保了司法审查的权力，以此来监督立法和公共政策。1999年，新的苏格兰议会和选举产生的威尔士议会，分别在爱丁堡和卡迪夫成立。改革进程依然在继续，尽管在2000年之后更多的是以零敲碎打的方式进行。

于是，2004年后，上议院法官们注定要搬出威斯敏斯特宫，并组建美国式的独立的最高法庭——该法庭受首席大法官的管辖。作为政府和立法机关的成员以及司法系统的负责人，原来的大法官不再在上议院占据议长的席位，尽管1701年颁布的《王位继承法》（*Act of Settlement*）就做了这样的权力分割。大法官的权力实际上转移到了下议院。2007年，该职权由新的司法部的负责人杰克·斯特劳行使。这样，历史悠久的、未成文的英国宪法（通过习俗和传统而不是书面法令来治理）越来越像美国的宪法：宪法里确定了法定的人权，最高法院监督政府，同时实现立法和司法的分权。英国还颁布了与美国类似的《信息自由法》（*Freedom of Information Act*），在政府内部形成更强大的信息披露文化，历史学家及其他人将从这项立法中获益。

最重要的是，随着苏格兰和威尔士在不同于英格兰的道路上继续发展，分权方案更加根深蒂固。在为大学生提供免费教育以及为老人提供免费医疗等事务方面，工党主导的苏格兰政府推行不同于英格兰的政策。尽管苏格兰的民族主义在这一时期已经有所弱化，苏格兰民族党仍继续壮大，导致在将来的政府中，无论在威斯敏斯特还是爱丁堡，都有不同党派共存的现象。在威尔士，当地的议会不具备一级立法的权力，也不具备苏格兰议会所拥有的财政权；威尔士更像是一个不确定的“国家”。于是许多人士呼吁威尔士议会去争取跟苏格兰议会同等的权力。最后，2006《威尔士政府法》（*Government of Wales Act*）做出了重大让步，给予威尔士议会更大的立法权——尽管经历了冗长繁琐的枢密院令机制。到2008年，由于实行了分权，英国的国内政策在各个地区有差异。这一点越来越明显，而且联合王国似乎正在逐年分裂。例如，在英国本岛，有4个差异很大的卫生体制。威斯敏斯特和白厅强制推行了几个世纪的联合主义，现在正在发生重大的变化。来自白厅的官员并不是最了解情况的人。苏格兰和威尔士的文化特性愈加明显。在苏格兰，实际上国内的政治事务完全由爱丁堡议会决定（苏格兰议会和政府大楼是由一位加泰罗尼亚建筑师设计的，宏伟气派，又不失现代气息）。英国国旗基本上被弃用，取而代之的是苏格兰圣安德鲁旗；苏格兰人很少唱英国国歌《天佑女王》。

尽管女王在迪赛德（Deeside）庄园的巴尔莫勒尔堡有她的府邸，而且她的儿子查尔斯王子经常穿着苏格兰短裙——苏格兰人并不买账。在威尔士，地方分权使得地方议会制定了新的教育和儿童政策，威尔士语得到了推广，2001年的人口普查表明，说威尔士语的人口自从1911年以来首次有了增加。长期以来与小礼拜堂结合在一起的威尔士文化，现在全世界风行起来。在20世纪60年代，威尔士的民族歌手哀婉地唱着《我们一直在这儿》（*Dy ni yma o hyd*），红遍全球，威尔士语顽强地保留下来。2000年，“紧张症合唱团”（Catatonia）的性感金发女郎告诉全世界，“每天早上我醒来，感谢上帝我是威尔士人。”

相比较之下，在英格兰，什么都没发生，建立英格兰地方议会的计划一再受挫。宪政专家称，英格兰是宪政改革的“黑洞”。有一些迹象令人担忧，那就是英格兰人对苏格兰的怨恨。没有人能够回答汤姆·迪耶（Tam Dalyell）提出来的西洛锡安问题，那就是：苏格兰国会议员可以投票表决有关英格兰的问题，但是反过来却不行。“巴尼特公式”（Barnett Formula）是1978年出台的一项临时条款，条款规定为威尔士人和苏格兰人提供比英格兰人更高的人均财政预算；北爱尔兰的居民获得的人均预算甚至更高——该公式以牺牲英格兰人的利益为代价而备受批评。而且，像戈登·布朗和罗宾·库克这样的苏格兰议员，在威斯敏斯特占据显赫地位；然而英格兰议员却无权涉足苏格兰事务。一些保守党人呼吁成立英格兰议会。长期休眠的英格兰民族主义开始抬头，越来越多的人开始展示英格兰的圣乔治旗。2003年，在澳大利亚举行的橄榄球世界杯赛上，英国橄榄球联盟队意外夺冠，这一胜利似乎暂时激发了人们的英格兰情怀。然而，随着英格兰足球队的屡战屡败，这种英格兰情怀的热情并没有持续太久。

所有这些有关宪政制度的调整，宗旨在于加大政府的透明度和问责制的力度。戈登·布朗表示，改革的最终目的是扩大自由，与维多利亚中期穆勒（John Stuart mill）的说法如出一辙。尽管在苏格兰和威尔士的分权措施深得人心，但是人们普遍觉得，英国还是一个行事隐蔽、善于私下操作的政体。政府的重大决策往往采用暗箱操作的方法——这招致广泛的批评，尤其是关于2003年参加伊拉克战争的决策；诸如赫顿报告这样的调查，也常常被指责是在替当局开脱。在一定程度上，英国还没有建立像大西洋彼岸的美国一样开放、透明的政府。英国国民也不能像1787年的美国人那样主宰宪制安排。法官们批评政府的政策，围绕人权立法的争议尤为激烈。这次争议涉及各项控制法令、反社会行为法令，以及古老的陪审团制度所面临的威胁（该制度在《英格兰大宪章》之前就确立，一直延续至今），还有如何对待移民和寻求避难者的问题。对于《人权法案》的理解，法官们和政府常常相互矛盾。宪制改革确实带来了不少好处，但是其影响却是零零碎碎，缺乏连续性。在苏格兰、威尔士和北爱所实施的地方分权，被人为地弄得极不均衡。各个地区以独立的方式引入分权，应对各自的独特问题，但缺乏适当的政府间协调机制。像联合部长理事会（Joint Ministerial Council）和海岛理事会（the Council of the Isles）这样的机构，试图团结联合王国，但是它们之间却几乎没有会过面。因此，英国政治体制改革虽然解决了一些问题，但是也制造了不少新的问题，这是一项未完成的事业。

在一些重要领域，英国十分活跃，是世界的灯塔。英国在许多基础科学领域处于领先地位，尤其是基因学：2000年，英国科学家有史以来第一次绘制了一段人类的基因图谱。在大多数文化生活方面，英国也是兴旺发达；尤其是在伦敦，其文化繁荣程度胜过巴黎和纽约。英国的音乐生活充满活力，伦敦有4个常驻的交响乐团。2007年，皇家节日音乐厅（Royal Festival Hall）被重新装修，采用了1951年英国艺术节（Festival of Britain）一样的淡雅装饰风格，带有怀旧的情调——此举深受人们喜爱。一系列地方音乐节，是英国人离不开音乐的佐证。爱丁堡、格拉斯哥和卡迪夫开放了新的大型音乐厅，利物浦甚至在2008年被评为欧洲文化之都。伦敦也是世界艺术的中心，典型的象征是：位于泰晤士河南岸、富于创意的泰特现代艺术馆（Tate Modern）和一年一度的特纳奖（Turner Prize）。

在2000年的《博伊登报告》（*Boyden report*）发布之后，随着新剧目的推出，剧院的发展也是如火如荼。伦敦西区保持着一贯的繁荣，位于伯明翰和谢菲尔德的三家剧院也迎来了可喜的发展。伦敦的两家地方剧院也开始火爆起来，一家是伊斯灵顿的阿尔梅达剧院（Almeida in Islington），另一家是考文特花园的唐马仓库剧院（Donmar Warhouse）；这是经常邀请来自好莱坞的明星担任主角。1999年后，涌现了一批“时事剧院”，这类剧院成了政治辩论的后备论坛，第一部时事戏剧叫《司法的颜色》（*Colour of Justice*）。这部话剧围绕一起真实凶杀案展开。在这起案件中，一个名叫斯蒂芬·劳伦斯的黑人青年被白人青年所杀，警方处理这起种族杀人案时带有明显的偏袒，麦克弗森（Macpherson）对此展开调查。其他戏剧涉及各种不同的主题，包括波特斯巴火车事故，关于科学家凯利博士（Dr. David Kelly）之死的赫顿报告（该剧叫*Justifying War*），贝尔法斯特的血腥礼拜日，以及关塔那摩营的恐怖主义囚犯的待遇等。其中有一部戏剧是戴维·黑尔（David Hare）执导的反伊拉克战争片“*Stuff Happens*”，戏剧里揉入了美国总统小布什和国防部长拉姆斯菲尔德（Donald Rumsfeld）等人物的真实对话。接受国家补贴的剧院居然能够在重大问题上批评政府，正是因为言论自由得到了保障。这一时期有一部十分火爆的话剧是阿兰·本奈特（Alan Bennett）的《历史系男生》（*History Boys*），该剧讲述的是一位同性恋历史老师跟他的学生们的关系，涉及了教育的价值问题：教育有其自身的目标而不是为了纯粹的物质主义标准。但本奈特还是不能超越历史上最受欢迎、最伟大的剧作家莎士比亚。莎翁的悲剧《麦克白》《奥赛罗》和《李尔王》，以及诸如《无事生非》等喜剧，吸引了大批观众前往环球剧院；剧院也吸引了伊恩·麦克莱恩（Ian McKellen）和茱蒂·丹奇（Judy Dench）这样的大牌演员。如同在第一个伊丽莎白时代一样，不朽的莎翁在第二个伊丽莎白时代依然大放异彩。

文学界也十分活跃，尤其是儿童作品。《哈利·波特》是由罗琳（J. K. Rowling）撰写的关于学校生活和巫术的传奇故事；该小说销量超过100万，故事也被搬上了银幕。尽管纸质书籍受到了电子媒体的挑战，但出版商利用在线营销并不断推出新作品来保持盈利。首先推出的是历史题材的作品，历史学家大卫·斯塔基（David Starkey）和西蒙·沙玛（Simon Schama）的著作，借助电视系列节目的推波助澜而大为畅销。一些知名的小说也以历史为题材，帕特·巴克（Pat Barker）、塞巴斯蒂安·福克斯（Sebastian Faulks）、吉尔斯·佛登（Giles Foden）等作家，继续探索第一次世界大战的方方面面。伊恩·麦克尤恩（Ian McEwan）的情节错综复杂的小说《赎罪》（*Atonement*）以二战为主要背景，再现了敦刻尔克大撤退。文化多元的另一个表象是，少数族裔作家异军突起。2000年出版的小说《白牙》（*White Teeth*）的作者查蒂·史密斯（Zadie Smith），就是他们中的先锋。莫妮卡·阿里（Monica Ali）的《砖巷》（*Brick Lane*）赢得了大奖。小说讲述的是一位年轻的孟加拉妇女被迫嫁给伦敦西区的一位年龄比她大很多的男子，小说的主题不仅触及了种族问题，还触及了性别问题。少数族裔群体自己并不乐意看到这些有关他们的负面描述。2006年，当《砖巷》被拍成电影的时候，由于当地人的抗议，拍摄地不得不选在别处。还有一部大受欢迎的“少数裔”电影叫《我爱贝克汉姆》（*Bend it Like Beckham*，2002年），是关于两个女足球运动员的故事：一个锡克女孩反叛其印度旁遮普父母；另一个英国女孩在挑战母亲的传统女性观念。糅合了种族、性和足球的这部电影，具有难以抵御的吸引力。

各种艺术风格的建筑，是最吸引眼球、最令人自豪的成就。伦敦现代化的新地标拔地而起，包括由建筑大师诺曼·佛斯特（Norman Foster）设计、俗称“小黄瓜”的瑞士再保险公司大楼（Swiss Re Tower）。坐落在威尔士卡迪夫海滨的千禧中心（Millennium Center），是一座外墙镶嵌着当地板岩的多功能建筑。圣潘可拉斯火车站（St. Pancras）通过高铁欧洲之星把伦敦与巴黎、布鲁塞尔连通起来，2007年的重建吸引了媒体的大肆报道。火车站由尼克·德比什尔（Nick Derbyshire）设计，设计风格与两座维多利亚时期的建筑协调一致，一座是乔治·吉尔伯特·斯科特（George Gilbert Scott）设计的酒店，另一座是威廉·亨利·巴罗（W. H. Barlow）设计的车站顶棚——这两座建筑已经被废弃了几十年。英国的现代化创新设计，给了维多利亚时期的建筑遗产应有的尊重。在火车站树立了一尊7英尺高的诗人约翰·贝杰曼（John Betjeman）的雕像。在这里树立他的雕像十分恰当，因为他对维多利亚时期的哥特式建筑情有独钟，他一直在为保护这座火车站和附近的酒店奔走呼吁，盛赞它们是代表英国爱国主义的璀璨明珠。

一如往常，大部分英国文化得以保留，是依靠中产阶级中的热衷人士和知识分子。单单歌剧院和戏剧院的票价，就把劳工阶层拒之门外了。另一方面，文化也在普遍变得大众化。很多批评人士抱怨BBC脱离了其创始人瑞斯勋爵（Lord Reith）原定的风格和基调，变得越来越“弱智”。“真人秀”是一个新奇事物，普通公民可以置身一个人造的社会环境中——比如一个封闭的屋子里或者一个沙漠荒岛——这样的电视节目为有偷窥欲的大众提供娱乐。在电视节目《名人老大哥》里，一名年轻的印度女性遭到同住的其他女性的种族歧视，这给我们敲响了一个警钟。作为补偿，布莱尔首相邀请她到唐宁街共享茶点——于是，她笑到了节目的最后，荣获冠军。数字革命使人们更加便捷地享受音频、视频和电视产品，也更具互动性；“ipods”和手提电脑让音乐发烧友可以随心所欲地下载、享受他们喜爱的音乐，不用像过去一样经常光顾唱片店。像脸谱这样的社交网站，能让人们通过因特网建立看不见的朋友链。通信变得十分便捷、直接。因此，传统的新闻业和写作受到了微博的冲击。在微博上，普通个人利用电子对话为自己和任何感兴趣的人创造一种随机、无固定结构的公共论坛。学究们抱怨文法正确的英语正在被“博客世界”的通俗文字所腐蚀；而事实上，由于宽带的推广，无处不在的因特网正在吞食更严肃的写作形式。而其他人则抗议说，真正流行的文化表达正在受到侵蚀——或者更糟：被资产阶级化。格拉斯顿伯里音乐节（Glastonbury pop festival）长期以来一直是追求自由思想、自由生活的青年的解放论坛，现在越来越沦为中年人和中产人士追忆似水年华的场所。寻求吸毒和淫乱的青年激进分子，不得不去别处体验更大的刺激——对他们来说，这也绝非难事。无论多么不合时宜，格拉斯顿伯里音乐节还是继本杰明·布里顿（Benjamin Britten）在萨福克郡的根据地奥尔德堡和爱丁堡之后，成为固定的标志性文化活动。

几十年来，大多数英国公众争论的焦点几乎全部围绕国内事务。20世纪80年代以来，一方面由于英国手头的资源日渐减少，另一方面苏联解体、冷战结束，世界处于最平静的时期，因此英国开始奉行越来越谨慎的外交政策。装载着核弹的三叉戟潜艇游荡在苏格兰海域，无用武之地。跟撒切尔夫人一样，托尼·布莱尔亲自处理大部分外交事务，于是外交部更加被边缘化了。布莱尔似乎渴望英国在欧洲事务上发挥更大的作用；但是英国人民怀疑他倾向“布鲁塞尔”，从而制约了他的想法。财政部向政府施压，要求英国不接受2001年问世的单一货币：欧元；因为财政部担心，一旦加入欧元体系，英国将失去掌管自己财政的权力，尤其是设定利率的权力。人们同样怀着某种岛国狭隘思维；小报记者们强烈反对加入欧元，因为新发行的欧元货币上可能没有女王的头像。英国置身于欧元区之外而安然无恙。有人提议制定一部新的欧盟宪法，更加明确地界定欧盟外长和各政府间机构的角色——这些提议同样引起了英国的欧洲怀疑论者的警觉。布莱尔不得不答应就欧盟宪法举行全民公投。2005年，在法国和荷兰的全民公投中否决了欧盟宪法——这样英国就没有必要举行公投了，英国政府松了口气，因为英国的公投肯定会否决欧盟宪法。2007年，在里斯本举行的欧盟非正式首脑会议上，英国签署了缩水的欧盟宪法——《里斯本条约》。但依然有抗议的声音，要求举行公投。

2001年9月11日，基地恐怖主义分子驾驶飞机撞击纽约的世贸大厦和华盛顿的五角大楼，造成3000多人死亡。“911”灾难之后，英国突然间采取了充满争议的、积极的干涉主义外交政策。在“911”恐怖袭击中，有67名英国公民遇难——这是自二战以来，英国在海外所遭受的最大生命损失。事件发生后仅仅几天，早就希望与新当选的美国总统小布什建立密切关系的布莱尔，在布莱顿举行的工党大会上，发表了激情澎湃的演讲。他表示深切同情美国人所遭受的苦难，坚决支持美国铲除恐怖主义，英国将与美国并肩作战。他的演讲表明，英国开启了基督教福音派的自由干预主义政策，以此解决全球问题，无论是恐怖主义、贫困，还是环境灾难。他的演讲如同格莱斯顿的演讲一样鼓舞人心，但也提升了人们难以满足的期望值。总而言之，英国是唯一一个派遣大批特遣队与美军共同战斗的国家，他们推翻了塔利班政权，铲除了阿富汗山区的基地组织根据地。有人告诫布莱尔和布什：阿富汗历来是一个危险的国家；在历史上，入侵阿富汗的国家都遭受了巨大的挫折——尤其是1839年和1878年的英阿战争，后来的俄罗斯人入侵阿富汗也吃尽了苦头。但是塔利班政权很快被赶下了台，英军驻扎在赫尔曼德省（Helmand）及其他艰难的地区，布莱尔得到美国国会和布什总统的大力赞赏，被誉为跨大西洋的英雄。他甚至荣获美国国会自由勋章——但是他在卸任之后才前往美国接受这枚勋章。4年以前，他曾成功地说服克林顿总统对科索沃的塞尔维亚动武，这件事很明显给他极大的鼓舞。他视阿富汗战争为符合道义的自由干预。通过参战，英国进一步巩固了与美国的“特殊关系”。

“911”恐怖袭击震惊了英国人，他们纷纷赞赏布莱尔的大胆举措。但是事情又出现了180度转弯。2002年4月，在美国德州的克劳福德（Crawford）与布什总统的会议上，布莱尔秘密同意支持美国入侵伊拉克。伊拉克的独裁领导人萨达姆·侯赛因被指控为恐怖主义的煽动者，他本人也因拥有生化武器而对世界构成威胁，或许将来还会开发核武器。随后，布莱尔多次发表声明，阐明伊拉克的威胁，必须消除其生化武器，最好是通过联合国的授权——如果行不通，则不得不采取单边行动。联合国首席武器核查官布利克斯（Hans Blix）的工作没有得到太多的支持。2002年9月和2003年2月的两份材料证明，萨达姆在伊拉克境内拥有大规模杀伤性武器。布莱尔一再鼓吹“45分钟内”就可以销毁这些武器。对第一份材料的草率分析，使它成了一份“骗人的材料”：材料的一部分是从一篇默默无闻的博士论文中抄袭而来。到2003年2月，布莱尔已经在计划派兵入侵伊拉克，与盟友美军并肩作战——他几乎是唯一这么做的欧洲领导人；在此之前，英军已经被派往塞拉利昂、巴尔干地区、伊拉克及阿富汗参战了。3.5万名英军前往海湾地区。鉴于萨达姆对世界构成的威胁，唐宁街的口气就是要发动一场战争。尽管“改变政权”这个借口已经被推翻，但这场战争是精心策划的。布莱尔没有军事背景，1997至2001年的第一个首相任期内，他主要致力于处理国内事务；现在他成了自帕默斯顿以来最好战的英国首相。

结果英国民众爆发了自1956年苏伊士运河战争以来从未有过的愤怒。2003年2月15日，100多万人走上伦敦的街头——这是英国历史上规模最大的政治示威，其他城市也爆发了类似的反战运动。反对国家的外交政策，是异见人士古老的“制造麻烦”的传统，这一传统可以追溯到法国革命时期的查尔斯·詹姆斯·福克斯（Charles James Fox）。英国的民众一般对政治事务漠不关心，而这场声势浩大的游行示威，极大地影响了他们的态度，让他们觉得，没有比外交政策更重大的事业了。示威者并不全是马克思主义或穆斯林狂热分子，有很多老年人、经常去教堂做礼拜的中产阶层，还有大批小学生。就没有联合国授权的情况下侵略别国的合法性，总检察长的态度发生了180度大转弯，引起很多争议。伊战前夕，议会被迫举行投票表决，结果有139名工党议员投票反对政府的决策——尽管他们受到来自党内领袖的压力。这是最大规模的后座议员反叛。外交大臣罗宾·库克代表后座议员们发表了一份强有力的声明。军人们焦急地想知道，在敌对状态结束后，政府是否可以有效地恢复秩序。他们指出，士兵们压力过大，7000士兵部署在阿富汗，还有不少士兵部署在波斯尼亚、科索沃、北爱尔兰、直布罗陀和福克兰群岛，而且当消防员罢工的时候，还要配备军人去驾驶“绿色女神”消防车。那些了解英国历史的人注意到，英国在侵略外国后，往往很难全身而退。例如格莱斯顿于1882年侵略埃及，原打算速战速决，结果被拖入战争的泥潭，直到1954年才摆脱出来。然后，布莱尔固执己见，3月19日英美联军的飞机轰炸了巴格达、巴士拉和其他伊拉克城市。战争在没有联合国授权的情况下发动了。

战争的实质性阶段很快结束了。5周后，无论是在人数上还是武器上都处于劣势的伊拉克军队被迅速击溃，萨达姆政权被推翻；他藏匿起来，后来被发现，并送上了绞架。但是布莱尔的麻烦才刚刚开始。对于伊战后的秩序恢复，似乎没有慎重的规划。伊拉克警察和军队被解散了，而美国人在寻求对伊拉克石油的控制和其他经济利益。在接下来的4年里，一连串的暴力事件在伊拉克此起彼伏，也给英军造成了伤亡。到2006年，伊拉克险些陷入内战的混乱状态。对布莱尔来说，伊拉克好比世界末日的启示。由于参与伊战在国民中极不得人心，布莱尔在政坛上不再所向无敌。到了9月，61%的选民对他这个首相不满意；他的新闻发言人阿利斯特·坎贝尔也被迫辞职。有一件插曲极大地损害了布莱尔的名誉：一名政府科学家大卫·凯利（David Kelly）私下接受了媒体的采访，在采访中他表达了对政府声明的质疑；不久，人们在牛津的一片树林里发现了他的尸体。报道称，他死于自杀，但是布莱尔难辞其咎。

从那以后，布莱尔首相一直被伊拉克问题缠身。英国的经济依然强劲，2006年的通胀率低至1.6%，是欧盟各国中最低的。工党仍然占据议会中的绝大多数席位。但是伊拉克问题抢了它们的风头。政府组织了两次调查。关于凯利博士之死的赫顿调查，被人讥讽是在为政府粉饰，尽管报告的文件令人震惊，其中包括总检察长的观点。有关战争的情报背景的《巴特勒报告》，要尖锐得多，尽管带着或多或少的含蓄口吻。报告揭露了军情六局和唐宁街的亲密关系，包括布莱尔的新闻发言人阿利斯特·坎贝尔。报告还批评了政府“沙发式”的管理模式，那就是：国家顾问举行的非正式闭门会议，往往私下里做出国家的决策；由选举产生的大臣组成的内阁，本该是正式的决策机构，但是现在被晾在一边。布莱尔独揽大权是政府的严重缺陷。为了实现他个性化的统治，他绕开了议会、内阁和行政部门。他发现英国公众并不喜欢拿破仑式的统治方式，在他之前的首相劳合·乔治和撒切尔夫人也有同感。布莱尔忽然间从自丘吉尔以来最受欢迎的首相，跌落到最不得人心的首相。一部分议员甚至要求对他进行弹劾，指控他捏造证据、使英国发动了一场非法的战争。自从1805年的梅尔维尔勋爵亨利·邓达斯（Henry Dundas）弹劾案（未遂）以来，英国从未启动过这一程序。

因此，伊拉克是个转折点。英国需要对海外冒险举动十分谨慎，并尽量不要与盟友美国靠得太近。随着帝国的终结，英国的军国主义精神也随之远去。梅富根战役、苏伊士运河战争甚或福克兰群岛战争中的民族主义，早已不复存在。正如1906年约瑟夫·张伯伦和1956年的安东尼·艾登一样，布莱尔成了备受折磨的受害者。

2005年的大选，反映了伊战后的情形。对于国家大事没有太多的公开辩论。很少人期望迈克尔·霍华德领导下的保守党能取得比前任领袖威廉·黑格（William Hague）和伊恩·邓肯·史密斯（Ian Duncan Smith）更大的影响力——他们确实也没有什么大建树。自由民主党选择坚决批评伊战——但很明显他们是一个少数党。伊战给选举活动蒙上了一层阴影；当布莱尔在他的达勒姆选区拉选票时，一位阵亡士兵的父亲挺身而出，准备挑战布莱尔——此举令布莱尔十分尴尬。他的支持率只有60%，比上一轮大选没有什么提高。保守党的席位仅增加到198个，甚至比工党的惨淡时期都要少——1983年迈克尔·富特（Michael Foot）领导工党的时候最不景气。但是布莱尔的多数席位减少了100个，只有66个——表明此时的工党已江河日下。工党史无前例地赢得了第三次胜利——但是感觉上像是一场失败。

2007年4月，布莱尔依然能展现他卓越的说服力，撮合北爱尔兰的新芬党和民主统一党达成和平协议。在英国政府“赏钱”的援助下，多年停摆的北爱尔兰举行了选举，北爱尔兰分权政府终于成立。2007年，北爱尔兰成立了不同寻常的联合政府，统一党领袖伊恩·佩斯利（Revd Ian Pailey）担任首席大臣，新芬党领袖马丁·麦吉尼斯（Martin McGuinness）担任副职——似乎永远不可和解的两派握手言和。这或许是自克伦威尔以来第一次，整个爱尔兰岛享受着如此长久的和平。也许只有布莱尔才能取得这一非凡的奇迹。在新加坡举行的申奥大会上，他的个人魅力极大地助力伦敦取得2012年奥运会的主办权。但是这些了不起的成就，不足以中和国民中广泛的理想幻灭和焦虑不安之感。

2005年7月7日，伦敦申奥成功的第二天，这种焦虑不安达到了顶点。那一天，伦敦多处发生大爆炸：地铁里3次，分别在罗素广场站、埃奇韦尔路（Edgware Road）和阿尔德盖特（Aldgate）；还有1次发生在塔维斯托克广场（Tavistock Square）附近的一辆公交车上。针对地铁的另外3次爆炸预谋没有得逞。袭击共造成52人遇难，大部分是上下班通勤的人，还有700余人受伤。4名穆斯林炸弹杀手也丧生。行凶者是被伊拉克战争激怒的穆斯林极端分子，基地组织的忠实追随者。两周后，伦敦地铁又遭到一次未遂的爆炸袭击——此次袭击未造成伤亡，真是个奇迹。面对这些事件，英国公众镇定自若，医务人员和消防员应对出色。但是公众生活受到了极大的影响。在议会大厦和其他地标性建筑周围设置了保护性障碍物，并安装了电子安全设备。机场甚至火车站的乘客、体育赛事和其他大规模聚集活动的观众，都必须接受身体和物品安检。全国实行了一套新的监督管理体制。人们的移动自由在二战的时候受到纳粹德国空军的威胁，在20世纪80年代受新芬党恐怖主义者的威胁，现在受到了永久性的威胁。在一段欺骗性的平静期之后，2007年7月，几个在苏格兰医院里工作的穆斯林，驾驶着满载炸药的小汽车冲进格拉斯哥的机场——虽然袭击没有得逞，但是这一事件再次提醒人们：威胁无处不在。从此以后，英国人不得不生活在人身随时面临危险的气氛中。问题在于，如何有效应对。关于应对策略，存在激烈的争论。一方面要保护普通公民免受恐怖主义的威胁，另一方面要保障传统的个人自由，比如可以追溯到《大宪章》之前的人身保护法——英国人必须在两者间取得一个平衡。有人提议给普通公民发行身份证——这是二战以来的首次尝试，但引起了极大争议。2008年夏，布朗政府提议扩大警察的权力，把未经起诉的拘留日期延长到42天——这一提案引起的争议尤其激烈。提案被上议院否决。当局和公民自由的捍卫者之间意见不一。围绕优先事项和原则的争论，没完没了。

布莱尔派军入侵伊拉克时声称，伊战将会让英国人的生活更安全——结果恰恰相反。他还被指控售卖爵位，以此来为工党争取更多的捐款——这曾是劳合·乔治的做法。这种财政上的不当做法，进一步玷污了他的执政声誉。尽管警方没有找到指控的证据，但显然这些指控使这位一向声明自己“清白”的首相形象大为受损。这些“炒作”损害了他的声望。当他于2007年6月26日离职的时候，人们失去了一位最活跃、最卓越的首相之一，但是人们心中没有伤感。布莱尔最辉煌的政治生涯，以令人伤感的方式落下帷幕。

布莱尔的继任者是在他手下效力多年的财政大臣戈登·布朗。自从1994年布莱尔成为工党领袖以来，两人的关系长期紧张。要巩固自己的政治基础和赢得民心，布朗还有很长的路要走。尽管新闻界极不看好他内在的苏格兰式忧郁，但起初，形势还是对他有利的。走马上任伊始，他要面对一系列迫在眉睫的危机：格拉斯哥机场遭遇未遂袭击；萨里郡的农业区再次暴发口蹄疫；7月底的瓢泼大雨导致塞文河和泰晤士河暴涨，英格兰中部的几个古镇遭受特大洪灾。长期的气候变化正在造成可怕的后果。实际上，布朗和他的新任大臣成功地应对了这些危机。保守党领袖大卫·卡梅伦（David Cameron）跟布莱尔有些相像，他风华正茂、英俊潇洒、温文尔雅，作为反对党领袖的头一年里就给人留下良好印象，但在竞选中颇感失落，尤其是当他的选区牛津郡的部分地区被洪水淹没的时候。在对待同僚和议会时，布朗试图给人留下开放和共治的印象；他提交了一份议案，每当遇到签订条约或参加战争这样的重大决策时，必须经过议会的批准，这相当于在王室特权的棺椁上又钉了一颗钉子。到举行工党会议的时候，外界普遍认为，工党会提前举行大选；但是布朗在短暂的迟疑之后拒绝冒险，他成为1827年以来在位时间最短的首相——1827年的坎宁首相仅执政4个月。

随后，由于政策管理不当，零售银行业务的危机，以及警方对工党财政问题的调查，布朗的威信迅速下滑。英国开始从伊拉克南部撤军——此举颇得民心；英军开始撤离巴士拉，原来驻伊英军有7500人，计划到2008年春留守2500人。然而到2008年4月，政府宣布撤军计划延迟。不管怎样，从伊拉克撤回的士兵，很可能会被派遣到战火未熄的阿富汗。2008年的上半年，多年来一直稳定的英国经济突然变得岌岌可危。除了美国的银行危机（即所谓的“信贷紧缩”）外，全球石油和食品价格大幅上涨。通胀率飙升到4%以上，远在英格兰银行的预期目标之上；而经济产出和增长下跌。经济类报纸担忧经济可能会回到20世纪70年代的“滞涨”，同时会出现银行和信贷危机。由于房价下跌和利息上涨，导致固定资产的价值大幅缩水，因此房主受危机的冲击尤为严重——而在很大程度上，他们是国内经济的支柱。毫无疑问，拥有房产的人们会迁怒于布朗政府。在5月的地方选举中，工党损失惨重。具有象征意义的伦敦市长一职，从2000年以来曾一直由工党成员执掌，现在也由特立独行的保守党人鲍里斯·约翰逊担任。执政多年的新工党，似乎面临着一场对保守党更有利的巨变，这次巨变可以与1979年撒切尔夫人当选首相相提并论。2008年初秋，经济进一步恶化。美国几家大银行的倒闭，对英国的银行和建筑行业造成重大冲击。布朗出台了应对之策：成功的对几家银行实现了国有化，对资本市场实行了历来最大限度的国家干预，因此他的个人威望得到了部分恢复。但是分析人士一致认为，英国经济将面临长时间的衰退。

但是英国领导人面对的问题远不止经济危机。在文化变革日新月异的时代，如何保持这个古老国家的文化连贯性和统一性，是另一个巨大的挑战。布朗的立场不明确，既不太左也不偏右，他是新工党11年执政后的幸存者，然而还要体现他的不同之处。一个主要的担忧是模糊的英国性。在有可能出现国土分裂的时刻（这可是切实的担忧），历史学博士出身（在历届首相中独一无二）的布朗，从专业的历史角度来处理这一问题。他试图把英国性与“英国价值观”联系在一起，包括诸如宽容和热爱自由等品质——但是这些品质很难与地球上任何体面的国民价值观区分开来。布朗还制订了宪法修订计划，旨在加强国家统一，包括在更多的公共建筑前升起英国米字旗，作为象征性的姿态。但是他的家乡苏格兰给他施压，要求更大的独立性——这可是一个棘手的问题。随着事态的发展，2007年5月，在爱丁堡成立了以萨尔蒙德（Alex Salmond）为党魁的少数派苏格兰民族党政府，可能预示着300年之久的联盟的解体（英格兰与苏格兰在1707年达成了结盟协议）。美国人和法国人凭借宪法确立他们的公民身份和权利；而在英国，由于缺乏成文宪法，人们觉得自己是女王的臣民，所以英国人不可能通过美国人和法国人的方式来确立他们的身份和权利。当英国人谈及宪法的时候，他们永远不可能像1787年的美国人那样自豪地说，“我们是合众国的公民”。有人提议撰写一部体现民主思想的宪法，像《人权宣言》这类的文件；但是很多人认为这个东西太机械化、太正式，或者说不符合英国人的秉性。

这片古老的大地历经2000年后，现在面临着凯尔特人的民族主义和大批欧洲移民的挑战，以及全球化所带来的文化压力——在这种背景下，如何保持她的民族连贯性呢？在一个被个人消费主义所分裂的社会中，1945年后的社会公民身份和公共领域还剩下什么？当未来很可能落入联邦制的变体中时，英国性到底有多大意义？太多的英国基本元素已经消失了，包括对爱国的新教的重视，来自欧洲其他国家尤其是法国的威胁，航海和贸易的自由，以及帝国的遗产。或许福利国家是唯一的国家粘合剂，英国的未来形态是一个大熔炉。联合王国的设想始于1603年，1707年与苏格兰联合，而到了1922年才实现了大不列颠和北爱尔兰的统一。现在所有联盟关系似乎都很脆弱。长期以来，“英国性”已经与“英格兰性”混为一体，但是“英格兰性”本来就是难以界定的术语。英格兰差不多只是一个地理区域，正如奥地利帝国首相梅特涅眼中的意大利一样。

然而，理解“英国性”的一个持久关键点是：求助于历史。即使是庸俗化的“遗产”形式，共同的历史经验所形成的统一力量仍然存在，并且这一统一力量仍然可以用来代表英国的多元文化现状。结果可能未必会产生和谐，就像在围绕公民自由的威胁的辩论中，人们呼唤《大宪章》一样。2007年，当人们庆祝废除奴隶贸易200周年时，人们的意识形态比以往更加一致。这提供了一个积极的机会来反思当今的种族关系和文化多样性。除此之外，解放黑人不仅需要威廉·威尔伯福斯这样的白人慈善精英，还需要依靠黑人自身——无论是奴隶还是自由人。在法国，历史学家通过观察历史记忆（如回忆录）、历史人物、事件、思想或象征的遗迹，探索了本国内更痛苦的分裂，这些历史遗迹渗透且支配了现在，并塑造了对未来的看法。同样，英国人或许可以调动自己的历史记忆和神话故事，并把它们转化成持久的东西。只要他们铭记历史，他们未间断的共同历史将再延续千年。

进一步阅读

1. 罗马不列颠时期

在罗马征服之前

R. Bradley, *Social Foundations of Prehistoric Britain*（Harlow, 1984），该书的分析细致入微。

B. Cunliffe, *Iron Age Communities in Britain*（and edn. London, 1978），该书描述了罗马征服之前几个世纪的概况。

——*Greeks, Romans and Barbarians*（London, 1998），该书讲述了高卢和不列颠是如何成为古希腊和古罗马世界的一部分。

S. James, *The Atlantic Celts: Ancient People or Modern Invention?*（London, 1999），该书的观点存在争议，但是十分重要。

通史读物

P. A. Clayton（ed.），*A Companion to Roman Britain*（Oxford, 1980），书中配备极其精美的插图。

P. Dixon, *Barbarian Europe*（*The Making of the Past*）（Oxford,

1976），一部带有精美插图、内容绝佳的背景阅读材料，该书把罗马不列颠末期置于欧洲的背景之下。

S. Frere, *Britannia, a History of Roman Britain*（3rd edn. London, 1987），一部正史。

B. Jones and D. Mattingley, *An Atlas of Roman Britain*（Oxford, 1990）.

M. Millett, *The Romanization of Britain*（Cambridge 1990）, a specifically archaeological approach.

Ordnance Survey, *Map of Roman Britain*（4th edn., Southampton, 1978）, two sheets（scale: 625,000）and gazetteer.

Peter Salway, *Roman Britain*（*Oxford History of England*, vol. la）（Oxford, 1981），这是一部宏大的通史，包含了围绕重大主题的多篇文章。

——*The Oxford Illustrated History of Roman Britain*（Oxford, 1993）.

M. Todd, *Roman Britain 55 BC-AD 400: the Province beyond Ocean*（*Fontana History of England*）（London, 1981），该书具有洞察力。

R. J. A. Wilson, *A Guide to the Roman Remains m Britain*（3rd edn. London, 1988），把该书推荐给那些希望探访这一时期的物理遗迹的人。

特殊方面的作品

A. Birley, *The People of Roman Britain*（London, 1979），以罗马不列颠的知名人士为基础的启发性研究。

D. J. Breeze, *Roman Scotland*（London, 1996），对北部边疆的当代思考。

M. Henig, *The Art of Roman Britain*（London, 1995）.

——*Religion in Roman Britain*（London, 1984）.

P. A. Holder, *The Roman Army in Britain*（London, 1982），深受读者喜欢的第一部现代叙述。

R. Merrifield, *The Archaeology of Ritual and Magic*（London, 1987），该书对罗马不列颠时期的材料做出了的具有启发性的重新诠释。

A. L. F. Rivet and Colin Smith, *The Place-Names of Roman Britain*（London, 1979），一部主要参考书：地名词典，带有语言和地理分析。

C. Thomas, *Christianity in Britain to AD 500*（London, 1981），该书重新审视历史，发人深省。

2. 盎格鲁–撒克逊时期

原始资料来源

Gildas, The Ruin of Britain and Other Documents, ed. and trans. M. Winterbottom（Chichester, 1978），有关盎格鲁–撒克逊人定居点的唯一当代资源。

The Goddoddin of Aneirin, ed. J. T. Koch（Cardiff, 1997），威尔士后期的文本，但包含了有关6、7世纪不列颠北部的资料来源。

Adomnan of Iona: life of St Columba, trans. R. Sharp（Harmondsworth, 1995）.

Bede, Ecclesiastical History of the English People, trans. J. McClure and R. Collins（Oxford, 1994），8世纪初撰写的精彩生动的叙述，是有关盎格鲁–撒克逊早期历史的最重要的单一史料来源。

The Age of Bede, trans. J. F.（Revised edn., Harmondsworth, 1983），该书是有关7、8世纪英格兰及其宗教文化的其他资料来源。

The Anglo-Saxon Chronicle, trans. G. N. Garmonsway（London, 1953）；一部关于盎格鲁–撒克逊末期的白话编年史，对阿尔弗雷德政权以后的历史，该书提供了当代的评论。

Alfred the Great, trans. S. Keynes ad M. Lapidge（Harmondsworth, 1983），阿尔弗雷德的生平及相关资料。

The Earliest English Poems, trans. M. Alexander（2nd edn.,

Harmondsworth, 1977），较为重要的盎格鲁撒克逊诗歌的翻译。

Beowulf, trans. S. Heaney（London, 1999）.

通史和政治主题

R. Abels, *Alfred the Great*（Harlow, 1998）.

E Barlow, *Edward the Confessor*（London, 1970）.

J. Compbell（ed.）, *The Anglo-Saxons*（Oxford, 1982），该书内容精彩，插图精美，是一本最好的概论。

D. P. Kirby, *The Earliest English Kings*（London, 1991）.

M. Lapidge, J. Blair, S Keynes, and D. Scragg, *The Blackwell Encyclopedia of Anglo-Saxon England*（Oxford, 1999），该书是一本最全面的参考文献。

H. R. Loyn, *The Governance of Anglo-Saxon England 500-1087*（London, 1984）.

P. Stafford, *Unification and Conquest: A Political and Social History of England in the Tenth and Eleventh Centuries*（London and New York, 1989）.

F. M. Stenton, *Anglo-Saxon England*（3rd edn. Oxford, 1971），该书是一本长篇正史，具有很高的价值。

B. Yorke, *Kings and Kingdoms of Early Anglo-Saxon England*（London, 1990）.

教会

F. Barlow, *The English Church 1000-1066*（2nd edn., London and New York, 1979）.

J. Blair and R. Sharpe（eds.）, *Pastoral Care before the Parish*（Leicester, 1992），该书记述了当地的教区组织以及教会与俗人之间的关系。

P. Hunter Blair, *The world of Bede*（London, 1970），该书介绍了8世纪

诺森比亚的宗教与学术。

H. Mayr-Harting, *The coming of Christianity to Anglo-Saxon England*（London, 1972），该书是有关皈依基督教的最佳通史。

R. Morris, *Churches in the Landscape*（London, 1989），早期教会的考古学和地理分布。

社会、经济与景观

S. Crawford, *Childhood in Anglo-Saxon England*（Stroud, 1999）.

R. Faith, *The English Peasantry and the Growth of Lordship*（Leicester, 1997）.

C. Fell, *Women in Anglo-Saxon England*（London, 1984）.

M. Gelling, *Signposts to the Past*（London, 1978）.

J. Haslam（ed.）, *Anglo-Saxon Towns in the Southern England*（Chichester, 1984）.

D. Hill, *An Atlas of Anglo-Saxon England*（Oxford, 1981）.

D. Hinton, *Archaeology, Economy and Society: England from the Fifth to the Fifteenth Century*（London, 1990）.

D. Hookw, *The Landscape of Anglo-Saxon England*（London, 1998）.

G. Owen-Crocker, *Dress in Anglo-Saxon England*（Manchester, 1986）.

苏格兰和威尔士

B. E. Crawford, *Scandinavian Scotland*（Leicester, 1987）.

W. Davies, *Wales in the early Middle Ages*（Leicester, 1982）.

A. A. M. Duncan, *Scotland: the making of the kingdom*（Edinburgh, 1975）.

K. Hughes, *Celtic Britain in the Early Middle Ages*（Wood bridge, 1980）.

A. P. Smyth, *Warlords and Holi Men: Scotland, AD 80-1100*（London, 1984）.

考古和艺术

J. Backhouse, D. H. Turner, and L. Webster（eds.）, *The Golden Age of Anglo-Saxon Art, 966-1066*（London, 1985）.

R. Barley, *England's Earliest Sculptors*（Toronto, 1996）.

M. Carver, *Sutton Hoo: Burial Ground of Kings?*（London, 1998）.

E. Fernie, *The Architecture of the Anglo-Saxons*（London, 1983）.

G. Henderson, *From Durrow to Kells: The Insular Gospel-Books 650-800*（London, 1987）.

M. Welch, *Anglo-Saxon England*（London, 1992）.

D. M. Wilson（ed.）, *The Archaeology of Anglo-Saxon England*（Cambridge, 1976），几位作者合力撰写的有关该时期的各种物理证据。

S. Youngs（ed.）,*'The Work of Angels': Masterpieces of Celtic Metalwork, 6th-9th Century AD*（London, 1989）.

3. 中世纪早期

F. Barlow, *The Feudal Kingdom of England 1042-1216*（4th edn. London, 1988），一部优秀的概述。

R. Bartlett, *England under the Norman and Angevin Kings, 1075-1225*（Oxford, 2000）.

D. Carpenter, *The Struggle for Mastery: Britain 1066-1284*（Oxford, 2003），一部很好的概述。

M. T. Clanchy, *England and its Rulers 1066-1272*（Glasgow, 1983），该

书结合了政治和文化历史，观点发人深省，新加的结尾是关于爱德华一世的介绍。

R. R. Davies, *Domination and Conquest: The Experience of Ireland, Scotland and Wales 1100-1300*（Cambridge, 1990）.

——*The First English Empire: Power and Identities in the British Isles 1093-1343*（Oxford, 2000）.

R. Frame, *The Political Development of the British Isles: The Twelfth and Thirteenth Centuries*（Oxford, 2001）.

Michael Prestwich, *Plantagenet England 1225-1360*（Oxford, 2005）.

一些重大主题的研究

M. T. Clanchy, *From Memory to Written Record: England 1066-1307*（London, 1979; 2nd edn. 1993），该书分析了读写能力和识字意识的发展过程，引人入胜。

J. Gillingham, *The English in the Twelfth Century: Imperialism, National Identity and Political Values*（Woodbridge, 2000）.

B. Golding, *Conquest and Colonisation: The Normans in Britain 1066-1100*（London, 1994）.

J. A. Green, *The Aristocracy of Norman England*（Cambridge, 1997）.

J. C. Holt, *Magna Carta*（Cambridge, 1965; 2nd edn., 1992），对于了解大宪章的政治和社会背景，该书必不可少。

J. Hudson, *The Formation of the English Common Law*（London, 1996）.

R. Liddiard（ed.）, *Anglo-Norman Castles*（Woodbridge, 2003）.

N. A. M. Rodger, *The Safeguard of the Sea: A Naval History of Britain: 660-1649*（London, 1997）.

M. Strickland, *War and Chivalry: The Conduct and Perception of War in England and Normandy, 1066-1217*（Cambridge, 1996）.

H. Thomas, *The English and the Normans: Ethnic Hostility, Assimilation and Identity 1066-c. 1220*（Oxford, 2003）.

王室传记

F. Barlow, *William Rufus*（London, 1983），该书不仅记述了国王的生平，还深入研究了那个时代。

D. Bates, *William the Conqueror*（London, 1989）.

M. Chibnall, *The Empress Matilda*（Oxford, 1991）.

J. Gilingham, *Richard I*（London, 1999）.

J. A. Green, *Henry I*（Cambridge, 2006）.

M. Howell, *Eleanor of Provence: Queenship in Thirteenth-Century England*（Oxford, 1998）.

D. Mathew, *King Stephen*（London, 2002）.

R. Oram, *David I: The King who made Scotland*（Stroud, 2004）.

M. Prestwich, *Edward I*（London, 1988）.

W. L. Warren, *Henry II*（London, 1973），该书篇幅较长，但值得一读。

——*King John*（Harmondsworth, 1961），该书试图纠正13世纪编年史学家对约翰王的负面定论。

教会和宗教

F. Barlow, *The English Church 1066-1154*（London, 1979），该书生动地分析了那个激进、动荡的年代。

D. Knowles, *The Monastic Order in England 940-1216*（and edn. Cambridge, 1963），一位学者僧侣记述了僧侣生活的历史。

——*The Religious Orders in England*, vol. i（Cambridge, 1962），该书是了解男修道士诞生的重要文献。

苏格兰

G. W. S. Barrow, *Kingship and Unity: Scotland 1000-1316*（London, 1981），一篇简短但宝贵的概述。

A. A. M. Duncan, *Scotland: The Making of the Kingdom*（Edinburgh, 1975）.

——*The Kingship of the Scots, 842-1292: Succession and Independence*（Edinburgh, 2003）.

威尔士

R. R. Davies, *Conquest, Coexistence and Change: Wales 1063-1415*（Oxford, 1987），该书深入研究了那个时代威尔士的经济、社会和政治。

爱尔兰

S. Duffy, *Ireland in the Middle Ages*（Dublin, 1997）.

R. Frame, *Colonial Ireland 1169-1369*（Dublin, 1981），该书是一部令人敬佩的概述。

经济

J. L. Bolton, *The Medieval English Economy 1150-1500*（London, 1980），该书是一部最有用的一般性介绍。

R. H. Britnell, *The Commercialisation of English Society, 1100-1500*（Cambridge, 1993）.

——*Britain and Ireland 1050-1530: Economy and Society*（Oxford, 2004），一项非比寻常的广泛比较研究。

C. Dyer, *Making a Living in the Middle Ages: The People of Britain 850-1520*（New Haven and London, 2002）.

D. M. Palliser（ed.）, *The Cambridge Urban History of Britain, i: 600-1340*（Cambridge, 2000）.

S. Reynolds, *An Introduction to the History of English Medieval Towns*（2nd edn. Oxford, 1982），思想家对英国城市历史的介绍。

语言和读写能力

M. T. Clanchy, *From Memory to Written Record: England 1066-1307*（London, 1979），该书分析了读写能力和识字意识的发展过程，引人入胜。

艺术和建筑

P. Binski, *Becket's Crown: Art and Imagination in Gothic England*（New Haven and London, 2004）.

E. Fernie, *The Architecture of Norman England*（Oxford, 2000）.

T. Tatton-Brown, *Great Cathedrals of Britain*（London, 1989）.

G. Zarnecki, J. Holt, and T. Holland（eds.）, *English Romanesque Art 1066-1200*（London, 1984）.

4. 中世纪后期

通史读物

A. D. M. Barrell, *Medieval Scotland*（Cambridge, 2000），内容清晰易懂。

A. Cosgrove（ed.）, *A New History of Ireland, ii: Medieval Ireland, 1169-1534*（Oxford, 1987），多位知名学者合力撰写各个章节。

——*Late Medieval Ireland, 1370-1541*（Dublin, 1981），文章言简意赅。

R. R. Davies, *Conquest, Coexistence and Change: Wales, 1063-1415*（Oxford, 1987），一份重要研究。

R. Frame, *The Political Development of the British Isles, 1100-1400*（Oxford, 1990）.

——*Colonial Ireland, 1169-1369*（Dublin, 1981），令人钦佩的概述。

A. Grant, *Independence and Nationhood: Scotland, 1306-1469*（London, 1984），内容全面，观点新颖。

R. Griffiths（ed.）, *Short Oxford History of the British Isles: The Fourteenth and Fifteenth Centuries*（Oxford, 2003），比较而言，这是一份专家级的概述。

R. Horrox（ed.）, *Fifteenth-Century Attitudes*（Cambridge, 1984）.

A. J. Pollard, *Late Medieval England, 1399-1509*（Harlow, 2000），有关这个时期的最新概述。

M. Prestwich, *Plantagenet England, 1225-1360*（Oxford, 2005）, and G. L. Harris, *Shaping the Nation, 1360-1461*（Oxford, 2005）, volumes in The Oxford History of England.

G. William, *Recovery, Reorientation and Reformation: Wales, c.1415-1642*（Oxford, 1987），又一部重大作品。

有关特定主题的研究

C. Barron, *London in the Later Middle Ages: Government and People, 1200-1500*（Oxford, 2004）.

J. Bellamy, *Crime and Public Order in England in the Later Middle Ages*（London, 1973）.

A. L. Brown, *The Governance of late Medieval England, 1272-1461*（London, 1989）.

C. Carpenter, *The Wars of the Roses: Politics and the Constitution in England, c.1437-1509*（Cambridge, 1997）.

A. Curry（ed.）, *The Hundred Years War*（London, 1993）.

R. G. Davies and J. H. Denton（eds.）, *The English Parliament in the Middle Ages*（Manchester, 1981），文章高度概括。

A. Dunn, *The Great Rising of 1381*（Stroud, 2002）.

A. E. Goodman, *The Wars of the Roses: The Soldiers' Experience*（Stroud, 2005）.

M. Hicks, *English Political Culture in the Fifteenth Century*（London, 2002）.

A. J. Macdonald, *Border Bloodshed: Scotland and England at War, 1369-1403*（East Linton, 2000）.

A. J. Pollard, *The Wars of the Roses*（London, 1995），一系列史学论文。

S. Raban, *England under Edward I and Edward II, 1259-1327*（Oxford, 2000）.

C. D. Ross, *The Wars of the Roses*（London, 1976），内容充满睿智、论证有理有据。

S. L. Waugh, *England in the Reign of Edward III*（Cambridge, 1991）.

皇室传记

C. T. Allmand, *Henry V*（2nd edn., London, 1997）.

S. Boardman, *The Early Stewart Kings*（Edinburgh, 1996）.

M. H. Brown, *James I*（Edinburgh, 1994）.

D. Green, *Edward the Black Prince: Power in the Medieval Europe*（Harlow, 2006）.

R. A. Griffiths, *The Reign of King Henry VI*（London, 1981; 2nd edn., Stroud, 1998），该书不仅仅是一部国王传记。

R. M. Haines, *King Edward II*（Montreal, 2003）.

M. Hicks, *Anne Neville: Queen to Richard III*（Stroud, 2006）.

N. M. Ormrod, *James III*（Edinburgh, 1982）.

C. McGladdery, *James II*（Edinburgh, 1990）.

W. M. Ormrod, *The Reign of Edward III*（London, 1990）.

M. Prestwich, *Edward I*（2nd edn., 1997）.

C. D. Ross, *Edward IV*（London, 1974; 2nd edn., London, 1997）.

——*Richard III*（London, 1981; 2nd edn., London, 1999）.

N. Saul, *Richard II*（London, 1997）.

其他传记性研究

H. Castor, *Blood and Roses: The Paston Family and the Wars of the Roses*（London, 2004）.

R. R. Davies, *The Revolt of Owain Glyn Dr*（Oxford, 1995），新一代的重大研究。

A. E. Goodman, *John of Gaunt*（London, 1992），冈特的约翰是欧洲舞台上的皇家王子。

R. A. Griffiths and R. S. Thomas, *The Making of the Tudor Dynasty*（Gloucester, 1985），都铎王朝的前史。

G. L. Harriss（ed.）, *Henry V: The Practice of Kingship*（Oxford, 1985）.

——*Cardinal Beaufort*（Oxford, 1988），政治和战争中的教会王子。

M. Hicks, Warwick the Kingmaker（Oxford, 1998），对一位神秘贵族的一次有价值的重新评价。

A. J. Pollard, *Richard III and the Princes in the Tower*（Stroud, 1997），带有大量插图。

J. Watts, *Henry VI and the Politics of Kingship*（Cambridge, 1996）.

教会和宗教

A. E. Goodman, *Margery Kempe and her World*（Harlow, 2006），一部著名的神秘主义作品。

R. Rex, *The Lollards*（Basingstoke, 2002）.

R. N. Swanson, *Church and Society in Late Medieval England*（London,

1989）.

G. Williams, *The Welsh Church from Conquest to Reformation*（2nd edn., Cardiff, T976），一份入木三分的研究。

经济和社会

R. H. Britnell, *The Commercialisation of English Society, 1100-1500*（Cambridge, 1993）.

J. Brown（ed.）, *Scottish Society in the Fifteenth Century*（London, 1977），书中包含多篇有关核心主题的文章。

C. Dyer, *Making a Living in the Middle Ages: The People of Britain, 850-1520*（London, 2002）.

—— *An Age of Transition? Economy and Society in England in the Later Middle Ages*（Oxford, 2005）.

——*Standards of Living in the Later Middle Ages Social Change in England c.1200-1520*（Cambridge, 1989）.

C. Given–Wilson, *The English Nobility in the Late Middle Ages*（London, 1987）.

R. Horrox, *The Black Death*（Manchester, 1994）.

——and W M. Ormrod（eds.）, *A Social History of England, 1200-1500*（Cambridge, 2006）.

M. Keen, *Origins of the English Gentleman*（Stroud, 2002）.

E. Miller and J. Hatcher, *Medieval England: Rural Society and Economic Change*, 1086–1348（London, 1978）.

——*Medieval England: Towns, Commerce and Crafts, 1086-1348*（London, 1995）.

N. Orme, *Medieval Children*（London, 2001）.

D. M. Palliser（ed.）, *The Cambridge Urban History of Britain, i:*

c.600-c.1540（Cambridge, 2000），该书由多位知名权威合力撰写。

C. Platt, *King Death*（London, 1996），该书评估了瘟疫对英格兰的影响。

R. Radulescu and A. Truelove（eds.）, *Gentry Culture in Later Medieval England*（Manchester, 2005）.

S. Reynolds, *An Introduction to the History of English Medieval Towns*（2nd edn., Oxford, 1982），该书是对英国城市历史的开创性导论。

P. R. Schofield, *Peasants and Community in Medieval England, 1200-1500*（Basingstoke, 2003）

语言、文学和艺术

J. Alexander and P. Binski（eds.）, *Age of Chivalry: Art in Plantagenet England 1200-1400*（London, 1987）.

R. Marks and P. Williamson（eds.）, *Gothic: Art for England,1400-1547*（London, 2003）.

S. Medcalf（ed.）, *The Context of English Literature: The Later Middle Ages*（London, 1981），该书是融合文化和社会历史的罕见尝试。

V. J. Scattergood and J. W. Sherborne（eds.）, *English Court Culture in the Later Middle Ages*（London, 1983），有关各种主题的专家论文。

D. Wallace（ed.）, *The Cambridge History of Medieval English Literature*（Cambridge, 1999），有些章节写的是凯尔特语。

5. 都铎王朝

通史作品

S. G. Elis, *Ireland in the Age of the Tudors, 1447-1603: English Expansion and the End of Gaelic Rule*（London, 1998），有关爱尔兰和文化问题的最

佳概述。

G. R. Elton, *Reform and Reformation: England, 1509-1558*（London, 1977），该作品最生动地体现了作者埃尔顿的观点。

J. Guy, *Tudor England*（Oxford, 1990），一部全面的正史。

C. Haigh, *English Reformations: Religion, Politics, and Society under the Tudors*（Oxford, 1993），这是有关宗教改革的权威作品。

P. Williams, *The Later Tudors: England, 1547-1603*（Oxford, 1995），有关都铎王朝后半期的最新完整概述。

J. Wormald, *Court, Kirk and Community: Scotland, I470-1625*（London, 1981），该书仍然是有关16世纪苏格兰的最佳导论。

K. Wrightson, *Earthly Necessities: Economic Lives in Early-Modern Britain, 1470-1750*（London, 2002），一部关于经济和社会状况的指南，内容令人着迷，值得一读。

传记

S. Alford, *Burghley: William Cecil at the Court of Elizabeth I*（London, 2008），这是伊丽莎白一世的重臣威廉·塞西尔的传记，向世人展示了他在爱德华六世和玛丽统治时期的惊人影响力，在50多年里，他一直是英国政坛的权力经纪人。

J. Guy, *'My Heart is My Own': The Life of Mary Queen of Scots*（London, 2004），该作品聚焦伯利勋爵塞西尔、伊丽莎白和玛丽之间的跨境诡计和政治三角关系。

C. Haigh, *Elizabeth I*（2nd edn., Harlow, 1998），该作品篇幅不长，却是对伊丽莎白一世的最佳修正主义诠释。

E W. Ives, *The Life and Death of Anne Boleyn: The Most Happy*（Oxford, 2004），该书不仅记录了安妮的生平，也揭示了亨利八世的思维方式。

D. M. Loades, *Mary Tudor: The Tragical History of the First Queen of*

England（London, 2006），作者利用信件和原始文献，讲述了玛丽女王的个人生活和政治生涯。

D. MacCulloch, *Thomas Cranmer: A Life*（London, 1996），一部的杰出传记，尤其是对爱德华六世的统治非常有见识。

J. J. Scarisbrick, *Henry VIII*（London, 1968），一部有关亨利八世的经典传记，尽管新的研究取得了进步，但该传记仍然生动有趣。

A. Somerset, *Elizabeth I*（London, 1997），伊丽莎白最好的商业传记，准确、翔实、可读性强。

有关特殊主题的研究

S. Anglo, *Spectacle, Pageantry, and Early Tudor Policy*（Oxford, 1969），该书全面介绍了都铎时代早期的节日和娱乐活动。

P. Collinson, *The Elizabethan Puritan Movement*（London, 1967），该书深入研究宗教和解之后新教所处的困境。

S. Doran, *Monarchy and Matrimony: The Courtships of Elizabeth I*（London, 1996），关于伊丽莎白求爱和婚姻手腕的最佳分析。

E. Duffy, *The Stripping of the Altars: Traditional Religion in England, 1400-1580*（London, 1992），该书对宗教改革前夕的天主教礼拜传统进行了全面且令人回味的叙述，并以怀疑的态度重新评价了与罗马决裂后人们的反应。

C. Levin, *The Heart and Stomach of a King: Elizabeth I and the Politics of Sex and Power*（Philadelphia, 1994），该作品从女权主义的角度重新评价伊丽莎白一世，探究性别在政治中的作用。

J. Loach and R. Littler（eds.）, *The Mid-Tudor Polity*（London, 1980），该作品有效矫正了有关16世纪50年代的陈腐论调。

D. R. Starkey, *Six Wives: The Queens of Henry VIII*（London, 2004），该书如实记述了宫廷政治和派系斗争，又不失戏剧性。

L. Stone, *The Crisis of the Aristocracy*（Oxford, 1965），仍然是有关都铎上流社会最重要的（即使有争议）研究。

K. Thomas, *Religion and the Decline of Magic*（London, 1971），对这一时期思想状况的经典、高度原创的研究。

网站

Institute of Historical Research, University of London:<www.hr.sas.ac.uk>

Author:<www.tudors.org>

6. 斯图亚特王朝

政治和宪法的历史

G. E Aylmer, *The Levellers in the English Revolution*（London, 1975），该文献是简短的论文，也是重要教材。

B. Coward, *The Stuart Age*（London, 1980），最佳导论。

G. Donaldson, *Scotland: James V to James VII*（Edinburgh, 1965）.

C. H. Firth, *Oliver Cromwell and the Rule of the Puritans*（Oxford, 1900）.

F. M. G. Higham, *Catholic and Reformed: A Study of the Church of England 1559-1662*（London, 1962），该书研究宗教思想。

C Hill, *The World Turned Upside Down*（Harmondsworth, 1973），该书重现了17世纪50年代宗教激进分子的世界。

D Hirst, *Authority and Conflict 1603-58*（London, 1985）.

S. J. Houston, *James I*（London, 1973）.

J. R. Jones, *The Revolution of 1688 in England*（London, 1972）.

——*Country and Court 1658-1714*（London, 1979）.

J. P. Kenyon, *The Stuarts*（London, 1958）.

——*The Popish Plot*（London, 1972）.

M. MacCurtain, *Tudor and Stuart Ireland*（Dublin, 1972），一篇简短的分析。

Miller, *James II: A Study in Kingship*（London, 1978）.

T. W. Moody, F. X. Martin, and F J. Byrne（eds.）, *A New History of Ireland, iii: 1534-1691*（Oxford, 1976），长篇叙述。

J. S. Morrill, *The Revolt of the Provinces*（London, 1976）.

R. Ollard, *The Image of the King: Charles I and Charles II*（London, 1979）.

C. Russell, *The Crisis of Parliaments 1509-1660*（Oxford, 1971）.

A. Woolrych, *Battles of the English Civil War*（London, 1961）.

A. B. Worden（ed.）, *Stuart England*（London, 1986）.

社会、经济和文化

J. Bossy, *The English Catholic Community 1570-1850*（London, 1975）.

C. Clay, *Economic Expansion and Social Change: England 1500-1700*（Cambridge, 1984）.

D. C. Coleman, *The Economy of England 1450-1750*（Oxford, 1977），文笔干净利落。

C. Hill, *Society and Puritanism in Pre-revolutionary England*（London, 1964）.

J. Hook, *The Baroque Age*（London, 1976）.

P. Laslett, *The World We Have Lost*（London, 1971）.

T. C. Smout, *A History of the Scottish People 1560-1830*（London, 1969）.

M. Spufford, *Small Books and Pleasant Histories: Popular Fiction and its*

Readers in 17th Century（London, 1981）.

L. Stone, *The Crisis of the Aristocracy*（abridged version, Oxford, 1967）.

R. Strong, *Van Dyck: Charles I on Horseback*（London, 1972）.

K. V. Thomas, *Religion and the Decline of Magic*（London, 1971）.

C. Webster, *The Great Instauration*（London, 1970）.

K. Wrightson, *English Society 1580-1680*（London, 1982），该书重现了17世纪村民的精神世界。

文献和当代教材

J. Aubrey, *Brief Lives*（many editions but e.g. Harmondsworth, 1962）.

J. Evelyn, *Diary*, various editions and extracts, principally the edition by E. S. de Beer, 6 vols.（Oxford, 1955）.

R. Gough, *The History of Middle*（Harmondsworth, 1981），由一位当地农民撰写的有关17世纪教区生活的精彩回忆。

J. P. Kenyon, *The Stuart Constitution*（Cambridge, 1962），该书适合作为教材以及有趣的评论。

R. C. Latham（ed.）, *The Illustrated Pepys*（London, 1978），该书是精彩的日记摘录。

S. Pepys, *Diary*, various editions, but all previous ones superseded by that of R. C. Latham and W. Matthews, II vols.（London, 1970–1983）.

J. Thirsk and J. P. Cooper, *Seventeenth-Century Economic Documents*（Oxford, 1972）.

参考书目

M E. Keeler, *Bibliography of British History: Stuart Period, 1603-1714*（Oxford, 1970），1960年前的出版物的综合指南。

J. S. Morrill, *Critical Bibliographies in Modern History: Seventeenth Century Britain*（Folkestone, 1980），该作品是对Keeler的补充，并提供了对所讨论作品的评论。

除了上面列出的有助于撰写本章内容的作品外，以下是值得推荐的最新作品。

政治和宪法的历史

P. Croft, *King James*（London, 2003）.

K. Fincham, *The Early Stuart Church, 1603-1642*（London, 1993）.

T. Harris, *Restoration: Charles II and his Kingdoms, 1660-1685*（London, 2005）.

C. Holmes, *Why was Charles I Executed?*（London, 2006）.

J. Morrill, *The Nature of the English Revolution*（London, 1994）.

——*Oliver Cromwell*（Oxford, 2007）.

C. Russell, *The Causes of the English Civil War*（Oxford, 1992）.

社会、经济和文化历史

M. J. Braddick and J. Walter, *Negotiating Power in Early Modern Society: Order, Hierarchy and Subordination in Britain and Ireland*（Cambridge, 2001）.

J. Raymond, *Pamphlets and Pamphleteering in Early Modern Britain*（Cambridge, 2003）.

K. Wrightson, *Earthly Necessities: Economic Lives in Early Modern Britain*（New Haven, 2000）.

文献和当代教材

D. Wootton, *Divine Right and Democracy: An Anthology of Political Writing in Stuart England*（Harmondsworth, 1986）.

参考书目

The Royal Historical Society Bibliography Online-free to all at <www.rhs.ac.uk/bibl>.

7. 18世纪

这份清单列出了50本书，这些书籍不仅提供了有关主要主题的权威介绍，而且还使读者能够领略到有关该时期最佳的现代研究。

通史读物

L. Colley, *Britons: Forging the Nation, 1707-1837*（New Haven, 1992）.

S J. Connolly, *Religion, Law and Power: The Making of Protestant Ireland*（London, 1992）.

T. M. Devine, *The Scottish Nation, 1700-2000*（London, 1999）.

R F. Foster, *Modern Ireland 1600-1972*（London, 1988）.

G. H. Jenkins, *The Foundations of Modern Wales, 1642-1780*（Oxford, 1987）.

P. Langford, *A Polite and Commercial People: England 1727-1783*, New Oxford History of England（Oxford, 1989）.

R. B. McDowell, *Ireland in the Age of Imperialism and Revolution 1760-1801*（Oxford, 1979）.

F. O' Gorman, *The Long Eighteenth Century: British Political and Social History 1688-1832*（London, 1997）.

W. Prest, *Albion Ascendant: English History, 1660-1815*（Oxford, 1998）.

T. C. Smout, *A History of the Scottish People, 1560-1830*（London, 1970）.

政治和政府

J. Black, *A System of Ambition: British Foreign Policy, 1660-1593*（London, 1991）.

J. Brewer, *The Sinews of Power: War, Money and the English State, 1688-1783*（London, 1989）.

J. Cannon, *Parliamentary Reform 1540-1832*（Cambridge, 1982）.

I. Christie, *Crisis of Empire*（London, 1976）.

H. T. Dickinson, *Liberty and Property: Political ideology in Eighteenth-century Britain*（London, 1977）.

J. Ehrman, *The Younger Pitt*, 3 vols.（London, 1969–96）.

E. Harris, *A Passion for Government: The Life of Sarah, Duchess of Marlborough*（Oxford, 1991）.

J. R. Jones, *Britain and the World 1649-1815*（London, 1980）.

P. Langford, *Public Life and the Propertied Englishman, 1689-1798*（Oxford, 1991）.

L. Mitchell, *Charles James Fox*（Oxford, 1992）.

F. O' Gorman, *Voters, Patrons, and Parties: The Unreformed Electoral System in Hanoverian England, 1534-1832*（Oxford, 1989）.

N. Rogers, *Whigs and Cities: Popular Politics in the Age of Walpole and Pitt*（Oxford, 1989）.

W. A Speck, *Reluctant Revolutionaries*（London, 1989）.

P. D. G. Thomas, *Revolution in America: Britain and the Colonies, 1763-1776*（Oxford, 1992）.

——*Lord North*（Oxford, 1976）.

——*John Wilkes: A Friend to Liberty*（Oxford, 1996）.

社会和经济

J. M. Beattie, *Crime and the Courts in England, 1660-1800* (Oxford, 1986) .

P. Borsay, *The English Urban Renaissance: Culture and Society in the Eighteenth-century Provincial Town, 1660-1570* (London, 1989) .

J. Cannon, *Aristocratic Century: The Peerage of Eighteenth-century England* (Cambridge, 1984) .

P. Corfield, *Power and the Professions in Britain 1700-1850* (London, 1995) .

V. Gatrell, *The Hanging Tree: Execution and the English Public, 1570-1868* (Oxford, 1994) .

M. Daunton, *Progress and Poverty: An Economic and Social History of Britain 1700-1850* (Oxford, 1995) .

D. Hay and N. Rogers, *Eighteenth-century English Society: Shuttles and Swords* (Oxford, 1997) .

P. Hudson, *The Industrial Revolution* (London, 1992) .

R. Porter, *English Society in the Eighteenth Century* (London, 1963) .

H. D. Rack, *Reasonable Enthusiast: John Wesley and the Rise of Methodism* (Oxford, 1989) .

R. Sweet, *The English Town, 1680-1540: Government, Society and Culture* (Harlow, 1999) .

E. P. Thompson, *Customs in Common* (London, 1991) .

宗教、思想与文化

J. Brewer, *The Pleasures of the Imagination: England in the Eighteenth Century* (London, 1997) .

A. C. Chitnis, *The Scottish Enlightenment: A Social History* (Edinburgh, 1976) .

The English Satirical Print 1600-1823, 7 vols.（Cambridge, 1986）.

W. Gibson, *Church, State and Society, 1760-1850*（London, 1994）.

D. Hempton, *Religion and Political Culture in Britain and Ireland: From the Glorious Revolution to the Decline of Empire*（Cambridge, 1996）.

R. W. Malcolmson, *Popular Recreations in English Society, 1500-1850*（Cambridge, 1973）.

P. J. Marshall, *The Great Map of Mankind; British Perceptions of the World in the Age of Enlightenment*（London, 1982）.

E. G. Rupp, *Religion in England, 1688-1591*（Oxford, 1986）.

L. Stone, *The Family, Sex and Marriage in England, 1500-1800*（London, 1977）.

K. Thomas, *Man and the Natural World: Changing Attitudes in England, 1500-1800*（London, 1983）.

J. Uglow, *Hogarth: A Life and a World*（London, 1997）.

M. Watts, *The Dissenters: From the Reformation to the French Revolution*（London, 1978）.

A. Vickery, *The Gentleman's Daughter: Women's Lives in Georgian England*（New Haven, 1998）.

M. Matts, *The Dissenters: From the Reformation to the French Revolution*（London, 1978）.

8. 革命与法治

通史读物

C. Cook and B. Keith, *British Historical Facts, 1830-1900*（London, 1975），该书包含有关经济、选举和各个部门的数据。

E. Halevy, *England in 1815*（Paris, 1913, London, 1924），这是一本出版较早但仍然具有权威性的书。

J. F C. Harrison, *Early Victorian England, 1835-1850*（London, 1973），这是一部有关抗议和激进运动的力作。

C. S. Kitson Clark, *The Making of Victorian England*（London, 1962），作者的观点与托利党人 G. M. Young接近，但他对中产阶级改革运动的性质异常敏感。

J. S. Watson, *The Reign of George III 1560-1815*（Oxford, 1960）.

E. L. Woodward, *The Age of Reform, 1815-70*（Oxford, 1960）.

G. M. Young, *Victorian England: The Portrait of an Age*（Oxford, 1936），该书是对维多利亚时代一次重要的重新评价，让19世纪的英格兰历史免遭利顿·斯特拉奇（Lytton Strachey）等人的歪曲。

经济

J. H. Clapham, *An Economic History of Modern Britain*（Cambridge, 1933），克拉彭（Clapham）的一些结论，尤其是关于生活水平的结论，必须加以修改，但它们仍传达了大量详细信息。该书最好用作马提亚斯（Peter Mathias）作品的补充。

F. Crouzet, *The Victorian Economy*（London, 1982），该书是法国主要权威机构对英国经济最新研究的总结。

C. Hadfield, *British Canals*（London, 1950），该书是他的伟大区域历史系列的导论。

P. Mantoux, *The Industrial Revolution of the Eighteenth Century*（1911; London, 1961），这是一位法国历史学家的开创性研究，至今仍具有洞察力。

P. Mathias, *The First Industrial Nation*（2nd rev. edn., London, 1983），算得上最新的总结。

R. J. Morris and J. Langton（eds.）, *Atlas of Industrializing Britain*

（London, 1986）.

M. Robbins, *The Railway Age*（London, 1962），有关铁路和社会的专题研究。

L. T. C. Rolt, *Victorian Engineering*（Harmondsworth, 1970），该书聚焦机械工程的发展。

政治和政府

A. Briggs（ed）, *Chartist Studies*（London, 1974），该书突出宪章运动的地域多样性。

M. Brock, *The Great Reform Bill*（London, 1973），关于《1832年改革法案》。

A. V. Dicey, *The Relation between Law and Public Opinion in England in the Nineteenth Century*（London, 1906），该书的文笔简洁明了，影响深远。

S. E. Finer, *Edwin Chadwick*（London, 1952），该书深入研究了这位边沁主义改革家埃德温·查德威克。

E. J. Hobsbawm and G. Rude, *Captain Swing*（London, 1968），该书讲述的是1831年的劳工起义。

N. Mccord, *The Anti-corn-law League*（London, 1975）.

O. MacDonagh, *A Pattern of Government Growth*（London, 1961），该书以研究客船监管条例为例，探讨行政管理的发展。

J. Ridley, *Palmerston*（London, 1970）.

D. Thompson, *The Chartists*（Aldershot, 1986）.

B. and S. Webb, *The History of Local English Government*（London, 1908–1929）.

社会

O. Chadwick, *The Victorian Church*（3rd edn., London, 1971），尽管书

名只表明一个教会，而实际内容却涉及所有教会。

C. Emsley, *British Society and the French Wars, 1593-1815*（London, 1979），该书的撰写动用了尚未公开的档案材料。

L. and J. C. Fawtier Stone, *An Open Elite England 1540-1880*（Oxford, 1984）.

J. Foster, *The Class Struggle in the Industrial Revolution*（London, 1974），该书从马克思主义的角度，对南希尔德、北安普敦和奥尔德姆的工业和政治进行了深入研究。

J. F. C. Harrison, *Rohert Owen and the Owenites*（London, 1969）.

H. Perkin, *The Origins of Modern English Society, 1580-1880*（London, 1969）.

R. Porter, *English Society in the 18th Century*（Harmondsworth, 1982）.

D. Read, *The English Provinces*（London, 1964），该书向读者呈现了工业革命和反谷物法同盟的社会背景。

B. Simon, *Studies in the History of Education, 1780-1870*（London, 1960），该书极力反对墨守成规，大力提倡教育创新。

L. Stone, The Family, *Sex and Marriage, 1500-1800*（London, 1977），该书阐述了家庭结构、道德规范和情感的变化。

E. P. Thompson, *The Making of the English Working Class*（London, 1963），一部充满争议的杰作。

——*Whigs and Hunters*（London, 1975），该书讲述18世纪的法律与社会。

W. R. Ward, *Religious Society in England, 1590-1950*（London, 1972）.

苏格兰、爱尔兰和威尔士

E. D. Evans, *A History of Wales, 1600-1815*（Cardiff, 1976）.

G. Oluathaigh, *Ireland before the Famine, 1798-1848*（Dublin, 1972）.

T. C. Smout, *A History of the Scottish People*（London, 1969）.

——*A Century of the Scottish People, 1830-1950*（London, 1986）.

文化

F. D. Kingender, *Art and the Industrial Revolution*（London, 1972），马克思主义对艺术和工业的解释，从乐观到怀疑，大约1750–1850年。

R. Williams, *Culture and Society, 1780-1950*（London, 1958），社会关键状况的研究：伯克，科贝特，凯雷，拉斯金。

9. 自由时代

通史读物

A. Briggs, *The Age of Improvement*（London, 1959），对1867年之前的政治和社会状况的绝佳概述。

L. Colley, *Britons: Forging the Nation*（London, 1992）.

R. C. K. Ensor, *England, 1870-1914*（Oxford, 1936, often reprinted），该书仍然具有物质价值和分析价值。

A. Grant and K. Stringer（eds.）, *Uniting the Kingdom*（London, 1995），这些短文生动记述了英伦三岛的分分合合。

E. Halevy, *History of the English People in the Nineteenth Century*, vols. v（*Imperialism and the Rise Labour 1895-1905*）and vi（*The Rule of Democracy, 1905-1914*）（rev. edn., London, 1951–1952），一部基于当代出版材料的经典作品，至今仍然拥有自己的地位。

K. T. Hoppen, *The Mid-Victorian Generation, 1846-1886*（Oxford, 1998）.

K. Robbins, *Great Britain: Identities Institutions and the Idea of*

Britishness（London, 1998），该书对英国意识形态和文化发展和衰落进行了论述，充满睿智，论据充分。

G. R. Searle, *A New England: Peace and War 1886-1918*（Oxford, 2004）.

经济史

M. Daunton, *Wealth and Welfare: An Economic and Social History of Britain, 1851-1951*（Oxford, 2007）.

R. Floud and P. Johnson（eds.）, *The Cambridge Economic and Social History of Britain, ii: Economic Maturity, 1860-1939*（Cambridge, 2003）.

P. Mathias, *The First Industrial Nation*（and rev. edn., London, 1983），内容简洁明了。

社会生活

The Batsford series, *Victorian and Edwardian Life in photographs*（many vols. by city and county），内容极佳，是重要的资料来源。

D. W. Bebbington, *Evangelicalism in Modern Britain*（London, 1989）.

Florence, Lady Bell, *At the Works*（London, 1911 edn.），该书对米德尔斯堡的社会生活进行生动、敏锐的分析。

A. Briggs, *Victorian Cities*（London, 1963）, and *Victorian People*（2nd edn., London 1965）, stimulating essays.

O. Chadwick, *The Victorian Church*, 2 vol.（3rd edn., London, 1971），一篇强有力的概论，对英国国教非常有利。

H. J. Dyos and M. Wolff（eds.）, *The Victorian City*, 2 vols.（London, 1973），带有极其全面的插图。

V. A. C. Gatrell, B. Lenman, and G. Parker, *Crime and the Law: The Social History of Crime in Western Europe since 1500*（London, 1980）.

G. Mingay（ed.），*The Victorian Countryside*, 2 vols.（London, 1981），当代作品。

R. Roberts, *The Classic Slum*（London, 1971），在索尔福德度过的童年。

F. Thompson, *Lark Rise to Candleford*（Oxford, 1945, often reprinted），牛津郡的乡村正在衰落。

F. M. L. Thompson（ed.），*The Cambridge Social History of Britain, 1750-1950*, 3 vols.（Cambridge, 1990）.

政治生活

R. Blake, *Disraeli*（London, 1966），迪斯雷利生平的权威介绍。

——*The Conservative Party from Peel to Thatcher*（new edn. London, 1981），关于保守党的兴衰。

A. Briggs（ed.），*William Morris: Selected Writings and Designs*（London, 1962），一本艺术和手工艺运动的导论。

H. A. Clegg, A. Fox, and A. F. Thompson, *A History of British Trade Unions since 1889*, vol. i. *1889-1910*（Oxford, 1964），该书是一本理解复杂的政治和劳资关系不可或缺的文献。

E. H. H. Green, *The Crisis of Conservatism: The Politics, Economics and Ideology of the Conservative Party, 1880-1914*（London, 1998）.

J. Harris, *Unemployment and Politics: A Study in English Social Policy 1886-1914*（Oxford, 1972; paperback 1984），这是一篇有关一个福利国家早期的有力的评论文章。

R. McKibbin, *The Evolution of the Labour Party, 1910-1924*（Oxford, 1974, paperback 1983），有关工党早期的权威作品。

H. C. G. Matthew, *Gladstone, 1809-1874*（Oxford, 1986）.

K. O. Morgan, *The Age of Lloyd George*（3rd edn. London, 1978），继格莱斯顿之后有关自由主义的最佳导论。

H. Pelling, *Popular Politics and Society in Late Victorian Britain*（London, 1968），该书对这一时期进行了具有挑战性的重新诠释。

M. Pugh, *The Making of Modern British Politics, 1867-1939*（London, 1982），对最新的研究进行了睿智的梳理。

A. Rosen, *Rise Up Women!*（London, 1974），该书审视了妇女参政运动，运动带来了不利后果。

S. A. Van Wingerden, *The Women's Suffrage Movement in Britain, 1866-1928*（London, 1999），该书以同情的口吻对整个妇女参政运动进行了叙述。

J. Vincent, *The Formation of the Liberal Party, 1857-1868*（London, 1966），分析精辟，有时甚至过于矛盾。

苏格兰、爱尔兰和威尔士

T. Devine, *The Scottish Nation*（London, 1999）.

R. F. Foster, *The Oxford Illustrated History of Ireland*（Oxford, 2000），chapters 4–6.

C. Harvie, *Scotland and Nationalism*（new edn., London, 1994），内容生动，思想新颖。

W. Knox, *Industrial Nation*（Edinburgh, 1999）.

D. Lord, *The Visual Culture of Wales*, i: *Industrial Society*（Cardiff, 1998），ii: *Imagining the Nation*（Cardiff, 2000）.

F. S. L. Lyons, *Ireland since the Famine*（London, 1971），从盎格鲁–爱尔兰观点来看，该书具有权威性。

K. O. Morgan, *Rebirth of a Nation: Wales 1800-1980*（Oxford and Cardiff, 1981），从温和的民族主义角度出发，该书表达了对威尔士人的同情。

W. E. Vaughan（ed.），*Ireland under the Union, 1800-1870*, 2 vols.（Oxford, 1989, 1996），该书对充满创伤的时代进行了宏大、全面和批判性的记述。

帝国主义

D. K. Fieldhouse, *The Colonial Empires*（London, 1966），一本很好的概论。

J. Keay, *The Honourable Company*（London, 1991）.

P. Kennedy, *The Realities behind Diplomacy*（London, 1981），该书有助于读者认识外交与权力的关系。

A. Porter, *The Oxford History of the British Empire*, ii: *The Nineteenth Century*（Oxford, 1999）.

B. Porter, *The Absent-minded Imperialists: Empire, Society, and Culture in Britain*（Oxford 2004）.

R. Robinson and J. Gallagher, *Africa and the Victorians*（London, 1961），一篇大胆的论文，论证了战略意义大于经济动机。

A. J. P. Taylor, *The Troublemakers*（London, 1956; reprinted 1969），该书发自肺腑地记述了一个失败的传统。

——*The Struggle for Mastery in Europe, 1848-1918*（Oxford, 1954, often reprinted），该书对德国争取权力所造成的后果进行了有力分析。

A. P. Thornton, *The Imperial Idea and its Enemies*（London, 1959），该书优雅且睿智地记述了围绕帝国的争论。

10. 20世纪

通史读物

J. M. Brown and W. R. Louis（eds.）, *The Twentieth Century: The Oxford History of the British Empire*, vol iv（Oxford, 1999）

P. Clark, *Hope and Glory: Britain 1900-1990*（London, 1996）

R. Colls, *Identity of England*（Oxford, 2002）

T. O. Lloyd, *Empire to Welfare State: English History, 1906-1992*（4th edn., Oxford, 1993），一本出色的通史读物。

D. Marquand, *Britain since 1918*（London, 2008）.

K. O. Morgan, *Britain since 1945: The People's Peace*（rev. edn, Oxford, 2001）.

C. L. Mowat, *Britain between the Wars*（London, 1955），一本涉及社会和经济主题的好书。

N. Tiratsoo（ed.）, *From Blitz to Blair*（London, 1998）.

社会和经济

A. Cairncross, *Years of Recovery: British Economic Policy, 1945-1951*（London, 1985），对艾德礼执政时期的精细研究。

J. R. C. Dow, *The Management of the British Economy, 1945-1960*（Cambridge, 1964）.

R. Floud and D. McCloskey（eds.）, *The Economic History of Britain since 1700*, vol, ii（Cambridge, 1994）.

A. H. Halsey（ed.）, *Trends in British Society since 1900*（London, 1971）,内容详尽且注重事实。

D. Kynaston, *Austerity Britain 1945-51*（London, 2007）.

J. Lewis, *Women in Britain since 1945*（London, 1992）

R. Lowe, *The Welfare State since 1945*（London, 1993）.

R. Mckibbin, *Culture and Classes: England 1918-1951*（Oxford, 1998）.

G. C. Peden, *British Economic and Social Policy: Lloyd George to Margaret Thatcher*（Deddington, 1985）.

H. Pelling, *A History of British Trade Unionism*（2nd edn., London, 1971）.

H. Perkin, *The Rise of Professional Society: England since 1880*（London,

1989）.

E. H. Phelps Brown, *The Growth of British Industrial Relations, 1906-1914*（London, 1963）.

S. Pollard, *The Development of the British Economy, 1914-1980*（3rd edn., London, 1983）.

J. Stevenson, *British Society, 1914-1945*（London, 1984）.

J. Tomlinson, *Public Policy and the Economy since 1900*（Oxford, 1990）.

政治

P. Addison, *The Road to 1945*（London, 1975），书中讲述的是二战时期的政治冲突和共识，扣人心弦。

S. Beer, *Modern British Politics*（new edn., London, 1982），一篇触动人心的专题文章。

R. Blake, *The Conservative Party from Peel to Major*（new edn., London, 1997）.

C. Hazlehurst, *Politicians at War, July 1914 to May 1915*（London, 1971）.

P. Hennessy, *Having it So Good: Britain in the Fifties*（London, 2006）.

D. Kavanagh, *Thatcherism and British Politics*（Oxford, 1984）.

R. McKibbin, *The Evolution of the Labour Party, 1910-1924*（Oxford, 1983）.

D. Marquand, *The Unprincipled Society*（London, 1988），一遍对英国政治经济学的敏锐评论。

K. O. Morgan, *Consensus and Disunity*（Oxford, 1979），战后英国（1918至1922年）。

——*Labour in Power, 1945-1951*（Oxford, 1984）.

——*Labour People: Leaders and Lieutenants, Hardie to Kinnock*（new edn, Oxford, 1992）.

R. A. C. Parker, *Chamberlain and Appeasement*（London, 1993），一份强有力的重新评估。

M. Pugh, *The Making of Modern British Politics, 1867-1939*（London, 2008），一项对学生有帮助的研究。

J. Ramsden, *An Appetite for Power*（London, 1998），保守党的现代史。

D. Reynolds, *Britannia Overruled: British Policy and World Power in the Twentieth Century*（London, 1991），一遍高质量的概论。

D. Sandbrook, *White Heat: A History of Britain in the Swinging Sixties*（London, 2006）.

A. Seldon（ed.）, *Blairs Britain, 1994-2007*（London, 2007）.

R. Skidelsky, *Politicians and the Slump*（London, 1968），第二届工党政府。

T. Wilson, *The Downfall of the Liberal Party, 1914-1935*（London, 1966）.

传记

R. Blake and R. Louis（eds.）, *Churchill*（Oxford, 1993），该书的小短文具有权威性。

B. Brivati, *Hugh Gaitskell*（London, 1996）.

A. Bullock, *The Life and Times of Ernest Bevin*, 3 vols.（London, 1960, 1967, 1983）.

J. Campbell, *Edward Heath*（London, 1993）.

——*Margaret Thatcher*, 2 vols.（London, 2000, 2003）.

B. Crick, *George Orwell: A Life*（London, 1980）.

D. Dilks, *Neville Chamberlain*, vo. i（Cambridge, 1984）.

R. Foster, *W. B. Yeats: A Life*, vol. i（Oxford, 1997）.

V. Glendinning, *Leonard Woolf: A Life*（London, 2006）.

J. Harris, *William Beveridge*（Oxford, 1977）.

K. Harris, *Attlee*（London, 1982）.

P. Hollis, *Jennie Lee: A Life*（Oxford, 1997）.

C. Hussey, *The Life of Sir Edwin Lutyens*（London, 1950）.

M. Kennedy, *The Life of Elgar*（Cambridge, 2004）.

H. Lee, *Virginia Woolf*（London, 1996）.

D. Marquand, *Ramsay Macdonald*（London, 1977）.

K. O Morgan, *Callaghan: A Life*（Oxford, 1997）.

——*Michael Foot: A Life*（London, 2007）.

B. Pimlott, *Hugh Dalton*（London, 1985）.

B. Pimlott, *Harold Wilson*（London, 1992）.

J. Rentoul, *Tony Blair: Prime Minister*（London, 2001）.

D. Reynolds, *In Command of History*（London, 2004），关于丘吉尔的战争回忆录的写作背景。

J. Shepherd, *George Lansbury*（Oxford, 2002）.

R. Skidelsky, *John and Maynard Keyes*, vols. i–iii（London, 1983, 1992, 2000）.

P. Williamson, *Stanley Baldwin*（Cambridge, 1999）.

H. Young, *One of Us*（London, 1989），关于撒切尔夫人。

苏格兰、爱尔兰和威尔士

V. Bogdanor, *Devolution in the United Kingdom*（Oxford, 1999）.

J. Davies, *A History of Wales*（London, 1993; new edn., 2007）.

T. M. Devine, *The Scottish Nation 1700-2000*（London, 1999）.

C. Harvie, *Scotland and Nationalism*（new edn., London, 1994）.

——*No Gods and Precious Few Heroes: Scotland 1914-1980*（new edn., London, 1998）.

J. R. Hill（ed.）, *A New History of Ireland*, vii: *Ireland 1921-1984*（Oxford, 2003）.

J. Lee, *Ireland, 1922-1985: Politics and Society*（Cambridge, 1989）.

F. S. L. Lyons, *Ireland since the Famine*（rev. edn., London, 1973），一份从19世纪40年代到20世纪70年代的权威研究。

K. O. Morgan, *Rebirth of a Nation: Wales 1880-1980*（Oxford and Cardiff, 1981）.

文化和艺术

G. Abraham, *The Concise Oxford History of Music*（Oxford, 1979）.

B. Bergonzi（ed.）, *The Twentieth Century: Sphere History of Literature in the English Language*, vol vii（London, 1970）.

M. Billington, *State of the Nation: British Theatre since 1945*（London, 2007）.

D. Farr, *English Art, 1870-1940*（Oxford, 1978），包括建筑风格。

B. Ford（ed.）, *The Pelican Guide to English Literature*, vii: *From James to Eliot*（rev. edn., London, 1983）.

——（ed.）, *The Pelican Guide to English Literature*, viii: *The Present*（London, 1983）.

——（ed.）, *The Cambridge Cultural History of Britain*, vol ix（Cambridge, 1992），内容全面详尽。

J. Gross, *The Rise and Fall of the English Man of Letters*（London, 1969），一篇出色的研究报告。

R. Hewison, *In Anger: Culture and the Cold War*（London, 1981）.

——*Too Much: Art and Society in the Sixties, 1960-1975*（London,

1988）.

——*Culture and Consensus*（London, 1995）.

P. Kidson, P. Murray, and P. Thompson（eds.）, *A History of English Architecture*（London, 1979）.

A. Marwick, *Culture in Britain since 1945*（London, 1991）.

W. W. Robson, *Modern English Literature*（Oxford, 1970），最佳的简短叙述。

R. Samuel, *Theatres of Memory*（London, 1994）.

——*Island Stories*（London, 1998）.

P. Young, *A History of British Music*（London, 1967）.

大事年表

公元前55—公元前54年	恺撒远征
公元前49年	*恺撒大帝击败庞培：罗马共和国的实际终结* *朱里亚·克劳迪厄斯王朝的皇帝（公元前27—公元68年）*
公元前34—公元前26年	奥古斯都计划的远征 两次入侵之间的不列颠：政治和经济变革时期
到公元前12年	*罗马在莱茵河建立永久基地*
公元40年	盖乌斯远征取消了 *克劳迪厄斯（在位时间：公元41—公元54年）*
到公元43年	库诺比林努斯之死
公元43年	克劳迪厄斯入侵
到公元47年	完成对英格兰南部和东部的征服
公元49年	科尔切斯特的建立
约公元50年	伦敦的建立
公元51年	击败和抓捕卡拉塔库斯 *尼禄（在位时间：公元54—公元68年）*
公元61年	布狄卡起义
公元68—公元69年	*“四帝之年”* *弗拉维王朝（公元69—公元96年）*

*楷体字词表示属于罗马帝国历史的事件。

公元70—公元84年	完成对威尔士和北部地区的征服 征服苏格兰 图拉真（在位时间：公元98—公元117年）
约公元100年	暂时失去苏格兰：泰恩河—索尔韦湾的罗马边界 哈德良（在位时间：公元117—公元138年）
公元122年	在不列颠的哈德良：开始修建哈德良长城 安东尼王朝（公元138—公元192年） 安东尼·庇护（在位时间：公元138—公元161年）
公元140—公元143年	安东尼进军苏格兰：到公元143年开始修建安东尼长城
约公元158年	北方的严重麻烦
？约公元160年	暂时重新占领安东尼城墙 马库斯·奥勒留斯（在位时间：公元161—公元180年）；多瑙河流域的重大战役
？约公元163年	哈德良长城被修复
公元193年	克罗迪乌斯·阿尔宾努斯在不列颠称帝 塞维鲁王朝（公元193—公元235年）
公元196—公元213年	不列颠成为两个行省
公元208—公元211年	塞普蒂米乌斯·塞维鲁和卡拉卡拉在苏格兰的战争
公元235—公元270年	帝国危机：内战和东西部遭受外敌入侵
公元260—公元273年	“高卢帝国”
公元3世纪70年代	不列颠恢复增长 戴克里先（在位时间：公元284—公元305年） “四帝共治”
公元287—公元296年	卡劳修斯和阿勒克图斯
公元296年	君士坦提乌斯一世收复不列颠
公元296年之后	不列颠成为四个行省的民事教区 君士坦丁王朝（公元305—公元363年）
公元306年	君士坦丁一世在苏格兰的征战；君士坦丁大帝在约克称帝
公元324年	唯一皇帝君士坦丁一世；君士坦丁堡建立

公元340—公元369年	严重压力时期：内部矛盾，外加蛮族的骚扰
公元350年	马格嫩提乌斯在高卢称帝
公元353年	唯一皇帝君士坦提乌斯二世
	人称“铁链”的保罗的清洗 瓦伦提尼安王朝（公元364—公元392年）
公元367—公元369年	“蛮族的阴谋”，老狄奥多西收复并重建不列颠 狄奥多西王朝（公元379—公元455年） 狄奥多西大帝（在位时间：公元379—公元395年）
公元383年	马格努斯·马克西姆斯在不列颠称帝；击败皮克特人 霍诺里乌斯（在位时间：395—423年）
公元398—公元400年	战胜皮克特人、苏格兰人、撒克逊人
公元400—公元402年	斯提里科可能撤军
公元402/3年	西部帝国的宫廷从米兰撤至拉文纳
公元406年	霍诺里乌斯在不列颠起义：两位自立的皇帝
公元407年	君士坦丁三世在不列颠称帝 君士坦丁三世对阿尔勒以西地区的统治（公元407—公元411年）
公元409年	不列颠爆发了摆脱君士坦丁三世统治的起义：罗马在不列颠的统治结束
公元410年	“霍诺里乌斯诏书”：写给不列颠人的信（？）其含义存在争议
公元429年	圣日曼诺斯访问不列颠
约公元450年	撒克逊人到来；亨吉斯特和霍萨迁徙到肯特（传说中的年代）
公元455年	亨吉斯特反叛伏提庚（传说中的年代）
公元477年	撒克逊人移民苏塞克斯（传说中的年代）
公元495年	撒克逊人移民威塞克斯（传说中的年代）
约公元500年	巴顿山战役（传说中的年代）

公元577年	西撒克逊人攻占格洛斯特、赛伦塞斯特和巴斯（传说中的年代）
公元597年	圣奥古斯丁率领传教团到达肯特
公元616年	东盎格利亚国王雷德沃尔德作为超级国王，使埃德温成为诺森布里亚国王
约公元624年	雷德沃尔德去世，很可能埋葬在萨顿·胡的墓中
公元627年	埃德温及其诺森布里亚宫廷皈依基督教
公元633年	里文菲尔德战役；诺森布里亚国王奥斯瓦尔德成为超级国王
公元635年	威塞克斯国王西内吉尔斯皈依基督教
公元642年	奥斯瓦尔德被麦西亚国王彭达杀死于奥斯沃斯特里
公元655年	彭达在温威德被诺森布里亚国王奥斯维打败，并战死；奥斯维由成为超级国王
公元664年	惠特比宗教会议
公元669年	西奥多大主教来到英格兰
672年公元	赫特福德宗教会议；特伦特战役，标志着麦西亚开始崛起
公元685—公元688年	威塞克斯在凯德尔巴德统治下扩张，兼并肯特、萨里和苏塞克斯
公元718年	埃塞尔巴德成为麦西亚国王
公元731年	比德完成《教会史》
公元747年	克洛菲休宗教大会
公元757年	埃塞尔巴德去世，奥法成为麦西亚国王
公元786年	奥法主持召开雷加丁宗教大会
公元793—公元795年	丹麦人袭击林迪斯法恩、贾罗和爱奥那
公元796年	奥法去世
公元825年	威塞克斯国王埃格伯特打败麦西亚，兼并肯特、埃塞克斯、萨里和苏塞克斯

公元835年	丹麦人大举进攻肯特
公元865年	丹麦“大军”登陆
公元867年	诺森布里亚被丹麦军队占领
公元869年	东盎格利亚被丹麦军队占领；圣埃德蒙被杀害
公元871年	丹麦军队进攻威塞克斯；阿尔弗雷德继位
公元874年	麦西亚被丹麦军队占领
公元878年	（3月）丹麦人把阿尔弗雷德赶到萨默塞特沼泽地 （5月）阿尔弗雷德在艾丁顿打败丹麦军队；古斯鲁姆接受洗礼
公元899年	阿尔弗雷德去世；“年长的”爱德华成为威塞克斯国王
公元910—公元920年	爱德华和埃塞尔弗莱德收复丹麦区的大部
公元919年	雷格纳尔德在约克建立挪威人的王国
公元924年	爱德华去世；埃塞尔斯坦继位
公元937年	埃塞尔斯坦在布鲁克南堡打败挪威人、苏格兰人和斯特拉斯克莱德的威尔士人的联军
公元939年	埃塞尔斯坦去世；埃德蒙继位
公元940年	邓斯坦开始重建格拉斯顿伯里，使之成为正规德修道院
公元946年	埃德蒙去世
公元954年	约克最后一位国王被废黜
公元959年	埃德加继位
公元960年	邓斯坦成为坎特伯雷大主教
约公元970年	编纂《修道院规章》
约公元973年	埃德加举行加冕和圣化仪式；接受不列颠国王们的归顺
公元975年	埃德加去世；“殉教者”爱德华继位
公元979年	爱德华被杀害；“仓促王”埃塞尔雷德继位
公元991年	丹麦人在马尔顿打败百利特诺思郡长及其率领的埃塞克斯军队；英格兰和诺曼底签订条约

1002年	埃塞尔雷德下令屠杀在英格兰的所有丹麦人
1003年	斯维因国王率领丹麦军队入侵
1013年	斯维因率领一支新的军队重返英格兰；丹麦区拥戴他为国王
1014年	斯维因去世；驻扎在英格兰的丹麦军队选举克努特为国王
1016年	（4月）埃塞尔雷德去世；“刚勇者”埃德蒙继位 （秋）克努特在阿辛敦击败埃德蒙；埃德蒙去世，克努特成为全英格兰之王
1017年	克努特将英格兰划分为4个伯爵国
1035年	克努特去世
1037年	哈罗德继位
1040年	哈罗德去世；哈德克努特继位
1042年	哈德克努特去世；“忏悔者”爱德华继位
1051—1052年	爱德华国王与威塞克斯伯爵戈德温之间发生冲突
1053年	戈德温去世；他的儿子哈罗德成为威塞克斯伯爵
1064—1065年	哈罗德伯爵到诺曼底访问威廉公爵
1066年	（1月）爱德华国王去世；哈罗德伯爵成为国王 （9月）英格兰国王哈罗德在斯坦福德桥击败并杀死挪威国王哈罗德
1066年	（10月）诺曼底公爵威廉在黑斯廷斯击败并杀死英格兰国王哈罗德 （12月）威廉加冕为王
1067—1070年	英格兰人发动起义
1069—1070年	对英格兰北部进行劫掠
1086年	进行末日审判土地测量
1087年	威廉一世去世；威廉二世（“红脸威廉”）继位
1088年	支持罗伯特·柯索斯的叛乱

1093年	安瑟伦出任坎特伯雷大主教
1096年	罗伯特把诺曼底典当给“红脸威廉”
1100年	“红脸威廉”去世；亨利一世继位
1101年	罗伯特·柯索斯的入侵
1106年	坦什布赖战役；柯索斯被囚禁；亨利一世夺取诺曼底
1107年	英格兰的主教授权之争得到解决
1120年	白船失事
1128年	玛蒂尔达女王与安茹的杰弗里结婚
1135年	亨利一世去世；斯蒂芬继位
1139—1153年	英格兰内战
1141年	林肯战役；斯蒂芬被抓；后来跟格洛斯特的罗伯特进行交换
1141—1145年	安茹的杰弗里征服诺曼底
1149年	诺森布里亚被割让给苏格兰国王威廉一世
1152年	安茹的亨利（后为亨利二世）与阿基坦的埃莉诺结婚
1153年	亨利入侵苏格兰；他与斯蒂芬达成妥协
1154年	斯蒂芬去世；亨利二世继位
1157年	亨利重新获得诺森布里亚
1162年	贝克特出任坎特伯雷大主教
1164年	克拉伦登会议与宪章；贝克特被流放
1166年	克拉伦登的巡回审判

1169—1172年	英格兰开始征服爱尔兰
1170年	年轻的国王加冕；贝克特被谋杀
1173—1174年	反对亨利二世的叛乱；“狮子”威廉一世（苏格兰国王）入侵英格兰北部地区
1183年	年轻的国王去世
1189年	亨利二世去世；理查一世继位
1190—1192年	理查一世参加十字军东征
1193—1194年	理查在德意志被囚禁
1193—1205年	坎德伯雷大主教休伯特·沃尔特（1194—1198任首席政法官，1199—1205任大法官）
1197年	德赫巴斯的瑞斯去世
1199年	理查一世去世；约翰继位；大法官法院档案卷宗建立
1203—1204年	腓力·奥古斯塔斯征服安茹和诺曼底
1208—1214年	天主教会禁止英格兰进行教堂礼拜活动
1214年	布汶战役；法兰西取胜
1215年	《大宪章》；英格兰内战；路易（即后来的路易八世）入侵；约翰去世；亨利三世继位
1217年	林肯战役和多佛战役；路易撤军
1221—1224年	多明我会和方济各会的游乞僧
1224年	路易八世完成对普瓦图的征服
1232年	休伯特·德·伯格被解职
1240年	卢埃林大帝去世
1254年	亨利三世接受教皇提供的西西里王位

1258年	贵族们接管王室政府；《牛津条款》
1259年	英格兰与法兰西之间的《巴黎合约》
1264年	刘易斯战役；亨利三世被俘；西蒙·德蒙特福特的政府
1265年	伊夫舍姆战役；西蒙·德蒙特福特被杀
1267年	亨利承认卢埃林·阿普·格鲁菲兹成为威尔士亲王
1272年	亨利三世去世；爱德华一世继位
1276—1277年	第一次威尔士战争
1282—1283年	爱德华征服威尔士
1286—1289年	爱德华一世在加斯科尼
1291年	爱德华一世宣称对苏格兰行使最高领主权
1294年	英法战争开始
1295年	法国与苏格兰结成联盟
1296年	爱德华一世入侵苏格兰；他与教会产生矛盾
1297年	爱德华一世与权贵们产生冲突；他对弗兰德斯进行远征
1306年	罗伯特·布鲁斯叛乱
1307年	爱德华一世去世；爱德华二世继位
1314年	苏格兰人在班诺克本取得胜利
1315—1316年	大饥荒
1321—1322年	英格兰内战
1327年	爱德华二世下台并去世；爱德华三世继位
1330年	爱德华三世开始亲政

1337年	百年战争开始
1339—1341年	英格兰政治危机
1346年	英军在克雷西战役和内维尔十字会战中取得胜利
1347年	英军攻占加来
1348年	英格兰第一次暴发瘟疫
1356年	英军在普瓦捷取得胜利
1361年	第二次瘟疫大暴发
1376年	“优良议会”召开；“黑太子”爱德华去世
1377年	爱德华三世去世；理查二世继位
1381年	农民起义
1382年	宣布没收约翰·威克利夫的著作
1388年	“无情议会”召开；反对苏格兰人的奥特本战役
1389年	理查二世宣布自己已经成年
1394—1395年	理查二世对爱尔兰的第一次远征
1396年	《英法合约》
1397—1399年	理查二世的“独族”
1399年	理查二世被废黜；亨利四世继位
1400年	欧文·格兰道尔的叛乱开始（一直延续到1410年）
1403年	亨利·珀西（“热刺”）在什鲁斯伯里被击败
1405年	约克大主教斯克罗普被处决
1408年	诺森伯兰伯爵在布拉默姆沼泽地被击败

1413年	亨利四世去世；亨利五世继位
1415年	英军在阿金库尔战役中获胜
1419—1420年	英格兰征服诺曼底
1420年	特鲁瓦的《英法合约》
1422年	亨利五世去世；亨利六世继位
1435年	贝德福德公爵约翰去世；阿拉斯的《法国–勃艮第合约》
1436—1437年	亨利六世成年
1445年	亨利六世与安茹的玛格丽特结婚
1449—1450年	法军侵占诺曼底
1450年	萨福克公爵被谋杀；约翰·凯德叛乱
1453年	法军侵占加斯科尼；亨利六世发病
1455年	在约克公爵理查和保王党军队之间进行圣奥尔本斯战役
1459年	约克公爵在布洛希思荒野和路孚德桥上被击败
1461年	亨利六世被废黜；爱德华四世继位
1465年	亨利六世被俘
1469年	沃里克伯爵理查和克拉伦斯公爵乔治叛乱
1470年	爱德华四世被废黜；亨利六世重新归来
1471年	爱德华四世归来；沃里克伯爵在巴内特去世；亨利六世去世
1475年	爱德华四世远征法国；《皮基尼英法合约》
1477年	威廉·卡克斯顿在英格兰刊印的第一本书问世

1483年	爱德华四世去世；爱德华五世继位，被废黜并去世；理查三世继位；白金汉公爵亨利叛乱
1485年	理查三世在博斯沃思去世；亨利七世继位
1487年	兰伯特·西姆内尔叛乱
1491年	亨利王子出生
1509年	亨利八世继位
1510年	恩普森和达德利被处死
1512年	英格兰与法国和苏格兰的战争
1513年	弗洛登战役：英格兰战胜苏格兰
1515年	沃尔西被任命为大法官
1522年	与法国的战争
1525年	与法国达成和平协议
1527年	离婚危机开始
1528年	与西班牙的战争
1529年	签订《康布雷和平协议》；沃尔西失宠：托马斯·莫尔爵士接任大法官
1532年	莫尔辞职
1533年	亨利八世与安妮·博林结婚；《上诉法案》；伊丽莎白公主出生
1534年	《至尊法案》
1535年	莫尔和费舍尔被处决
1536年	男修道院解散；格雷斯的朝圣；英格兰与威尔士联合
1542年	索尔韦莫斯战役；英格兰战胜入侵的苏格兰军队

1543年	与法国的战争
1547年	爱德华六世继位；萨默塞特被提升为摄政王；平启战役：英格兰战胜苏格兰
1549年	第一本《公祷书》；诺森伯兰的政变
1553年	玛丽继位
1554极	红衣主教波尔回归；与罗马重建联系；怀亚特叛乱
1555年	开始迫害新教徒
1557年	与法国的战争
1558年	《新税则》；伊丽莎白一世继位
1559年	《卡托-康布雷齐合约》；英格兰的宗教和解
1566年	帕克大主教公布《公告书》，要求遵守教规
1568年	玛丽·斯图亚特逃往来英格兰
1569年	北方叛乱
1570年	教宗诏书宣布伊丽莎白被驱逐和废黜
1580年	耶稣会传教士抵达英格兰
1585年	与西班牙的战争
1587年	玛丽·斯图亚特被处决
1588年	击败西班牙无敌舰队
1594年	农业开始歉收
1601年	埃塞克斯叛乱
1603年	伊丽莎白逝世；苏格兰的詹姆斯六世继位，成为詹姆斯一世；爱尔兰的和平；清教徒的《千人请愿书》

1604年	与西班牙签订和约（《伦敦条约》）；汉普顿宫会议（国王、主教、清教徒）
1605年	火药阴谋，最后一次重大天主教阴谋
1606—1607年	詹姆斯的王国合并计划失败
1607年	弗吉尼亚定居点
1609年	爱尔兰北方伯爵的叛乱；苏格兰人和英国新教徒开始移民阿尔斯特省
1610年	《大契约》失败（王室财政改革）
1611年	《圣经》授权版的出版（圣公会–清教徒合作）
1612年	詹姆斯寄予厚望的长子亨利王子去世
1613年	伊丽莎白公主与新教狂热者巴拉丁选帝侯的婚姻，使英国陷入了大陆政治
1617—1629年	白金汉公爵乔治·维利耶斯崛起
1619—1622年	因纽·琼斯设计了宴会厅，这是亨利八世统治以来第一座大型皇家公共建筑
1620年	清教徒祖先开始把宗教迁移到新英格兰
1622—1623年	查理王子和白金汉公爵去西班牙，向国王的女儿求爱，但被拒绝
1624—1630年	与西班牙的战争
1625年	詹姆斯一世去世；查理一世继位，以及与法国路易十三的姐姐亨利埃塔·玛丽亚的婚姻
1626—1629年	与法国的战争
1628年	《权利请愿书》；哈维出版了关于血液循环的著作；白金汉公爵遭刺杀
1629年	查理一世解散议会，决定无议会执政

1630年	开始大规模移民到北美马萨诸塞州
1633年	威廉·劳德被提升为坎特伯雷大主教
1634—1640年	造船税案件
1637年	汉普顿案的判决支持查理一世征收造船税的主张
1637—1640年	查理一世的苏格兰政府瓦解，他两次试图强行实施他的意志
1640年	召集长议会
1641年	英格兰和苏格兰的政府改组；废除议会法庭，废除特权税，三年期法案，大示威；阿尔斯特天主教徒的叛乱
1642年	国王逮捕五位议员；他从伦敦撤军；19个主张；诉诸武力：内战
1643年	国王的军队日益壮大；苏格兰人入侵以支持国会
1644年	议会军队日益壮大，尤其是在战争的决定性战役中（马斯顿·摩尔，6月）
1645年	武装中立分子“手持棍棒者”的崛起威胁到双方；保皇党军队解体，但议会部队重组（新模范军）
1646年	国王向苏格兰投降；主教和《公祷书》被废除，长老教会成立
1647年	军队起义；激进运动批评议会专制；国王扯谎
1648年	第二次内战：苏格兰人现在与国王并肩而战，但被击败；地方起义（肯特、科尔切斯特、南威尔士、约克等地）受到镇压
1649年	查理一世的审判和处决：英格兰采用共和制
1649—1653年	一院制议会统治的政府，即“残缺”议会，彻底清除了保皇党和温和派
1649—1650年	奥利弗·克伦威尔征服了爱尔兰（德罗赫达大屠杀）

1650—1652年	奥利弗·克伦威尔征服了苏格兰（邓巴战役和伍斯特战役）
1651年	托马斯·霍布斯的《利维坦》出版
1652—1654年	第一次与荷兰的战争
1653年	克伦威尔解散了残缺议会，创立了提名议会或小议会；提名议会把权力交给他，根据纸质宪法（《政府章程》），他成为摄政王
1655—1660年	与西班牙的战争
1655年	保皇派暴动（彭拉多克的起义）完全失败
1657年	《政府章程》由议会纸质宪法《恭顺请愿和建议书》取代；克伦威尔拒绝接受国王的头衔，仍然是摄政王，但提名了自己的上议院成员
1658年	克伦威尔去世，其子理查德继任
1659年	理查德被军队推翻；残缺议会恢复，但令军队中的许多人感到不悦
1660年	查理二世复辟
1662年	英格兰教会恢复；皇家学会制定自己的章程
1663年	王室首次引入宗教宽容的尝试失败
1665—1667年	第二次与荷兰的战争（1665年大瘟疫）
1665年	大瘟疫（最终大爆发）
1666年	伦敦大火
1667年	弥尔顿的《失乐园》出版
1672—1673年	王室第二次引入宗教宽容的尝试失败
1672—1674年	第三次与荷兰的战争

1674年	推出了谷物赏金计划（英格兰实现食物自给自足）
1678年	提图斯·奥茨和天主教阴谋；班扬的《天路历程》第一部分出版
1679—1681年	排除危机；辉格党和托利党的出现
1683年	拉伊豪斯阴谋；辉格党被禁止
1685年	查理二世逝世；詹姆斯二世继位；查理二世的清教徒私生子蒙茅斯公爵的叛乱失败
1687年	詹姆斯二世宣布《宽容宣言》；禁止保守党；牛顿的《数学原理》出版
1688年	詹姆斯二世之子降生；奥兰治的威廉入驻；詹姆斯二世逃亡，（奥兰治的）威廉三世和玛丽继位
1689年	《权利法案》解决了王位继承并宣布各种不满为不合法行为；《宽容法案》给予非国教信仰者中信仰三位一体的新教徒一些权利
1690年	博因河战役；威廉三世击败爱尔兰和法国军队
1694年	英格兰银行成立；玛丽女王去世；《三年法案》规定一届议会最长期限为三年
1695年	《许可证法案》失效
1697年	奥格斯堡同盟军与法国之间达成《里斯维克和平条约》；《王室经费法案》提议划拨资金维持王室开支
1701年	西班牙王位继承战开始；《王位继承法》决定由汉诺威选帝侯夫人索菲娅的后代继承王位
1702年	威廉三世去世；安妮继承王位
1704年	布伦海姆战役；英国、荷兰、德国和奥地利军队击败法国和巴伐利亚军队；英国从西班牙手中夺取直布罗陀
1707年	英格兰和苏格兰成立联合王国
1710年	弹劾萨谢弗雷尔；罗伯特·哈利内阁

1713年	缔结《乌得勒支和约》，就此结束西班牙王位继承战
1714年	安妮去世；乔治一世继位
1715年	企图推翻汉诺威王朝、继承王位的詹姆斯二世党人叛乱失败
1716年	《七年法案》规定一届议会最长期限为七年
1717年	辉格党分裂；停止召集议会会议
1720年	南海泡沫事件：许多投资者在对南海公司股票进行投机买卖后破产
1721年	罗伯特·沃波尔内阁
1722年	阿特伯里阴谋，知名的詹姆斯二世党人阴谋
1726年	乔纳森·斯威夫特的《格利佛游记》出版
1727年	乔治一世去世；乔治二世继位
1729年	亚历山大·蒲柏的《群愚史诗》出版
1730年	沃波尔、汤森德分裂
1733年	消费税危机：沃波尔不得不放弃他改革关税和消费税的计划
1737年	卡罗琳女王去世
1738年	约翰·卫斯理经历了“信仰皈依”
1739年	与西班牙之间爆发“詹金斯的耳朵”战争
1740年	奥地利王位继承法
1741年	塞缪尔·理查森的《帕梅拉》出版
1742年	沃波尔倒台
1744年	亨利·佩尔汉姆内阁

1745年	詹姆斯二世党人叛乱
1746年	卡洛登战役；坎伯兰公爵打垮詹姆斯二世党人的军队
1748年	《亚琛和约》结束了奥地利王位继承法
1752年	采用公历
1753年	《犹太人入籍法案》
1754年	纽卡斯尔内阁
1756年	七年战争：英国与普鲁士的腓特烈大帝联手对抗法国、奥地利和俄国
1757年	威廉·皮特和纽卡斯尔内阁；普拉西战役胜利
1759年	从法国手中夺取魁北克
1760年	乔治二世去世；乔治三世继位
1761年	劳伦斯·斯特恩的《商第传》出版
1762年	比特内阁
1763年	《巴黎和约》结束七年战争；乔治·格伦维尔内阁；约翰·威尔克斯和“通用拘票”
1765年	罗金厄姆内阁；美洲印花税风波
1766年	查塔姆内阁
1768年	格拉夫顿内阁；米德尔塞克斯选举危机
1769年	詹姆斯·瓦特发明的蒸汽机获得专利
1770年	诺思勋爵的内阁；埃德蒙·伯克的《关于当前不满的原因之思考》出版；福克兰群岛危机
1773年	波士顿倾茶事件
1774年	通过《强制法案》以反击波士顿倾茶事件

1776年	《英国独立宣言》；爱德华·吉本的《罗马帝国兴亡史》和亚当·斯密的《国富论》出版
1779年	克里斯托弗·维威尔的会社运动
1780年	戈登暴乱，反对《天主教徒解救法案》
1781年	美国在约克镇战役中获胜
1782年	第二届罗金厄姆内阁
1783年	谢尔本内阁；《凡尔赛和约》承认北美殖民地独立；福克斯·诺思联盟；小皮特内阁
1784年	《东印度公司法案》
1785年	皮特关于议会改革的动议受挫
1786年	与法国签署《艾登条约》
1788年	摄政危机
1789年	法国革命
1790年	埃德蒙·伯克的《法国革命随想录》发表
1791—1792年	托马斯·潘恩的《人的权利》发表
1792年	使用煤气照明；玛丽·沃尔斯通克拉夫特发表《女权辩护》
1793年	英法开战；自愿捐助的农业委员会成立；商业萧条
1795年	“斯品汉姆兰”户外救济制度开始采用，弥补工资以达到基本生活所需
1796年	首例牛痘疫苗接种，预防天花
1798年	托·罗·马尔萨斯的《人口论》发表；对收入超过200英镑的人开征10%的所得税
1799年	工会遭到压制；拿破仑任法国第一执行官

1799—1801年	商业繁荣
1801年	同爱尔兰合并；英国第一次人口普查
1802年	同法国签订和约；罗伯特·皮尔的第一部工厂法
1803年	对法战争；通用圈地法简化了公地的圈地程序
1805年	特拉法尔加海战；纳尔逊大败法国-西班牙联合舰队
1809—1810年	商业繁荣
1811年	封锁拿破仑的枢密令造成萧条；诺丁汉郡和约克郡的“勒德”派动乱；威尔士亲王乔治成为摄政王
1813年	东印度公司失去贸易垄断权
1815年	滑铁卢之战击溃拿破仑；欧洲和平；维也纳会议；通过《谷物法》，规定小麦每夸特80先令为进口基准价
1815—1817年	商业繁荣
1817年	物价下跌；织毯工反饥饿游行和其他骚动
1819年	彼得卢惨案；骑兵队干涉群众改革集会，死11人，伤400人
1820年	乔治三世逝世；乔治四世继位
1821—1823年	爱尔兰的饥荒
1824年	商业繁荣
1825年	工会组织合法化；斯托克顿至达灵顿铁路开通；商业萧条
1829年	天主教解禁法，终止了对天主教徒公民权、拥有财产权和担任公职权等方面的否认和限制
1830年	乔治四世逝世；威廉四世继位；利物浦至曼彻斯特铁路开通
1830—1832年	第一次霍乱爆发；以格雷伯爵为首的辉格党执政

1831年	乡村地区反对农业机械化的“斯温”船长动乱
1832年	《议会选举法修正案》使这个时期的政治改革达到高潮，扩大了选举权，调整了议会代表结构
1833年	《工厂法》限制童工；英国国教内发起牛津运动
1834年	英帝国废除蓄奴制；《济贫法修正案》设立教区间联合济贫院；罗伯特·欧文创建全国大统一工会；政府反对工会“非法盟誓”的行动导致全国大统一工会运动失败和六名“托尔普德尔蒙难者”被流放
1835年	《市政改革法》将地方政府选举扩大到所有纳税人
1835—1836年	商业繁荣；“小”铁路热
1837年	威廉四世去世；维多利亚女王继位
1838年	反《谷物法》联盟成立；《人民宪章》起草
1839年	宪章运动
1840年	便士邮政设立
1841年	托利党执政；皮尔开始组阁
1844年	《银行特许状法》；罗奇代尔合作社成立；皇家城镇卫生委员会
1844—1845年	铁路热；大规模投资铺设了5000英里铁轨；爱尔兰土豆受灾，饥荒开始
1845年	爱尔兰饥荒
1846年	爱尔兰饥荒；取缔《谷物法》；辉格党执政
1847年	威尔士教育报告
1848年	爱尔兰饥荒；青年爱尔兰组织起义；欧洲各国革命；霍乱流行；《公共卫生法》
1851年	大博览会；天主教圣统制在英国恢复

1852年	德比伯爵第一届保守党少数政府
1852—1855年	阿拉丁伯爵的联合政府；牛津大学和剑桥大学改革
1853年	威廉·格莱斯顿的第一个预算报告
1854年	诺斯科特-特里维廉设立文官制度的报告
1854—1856年	克里米亚战争，保卫欧洲在中东的利益不受俄国侵犯
1855年	帕默斯顿子爵的第一届政府
1857—1858年	第二次鸦片战争为欧洲贸易打开了中国的门户
1858—1859年	德比的第二届保守党少数政府
1858年	印度兵变；《印度法》
1859年	查尔斯·达尔文的《物种起源》发表
1859—1865年	帕默斯顿的第二届自由党政府
1860年	英法《科布登条约》及格莱斯顿的预算报告确立并扩展了自由贸易原则
1861年	女王的丈夫阿尔伯特亲王逝世
1862年	《股份有限公司法》为以股份形式融资提供了强大动力
1865年	帕默斯顿逝世（10月）
1865—1866年	罗素伯爵的第二届自由党政府
1866年	霍乱爆发；罗素-格莱斯顿的温和改革议案失败
1866—1868年	德比的第三届保守党少数政府
1867年	《德比-迪斯雷利选举法修正案》；《加拿大自治领法》
1868年	本杰明·迪斯雷利继德比任首相（2月）；

1868—1874	格莱斯顿第一届自由党政府
1869年	苏伊士运河开凿；爱尔兰教会撤销国教地位
1870年	《爱尔兰土地法》；福斯特-里彭的《英国初等教育法》；《已婚妇女财产法》扩大了妇女在婚姻内的权利
1871年	废除大学任职的宗教考察
1872年	《苏格兰教育法》
1873年	格莱斯顿政府在《爱尔兰大学法》提案失败后辞职；迪斯雷利拒绝就职；欧洲经济衰退
1874—1880年	迪斯雷利第二届保守党政府
1875年	迪斯雷利购买苏伊士运河股份，英国获得支配性债权；农业不景气加剧；《劳资争议法》，规定罢工设置纠察线合法
1875—1876年	理·阿·克罗斯的保守党社会改革议案通过
1876年	维多利亚宣称为印度女皇；土属保加利亚屠杀基督徒事件在英国激起格莱斯顿领导的反土耳其运动
1877年	英国与布尔国在南非成立联邦
1878年	柏林会议；迪斯雷利宣布“荣耀的和平”
1879年	工商业不景气；祖鲁战争；英国在伊桑德尔瓦纳战败，在乌隆迪获胜
1879—1880年	格莱斯顿在中洛锡安竞选活动中，斥责在阿富汗和南非的帝国主义
1880—1885年	格莱斯顿第二届自由党政府
1880—1881年	第一次英国-布尔战争
1881年	爱尔兰《土地法》和《镇压法》
1882年	英国占领埃及；德、奥、意三国缔结军事同盟

1884—1885年	《选举改革法》和《重分选区法》
1885年	查尔斯·戈登死于喀土穆；兼并缅甸；索尔兹伯里第一届保守党（少数）政府；柏林会议瓜分非洲；苏格兰《土地法》
1886年	皇家尼日尔公司获得特许状；德兰士瓦发现金矿；格莱斯顿第三届自由党政府提出第一个爱尔兰自治议案；自由党分裂
1886—1892年	索尔兹伯里第二届（保守党-自由党统一主义）政府
1887年	英国东非公司获得特许状
1888年	地方议会法确立代议制地方权利政府
1889年	伦敦码头工人罢工；英国南非公司获得皇家特许状
1892—1894年	格莱斯顿的第四届自由党（少数）政府
1893年	第二个爱尔兰自治议案遭贵族院否决；独立劳工党成立
1894—1895年	罗斯伯里伯爵的自由党（少数）政府
1895—1902年	索尔兹伯里侯爵的第三届统一党内阁
1896—1898年	苏丹被征服
1898年	德国海军开始大发展
1898—1902年	第二次英国-布尔战争
1899年	（8月）英国在南非接连失利
1900年	索尔兹伯里赢得“卡其大选”；劳工代表委员会成立；《澳大利亚联邦法》
1901年	维多利亚女王逝世；爱德华七世继位
1902年	阿瑟·贝尔湖的《教育法》；英国同日本结盟

1902—1905年	贝尔湖的统一党政府
1903年	约瑟夫·张伯伦的关税改革运动开始
1904年	英法缔结协约
1905—1908年	坎贝尔-班纳曼的自由党政府
1906年	自由党赢得大选（1月）；工党成立；英国皇家海军无畏级战舰服役
1907年	英俄缔结协约
1908—1915年	赫伯特·阿斯奎斯的自由党政府
1908年	阿斯奎斯的养老金计划提案
1909年	温斯顿·丘吉尔的劳工介绍所提案；劳合·乔治的预算案遭贵族院否决；南非联盟法
1910年	（1月）大选；自由党政府继续执政 （5月）爱德华七世逝世；乔治五世继位 （12月）大选；自由党政府再次保持执政权
1911年	《议会法》削减了上议院的权利，确立每五年进行一次大选的制度；劳合·乔治的《国民保险法》；摩洛哥危机
1911—1912年	铁路、采矿、煤矿罢工
1912年	英国和德国有关限制海军的商谈失败；泰坦尼克号沉没
1912—1914年	第三个（爱尔兰）《自治法》和《撤销威尔士教会国教地位法》获得通过，但因战争延期实行
1914年	（6月28日）费迪南大公在萨拉热窝被刺身亡 （8月4日）英国参加第一次世界大战
1915—1916年	达达尼尔海峡远征，以英国军队从加里波利撤退告终
1916年	索姆河战役；日德兰战役；劳合·乔治接替赫伯特·阿斯奎斯任首相
1917年	美国参战；帕斯尚尔战役

1918年	《人民代表法》将投票权扩大到30岁以上的妇女；第一次世界大战结束（11月11日）；劳合·乔治的联合政府以“优惠券”的方式再次当选（12月）
1919年	《凡尔赛条约》确立欧洲的和平
1921年	大罢工期间煤矿工人寻求码头工人和铁路工人工会的支持（“三方联盟”）；在“黑色星期五”码头工人和铁路工人退缩，三方联盟破裂；劳合·乔治与新芬党签订条约
1922年	劳合·乔治倒台；博纳·劳领导保守党政府
1923年	斯坦利·鲍德温为保守党首相；大选
1924年	（1月）拉姆齐·麦克唐纳领导第一届工党政府；（11月）保守党在鲍德温的领导下重新执政
1925年	英国恢复金本位制
1926年	总罢工（5月3日—12日）
1929年	大选；麦克唐纳领导第二届工党政府
1931年	金融危机与英镑挤兑；英国放弃金本位制；麦克唐纳辞职并在大选后领导国民内阁
1932年	关于帝国贸易的渥太华会议实施保护性关税
1935年	保守党赢得大选；鲍德温接替麦克唐纳任首相；应对阿比西尼亚问题的《霍尔-拉瓦尔条约》；《印度政府法》
1936年	国王乔治五世去世；爱德华八世逊位；乔治六世成为国王
1937年	内维尔·张伯伦接替鲍德温任保守党政府首相
1938年	张伯伦在贝希特斯加登、巴特戈德斯贝格和慕尼黑会见阿道夫·希特勒
1939年	英国保证波兰的安全；英国向德国宣战（9月3日）
1940年	温斯顿·丘吉尔接替张伯伦任首相；敦刻尔克撤退；不列颠之战

1941年	德国空军继续在许多英国城市进行闪电轰炸；苏联和美国参战
1942年	新加坡陷落；蒙哥马利取得阿拉曼战役胜利；斯大林格勒战役；关于社会保险的贝弗里奇报告发表
1943年	北非战役成功；英美军队攻入意大利
1944年	攻入法国的D日（诺曼底登陆）；《R.A.巴特勒教育法》出台
1945年	战争在欧洲（5月8日）和远东（8月15日）结束；大选；工党获得巨大胜利，克莱门特·艾德礼成为首相
1947年	煤炭和其他工业国有化；自由兑换危机；印度、巴基斯坦和缅甸独立
1948年	贝万发起建立国民保健服务体系；从巴勒斯坦撤出
1949年	北约成立；斯塔福德·克里普斯将英镑贬值
1950年	大选；工党以微弱多数继续执政；朝鲜战争爆发
1951年	不列颠展；大选；保守党击败工党，丘吉尔再任首相
1952年	乔治六世国王去世；女王伊丽莎白二世继位
1954年	英国部队从埃及撤出
1955年	艾登任首相；保守党赢得大选
1956年	英—法联军入侵苏伊士运河区，随后撤出
1957年	安东尼·艾登辞职；哈罗德·麦克米伦成为首相
1959年	大选；保守党以较大多数获胜
1963年	法国否决了英国加入欧洲共同市场的申请；在莫斯科签署的禁核条约对核试验进行限制；亚历克·道格拉斯-霍姆接替麦克米伦任首相
1964年	大选；工党在哈罗德·威尔逊领导下以微弱多数获胜

1966年	大选；工党以较大多数获胜
1967年	英镑贬值
1968年	英国限制英联邦国家的移民
1970年	大选；保守党在爱德华·希思领导下重新执政
1972年	全国煤矿工人大罢工；北爱尔兰的斯托蒙特政府被废止
1973年	英国加入欧洲共同市场
1974年	全国煤矿工人大罢工；两次大选；工党在威尔逊领导下均获微弱多数
1975年	全国公决支持英国留在欧洲共同市场
1976年	经济危机；英国从国际货币基金组织得到援助
1979年	威尔士和苏格兰就地方分权问题举行公决；大选；保守党在玛格丽特·撒切尔领导下重新执政；津巴布韦（罗得西亚）独立
1980年	北海石油使英国自给自足
1981年	社会民主党成立
1982年	英国在福克兰群岛战争中击败阿根廷
1983年	大选；撒切尔保守党政府以压倒性多数继续执政；英国部署巡航导弹
1984年	煤矿工人大罢工
1985年	持续了一年后煤矿工人结束罢工；《英美希尔斯伯勒协议》签署
1986年	英吉利海峡隧道条约签署；股票交易所“大爆炸”改革（使用计算机网络）
1987年	大选；撒切尔保守党政府以超过100席的多数继续执政；秋季股市崩盘

1989年	人头税率先在苏格兰实施
1990年	英国加入货币兑换机制；撒切尔辞职；约翰·梅杰成为首相
1991年	针对伊拉克的海湾战争
1992年	在大选中保守党出人意料地获胜；“黑色星期五”；英国退出ERM（欧洲汇率机制）
1994年	爱尔兰共和军宣布在北爱尔兰停火
1996年	查尔斯王子与黛安娜王妃离婚
1997年	工党以179席的优势赢得大选；托尼·布莱尔成为首相；黛安娜王妃在巴黎车祸中丧生；苏格兰与威尔士就地方分权问题举行全民公决；英国从香港撤出
1998年	北爱尔兰达成耶稣受难节协议
1999年	欧洲经济与货币联盟（EMI）启动（1月1日），英国未启动；苏格兰与威尔士议会进行首次选举；北爱尔兰议会开幕；世袭贵族在上院的席位被废除
2000年	千禧穹顶开放；第一位民选伦敦市长诞生
2001年	纽约和华盛顿特区发生911爆炸案：67名英国人丧生
2002年	伊丽莎白女王登基50周年
2003年	英美入侵伊拉克；伦敦大规模抗议游行
2005年	工党在大选中获得三连胜；伦敦赢得2012年奥运会的主办权；伦敦的恐怖爆炸
2007年	欧盟改革条约；戈登·布朗继任托尼·布莱尔为首相；北爱尔兰议会与北爱尔兰民主统一党党魁伊恩·佩斯利举行会议；苏格兰民族主义者在爱丁堡成立政府；塞文河谷发生严重洪灾；泰晤士干线与伦敦和巴黎之间的海峡隧道相连接
2008年	经济急剧下滑；大西洋两岸国家的银行业破产导致英国银行业陷入危机；几家银行被有效国有化

历任首相名录1721—2008

罗伯特·沃波尔	1721年4月
威尔明顿伯爵	1741年2月
亨利·佩勒姆	1743年8月
纽卡斯尔公爵	1754年3月
德文郡公爵	1756年11月
纽卡斯尔公爵	1757年7月
比特伯爵	1762年5月
乔治·格伦维尔	1763年4月
罗金厄姆侯爵	1765年7月
查塔姆伯爵	1766年7月
格拉夫顿公爵	1768年10月
诺恩伯爵	1770年1月
罗金厄姆侯爵	1782年3月

谢尔本伯爵	1782年7月
波特兰公爵	1783年4月
威廉·皮特	1783年12月
亨利·埃丁顿	1801年3月
威廉·皮特	1804年5月
威廉·温德姆·格伦维尔	1806年2月
波特兰公爵	1807年3月
斯潘塞·珀西瓦尔	1809年10月
利物浦伯爵	1812年6月
乔治·坎宁	1827年4月
戈德里奇子爵	1827年8月
威灵顿伯爵	1828年1月
格雷伯爵	1830年11月
墨尔本子爵	1834年7月
威灵顿公爵	1834年11月
罗伯特·皮尔爵士	1834年12月
墨尔本子爵	1835年4月
罗伯特·皮尔爵士	1841年8月
约翰·罗素勋爵	1846年6月

德比伯爵	1852年2月
阿拉丁伯爵	1852年12月
帕默斯顿子爵	1855年2月
德比伯爵	1858年2月
帕默斯顿子爵	1859年6月
罗素伯爵	1865年10月
德比伯爵	1866年6月
本杰明·迪斯雷利	1868年12月
威廉·尤厄特·格莱斯顿	1868年12月
本杰明·迪斯雷利	1874年2月
威廉·尤厄特·格莱斯顿	1880年4月
索尔兹伯里侯爵	1885年6月
威廉·尤厄特·格莱斯顿	1886年2月
索尔兹伯里侯爵	1886年7月
威廉·尤厄特·格莱斯顿	1892年8月
罗斯伯里伯爵	1894年3月
索尔兹伯里侯爵	1895年6月
阿瑟·詹姆斯·贝尔福	1902年7月
亨利·坎贝尔-班纳曼爵士	1905年12月

赫伯特·罗利·阿斯奎斯	1908年4月
赫伯特·罗利·阿斯奎斯	1908年4月起
劳合·乔治	1916年12月
安德鲁·博纳·劳	1922年12月
斯坦利·鲍德温	1923年5月
詹姆斯·拉姆齐·麦克唐纳	1924年1月
斯坦利·鲍德温	1924年11月
詹姆斯·拉姆齐·麦克唐纳	1929年6月
斯坦利·鲍德温	1935年6月
内维尔·张伯伦	1937年5月
温斯顿·丘吉尔	1940年5月
克莱门特·艾德礼	1945年7月
温斯顿·丘吉尔	1951年10月
安东尼·艾登爵士	1955年4月
哈罗德·麦克米伦	1957年1月
亚历克·道格拉斯—霍姆爵士	1963年10月
哈罗德·威尔逊	1964年10月
爱德华·希思	1970年6月
哈罗德·威尔逊	1974年3月

詹姆斯·卡拉汉	1976年4月
玛格丽特·撒切尔	1979年5月
约翰·梅杰	1990年11月
托尼·布莱尔	1997年5月
戈登·布朗	2007年6月

王室世系表

威塞克斯王朝
公元802—1066
埃格伯特(802—839)
埃塞尔伍尔夫(839—855)
埃塞尔巴德
(855—860)
埃塞尔伯特
(860—866)
埃塞尔雷德一世
(866—871)
阿尔弗雷德大帝
(871—899)
艾尔赫斯威斯
(904卒)
长者爱德华(899—924)
埃塞尔弗莱德(918卒)
埃塞尔雷德(911卒)
(麦西亚领主)
埃塞尔斯坦(全英格兰的首位君主)
(924—939)
埃德蒙一世
(939—946)
埃尔夫吉夫
埃德雷德
(946—955)
埃德威格(955—959)
(1)埃塞尔弗莱德(962卒)
埃德加(959—975)
(2)埃弗斯丽斯
理查一世
(诺曼底公爵)(无畏者)
(966—996)
爱德华(殉教者)
(975—979)
埃尔夫吉夫
埃塞尔雷德二世
(仓促王)
(979—1016)
爱玛(1052卒)
理查二世(善者)(1026卒)
埃德蒙二世(刚勇者)(1016卒)
艾尔基丝
克努特一世
(斯凡八字胡须王之子)
(丹麦人)(1016—1035)
理查三世
(1027卒)
罗伯特
(杰出者)
(1035卒)
埃德蒙(1016卒)
爱德华(流亡者)(1057卒)
阿加莎
私生子
埃德加
(太子)
(1125卒)
玛格丽特
(1093卒)
马柯姆三世
(苏格兰国王)
斯维因
(挪威国王)
哈罗德一世
(1037—1040)
哈德克努特
克努特二世
(1040—1042)
戈德温
(1053卒)
(2)吉莎
威廉一世
(征服者)
(1066—1087)
阿尔弗雷德
(1036卒)
爱德华
(忏悔者)
(1042—1066)
伊迪思
(1075卒)
哈罗德二世
(1066)

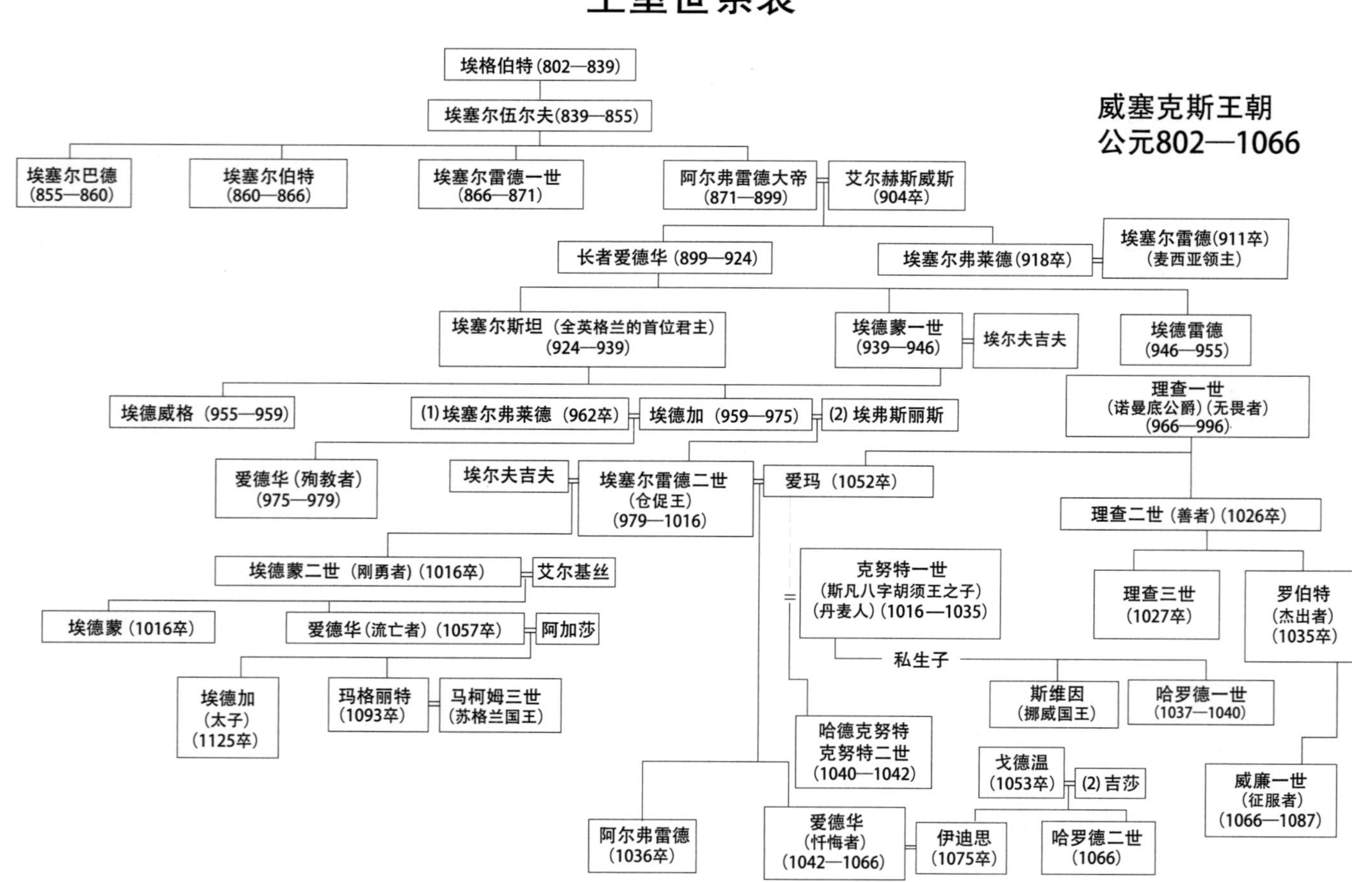

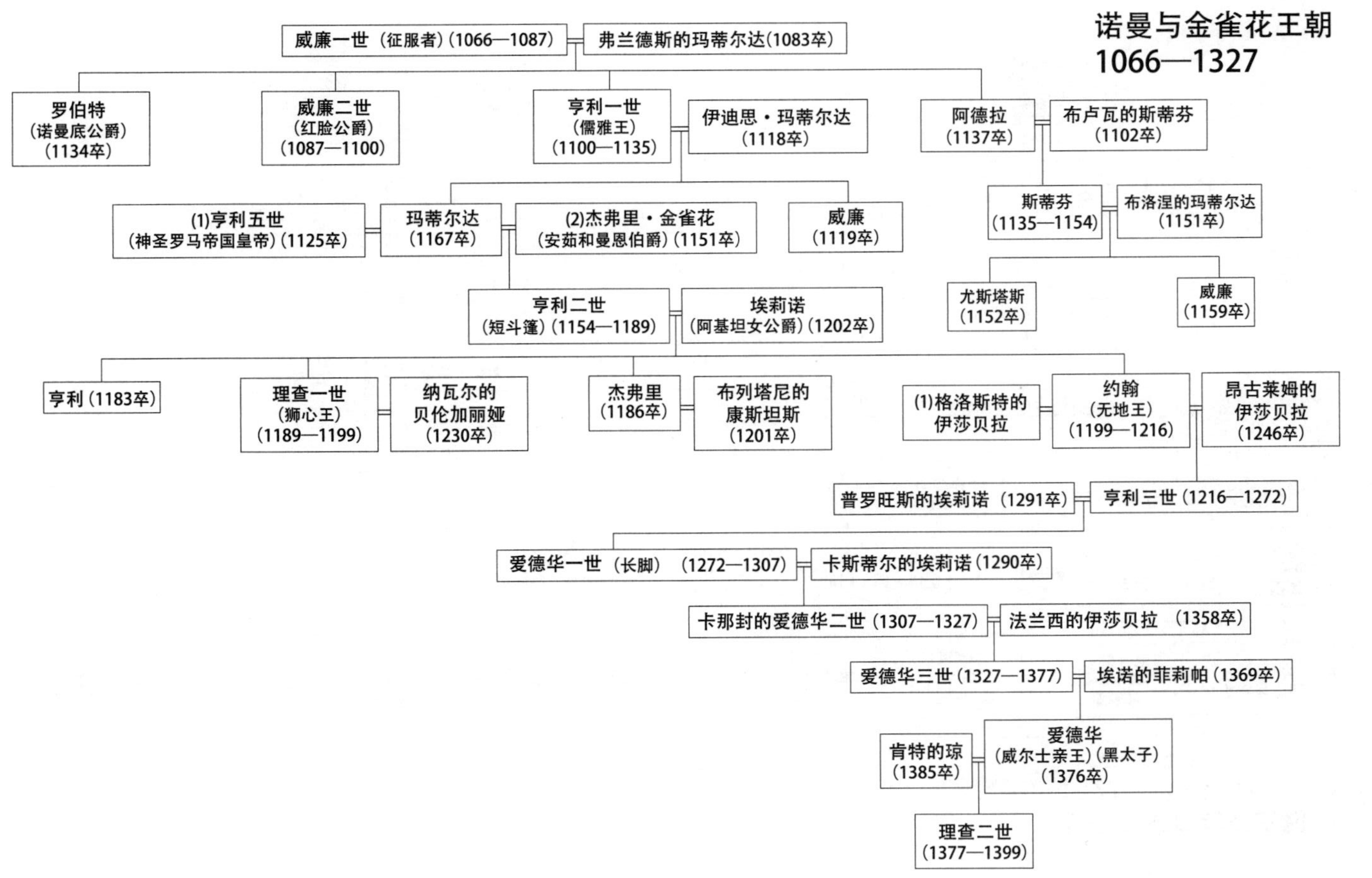
诺曼与金雀花王朝
1066—1327
威廉一世（征服者）(1066—1087)
弗兰德斯的玛蒂尔达(1083卒)
罗伯特（诺曼底公爵）(1134卒)
威廉二世（红脸公爵）(1087—1100)
亨利一世（儒雅王）(1100—1135)
伊迪思·玛蒂尔达(1118卒)
阿德拉(1137卒)
布卢瓦的斯蒂芬(1102卒)
(1)亨利五世（神圣罗马帝国皇帝）(1125卒)
玛蒂尔达(1167卒)
(2)杰弗里·金雀花（安茹和曼恩伯爵）(1151卒)
威廉(1119卒)
斯蒂芬(1135—1154)
布洛涅的玛蒂尔达(1151卒)
尤斯塔斯(1152卒)
威廉(1159卒)
亨利二世（短斗篷）(1154—1189)
埃莉诺（阿基坦女公爵）(1202卒)
亨利(1183卒)
理查一世（狮心王）(1189—1199)
纳瓦尔的贝伦加丽娅(1230卒)
杰弗里(1186卒)
布列塔尼的康斯坦斯(1201卒)
(1)格洛斯特的伊莎贝拉
约翰（无地王）(1199—1216)
昂古莱姆的伊莎贝拉(1246卒)
普罗旺斯的埃莉诺(1291卒)
亨利三世(1216—1272)
爱德华一世（长脚）(1272—1307)
卡斯蒂尔的埃莉诺(1290卒)
卡那封的爱德华二世(1307—1327)
法兰西的伊莎贝拉(1358卒)
爱德华三世(1327—1377)
埃诺的菲莉帕(1369卒)
肯特的琼(1385卒)
爱德华（威尔士亲王）（黑太子）(1376卒)
理查二世(1377—1399)

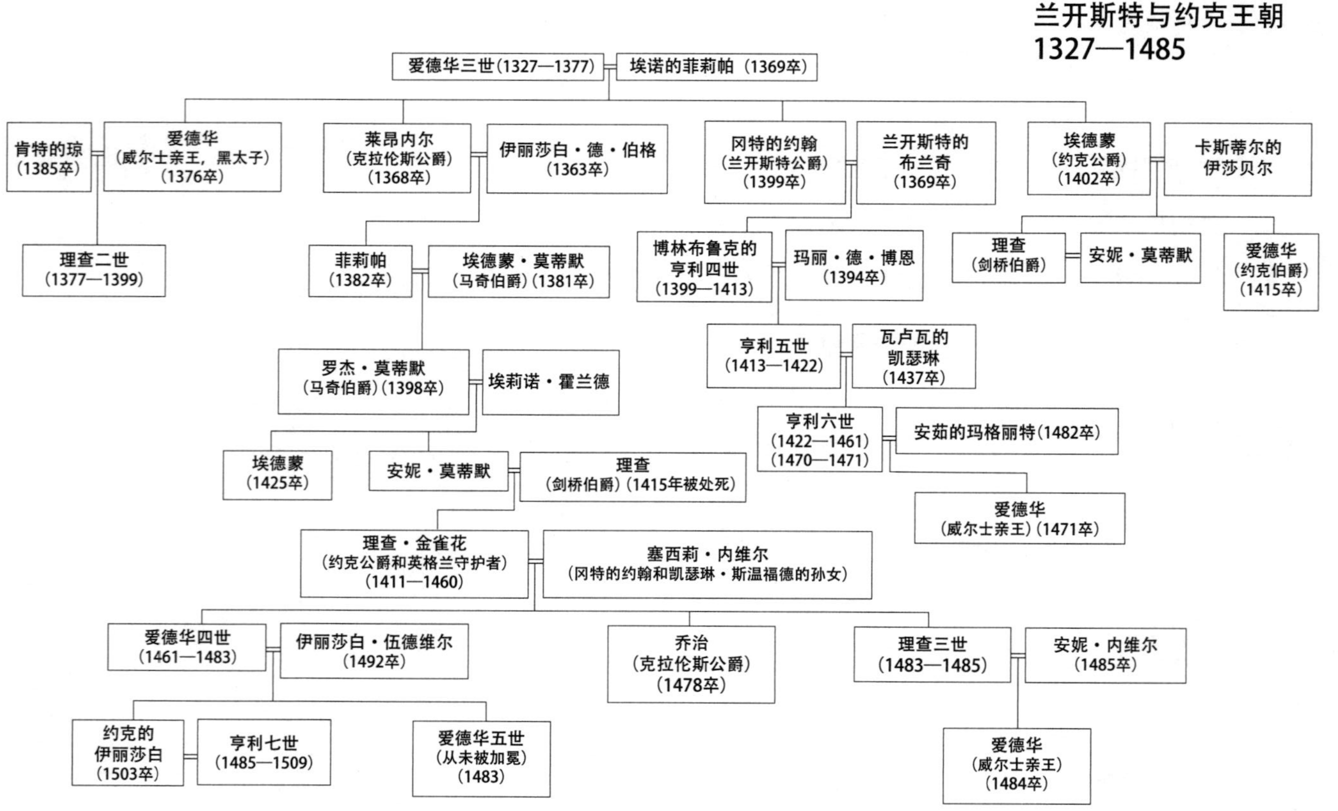
兰开斯特与约克王朝
1327—1485
爱德华三世（1327—1377）
埃诺的菲莉帕（1369卒）
肯特的琼
（1385卒）
爱德华
（威尔士亲王，黑太子）
（1376卒）
莱昂内尔
（克拉伦斯公爵）
（1368卒）
伊丽莎白·德·伯格
（1363卒）
冈特的约翰
（兰开斯特公爵）
（1399卒）
兰开斯特的
布兰奇
（1369卒）
埃德蒙
（约克公爵）
（1402卒）
卡斯蒂尔的
伊莎贝尔
理查二世
（1377—1399）
菲莉帕
（1382卒）
埃德蒙·莫蒂默
（马奇伯爵）（1381卒）
博林布鲁克的
亨利四世
（1399—1413）
玛丽·德·博恩
（1394卒）
理查
（剑桥伯爵）
安妮·莫蒂默
爱德华
（约克伯爵）
（1415卒）
亨利五世
（1413—1422）
瓦卢瓦的
凯瑟琳
（1437卒）
罗杰·莫蒂默
（马奇伯爵）（1398卒）
埃莉诺·霍兰德
亨利六世
（1422—1461）
（1470—1471）
安茹的玛格丽特（1482卒）
埃德蒙
（1425卒）
安妮·莫蒂默
理查
（剑桥伯爵）（1415年被处死）
爱德华
（威尔士亲王）（1471卒）
理查·金雀花
（约克公爵和英格兰守护者）
（1411—1460）
塞西莉·内维尔
（冈特的约翰和凯瑟琳·斯温福德的孙女）
爱德华四世
（1461—1483）
伊丽莎白·伍德维尔
（1492卒）
乔治
（克拉伦斯公爵）
（1478卒）
理查三世
（1483—1485）
安妮·内维尔
（1485卒）
约克的
伊丽莎白
（1503卒）
亨利七世
（1485—1509）
爱德华五世
（从未被加冕）
（1483）
爱德华
（威尔士亲王）
（1484卒）

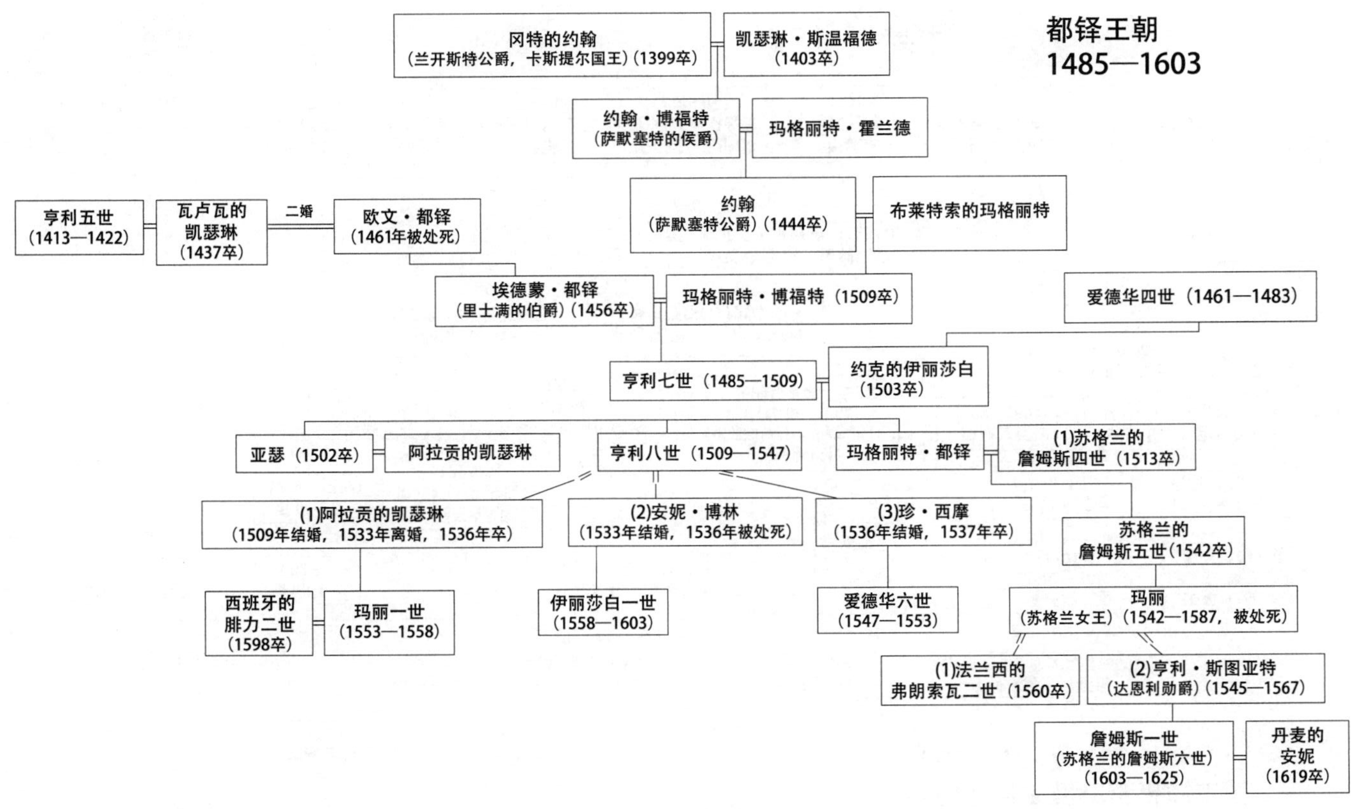
都铎王朝
1485—1603
冈特的约翰
（兰开斯特公爵，卡斯提尔国王）（1399卒）
凯瑟琳·斯温福德
（1403卒）
约翰·博福特
（萨默塞特的侯爵）
玛格丽特·霍兰德
约翰
（萨默塞特公爵）（1444卒）
布莱特索的玛格丽特
亨利五世
（1413—1422）
瓦卢瓦的
凯瑟琳
（1437卒）
二婚
欧文·都铎
（1461年被处死）
埃德蒙·都铎
（里士满的伯爵）（1456卒）
玛格丽特·博福特（1509卒）
爱德华四世（1461—1483）
亨利七世（1485—1509）
约克的伊丽莎白
（1503卒）
亚瑟（1502卒）
阿拉贡的凯瑟琳
亨利八世（1509—1547）
玛格丽特·都铎
(1)苏格兰的
詹姆斯四世（1513卒）
(1)阿拉贡的凯瑟琳
（1509年结婚，1533年离婚，1536年卒）
(2)安妮·博林
（1533年结婚，1536年被处死）
(3)珍·西摩
（1536年结婚，1537年卒）
苏格兰的
詹姆斯五世（1542卒）
西班牙的
腓力二世
（1598卒）
玛丽一世
（1553—1558）
伊丽莎白一世
（1558—1603）
爱德华六世
（1547—1553）
玛丽
（苏格兰女王）（1542—1587，被处死）
(1)法兰西的
弗朗索瓦二世（1560卒）
(2)亨利·斯图亚特
（达恩利勋爵）（1545—1567）
詹姆斯一世
（苏格兰的詹姆斯六世）
（1603—1625）
丹麦的
安妮
（1619卒）

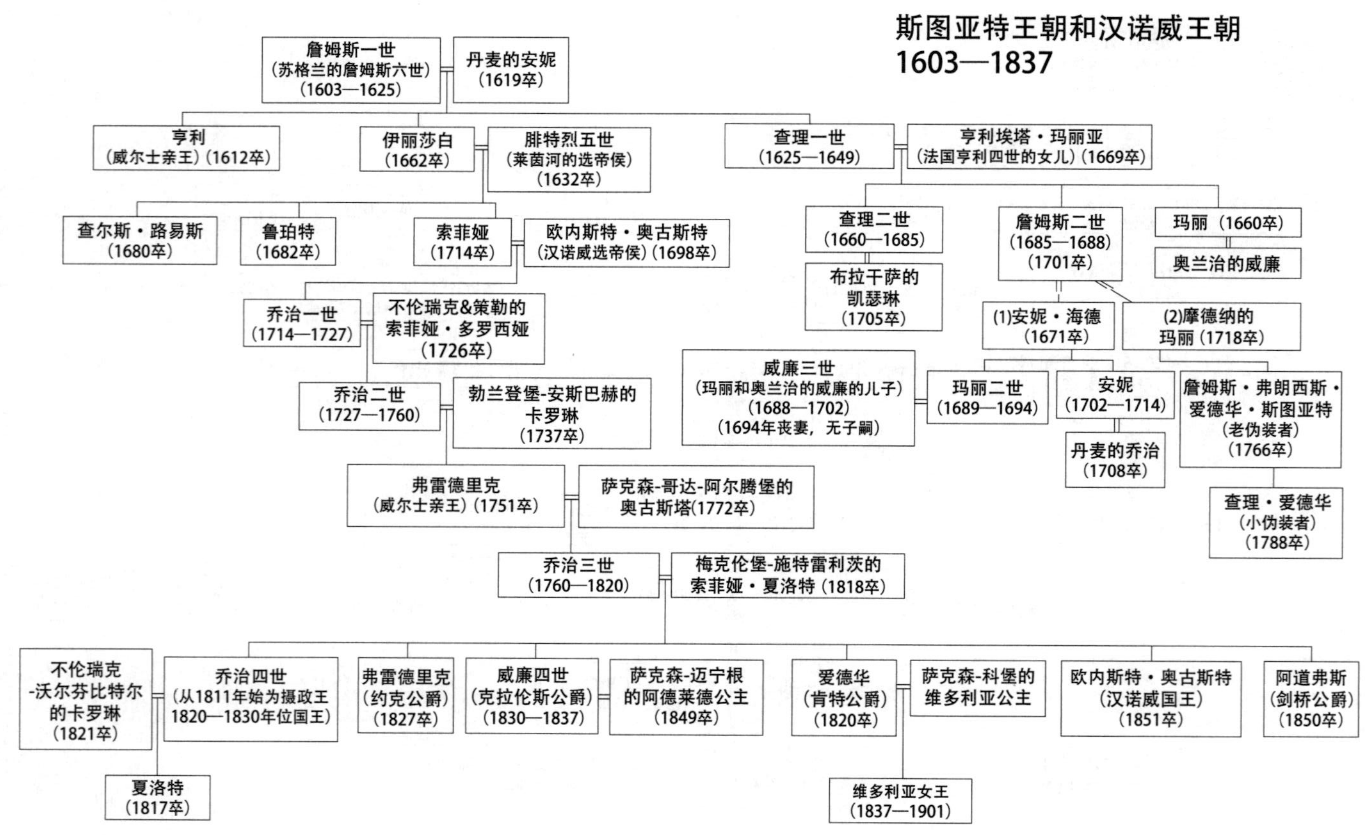
斯图亚特王朝和汉诺威王朝
1603—1837
詹姆斯一世
（苏格兰的詹姆斯六世）
（1603—1625）
丹麦的安妮
（1619卒）
亨利
（威尔士亲王）（1612卒）
伊丽莎白
（1662卒）
腓特烈五世
（莱茵河的选帝侯）
（1632卒）
查理一世
（1625—1649）
亨利埃塔·玛丽亚
（法国亨利四世的女儿）（1669卒）
查尔斯·路易斯
（1680卒）
鲁珀特
（1682卒）
索菲娅
（1714卒）
欧内斯特·奥古斯特
（汉诺威选帝侯）（1698卒）
查理二世
（1660—1685）
布拉干萨的
凯瑟琳
（1705卒）
詹姆斯二世
（1685—1688）
（1701卒）
玛丽（1660卒）
奥兰治的威廉
乔治一世
（1714—1727）
不伦瑞克&策勒的
索菲娅·多罗西娅
（1726卒）
(1)安妮·海德
（1671卒）
(2)摩德纳的
玛丽（1718卒）
威廉三世
（玛丽和奥兰治的威廉的儿子）
（1688—1702）
（1694年丧妻，无子嗣）
玛丽二世
（1689—1694）
安妮
（1702—1714）
詹姆斯·弗朗西斯·
爱德华·斯图亚特
（老伪装者）
（1766卒）
乔治二世
（1727—1760）
勃兰登堡-安斯巴赫的
卡罗琳
（1737卒）
丹麦的乔治
（1708卒）
弗雷德里克
（威尔士亲王）（1751卒）
萨克森-哥达-阿尔腾堡的
奥古斯塔(1772卒)
查理·爱德华
（小伪装者）
（1788卒）
乔治三世
（1760—1820）
梅克伦堡-施特雷利茨的
索菲娅·夏洛特（1818卒）
不伦瑞克
-沃尔芬比特尔
的卡罗琳
（1821卒）
乔治四世
（从1811年始为摄政王
1820—1830年位国王）
弗雷德里克
（约克公爵）
（1827卒）
威廉四世
（克拉伦斯公爵）
（1830—1837）
萨克森-迈宁根
的阿德莱德公主
（1849卒）
爱德华
（肯特公爵）
（1820卒）
萨克森-科堡的
维多利亚公主
欧内斯特·奥古斯特
（汉诺威国王）
（1851卒）
阿道弗斯
（剑桥公爵）
（1850卒）
夏洛特
（1817卒）
维多利亚女王
（1837—1901）

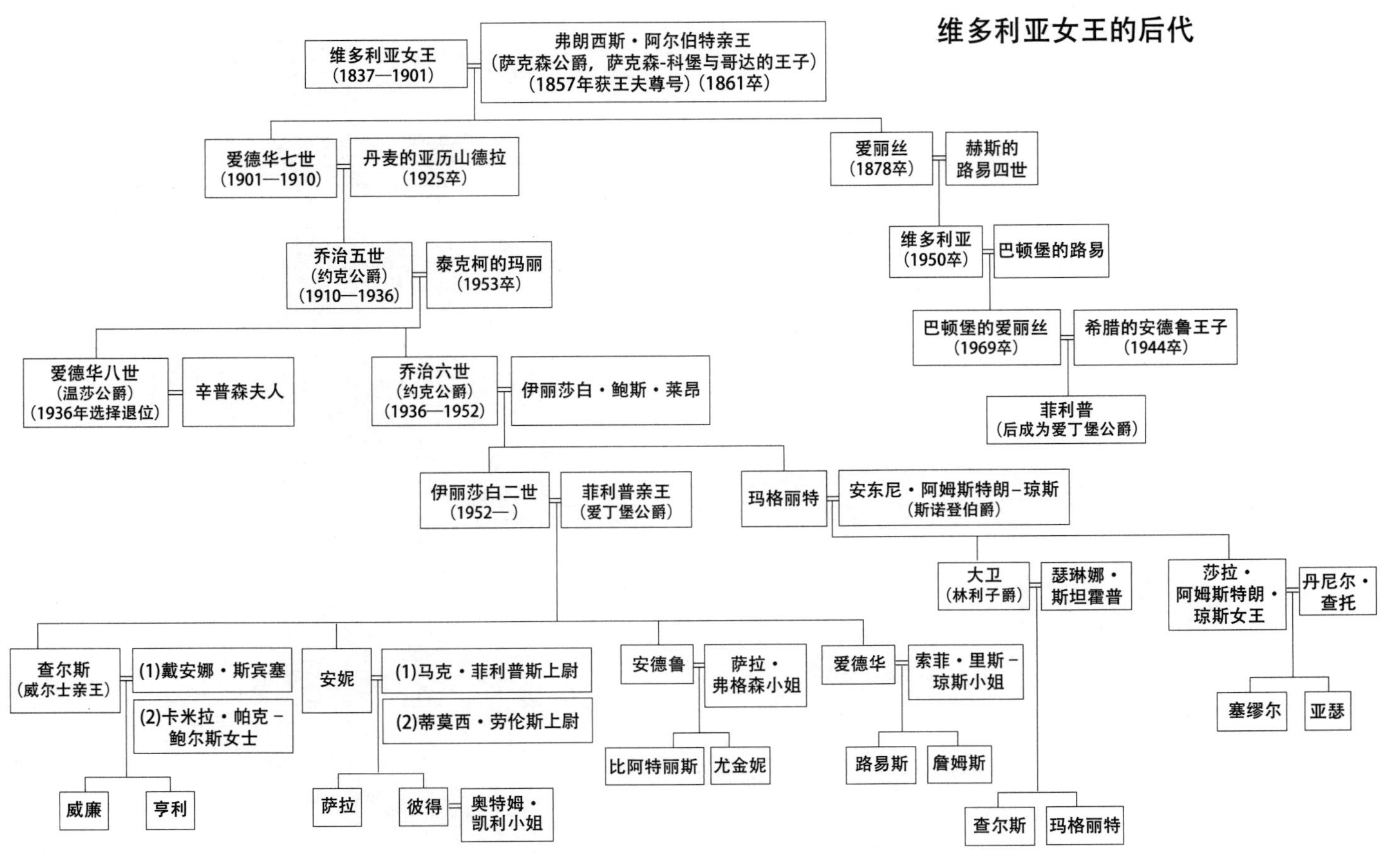
维多利亚女王的后代
维多利亚女王（1837—1901）
弗朗西斯·阿尔伯特亲王（萨克森公爵，萨克森-科堡与哥达的王子）（1857年获王夫尊号）（1861卒）
爱德华七世（1901—1910）
丹麦的亚历山德拉（1925卒）
爱丽丝（1878卒）
赫斯的路易四世
乔治五世（约克公爵）（1910—1936）
泰克柯的玛丽（1953卒）
维多利亚（1950卒）
巴顿堡的路易
巴顿堡的爱丽丝（1969卒）
希腊的安德鲁王子（1944卒）
菲利普（后成为爱丁堡公爵）
爱德华八世（温莎公爵）（1936年选择退位）
辛普森夫人
乔治六世（约克公爵）（1936—1952）
伊丽莎白·鲍斯·莱昂
伊丽莎白二世（1952—）
菲利普亲王（爱丁堡公爵）
玛格丽特
安东尼·阿姆斯特朗-琼斯（斯诺登伯爵）
大卫（林利子爵）
瑟琳娜·斯坦霍普
莎拉·阿姆斯特朗·琼斯女王
丹尼尔·查托
查尔斯（威尔士亲王）
(1)戴安娜·斯宾塞
(2)卡米拉·帕克-鲍尔斯女士
安妮
(1)马克·菲利普斯上尉
(2)蒂莫西·劳伦斯上尉
安德鲁
萨拉·弗格森小姐
爱德华
索菲·里斯-琼斯小姐
塞缪尔
亚瑟
比阿特丽斯
尤金妮
路易斯
詹姆斯
威廉
亨利
萨拉
彼得
奥特姆·凯利小姐
查尔斯
玛格丽特

读客·牛津世界史系列书目

牛津大学一年级新生教材。

既是入门级，又是专业级！

已出版：

牛津世界史01：《牛津古罗马史》

The Oxford Illustrated History of the Roman World

牛津世界史02：《牛津古希腊史》

The Oxford Illustrated History of Greece and the Hellenistic World

牛津世界史03：《牛津英国史》

The Oxford Illustrated History of Britain

即将推出：

《牛津文艺复兴史》

The Oxford Illustrated History of the Renaissance

《牛津世界史》

The Oxford Illustrated History of the World

《牛津法国大革命史》

The Oxford Illustrated History of the French Revolution

《牛津第一次世界大战史》

The Oxford Illustrated History of the First World War

《牛津第三帝国史》

The Oxford Illustrated History of the Third Reich

《牛津拜占庭史》

The Oxford Illustrated History of Byzantium

《牛津意大利史》

The Oxford Illustrated History of Italy

《牛津新西兰史》

The Oxford Illustrated History of New Zealand

《牛津维京史》

The Oxford Illustrated History of the Vikings

《牛津十字军史》

The Oxford Illustrated History of the Crusades

《牛津史前欧洲史》

The Oxford Illustrated History of Prehistoric Europe

《牛津中世纪欧洲史》

The Oxford Illustrated History of Medieval Europe

《牛津现代欧洲史》

The Oxford Illustrated History of Modern Europe

《牛津中世纪英格兰史》

The Oxford Illustrated History of Medieval England

《牛津科学史》

The Oxford Illustrated History of Science

《牛津巫术史》

The Oxford Illustrated History of Witchcraft and Magic

《牛津戏剧史》

The Oxford Illustrated History of Theatre

《牛津歌剧史》

The Oxford Illustrated History of Opera

激发个人成长

多年以来，千千万万有经验的读者，都会定期查看熊猫君家的最新书目，挑选满足自己成长需求的新书。

读客图书以“激发个人成长”为使命，在以下三个方面为您精选优质图书：

1. 精神成长

熊猫君家精彩绝伦的小说文库和人文类图书，帮助你成为永远充满梦想、勇气和爱的人！

2. 知识结构成长

熊猫君家的历史类、社科类图书，帮助你了解从宇宙诞生、文明演变直至今日世界之形成的方方面面。

3. 工作技能成长

熊猫君家的经管类、家教类图书，指引你更好地工作、更有效率地生活，减少人生中的烦恼。

每一本读客图书都轻松好读，精彩绝伦，充满无穷阅读乐趣！

认准读客熊猫

读客所有图书，在书脊、腰封、封底和前后勒口都有“**读客熊猫**”标志。

两步帮你快速找到读客图书

1. 找读客熊猫

2. 找黑白格子

马上扫二维码，关注“**熊猫君**”

和千万读者一起成长吧！

牛津世界史

—— 牛津希腊罗马史（全2册）——

（英）约翰·博德曼等 **编**

郭小凌等 **译**

牛津世界史01：牛津古罗马史

The Oxford Illustrated History of the Roman World

牛津世界史02：牛津古希腊史

The Oxford Illustrated History of Greece and the Hellenistic World

作者简介

约翰·博德曼（John Boardman）

牛津大学林肯学院古典考古和艺术荣誉教授、世界著名古典学家。

贾斯珀·格里芬（Jasper Griffin）

牛津大学古典文学教授、英国科学院院士，精于古典文学。

奥斯温·穆瑞（Oswyn Murray）

牛津大学贝列尔学院古代史研究员和指导教师，曾两次到南开大学出席中国世界古代史年会并发表演讲。

目录

I

希腊神话：背后就是真实的历史

（选自《牛津古希腊史》）

某些神话，如科瑞神话，不仅与仪式紧密相关，还与颠覆一般文明生活的观念密不可分。在利姆诺斯岛上，每年有9天时间，所有的火光都被熄灭，人们停止家庭生活，到处弥漫着阴郁的气氛，男人们藏匿起来，女人与男人分居。新的火种取自德洛斯，净化过的新火焰燃烧起来，之后会有一个伴随着笑声和交媾的欢乐节日。

与这些行为相对应的神话故事是这样的：利姆诺斯岛上的妇女受爱神阿芙罗狄忒惩罚，身上散发出难闻气味，因此丈夫们拒绝跟她们亲热；然后她们就谋杀了所有男人，直到阿尔戈英雄们突然到来之前，这座岛上就一直只有女人。这些女人欢迎英雄们的到来，赛会和宴会都举办起来，岛屿又开始人丁兴旺了。伊阿宋与女王许珀茜柏勒生了一对孪生兄弟（这对孪生兄弟后来又有了神话般的人生）。

无疑，利姆诺斯岛上的妇女事实上在分别期间食用了大蒜，就像我们所知的雅典妇女在“塞拉节”或“地母节”所做的那样，显示她们停止了性活动。这9天是一段颠覆的时间：妇女占据优势地位，既不吸引男人注意也不可接近，既没有烹饪活动也没有献祭仪式。然后一切在狂欢中恢复常态。我们又看到了一般文明价值的强化，看到了一种焦虑的释放，这段时间的张力自然居于两性之间。在固定的周期里，妇女从日常家庭生活圈子激烈地解放出来，男人们最可怕的秘密在于，害怕他们的妻子和女性的邪恶潜能公开化，因此他们有可能提出和解。这种妇女拒绝她们平常女性角色的神话数不胜数。她们的自然角色、她们的目的，就是结婚。在神话中，那些拒绝婚姻的女性成了猎人或者户外的女孩——通常来说，户外是属于男人的。选择像阿塔兰忒和卡利斯托那样生活的女孩，最终还是会屈服并走向婚姻。还有一些人在婚姻里表现出反常的举动。对妻子的畏惧集中在性行为方面的不当和不忠，于是我们发现了像菲德拉那样勾引青年男子的坏妻子。预言家安菲阿鲁斯知道，一旦他加入七将攻忒拜的毁灭之行，就会一去不复返，因为他的妻子接受贿赂让他走向死亡。阿伽门农的妻子克吕泰墨斯特拉趁他不在的时候有了个情人，并且在她的丈夫回来之时谋杀了他。神话中妇女所表现出的恶行或者拒绝她们角色的做法，实际上是对这种行为的一种定义和认可。当我们将注意力转到对英雄的渴望时，将会发现男人的潜力也在神话中以同样的方式被限制或阐释。

神话也可能有某种政治功能，即“政制神话”。在昔兰尼，一位历史学家讲了这样一个故事：当时非洲当地正遭受一头怪狮的灾祸，万般无奈的国王发告示说，谁要是打败怪狮，就是他的继承者。山泽女神昔兰尼杀死了这头狮子，她的后代昔兰尼人就在她之后取得了继承权。这个故事宣称了希腊殖民的合法性：移民者不是通过侵略，而是从一个女英雄那里继承了土地；这位女英雄因其丰功伟绩而得到土地作为奖赏。同样，雅典人在公元前6世纪控制了萨拉米斯岛，不仅因为他们创造了埃阿斯这样一个萨拉米斯的大英雄。阿提卡10个部落中某个部落以埃阿斯命名，理论上他也是这个部落的祖先。其他希腊人则声称，雅典人在《伊利亚特》的文本中插入了一段伪造的内容，以支持萨拉米斯和阿提卡在英雄时代就结盟的说法（《伊利亚特》第2卷第558行）。多利安人也精心创造了一个神话，将他们入侵伯罗奔尼撒——他们是最后到达此地的希腊人——说成是事实上的回归，宣称这是他们应该得到的继承权，因为他们的祖先赫拉克勒斯的孩子们曾经被赶走，在数代人之后又回来了。这让我们想到了现代许多民族主义的神话，或者说以色列将他们对其土地的占领归于遥远的先祖的重要性。

除了极少数显著的遗迹如提林斯的独眼巨人墙和迈锡尼遗址以外，神话是后来的希腊人了解他们自己早期历史的全部素材了。系统挖掘古希腊神话，既没有可操作性，也不是一个好主意。19世纪中期有一股风潮，认为明显的历史神话根本就没有任何真实内容，都是伪装过的对诸如日出或入冬等自然现象的现实或寓言式叙述。谢里曼在特洛伊和迈锡尼的发现，以及伊文思在克里特的发现，都表明这种激进的怀疑主义是错误的。因为迈锡尼确实就如荷马所说，曾经是一个“多金”之地；在克诺索斯也确实存在过一个大型而复杂的建筑，一些奇异的运动会，确实也涉及公牛，这就是克诺索斯迷宫和人身牛头怪的源头。因此，公元前5世纪为了历史学的目的而对神话采取的两种方式就都可以理解了。修昔底德在他的《伯罗奔尼撒战争史》中对早期希腊作了一个天才的勾勒，用当世的理性主义重新解释了神话，尤其强调经济因素的作用。我们已经看到他如何对待关于阿伽门农的故事。对修昔底德来说，克里特的米诺斯王是“我们听说的第一个拥有海军的人”，控制了爱琴海的大部分，他“尽力打击海盗，可以推想，这样他的税收就能得到保障”（第1卷第4节）。不用说，他没有提到人身牛头怪。另外，希罗多德至少在某个时刻完全拒绝神话，仅仅因为神话不同于历史。他是这样评价公元前6世纪的僭主波里克拉特斯的：“据我所知，在希腊人中间是第一个想取得制海权的人；当然，这里没有把克诺索斯人米诺斯和在他之前掌握过制海权的所有人考虑在内。在可以称之为人类的这一范畴之中，波里克拉特斯可以说是第一个这样做的人。”（第3卷第122节）

神话能够保存过去的某些特定事物：名称、大事件和历史地点。当然会有某种程度的转换和扭曲。特洛伊曾遭袭击而陷落，迈锡尼也有过一个强有力的国王；但是我们不知道远征特洛伊的故事有多少真实成分，阿喀琉斯的原型从类型上来说更像是齐格弗里德那样的传奇形象，而非奥古斯都那样的历史人物。不过神话中另外一种形式的存在也不能忽视，那就是习俗，实际上这是一个社会的整体图景。我们可以举出赫拉克勒斯被赫拉收养的故事，作为神话保存古代习俗的一个例子。在他被尊为神以后：

> 宙斯劝说赫拉收养他为儿子，这样就能永远以一个母亲的爱去珍爱他。收养仪式据说采用了以下方式：赫拉躺在床上，招呼赫拉克勒斯走近她，让他将她的衣服完全脱掉，做出真正分娩那样的动作。至今，这都是非希腊人在收养时举行的仪式。（西西里的狄奥多洛斯，第4章第39节第2行）

很明显，这里描述的是一个远古且单纯的程序：如果没有象征性地从他的养母那里生出来，他就不能被收养。希腊人观察到，许多对他们来说只发生在神话中的事情，实际上在同时代的“蛮族人”社会中经常发生。

神话能够保存古代的生活与社会特征，也能为那些显赫的外国当权者转换新近的历史：如米底的居鲁士和吕底亚的克洛伊索斯，他们都是公元前6世纪中期的历史人物，然而在公元前5世纪他们就被附会上了浓烈的神话特征。居鲁士从一出生就被遗弃了，由一只动物养大，就像罗慕路斯和埃癸斯托斯一样。克洛伊索斯曾被阿波罗从死神那里救回来，并给予他在叙佩尔波列亚人中永恒的幸福，原因是他向德尔斐进献了大量贡品。

孩子生下来以后被遗弃却可能存活下来——在遗弃时有发生的社会里，其实是一种非常自然的愿望。就像在喜剧和小说中一样，我们在神话中发现了不少这样的例子。一个像居鲁士一样的世界征服者或者像俄狄浦斯这样的重要形象，他们从被遗弃的婴孩这样绝望的境地上升到富贵的顶点，实际上就是“从小木屋到白宫”故事的强化版。另外，一种形式的幻想——在安基塞斯与阿芙罗狄忒的神话中——就是一个美丽的姑娘从天空降临，来到一个在山里放牧的青年男子身边，用爱情俘获了他。隐秘的幻想在神话中得到了宣泄性表达：各种各样的乱伦、血亲谋杀、嗜食同类、兽交等等。这种投机性的想象，将各种动物与妖怪混合起来：人首马身怪，人首牛身河神，身是女人而有翅膀、尾巴及爪似鸟的怪物，有翼的狮身女怪，带翅的飞马珀加索斯。视觉艺术开启了文学之路。稀奇古怪的尺度变化产生了巨人和侏儒。冥府守门狗塞波鲁斯有三个头，被赫拉克勒斯杀死的怪物吉里昂有三个身体，阿尔戈斯有一百只眼睛，布里亚柔斯有一百只手。整个自然界都是潘神和半人半兽的森林之神、阿尔忒弥斯和她的随从，以及住在树上、溪流和大山中的山泽女神的居所。

II

罗马：
征服希腊，也被希腊征服

（选自《牛津古罗马史》）

罗马在很早就与希腊有交往。罗马社会的军国主义色彩浓厚，在历史学家波利比乌斯笔下，罗马人首先是纪律严明的凶狠战士，他们洗劫城市，甚至对牲畜都加以屠戮。元老院乐于保持军队的良好训练状态，在波利比乌斯时代，罗马青年贵族要参加10场以上战役才能出任官职，而且最高的官职大体上皆为军职。

罗马的“美德”主要是指勇气，战场上的英勇会受到最高赞誉。罗马人的最高奋斗目标就是赢得凯旋式，即庆祝重大胜利的奢华庆典，主要内容为展示战利品的壮观游行，胜利者在这一天几乎与神比肩。公元前2世纪时，凯旋式的举行较为频繁，其过程也相当规范。重要性稍逊于凯旋式的是，以获胜统帅之名进行的向诸神感恩仪式，该仪式由元老院法令所规定。早在公元前1

世纪元老院丧失控制权以前，将军们为了赢得凯旋式而挑起战争的事例无疑已经存在了。即便是并不好战的西塞罗，在担任西里西亚总督时也收到信函要求他“尽量作战以获得凯旋式”，而西塞罗本人亦心怀惭愧，急于谋求凯旋式。因此不可否认，将军们一般也急于打赢战争，然后率部还乡享受荣耀。

寡头政治下的统治成员自不乏表现的机会，而祖先的业绩又会给贵族子孙们带来巨大压力，促使他们效法先人，如此这般，战争必然持续不断。像西庇阿这样长年掌控统帅大权的人会招来怨恨，如果一场战争前景看好，则统帅的提名也会引起一番争夺。罗马贵族对于对哪里开战可能有争议，但无一例外都希望开战。罗马人这一传统因来自希腊的影响而更趋强固。西庇阿大概已经以亚历山大自比；庞培对亚历山大的拙劣模仿亦是众所周知，他留着亚历山大式发型，让颂词作者夸大自己征服东部时的年少；据说恺撒年轻时也哀叹亚历山大在如此年纪时已征服了世界，自己却还一事无成。不过，个人的荣耀同时也是国家的光荣，公元前1世纪的罗马人对自己的世界帝国颇为自豪，在钱币上都印着地球的图案。

希腊与罗马的精英之所以能够合作，一个可能的原因是罗马上层社会虽固守许多罗马传统，但已经非常希腊化了。事实上，有人试图证明罗马人实为希腊人，他们的祖先不仅有埃涅阿斯，还有《埃涅阿斯纪》中的著名英雄阿卡狄亚人伊范德和海格力斯。当然，还包括这些英雄的追随者。甚至有学者坚持认为拉丁语是一种希腊方言。

于是，许多罗马人对希腊与希腊文化的态度是含混的。罗马人相信自己在战争与治国方面更胜一筹，比如西塞罗就认为罗马之外民族的民法都十分幼稚。不少罗马人还疑心希腊人的风尚越发柔弱无力了，或者希腊人对严肃事务漠不关心。公元前2世纪，罗马人与希腊人间的密切交流往往并不愉快，这使得前者认为后者女里女气、趋炎附势、政治上无能、多嘴多舌，还喜欢不合时宜地空谈。其中的“政治上无能”成为罗马帝国存在的有力依据。在他们看来，希腊人可能已经退化了，西塞罗比多数人更亲希腊，但他也只承认在古代的希腊存在杰出人士，还提醒自己的弟弟不要在所管理的行省建立起亲密关系。至于当时东方的希腊语城市的居民，罗马人大概认为他们更低于“真正的希腊人”。不过，对雅典还有德尔斐这样的城市，罗马依然满怀敬意。西塞罗就曾因自己的随从过于刻板，对当地人傲慢自大而深感不安。

还是有极少数富裕的罗马人能够抵制希腊式生活的诱惑，也有一些人则意识到，只有通过希腊人，才能学到作为世界统治者所必需的大量知识。罗马或许从未与希腊世界完全隔绝，不少罗马神可以跟希腊神等同，罗马的艺术也源自希腊艺术。必定一直会有些罗马人懂点希腊语，甚至可能读些希腊书籍。不过，从公元前3世纪中期开始，新纪元拉开了序幕，出现了以希腊模式创作的第一部拉丁戏剧，同时似乎也出现了更为正规的双语授课教学。汉尼拔战争期间，新的希腊崇拜仪式以及来自亚洲的大母神（Great Mother）崇拜被引入以保护罗马。在波利比乌斯看来，公元前212年对叙拉古的洗劫标志着希腊艺术品位在罗马的开端，但他对此感到惋惜，认为国家应该固守自己的传统。之后的几个世纪里，肯定有不计其数的雕像与绘画被取走运往罗马。罗马城市正从外观上转变为一座宏伟都市。但波利比乌斯的记载表明，在他的时代，罗马的乡土气息依然遭到了大都市来访者的嘲笑。真正希腊式建筑风格在罗马的出现稍晚一些，即便在这之后，用于建筑的大理石也并不多。

罗马上流社会的生活方式很快也发生了转变。史学家们倾向于从道德衰微的角度看待罗马历史，特别是贪欲和奢侈。有人认为这个过程始于公元前190年，这一年有包括名贵家具在内的大批战利品从亚洲送到罗马；罗马青年开始沉迷于希腊生活中最恶劣的方面，比如同性恋、音乐伴奏的宴饮等等。加图开始力图取缔，后来又通过税收抑制各种奢侈活动。他一直谴责花钱购买漂亮男奴与进口食物的行为，还反对人们以众神的雕像装饰自己的房间，“就像众神是家具一样”。

问题的关键在于教育，对希腊人而言，教育（paideia）是他们的文化。而依照罗马传统，上流社会的男孩是从父亲的朋友那里获取政治与法律经验；17岁以后，他们就在军队中度过征战季。希腊人已发展出一套正规教学模式，所教授的内容开始是文学，以荷马作品为主；然后是修辞学；部分人还研习哲学。罗马的杰出将领埃米利乌斯·保卢斯就为自己儿子请了一群希腊教师，甚至连音乐与狩猎都有专人教授，还有一位兼教绘画的哲学家。他还把马其顿的皇家图书馆搬往罗马，这是罗马第一座大型希腊图书馆。波利比乌斯的记载表明，当时罗马已有大量希腊教师。杰出学者也开始来到罗马，他们最早以外交使节的身份出现，比如罗马真正的文法教学可追溯到帕加玛的克拉特斯（Crates of Pergamum），他本是一个使者，在一处开放式下水道中跌断了腿，因不能动弹便开始讲演授课。公元前155年，雅典三个哲学学派的领袖被派往罗马，他们的讲演在那里掀起了哲学热潮。不过，加图认为哲学“不过是胡说八道”，他催促元老院尽快了结这些人的活动，以便年轻人能够像过去一样通过“法律与行政官员”学习知识。

尽管如此，罗马在智力与艺术方面总体上依旧比较笨拙、幼稚。罗马的诗歌比散文发达，但正如贺拉斯所抱怨的那样，罗马的诗歌也十分粗糙。西塞罗认为，只有到了公元前2世纪末，罗马的演说家才真正从修辞学训练中获益，懂得如何组织、如何辩论以及如何修饰自己的演说。我们已知的散文文学史料表明，罗马人跟很多原始民族一样，觉得概括与抽象对他们而言过于困难。只有在约公元前100年之后，罗马人才开始在撰写论著时利用传统的希腊逻辑结构，他们赋予主题及所有关键概念以明晰的定义，并将题材精心区分为不同部分与不同方面，不再像加图撰写农业论著那样胡乱堆砌知识。正是到了公元前1世纪，拉丁语被改进为一种适于承载散文与诗歌的优雅语言。拉丁语作者由此开拓了很多新散文体裁，其中包括哲学论著。

只有在此时，罗马贵族青年子弟前往希腊城市学习修辞与哲学才蔚然成风。他们的首选是雅典或罗德斯，更为独立的亚历山大港并没有很受欢迎。罗马商人子弟往往在东部就地接受教育，而且可能会通过当地城市的“公民训练”，这是一种国家执掌的训练课程，当时已较为文明，军事色彩不像更之前那样浓厚。后来，米特拉达梯战争使得大批希腊难民与希腊俘虏来到罗马，其中不乏希腊的学者，一起到来的还有大量馆藏书籍。此外，还有不少罗马人长年滞留在东部。罗马史学家撒路斯特就认为，罗马崩溃的起因正是由苏拉的亚细亚战争带来的奢侈之风。这以后，罗马跟亚历山大港一样，成为希腊艺术家与知识分子的向往之地，那里有其他地方找不到的赞助人。

直到此时，罗马人才感到自己在一个又一个领域赶超着希腊人，只有西塞罗及其朋友阿提库斯等极少数人例外，他们完全以平等态度对待希腊友人。

III

古罗马的故事：
从小村庄到文明的摇篮

（选自《牛津古罗马史》）

《牛津古罗马史》讲述的是罗马兴起的故事，从作为发源地的围绕佛鲁姆的几个村落说起，到拥有统一的地中海世界及大量周边地区为止。在其顶峰时期，罗马帝国的疆域从英格兰延展到阿尔及利亚，从葡萄牙至叙利亚，从莱茵河至尼罗河，囊括今天三十个主权国家的全部或部分领土。早在耶稣降生之前，罗马就已是统一大国了。直到1870年，意大利再次实现统一之前，对逝去的统一帝国的记忆，始终萦绕在欧洲人的脑海中。

有关罗马的观念给西方世界带来了一些耳熟能详的故事，每一个都令人回味无穷。其中有共和时期威严认真、正直诚信的将军与执政官，有一心为自己国家服务的伟大征服者，也有加图这样的人，他在治理西班牙行省之后，卖掉自己的马匹，使国家不必为把马匹运回意大利而破费；有辛辛纳图斯这样的人，当元老院再次召他担任最高统帅时，他正在田地里躬亲力作。这样的人值得以他的名字为美国城市辛辛那提命名。罗马还有众多杰出的女性，比如格拉古兄弟的母亲科奈莉亚——在一位访客炫耀自己的珠宝时，她把自己的幼子叫到身边，说，“这就是我的珠宝”；还有阿丽娅·派塔那样的妇女——当皇帝命她的丈夫自杀时，她展现出视死如归的姿态：用刀刺向自己时说，“看着，这一点都不疼”。

共和国随着时间推移被帝国所取代。一方面，早期皇帝们的浮华个性与罗马帝国的富足创造出一幅难以磨灭的奢侈残暴的画面，这些表现在福楼拜、戈蒂埃和维克多·雨果的作品中，也在《庞贝城的末日》以及好莱坞的大片《斯巴达克斯》《宾虚》中得到体现。还有与此相映成趣的景象：笔直伸向远方的罗马道路遍布欧洲地表，罗马军团以无与伦比的效率将几代人的和平带给世界，而在此之前，和平比黄金还要稀有。吉卜林的诗歌与小说把罗马精神表现得淋漓尽致：一架忘我与忠诚的军事行政机器，捍卫着罗马文明免遭境外蛮族的侵害。

当然，在世界史上一直存在着其他伟大的文明。例如，古代中国就是一个伟大的帝国，持续存在的时间比罗马还要长，也产生了伟大的艺术与文学。但是古罗马与古希腊对于西方具有特殊的意义——我们自身的文化便从那里脱胎而来。欧洲社会继承了这些更早的卓越文化，希腊罗马的记忆从来就没有在欧洲人的脑海中消失过。罗马始终是模仿与效法的榜样，因而有两种思想被构建起来：首先，人们自身的社会在历史上并不是第一个；其次，高级的文明一旦得到实现就有可能衰亡。

罗马可谓是穷兵黩武。到了公元前3世纪早期，经过长年累月的征战，罗马将整个意大利半岛置于自己的统治之下。然而，这座征服者的城市却接受了大量希腊的优雅之物。譬如，早期铸币就是清一色的希腊式样。他还热情接纳来自其他意大利社区的移民，并慷慨地授予全体意大利人以公民权（但无投票权）。罗马要求附属的意大利人充当士兵作为回报，他们在服役期满后被安置在“殖民地”。这是具有某种军事特征的城镇，意在镇压和保障被征服领土的安全。整个过程成了一种十分罕见的有效征服机制。

早期罗马的特征是有力的民意、强烈的公共意识、明显厌恶离心倾向以及个人主义。尽管受到希腊文化的影响，质疑的暗流却在罗马不断涌动，高雅的外来方式并不受欢迎。一个人不应脱离土地，乡下的道德感要强于城镇的。“祖宗的方式”拥有着巨大的道德力量。家庭范围内，至少在上层阶级的家庭范围内，父亲对儿子（即使儿子长大成人）享有令希腊人震惊的权力。这反映在许多有关父亲的故事中：他们可以处死自己的儿子，并被允许亲自动手。不难想象，这是因一些压力而在罗马人中产生的极端做法，很自然地与罗马人的双重观念联系在一起：一方面是杀害近亲，另一方面则是孝敬父母。这种行为的原型是罗马的创立者埃涅阿斯（Aeneas），他背负自己的老父逃离烈焰熊熊的特洛伊城。这样一些心理冲突所引起的焦虑会释放出无尽的能量，这也许在一定程度上解释了一个令人惊异的事实，即罗马人为什么会认为自己一贯得到神祇的眷顾。这是因为罗马所处的地理位置并不十分有利，明显缺少得天独厚的条件，可它却征服了世界。

古典传统在西方历史上占有极大的篇幅，这是一个十分庞大的题目，本书只能表现其万一。希腊与罗马为西部与东部教会提供了语言，当强加于地中海世界的统一随着罗马帝国的倾覆而一分为二时，这两种语言在很长时间里继续作为思想交流的载体而存在。东罗马帝国的统治者直到1453年灭亡时，仍自称为“罗马人”，不过，东罗马也是希腊语国家。尽管大部分古代文献业已佚失，但其中有一些还是幸存下来，包括众多杰作。经过激烈斗争以及对部分神甫的质疑之后，虽然不是普遍赞同，但人们还是大体上接受了基督徒可以阅读或传授异教经典的行为。在1000年的时间里，维吉尔和泰伦斯的作品被继续作为西方学校中的基本教材。

罗马的思想从未失去过吸引力：查理曼大帝前往交通并不便利的意大利城市加冕称帝，于是，在几百年的时间里，拥戴与反对具有普遍号召力的罗马帝国的斗争支配了意大利与德国的历史。后来，拿破仑再一次点燃了争斗之火，墨索里尼则宣称“恢复了法西斯（拉丁语词fasces，意指古罗马执政官护卫身上背的一束笞棍，用来惩罚违法的公民，是罗马行政官员权力的象征），并为罗马重新建立了一个帝国”。莎士比亚在他罗马题材的悲剧中揭示了权力的窘困局面，这与他的英国史剧本相比，要更为深刻。吉卜林在他一些最出色的诗歌与故事中，将罗马帝国描绘成大英帝国统治的范本。在现实政治领域，我们可以看到类似的思想。对沃伦·黑斯廷斯在印度的虐待和敲诈的审判，所有参与者都感到堪比古罗马政府对诸如威莱斯（西塞罗曾公开指控他）之流的公开审判。“总督”一词也很自然地被用来称呼英国殖民地总督。

新宪制的设定者们通常要参照罗马的模式，因此法国、爱尔兰、意大利和美国都有参议院。激进政治派别也可在罗马找到样板。法国革命者就采用了诸如“格拉古”的名字，自称是“诛杀暴君者布鲁图与罗马共和国的继承人”。德国的一次革命运动就自称为“奴隶起义者斯巴达克斯的运动”；英国一份左翼杂志也仍自称为“特里布”（Tribune，保民官）。当然，罗马教廷也在不同层面上重新确认了帝国的那些宣言。

古代世界对艺术的影响表现在三个方面：主题、形式与精神。希腊神话与基督教一样，是文艺复兴时期艺术的另一宏大主题。奥维德的神话成为提香、科雷吉欧、鲁本斯、普桑等画家的描绘对象。曼特尼亚、皮拉内西和大卫则创作出了古罗马的视觉形象。米开朗琪罗通过悉心模仿真正的古代雕塑样本来创作，从而开启了自己的雕塑家生涯。古代文学流派也同样生机勃勃，牧歌与史诗、挽歌与讽刺文学在每一种欧洲语言中都充满活力，创作出最初歌剧的意大利音乐家和赞助人一直试图复兴古典世界的音乐剧。在希腊悲剧被人们理解之前，因马洛与莎士比亚而兴盛的悲剧，在形式上受到塞内卡文辞华丽的情节剧的影响。其他艺术形式，比如凯旋门上的多利安式、爱奥尼式和科林斯式柱头，带有大理石仙女像与河流之神形象的喷水池，经过装饰的骨灰瓮，所有这一切迅速传遍各个城市。

古代世界的精神对后人产生的影响则更为广泛。大卫画笔下在浴室中被害的马拉，令人联想到罗马那些泰然自若的自戕场景；拉斐尔和弥尔顿作品的重要风格与他们对古典的研究密不可分；但丁声称维吉尔是他的导师，尽管两人在风格上存在明显的巨大差异，但丁的说法仍然道出了希腊罗马对欧洲人至关重要的影响。

每代人都以不同的方式对待古典的古代，从中汲取不同的教训，发现不尽相同的有趣事物。希望本书有助于当代读者理解古代世界某些经久不变的意义与魅力。

IV

奥古斯都的继承人风波

（选自《牛津古罗马史》）

奥古斯都作为罗马帝国的第一个元首，必须解决的一个主要问题是：如何使自己的新秩序具有连续性，不管动机是出于利他还是出于对自己成就的自豪感，又或者是凭本能遵循罗马贵族的王朝法则。正式的世袭继承原则是不可能的，但让选定的继位者作为实际上的“副元首”或“假定继承人”跟自己共事，通过选票使其获得必要官职与提名以及权力与尊严，则并不困难。

奥古斯都最早的储君人选可能是马尔凯路斯，他是奥古斯都姐姐屋大维娅的独子，生于公元前42年。公元前25年，马尔凯路斯娶了奥古斯都唯一的孩子，即女儿尤利娅；公元前24年，马尔凯路斯在仕途上飞黄腾达，超过同岁的奥古斯都继子提比略。奥古斯都对外甥兼女婿的明显青睐很可能招致了某些激烈反对，最重要的反对者是元首不可或缺的朋友兼将领阿格里巴。但公元前23年马尔凯路斯的早逝使得该问题得以解决。

现在，能力卓著的阿格里巴成为众望所归的储君人选，公元前23年奥古斯都病重时把带有自己私章的戒指交给阿格里巴，两年后，阿格里巴与马尔凯路斯的遗孀尤利娅结婚，两人共育有三男两女。同年，奥古斯都把帝国东半部分的控制权完全托付给阿格里巴，阿格里巴随后前往高卢，然后去西班牙最终镇压了当地的坎塔布里人。公元前18年阿格里巴被授予5年的保民官权力，该权力于公元前13年又延长5年。可以说，此时阿格里巴的“统治权”已经与奥古斯都本人的一样“伟大”；或者可以说，在帝国任何部分，只要公共职责需要，阿格里巴的“统治权”至少“等同于”所有其他行省总督。

公元前12年阿格里巴的死亡颇出人意料，当时他才50岁，人们期望他能比大体同龄的奥古斯都多活一些年月，因为阿格里巴身体健康，奥古斯都则身形有些单薄。阿格里巴与尤利娅的两个儿子盖乌斯与卢基乌斯后来被他们的外祖父（即奥古斯都）收为养子，两个孩子分别出生于公元前20年与公元前17年，当时还只是孩童。奥古斯都的眼光又转向时年30岁的继子提比略，要求他跟妻子离婚，然后娶再度守寡的尤利娅。但提比略与尤利娅的婚姻毫无爱情可言，因为尤利娅既任性又专横，两人本来生育了一个男孩，可惜夭折了。最使提比略感到屈辱的是，让他做储君显然只是权宜之计，盖乌斯与卢基乌斯成年后会自取代他的地位。

于是，提比略离开政治中心，隐退到罗德斯岛。这一冒险举动可能是出于自尊心，也可能是出于深思熟虑，提比略可能指望自己的强势母亲李维娅，即奥古斯都的后妻，能够保护自己免受严重伤害。继承人厄运继续降临到执着的奥古斯都头上，卢基乌斯于公元2年死于今天的马赛；盖乌斯于公元1年19岁时任执政官，后被派往东部执行重要任务，为引导他顺利完成承担最高责任的第一步，奥古斯都安排了经验丰富的顾问陪同他一道，但盖乌斯身染重疾，于公元4年2月返回罗马途中死于吕西亚。

此前两年，提比略已返回意大利，但尚未出任公职。现在，奥古斯都的储君人选只得又转向提比略，因为奥古斯都已年过65岁了，不可能再有其他人选了。于是，提比略正式成为奥古斯都的养子，被授予为期10年的保民官权力，以及等同于元首本人的“统治权”，这些权力的期限于公元13年皆得到延长。

这一时期尤利娅荒淫无度，私生活的丑闻不断，或许是因为她作为奥古斯都唯一的女儿，是一个极有价值的目标，跟她结婚就可获得其幼子储君的监护权。奥古斯都终于对女儿失去耐心，于公元前2年将她流放到小岛潘达特里亚，5年后，尤利娅获准返回意大利，但只能待在意大利半岛足尖部位的勒基乌姆，直到死去。她去世时，提比略刚即位数月。尤利娅的母亲，奥古斯都的首任妻子斯克里波尼娅则自愿陪伴女儿在流放中度过余生。

不过奥古斯都仍然没有放弃在自家血脉中延续皇位的努力。提比略已有子嗣，他的第一次婚姻生育了一子德鲁苏斯，此时已16岁，但奥古斯都还是要求提比略收养18岁的侄子日耳曼尼库斯。日耳曼尼库斯是提比略已故弟弟德鲁苏斯的长子，其母小安东尼娅为奥古斯都的姐姐屋大维娅之女，此外，日耳曼尼库斯还娶了尤利娅的女儿，也就是奥古斯都的外孙女阿格里披娜，因此，日耳曼尼库斯的子女也即奥古斯都的曾孙和曾孙女。

提比略于公元14年继承元首之职，但具体即位时间的模糊不清显然使得古代史家困惑不已。这部分是因为当时状况的独特性，元首的继承未有历史先例，也不可能采用“国王驾崩了！新王万岁！”之类的历史悠久的君主继承仪式。而且提比略跟其后继任的元首们不同，他早就分享了养父的最高权力，公元4年他就成为奥古斯都“统治权与保民官权力之伙伴”。依照法律，这些特权是他个人的权利，并非来自别人的委任，奥古斯都死后他的权力也不会失效。

提比略早在20岁出头时就在军事与内政方面表现出色，他任职的地方有东部、日耳曼与巴尔干地区，公职生涯只有在隐退那几年才中断。提比略在年逾55岁时开始执掌政府，此时他的能力与资历皆已无人可比。但他的性格严厉而内向，加之私生活中一连串悲哀经历的负面影响，精神有些抑郁不安。最重要的是，奥古斯都拯救了因内战而支离破碎的世界，使之恢复了和平与安定，而提比略不可能拥有这样的自信与声望，同时他也缺乏奥古斯都那样高明纯熟的手腕。奥古斯都能够在临终床榻上以和蔼机智的口吻说：“大家是否都满意我的演出？”而提比略则与之相反，人们永远无法确知他的内心想法。由此产生一种流行的看法，即提比略是一个虚伪之人、一个伪装高手。

事实上，若论伪装，真正的根源并不在提比略个人，而在于他所继承的、由幻象大师奥古斯都创造的一整套元首政制系统，因为奥古斯都的继承人手法笨拙，该系统的伪装才被揭露。人们批评该系统的欺骗性，但后来放弃了探寻该系统的致命缺陷，因为他们终于发现根本不存在其他替代系统，于是系统的问题便被简单归咎于皇帝个人的失败。虽然口气有些勉强，历史学家塔西佗还是承认提比略统治的早年政绩颇佳，但提比略跟奥古斯都一样，总是白发人送黑发人。提比略也被丧子之痛弄得心力交瘁，公元23年，他的养子日耳曼尼库斯与亲子德鲁苏斯已先后离世，只留下孤身一人、无依无靠且已近暮年的提比略。接下来，皇帝和帝国要何去何从……

《牛津古希腊史》全书目录

《牛津古罗马史》全书目录

读客·牛津世界史系列书目

牛津大学一年级新生教材。

既是入门级，又是专业级！

——— 已出版 ———

牛津世界史01：《牛津古罗马史》

牛津世界史02：《牛津古希腊史》

牛津世界史03：《牛津英国史》

——— 即将推出 ———

《牛津文艺复兴史》

《牛津世界史》

《牛津法国大革命史》

《牛津第一次世界大战史》

—— 即将推出 ——

《牛津第三帝国史》

《牛津拜占庭史》

《牛津意大利史》

《牛津新西兰史》

《牛津维京史》

《牛津十字军史》

《牛津史前欧洲史》

《牛津中世纪欧洲史》

《牛津现代欧洲史》

《牛津中世纪英格兰史》

《牛津科学史》

《牛津巫术史》

《牛津戏剧史》

《牛津歌剧史》